Kauderwelsch plus
Band 43

RH

Die kleine Meerjungfrau

Impressum

Kauderwelsch plus

Roland Hoffmann
Dänisch — Wort für Wort
plus
Wörterbuch Dänisch

erschienen im
Reise Know-How Verlag Peter Rump GmbH
Osnabrücker Str. 79, D-33649 Bielefeld
info@reise-know-how.de

1. Auflage 2015

Wörterbuch © 2015 LINGEA s.r.o., Brünn, Tschechische Republik
Bearbeitung Josef Overberg, Peter Rump
Layout Claudia Schmidt
Layout-Konzept Günter Pawlak, FaktorZwo! Bielefeld
Umschlag Peter Rump (Titelfoto: © Roland Hanewald: „Entfernen von Sand verboten - Hunde an die Leine")
Kartographie Iain Macneish
Fotos © Roland Hanewald)
Druck und Bindung Werbedruck GmbH Horst Schreckhase, Spangenberg

ISBN: 978-3-8317-6455-6
Printed in Germany

Dieses Buch ist erhältlich in jeder Buchhandlung Deutschlands, Österreichs, der Schweiz und der Benelux-Staaten. Bitte informieren Sie Ihren Buchhändler über folgende Bezugsadressen:

Deutschland Prolit GmbH, Postfach 9, 35461 Fernwald (Annerod) sowie alle Barsortimente
Schweiz AVA-buch 2000, Postfach 27, CH-8910 Affoltern
Österreich Mohr Morawa Buchvertrieb GmbH Sulzengasse 2, A-1230 Wien
Belgien & Niederlande Willems Adventure, www.willemsadventure.nl
direkt Wer im Buchhandel kein Glück hat, bekommt unsere Bücher zuzüglich Porto- und Verpackungskosten auch direkt über unseren Internet-Shop: **www.reise-know-how.de.**

Zu diesem Buch ist ein AusspracheTrainer erhältlich, als **MP3-Download** unter ***www.reise-know-how.de*** *oder* auf **Audio-CD** in jeder Buchhandlung Deutschlands, Österreichs, der Schweiz und der Benelux-Staaten.

Der Verlag möchte die **Reihe Kauderwelsch** weiter ausbauen und **sucht Autoren!** Mehr Informationen finden Sie unter ***https://www.reise-know-how.de/verlag/mitarbeit***

Kauderwelsch plus

Roland Hoffmann

Dänisch

Wort für Wort

Wörterbuch Dänisch

Reise Know-How
im Internet
www.reise-know-how.de
info@reise-know-how.de

Aktuelle Reisetipps
und Neuigkeiten,
Ergänzungen nach
Redaktionsschluss,
Büchershop und
Sonderangebote
rund ums Reisen

Kauderwelsch-Sprachführer sind anders!

Warum? Weil sie Sie in die Lage versetzen, wirklich zu sprechen und die Leute zu verstehen.

Wie wird das gemacht? Abgesehen von dem, was jedes Sprachbuch bietet, nämlich Vokabeln, Beispielsätze etc., zeichnen sich die Bände der Kauderwelsch-Reihe durch folgende Besonderheiten aus:

Die **Grammatik** wird in einfacher Sprache so weit erklärt, dass es möglich wird, ohne viel Paukerei mit dem Sprechen zu beginnen, wenn auch nicht gerade druckreif.

Alle Beispielsätze werden doppelt ins Deutsche übertragen: zum einen **Wort-für-Wort**, zum anderen in „ordentliches" Hochdeutsch. So wird das fremde Sprachsystem sehr gut durchschaubar. Denn in einer fremden Sprache unterscheiden sich z. B. Satzbau und Ausdrucksweise recht stark vom Deutschen. Ohne diese Übersetzungsart ist es so gut wie unmöglich, schnell einzelne Wörter in einem Satz auszutauschen.

Unsere ganze Erfahrung als Reisende, Sprachpraktiker und Büchermacher sind in das Konzept **Wörterbuch** eingeflossen. Auf cirka 190 Seiten bieten wir Ihnen ca. 10.000 ausgewählte Vokabeln des Grund- und Aufbauwortschatzes, speziell abgestimmt auf die Bedürfnisse des Reisenden und die Besonderheiten des schwedischen Sprachraums.

Die **Autorinnen** und **Autoren** der Reihe sind Globetrotter, die die Sprache im Land selbst gelernt haben. Sie wissen daher genau, wie und was die Leute auf der Straße sprechen. Deren Ausdrucksweise ist nämlich häufig viel einfacher und direkter als z. B. die Sprache der Literatur oder des Fernsehens.

Besonders wichtig sind im Reiseland **Körpersprache, Gesten, Zeichen und Verhaltensregeln,** ohne die auch Sprachkundige kaum mit Menschen in guten Kontakt kommen. In allen Bänden der Kauderwelsch-Reihe wird darum besonders auf diese Art der nonverbalen Kommunikation eingegangen.

Kauderwelsch-Sprachführer sind keine Lehrbücher, aber viel mehr als traditionelle Sprachführer! Wenn Sie ein wenig Zeit investieren und einige Vokabeln lernen, werden Sie mit ihrer Hilfe in kürzester Zeit schon Informationen bekommen und Erfahrungen machen, die „sprachlosen" Reisenden verborgen bleiben.

Inhalt

RH

An der Skibbroen in Ribe

Vorwort

Dänemark ist im Verhältnis zur Bundesrepublik nur sehr klein, und hat nur 5,6 Mill. Einwohner. Zwar kann man sich mit Englisch und Deutsch in unserem nördlichen Nachbarland gut durchschlagen, doch wirklich Kontakt zu den Leuten bekommt man viel eher, wenn man versucht, Dänisch zu sprechen. Außerdem ist Dänisch zweite Amtssprache in den beiden autonomen Außengebieten Färöer und Grönland; in Island wird es als Pflichtfremdsprache in der Schule ebenfalls sehr häufig gesprochen. Schließlich kann man sich auch in Norwegen und Schweden auf Dänisch verständigen, da diese drei skandinavischen Sprachen sehr eng miteinander verwandt sind.

Ich habe versucht, den Sprechführer so einfach wie möglich aufzubauen, ohne auf die wichtigen Grammatikregeln zu verzichten. Am besten ist es, Sie fangen mit der Aussprache an und gehen dann die Grammatik locker durch, damit Sie einen Überblick über die dänische Sprache bekommen.

Dänisch ist eine sehr bildreiche und witzige Sprache, und nicht umsonst sind die Dänen als Witzbolde Skandinaviens verschrieen.

Herzlichen Dank sage ich an dieser Stelle all meinen dänischen Freunden, die mir bei dem einen oder anderen Problem geholfen haben.

Viel Spaß beim Lernen und

Hav en god tur!

Roland Hoffmann

Hinweise zur Benutzung

Der Sprechführer „Dänisch“ gliedert sich in die drei wichtigen Abschnitte „Grammatik“, „Konversation“ und „Wörterliste“.

Grammatik

Die Grammatik beschränkt sich auf das Wesentliche und ist so einfach gehalten wie möglich. Deshalb sind auch nicht alle Ausnahmen und Unregelmäßigkeiten der Sprache erklärt. Wer nach der Lektüre dieses Büchleins tiefer in die Grammatik der dänischen Sprache eindringen möchte, findet im Anhang Hinweise auf weiterführende Literatur. Es ist zwar sinnvoll, den Grammatikteil zumindest einmal zu überfliegen, doch können Sie auch sofort mit dem Konversationsteil beginnen und die Grammatik nur zum Nachschlagen verwenden.

Konversation

In diesem Teil finden Sie Sätze aus dem Alltagsgespräch, die Ihnen einen ersten Eindruck davon vermitteln sollen, wie die dänische Sprache „funktioniert“ und die Sie auf das vorbereiten sollen, was Sie später in Dänemark hören werden – denn was man vorher schon einmal gelesen hat, versteht man später viel leichter. Natürlich ist es unwahrscheinlich, dass Sie immer exakt den gewünschten Satz hier finden werden. Benutzen Sie die Beispielsätze also auch als Fundus von Satzschablonen und -mustern, die Sie selbst Ihren Bedürfnissen entsprechend anpassen und verändern.

Damit Sie die Wortfolge des Dänischen in den Beispielsätzen nachvollziehen können, ist eine Wort-für-Wort-Übersetzung ergänzt. Jedem dänischen Wort entspricht ein Wort in der Wort-für-Wort-Übersetzung. Wird ein dänisches Wort im Deutschen durch zwei Wörter übersetzt, sind diese in der Wort-für Wort-Übersetzung durch einen Bindestrich verbunden, z. B.:

Hvad er der i vejen?
wa äa dea i waj^e^n
was ist da in Weg-der
Was ist los?

Werden in einem Satz mehrere Wörter angegeben, die man untereinander austauschen kann, steht ein Schrägstrich.

Jeg vil gerne have/købe ...
jaj wel gäan^e^ hää / kööb^e^
ich will gerne haben/kaufen
Ich möchte gerne ... haben/kaufen.

Hören Sie sich Ausprachebeispiele mit Ihrem Smartphone an! Ausgewählte Kapitel in diesem Buch sind dafür mit einem QR-Code ausgestattet. Wer kein Smartphone hat, kann sich die Sätze auch auf unserer Webseite anhören: www. reise-know-how.de/ kauderwelsch-plus/043

Wort-für-Wort-Übersetzung

Mit Hilfe der Wort-für-Wort-Übersetzung können Sie die Beispielssätze leicht Ihren eigenen Bedürfnissen anpassen, auch wenn das Ergebnis nicht immer perfekt ist.

Das Wörterbuch am Ende des Buches helfen Ihnen dabei. Sie enthalten einen Grundwortschatz Dänisch-Deutsch und Deutsch-Dänisch von je ca. 5.000 Einträgenn, mit denen man schon eine Menge anfangen kann.

Abkürzungen

Folgende Abkürzungen werden verwendet.

Ez	Einzahl (Singular)
Mz	Mehrzahl (Plural)

Umschlagklappe

Die Umschlagklappe hilft, die wichtigsten Sätze und Formulierungen stets parat zu haben. Hier finden sich schnell die wichtigsten Angaben zur Aussprache und eine kleine Liste der wichtigsten Fragewörter, Richtungs- und Zeitangaben. Aufgeklappt ist der

Umschlag eine wesentliche Erleichterung, da nun die gewünschte Satzkonstruktion mit dem entsprechenden Vokabular aus den einzelnen Kapiteln kombiniert werden kann.

Wenn alles nicht mehr weiterhilft, dann ist vielleicht das Kapitel „Nichts verstanden? – Weiterlernen!“ der richtige Tipp. Es befindet sich ebenfalls im Umschlag, stets bereit, mit der richtigen Formulierung für z.B. „Ich habe leider nicht verstanden.“ oder „Wie bitte?“ auszuhelfen.

Karte Dänemarks

Seitenzahlen

Um Ihnen den Umgang mit den Zahlen zu erleichtern, wird auf jeder Seite die Seitenzahl auch auf Dänisch angegeben!

Aussprache & Betonung

Die Aussprache des Dänischen gilt im Allgemeinen als recht kompliziert. Dies liegt zum einen daran, dass Rechtschreibung und Aussprache vielfach deutlich voneinander abweichen (ähnlich wie im Englischen). Und der Wandel in der Aussprache setzt sich gegenwärtig immer noch fort: Nicht nur zwischen den Landesteilen, sondern auch zwischen den Generationen der Sprecher kann man Unterschiede feststellen.

Zum anderen hat das Dänische auch einige trickreiche Laute und Lautkombinationen, die wir aus dem Deutschen so nicht kennen und deren Aussprache uns am Anfang möglicherweise schwerfallen könnte. Daraus ergibt sich auch eine gewisse Schwierigkeit für die Umsetzung einer exakten Lautschrift für das Dänische: Deutsch hat einfach nicht genügend unterschiedliche Buchstaben, um die Aussprache des Dänischen in jedem Fall eindeutig zu kennzeichnen. Die in diesem Buch verwendete Lautschrift ist daher ein Kompromiss, und Sie sollten zur Ergänzung auch die Erläuterungen zu den einzelnen Lauten in den folgenden Tabellen beachten. Aber machen Sie sich keine großen Sorgen: Eine perfekte Aussprache erwartet niemand von Ihnen, und man wird Sie auch so verstehen. Sie sollten aber damit rechnen, dass die Sätze Ihrer dänischen Gesprächspartner deutlich anders klingen können, als Sie es erwarten.

Ganz allgemein klingt gesprochenes Dänisch eher eher etwas undeutlich; viele Silben und Endlaute werden nicht mitgesprochen oder ändern ihren Klang. Wenn Sie die Umgangssprache in Norddeutschland kennen, wird Ihnen vielleicht aber einiges vertrauter vorkommen. Ganz fremdartig klingt jedoch der so genannte Stoßton (stød), der ganz wesentlich für den abgehackten und kehligen Klang des Dänischen verantwortlich ist. Von diesem Thema wird im Abschnitt „Betonung" weiter die Rede sein.

Das dänische Alphabet hat 29 Buchstaben. Beachten Sie, dass **æ, ø** und **å** am Ende des Alphabets stehen, was Sie beim Gebrauch von Wörterbüchern o. ä. berücksichtigen müssen.

a b c d e f g h i j k l m n o
p q r s t u v w x y z æ ø å

Selbstlaute

Dänisch hat mehr unterschiedliche Selbstlaute (Vokale) als das Deutsche. Außerdem besteht anders als im Deutschen meist kein Zusammenhang zwischen langen und kurzen Selbstlauten und einer geschlossenen bzw. offenen Aussprache (vgl. dt. Beet vs. Bett). Grundsätzlich können beide Qualitäten sowohl lang als auch kurz vorkommen. Das hat zur Folge, dass wir in der Lautschrift bei den Zeichen a, e, o und ö keine Möglichkeit haben, den jeweiligen exakten Lautwert anzugeben (allerdings gibt die dänische Rechtschreibung manchmal Hinweise). Mehrere Aussprachevarianten werden also in der Lautschrift jeweils unter einem Buchstaben zusammengefasst. Auf die sprachliche Verständigung hat das aber kaum Auswirkungen. Lange Selbstlaute werden in der Lautschrift durch Doppelbuchstaben wiedergegeben. Beachten Sie auch hier, dass die Qualität des jeweiligen Selbstlauts sowohl geschlossen als auch offen sein kann.

a	a (ä)	kurz, normalerweise halbwegs zwischen dt. „a“ und „ä“, wie bei der norddeutschen Aussprache von „Hamburg“ als „hämmbu^{e}ch“. Wird in unserer Lautschrift im Weiteren als normales a geschrieben (**dansk** danßg - dänßg dänisch)
	ää	lang normalerweise ein sehr breites, offenes „ä“ (**male** mää^{e} mahlen)
	Diese beiden Hauptvarianten des dänischen **a** *haben im Hochdeutschen keine Entsprechung.*	
	a	nur vor den Lippenlauten p, b, m, f und den Hintergaumenlauten k, g, ng wie dt. „a“ in „Mann“. (**kapel** kapel Kapelle) nur vor oder nach **r** wie bairisches dunkles „a“ (**radio** radjo Radio)
e	e	kurz als eher offenes „e“, halbwegs zwischen „Bett“ und „Beet“ (**net** ned Netz)
	ee	lang als sehr geschlossenes „e“, halbwegs zwischen „Beet“ und dem „i“ in „mit“ (**bede** bee~~dh~~^{e} bitten) am Wortende
	^{e}	unbetont am Wortende wie das undeutlich gemurmelte dt. „e“ in „Liebe“ (**ikke** eg^{e} nicht)
i	i	kurz oder lang als sehr geschlossenes, überdeutlich gesprochenes „i“ (**igen** igen wieder)
	e	kurz als sehr geschlossenes „e“, halbwegs zwischen „Beet“ und dem „i“ in „mit“ (**indhold** enhol Inhalt)
o	o	kurz als offenes „o“ wie in „kommen“ (**post** poßd Post) kurz oder lang als eher offenes „o“, halbwegs zwischen „Boot“ und „kommen“ (**bonde** bon^{e} Bauer)
	oo	lang als sehr geschlossenes „o“, etwa wie in „Boot“ (**bore** booa bohren)
u	u/uu	kurz oder lang als sehr geschlossenes „u“ (**kulde** kul^{e} Kälte)
	o	kurz als eher offenes „o“, halbwegs zwischen „Boot“ und „kommen“ (**kunde** kon^{e} Kunde)
y	ü/üü	kurz oder lang als sehr geschlossenes, überdeutlich gesprochenes „ü“ (**lys** lüß Licht)
	ö	kurz manchmal als „ö“ (**kyst** kößd Küste)
æ	e/ee	kurz oder lang als eher offenes „e“, halbwegs zwischen „Bett“ und „Beet“ [d. h. kein besonders offenes „ä“!]

		(**æble** eebl^e Apfel)
	ä	nur vor oder nach **r** sehr breites, offenes „ä“ (**bær** bäa Beere)
ø	ö/öö	kurz oder lang als sehr geschlossenes, überdeutlich gesprochenes „ö“ (**ø** öö Insel) kurz oder lang als eher offenes „ö“, halbwegs zwischen „Börse“ und „hören“ (**høne** hööne^e Huhn)
å	o/oo	kurz oder lang als eher offenes „o“, halbwegs zwischen „Boot“ und „kommen“ (**ål** ool Aal) kurz oder lang als offenes „o“ wie in „kommen“ (**ånde** on^e Atem)

Doppellaute

Die folgenden Buchstabenkombinationen werden im Normalfall, wenn sie betont sind, als Doppelselbstlaute (Diphthonge) ausgesprochen:

eg, ej, ig	aj	wie „ai“ in „H**ai**“ bzw. „ei“ in „Reise“ (**regn** rajn Regen, **rejse** rajß^e Reise, **mig** maj mir / mich)
øj, øg	o	jwie „oi“ wie „eu“ in „Leute“ (**tøj** toj Stoff, **røg** roj Rauch)
øv	öu	zusammengezogen auszusprechen (**løvrig** löuri belaubt)
ev, æv	äu	zusammengezogen auszusprechen, aber so wie in „Näh-Utensilien“, also nicht wie in „Säufer“ (**evne** äun^e Fähigkeit, **nævne** näun^e nennen)
iv	iu	zusammengezogen auszusprechen (**liv** liu Leben)
yv	üü	zusammengezogen auszusprechen (**flyvsk** flüüßg sprunghaft)
ov, og	ou	wie das „o“ in engl. „go“ (**skov** ßgou Wald, **vogn** woun Wagen)
ag	au	vor Mitlaut wie in „Maul“ (**baglæns** baulenß rückwärts)
	äj	am Wortende oft wie in engl. „sail“ (**slag** ßläj Schlag)
av, af	au	wie in „Maul“ (**hav** hau Meer, **avgift** augifd Straßenzoll)

Mitlaute

Am Wort- bzw. Silbenanfang werden fast alle Mitlaute (Konsonanten) wie im Deutschen ausgesprochen. Für die Buchstaben **b, f, j, l, m, n, q, w** gilt das auch ganz generell. **k, p, t** werden am Wortanfang stark behaucht ausgesprochen (also mit einem deutlich spürbaren Luftstrom aus dem Mund). Auch dies stimmt wieder mit norddeutschen Aussprachegewohnheiten überein. Das **t** klingt dabei speziell in Kopenhagen fast wie tß. Im Wortinneren, am Wortende und auch in Mitlautkombinationen (z. B. **st, sk** usw.) werden diese drei Verschlusslaute hingegen unbehaucht und beinahe stimmhaft gesprochen, also wie g, b, d. In manchen Mitlautkombinationen bleibt der zweite Bestandteil stumm. Das gilt insbesondere für das **d** in den Kombinationen **gd, ld, nd,** z. B. in **vand** wan „Wasser".

c	vor **a, o, u, å** wie „k" in Kartoffel (**café** kafee Café), vor **o, u, å** wie „k" in „**K**artoffel", vor **e, i, y, æ, ø** wie stimmloses „ß" in „Straße" (**cykel** ßüg^{e}l Fahrrad)
d	am Wortanfang wie im Deutschen (**dag** dää Tag), im Wortinneren und am Wortende siehe folgenden Absatz
g	am Wortanfang wie im Deutschen (**gade** gää~~dh~~^{e} Straße) im Wortinneren zwischen Selbstlauten nach **o, u, å** wie „u", als Gleitlaut ähnlich dem engl. „w" in „water" (**bruge** bruu^{e} benutzen), nach **a, e, i, y, æ, ø** wie „j" (**lag** läj Schicht), in der Mitlautkombination **gl** bleibt es stumm (**fugl** fuul Vogel), am Wortende bleibt es ebenfalls oft stumm (**venlig** wenli freundlich)
h	am Wortanfang vor **j** und **v** stumm (**hjælp** jelb Hilfe, **hvem** wem wer)
r	nur als sanftes Gaumen-r, niemals mit der Zungenspitze gerollt nach Selbstlauten und am Wortende wird es wie in der deutschen Umgangssprache (vgl. „Mutter" als „mutta", „hier" als „hiia") zu einem undeutlichen Selbstlaut (**kirke** kiag^{e} kurz, **dyr** düa Tier) auch in vielen Endungen (Wortbildung, Beugung) wird **r** zwi-

	schen Selbstlauten seinerseits zum Vokal (**reagere** reagea reagieren)
s	stets wie stimmloses „ß“ in „Straße“ (**salg** ßal Verkauf, **skole** ßgool^{e} Schule)
v	wie „w“ in „Wasser“ (am Wort- bzw. Silbenende: siehe Abschnitt Doppelselbstlaute)
z	stets wie stimmloses „ß“ in „Straße“ (**zoo** ßoo Zoo)

Sicherlich der schwierigste Mitlaut im Dänischen ist aber das **d.** Am Wortanfang ganz normal gesprochen und in den Kombinationen **gd, lg, nd** stumm bleibend, wird es im Wortinneren zwischen zwei Selbstlauten sowie am Wortende nach einem Selbstlaut zu einem weichen, stimmhaften Reibelaut ähnlich dem englischen „th“ in „this“ (also nicht wie das stimmlose „th“ in „thing“). In der Lautschrift verwenden wir daher das Zeichen ~~dh~~. Eine ähnliche Umschrift finden Sie auch in allen anderen Wörterbüchern des Dänischen. Allerdings klingt es eben auch nicht ganz wie das englische „th“: Die Zungenspitze berührt dabei nämlich nicht die Zähne oder den vorderen Gaumen. Es wird also nicht wirklich gelispelt. Gerade am Wortende hört es sich für uns vielfach wie ein sehr breites, fast schon gelalltes „l“ an (das echte dänische **l** klingt aber deutlich anders, nämlich eben nicht gelallt). Von einer bloßen Beschreibung kann man es aber kaum lernen. Lassen Sie es sich von Muttersprachlern vorsprechen, oder hören Sie es sich auf dem AusspracheTrainer zu diesem Buch an. Beispiele: **mad** madh - mal „Speise“, **bade** baa~~dh~~^{e} „baden“.

Am Wort- bzw. Silbenende bleibt das **d** in einigen Fällen auch stumm (z. B. **hvad** wa „was“, **fødsel** föß^{e}l „Geburt“).

Betonung

Die meisten Wörter werden auf der ersten Silbe betont, wie im Deutschen. Die Vorsilben **be-, er-** und **ge-** sind immer unbetont.

Charakteristisch für das Dänische und für Außenstehende kaum zu erlernen ist der so genannte Stoßton (**stød** ßdö~~dh~~). Dieser kommt in den betonten Silben bestimmter Wörter vor, also längst nicht auf allen. Mit der Beugung von Wörtern kann er verschwinden oder neu hinzukommen.

Man spricht den Stoßton aus, indem man die Stimmbänder kurz verschließt und danach wieder öffnet, vergleichbar etwa mit dem deutschen Knacklaut in „ver'eisen" (im Gegensatz zu „verreisen"). Im Deutschen steht er allerdings am Silbenanfang, im Dänischen jedoch mitten auf dem Selbstlaut, der dadurch kurz unterbrochen und „knatterig" ausgesprochen wird, oder sogar am Wortende nach stimmhaften Mitlauten (z. B. in **mand** man' „Mann"). Wenn der akustische Eindruck des Dänischen manchmal scherzhaft als „Halskrankheit" bezeichnet wird, liegt das ganz wesentlich am „würgenden" Klang hervorgebrachten Selbstlauten).

Es ist wichtig zu wissen, dass der Stoßton eine besondere Ausprägungsform der Betonung ist und eben keinen „versteckten" Mitlaut darstellt. Er kommt in verschiedenen Dialekten in unterschiedlicher Form vor und fehlt in einigen Gegenden ganz. Zur offiziellen Standardsprache aus Kopenhagen gehört allerdings schon. Obwohl er nicht gerade melodisch klingt, ist er sprachgeschichtlich mit dem musikalischen Akzent des Schwedischen und Norwegischen verwandt.

Sie müssen sich nicht bemühen, den Stoßton zu lernen und richtig anzuwenden. Sie werden auch so verstanden, auch wenn es einige Wortpaare gibt, die sich nur durch das Vorkommen bzw. Fehlen des Stoßtons unterscheiden. In unserer Lautschrift wird auf die Angabe des Stoßtons verzichtet.

Wörter, die weiterhelfen

Sie sind gerade in Dänemark angekommen und wollen sich erst einmal zurechtfinden.

Undskyld, ... onßgül	Entschuldige, ...
Hvor er ...? wo äa	Wo ist ...?
Har du ...? haar du	Hast du ...?
Er det ...? Er det	Ist das ...?
Jeg vil gerne ... jaj wel gäan^{e}	Ich möchte gern ...
Tak. tak	Danke.

Mit diesen Ausdrücken kann man schon ein paar wichtige Dinge erreichen, z.B. den Bahnhof oder ein Hotel finden. Man braucht nur das entsprechende Wort aus dem Wörterverzeichnis am Ende des Buches einsetzen.

Wollen Sie sich sich besser verständlich machen, dann schauen Sie sich die Grammatik gut an. Sie ist nicht so schwer, wie es vielleicht auf den ersten Blick aussieht. Am besten ist es, kurze Sätze zu benutzen, damit der Gesprächspartner den Satz auch dann versteht, wenn man mal einen Fehler macht.

Wortstellung

Die Wortstellung ist in den Hauptsätzen genau wie im Deutschen:

Subjekt	Objekt	Prädikat
Jeg	**arbejder**	**i butikken to dage om ugen.**
Jaj	aabajda	i butig^en to däj^e om uu^en
ich	*arbeite*	*in Geschäft-dem zwei Tage in Woche-die*
Ich	arbeite	in dem Geschäft zwei Tage in der Woche.

Ein Nebensatz hat die gleiche Wortstellung:

Jeg ved, at du lige er kommet til Århus.
jai weel ät du lije är kommed til oohuus
ich weiß, dass du gerade bist gekommen nach Århus
Ich weiß, dass du gerade nach Århus gekommen bist.

Das Tätigkeitswort steht also auch im Nebensatz nach dem Subjekt.

RH

Ägäische Impressionen in Stenbjerg Strand

Hauptwörter

Im Dänischen gibt es nur zwei Gruppen von Hauptwörtern:

grammatisches Geschlecht

Man unterscheidet zwischen ...

geschlechtlichen Hauptwörtern **(en)**		
en is	en iiß	ein Eis

sächlichen Hauptwörtern **(et)**		
et bjerg	it bjäau	ein Berg

Leider kann man es dem Wort nicht ansehen, zu welcher Gruppe es gehört. Man muss den unbestimmten Artikel **en** oder **et** also gleich mitlernen.

Ein kleiner Tipp: Die meisten Personen- und Berufsbezeichnungen gehören der Gruppe der geschlechtlichen Hauptwörter an:

en bager	en bääja	ein/e Bäcker/in
en begynder	en begöna	ein/e Anfänger/in

bestimmter Artikel

Den unbestimmten Artikel haben Sie ja gerade kennengelernt, und der bestimmte Artikel ist auch nicht schwer. Dazu wird einfach **en** oder **et** an das Wort angehängt:

isen	**bjerget**
iiß^{e}n	bjäau^{e}d
Eis-das	*Berg-der*
das Eis	der Berg

Wörter, die auf **-e** enden, hängen nur ein **-n** oder **-t** an:

en pige	**pigen**
en pij^e	pij^{e}n
ein Mädchen	*Mädchen-das*
ein Mädchen	das Mädchen

et æble	**æblet**
et æbl^e	eebl^{e}d
ein Apfel	*Apfel-der*
ein Apfel	der Apfel

Mehrzahl

Die Mehrzahl (Plural) ist sehr einfach zu bilden, es gibt nur zwei Gruppen:

en vej	en waj	ein Weg
veje	waj^e	Wege
et hus	ed huuß	ein Haus
huse	huuß^e	Häuser

Mehrzahl durch Anhängen von **-e**

en avis	en awiiß	eine Zeitung
aviser	awiißa	Zeitungen
et apotek	ed apoteek	eine Apotheke
apoteker	apoteeka	Apotheken

Mehrzahl durch Anhängen von **-er**

Hierzu zählen auch alle Wörter, die schon auf **-e** enden und deshalb nur ein **-r** angehängt bekommen:

en lampe	en lamb^e	eine Lampe
lamper	lamba	Lampen

Darüber hinaus gibt es ein paar Wörter, die zwar **-er** anhängen, dabei jedoch einen Umlaut bilden:

en bog	en bou	ein Buch
bøger	böja	Bücher
en fod	en foo~~dh~~	ein Fuß
fødder	fö~~dh~~a	Füße
en hånd	en han	eine Hand
hænder	hena	Hände
en ko	en ko	eine Kuh
køer	köa	Kühe
en kraft	en krafd	eine Kraft
kræfter	kräfda	Kräfte
en nat	en nad	eine Nacht
nætter	neda	Nächte
en rod	en roo~~dh~~	eine Wurzel
rødder	rö~~dh~~a	Wurzeln
en tand	en tan	ein Zahn
tænder	tena	Zähne
en tå	en to	eine Zehe
tæer	tea	Zehen

Sie haben sicher gemerkt, dass einige Wörter den Mitlaut verdoppeln. Das passiert bei allen einsilbigen Wörtern mit kurzem Selbstlaut und mehrsilbigen Wörtern, bei denen die letzte Silbe kurz und betont ist, und zwar immer, wenn man eine Endung anhängt:

nat	nad	Nacht
nætter	neda	Nächte
en kat	en kad	eine Katze
katten	kad^{e}n	die Katze
hotel	hotel	Hotel
hoteller	hotela	Hotels

In diesen beiden Hauptgruppen gibt es Wörter, die auf **-el** oder **-er** enden und bei denen das **-e-** in der Mehrzahl wegfällt:

en broder	en brooa	ein Bruder
brødre	brö~~dh~~ra	Brüder

en cykel	en ßüg^{e}l	ein Fahrrad
cykler	ßügla	Fahrräder
en fader	en faa	ein Vater
fædre	fe~~dh~~ra	Väter
en fætter	en feda	ein Vetter
fætre	fedra	Vettern
en finger	en fenga	ein Finger
fingre	fengra	Finger
en gaffel	en gaf^{e}l	eine Gabel
gafler	gafla	Gabeln
en moder	en mooa	eine Mutter
mødre	mö~~dh~~ra	Mütter
en søster	en ßößda	eine Schwester
søstre	ßößdra	Schwestern
et teater	ed teäda	ein Theater
teatre	teädra	Theater

Zum Schluss gibt es eine Gruppe von Wörtern, die in der Mehrzahl keine Endung haben:

(et) år	(ed) oa	(ein) Jahr(e)
(et) ben	(ed) been	(ein) Bein(e)
(et) besøg	(ed) beßöö	(ein) Besuch(e)
(et) brød	(ed) brö~~dh~~	(ein) Brot(e)
(et) dyr	(ed) düa	(ein) Tier(e)
(en) film	(en) film	(ein) Film(e)
(en) fisk	(en) feßg	(ein) Fisch(e)
(et) flag	(ed) fläj	(eine) Flagge(n)
(et) glas	(ed) glaß	(ein) Glas/Gläser
(et) kort	(ed) kood	(eine) Karte(n)
(et) lam	(ed) lam	ein Lamm/ Lämmer
(en) sko	(en) ßgoo	(ein) Schuh(e)
(et) sprog	(ed) ßbrou	(eine) Sprache(n)
(et) svin	(en) ßwiin	(ein) Schwein(e)
(en) ting	(en) teng	(ein) Ding(e)
(en) tog	(en) tou	(ein) Zug/Züge
(en) øre	(en) öa	(ein) Öre
(en) öa/ører	ed öa/öaa	(ein) Ohr/Ohren

Beachten Sie die unterschiedliche Bedeutung von **øre!**

Hierzu gehören auch noch ein paar – wenige aber wichtige – Wörter ohne Endung in der Mehrzahl, die aber einen Umlaut bilden:

et barn	ed baan	ein Kind
børn	böan	Kinder
en mand	en man	ein Mann
mænd	menn	Männer

Der bestimmte Artikel in der Mehrzahl wird durch Anhängen von **-ne** an die Mehrzahlform gebildet:

husene
huuß^{e}n^{e}
Häuser-die
die Häuser

bøgerne
böjan^{e}
Bücher-die
die Bücher

Hauptwörter ohne Endung in der Mehrzahl bekommen **-ene** angehängt:

årene
oan^{e}
Jahre-die
die Jahre

børnene
böan^{e}n^{e}
Kinder-die
die Kinder

RH

Jütländische Dünenlandschaft

Die Fälle

Im Dänischen gibt es nur einen Fall, der sich von der Grundform (Nominativ) unterscheidet, nämlich der besitzanzeigende Fall (Genitiv). Man bildet ihn ganz einfach, indem man ein **-s** an die bestimmte Form des Wortes anhängt:

kongen	**kongens**	**kongens slot**
kong^{e}n	kong^{e}nß	kong^{e}nß ßlot
König-der	*König-des*	*König-des Schloss*
der König	des Königs	Schloss des Königs

Wichtig ist dabei, dass das Wort im besitzanzeigenden Fall voran steht. Diese Form gibt es auch im Deutschen, jedoch nur selten: Vaters Tasche (= die Tasche des Vaters).

Besitzanzeigende Fürwörter

Die besitzanzeigenden Fürwörter richten sich in der Einzahl nach dem Artikel.

Einzahl (en/et)		Mehrzahl	
min	**mit**	**mine**	mein/e
miin	mid	miin^{e}	
din	**dit**	**dine**	dein/e
diin	did	diin^{e}	
hans	**hans**	**hans**	sein/e
hanß	hanß	hanß	
hendes	**hendes**	**hendes**	ihr/e
hen^{e}ß	hen^{e}ß	hen^{e}ß	
sin	**sit**	**sine**	sein/e,
ßiin	ßid	ßiin^{e}	ihr/e

dens/dets denß / dedß	**dens/dets** denß / dedß	**dens/dets** denß / dedß	dessen
vores woaß	**vores** woaß	**vores** woaß	unser/e
jeres jäaß	**jeres** jäaß	**jeres** jäaß	euer/e
deres däaß	**deres** däaß	**deres** däaß	ihr/e

Unterscheiden Sie zwischen **hans/ hendes** *und* **sin. Sin/sit** *wird immer dann benutzt, wenn das Bezugswort das Subjekt des Satzes ist.*

Hun vasker sin bil.
hun waßga ßiin biil
Sie wäscht ihr Auto. *(ihr eigenes)*

Hun vasker hendes bil.
hun waßga hen^eß biil
Sie wäscht ihr Auto. *(nicht ihr eigenes)*

Eigenschaftswörter

Bei Eigenschaftswörtern (Adjektiven) unterscheidet man zwei Formen: die starke und die schwache Form.

Die starke Form benutzt man, wenn das Hauptwort ohne Artikel oder mit unbestimmtem Artikel steht. Bei allen geschlechtlichen Hauptwörtern nimmt man dabei die Grundform, bei allen sächlichen wird ein **-t** angehängt.

en stor pige	**et stort æble**
en ßdoa pij^e	ed sßdoad eebl^e
ein großes Mädchen	ein großer Apfel

Das gleiche gilt, wenn man einen einfachen Satz bildet.

Pigen er stor.
pij^{e}n äa ßdoa
Mädchen-das ist groß
Das Mädchen ist groß.

Æblet er stort.
eebl^{e}d äa sßoad
Apfel-der ist groß
Der Apfel ist groß.

et politisk parti
ed polidißg paati
eine politische Partei

Die schwache Form gebraucht man, wenn das Hauptwort einen bestimmten Artikel hat, oder wenn vor dem Hauptwort ein besitzanzeigendes Hauptwort oder aber ein Fürwort steht. Die schwache Form kennt für alle Hauptwörter die Endung **-e.**

den store pige
den ßdoa pij^e
das große Mädchen

det store æble
de ßdoa eebl^e
der große Apfel

mit store æble
mid ßdooa eebl^e
mein großer Apfel

Pouls store æble
poulß ßdooa eebl^e
Pauls großer Apfel

Haben Sie bemerkt, dass der bestimmte Artikel hier nicht an das Hauptwort gehängt, sondern wie im Deutschen vorangestellt wird?

Mehrzahl

In der Mehrzahl wird an alle Eigenschaftswörter **-e** angehängt. Der bestimmte Artikel Mehrzahl lautet **de** und wird vorangestellt.

store piger
sdooa pija
große Mädchen

de store piger
di ßdooa pija
die großen Mädchen

store æbler	**de store æbler**
ßdooa eebla	di ßdooa eebla
große Äpfel	die großen Äpfel

pigerne er store	**æblerne er store**
pijan^e äa sßdooa	eeblan^e äa ßdooa
Mädchen-die groß sind	*Äpfel-die sind groß*
die Mädchen sind groß	die Äpfel sind groß

Bei einigen Eigenschaftswörtern gibt es nicht die Form auf **-e.**

blå	blo	blau
grå	gro	grau
fælles	fel^{e}ß	gemeinsam
stakkels	ßdak^{e}lß	arm
små	ßmo	kleine (Mz)

Steigern & Vergleichen

Die Steigerung der meisten Eigenschaftswörter ist ganz einfach und funktioniert nach folgendem Muster.

steigern		
hurtig	huadi	schnell
hurtigere	huadia	schneller
hurtigst	huadißd	am schnellsten

In der ersten Steigerungsstufe (Komparativ) wird also **-ere,** in der zweiten Steigerungsstufe (Superlativ) **-st/-est** an die Grundform des Eigenschaftswortes angehängt.

Alle Eigenschaftswörter, die auf **-isk** enden, und alle, die drei oder mehr Silben haben, werden mit **mere** und **mest** gesteigert:

interessant endr^{e}ßand	interessant
mere interessant meea endr^{e}ßand	interessanter
mest interessant meeßd endr^{e}ßand	am interessantesten

Tipp: Diese Art der Steigerung kann man auch immer anwenden, wenn man mal nicht weiß, wie ein bestimmtes Eigenschaftswort gesteigert wird. Das kann vor allem bei den Ausnahmen sehr nützlich sein.

Es gibt nämlich einige Ausnahmen; glücklicherweise jedoch nicht sehr viele.

unregelmäßig gesteigerte Eigenschaftswörter

gammel gam^{e}l alt	**ældre** eldra älter	**ældst** elßd am ältesten	alt
ung ung	**yngre** üngra	**yngst** üngßd	jung
stor ßdoa	**større** ßdöa	**størst** ßdöasd	groß
lille lil^{e}	**mindre** mendra	**mindst** menßd	klein (Ez)
små ßmo	**mindre** mindre	**mindst** mindst	klein (Mz)
meget maa~~dh~~	**mere** meea	**mest** meeßd	viel (unzählbar)
mange mang^{e}	**flere** fleea	**flest** fleeßd	viel (zählbar)
lidt lid	**mindre** mendra	**mindst** menßd	wenig (unzählbar)
få fo	**færre** fäar	**færrest** fäaßd	wenige (zählbar)

god go~~dh~~	**bedre** be~~dh~~ra	**bedst** beßd	gut
slem ßlem	**værre** wäa	**værst** wäaßd	böse
nær näa	**nærmere** näamaa	**nærmest** näameßd	nah

Und im Anschluss gleich noch eine Liste mit Eigenschaftswörtern, die Sie täglich gebrauchen können.

wichtige Eigenschaftswörter

ny nü	**nyere** nüaa	**nyest** nü^{e}ßd	neu
høj hoj	**højere** hojaa	**højest** hoj^{e}ßd	hoch
lav läu	**lavere** läua	**lavest** läu^{e}ßd	niedrig
svag ßwäj	**svagere** ßwäjaa	**svagest** ßwäj^{e}ßd	schwach
stærk ßdäag	**stærkere** ßdäagaa	**stærkest** ßdäag^{e}ßd	stark
bred bre~~dh~~	**bredere** bre~~dh~~aa	**bredest** bre~~dh~~^{e}ßd	breit
smal ßmal	**smallere** ßmalaa	**smallest** ßmal^{e}ßd	schmal
hurtig huadi	**hurtigere** huadijaa	**hurtigst** huadißd	schnell
langsom langßom	**langsommere** langßomaa	**langsomst** langßomßd	langsam
dyr düa	**dyrere** düaa	**dyrest** düaßd	teuer
billig bili	**billigere** bilijaa	**billigst** bilißd	billig
mørk möag	**mørkere** möagaa	**mørkest** möag^{e}ßd	dunkel
lys lüß	**lysere** lüßaa	**lysest** lüß^{e}ßd	hell

mørk und **lys** werden auch in Verbindung mit Farbwörtern benutzt.

blå	**mørkeblå**	**lyseblå**
blo	möag^{e}blo	lüß^{e}blo
blau	dunkelblau	hellblau

Farben

blå	blo	blau
gul	gul	gelb
grøn	grön	grün
rød	rö~~dh~~	rot
brun	brun	braun
grå	gro	grau
sort	ßoad	schwarz
hvid	wi~~dh~~	weiß

vergleichen

Beim Vergleich benutzt man im Komparativ das Bindewort **end.**

Bilen er hurtigere end cyklen.
biil^{e}n äa huadijaa en ßügl^{e}n
Auto-das ist schneller als Fahrrad-das
Das Auto ist schneller als das Fahrrad.

Zwei gleichartige Dinge/Personen vergleicht man mit dem Superlativ.

Den er den hurtigste af de to biler.
den äa den huadißd^{e} a di to biila
das ist das schnellste von den zwei Autos
Das ist das schnellere von den zwei Autos.

Für den Superlativ gelten die gleichen Regeln wie für die Eigenschaftswörter: Mit dem bestimmten Artikel wird ein **-e** angehängt:

den hurtigste bil das schnellste Auto
den huadißd[e] biil

Umstandswörter

Aus Eigenschaftswörtern kann man ganz leicht Umstandswörter (Adverbien) bilden, indem man ein **-t** an die Grundform anhängt.

Bilen er hurtig.	**Bilen kører hurtigt.**
biil[e]n äa huadi	biil[e]n kööa huadid
Auto-das ist schnell	*Auto-das fährt schnell*
Das Auto ist schnell.	Das Auto fährt schnell.
(Eigenschaftswort)	*(Umstandswort)*

RH

Das Umstandswort steht immer direkt hinter dem Tätigkeitswort, bei zusammengesetzten Zeiten nach dem Hilfsverb.

Hun snakker tit med sin veninde.
hun snaga tid me~~dh~~ ßiin wenen[e]
sie spricht oft mit ihrer Freundin
Sie spricht oft mit ihrer Freundin.

Jeg har aldrig set ham før.
jaj haa aldri ßed ham föa
ich habe nie gesehen ihn vor
Ich habe ihn nie zuvor gesehen.

Persönliche Fürwörter

Im Gegensatz zu den Hauptwörtern gibt es für persönliche Fürwörter einen Objektfall (im Deutschen 3. bzw. 4. Fall):

ungebeugt

jeg	jaj	ich
du	du	du
han	han	er
hun	hun	sie
den/det	den/de	es
vi	wi	wir
I	i	ihr
de	di	sie

Objektfall

mig	maj	mir/ mich
dig	daj	dir/dich
ham	ham	ihm/ihn
hende	hen^{e}	ihr/sie
den/det	den/de	es
os	oß	uns
jer	jäa	euch
dem	dem	sie/ihnen

Tätigkeitswörter

Zuerst eine sehr positive Nachricht: Für alle Personen („ich, du“) gibt es nur eine Form!

Grundform

In der Grundform (Infinitiv, also die Form, die im Wörterbuch steht) enden (bis auf ein paar Ausnahmen) alle Tätigkeitswörter auf **-e.**

Beugung

jeg smiler	jaj ßmiila	ich lächle
du smiler	du ßmiila	du lächelst
han smiler	han ßmiila	er lächelt
hun smiler	hun ßmiila	sie lächelt
den/det smiler	den / de ßmiila	es lächelt
vi smiler	wi ßmiila	wir lächeln
I smiler	i ßmiila	ihr lächelt
de smiler	di ßmiila	sie lächeln

Hilfsverben

Ich beginne mit den Hilfsverben, weil man sie benötigt, um zusammengesetzte Zeiten bilden zu können. Da die Hilfsverben unregelmäßig sind, gebe ich alle Formen an, und zwar immer Grundform, Gegenwartsform, Vergangenheitsform und die Partizipform, die man braucht, um die vollendete Gegenwart/Vergangenheit bilden zu können.

	Grundform	Gegenw.	Vergang.	Partizip
	sein	**bin**	**war**	**gewesen**
sein	**være**	**er**	**var**	**været**
	weea	äa	waa	weead
haben	**have**	**har**	**havde**	**haft**
	hää	haa	haa~~dh~~^{e}	hafd
sollte (dürfen)	**burde**	**bør**	**burde**	**burdet**
	buad^e	böa	buad^e	buad^{e}d
können	**kunne**	**kan**	**kunne**	**kunnet**
	kun^e	kan	kun^e	kun^{e}d
dürfen (müssen)	**måtte**	**må**	**måtte**	**måttet**
	mod^e	mo	mod^e	mod^{e}d
sollen (werden)	**skulle**	**skal**	**skulle**	**skullet**
	ßgul^e	ßga	ßgul^e	ßgul^{e}d
wagen	**turde**	**tør**	**turde**	**turdet**
	tooa	töa	toad^e	toad^{e}d

ville	**vil**	**ville**	**villet**	*möchten/wollen*
wile	wel	wile	wiled	

Befehlsform

Für die Befehlsform braucht man nur das **-e** der Grundform wegzulassen, und – falls vorhanden – den verdoppelten Mitlaut:

give	gi	geben
giv!	giu	gib!
komme	kome	kommen
kom!	kom	komm!

Bei den Ausnahmen handelt es sich um einsilbige Wörter, bei denen die Grundform gleichzeitig die Befehlsform ist:

gå	go	gehen
gå!	go	geh!
se	ße	sehen
se!	ße	sieh!
bo	bo	wohnen
bo!	bo	wohn!

RH

Alter Anker in Hirtshals

Die Zeiten

Die Gegenwartsform ist sehr einfach zu bilden.

Gegenwart

Alle Verben – mit Ausnahme der Hilfsverben – bilden die Gegenwartsform, indem man lediglich ein **-r** an die Grundform anhängt!

tale	tääl^{e}	sprechen
taler	tääla	spricht
gå	go	gehen
går	goa	geht

Außer den Hilfsverben gibt es nur noch einen Sonderfall:

vide	wii~~dh~~^{e}	wissen
ved	wee~~dh~~	weiß

Vergangenheit & Partizip

Für die Vergangenheitsform und das Mittelwort der Vergangenheit (Partizip) muss wie im Deutschen zwischen zwei Gruppen von Tätigkeitswörtern unterschieden werden, nämlich den sogenannten „schwachen" und „starken" Tätigkeitswörtern.

schwache Tätigkeitswörter

Unter den „schwachen" Tätigkeitswörtern gibt es zwei wiederum zwei verschiedene Möglichkeiten:

Für die Vergangenheit wird **-ede,** für das Partizip **-et** an den Stamm des Tätigkeitswortes angehängt.

elske	**elskede**	**elsket**
elßg^{e}	elßg^{e}~~dh~~^{e}	elsk^{e}d
lieben	liebte	geliebt

bo	**boede**	**boet**
bo	boe~~dh~~^{e}	bo^{e}d
wohnen	wohnte	gewohnt

Für die Vergangenheit wird die Endung **-te,** für das Partizip **-t** an den Stamm des Tätigkeitswortes angehängt.

høre	**hørte**	**hørt**
hööa	höad^{e}	höad
hören	hörte	gehört

læse	**læste**	**læst**
leeß^{e}	leeßd^{e}	leeßd
lesen	las	gelesen

Die meisten schwachen Tätigkeitswörter gehören zur ersten Gruppe. Es gibt auch einige Tätigkeitswörter, die völlig unregelmäßig sind. Diese stehen im Wörterverzeichnis.

starke Tätigkeitswörter

Die „starken" Tätigkeitswörter bilden die Vergangenheit und das Partizip durch den Wechsel des Selbstlautes.

give	**gav**	**givet**
gi (giw^{e})	gaau	giw^{e}d
geben	gab	gegeben

ryge	**røg**	**røget**
rüü^{e}	roj	roj^{e}d
rauchen	rauchte	geraucht

hjælpe	**hjalp**	**hjulpet**
jelb^{e}	jalb	julb^{e}d
helfen	half	geholfen

Die Wörter aus dieser Gruppe kann man nur lernen, ich gebe deshalb im Wörterverzeichnis jeweils die Formen mit an.

Übrigens: Bei Ausrufen benutzt man im Dänischen oft die Vergangenheit, wenn man etwas ausdrückt, was in der Gegenwart geschieht:

Det var da mærkeligt!
de waa da meag^{e}lid
das war aber komisch
Das ist aber komisch!

Vollendete Gegenwart/Vergangenheit

Diese zwei Vergangenheitsformen werden genauso gebildet wie im Deutschen:

Jeg har/havde arbejdet.
Jaj haa / ha~~dh~~^{e} aabajd^{e}d
Ich habe/hatte gearbeitet.

Jeg er/var gået.
jaj äa / waa go^{e}d
Ich bin/war gegangen.

Normalerweise benutzt man immer **har/havde** (hat/hatte). **er/var** (ist/war) wird nur bei Tätigkeitswörtern benutzt, die eine Art Änderung bezeichnen, besonders in der Bewegung. Im Zweifelsfall machen Sie es so wie im Deutschen!

Hvor længe har du boet her?
woa leng^e haa du boed hea
wie lange hast du gewohnt hier
Wie lange wohnst du hier?

Die vollendete Gegenwart (Perfekt) wird im Dänischen oft benutzt, wenn man etwas ausdrückt, was in der Vergangenheit angefangen hat und jetzt noch andauert.

Zukunft

Um die Zukunft auszudrücken, gibt es wie im Deutschen zwei Möglichkeiten:

Man kann die Gegenwartsform zusammen mit einer Zeitbestimmung benutzen:

Jeg rejser tilbage om en uge.
jaj rajßa tebääj^e om een uu^e
ich reise zurück in einer Woche
In einer Woche reise ich zurück.

... oder eine Form mit dem Hilfsverb **skal** (werden) bilden:

Jeg skal rejse tilbage om en uge.
jaj ßga rajß^e tebääj^e om een uu^e
ich werde reisen zurück in einer Woche
Ich werde in einer Woche zurückreisen.

Anstelle von **skal** kann man auch **vil** (möchten) benutzen, doch dann drückt es eher einen Wunsch aus!

wichtige Verben			
Grundf.		**Vergang.**	**Partizip**
gehen	ging	gegangen	
gå	**gik**	**gået**	gehen
go	gig	go^{e}d	
løbe	**løb**	**løbet**	laufen
löb^{e}	löb	löb^{e}d	
køre	**kørte**	**kørt**	fahren
köa	köad^{e}	köad	
ryge	**røg**	**røget**	rauchen
rüü^{e}	roj	roj^{e}d	
betale	**betalte**	**betalt**	bezahlen
betääl^{e}	betääld^{e}	betääld	
drikke	**drak**	**drukket**	trinken
drig^{e}	drak	drug^{e}d	
spise	**spiste**	**spist**	essen
ßbiiß^{e}	ßbiißd^{e}	ßbiißd	
tage	**tog**	**taget**	nehmen
taa	tou	taa^{e}d	
finde	**fandt**	**fundet**	finden
fin^{e}	fand	fun^{e}d	
hente	**hentede**	**hentet**	holen
hend^{e}	hend^{e}~~dh~~^{e}	hend^{e}d	
forstå	**forstod**	**forstået**	verstehen
foaßdoo	foaßdod	foaßdo^{e}d	
vide	**vidste**	**vidst**	wissen
wii~~dh~~^{e}	wiißd^{e}	wiißd	
koste	**kostede**	**kostet**	kosten
koßd^{e}	koßd^{e}~~dh~~^{e}	koßd^{e}d	
smage	**smagte**	**smagt**	schmecken
ßmääj^{e}	ßmagd^{e}	ßmagd	
fryse	**frøs**	**frosset**	frieren
früß^{e}	frööß	froß^{e}d	
gøre	**gjorde**	**gjort**	tun
gööa	gjoaa	gjoad	
holde	**holdt**	**holdt**	halten
hol^{e}	hold	hold	
høre	**hørte**	**hørt**	hören
hööa	höad^{e}	höad	

se	**så**	**set**	sehen
ße	ßo	ßed	
sige	**sagde**	**sagt**	sagen
ßii^{e}	ßaa^{e}	ßagd	
tænke	**tænkte**	**tænkt**	denken
tengg^{e}	tengd^{e}	tengd	
vente	**ventede**	**ventet**	warten
wend^{e}	wend^{e}~~dh~~^{e}	wend^{e}d	
sove	**sov**	**sovet**	schlafen
ßou^{e}	ßou	ßou^{e}d	
skrive	**skrev**	**skrevet**	schreiben
ßgriiw^{e}	ßgre-u	ßgre-u^{e}d	
læse	**læste**	**læst**	lesen
leeß^{e}	leeßd^{e}	leeßd	
komme	**kom**	**kommet**	kommen
kom^{e}	kom	kom^{e}d	
sidde	**sad**	**siddet**	sitzen
ßi~~dh~~^{e}	ßa~~dh~~	ßi~~dh~~^{e}d	
stå	**stod**	**stået**	stehen
ßdo	ßdo~~dh~~	ßdo^{e}d	
ligge	**lå**	**ligget**	liegen
leg^{e}	lo	leg^{e}d	
spørge	**spurgte**	**spurgt**	fragen
ßböaa	ßbuad^{e}	ßbuad	
svare	**svarede**	**svaret**	antworten
ßwaa	ßwaa~~dh~~^{e}	ßwaad	

Die Leideform

Die Leideform (Passiv) kann auch auf zwei Arten gebildet werden, entweder mit dem Hilfsverb **blive** (werden) …

Der bliver/blev spist meget.
däa bliiwa / ble-u ßbiißd maa~~dh~~
es wird/wurde gegessen viel
Es wird/wurde viel gegessen.

... oder, indem man ein **-s** an die Grundform bzw. die Vergangenheitsform hängt:

Der spises/spistes meget.
däa ßbiiß^{e}ß / ßbiißd^{e}ß maa~~dh~~
es essen-wird/aß-wird viel
Es wird/wurde viel gegessen.

Es gibt einen kleinen Unterschied zwischen diesen beiden Ausdrucksweisen. Die Form mit dem Hilfsverb **blive** wird benutzt, wenn es ein einmaliger Vorgang war/ist, die Form mit **-s,** wenn es sich um einen sich öfter wiederholenden Vorgang handelt. Dann kann man auch sagen: Man isst/aß stets viel .

In der vollendeten Gegenwart (Perfekt) gibt es nur die Form mit **blive!**

Achtung: Es gibt ein paar Tätigkeitswörter, die das **-s** anhängen, trotzdem aber etwas Aktives ausdrücken:

længes	leng^{e}ß	sich sehnen
lykkes	lüg^{e}ß	gelingen
ængstes	engßd^{e}ß	sich ängstigen
enes	een^{e}ß	sich einigen
mødes	mö~~dh~~^{e}ß	sich treffen
skændes	ßgen^{e}ß	sich streiten
slås	ßloß	sich schlagen

Ganz wichtig sind dabei die zwei folgenden Formen, weil man sie sehr oft braucht:

Jeg synes, at ...
jaj ßün^{e}ß ad
Mir scheint, dass ...

Jeg mindes ...
jaj men^{e}ß
Ich erinnere mich an ...

Bindewörter

Die Bindewörter benutzt man wie im Deutschen:

og	o	und
eller	ela	oder
men	men	aber, sondern
for/fordi	foa/fadi	weil, denn
derfor	deafoa	deshalb
da	da	als, da, weil
når	noa	als, wenn
hvis	weß	wenn, falls
så	ßo	dann
skønt	ßgönd	obwohl
mens	menß	während

Zur besseren Unterscheidung von **hvis, når** und **da** führe ich hier noch ein paar Beispielsätze an.

Hvis drückt eine Möglichkeit aus, während **når** eine zeitliche Abhängigkeit anzeigt:

Vi drikker et glas vin, hvis han kommer.
wi driga ed glaß wiin weß han koma
Wir trinken ein Glas Wein, falls er kommt.

Vi drikker et glas vin, når han kommer.
wi driga ed glaß wiin noa han koma
Wir trinken ein Glas Wein, wenn er kommt.

Når wird benutzt, wenn etwas regelmäßig geschieht, **da,** wenn es sich um einen einmaligen Vorgang handelt.

Han tager altid blomster med, når han kommer.
han tääja alti blomßda me~~dh~~ noa han koma
Er bringt immer Blumen mit, wenn er kommt.

Han tog blomster med, da han kom.
han tou blomßda me~~dh~~ da han kom
Er brachte Blumen mit, als er kam.

Verhältniswörter

Wie im Deutschen gebraucht man Verhältniswörter, um die Position von Personen oder Dingen zueinander auszudrücken.

af	a	aus
bag	bäj	hinter
efter	efda	nach
foran	fooan	vor
forbi	foabi	vorbei
fra	fra	von, aus
gennem	gen^{e}m	durch
i	i	in
med	me~~dh~~	mit
mod	mo~~dh~~	gegen
om	om	um, über
over	oua	über
på	po	auf
til	tel	zu, nach
under	ona	unter
ved	we~~dh~~	bei, an

Kopperne er i skabet.
koban^{e} äa i sgab^{e}d
Tassen-die sind in Schrank-der
Die Tassen sind im Schrank.

Kustoden står bag søjlen.
kußdo~~dh~~en ßdoa bäj ßojl^{e}n
Aufseher-der steht hinter Säule-die
Der Aufseher steht hinter der Säule.

Oft werden die gleichen Verhältniswörter wie im Deutschen benutzt, es gibt jedoch auch Ausnahmen. Die wichtigste ist das Wort **til,** das auch das deutsche „für“ wiedergibt:

Gaven er til min danske veninde.
gäw^{e}n äa tel miin danßg^{e} wenen^{e}
Geschenk-das ist zu meine dänische Freundin
Das Geschenk ist für meine dänische Freundin.

Verhältniswörter bilden oft eine Einheit mit Tätigkeitswörtern, wobei es ein Unterschied ist, ob das Verhältniswort getrennt vom Tätigkeitswort steht oder mit ihm verbunden ist. In der getrennten Form ist die Bedeutung des Ausdrucks konkret, in der verbundenen Form eher übertragen gemeint.

Han giver penge ud.
han giwa peng^{e} u~~dh~~
er gibt Geld aus
Er gibt Geld aus.

Han udgiver en bog.
han u~~dh~~giwa en bou
er aus-gibt ein Buch
Er gibt ein Buch heraus.

Knappen går af.
knab^{e}n goa a
Knopf-der geht ab
Der Knopf geht ab.

Toget afgår kl. 11.17.
tou^{e}d augoa klog^{e}n elw^{e} ßöd^{e}n
Zug-der ab-geht Uhr 11.17
Der Zug geht um 11.17 Uhr.

Fragen

Bei Fragen unterscheidet man zwischen Entscheidungsfragen (nur „ja/nein“ ist als Antwort möglich) und Ergänzungsfragen (man antwortet mit einem vollständigen Satz).

Entscheidungsfragen

Entscheidungsfragen können wie im Deutschen durch Änderung der Wortstellung gebildet werden.

Du har lige spist.
du haa lij^{e} ßbiißd
Du hast gerade gegessen.

Har du lige spist?
haa du lij^{e} ßbiißd
Hast du gerade gegessen?

Ergänzungsfragen

Ergänzungsfragen werden mit Fragewörtern gebildet:

Hvem har du lånt bogen til?
wem haa du loond bou^{e}n tel
wem hast du geliehen Buch-das
Wem hast du das Buch geliehen?

hvem?	wem	wer?, wem?, wen?
hvor?	woa	wo?, wie?
hvorfor?	woafoa	warum?
hvornår?	woanoa	wann?
hvordan?	woadan	wie?
hvad?	wa(~~dh~~)	was?

Am häufigsten wird **hvor** benutzt, da es in Zusammensetzungen „wie“ bedeutet:

Hvor langt er der til …?
woa langd äa dea tel
Wie weit ist es nach …?

Hvor gammel er du?
woa gam^{e}l äa du
Wie alt bist du?

Hvor meget koster det?
woa maa~~dh~~ koßda de
wie viel kostet das
Wie viel kostet das?

ja & nein

Auf Fragen antwortet man in Dänemark ausführlich, wenn man höflich sein will. Also:

Har du avisen?
haa du awiiß^{e}n
hast du Zeitung-die
Hast du die Zeitung?

Ja, jeg har den.
ja jaj haa den
Ja, ich habe sie.

Nej, jeg har den ikke.
naj jaj haa den eg^{e}
Nein, ich habe sie nicht.

Unter Bekannten antwortet man aber wie bei uns auch einfach mit **ja** *oder* **nej.**

RH

Hier gibt’s ein Ruhekissen

doch	**jo**	jo
keiner, -e, -es	**ingen/intet**	eng^{e}n / end^{e}~~dh~~
nichts	**ingenting/intet**	engenteng / end^{e}~~dh~~
überhaupt nicht	**overhovedet ikke**	ouahou~~dh~~^{e}d eg^{e}
kaum	**næppe**	neb^{e}
nie	**aldrig**	aldri
immer	**altid**	alti~~dh~~
oft	**tit**	tid
manchmal	**undertiden** *unter-Zeit-die*	onatii~~dh~~^{e}n
auch	**også**	oß^{e}
auch nicht	**heller ikke**	hela eg^{e}
weder ... noch	**hverken ... eller**	weag^{e}n ... ela
sowohl ... als auch	**både ... og**	boo~~dh~~^{e} ... o
entweder ... oder	**enten ... eller**	end^{e}n ... ela

Wichtig: Will man **også** *(auch) verneinen, so muss man* **heller ikke** *(auch nicht) benutzen.*

Vi har også været i biografen.
wi haa oß^{e} weead i biograaf^{e}n
wir haben auch gewesen in Kino-das
Wir sind auch im Kino gewesen.

Vi har heller ikke været i biografen.
wi haa hela eg^{e} weead i biograaf^{e}n
wir haben auch nicht gewesen in Kino-das
Wir sind auch nicht im Kino gewesen.

Hier & Dort

Richtungshinweise werden mit **her** und **der** wie im Deutschen gebildet.

her	hea	hier
der	dea	dort
herhen	heahen	hierhin
derhen	deahen	dorthin
den/det her	den / de hea	diese(r,s) hier
den/det der	en / de dea	diese(r,s) dort

Jeg vil gerne have osten deroppe.
jaj wel gäan^{e} hää oßd^{e}n derob^{e}
ich möchte gerne haben Käse-der dort-oben
Ich hätte gerne den Käse dort oben.

Har I kartoflerne hernede i kælderen?
haa i kaatoflan^{e} heanee~~dh~~^{e} i kelaan
habt ihr Kartoffeln-die hier-unten in Keller-der
Habt ihr die Kartoffeln hier unten im Keller?

Zahlen & Zählen

Die dänischen Zahlen sind für Anfänger ein wenig gewöhnungsbedürftig. Zwar kommen einem die Grundzahlwörter recht vertraut vor, da sie mit dem Deutschen verwandt sind, und auch die zusammengesetzten Zahlen folgen dem deutschen Muster „ein-und-zwanzig", stehen also nicht in der Reihenfolge der Ziffern wie im Englischen oder Schwedischen.

Auch die Zehnerzahlen sind bis zur „40" ganz unauffällig. Ab „50" aber wird es 58 kompliziert, denn nun muss gerechnet werden. Diese höheren Zehnerzahlen basieren nämlich auf dem Zwanzigersystem, und das Wort für „60" bedeutete ursprünglich „drei mal (zwanzig, aber dieses Wort wird dabei nicht genannt). „80" ist demnach wortwörtlich „vier mal (zwanzig)". Bei den verbliebenen Zehnern wird es dann noch komplizierter: „50" ist so etwas wie „ein halber (Zwanziger) subtrahiert von drei mal (zwanzig)", allerdings in deutlich verkürzter Formulierung, und bei „70" und „90" läuft es ebenso. „90" basiert dabei auf der Subtraktion von „fünf mal (zwanzig)", was aber als eigenes Zahlwort gar nicht existiert). Am Anfang dürfte also das passive Verstehen von Zahlenangaben eine gewisse Herausforderung darstellen, aber man gewöhnt sich schnell daran.

Die zusammengesetzten Zahlen werden der Reihenfolge nach wie im Deutschen gebildet.

0	**nul**	nol	10	**ti**	ti
1	**en, et**	een, ed	11	**elleve**	elw^{e}
2	**to**	to	12	**tolv**	tol
3	**tre**	tre	13	**tretten**	träd^{e}n
4	**fire**	fia	14	**fjorten**	fjoad^{e}n
5	**fem**	fem	15	**femten**	femd^{e}n
6	**seks**	ßegß	16	**seksten**	ßajßd^{e}n
7	**syv**	ßüu	17	**sytten**	ßüd^{e}n
8	**otte**	od^{e}	18	**atten**	ad^{e}n
9	**ni**	ni	19	**nitten**	ned^{e}n

= ein-und-zwanzig (21)

= ein hundert (100)

= ein tausend (1.000)

20	**tyve**	tüüw^{e}
21	**enogtyve**	eenotüüw^{e}
30	**tredive**	trä~~dh~~w^{e}
40	**fyrre**	föa
50	**halvtreds**	halträß
60	**tres**	träß
70	**halvfjerds**	halfjääß
80	**firs**	fiaß
90	**halvfems**	halfemß
100	**et hundrede**	ed huna~~dh~~^{e}
1.000	**et tusinde**	ed tuß^{e}n^{e}

Ordnungszahlen

erste/-r/-s
zweite/-r/-s
dritte/-r/-s
usw.

1.	**første**	föaßd^{e}	6.	**sjette**	schjed^{e}
2.	**anden**	an^{e}n	7.	**syvende**	ßü^{e}n^{e}
3.	**tredje**	tre~~dh~~j^{e}	8.	**ottende**	od^{e}n^{e}
4.	**fjerde**	fjeea	9.	**niende**	ni^{e}n^{e}
5.	**femte**	femd^{e}	10.	**tiende**	ti^{e}n^{e}

11.	**ellevte**	elwd^{e}
12.	**tolvte**	told^{e}

trettende	träd^{e}n^{e}	*13.*
fjortende	fjoad^{e}n^{e}	*14.*
femtende	femd^{e}n^{e}	*15.*
sekstende	ßajßd^{e}n^{e}	*16.*
syttende	ßüd^{e}n^{e}	*17.*
attende	ad^{e}n^{e}	*18.*
nittende	ned^{e}n^{e}	*19.*
tyvende	tüüw^{e}n^{e}	*20.*
enogtyvende	eenotüüw^{e}n^{e}	*21.*
tredivte	trä~~dh~~d^{e}	*30.*
fyrretyvende	föatüüw^{e}n^{e}	*40.*
halvtredsindstyvende	halträßinßtüüw^{e}n^{e}	*50.*
tresindstyvende	träßinßtüüw^{e}n^{e}	*60.*
halvfjerdsindstyvende	halfjäaßinßtüüw^{e}n^{e}	*70.*
firsindstyvende	fiaßinßtüüw^{e}n^{e}	*80.*
halvfemsindstyvende	halfemßinßtüüw^{e}n^{e}	*90.*
hundrede	huna~~dh~~^{e}	*100.*
tusinde	tuß^{e}n^{e}	*1000.*

Zeit & Datum

Ich möchte mit den allgemeinen Zeitangaben beginnen, bevor ich zu den „konkreteren“ Angaben von Uhrzeit und Datum komme.

et år	ed oa	ein Jahr
en måned	en moone~~dh~~	ein Monat
en uge	en uu^{e}	eine Woche
en dag	en dää	ein Tag
en time	en tiim^{e}	eine Stunde
et minut	ed menud	eine Minute
i dag	i dää	heute
i morgen	i moan	morgen
i går	i goa	gestern

om morgenen om moan^{e}n	morgens
om formiddagen om foamedaj^{e}n	vormittags
om eftermiddagen om efdamedaj^{e}n	nachmittags
om aftenen om afd^{e}n^{e}n	abends
om søndagen om ßöndaj^{e}n	sonntags
om vinteren om wenda^{e}n	im Winter

Uhrzeit

Hvad er klokken?
wa äa klog^{e}n
was ist Uhr-die
Wie spät ist es?

Den er præcis seks.
den äa präßiiß ßegß
sie ist genau sechs
Es ist genau sechs Uhr.

... halv tre
... hal tre
... halb drei
... halb drei

... kvart i to
... kwaat i to
... viertel in zwei
... viertel vor zwei

... fem minutter over ni
... fem menuda oua ni
... fünf Minuten über neun
... fünf Minuten nach neun

Vi mødes om to timer.
wi mödh^{e}ß om to tiima
wir treffen-sich in zwei Stunden
Wir treffen uns in zwei Stunden.

Wochentage

mandag	manda	Montag
tirsdag	manda	Dienstag
onsdag	onßda	Mittwoch
torsdag	toaßda	Donnerstag
fredag	freda	Freitag
lørdag	löada	Samstag
søndag	ßönda	Sonntag

Monate

januar	januaa	Januar
februar	februaa	Februar
marts	maadß	März
april	april	April
maj	maj	Mai
juni	juni	Juni
juli	juli	Juli
august	augoßd	August
september	ßebtemba	September
oktober	ogtoba	Oktober
november	nowemba	November
december	deßemba	Dezember

Datum

Das Datum wird wie im Deutschen ausgedrückt:

den anden april
den an^{e}n april
der zweite April
der zweite April

den anden i fjerde
den an^{e}n i fjeea
der zweite im vierten
der zweite April

Den zweiten April schreibt man mit Ziffern wie folgt. Die Jahreszahl (hier 2000) trennt man mit Bindestrich oder Punkt ab, z.B.: 2/4-00 oder 2.4.00.

RH

Im Wikingerdorf

Kurz-Knigge

Die Umgangsformen der Dänen unterscheiden sich nicht wesentlich von den deutschen, es gibt jedoch ein paar Dinge, die man beachten sollte, um nicht gleich überall als typischer Tourist aufzufallen.

Die Dänen stehen anderen Menschen sehr offen gegenüber. Das zeigt sich z.B. darin, dass jeder von draußen zum Fenster reinschauen kann, weil es normalerweise keine Gardinen an den Fenstern gibt. Auch die Steuerlisten, in denen das Einkommen jedes Einwohners eingetragen ist, liegen für jedermann einsehbar im Rathaus aus. Es kann also durchaus sein, dass Ihnen jemand, den Sie noch nicht lange kennen, schon von seinen persönlichen Problemen erzählt.

Natürlich ist das von dem jeweiligen Menschen abhängig, und es gibt auch große regionale Unterschiede. In Jütland ist man generell etwas zurückhaltender als z.B. in Kopenhagen, was sich auch in der Sprache äußert. Wenn jemand aus Kopenhagen auf einem Fest war, das ihm sehr gut gefallen hat, so würde er vielleicht sagen: **Den var fantastisk.** (Es war fantastisch.), während man von einem Jütländer eher **Den var ikke så slem.** (Es war nicht so schlimm.) hören würde.

In Dänemark spricht man sich im allgemeinen mit „du" an, auch Vorgesetzte oder Fremde.

Höflichkeit wird dennoch sehr groß geschrieben. Wenn Sie jemanden besuchen, so bittet Sie der Gastgeber immer herein. Wenn er dies nicht tut, so bedeutet das, dass er keine Lust oder Zeit hat, jemanden zu empfangen. Werden Sie hereingebeten, so müssen Sie sich mit **tak** bedanken.

Höflichkeit

Dieses Wort ist überhaupt sehr wichtig für die Kommunikation. Lieber zweimal zuviel **tak** als einmal zu wenig.

Feste & Feiertage

Die offiziellen Feste und Feiertage werden in Dänemark ähnlich wie bei uns begangen. An persönlichen Festen, wie Geburtstagen, Konfirmation usw., singt man sehr viel. In Dänemark ist es üblich, dass man dem Geburtstagskind ein Lied zum besten gibt. Dieses Lied gibt man meist bei einem professionellen **sangforfatter** (Liedverfasser) in Auftrag. Während die Melodie von einem bekannten Volkslied stammt, wird der Text speziell auf den gedichtet, der geehrt werden soll. Volkslieder sind in Dänemark viel mehr verbreitet als bei uns, und es scheut sich auch niemand, sie zu singen.

Eingeladen werden

Werden Sie z.B. wie im folgenden Satz zu einem Bier in eine Kneipe eingeladen, so erwartet man, dass Sie die nächste Runde zahlen.

Jeg giver en øl/bajer!
Jaj gia en öl / baja
ich gebe ein Bier
Ich spendiere ein Bier.

Anrede

Im allgemeinen spricht man sich in Dänemark wie gesagt mit „du“ an, also auch den Chef oder den Lehrer. Sagt man **De,** also „Sie“, so wird das oft als beleidigende Herablassung aufgefasst, da sich die Dänen alle als gleichgestellt fühlen.

Im Geschäftsleben gibt es allerdings in den letzten Jahren einen gegenläufigen Trend hin zu mehr Förmlichkeit. Beim ersten Geschäftskontakt wird man – vor allem per Telefon – mittlerweile wieder häufiger mit „Sie" angesprochen. Auch kann man ältere Leute, die es noch von früher so gewohnt sind, ruhig ebenfalls mit De (Sie) anreden.

Ich habe alle Redewendungen und Beispielsätze in der „du"-Form aufgeschrieben. Wenn man jemanden mit „Sie" anreden möchte, braucht man das „du" nur nach folgendem Schema ersetzen:

du	du	du
De	di	Sie
dig	daj	dir/dich
Dem	dem	Sie/Ihnen
din/dit	diin/did	dein, -e,-es
Deres	dääß	Ihr, -e, -es

Grüßen & Verabschieden

Die Tagesbegrüßungen funktionieren wie im Deutschen.

grüßen

godmorgen!	gomoan	Guten Morgen!
goddag!	godää	Guten Tag!
godaften!	goafd^{e}n	Guten Abend!
godnat!	gonad	Gute Nacht!

Umgangssprachlich benutzt man statt **god-dag** jedoch häufiger:

dav!	dau	Tag!
davs!	dauß	Tag! (in der Mz)
hej!	haj	Hallo! (unter Bekannten)

verabschieden

Auch beim Verabschieden gibt es verschiedene Möglichkeiten:

farvel!	fawel	Auf Wiedersehen!
hej!	haj	Servus!, Tschüss!
vi ses!	wi ßeß	Bis bald!

Oftmals hört man auch, gerade wenn man unter Bekannten ist, **hej-hej!** oder zur Begrüßung **goddag-goddag!**

Wie geht's?

Hvordan går det?
woadan goa de
wie geht es
Wie geht's?

Hvad er der i vejen?
wa äa dea i waj^{e}n
was ist da in Weg-der
Was ist los?

Fint. fiind	Gut.
Ikke særlig godt. eg^{e} ßeali god	Nicht besonders gut.
Dårligt. doalid	Schlecht.

Hvordan går det med dig?
woadan goa de me~~dh~~ daj
wie geht es mit dir
Und wie geht's dir?

Einladungen

Die Dänen sind sehr offen, und man kann sehr schnell Kontakt mit ihnen bekommen, besonders wenn man versucht, Dänisch zu sprechen. Wegen der hohen Preise in Dänemark ist es überhaupt nicht üblich, ins Restaurant zu gehen. Viel lieber treffen sich die Dänen im eigenen Heim. Normalerweise bittet Sie der Gastgeber zur Tür herein mit den Worten ...

Værsgo at komme ind og velkommen!
weaßgo ad kom^{e} en o welkom^{e}n
bitte zu kommen herein und willkommen
Bitte, komm herein und willkommen!

Kom indenfor!
kom en^{e}nfoa
Komm herein!

Tak skal du have!
tag sga du hä
Dank sollst du haben
Vielen Dank!

Tak!
tag
Danke!

Darauf antwortet man immer mit „danke“!

Junge Leute treffen sich natürlich auch in der Kneipe. Jede Stadt hat eine Straße, wo eine Kneipe neben der anderen liegt, in Århus z.B. die Skolegade. Wenn man sich trifft, lädt man sich gerne zu einem Bier ein.

Danken & Wünschen

Mit einem Smartphone können Sie sich die mit einem gekennzeichneten Sätze dieses Kapitels anhören. Scannen Sie einfach den QR-Code mit Hilfe einer kostenlosen App (z. B. „Barcoo" oder „Scanlife").

Tak ist wohl das Lieblingswort der Dänen. Es heißt „danke" und wird ständig gebraucht. Wird Ihnen etwas angeboten, müssen Sie immer wie folgt antworten. **Ja** oder **nej** allein ist sehr unhöflich.

Ja tak. *ja danke*	ja tag	Ja bitte.
Nej tak.	nej tag	Nein danke.

Nach dem Essen sagt man ...

Tak for mad!
tag foa ma~~dh~~
danke für Essen
Danke für das Essen!

... worauf die Hausfrau/der Hausmann antwortet:

Velbekomme!
welbekom^{e}
Wohl bekomm's!

Wenn man sich verabschiedet, sagt man immer – egal ob Gast oder Gastgeber ...

Tak for i aften / i dag!
tag foa i afd^{e}n / i dää
Danke für heute Abend/heute!

Tak for en hyggelig aften!
tag foa en hüg^{e}li afd^{e}n
Danke für den gemütlichen Abend!

Det var hyggeligt at se dig!
de waa hüg^{e}lid ad ße daj
es war schön zu sehen dich
Es war schön, dich zu sehen!

Hyggelig ist das zweite Lieblingswort der Dänen. War etwas **hyggelig,** so bedeutet das, dass man mit netten Leuten zusammengesessen hat und vielleicht etwas gegessen, auf jeden Fall aber etwas getrunken hat, und sich so richtig wohl gefühlt hat.

Trifft man die Leute, bei denen man eingeladen war, wieder, so bedankt man sich mit ...

Tak for i går!
tag foa i goa
Danke für gestern!

Tak for sidst!
tag foa ßißd
danke für zuletzt
Danke nochmals für das letzte Mal!
(wenn das Treffen länger zurückliegt)

Tak for besøget!
tag foa beßöj^{e}d
danke für Besuch-der
Danke für den Besuch! *(sagt der Gastgeber)*

Tak for hjælpen!
tag foa jelb^{e}n
danke für Hilfe-die
Danke für die Hilfe!

Tak for vinen.
tag foa wiin^{e}n
danke für Wein-der
Danke für den Wein!

Auch für alles Andere bedankt man sich in Dänemark.

Tak for lån!
tag foa loon
Danke für's Leihen!

Als Antwort auf ein „danke“, also wenn man jemandem geholfen hat oder etwas verschenkt hat, sagt man „keine Ursache“. Und wenn man eingeladen war, oder das Vergnügen beiderseitig war, bedankt man sich selber noch einmal.

Det var så lidt!
de waa ßo lid
das war so wenig
Bitte, keine Ursache!

Selv tak!
ßel tag
selbst danke
Danke ebenfalls!

wünschen

Glædelig jul!
gle~~dh~~^{e}li juul
fröhliche Weihnachten
Fröhliche Weihnachten!

Godt nytår!
god nydoa
gutes Neujahr
Frohes Neujahr!

Man gratuliert aber nicht nur dem Brautpaar oder dem Konfirmanden, sondern auch deren/dessen Eltern, Geschwistern und Großeltern.

Til lykke med fødselsdagen / stillingen!
tel löge me~~dh~~ föß^{e}lßdääj^{e}n / ßdeleng^{e}n
zum Glück mit Geburtstag-der/Stellung-der
Glückwunsch zum Geburtstag/zur Stellung!

Til lykke med din søn/dit barnbarn!
tel löge me~~dh~~ diin ßön / did banban
zum Glück mit deinem Sohn/deinem Kind-Kind
Glückwunsch zu deinem Sohn/deinem Enkel!

Held og lykke!
hel o löge
Glück und Glück
Viel Glück!

Lykke til!
löge tel
Glück dazu
Viel Erfolg!

Hav det godt!
hä de god
hab es gut
Alles Gute!

God bedring!
go~~dh~~ be~~dh~~reng
gute Besserung
Gute Besserung!

I lige måde!
i lij^{e} moo~~dh~~^{e}
in gleicher Weise
Gleichfalls! *(Antwort, wenn es passt)*

Essen & Trinken

Die Mahlzeiten in Dänemark unterscheiden sich etwas von den bei uns üblichen:

morgenmad *Morgenessen*	moanma~~dh~~	*Frühstück*
formiddagskaffe	foamedaßkaf^{e}	*Vormittagskaffee*
frokost *Frühkost*	frokoßd	*Mittagessen*
eftermiddagskaffe	efdamedaßkaf^{e}	*Nachmittagskaffee*
aftensmad	afd^{e}nßma~~dh~~	*Abendessen*
aftenkaffe	afd^{e}nkaf^{e}	*Abendkaffee*

Die warme Mahlzeit heißt **middag** meda, egal ob sie mittags oder abends gegessen wird! Meist wird sie jedoch am Abend eingenommen, wenn die ganze Familie zu Hause ist. Dementsprechend wird mittags kalt gegessen, besonders die berühmten **smørrebrød** ßmöabröö~~dh~~. Und so sieht ein **smørrebrød** aus:

Eine dünne Scheibe Roggenbrot wird mit Butter bestrichen, dick mit Käse, Fisch, Krabben, Leberpastete oder etwas anderem belegt und dann garniert mit Salat, Remoulade. Wichtig ist dabei, dass das Brot völlig unter dem Belag verschwindet.

Ist man nachmittags zum Kaffee eingeladen, so steht außer dem **wienerbrød** wiinabröö~~dh~~ (das berühmte Blätterteiggebäck) auch Brot, Butter und Käse auf dem Tisch.

Nach jedem Essen – aber auch während des ganzen Tages und spät am Abend – trinkt man Kaffee.

Wenn man zum Essen eingeladen wird, so erfährt man nicht nur, wann das Essen stattfindet, sondern auch, was für eine Art Essen es gibt.

Du er velkommen til ...
du äa welkom^{e}n tel
Du bist willkommen zum ...

warmen Essen	**middag**	meda
kalten Buffet	**det kolde bord**	de kol^{e} boa
Abendkaffee	**aftenkaffe**	afd^{e}nkaf^{e}

Gerichte

Etwas ganz besonderes ist **det kolde bord** (der kalte Tisch), das nach ganz bestimmten Regeln abläuft. Zuerst gibt es Brot und Heringe, dann kleine, warme Gerichte, wie Leberpastete und Frikadellen, kalte Gerichte, wie Presswurst, usw.

marinierte Heringe mit Currysalat	**marinerede sild med karrysalat**	marinea~~dh~~^{e} ßil me~~dh~~ karißalääd
Salzhering	**kryddersild**	krö~~dh~~aßil
Leberpastete	**leverpostej**	leewapoßdaj
Frikadellen	**frikadeller**	frigadela
Presswurst	**rullepølse** *Rollwurst*	rul^{e}pölß^{e}
mit Fleischgelee und Zwiebeln	**med sky og løg**	me~~dh~~ ßgü o loj
Zunge mit Meerrettich	**tunge med peberrod**	tong^{e} me~~dh~~ peuaröö~~dh~~

Danach gibt es noch verschiedene Sorten Käse (**ost** oßd) und zum Schluss eventuell wieder den obligatorischen Kaffee. Zum Fisch und zum Käse trinkt man Schnaps.

Schnaps

Umgangssprachlich, oder wenn man schon ein paar getrunken hat, heißt Schnaps **en lille en** en lil^e een (ein kleiner einer) oder **en skarp** en ßgaab (ein Scharfer).

Weihnachten

Das warme Essen unterscheidet sich nicht sehr von unseren Speisen, jedoch wurde in Dänemark früher viel mehr Zucker zum Kochen verwendet. Heute ist das nicht mehr so, doch an Weihnachten reicht man zum **flæskesteg** fleßg^{e}ßdaj (Schweinebraten) in Zucker gebräunte Kartoffeln und süßen Rotkohl.

rote Grütze mit Sahne

Die berühmteste Speise neben **smørrebrød** ßmöabröö~~dh~~ ist sicherlich **rødgrød med fløde** rö~~dh~~grö~~dh~~ me~~dh~~ flöö~~dh~~^{e}, das ist rote Grütze mit Sahne. Und zwar nicht zuletzt deshalb, weil dieser Ausdruck gleich viermal das berühmte dänische Zungenbrecher-**d** enthält. Zur Übung können Sie ja öfter mal diese Süßspeise bestellen.

typisch dänisches Essen

Natürlich gibt es von Region zu Region unterschiedliche Spezialitäten, vor allem Fisch. Seit einiger Zeit kann man diese in Landgasthäusern **(en kro)** probieren. Wenn Sie das Schild **Danmenu** sehen, so bekommen Sie dort ein typisches dänisches Essen zu einem landesweit einheitlichen Preis, der für dänische Maßstäbe sehr günstig ist. Die Qualität ist jedoch nicht einheitlich gut.

Fisch

Da in Dänemark kein Ort weiter als 60 km vom Meer entfernt liegt, gibt es überall frischen Fisch, besonders gerne isst man ...

rødspætte	rö~~dh~~ßbed^e	*Scholle*
torsk	toaßg	*Dorsch*

Makrele	**makrel**	makrel
Hornhecht	**hornfisk**	hoanfeßg
Hering	**sild**	ßil
Flunder	**skrubbe**	ßgrub^{e}
Sprotte (auf Bornholm)	**brisling**	brißleng
(Mies)Muscheln	**(blå-)muslinger**	blomußlenga
Garnele	**rejer**	raja
Krebs	**krebs**	krebß
Forelle	**forel**	forel
Hecht	**gedde**	ge~~dh~~^{e}
Aal	**ål**	ol

Milchprodukte

Milchprodukte sind im Verhältnis zu den anderen Lebensmitteln sehr preisgünstig. Besonders guten Käse bekommt man in der örtlichen Molkerei (**mejeri** maj^{e}ri), die meist auch einen kleinen Laden unterhält. Will man einen sehr würzigen Käse kaufen, so muss man **lagret ost** laar^{e}d oßd (gelagerten Käse) kaufen. Eine dänische Spezialität ist der **ægte fynske røget ost** egd^{e} füünßg^{e} roj^{e}d oßd, eine Art geräucherter Quark von der Insel Fünen.

In der Früh zum Müsli essen die Dänen auch sehr viel Jogurt **(yoghurt),** der nicht so süß ist wie bei uns. Butter wird nur gesalzen gegessen, auch dann, wenn Marmelade oder Honig aufs Brot kommt.

Vollmilch	**sødmælk** *Süßmilch*	ßöö~~dh~~melg
fettarme Milch	**letmælk** *Leichtmilch*	ledmelg
Magermilch	**skummetmælk** *entrahmte-Milch*	ßgom^{e}~~dh~~melg
Buttermilch	**kærnemælk** *Butterfassmilch*	kean^{e}melg

smør	ßmöa	*Butter*
yoghurt	joguad	*Jogurt*
piskefløde	pisgefloo~~dh~~e	*Schlagsahne*
Peitschensahne		
ymer	üüma	*Dickmilch*
kvark	kwaag	*Quark*
ost	oßd	*Käse*
hytteost	hüdeoßd	*Hüttenkäse*

Getränke

kaffe	kafe	Kaffee
mælk	melg	Milch
vand	wan	Trinkwasser
juice	dschuuß	Saft
sodavand	ßodawan	Limonade

Kaffee bekommt man zu jeder Tageszeit, ansonsten trinkt man …

Alkohol

Neben dem normalen Bier, das einfach **øl** oder **bajer** (bayerisches Bier) heißt, gibt es **lys øl** lüß öl oder **let øl** led öl, das wenig Alkohol enthält, und **guld øl** gul öl oder **luksus øl** logßuß öl, das stärker und teurer ist.

Meistens bekommt man im Geschäft nur Flaschenbier (**øl i flaske** öl i flaßge), Dosenbier ist so gut wie nicht erhältlich. In Kneipen gibt es oft Fassbier (**fadøl** fa~~dh~~öl).

Zu einem ausgedehnten Mahl gehört natürlich auch Schnaps. Die bekanntesten sind der **Aalborg Akvavit** und der **Gammel Dansk** (ein Bitterschnaps mit Wermut), doch etwas ganz Besonderes ist der **porsesnaps** (**porse** = Gagelstrauch, der einen etwas bitteren Geschmack hat. Schnaps muss man oft an einem besonderen Stand im Supermarkt kaufen, an dem es auch Tabak und Zeitungen gibt.

RH

Brauereimuseum in Fjerritslev

Wein wird nicht so selbstverständlich wie bei uns getrunken, da er sehr teuer ist.

auswärts essen

Würstchenstand
SB-Cafeteria
Landgasthof
Restaurant

en pølsebod	en pölß^{e}boo~~dh~~
et cafeteria	ed kafeteriä
en kro	en kro
en restaurant	en reßdaurang

Er denne plads ledig?
äa den^{e} plaß lee~~dh~~i
Ist dieser Platz frei?

Nej, den er optaget.
naj den äa obtaa^{e}d
Nein, der ist besetzt.

= Diener

Tjener!	tjeena	Ober!
spisekortet	ßbiiß^{e}koad^{e}d	die Speisekarte
supper	ßoba	Suppen
forretter	foreda	Vorspeisen
hovedretter	hou^{e}~~dh~~reda	Hauptgerichte
desserter	deßeada	Nachspeisen

In größeren Städten gibt es viele kleine Kneipen, die mittags **smørrebrød** *oder andere kleine Speisen anbieten.*

Jeg vil gerne have ...
jaj wel gäan^{e} hää
Ich möchte gerne ... haben.

Må jeg få peberet/saltet?
mo jaj fo peuad / ßald^{e}d
darf ich bekommen Pfeffer-der/Salz-das
Könnte ich den Pfeffer/das Salz haben?

Der mangler en ske/en gaffel/en kniv.
dea mangla en sge / en gaf^{e}l / en kniu
Es fehlt ein Löffel/eine Gabel/ein Messer.

Det smager godt.
de ßmaaja god
Das schmeckt gut.

Jeg vil gerne betale.
jaj wel gäan^{e} betääl^{e}
Ich möchte gern zahlen.

Jeg betaler det hele.
jaj betääla de heel^{e}
ich bezahle das ganze
Ich zahle alles zusammen.

Det bliver 120 kr.
de bliiwa hunaa~~dh~~otüüw^{e} kroona
es wird 120 Kronen
Das macht 120 Kr.

Einkaufen

Wenn Ihnen das Essen im Restaurant zu teuer ist, dann müssen Sie selbst einkaufen gehen. Die wichtigsten Läden sind ...

supermarked	ßuubamaag^{e}~~dh~~	Supermarkt
et bageri	ed bajeri	eine Bäckerei
et mejeri	ed majeri	ein Milchladen
en forretning	en foredneng	ein Geschäft
et varehus	en waaahuuß	ein Kaufhaus
en købmand	n köman	ein Kaufmann
fødevarer *Esswaren*	föö~~dh~~^{e}waaa	Lebensmittel
selvbetjening	ßelbetjeeneng	Selbstbedienung

In Dänemark gibt es bis in das kleinste Dorf Filialen der großen Supermarktketten. Sie sind bis spät abends geöffnet, in der Regel bis 22 Uhr. Außerdem sind sie auch sonn- und feiertags offen, und dann auch nur minimal kürzer. Aufgrund dieser Entwicklung ist auch in Dänemark der gute alte Laden an der Ecke (**nærbutik** neabutig) verschwunden. Es gibt aber ausgesprochen zahlreiche Bäckereien und Konditoreien.

Die Preise für Lebensmittel sind höher als bei uns, besonders bei Fleisch und Wurst.

Wenn Sie etwas bestellen oder kaufen wollen, so beginnen Sie den Satz immer wie links stehend:

Jeg vil gerne have/købe ...
jaj wel gään^{e} hää / kööb^{e}
ich will gerne haben/kaufen
Ich möchte gerne ... haben/kaufen.

Einkaufen

Hvor meget koster det?
woa maadh koßda de
wie viel kostet das
Wie viel kostet das?

Findes der ... ?
fen^{e}ß dea
findet-sich da
Gibt es hier ...

Fleisch & Fisch

kød	ködh	Fleisch
hakket kød	hag^{e}d ködh	Hackfleisch
oksekød	ogß^{e}ködh	Rindfleisch
svinekød	ßwiin^{e}ködh	Schweinefleisch
fisk	feßg	Fisch

Gemüse & Getreide

grøntsager	gröndßäja	Gemüse
Grünsachen		
blomkål	blomkool	Blumenkohl
bønner	böna	Bohnen
en agurk	en aguag	Gurke
gulerødder	gul^{e}rödha	Karotten
Gelbwurzeln		
kartofler	katofla	Kartoffeln
margarine	mag^{e}riin^{e}	Margarine
marmelade	mam^{e}läädh^{e}	Marmelade
mel	meel	Mehl
nudler	nudhla	Nudeln
ris	riiß	Reis

Obst

frugter	frogda	Obst
et æble	it ääbl^{e}	Apfel
æbler	eebla	Äpfel
bananer	banäna	Bananen
pærer	peaa	Birnen
jordbær	joabäa	Erdbeeren
kirsebær	kiaß^{e}bäa	Kirschen

Öl & Gewürze

olie	oolj^{e}	Öl
peber	peua	Pfeffer
salt	ßald	Salz
sukker	ßoga	Zucker

Brot & Butter

brød	bröödh	Brot
smør	ßmöa	Butter

et æg	ed eeg	ein Ei
fløde	flöö~~dh~~^{e}	Sahne

Mengen

et kilo	ed kilo	ein Kilo
et halvt kilo	ed hald kilo	ein halbes Kilo
en liter	en lida	einen Liter
en pose	en pooß^{e}	eine Tüte
en dåse	en dooß^{e}	eine Dose
et glas	ed glaß	ein Glas
... gram	... gram	... Gramm

Tak, det var det hele!
tag de waa de heel
danke, das war das Ganze
Danke, das ist alles!

Unterwegs

Die erste Orientierung:

Hvordan kommer jeg til ...?
woadan koma jaj tel
Wie komme ich nach ...?

Hvor langt er der til ...?
woa langd äa dea tel
Wie weit ist es nach ...?

Hvor ligger ...?
woa lega
wo liegt
Wo liegt ...?

Det ligger in nærheden af ...
de lega i neahe~~dh~~^{e}n ä
das liegt in Nähe-der von
Das liegt in der Nähe von ...

Mit einem Smartphone können Sie sich die mit einem gekennzeichneten Sätze dieses Kapitels anhören.

(til) højre	(tel) hoja	(nach) rechts
(til) venstre	(tel) wenßdar	(nach) links
lige ud	lij^{e} uu~~dh~~	gerade aus
gågade *Gehstraße*	gogää~~dh~~^{e}	Fußgängerzone

... mit dem Auto

Hier die Höchstgeschwindigkeit in Dänemark, wenn nicht anders angegeben:

motorvej	mootawaj	Autobahn (110 km/h)
landevej	lan^{e}waj	Landstraße (80 km/h)
i byen *in Stadt-der*	i bü^{e}n	in der Stadt (50 km/h)

Polizei-**politi**

Wenn man nicht gerade zu schnell fährt, wird man kaum in näheren Kontakt mit der Polizei kommen. Falls man sie aber doch mal braucht, so spricht man Englisch und/oder Deutsch.

Natürlich fahren viele schneller, besonders auf der Autobahn, doch sollte man sich davon nicht anstecken lassen. Die Strafe, die fällig ist, wenn man erwischt wird, ist sehr hoch, und da die Entfernungen in Dänemark so gering sind, kann man kaum Zeit gewinnen. Aufpassen muss man in der Stadt, da es viele Radfahrer gibt.

Es gibt im Dänischen kein Wort für Vorfahrt, man sagt statt dessen **vigepligt** (Ausweichpflicht). Allein die Wortwahl macht deutlich, dass in Dänemark Rücksichtnahme im Verkehr ganz groß geschrieben wird.

Tankstellen haben nachts oft nicht geöffnet, es gibt aber fast überall Automaten (für Geldscheine!), deshalb sollte man immer ein paar kleine Scheine dabei haben.

Tankstelle	**tankstation**	tanggßdaschjon
Geldscheinautomat	**seddelautomat**	ße~~dh~~^{e}lautomaad
Abschleppseil	**slæbetov**	ßlääb^{e}tou

Vær venlig at fylde tanken op.
wea wenli ad fül^{e} tangg^{e}n ob
freundlich zu füllen Tank-der auf
Bitte volltanken.

Jeg vil gerne have 15 l diesel.
jaj wel gäan^{e} hää femd^{e}n lida diißel
ich möchte gerne haben 15 l Diesel
Bitte 15 l Diesel.

super	ßuuba	*Super*
almindelig benzin	almen^{e}li benßiin	*Normalbenzin*
blyfri	blüfri	*bleifrei*

Wenn mal was am Wagen kaputt geht, hier sind die wichtigsten Ersatzteile:

en aksel	en agß^{e}l	*Achse*
en starter	en ßdaada	*Anlasser*
en udstødning	en uu~~dh~~ßdö~~dh~~neng	*Auspuff*
en akkumulator	en akumulätoa	*Batterie*
en pære	en pea	*Birne*
et blinklys	ed blengglüß	*Blinker*
en bremsebelægning	en bremß^{e}belegneng	*Bremsbelag*
en pakning	en pagneng	*Dichtung*
en reservedel	en reßerw^{e}deel	*Ersatzteil*
et gear	ed gia	*Gang*
en gearkasse	en giakaß^{e}	*Getriebe*
et kabel	ed kääb^{e}l	*Kabel*
en kilerem	en kiil^{e}räm	*Keilriemen*
en skærm	en ßgeam	*Kotflügel*
en køler	en kööla	*Kühler*
en kobling	en kobleng	*Kupplung*
et rat	en rad	*Lenkrad*
en motor	en moota	*Motor*
olie	oolj^{e}	*Öl*
et hjul	ed juul	*Rad*
et dæk	ed deg	*Reifen*
en lygte	en lügd^{e}	*Scheinwerfer*
en slange	en ßlang^{e}	*Schlauch*
en sikring	en ßegreng	*SIcherung*
en støddæmper	en ßdö~~dh~~demba	*Stoßdämpfer*
et startkabel	en ßdaadkääb^{e}l	*Überbrückungskabel*
en karburator	en karburaatoa	*Vergaser*
et tændrør	ed tenrööa	*Zündkerze*

Wenn man eine Panne hat, kann man sich mit den folgenden Sätzen bestimmt weiterhelfen lassen:

Vil du tage min bil på slæb?
wel du taa miin biil po ßleb
möchtest du nehmen mein Auto ins Schlepptau
Kannst du mich abschleppen?

Vil du hjaelpe mig med at skubbe?
wel du jelb^{e} maj me~~dh~~ ad ßgub^{e}
willst du helfen mir zu schieben
Kannst du mir schieben helfen?

Jeg har motorstop. **... er defekt.**
jaj haa mootaßtob ... aa defegd
ich habe Motorstop *... ist defekt*
Ich habe eine Panne. ... ist defekt.

Tanken er tom.
tangg^{e}n äa tom
Tank-der ist leer
Mein Tank ist leer.

Har du måske en benzindunk?
haa du moßgee en benßiindongg
hast du vielleicht ein Benzinkanister
Hast du vielleicht einen Reservekanister?

Vil du tage mig med til den nærmeste tankstation?
wel du taa maj me~~dh~~ tel den näam^{e}ßd^{e} tanggßdaschjon
willst du nehmen mich mit nach die nächste Tankstelle
Kannst du mich zur nächsten Tankstelle mitnehmen?

Aber ich hoffe natürlich, dass Sie keinen dieser Sätze auf Ihrer Reise brauchen werden!

... mit dem Flugzeug

Für junge Leute bietet die skandinavische Luftfahrtgesellschaft **SAS** sehr günstige Flüge innerhalb Skandinaviens an. Wenn man auf die Färöer fliegt, so ist sogar der innerdänische Zubringerflug nach Kopenhagen umsonst. Am besten erkundigt man sich, bevor man ein Ticket kauft. In Kopenhagen gibt es zwei Abteilungen des Flughafens, eine für innerdänische Flüge und eine für Flüge ins Ausland, auf die Färöer und nach Grönland.

Da man sich im Flughafen immer auf Englisch und meist auch auf Deutsch verständigen kann, gibt es hier nur den wichtigen Satz:

Hvordan kommer jeg til lufthavnen?
woadan koma jaj tel lofdhaunn
Wie komme ich zum Flughafen?

... mit der Eisenbahn

Auch mit dem Zug bekommt man Ermäßigungen. Die Dänischen Staatsbahnen **(DSB)** haben ähnliche Preise wie die Deutsche Bahn. Da sich die verschiedenen Spartarife immer mal wieder ändern, sollte man vor der Reise nachfragen bzw. im Internet recherchieren.

en station	en ßdaschjon	ein Bahnhof
en køreplan	en köaplaan	ein Fahrplan
et billetsalg	ed biledßal	ein Fahrkartenschalter
en billet	en biled	eine Fahrkarte
en perron	en perong	ein Bahnsteig
et spor	ed ßboa	ein Gleis

afgå	au̯go	abfahren
en afgang	en augang	en augang
ankomme	ankomm^{e}	ankommen
en ankomst	en ankomßd	Ankunft
et tog	ed tou	ein Zug
en liggevogn	en leg^{e}woun	ein Liegewagen
en sovevogn	en ßou^{e}woun	ein Schlafwagen
en spisevogn	en ßbiiß^{e}woun	ein Speisewagen
en kupé	en kupee	ein Abteil
(ikke-)rygere	(eg^{e})rüüa	(Nicht-)Raucher
en togkiosk	en toukioßg	Zug-Kiosk

Toget er forsinket.
tou^{e}d äa foaßengg^{e}d
Zug-der ist verspätet
Der Zug hat Verspätung.

Den Satz hören Sie bestimmt das ein oder andere Mal auf einem dänischen Bahnsteig. Im Zug hören Sie außerdem die Ansage:

Om få minutter når vi ...
om fo menuda noa wi
In wenigen Minuten erreichen wir ...

Hvornår går det næste tog til ...?
woanoa goa de neßd^{e} tou tel
wann geht der nächste Zug nach
Wann fährt der nächste Zug nach... ?

Jeg vil gerne have en pladsbillet til toget til ...
jaj wel gäan^{e} hää en plaßbiled tel tou^{e}d tel
ich möchte gerne haben eine Platzkartezu Zug-dem nach ...
Ich möchte eine Platzkarte für den Zug nach ...

... mit der Fähre

Wenn man in Dänemark mit der Fähre unterwegs ist, dann braucht man eigentlich kein Dänisch zu sprechen, da alles gut ausgeschildert ist. Steht man dann am Kassenhäuschen, sollte man allerdings den Preis verstehen können!

RH

Auf der Fähre nach Agger

Hvor er havnen?
woa äa haun^e^n
wo ist Hafen-der
Wo ist der Hafen?

Hvnornår afgår der en færge til ...?
woanoa augoa dea en fäau^e^ tel
wann abfährt da eine Fähre nach
Wann fährt eine Fähre nach ... ab?

Hvor kan man købe billetter?
woa ka(n) man kööb^e^ bileda
wo kann man kaufen Karten
Wo kann man Karten kaufen?

Hvor tit sejler færgen til ...?
woa tid ßajla fäau^e^ tel
wie oft segelt Fähre-die nach
Wie oft geht die Fähre nach ...?

Hvor længe varer overfarten?
woa leng^e^waaa ouafaad^e^n
wie lange dauert Überfahrt-die
Wie lange dauert die Überfahrt?

... mit dem Fahrrad

Dänemark ist ein sehr Fahrrad-freundliches Land, ob in der Stadt oder auf dem Land.

Hvad koster det at tage en cykel med?
wa koßda de a taa en ßüg^{e}l me~~dh~~
was kostet es zu nehmen ein Fahrrad mit
Was kostet es, ein Fahrrad mitzunehmen?

på færgen	po fäau^{e}n	auf der Fähre
i toget	i tou^{e}d	im Zug

en cykel	en ßüg^{e}l	ein Fahrrad
et styr	ed ßdüa	eine Lenkstange
en ventil	en wentiil	ein Ventil
en cykelsti	en ßüg^{e}lßdi	ein Fahrradweg

en bremsesko	en bremß^{e}ßgo	eine Bremsbacke
et cykeldæk	en ßüg^{e}ldeg	in Fahrradreifen
en cykelkæde	en ßüg^{e}lkee~~dh~~^{e}	eine Fahrradkette
en cykelpumpe	en ßüg^{e}lpomb^e	eine Fahrradpumpe
et krankleje	ed krangglaj^e	ein Tretlager

... mit Stadtverkehrsmitteln

In den Städten gibt es ein sehr gutes Netz von öffentlichen Verkehrsmitteln. Mehrfachfahrkarten, sogenannte **klippekort,** bekommt man an Kiosken. Wie viel man jeweils stempeln muss, steht überall auf Deutsch oder zumindest Englisch angeschrieben.

In Kopenhagen gibt es die **Copenhagen Card,** mit der man die öffentlichen Verkehrsmittel kostenlos benutzen kann und freien Eintritt in die Museen hat.

Die Karte kostet 120-250 dkr für einen bis drei Tage (Kinder von 5-11 zahlen die Hälfte) und gilt in der ganzen Hauptstadtregion, so dass man bis Roskilde oder Helsingør kommt.

et stoppested	ed ßtob^{e}ßdö~~dh~~	eine Haltestelle
en bus	en buß	ein Bus (i. d.Stadt)
en rutebil	en ruud^{e}biil	ein Überland-Bus
et S-tog	ed eßtou	eine S-Bahn

Jeg skal til ...
jaj sga tel
ich will nach
Ich will nach ...

Vil du sige til, når jeg skal stige ud?
wel du ßij^{e} tel noa jaj ßga ßdij^{e} uu~~dh~~
willst du sagen zu, wann ich soll steigen aus
Kannst du mir sagen, wann ich aussteigen muss?

... mit dem Taxi

Jeg vil gerne bestille en taxa til kl. 10.
jaj wel gäan^{e} beßdel^{e} en tagßa tel klog^{e}n ti
ich möchte gerne bestellen ein Taxi zu 10 Uhr
Ich möchte ein Taxi für 10 Uhr bestellen.

Wie bei uns hält man ein Taxi durch Winken an.

Til stationen!
tel ßdaschoon^{e}n
zu Bahnhof-der
Zum Bahnhof, bitte!

Vær venlig at køre mig til ...
wea wenli a köa maj tel
sei freundlich zu fahren mich nach ...
Fahr mich bitte nach ...

Übernachten

Campingplatz Einen Campingplatz **(campingplads)** gibt es überall, und wenn man nicht gerade in Kopenhagen ist, sind sie auch immer sehr gut ausgestattet und meist gut geführt. Man braucht einen dänischen Campingplatzausweis, der auch in den anderen skandinavischen Ländern gilt und umgekehrt.

Jugendherberge **Vandrehjem,** wie die Jugendherbergen in Dänemark heißen, bieten Übernachtungsmöglichkeiten von sehr hohem Niveau. Sie sind oft wie Hotels ausgerüstet und haben auch Familien- und Doppelzimmer.

Privatzimmer Wer Kontakt zu Dänen bekommen möchte, für den ist die beste Art der Übernachtung ein Privatzimmer. Sieht man am Straßenrand das Schild **værelser** (Zimmer), dann kann man oft sehr günstig ein einfaches Zimmer bekommen und oft auch das Bad und die Küche mitbenutzen. Im Juli/August kann es aber passieren, dass man mehr Deutsche als Dänen trifft.

„Meet the Danes“ Es gibt in Dänemark das Programm **„meet the danes“.** Beim örtlichen Fremdenverkehrsamt wird man dann an eine dänische Familie vermittelt, mit denen man einen gemeinsamen Abend verbringen kann.

Ferienhaus Am beliebtesten sind die Ferien in einem Ferienhaus **(sommerhus)**. Mieten kann man von Deutschland aus, was sich besonders im Juli/August empfiehlt, oder auch in Dänemark selbst, dann ist es etwas billiger.

Hvor langt er der til stranden?
woa langd äa dea tel ßdranᵉn
wie weit ist es zu Strand-der
Wie weit ist es zum Strand?

Hvor er brændet?
woa äa brened
wo ist Feuerholz-das
Wo ist das Feuerholz?

Er sommerhuset med ... ?
äa ßomahuußᵉd medh
ist Sommerhaus-das mit
Hat das Sommerhaus ...

koldt og varmt vand kold o waamd wan		kaltes & warmes Wasser
varme	waamᵉ	Heizung
el	el	Strom
brusebad	bruußebadh	Dusche
sauna	ßauna	Sauna
pejs	pajß	Kamin

Mit einem Smartphone können Sie sich die mit einem gekennzeichneten Sätze dieses Kapitels anhören.

Während die Ferienhäuser früher recht einfach ausgestattet waren, liegt der Standard jetzt wesentlich höher, nicht zuletzt deshalb, weil die Dänen neuerdings auch im Winter gerne eine Woche in ihr **sommerhus** fahren.

Jeg vil gerne blive her tre dage.
jaj wel gäanᵉ bliiwᵉ hea tre däjᵉ
ich möchte gerne bleiben hier drei Tage
Ich möchte drei Tage hierbleiben.

Vi kører videre i morgen.
wi köaa widhaa i moan
wir fahren weiter in morgen
Wir fahren morgen weiter.

Am Strand

Bademeister gibt es an dänischen Stränden nirgends. An vielbesuchten Stränden gibt es manchmal Schilder mit der Aufschrift **badning forbudt** (Baden verboten), die vor dem Baden warnen, wenn die Strömung stark ist.

badedragt	ba~~dh~~^{e}dragd	Badeanzug
badebukser	ba~~dh~~^{e}bogßa	Badehose
luftmadras	lofdmadraß	Luftmatratze
sololie	ßoloolj^{e}	Sonnenöl
vandmand	wanman	Qualle
badebro	ba~~dh~~ebro	Badesteg
klit	klid	Düne
bølge	bölj^{e}	Welle
fribadestrand	friba~~dh~~^{e}ßdran	Nacktbadestrand

Hvor varmt er vandet?
woa waamd äa wan^{e}d
wie warm ist Wasser-das
Wie warm ist das Wasser?

Rubjerg Knude

RH

Ausgehen

Man trifft sich in Dänemark gerne in der Kneipe **(værtshus)** oder im Kino **(biograf)**. Alle Filme laufen im Original mit Untertiteln (auch im Fernsehen), weil das Synchronisieren zu teuer kommen würde.

Wenn man irgendwohin geht oder fährt, sagt man immer **jeg skal** (ich werde).

Vi skal på værtshus i aften.
wi ßga po wäadßhuuß i afd^{e}n
wir werden auf Wirtshaus im Abend
Wir gehen in die Kneipe heute abend.

Vil du ikke med?
wel du eg^{e} me~~dh~~
Willst du nicht mit?

Jo, det lyder godt.
Joo de lüü~~dh~~a god
Doch, das klingt gut.

Er denne plads ledig?
äa den^{e} plaß lee~~dh~~i
Ist dieser Platz frei?

Ja, værsgo.
ja weaßgo
Ja, bitte (nimm Platz).

Hvor er w.c.et/toilettet?
woa äa weeßee^{e}d / toaled^{e}d
wo ist Klo-das/Toilette-die
Wo ist das Klo/die Toilette?

Auf der Toilettentür ist entweder ein Mann oder eine Frau abgebildet, oder es steht **herrer** bzw. **damer** drauf, was ja auch nicht schwer zu verstehen ist.

Mit einem Smartphone können Sie sich die mit einem gekennzeichneten Sätze dieses Kapitels anhören.

Flirt, Liebe & Co.

Wenn man jemanden kennenlernt, wird man vielleicht gefragt ...

Vil du danse med mig?
wel du danß^{e} me~~dh~~ maj
möchtest du tanzen mit mir
Möchtest du mit mir tanzen?

Må jeg komme med dig hjem?
mo jaj kom^{e} me~~dh~~ daj jem
darf ich kommen mit dir nach-Hause
Darf ich mit zu dir kommen?

Nach einem langen Fest könnte man auch gefragt werden

Jeg giver morgenkaffe.
jaj giwa moankaf^{e}
ich gebe Morgenkaffee
Hast du noch Lust auf'nen Kaffee?

Dies kann ein Angebot zu Kaffee und mehr sein, je nachdem wie der Abend verlaufen ist.

Jeg vil gerne sove med dig.
jaj wel gään^{e} ßou^{e} me~~dh~~ daj
ich möchte gerne schlafen mit dir
Ich möchte gerne mit dir schlafen.

Har de noget kørende med hinanden?
haa di no^{e}d köan^{e} me~~dh~~ hinan^{e}n
haben sie etwas fahrend mit einander
Läuft zwischen denen was?

flirte	flöad^{e}	flirten
elske	elßg^{e}	lieben
kysse	köß^{e}	küssen
forelsket	foaelsg^{e}d	verliebt

holde af en	hol^{e} ä een	jmd. mögen
halten von jmd.		
gå i byen	go i bü	fremdgehen
gehen in Stadt-die		
bolle med	bol^{e} me~~dh~~	bumsen
være jaloux	weea schjaluu	eifersüchtig sein
sein eifersüchtig		
være utro	weea utro	untreu sein
sein untreu		
tage noget	taa no^{e}d	etwas nehmen (zur Verhütung)

prævention	prewenschjon	Verhütung
kondom	kondom	Kondom
gummi	gummi	Kondom
regnfrakke	rainfragge	„Kondom“
Regenmantel		
p-piller	peepela	Pille
pillen	pel^{e}n	Pille
voldtage	woltaa	vergewaltigen
bøsse	böß^{e}	Schwuler
lebbe	leb^{e}	Lesbe

Und zu guter Letzt kann man auch einfach nur gemütlich schmusen:

kysse og kramme
köß^{e} o kram^{e}
küssen und knutschen

Bank, Post & Telefon

In Telefonzellen bekommt man kein Geld zurück, auch wenn kein Anschluss zustande-kommt. Deshalb erst mal nur eine Krone ein-werfen, und wenn das Gespräch zustande kommt, nachwerfen.

et posthus	ed poß~~dh~~uuß	*ein Postamt*
en bank	en bangg	*eine Bank*
en telefonboks	en tel^{e}foonbogß	*eine Telefonzelle*

Hvor kan man veksle penge?
woa ka(n) man wegßl^{e} peng^{e}
wo kann man wechseln Geld
Wo kann man Geld wechseln?

Die Notrufnummer für Krankenwagen, Feuerwehr oder Polizei ist in Dänemark 112 (von jeder Telefonzelle ohne Münzeinwurf möglich).

Hvor kan jeg telefonere?
woa kan jaj tel^{e}fonea
wo kann ich telefonieren
Wo kann ich telefonieren?

Hvad koster et brev til Tyskland/Østrig?
wa koßda ed bre-u tel tüßglan / ößdrii
Was kostet ein Brief nach Deutschland/Österreich?

et frimærke	ed frimeag^{e}	eine Briefmarke
et brev	ed bre-u	ein Brief
et postkort	ed poßdkoad	eine Ansichtskarte
en check	en tschjeg	ein Scheck
et telekort	ed tel^{e}koad	eine Telefonkarte

Computer, Internet & Handy

Mit einem Smartphone können Sie sich die mit einem gekennzeichneten Sätze dieses Kapitels anhören.

Reisende wissen es längst zu schätzen, mal schnell in ein Internet-Café gehen zu können, um die E-Mails abzuchecken und den Freunden zu Hause eine kurze Nachricht zukommen zu lassen.

Hvor meget koster det at bruge en computer?
woa ma~~dh~~ koßda de ad bruue en kombjuuda
wie viel kostet es zu benutzen einen Computer
Wie viel kostet es, einen Computer zu benutzen?

Hvordan åbner man dette program?
woadan oobna man ded^{e} program
wie öffnet man dieses Programm
Wie öffnet man dieses Programm?

Har man brug for et kodeord/password?
haa man bruu foa ed kood^{e}ooa / paßwöad
hat man Gebrauch für ein Kodewort/Passwort
Benötigt man ein Passwort?

Du kan få fat i mig på mobilen.
du kan fo fad i maj po mobiil^{e}n
du kannst bekommen zu fassen in mich auf Handy-das
Du kannst mich am Handy erreichen.

Die jungen Leute, die in Internet-Cafés arbeiten, werden vermutlich alle Englisch verstehen. Deshalb hier nur die wichtigsten Sätze auf Dänisch.

tilmelde	telmel^{e}	anmelden
skærm	ßgeam	Bildschirm
computer	kombjuuda	Computer
mobiltelefon	mobiiltel^{e}foon	Handy
Internet-Café	indanedkafee	Internet-Café
snabel-a	ßnaab^{e}l-aa	@ (*Schnabel-a*)
mus	muuß	Maus
kodeord	kood^{e}ooa	Passwort
password	paßwöad	Passwort
søg	ßööj	suchen
tastatur	taßdatua	Tastatur
adgang	a~~dh~~gang	Zugang

Die wichtigsten, d.h. ergiebigsten dänischen Suchmaschinen, heißen **www.kvasir.dk** *und* **www.jubii.dk**.

Ein paar interessante Websites für den Urlaub in Dänemark sind:

www.aok.dk (dän./engl.), **AOK** ist die Abkürzung für **Alt Om København** („alles über Kopenhagen"), bringt alles Wissenswerte über Konzerte, Veranstaltungen, Tipps.

www.denmark.dk (engl.), Links zu den offiziellen staatlichen Behörden, Ministerien, Universitäten.

www.visitdenmark.dk (dt./engl./div. Sprachen), offizielle Seite des dänischen Tourismusverbandes, Möglichkeit, Prospekte und Kataloge online zu bestellen.

www.dcu.dk Seite des dänischen Campingverbandes (etwa 80 Plätze).

Krank sein

Sollte man einmal krank werden, so braucht man vielleicht ...

en læge en leej^{e}	ein Arzt/eine Ärztin
et sygehus/hospital ed ßüü^{e}huuß / hoßbidääl	ein Krankenhaus
en ambulance en ambulangß^{e}	ein Krankenauto
en tandlæge en tanleej^{e}	ein/e Zahnarzt/ -ärztin
en vagtlæge en wagdleej^{e}	ein/e Notfallarzt/ -ärztin

Körperteile

Am einfachsten können Sie erklären, was Ihnen weh tut, wenn Sie auf die schmerzende Stelle zeigen.

en arm	en aam	Arm
en hånd	en hon	Hand
en finger	en fengga	Finger
et ben	ed been	Bein
en fod	en foo~~dh~~	Fuß
en tå	en to	Zehe
et hoved	ed hoo^{e}~~dh~~	Kopf
et øje	ed oj^{e}	Auge
et øre	ed öa	Ohr
en næse	en neeß^{e}	Nase
en læbe	en leeb^{e}	Lippe
et hjerte	ed jead^{e}	Herz
en lunge	en long^{e}	Lunge
en mave	en mááw^{e}	Bauch
en ryg	en rög	Rücken

Her gør det ondt.
hea göa de önd
Hier tut es weh.

Apotheke

et apotek	en apoteeg	eine Apotheke
en recept	en reßebd	ein Rezept
vat	wad	Watte
tampon	tampong	Tampon
bind	ben	Binde
kondom	kondoom	Kondom
p-piller	peepela	Anti-Baby-Pille
hostesaft	hoßd^{e}ßafd	Hustensaft
sovepiller	sööw^{e}pela	Schlafmittel
øjendråber	oj^{e}ndrooba	Augentropfen
ørendråber	öandrooba	Ohrentropfen
en forbinding	en forbendeng	ein Verband

et hæfteplaster ed hefd^{e}plaßda	ein Heftpflaster
hovedpinetabletter hoo^e~~dh~~piin^{e}tableda	Kopfschmerztablette
afføringsmiddel auföangßmed^{e}l	Abführmittel
kultabletter koltableda	Kohletabletten
termometer termomeeda	Fieberthermometer
desinfektionsmiddel deßinfekschjoonßmed^{e}l	Desinfektionsmittel

Jeg vil gerne have noget mod ...
jaj wel gäan^e hää no^{e}d mo~~dh~~
ich möchte gerne haben etwas gegen ...
Ich möchte gerne etwas gegen ... haben.

Wie bei uns gibt es die meisten Medikamente nur auf Rezept.

hovedpine	hoo^e~~dh~~piine	Kopfschmerzen
influenza	influenßa	Grippe
halssmerter	halßßmeada	Halsschmerzen
tandpine	tanpiin^e	Zahnschmerzen
søsyge	ßößüü^e	Seekrankheit
forbrænding	foabreneng	Verbrennung

betændelse	beten^{e}lß^{e}	Entzündung
hævelse	hew^{e}lß^{e}	Schwellung

Schimpfen & Fluchen

Natürlich sind die Schimpfwörter sehr wichtig für eine Sprache; doch benutzen sollte man sie erst, wenn man die Sprache schon gut beherrscht, weil man sonst leicht ins Fettnäpfchen treten kann.

Wenn man sich ärgert, weil man sich z.B. geschnitten hat, sagt man ...

For søren/pokker!
foa ßöan / poga
Zum Teufel/Mist!

Will man jemanden beleidigen, so benutzt man **din** (dein) an Stelle von „du“ ...

Du Clown!/Du Narr!	**Din klovn/torsk!** *dein Clown/Dorsch*	diin kloun / toaßg
Du Idiot!	**Din idiot!** *dein Idiot*	diin idiood
Du Schwein!	**Dit svin!**	did ßwiin
Muttersöhnchen!	**Tøsedreng!** *Mädel-Junge*	töößᵉdreng
(Altes) Arschloch!	**(Gamle) Røvhul!**	(gaml^{e}) röuhol

Det rager ikke dig en skid!
de raaua eg^{e} daj en ßgi~~dh~~
das kümmert nicht dich einen Scheiß
Das geht dich einen Dreck an!

Rend mig (i røven)!
ren maj (i röu^e^n)
renne mir (in Arsch-der)
Leck mich (am Arsch)!

Hold kæft!
hol kefd
Halt's Maul!

Achtung: **Hold kæft** wird auch als Ausdruck der Verwunderung gebraucht:

Hold kæft hvor var det spændende!
hol kefd woa waa de ßben^e^n^e^
halt's Maul wie war das spannend
Mein Gott, war das spannend!

Slang

Obwohl Dänemark sehr klein ist, ändern sich die Slangausdrücke alle 10 km. Wer sich dafür interessiert, sollte sich **Politikens Slangordbog** kaufen. Darin sind viele dänische Slangausdrücke aufgeführt, und es gibt jedes Jahr eine neue Auflage. Ansonsten ist die dänische Sprache stark von Dialekten geprägt. Da kann ich nur empfehlen, mal eine Platte von Niels Hausgaard zu hören. Er singt seine Lieder in einem nordjütländischen Dialekt und druckt auf der Plattenhülle auch die dänische Übersetzung ab, weil es sonst kaum jemand verstehen würde.

Ein Wort, das jedoch überall benutzt und verstanden wird, ist:

strømer ßdröma — „Bulle" (Polizist)
Stromer

Dänische Abkürzungen

bl. a.	**bland andet** blan an^{e}d	unter anderem
dvs.	**det vil sige** de wel ßii	das heißt
e. Kr.	**efter Kristi fødsel** efda krißdi föößel^{e}l	nach Christi Geburt
f. Kr.	**før Kristi fødsel** föa krißdi fööß^{e}l	vor Christi Geburt
f. eks.	**for eksempel** öa ekßemb^{el}	zum Beispiel
gl.	**gammel** gam^{el}	alt
hhv.	**henholdsvis** henholßwiiß	beziehungsweise
kgl.	**kongelig** kong^{e}li	königlich
kl.	**klokken** klog^{e}n	Uhr
kr.	**kroner** Kroona	Kronen
o. a.	**og andet/andre** o an^{e}d / andra	und andere, -s
obs!	**observere!** obßawea	Achtung!
o. lign.	**og lignende** o liin^{e}n^{e}	und ähnliche
o. s. v.	**og så videre** o ßo wi~~dh~~aa	und so weiter
t. h./v.	**til højre/venstre** tel hoja / wenßda	nach rechts/links
tlf.	**telefon** tel^{e}foon	Telefon

Literaturhinweise

Sie haben sich hoffentlich mit Hilfe dieses kleinen Buches in Dänemark gut zurechtfinden können. Vielleicht möchten Sie jetzt etwas mehr Dänisch lernen. Hier ein paar Büchertipps:

Die hier genannten Bücher/Schriften sind nicht über den REISE KNOW-HOW Verlag erhältlich.

Dänisch ohne Mühe Audio-Sprachkurs für Anfänger, 1 Lehrbuch, 4 Audio-CDs, Assimil GmbH, Köln, ISBN: 9783896252135 Umfangreicher Selbstlernkurs nicht nur für Anfänger.

Dänisch. Ein Grundkurs für Erwachsene von Annegret Jöhnk, Hueber Verlag.

Politikens Slangordbog, Politikens Forlag, nur in Dänemark erhältlich. Wie schon im Text erwähnt, ein sehr interessantes Buch, aus dem man viel über dänische Umgangssprache lernen kann.

Der Autor

Roland Hoffmann, Jahrgang 1962, lebt als freiberuflicher Übersetzer, Dolmetscher und Autor im Raum München.

„Dänisch ist voller Witz, und die Dänen sind bekannt für ihren oftmals sehr trockenen Humor. Dies mag ich persönlich sehr, und daher bin ich oft in unserem nördlichen Nachbarland, um Freunde zu besuchen und um ausgiebig Dänisch sprechen zu können."

Wörterbuch
Dänisch – Deutsch
Deutsch – Dänisch

Ein gutes Wörterbuch ist in der Fremde mehr wert als ein Schwert.
(arabische Redensart)

Das dänsche Alphabet

a, b, c, d, e, f, g, h, i, j, k, l, m, n, o, p, q, r, s, t, u, v, w, x, y, z, æ, ø, å

Abkürzungen im Wörterbuch

abbr = Abkürzung
adj = Adjektiv
adv = Adverb
Akk = Akkusativ
conj = Konjunktion
Dat = Dativ
etw. = etwas
förm. = förmlich
Gen = Genitiv
Inf. = Infinitiv
interj = Interjektion
j. = jemand
j-m = jemandem
j-n = jemanden
j-s = jemandes
m = männlich
Mz = Mehrzahl
NoD = norddeutsch
Nom = Nominativ
num = Numerale
ÖrD = Österreichisches Deutsch
part = Partikel
phr = Phrase
prep = Pr„position
pron = Pronomen
s = sächlich
SüD = süddeutsch
SwD = schweizerdeutsch
t = sächliches Geschlecht (im Dänischen)
u = sächliches Geschlecht, (Utrum, im Dänischen)
übertr. = übertragen
ugs. = umgangssprachlich
v = Verb
w = weiblich

Zeichenerklärung

1, 2, 3, ...	die Zahlen listen unterschiedliche Bedeutungen eines Stichwortes auf.
~	Symbol (Tilde) dient als Platzhalter für das Stichwort in festen Redewndungen.
A + ~	Großbuchstabe + Tilde: Platzhalter, aber das Stichwort beginnt in der Redewendung mit einem Großbuchstaben.
▸	Beginn der Auflistung von festen Redewendungen und Beispielsätzen.
♦	zeigt Wechsel der Wortklasse an.

A

abonnement [abon^{e}mang] *u* Abonnement *s etw. Gen*, (ugs.) Abo *s etw. Gen*
abonnementskort [abon^{e}mangßkood] *t* Dauerkarte *w* (Eintrittskarte usw.)
abonnere [abonea] *v* abonnieren, abonnieren *etw. Akk*
abort [abood] *u* Abtreibung *w*, Fehlgeburt *w*
abrikos [abrikoß] *u* Aprikose *w* (Frucht), (ÖrD) Marille *w*
absolut [abßolud] *adj* absolut, völlig, gänzlich, vollkommen (Unsinn usw.) ♦ *adv* absolut, völlig, ganz ♦ *part* bestimmt, sicher, allerdings
accept [agßebd] *u* Annahme *w*, Empfang *m* (von Ware usw.)
acceptabel [agßebtäb^{e}l] *adj* **1** annehmbar **2** leidlich, passabel (Qualität usw.) **3** zulässig ► **være ~** gehen (akzeptabel sein)
acceptere [agßebtea] *v* **1** billigen *etw. Akk* (Handlung usw.) **2** akzeptieren **3** annehmen *etw. Akk* (Angebot usw.) **4** annehmen (Plan usw.)
accessoirer [aßeßuaa] *Mz* Accessoires *s Mz*, Beiwerk *s* (modisches usw.)
adapter [adabta] *u* Adapter *m*
addere [adea] *v* dazurechnen *etw. Akk zu etw.*, zusammenzählen, addieren
adfærd [adhfea] *u* Verhalten *s*, Benehmen *s*
adgang [adhgang] *u* **1** Zugang *m zu etw.* (Wasser, Informationen usw.), Zutritt *m zu etw.* **2** Zutritt *m* (Erlaubnis usw.) ► **få ~** *til ngt* Zutritt *zu etw.* bekommen; **fri ~** Eintritt frei; **gratis ~** Eintritt frei
adlyde [adhlüdh^e] *v* gehorchen *j-m/etw.*, folgen *j-m/etw.* (Chef usw.)
administration [adhminißdratschon] *u* Verwaltung *w*
adressat [adreßäd] *u* Empfänger *m*, Adressat *m* (eines Briefes usw.)
adresse [adraß^e] *u* Adresse *w*, Anschrift *w*
adskille [adhßgel^e] *v* trennen *j-n/etw.*, abtrennen *j-n/etw.*
advare [adhwaa] *v* warnen *j-n vor etw. Dat*
advarsel [adhwaaß^{e}l] *u* Warnung *w*, Warnung *w vor etw. Dat*
advokat [adhwokäd] *u* Anwalt *m*, Rechtsanwalt *m*
adækvat [ad^{e}kwäd] *adj* adäquat, angemessen
af [ä] *prep* aus *etw.* (gemacht); **(ud) ~** *ngt* aus *etw.* (herausnehmen usw.)
afbetale [aubetäl^e] *v* abzahlen *etw. Akk*, abbezahlen *etw. Akk* (Schuld usw.)
afbryde [aubrüdh^e] *v* **1** unterbrechen *etw. Akk* (Tätigkeit usw.) **2** unterbrechen *j-n* (Sprecher usw.) **3** abbrechen *etw. Akk* (beenden) **4** abschalten (Fernseher usw.) ► **Strømmen er afbrudt.** Der Strom ist ausgefallen.
afbrydelse [aubrüdh^{e}lß^e] *u* **1** Lücke *w* (Stelle usw.) **2** Unterbrechung *w*
afdeling [audeleng] *u* Abteilung *w*
afdække [audeg^e] *v* entdecken *etw. Akk* (Verbrechen usw.)
affald [aufal] *t* Abfall *m* (Reste usw.), Müll *m*
affaldsspand [aufalßßban] *u* Mülleimer *m*, Abfalleimer *m*
afføring [auföaeng] *u* **1** Kot *m* **2** Stuhl *m* (Kot) **3** Exkremente *s Mz*
afgang [augang] *u* **1** Abgang *m* **2** Abfahrt *w* (eines Zuges usw.) **3** Abflug *m*
afgift [augifd] *u* **1** Abgabe *w* (Geldleistung) **2** Abführung *w* (von Steuern usw.) **3** Straßenzoll *m*, Maut *w*
afgjort [augjoad] *part* eindeutig, bestimmt
afgøre [augöa] *v* **1** entscheiden *etw. Akk* **2** bestimmen *etw. Akk* (Anzahl usw.), festlegen *etw. Akk* (Termin usw.)
afhente [auhend^e] *v* abholen *j-n/etw.*, holen *j-n/etw.*; **~ bagage** Gepäck abholen
afhjælpe [aujelb^e] *v* erleichtern *etw. Akk*, lindern *etw. Akk* (seelisch)
afholde sig *v* **1** sich enthalten *etw. Gen* (Abstimmung usw.) **2** sich versagen *etw. Akk* (verzichten)
afhænge [auheng^e] *v* abhängen *von j-m/etw.*, ankommen *auf j-n/etw.*, liegen *an j-m/etw.* (an Umständen usw.)
afhængig [auhengi] *adj* **1** abhängig *von j-m/etw.* (von Umständen usw.) **2** abhängig *von etw.* (Drogen usw.)
afhøring [auhöaeng] *u* Verhör *s*
afkastning [aukaßdneng] *u* Gewinn *m*, Ertrag *m* (finanzieller)
afkræfte [aukrafd^e] *v* erschöpfen *j-n*
afkøle [auköl^e] *v* **1** abkühlen *etw. Akk* **2** kühlen (Wein usw.)
aflede [auledh^e] *v* **1** umleiten *etw. Akk* (Verkehr usw.) **2** ablenken (Aufmerksamkeit usw.) **3** ableiten *etw. Akk aus etw.* (Wort, Formel usw.)
aflejring [aulajaeng] *u* Ablagerung *w*, Lager *s* (Gesteinsschicht)
aflevere [aulewea] *v* **1** liefern *j-m etw. Akk*, abliefern *etw. Akk bei j-m*, zustellen *j-m etw. Akk* **2** zurückgeben *j-m etw. Akk* **3** übergeben *j-m etw. Akk* (abgeben) **4** übergeben *j-m etw. Akk* (weiterleiten) **5** abgeben (Arbeit usw.) **6** zuspielen *j-m etw. Akk* (Ball usw.)
aflyse [aulüß^e] *v* absagen (Treffen usw.)

aflægge [auleg^{e}] **~ vidneudsagn** aussagen (Zeuge usw.)

afløb [aulöb] *t* Abfluss *m* (Öffnung), Ablauf *m*

afløse [aulöß^{e}] *v* **1** vertreten *j-n* (einspringen) **2** auswechseln *j-n*

afmærke [aumäag^{e}] *v* unterscheiden *j-n/etw. von j-m/etw.* (anders machen)

afpasse [aupaß^{e}] *v* anpassen *etw. Akk j-m/etw.*, angleichen *etw. Akk j-m/etw.*

afpresse [aupraß^{e}] *v* erpressen *j-n*

afrejse [aurajß^{e}] *u* Abreise *w*

afsende [außen^{e}] *v* abschicken *etw. Akk*, absenden *etw. Akk*, versenden *etw. Akk*, expedieren

afsender [außena] *u* Absender *m*

afsides [außi~~dh~~^{e}ß] *adj* abgelegen, entlegen ♦ *adv* beiseite (legen usw.)

afskaffe [außgaf^{e}] *v* abschaffen *etw. Akk*

afsked [außge~~dh~~] *u* Abschied *m*, Verabschiedung *w*

afskrive [außgriw^{e}] *v* abschreiben (wegen Abnutzung usw.)

afsky [außgü] *u* **1** Ekel *m* **2** Abscheu *m vor j-m/etw.*, Abneigung *w gegen j-n/etw.* ♦ *v* **1** hassen *j-n/etw.*, nicht ausstehen können *j-n/etw.* **2** sich ekeln *vor etw. Dat* ► **væmmes** *ved/over ngn/ngt*, **føle ~** *for/over ngn/ngt* angeekelt *von etw.*

afslag [außläj] *t* Ablehnung *w*

afslappet [außlab^{e}~~dh~~] *adj* **1** gelöst, entspannt (Verhalten usw.) **2** locker, gelassen (Mensch) **3** locker (Atmosphäre usw.) **4** nonchalant, lässig **5** ungezwungen, zwanglos

afslutning [außludneng] *u* **1** Ende *s* (Zeitpunkt) **2** Beendigung *w etw. Gen*

afslutte [außlud^{e}] *v* **1** beenden *etw. Akk* (stoppen) **2** zum Abschluss bringen *etw. Akk*, zu Ende bringen *etw. Akk* **3** Ende machen *etw. Dat*

afsløre [außlöa] *v* **1** enthüllen *etw. Akk* **2** enthüllen (Denkmal usw.) **3** entblößen **4** verraten *j-n* (Identität usw.) **5** verraten *j-m etw. Akk*, preisgeben *j-m etw. Akk* (Geheimnis usw.) **6** entdecken *etw. Akk* (Verbrechen usw.)

afsløring [außlöaeng] *u* **1** Lösung *w* (eines Geheimnisses usw.) **2** Offenbarung *w* (Verraten usw.)

afslå [außlo] *v* **1** abweisen *etw. Akk* (Bitte usw.), zurückweisen *etw. Akk* (Vorschlag) **2** ablehnen *etw. Akk* (Angebot usw.) **3** ablehnen *etw. Akk* (Einfall usw.), abweisen *etw. Akk* (Idee usw.) **4** ablehnen *etw. Akk* (Einladung usw.)

afsnit [außnid] *t* **1** Abschnitt *m* **2** Absatz *m* (eines Textes) **3** Abteil *s* (abgegrenzter Teil)

afspærre [außbäaa] *v* sperren

afstamning [außdamneng] *u* Ursprung *m*, Herkunft *w*

afstand [außdan] *u* **1** Abstand *m* (räumlicher, zeitlicher) **2** Entfernung *w*, Distanz *w* (räumliche usw.)

afsted [aßde~~dh~~] **tage ~** abfahren, abgehen (Zug usw.), abreisen *aus etw. nach etw.*, verlassen *etw. Akk* (Stadt usw.)

afstemning [außdemneng] *u* Abstimmung *w über etw. Akk*; **hemmelig ~** geheime Abstimmung

afstå [außdo] *v* **1** verzichten *auf etw. Akk* **2** sich versagen *etw. Akk* (verzichten)

afsværge [außwäau^{e}] *v auf etw.* verzichten

afsætning [außedneng] *u* Absatz *m* (Verkauf), Vertrieb *m*

aftage [autä] *v* **1** nachlassen **2** weniger werden **3** beziehen (geliefert bekommen)

aftager [autäja] *u* Abnehmer *m*

aftale [autääl^{e}] *u* **1** Abmachung *w*, Vereinbarung *w* **2** Verabredung *w mit j-m*, Termin *m mit j-m* (bei Arzt usw.) ♦ *v* **1** verabreden *etw. Akk*, vereinbaren *etw. Akk*, absprechen *etw. Akk* (Termin usw.) **2** verabreden *etw. Akk* (Treffen usw.) **3** aushandeln *etw. Akk* ► **~ et møde** *med ngn* sich verabreden *mit j-m*; **lave en ~** ein Treffen verabreden; **Det er en ~!** Abgemacht!

aften [afd^{e}n] *u* Abend *m*; **i ~** abends; **i går aftes** gestern Abend; **God ~.** Guten Abend.

aftensmad [afd^{e}nßma~~dh~~] *u* Abendessen *s*, Abendbrot *s*

aftrækker [autraga] *u* Abzug *m* (einer Waffe)

afvente [auwend^{e}] *v* **1** erwarten *j-n/etw.* (Besuch usw.) **2** abwarten *etw. Akk* **3** ausschauen *nach j-m/etw.*, Ausschau halten *nach j-m/etw.*

afvige [auwi^{e}] *v* **1** sich unterscheiden *in etw. Dat, von etw.* **2** ablenken *etw. Akk* **3** abweichen *von etw.*, abweichen (von Norm usw.), ausschweifen **4** verschieden sein, sich unterscheiden (Dinge usw.)

afvise [auwiß^{e}] *v* **1** ablehnen *etw. Akk* (Angebot usw.) **2** abweisen *etw. Akk* (Bitte usw.), zurückweisen *etw. Akk* (Vorschlag) **3** ablehnen *etw. Akk* (Einfall usw.), abweisen *etw. Akk* (Idee usw.) **4** dementieren *etw. Akk* **5** abtun *j-n* (Bittsteller usw.)

agentur [agentua] *t* Agentur *w*

aggressiv [agr^{e}ßiu] *adj* **1** aggressiv **2** raubtierhaft (Verhalten usw.)

agtelse [agd^{e}lß^{e}] *u* Achtung *w vor j-m* (Hochschätzung usw.), Respekt *m vor j-m*

agurk [aguag] *u* Gurke *w*

akse [agß^{e}] *u* Achse *w* (Drehachse usw.)

aksel [agß^{e}l] *u* Achse *w* (eines Fahrzeugs), Welle *w* (Maschinenteil)

Wörterbuch Dänisch – Deutsch

aktiv [agtiu] *adj* aktiv, tätig ♦ *t* Vorzug *m* (Vorteil)

aktivitet [agtiwited] *u* **1** Tätigkeit *w* (Sichbeschäftigen), Aktivität *w* (Handlung usw.) **2** ***aktiviteter*** Aktivitäten *w Mz*

aktuel [agtuel] *adj* **1** aktuell (Nachricht usw.) **2** aktuell, zeitgemäß (Technologie usw.), up to date

akut [akud] *adj* akut, dringend (Aufgabe usw.)

al [al] *pron* all

alarm [alam] *u* **1** Alarmanlage *w* **2** Alarm *m*

albue [albuu^{e}] *u* Ellbogen *m*

alder [ala] *u* Alter *s* (einer Person), Lebensalter *m*

alderdom [aladam] *u* Alter *s* (Lebensabend)

aldrig [aldri] *adv* nie, niemals

alene [aleen^{e}] *adj* allein (ohne Andere)

alfabet [alfabed] *t* Alphabet *s*, Abc *s*

alkohol [algohal] *u* Alkohol *m* (Getränk)

alkoholfri [algohalfri] *adj* alkoholfrei

alle [al^{e}] *pron* alle

allerede [al^{e}ree~~dh~~^{e}] *adv* schon

allergi [aläagi] *u* Allergie *w gegen etw.*

allergisk [aläagißg] *adj* allergisch *gegen etw.*

alligevel [alii^{e}wel] *adv* **1** sowieso, jedenfalls **2** trotzdem ♦ *part* sowieso, ohnehin

almen [almen] *adj* allgemein

almindelig [almenli] *adj* **1** üblich **2** gewohnt, gewöhnlich (Zeit usw.), üblich **3** alltäglich, gewöhnlich (normal), Alltags-

almindeligvis [almen^{e}liwiß] *adv* gewöhnlich, üblich

alt [ald] *pron* alles ♦ *u* Alt *m* (Stimme) ► **~ for** *hvordan* zu; **i ~** insgesamt

altid [alti~~dh~~] *adv* **1** immer (stets) **2** jedes Mal, jeweils **3** seit jeher, seit (eh und) je

altså [alßa] *adv* also ♦ *conj* also, das heißt ♦ *part* na also, ja dann

aluminium [aluminjom] *t* Aluminium *s*, (ugs.) Alu *s*

alvor [alwo] *u* Ernst *m* (der Lage usw.)

alvorlig [alwoli] *adj* ernst, schlimm (Lage usw.), ernsthaft (Versuch usw.), seriös (Gründe usw.)

ambassade [ambaßää~~dh~~^{e}] *u* Botschaft *w* (Vertretung)

ambassadør [ambaßadöa] *u* Botschafter *m*

ambulance [ambulangß^{e}] *u* Krankenwagen *m*, Ambulanz *w* (Wagen), Rettungswagen *m*

ambulatorium [ambulatoaiom] *t* **1** Ambulanz *w* **2** Poliklinik *w*

Amerika [amaika] *t* Amerika *s*

amerikansk [amaikanßg] *adj* amerikanisch

anbefale [anbefäl^{e}] *v* empfehlen *j-n/etw. j-m*

and [an] *u* Ente *w* (Vogel)

andel [andel] *u* Anteil *m an etw. Dat*

anden [an^{e}n] *pron* **1** ein anderer **2** ander(er,e,es) (Seite usw.) ♦ *num* zweit(er,e,es) ► **en ~** ander(er,e,es) (Exemplar usw.), jemand anders, noch einer; **et andet sted** woanders, anderswo, woandershin

anderledes [anale~~dh~~^{e}ß] *adj* anders *als j./etw.*, unterschiedlich *von etw.* ♦ *adv* **1** anders **2** unterschiedlich, anders **3** sonst

andetsteds [an^{e}~~dh~~ßde~~dh~~ß] *adv* **1** woandershin **2** woanders, anderswo

ane [ään^{e}] *u* Vorfahr(e) *m* ♦ *v* ahnen *etw. Akk*, erahnen

anelse [ään^{e}lß^{e}] *u* **1** Ahnung *w* (Vorgefühl) **2** Ahnung *w*, Idee *w* (Vorstellung usw.)

anerkende [anaken^{e}] *v* **1** schätzen *etw. Akk* (Verdienst usw.) **2** anerkennen *etw. Akk* (offiziell)

anfald [anfal] *t* Anfall *m*

angive [angi] *v* **1** angeben *etw. Akk* (Adresse usw.) **2** anführen *etw. Akk* (sagen usw.) **3** anzeigen *j-n* (Täter usw.) **4** denunzieren *j-n* (anzeigen)

angreb [angreb] *t* Angriff *m* (Aggression)

angribe [angrib^{e}] *v* **1** angreifen *j-n*, anfallen *j-n* **2** angreifen *j-n/etw.* (militärisch)

angå [ango] *v* **1** betreffen *j-n/etw.*, angehen *j-n/etw.*, anbelangen *j-n/etw.* **2** betreffen *etw. Akk* (inhaltlich usw.) ► **hvad** *ngn/ngt* **angår** was *j-n/etw.* betrifft, was *j-n/etw.* angeht

angående [ango^{e}n^{e}] *prep* bezüglich, hinsichtlich

anhænger [anhenga] *u* Anhänger *m* (Wagen)

ankel [angg^{e}l] *u* Fußknöchel *m*, Knöchel *m*

anker [angga] *t* Anker *m* (Schiffsanker)

ankerplads [anggaplaß] *u* Ankerplatz *m*, Ankerstelle *w*, Anlegestelle *w*

anklage [anklääj^{e}] *v* **1** beschuldigen *j-n etw. Gen* **2** anklagen *j-n etw. Gen* ♦ *u* **1** Klage *w* (gerichtlich) **2** Anklage *w* (gerichtliche) **3** Bezichtigung *w*

ankomme [ankam^{e}] *v* **1** ankommen *in etw. Dat, an etw. Dat*, anlangen *an etw. Dat* (mit dem Auto usw.) **2** gelangen *irgendwohin* (zu Fuß) **3** anfliegen, einfliegen (Flugzeug) **4** ankommen (Paket usw.), eingehen (Brief usw.)

ankomst [ankamßd] *u* Ankunft *w*

ankre [angkra] *v* ankern (vor Anker liegen)

anlæg [anleg] *t* Ausstattung *w* (in einer Fabrik usw.), Anlagen *w Mz*
anmeldelse [anmeleleße] *u* Kritik *w* (kritische Beurteilung), Rezension *w*
anmodning [anmodhneng] *u* Antrag *m auf etw. Akk*
anmærkning [anmäagneng] *u* Bemerkung *w* (schriftlich), Notiz *w*
annonce [anangße] *u* Anzeige *w* (in einer Zeitung), Annonce *w*
ansat [anßad] *adj* beschäftigt (Angestellter usw.) ♦ *u* Angestellte *m*, Arbeitnehmer *m*
anse [anße] ~ *ngn/ngt* **for** *ngn/ngt* halten *j-n/etw. für j-n/etw.*, betrachten *j-n/etw. als j-n/etw.*
ansigt [anßegd] *t* Gesicht *s*
anstrengende [anßdrangene] *adj* **1** anstrengend **2** anspruchsvoll (Aufgabe usw.), anstrengend (Tag usw.)
anstrenge sig *v* sich anstrengen (intensiv arbeiten)
anstændig [anßdendi] *adj* **1** anständig **2** ordentlich (Leben usw.)
ansvar [anßwa] *t* **1** Verantwortung *w für etw.* **2** Haftung *w* ► **bære ansvaret for** *ngt* die Verantwortung *für etw.* tragen; **have ansvaret for** *ngt* verantworten *etw. Akk*, verantwortlich sein *für etw.*
ansvarlig [anßwali] *adj* verantwortlich *j-m für etw.*; **være** ~ *for ngt* verantworten *etw. Akk*, verantwortlich sein *für etw.*
ansætte [anßede] *v* **1** anwerben *j-n*, einstellen *j-n* (Arbeiter usw.), aufnehmen *j-n* (Mitglied usw.), engagieren *j-n* (einen Künstler) **2** anstellen *j-n*, beschäftigen *j-n* (Angestellten usw.) **3** einsetzen *j-n in etw. Akk, j-n zu j-m* (in Amt usw.)
ansættelse [anßedeleße] *u* **1** Beschäftigung *w* **2** Anstellung *w*
ansøge [anßöje] *v* **1** beantragen *etw. Akk* **2** sich bewerben *um etw.*
ansøger [anßöja] *u* **1** Bewerber *m für etw.*, Anwärter *m auf etw. Akk* **2** Antragsteller *m auf etw. Akk*
antage [antä] *v* voraussetzen, annehmen (glauben)
antagelse [antäjeleße] *u* Voraussetzung *w* (Idee usw.)
antal [antal] *t* Anzahl *w etw. Gen*, Zahl *w etw. Gen*
antenne [antene] *u* **1** Antenne *w* **2** Fühler *m*
antibiotikum [antibiotikom] *t* Antibiotikum *s*
antik [antig] *adj* **1** antik (zu Antike gehörend) **2** altertümlich **3** antik (Möbel usw.) ♦ *u* Antike *w*
antikonception [antikanßebtschon] *u* Empfängnisverhütung *w*
antænde [antene] *v* anzünden *etw. Akk* (Gebäude usw.)
anvende [anwene] *v* **1** benutzen *etw. Akk*, verwenden *etw. Akk* **2** umgehen *mit etw.* (benutzen) **3** anwenden *etw. Akk* (Regel usw.), anwenden (in Praxis usw.)
anvendelse [anweneleße] *u* **1** Benutzung *w etw. Gen*, Nutzung *w etw. Gen*, Gebrauch *m etw. Gen*, Verwendung *w etw. Gen* **2** Anwendung *w etw. Gen*
apotek [aboteg] *t* Apotheke *w*
apparat [abarad] *t* **1** Apparat *m*, Gerät *s* (elektrisches usw.) **2** Gerät *s* (Messgerät usw.) **3** Haushaltsgerät *s* ♦ *u* Trakt *m*, Apparat *m* (im Körper)
appelsin [abelßin] *u* Orange *w*, Apfelsine *w*
appetit [abetid] *u* Appetit *m*, Esslust *w*, Lust zu essen
applaus [aplauß] *u* Applaus *m*, Beifall *m*
april [april] *u* April *m*
arbejde [aabajde] *t* **1** Arbeit *w* **2** Arbeit *w*, Arbeitsstelle *w* (Beruf), Beschäftigung *w* ♦ *v* arbeiten
arbejder [aabajda] *u* Arbeiter *m*
arbejdsgiver [aabajdßgiiwa] *u* Arbeitgeber *m*
arbejdsløs [aabajdßlöß] *adj* arbeitslos (Person) ♦ *u* Arbeitslose *m*
arbejdsom [abajdßam] *adj* fleißig, arbeitswillig
arbejdsplads [aabajdßplaß] *u* Arbeitsplatz *m*
areal [aaeäl] *t* **1** Areal *s*, Gelände *s* **2** Fläche *w* (Ausmaß), Inhalt *m* (eines Dreiecks usw.) **3** Fläche *w* (sehr große usw.)
argument [agumend] *t* Argument *s*
ark [aag] *t* Bogen *m* (Papierblatt)
arkade [akäädhe] *u* Passage *w* (Ladenpassage), Einkaufspassage *w*
arkitekt [agitegd] *u* Architekt *m*
arkitektur [agitegtua] *u* Architektur *w*, Baukunst *w*
arm [am] *u* Arm *m*
armbånd [aamban] *t* Armband *s*, Armring *m*
armé [ame] *u* Armee *w*, Heer *s*, Militär *s* (Streitkräfte)
armstol [aamßdol] *u* Sessel *m*
arrangere [a-angtschea] *v* **1** arrangieren *etw. Akk* (erledigen), erledigen *etw. Akk*, besorgen *etw. Akk* (Aufgabe usw.) **2** veranstalten *etw. Akk* **3** ordnen *etw. Akk*, anordnen *etw. Akk* **4** arrangieren (Blumen usw.)
arrestere [a-aßdea] *v* verhaften *j-n*
art [ad] *u* Art *w* (Tierart usw.), Spezies *w*
artikel [atigel] *u* Artikel *m*
arv [au] *u* Erbe *s* (Eigentum usw.), Erbschaft *w*
arve [aawe] *v* erben *etw. Akk von j-m*

arving [aaweng] *u* Erbe *m etw. Gen*
asfalt [aßfald] *u* **1** Asphalt *m* **2** Schwarzdecke *w*
asiat [aßiäd] *u* Asiat *m*
asiatisk [aßiätißg] *adj* asiatisch
Asien [aßi^{e}n] *t* Asien *s*
aske [aßg^{e}] *u* Asche *w*
askebæger [aßg^{e}beeja] *t* Aschenbecher *m*
asparges [aßbaß] *u* Spargel *m* (Gemüse)
aspekt [aßbegd] *t* **1** Aspekt *m* **2** Aspekt *m* (eines Verbs) ♦ *u* Seite *w etw. Gen* (Standpunkt), Aspekt *etw. Gen m*
assistent [aßißdend] *u* Assistent *m*
assistere [aßißdea] *v* assistieren *j-m bei etw.*, helfen *j-m mit etw., bei etw.* (bei einer Arbeit usw.)
astma [aßdma] *u* Asthma *s*
at [a] *conj* dass
atom [atom] *t* Atom *s*
attakere [atakea] *v* angreifen *j-n*, anfallen *j-n*
atten [ad^{e}n] *num* achtzehn
attest [ateßd] *u* **1** Schein *m* (Urkunde) **2** Bescheinigung *w*, Zeugnis *s*
attestere [at^{e}ßdea] *v* beglaubigen *etw. Akk*, bestätigen *etw. Akk* (amtlich usw.), bescheinigen *etw. Akk*
attraktion [atragtschon] *u* Attraktion *w*
attraktiv [atragtiu] *adj* reizend, attraktiv
august [augoßd] *u* August *m*
Australien [außdrali^{e}n] *t* Australien *s*
australier [außdralja] *u* Australier *m*
australsk [außdralßg] *adj* australisch
autocamper [autokäämba] *u* Wohnmobil *s*
automat [automäd] *u* Automat *m* (Maschine)
automatisk [automätißg] *adj* automatisch
autoritet [autoited] *u* Autorität *w*, Befugnis *w*
avanceret [awangßea~~dh~~] *adj* fortgeschritten (Technik usw.)
avenue [aw^{e}nü] *u* Straße *w* (Avenue), Avenue *w*
avis [awiß] *u* Zeitung *w*
avle [aul^{e}] *v* halten *etw. Akk* (Haustier usw.), sich vermehren (Lebewesen usw.), sich fortpflanzen, veredeln

B

baby [bejbi] *u* Baby *s*, Säugling *m*
bacon [bejkan] *u/t* Bauchfleisch *s*, Speck *m*
bad [ba~~dh~~] *t* **1** Bad *s* (Raum), Badezimmer *s* **2** Bad *s* (Baden) ► **tage ~** baden (sich waschen)
bade [bää~~dh~~^{e}] *v* **1** baden *j-n* **2** baden (schwimmen)
badedragt [bää~~dh~~^{e}dragd] *u* Badeanzug *m*
badekar [bää~~dh~~^{e}ka] *t* Badewanne *w*, Wanne *w*
badekåbe [bää~~dh~~^{e}koob^{e}] *u* Bademantel *m*
badeværelse [bää~~dh~~^{e}wäaalß^{e}] *t* Bad *s* (Raum), Badezimmer *s* ♦ *u* Waschraum *m*
bag [bäj] *prep* **1** hinter (einem Haus usw.) **2** hinter *etw. Dat* (einem Fluss usw.) ♦ *adv* hinten
bagage [bagäätsch^{e}] *u* **1** Gepäckstück *s* **2** Gepäck *s*
bagagerum [bagäätsch^{e}rom] *t* Gepäckraum *m*, Kofferraum *m*
bagatel [bagatel] *u* **1** Kleinigkeit *w* **2** ein paar Pfennige
bagdel [baudel] *u* **1** Gesäß *s*, Hintern *m* **2** Rückseite *w* (eines Gebäudes), Hinterseite *w*
bage [bääj^{e}] *v* backen, braten (im Fett)
bagefter [bäjefda] *adv* **1** daraufhin, danach **2** danach, nachher **3** zurück (zurückgeblieben)
bager [bääja] *u* Bäcker *m*
bageri [bäjari] *t* Bäckerei *w*
bagfra [bäjfra] *adv* von hinten
baggrund [baugron] *u* **1** Hintergrund *m* (eines Bildes usw.) **2** Umfeld *s* (soziales usw.)
bagside [baußii~~dh~~^{e}] *u* **1** Rückseite *w* (eines Gebäudes), Hinterseite *w* **2** Rückseite *w* (eines Blattes usw.)
bagværk [bauwääg] *t* Gebäck *s*, Backwaren *w Mz*
bakke [bag^{e}] *u* **1** Hügel *m* **2** Platte *w*, Tablett *s* (zum Servieren) **3** (kleine) Platte *w* ♦ *v* **1** zurücktreten (nach hinten) **2** zurückfahren (von einem Wagen usw.), rückwärtsfahren (Auto usw.) ► **ned ad ~** bergab; **op ad ~** bergauf
bal [bal] *t* Ball *m* (Veranstaltung)
balder [bala] *u Mz* Gesäß *s*, Hintern *m*
balkon [balkang] *u* Balkon *m*
banan [banän] *u* Banane *w*
band [bäänd] *t* Band *w*, Kapelle *w*
bandage [bandäätsch^{e}] *u* **1** Verband *m* (Bandage) **2** Bandage *w*, Verband *m*
bandagere [bandatschea] *v* verbinden

bane [bääne] *u* **1** Flugbahn *w*, Bahn *w* (von Projektil usw.) **2** Fahrspur *w* **3** Strecke *w* (Rennstrecke usw.)

bank [bangg] *u* Bank *w* (Institution)

banke [bangge] *v* **1** schlagen *j-n*, prügeln *j-n* **2** schlagen *an etw. Akk*, hämmern *gegen etw.*, schlagen *auf/an etw. Akk* (an die Tür usw.) **3** klopfen *an etw. Akk* (ans Fenster usw.) **4** klopfen *etw. Akk* (Fleisch), klopfen (Schnitzel usw.) **5** krachen **6** hämmern (Herz usw.), pochen (Herz) ► ~ *ngt* **(ind) i** *ngt* einschlagen *etw. Akk in etw. Dat*

bar [ba] *u* **1** Bar *w* (Lokal) **2** Bar *w* (Theke), Büfett *s* (im Restaurant usw.) **3** Barraum *m*, Thekenraum *m* **4** Riegel *m* (Schokolade) ♦ *adj* kahl, nackt (Stelle usw.)

barbere [babea] *v* **1** rasieren *j-n/etw.* **2** ausrasieren *etw. Akk* (Nacken usw.) ► ~ **(sig)** sich rasieren

barbermaskine [babeamaßgiine] *u* Rasierapparat *m* (elektrischer)

bardisk [badeßg] *u* Bar *w* (Theke), Büfett *s* (im Restaurant usw.)

barfodet [baafodhed] *adj* barfuß, barfüßig

barm [bam] *u* Busen *m*

barn [ban] *t* Kind *s*

barndom [baandam] *u* Kindheit *w*

barnebarn [baaneban] *t* **1** Enkelkind *s* **2** Enkel *m* **3** Enkelin *w*

barnevogn [baanewoun] *u* Kinderwagen *m*

base [bääße] *u* **1** Basis *w* (militärische usw.) **2** Base *w* (Verbindung) **3** Fuß *m* (Sockel), Sockel *m* **4** Sockel *m* (Gestell) **5** Basis (technisch usw.) **6** Base *s* (im Baseball)

basilikum [baßilikom] *u* Basilikum *s*

basis [bäässiß] *u* **1** Basis *w* (eines Objekts usw.), Grundfläche *w*, Sockel *m* (Gestell) **2** Fuß *m* (Sockel), Sockel *m* **3** Basis *w*, Grundlage *w etw. Gen* **4** Basis *w etw. Gen*

bassin [baßeng] *t* Kessel *m* (Tal)

bat [bad] *t* Schläger *m* (für Baseball usw.)

batteri [badari] *t* Batterie *w* (elektrische); **Batteriet er fladt.** Mein Akku ist leer.

bebo [bebo] *v* bewohnen *etw. Akk*

beboelig [beboeli] *adj* bewohnbar

beboer [beboa] *u* Ortsansässige *m*

bed [bedh] *t* Beet *s*

bede [beedhe] *v* **1** bitten *j-n um etw.* **2** beten *zu j-m für etw.* **3** betteln *bei j-m um etw.*, erbetteln *etw. Akk von j-m*, betteln *um etw.* ♦ *u* Hammel *m* (Bock) ► **Bed dem om at vente.** Sag ihnen, sie sollen warten!

bedrag [bedrau] *t* **1** Betrug *m* **2** Schwindel *m* **3** Täuschung *w* (optische usw.)

bedrage [bedraue] *v* **1** betrügen *j-n* **2** belügen *j-n* **3** betrügen *j-n* (Ehemann usw.) **4** trügen

bedre [bedhra] *adj* **1** besser **2** günstiger, besser ♦ *adv* besser

bedring [bedhaeng] *u* Erholung *w* (von Krankheit)

bedst [beßd] *adj* best(er,e,es) ♦ *adv* am besten ► **gøre** *ens* **bedste** *for ngt j-s* Bestes tun

bedstefar [beßdefaa] *u* Großvater *m*

bedstemor [beßdemoa] *u* Großmutter *w*

bedømme [bedöme] *v* schätzen *etw. Akk* (bestimmen), abschätzen *etw. Akk*

bedømmelse [bedömelße] *u* **1** Bewertung *w* **2** Gutachten *s* **3** Abschätzung *w*

bedøvelse [bedöwelße] *u* **1** Betäubung *w* (örtliche usw.) **2** Narkose *w*

befale [befäle] *v* befehlen *j-m etw. Akk*

befaling [befäleng] *u* **1** Befehl *m* (militärischer usw.) **2** Anweisung *w* (Befehl)

befinde sig *v* sich befinden *irgendwo*

befolkning [befalgneng] *u* Bevölkerung *w*

befri [befri] *v* befreien

befæste [befeßde] *v* befestigen (eine Stadt usw.)

begavet [begäwedh] *adj* **1** begabt, talentiert, talentvoll **2** ausgestattet *mit etw.* (Talent usw.)

begejstret [begajßdradh] *adj* **1** begeistert *von etw.* (hingerissen) **2** begeistert *für etw.* (engagiert)

begejstring [begajßdreng] *u* Begeisterung *w* (Verve usw.), Elan *m*

begge [bege] *adj* beide

begivenhed [begiwenhedh] *u* **1** Ereignis *s* **2** Veranstaltung *w*

begrave [begrawe] *v* **1** beerdigen *j-n*, begraben *j-n* **2** vergraben *etw. Akk irgendwo* (Schatz usw.) **3** verschütten *j-n* (Lawine usw.)

begravelse [begrauelße] *u* Beerdigung *w*, Begräbnis *s*

begreb [begreb] *t* **1** Begriff *m* **2** Fachausdruck *m*

begribe [begribe] *v* aufgehen *j-m etw. Akk*

begribelig [begribeli] *adj* begreiflich, verständlich, fassbar

begrunde [begrone] *v* begründen *etw. Akk*

begrundet [begronedh] *adj* begründet, berechtigt (Sorge usw.)

begrænse [begranße] *v* **1** beschränken *etw. Akk*, einschränken *etw. Akk* (Ausmaß usw.) **2** einschränken, reduzieren (Ausgaben usw.) **3** abgrenzen *etw. Akk* (Aufgabengebiete usw.) **4** limitieren **5** beschränken *etw. Akk*, einschließen *etw. Akk*

begrænset [begranßedh] *adj* begrenzt (nicht vollständig), beschränkt (dumm)

begynde [begöne] *v* **1** beginnen, anfangen (Anfang haben) **2** beginnen *etw. Akk*, *mit etw.*, beginnen *etw. Akk, mit etw.* (eine Tätigkeit usw.), anfangen *etw. Akk* **3** herangehen *an etw. Akk* (Arbeit usw.), sich machen *an etw. Akk* **4** beginnen *mit etw.* (mit Lernen usw.), anfangen *mit etw.* (mit Tätigkeit usw.) **5** antreten *etw. Akk* (Arbeitsstelle usw.)

begyndelse [begönᵉlßᵉ] *u* **1** Anfang *m* **2** Beginn *m*, Eintritt *m* (der Dunkelheit usw.) ► **i begyndelsen** am Anfang, anfangs

begå [bego] *v* begehen *etw. Akk*, verüben *etw. Akk* (Verbrechen usw.)

behagelig [behäjᵉli] *adj* **1** angenehm, nett **2** angenehm, erfreulich (Anblick usw.)

behandle [behanlᵉ] *v* **1** behandeln *j-n irgendwie* (respektvoll usw.) **2** behandeln *j-n/etw.* (Patienten usw.) **3** behandeln *j-n/etw.* (ärztlich) **4** bearbeiten, aufbereiten (Material usw.) **5** verarbeiten **6** sich befassen *mit etw.* (Problem usw.), sich beschäftigen *mit etw.* (Thema usw.) **7** erledigen (Bestellung usw.)

behandling [behanleng] *u* **1** Umgang *m mit etw.* **2** Behandlung *w j-s* (Umgang) **3** Behandlung *w* (eines Patienten usw.) **4** Erledigung *w* (eines Problems usw.) **5** Verhandlung *w* (vor Gericht), Gerichtsverhandlung *w*

beherske [behäaßgᵉ] *v* **1** kontrollieren (Gebiet usw.), beherrschen (Firma usw.) **2** beherrschen *etw. Akk* (ein Land usw.) **3** dominieren *etw. Akk* (Oberhand gewinnen)

beholde [behalᵉ] *v* behalten *etw. Akk*

beholder [behala] *u* Gefäß *s* (Behälter)

behov [behou] *t* Bedürfnis *s*

behørig [behöai] *adj* gehörig, gebührend

behøve [behöwᵉ] *v* brauchen *etw. Akk*; **ikke ~** nicht müssen

beklage [bekläjᵉ] *v* **1** bedauern *etw. Akk* **2** entschuldigen *j-n/etw.* (Verständnis zeigen) ► **Beklager.** Es tut mir leid.

beklage sig *v* **1** sich beschweren *bei j-m über etw. Akk* **2** sich beschweren *über etw. Akk*, sich beklagen *über etw. Akk*

bekræfte [bekrafdᵉ] *v* **1** bestätigen (Wahrhaftigkeit usw.) **2** beglaubigen *etw. Akk*, bestätigen *etw. Akk* (amtlich usw.), bescheinigen *etw. Akk*

bekræftelse [bekrafdᵉlßᵉ] *t* Urkunde *w* ♦ *u* Bestätigung *w etw. Gen* (der Wahrheit usw.)

bekvem [bekwem] *adj* bequem

bekymre [bekömra] *v* **1** bekümmern *j-n* **2** beschweren *j-n* (Kummer usw.) **3** beunruhigen *j-n*

bekymre sig *v* **1** fürchten *für j-n/etw., um j-n/etw.*, sich Sorgen machen *um j-n/etw.* **2** liegen *j-m an etw. Dat* (schätzen)

bekymring [bekömreng] *u* **1** Sorge *w um j-n/etw.* **2** Angst *w* (Sorge usw.) **3** Beunruhigung *w*

belyse [belüßᵉ] *v* **1** beleuchten (anleuchten) **2** erklären *etw. Akk*

belysning [belüßneng] *u* Beleuchtung *w*

belægge [belegᵉ] *v* **1** belegen *etw. Akk mit etw.* (bedecken), verkleiden *etw. Akk mit etw.* (Fassade usw.) **2** beziehen *etw. Akk mit etw.*, überziehen *etw. Akk mit etw.*

belære [belea] *v* aufklären *j-n* (über einen Sachverhalt usw.)

beløb [belöb] *t* Betrag *m*, Summe *w* (bezahlte usw.)

belønning [belöneng] *u* Belohnung *w* (belohnt werden)

bemyndiget [bemöndiᵉdh] *adj* ermächtigt, befugt, bevollmächtigt

bemærke [bemäagᵉ] *v* bemerken *j-n/etw.* (sehen usw.), merken *j-n/etw.*

bemærkning [bemäagneng] *u* Anmerkung *w*, Bemerkung *w* (Einwand)

ben [ben] *t* Bein *s*; **spænde ~ for** *ngn* ein Bein stellen *j-m*

benytte [benödᵉ] *v* benutzen *etw. Akk*, verwenden *etw. Akk*; **~ sig af** *ngt* nutzen *etw. Akk* (Nutzen ziehen)

benytte sig *v* **1** benutzen **2** gebrauchen *etw. Akk*, benutzen *etw. Akk*

benzin [benßin] *u* Benzin *s*

beordre [beodra] *v* anordnen *j-m etw. Akk*, befehlen *j-m etw. Akk*

beredskab [beredhßgäb] *t* Bereitschaft *w* (zum Handeln usw.)

beregne [berajnᵉ] *v* **1** rechnen *etw. Akk*, ausrechnen *etw. Akk* (Rechenaufgabe), berechnen *etw. Akk* (Umfang usw.) **2** bemessen (Steuer usw.)

berolige sig *v* sich beruhigen

berømt [berömd] *adj* berühmt, namhaft, ruhmreich, ruhmvoll

berøring [beröaeng] *u* Berührung *w*

berøve [beröwᵉ] *v* **1** bringen *j-n um etw.*, berauben *j-n etw. Gen* **2** vorenthalten *j-m etw. Akk* (eine Nachricht usw.)

besiddelse [beßidhᵉlßᵉ] *u* Besitz *m*, Eigentum *s*; **tage** *ngt* **i ~** ergreifen *etw. Akk* (beherrschen)

besidder [beßidha] *u* Besitzer *m*

beskaffenhed [beßgafᵉnhedh] *u* Wesen *s* (Charakter)

besked [beßgedh] *u* **1** Nachricht *w* **2** Mitteilung *w* ► **få ~** *om ngt* erfahren *etw. Akk, über etw. Akk*; **give ~** *til ngn* ausrichten lassen *j-m etw. Akk*, Bescheid sagen *j-m*; **give** *ngn* **~** *om ngt* benachrichtigen *j-n von etw.*, mitteilen *j-m etw. Akk*

beskeden [beßgedhᵉn] *adj* bescheiden

beskidt [beßgid] *adj* **1** beschmutzt, verschmutzt (unsauber), schmutzig **2** dreckig (Tat usw.)

beskrive [beßgriwe] *v* **1** beschreiben *j-n/etw.* (Person usw.) **2** beschreiben *etw. Akk* (Blatt usw.) ► **~ i grove træk** nahebringen *j-m etw. Akk*; **~** *ngt* **nærmere** präzisieren *etw. Akk*

beskrivelse [beßgriweIße] *u* Beschreibung *w*

beskytte [beßgöde] *v* **1** schützen *j-n/etw.* **2** beschützen *j-n/etw. vor j-m/etw.* **3** sichern *etw. Akk*, absichern *etw. Akk* (vor Gefahr)

beskyttelse [beßgödeIße] *u* Schutz *m gegen etw., vor etw. Dat*, Schutz *m* (Naturschutz usw.)

beskæftigelse [beßgefdieIße] *u* **1** Arbeit *w*, Arbeitsstelle *w* (Beruf) **2** Beschäftigung *w* **3** Beschäftigungsquote *w*

beskæftige sig *v* sich befassen *mit etw.*, sich beschäftigen *mit etw.*, sich widmen *etw. Dat* (teilnehmen usw.)

beslutning [beßludneng] *u* Entscheidung *w*

beslutsomt [beßludßamd] *adv* **1** fest (entschlossen usw.) **2** entschlossen, entschieden

beslutte sig *v* beschließen *etw. Akk* (Entschluss fassen), sich entscheiden, sich vornehmen *etw. Akk*, sich in den Kopf setzen *etw. Akk*

beslægtet [beßlegde~~dh~~] *adj* verwandt *mit j-m* (Familienmitglied)

bestanddel [beßdandeI] *u* Bestandteil *m etw. Gen*

bestemme [beßdeme] *v* **1** entscheiden *etw. Akk* **2** bestimmen *etw. Akk* (Anzahl usw.), festlegen *etw. Akk* (Termin usw.)

bestemme sig *v* beschließen *etw. Akk* (Entschluss fassen), sich entscheiden *für j-n/etw.*, sich vornehmen *etw. Akk*, sich in den Kopf setzen *etw. Akk*

bestemt [beßdemd] *adj* **1** bestimmt **2** konkret (bestimmt) **3** gewiss ♦ *adv* **1** gewiss, sicherlich, bestimmt **2** genau (feststellen usw.) ♦ *part* **1** bestimmt, sicher, allerdings **2** gewiss, sicherlich

bestik [beßdeg] *t* Besteck *s*

bestikke [beßdege] *v* bestechen *j-n/etw.*, bestechen *j-n*, korrumpieren

bestikkelse [beßdegeIße] *u* **1** Bestechungsgeld *s* **2** Bestechung *w*

bestille [beßdeIe] *v* **1** bestellen *etw. Akk* **2** reservieren *etw. Akk* (Tisch usw.), buchen *etw. Akk* (Reise usw.)

bestilling [beßdeleng] *u* Bestellung *w*

bestjæle [beßdjeIe] *v* bestehlen *j-n um etw.*, betrügen *j-n um etw.*, entwenden *j-m etw. Akk*, stehlen *j-m etw. Akk*

bestyre [beßdüa] *v* leiten *etw. Akk* (Firma usw.)

bestå [beßdo] *v* **1** durchkommen *in etw. Dat* (Erfolg haben) **2** bestehen, ablegen (Prüfung usw.) **3** bestehen *aus etw.* (als Ganzes) ► **~ af** *ngt* bestehen *aus etw.* (als Ganzes), sich zusammensetzen *aus etw.*; **~ i** *ngt* bestehen *in etw. Dat* (von einem Problem usw.); **ikke ~** *ngt* nicht bestehen (Prüfung usw.)

bestående [beßdoene] *adj* gebildet *aus etw.*

besvære [beßwea] *v* belästigen *j-n*

besværlig [beßweali] *adj* schwierig (Zeit usw.), anstrengend

besætning [beßedneng] *u* Besatzung *w*

besøg [beßöj] *t* Besuch *m j-s/etw.*; **aflægge ~ hos** *ngn* besuchen *j-n*, vorbeischauen *bei j-m*

besøge [beßöje] *v* **1** besuchen *j-n*, vorbeikommen *bei j-m* **2** kommen *irgendwohin*

betale [betäle] *v* **1** bezahlen *j-m etw. Akk*, zahlen *j-m für etw.* **2** ausgleichen (Schuld usw.) **3** quitt werden *mit j-m* **4** decken *etw. Akk* (finanziell) **5** zurückerstatten *j-m etw. Akk* **6** büßen *etw. Akk* ► **~ resten** nachzahlen *etw. Akk*

betaling [betäleng] *u* **1** Bezahlung *w etw. Gen*, Zahlung *w*, Einzahlung *w*, Bezahlung *w* **2** Anweisung *w* (Summe), Überweisung *w* (Geldsumme), Einzahlung *w* (Betrag) ► **~ (for befordring)** Fahrpreis *m*

betalingskort [betälengßkood] *t* Debitkarte *w*

betegne [betajne] *v* bezeichnen (mit einem Namen usw.)

betegnelse [betajneIße] *u* Bezeichnung *w*

betimelig [betimeli] *adj* rechtzeitig

betingelse [betengeIße] *u* Bedingung *w*; **på den ~ at** unter der Bedingung, dass

betjene [betjene] *v* bedienen *etw. Akk* (Maschine usw.), bedienen *j-n* (einen Kunden usw.), steuern *etw. Akk* (Gerät usw.), umgehen *mit etw.* (benutzen)

betjening [betjeneng] *u* **1** Bedienung *w* **2** Steuerung *w* (Regulierung)

betjeningspersonale [betjenengßpäaßonääle] *t* Bedienung *w* (Personal)

beton [betang] *u* Beton *m*

betræk [betrag] *t* Bezug *m*

betvivle [betwiule] *v* bezweifeln *etw. Akk*, anzweifeln *etw. Akk*, in Frage stellen *etw. Akk*

betyde [betü~~dh~~e] *v* **1** bedeuten *etw. Akk* **2** liegen *an etw. Dat* (wichtig sein) **3** bedeuten *etw.* (im Endeffekt)

betydelig [betüdheli] *adj* 1 beträchtlich, deutlich (Änderung usw.) 2 beträchtlich, erheblich (ziemlich groß) 3 bedeutend (wichtig)
betydeligt [betüdhelid] *adv* beträchtlich, wesentlich, erheblich
betydning [betüdhneng] *u* Bedeutung *w*, Sinn *m* (Bedeutung), Wichtigkeit *w*
betændelse [betenelße] *u* Entzündung *w*
betænkning [betenggneng] *u* Erwägung *w*
beundre [beondra] *v* bewundern *j-n/etw. wegen etw.*
bevare [bewaa] *v* 1 aufbewahren *etw. Akk*, bewahren *etw. Akk* (nicht ändern) 2 behalten *etw. Akk* (Qualität usw.) 3 erhalten (Entwicklung usw.) 4 aufrechterhalten (weiterhin fortsetzen) ► **være bevaret** sich erhalten
bevidst [beweßd] *adj* 1 bewusst *etw. Gen* (einer Tatsache usw.) 2 bewusst (Mensch usw.) 3 bedacht *auf etw. Akk*, bewusst *etw. Gen*, achtend *auf etw. Akk* ♦ *adv* bewusst (mit Bewusstsein)
bevidsthed [beweßdhedh] *u* Bewusstsein *s*; **være ved ~** bei Bewusstsein sein
bevidstløs [beweßdlöß] **være ~** bewusstlos sein
bevilge [bewilje] *v* 1 zuweisen (Mittel usw.) 2 verleihen *j-m etw. Akk* (einen Titel usw.)
bevis [bewiß] *t* Beweis *m etw. Gen*, Nachweis *m für etw.*
bevise [bewiße] *v* 1 beweisen *etw. Akk*, nachweisen *etw. Akk* 2 zeigen *etw. Akk* (Fähigkeit usw.) 3 beweisen *etw. Akk* (Fähigkeiten usw.) 4 belegen *etw. Akk* (mit Beweisen usw.)
bevogte [bewagde] *v* bewachen *etw. Akk* (Haus usw.)
bevæbnet [bewebnedh] *adj* bewaffnet
bevæge [beweje] *v* 1 bewegen *etw. Akk* 2 rühren *j-n* (innerlich)
bevægelig [bewejeli] *adj* beweglich
bevægelse [bewejelße] *u* Bewegung *w* ► **gøre en ~** sich bewegen (Bewegung machen), sich rühren; **sætte** *ngt* **i ~** anfahren (Wagen usw.)
bevæge sig *v* 1 sich bewegen 2 sich bewegen (vorwärts usw.), sich in Bewegung setzen 3 sich rühren ► **~ fremad** vorgehen (nach vorn gehen), weitergehen
bh [beho] *u* Büstenhalter *m*, BH *m*
bi [bi] *u* Biene *w*
bibliotek [biblioteg] *u* Bibliothek *w*
bidrag [bidrau] *t* 1 Beitrag *m* (Geldsumme usw.) 2 Zuschuss *m* 3 Beitrag *m* (Artikel usw.)
biflod [biflodh] *u* Zufluss *m*, Nebenfluss *m* (eines Flusses usw.)
bikini [bikini] *u* Bikini *m*, Zweiteiler *m* (zum Sonnen)
bil [bil] *u* Auto *s*, Wagen *m*, Pkw *m*
bilag [biläj] *t* Anhang *m* (Nachtrag), Beilage *w* (Zeitung usw.) ♦ *u* Anlage *w* (eines Dokumentes)
bilist [bilißd] *u* Autofahrer *m*, Fahrer *m*, Lenker *m*, Kraftfahrer *m*
bille [bile] *u* Käfer *m*
billede [beledhe] *t* 1 Bild *s* 2 Aufnahme *w* (Foto)
billedgalleri [beledhgalari] *t* Galerie *w*
billedhugger [beledhhoga] *u* Bildhauer *m*
billet [biled] *u* 1 Fahrkarte *w*, Fahrschein *m* 2 Karte *w* (für Kino usw.), Eintrittskarte *w*
billetautomat [biledautomäd] *u* Fahrkartenautomat *m*
billetkasse [biledkaße] *u* Kasse *w* (im Kino usw.)
billetluge [biledluue] *u* Kasse *w* (im Kino usw.)
billig [bili] *adj* billig, preisgünstig, preiswert; **blive billigere** billiger werden, sich verbilligen
bilvask [bilwaßg] *u* Waschanlage *w*, Autowaschanlage *w*
bind [ben] *t* 1 Band *m* (Buch) 2 Verband *m* (Bandage)
binde [bene] *v* 1 binden 2 verbinden *etw. Akk* (Schnüre usw.) 3 fesseln *j-n/etw. (an etw. Akk)* 4 fesseln *j-n* (mit Seil usw.) 5 knüpfen, binden 6 binden *etw. Akk um etw.* (Schleife um Geschenk usw.) ► **~** *ngt* **fast sammen** festbinden *etw. Akk an etw. Dat*; **~** *ngt* **om** *ngt* umbinden *etw. Akk mit etw.*; **~** *ngt* **op** aufbinden *etw. Akk* (Schleife usw.)
bindeled [beneledh] *t* Verbindung *w zwischen etw.* (Beziehung usw.)
binde sig *v* sich binden (beruflich, emotionell usw.)
biograf [biograf] *u* Kino *s*
biskop [bißgab] *u* Bischof *m*
bitter [beda] *adj* 1 bitter (Getränk usw.) 2 herb (Geschmack) 3 erbittert, vergrämt
bjerg [bjäau] *t* Berg *m*; **bjerge** *t pl* Berge *w Mz*, Gebirge *s*; **i bjergene** im Gebirge
bjergbestiger [bjäaubeßdia] *u* Bergsteiger *m*, Kletterer *m* (Person)
bjergkam [bjäaukam] *u* Kamm *m* (Gebirge usw.)
bjergkæde [bjäaukeedhe] *u* Gebirge *s*, Bergkette *w*
bjergtop [bjäautab] *u* Berggipfel *m*
bjørn [bjöan] *u* Bär *m*
blad [bladh] *t* 1 Blatt *s* 2 Klinge *w* (eines Messers usw.) 3 Zeitung *w*
blaffe [blafe] *v* stoppen (Auto usw.), anhalten, trampen, per Anhalter fahren

blande [blan^{e}] *v* beimischen *etw. Akk in etw. Akk*, mischen *etw. Akk*, vermischen *etw. Akk*, sich mischen (Einflüsse usw.)

blande sig *v* 1 sich einmischen *in etw. Akk* 2 sich verwickeln *in etw. Akk* 3 sich vermischen 4 sich mischen (unter Menge usw.)

blandet [blan^{e}~~dh~~] *adj* 1 gemischt 2 gemischt (Getränk usw.), Misch-

blanding [blaneng] *u* 1 Mischung *w etw. Gen* 2 Allerlei *s*

blandt [bland] *prep* unter (zwischen)

blank [blangg] *adj* 1 glänzend (Haar usw.) 2 leer (Blatt usw.)

blanket [blangked] *u* Formular *s*

ble [ble] *u* Windel *w*; **skifte ~ på barnet** ein Kind wickeln

bleg [blaj] *adj* blass

blender [blenda] *u* Mixer *m*

blidt [blid] *adv* sanft (drücken usw.)

blik [bleg] *t* Anblick *m etw. Gen* (Erblicken), Blech *s* (Material), Blick *m auf etw. Akk*, ein flüchtiger Blick

blind [blen] *adj* blind, erblindet (Kind, Auge usw.) ♦ *u* Blinde *m* ► **blive ~** erblinden

blindtarm [blentam] *u* Blinddarm *m*

blindtarmsbetændelse [blentaamßbeten^{e}lß^{e}] *u* Blinddarmentzündung *w*

blinklys [blengglüß] *t* Blinker *m*, Blinkleuchte *w*

blive [blii^{e}] *v* 1 werden *etw. Akk* 2 übergehen *in etw. Akk* (Schnee in Regen usw.) 3 eintreten (geschehen) 4 verfallen *in etw.* (in Wut usw.) ► **~ gift** heiraten (Ehe schließen); **~ koldere** sich abkühlen, kühl werden (Wetter usw.); **~ syg** *af ngt* erkranken *an etw. Dat*; **~ tilbage** (übrig) bleiben; **~ ved** *med ngt* fortsetzen *etw. Akk*, fortfahren *in etw. Dat*, weiterführen *etw. Akk* (seine Arbeit usw.)

blod [blo~~dh~~] *t* Blut *s*

blodig [bloo~~dh~~i] *adj* blutig (voll von Blut)

blodprop [blo~~dh~~prab] *u* 1 Herzinfarkt *m* 2 Gerinnsel *s* (Blutgerinnsel usw.)

blodtryk [blo~~dh~~trög] *t* Blutdruck *m*

blodåre [blo~~dh~~ooo] *u* Gefäß *s* (Ader usw.), Vene *w*, Ader *w*

blok [blag] *u* Block *m*

blokere [blokea] *v* blockieren *etw. Akk* (Straße usw.)

blomkål [blamkol] *u* Blumenkohl *m*

blomme [blam^{e}] *u* 1 Pflaume *w* 2 Pflaumenbaum *m*

blomst [blamßd] *u* 1 Blume *w* 2 Blüte *w* (einer Pflanze)

blomstre [blamßdra] *v* aufblühen (Blume usw.), blühen (Geschäft usw.), boomen, prosperieren

blond [bland] *adj* blond, hellhaarig

blonde [bland^{e}] *u* Spitze *w* (Gewebe)

blot [blad] *adj* bloß

bluse [bluuß^{e}] *u* Bluse *w*

bly [blü] *t* Blei *s* (Metall)

blyant [blüüand] *u* Stift *m* (Schreibgerät), Bleistift *m*

blæk [bleg] *t* Tinte *w*

blænde [blen^{e}] *v* blenden *j-n* ♦ *u* Blende *w* (einer Kamera)

blænder [blena] *u* Blende *w* (einer Kamera)

blæse [bleeß^{e}] *v* 1 blasen (Wind usw.) 2 pusten *auf etw. Akk* (abkühlen) 3 blasen *etw. Akk* (Musikinstrument usw.) 4 lassen *etw. Akk etw. Akk*

blød [blö~~dh~~] *adj* 1 weich 2 aufgeweicht, erweicht

bløde [blöö~~dh~~^{e}] *v* 1 bluten 2 anfeuchten *etw. Akk* 3 einweichen (Erbsen usw.)

blå [blo] *adj* blau ♦ *t* Blau *s*

blåbær [blabäa] *t* Heidelbeere *w*, Blaubeere *w*

bo [bo] *v* wohnen *irgendwo*

boble [babl^{e}] *u* Blase *w* (Seifenblase usw.) ♦ *v* sprudeln

bod [bo~~dh~~] *u* Buße *w* (für Sünden usw.), Stand *m* (zum Verkauf), Verkaufsstand *m*

bog [bou] *u* Buch *s*

boghandel [bouhan^{e}l] *u* Buchhandlung *w*

bogstav [bogßdäu] *t* Buchstabe *m*; **store bogstaver** *t pl* Großbuchstaben *m Mz*

boks [bagß] *t* Schließfach *s* ♦ *u* Abteil *s* (abgeteilter Raum), Box *w* (im Restaurant usw.)

bold [bald] *u* Ball *m* (für Sport)

bolig [booli] *u* 1 Behausung *w* 2 Residenz *w* 3 Wohnen *s* (Wohnungen usw.)

bolle [bal^{e}] *u* Brötchen *s* ♦ *v* (vulg.) ficken, bumsen, vögeln

bolsje [baltsch^{e}] *t* Bonbon *m*

bom [bom] *u* 1 Riegel *m* (an der Tür) 2 Schranke *w* 3 Schwebebalken *m*

bombe [bomb^{e}] *u* Bombe *w* ♦ *v* bombardieren (eine Stadt usw.)

bomuld [bamul] *u* Baumwolle *w*

bonde [bon^{e}] *u* Bauer *m*

bondegård [bon^{e}go] *u* Bauernhof *m*, Hof *m* (landwirtschaftlicher)

bonus [boonuß] *u* 1 Bonus *m* 2 Entlohnung *w* (finanzielle usw.)

booke [buug^{e}] *v* reservieren *etw. Akk* (Tisch usw.), buchen *etw. Akk* (Reise usw.)

booking [bukeng] *u* Reservierung *w*, Buchung *w*

bookning [bugneng] *u* Reservierung *w*, Buchung *w*

bopæl [bopel] *u* 1 Daueraufenthalt *m*, Wohnsitz *m* 2 Wohnort *m*

bord [boa] *t* 1 Tisch *m* 2 Bord *m* (eines Flugzeugs usw.) ► **gå om ~** an Bord gehen

(Schiff), sich einschiffen; **om ~** an Bord *etw. Gen*; **stige om ~** an Bord gehen (Schiff), sich einschiffen

bordtøj [boataj] *t* Geschirr *s* (zum Essen)

bore [booa] *v* **1** bohren **2** bohren *etw. Akk in etw. Akk* (Nägel in Haut usw.)

borg [bou] *u* Burg *w*

borger [booua] *u* Bürger *m*

borgmester [boumeßda] *u* Bürgermeister *m*

bort [bood] *adv* weg; **flyve ~** abfliegen; **slippe ~** entkommen (mit einem Wagen)

bortføre [boodföa] *v* entführen *j-n*, kidnappen *j-n*

bortset fra *prep* außer *j-m/etw.*, ausgenommen *j-n/etw.*

bouillon [buljang] *u* Bouillon *w*, Brühe *w*

boulevard [bul^{e}wad] *u* Boulevard *m*, Straße *w* (Avenue), Avenue *w*

brag [brau] *t* Knall *m*

brage [braau^{e}] *v* anstellen (Unfug usw.)

brand [bran] *u* Brand *m*; **Brand!** Es brennt!

brandkorps [brankoobß] *t* Feuerwehr *w*

brandmand [branman] *u* Feuerwehrmann *m*

brat [brad] *adj* **1** steil, abschüssig, schroff (Riff usw.) **2** heftig (stark) ♦ *adv* im Handumdrehen, im Nu

bred [bredh] *adj* breit ♦ *u* Ufer *s* (eines Flusses)

bredde [bred^{e}] *u* Breite *w etw. Gen*

breddegrad [bred^{e}gradh] *u* Breite *w* (geografische)

bremse [bramß^{e}] *u* Bremse *w* (Vorrichtung) ♦ *v* abbremsen, abbremsen *etw. Akk*, bremsen

brev [breu] *t* Brief *m*

briller [brela] *Mz* Brille *w*

bringe [breng^{e}] *v* **1** bringen *j-m etw. Akk* (ein Buch usw.) **2** mitbringen *etw. Akk irgendwohin/j-m*, tragen *etw. Akk irgendwohin* (mitbringen) **3** bringen (in Verlegenheit usw.) **4** einschleppen *etw. Akk irgendwohin* (Krankheit usw.) ► ~ *ngn/ngt* **i fare** bedrohen *j-n/etw.*

bro [bro] *u* Brücke *w*

broccoli [brakoli] *u* Brokkoli *m*, Broccoli *m*

brod [bradh] *u* Stachel *m* (einer Wespe usw.)

brombær [brombäa] *t* Brombeere *w*

bronze [brangß^{e}] *u* Bronze *w*

bror [broa] *u* Bruder *m*

brud [brudh] *t* **1** Bruch *m* (Knochen), Fraktur *w* **2** Steinbruch *m* **3** Trennung *w* (eines Paares usw.)

brudgom [brudhgam] *u* Bräutigam *m*

brug [bru] *u* Benutzung *w etw. Gen*, Nutzung *w etw. Gen*, Gebrauch *m etw. Gen*, Verwendung *w etw. Gen*; **have ~ for** *ngt* brauchen *etw. Akk*

bruge [bruu^{e}] *v* **1** benutzen *etw. Akk*, verwenden *etw. Akk*, gebrauchen *etw. Akk* **2** zur Geltung bringen *etw. Akk*, verwenden *etw. Akk* **3** aufwenden *etw. Akk für etw.* ► **~ op** verbrauchen (Vorräte usw.)

bruger [bruua] *u* Benutzer *m*, Anwender *m* (eines Programms usw.)

brun [brun] *adj* braun

brune [bruun^{e}] *v* **1** bräunen *etw. Akk*, anbräunen *etw. Akk* (Zwiebel usw.) **2** braun werden

brusebad [bruß^{e}badh] *t* Dusche *w*

brutal [brutäl] *adj* brutal, roh (Tat usw.), grob (gewalttätig)

bryde [brüüdh^{e}] *v* **1** brechen (Schwur usw.) **2** fördern *etw. Akk* (Kohle usw.), abbauen *etw. Akk* (Erz usw.) **3** auseinandergehen *von j-m*, sich trennen *von j-m* **4** sich brechen (Lichtstrahl usw.) **5** einbrechen (Eis usw.) ► **~ (i)gennem** *ngt* durchbrechen (Hindernis usw.); **~ ind** einbrechen *in etw. Akk* (in eine Wohnung usw.); **~ ind** *i ngt* einbrechen *in etw. Akk* (Dieb usw.); **~ sammen** zusammenbrechen (Mensch)

bryde sig *v* stehen *auf j-n/etw.* (Interesse haben)

bryllup [brölab] *t* Hochzeit *w*

bryst [brößd] *t* Brust *w* ► **bryster** *Mz* Busen *m*

brystholder [brößdhala] *u* Büstenhalter *m*, BH *m*

brække [brag^{e}] *v* **1** brechen *etw. Akk* (Zweig usw.) **2** entzweibrechen *etw. Akk* (brechen) **3** (sich) brechen *etw. Akk* (Knochen usw.) **4** zerbrechen (Ast usw.)

brække op **brække** *ngt* **op** aufbrechen *etw. Akk* (öffnen)

brække sig *v* brechen (zerfallen)

brænde [bran^{e}] *v* **1** brennen **2** verbrennen *etw. Akk* (Abfall usw.) **3** verbrennen *j-n* (verletzen) **4** verbrennen (verbrauchen) **5** anbrennen *etw. Akk* (Essen) **6** destillieren, brennen (Alkohol) **7** versengen, verbrennen ♦ *t* Brennholz *s*

brænde ned *v* verbrennen (verbrannt werden); **brænde** *ngt* **ned** verbrennen *etw. Akk* (durch Feuer zerstören)

brænde sig *v* sich verbrennen (an Brennnessel usw.)

brændevin [bran^{e}win] *u* Destillat *s*, Schnaps *m*

brændstof [branßdaf] *t* **1** Brennstoff *m* **2** Treibstoff *m*, Kraftstoff *m*

bræt [brad] *t* Brett *s* (aus Holz), Platte *w* (Holzplatte usw.)

brød [brödh] *t* **1** Brot *s* **2** Backwaren *w Mz* (salzige)

brøk [brög] *u* Bruch *m* (Zahlen), Bruchzahl *w*

brønd [brön] *u* Brunnen *m* (für Grundwasser)
budskab [budhßgäb] *t* Botschaft *w* (Nachricht), Erbe *s* (geschichtlich usw.)
bue [buue] *u* Bogen *m*
buffet [büfe] *u* **1** warmes Büfett **2** kaltes Büfett
bugsere [bugßea] *v* abschleppen *etw. Akk* (Auto usw.)
buket [buked] *u* Strauß *m* (Blumen), Blumenstrauß *m*
bukke [boge] *v* **1** sich verbeugen *vor j-m* **2** biegen *etw. Akk* **3** nachgeben *etw. Gen* (Zwang usw.)
bukseben [bogßeben] *t* Hosenbein *s*
bukser [bogßa] *Mz* Hose *w*
bule [buule] *u* **1** Beule *w*, Vorsprung *m* **2** Beule *w* (am Kopf)
bund [bon] *u* Boden *m* (von einem Gefäß usw.)
bunde [bone] *v* liegen *in etw. Dat* (Problem usw.)
bundfælde [bonfele] *v* sich ansetzen
bunke [bongge] *u* **1** Haufen *m* **2** eine Menge *von etw.* **3** Stapel *m etw. Gen*
bur [bua] *t* Käfig *m*
bureau [büro] *t* Agentur *w*
bus [buß] *u* Bus *m* (Verkehrsmittel)
busk [bußg] *u* Strauch *m*
busteholder [büßdehala] *u* Büstenhalter *m*, BH *m*
butik [butig] *u* Geschäft *s* (Raum), Laden *m*
butikscenter [butigßßenda] *t* Einkaufspassage *w*, Einkaufsgalerie *w*
butiksvindue [butigßwendu] *t* Schaufenster *s*
butterfly [badaflaj] *u* Fliege *w* (Krawatte), Schmetterlingsstil *m*
by [bü] *u* Stadt *w*
byg [büg] *u* Gerste *w*
bygge [büge] *v* **1** bauen *etw. Akk* **2** aufbauen *etw. Akk* (Haus usw.), erbauen *etw. Akk*, errichten *etw. Akk* **3** bauen (Maschinen usw.)
byggeplads [bügeplaß] *u* Baustelle *w*
byggeri [bügari] *t* Aufbau *m* (eines Hauses usw.), Bau *m*
bygning [bügneng] *u* Bau *m* (Gebäude), Bauwerk *s*, Gebäude *s*
bykort [bükood] *t* Stadtplan *m*
bymure [bümuaa] *Mz* Ringmauer *w*
byråd [bürodh] *t* Rat *m* (Gremium)
bytte [büde] *t* **1** Beute *w* **2** Tausch *m*, Umtausch *m* (von Sachen) ♦ *v* **1** tauschen *etw. Akk gegen etw.*, austauschen *etw. Akk gegen etw.* (gegenseitig) **2** tauschen *etw. Akk* (Kabel usw.), wechseln *etw. Akk für etw.* (ersetzen), auswechseln *etw. Akk gegen etw.*, austauschen *etw. Akk gegen etw.* (Ersatzteil usw.) **3** invertieren (Reihenfolge), umkehren (Richtung usw.)
byttepenge [büdepenge] *Mz* Wechselgeld *s*
byvandring [büwandreng] *u* Besichtigung von Sehenswürdigkeiten, Sightseeing *s*, Besichtigungsfahrt *w*
bæger [beeja] *t* **1** Becher *m* **2** Kelch *m*, Pokal *m* (Trinkgefäß)
bæk [beg] *u* Bach *m*
bækken [begen] *t* Becken *s* (Körperteil), Kessel *m* (Tal)
bælte [belde] *t* **1** Gürtel *m* (Hosengürtel usw.) **2** Gurt *m* (Gürtel) **3** Streifen *m* (eines Landes usw.)
bænk [bengg] *u* Bank *w*
bær [bäa] *t* Beere *w*
bærbar [beaba] *adj* tragbar
bære [beea] *v* **1** tragen *j-n/etw. irgendwohin* (umstellen usw.) **2** tragen (bei sich haben) **3** tragen *etw. Akk irgendwohin* (mitbringen) **4** tragen (Gewicht) **5** Früchte tragen ♦ *t* Frucht *w* (einer Pflanze) ► ~ *ngt* **væk** wegtragen *etw. Akk*, forttragen *etw. Akk*
bærebjelke [beeabjelge] *u* Träger *m* (Bauteil), Balken *m* (Träger)
bøde [böödhe] *u* Geldstrafe *w*, Bußgeld *s* ♦ *v* büßen *etw. Akk* ► **give** *ngn* **en ~** mit einer Geldstrafe belegen *j-n*
bøf [böf] *u* Beefsteak *s*, Steak *s*
bøje [baje] *v* **1** biegen *etw. Akk* **2** deformieren, krümmen (krumm machen) **3** verkrümmen **4** beugen (Knie usw.) **5** konjugieren **6** deklinieren
bøjelig [bajeli] *adj* **1** biegsam **2** fügsam, gefügig, sanftmütig, gutmütig (Person)
bøjle [bajle] *u* Kleiderbügel *m*, Bügel *m* (für Kleider)
bølge [böljе] *u* **1** Welle *w* (Wasser) **2** Schwingung *w* **3** Flut *w von etw.*, Schwall *m von etw.* (von Geld usw.) ♦ *v* sich wellen
bøn [bön] *u* **1** Bitte *w um etw.* **2** Gebet *s*
bønne [böne] *u* Bohne *w*
børnebidrag [böanebidrau] *t* Alimente *Mz*, Kindesunterhalt *m*, Unterhalt *m* (für Kind)
børnehave [böanehääwe] *u* Kindergarten *m*
børnelæge [böaneleeje] *u* Kinderarzt *m*, Pädiater *m*
børs [böaß] *u* Börse *w*
børste [böaßde] *u* **1** Bürste *w* **2** (kleine) Bürste *w* **3** Borste *w* (eines Tieres) ♦ *v* bürsten *etw. Akk*, abbürsten *etw. Akk*, bürsten (Kleidung usw.), ausbürsten ► **~ tænder** sich die Zähne putzen
båd [bodh] *u* Boot *s*
både [boodhe] **~… og…** auch, sowohl – als auch
bål [bol] *t* Feuer *s*, Lagerfeuer *s*

bånd [ban] *t* **1** Band *s* (im Haar usw.), Schleife *w*, Binde *w* **2** Band *s* (magnetisches usw.), Tonband *s* **3** Band *s* (Verbindung) **4** Bindung *w zwischen etw.* (Beziehung)

C

cafe [kafe] *u* Imbiss *m* (Bahnhof)
café [kafe] *u* Café *s*, (ÖrD) Kaffeehaus *s*
campere [kampea] *v* lagern (im Wald usw.), campen
campingplads [kambengplaß] *u* **1** Campingplatz *m* **2** Wohnmobilstellplatz *m*
campingvogn [kambengwoun] *u* Wohnmobil *s*, Wohnwagen *m*
cardigan [kaadigan] *u* Cardigan *m*, Strickjacke *w*
celle [ßel^e] *u* Zelle *w*
center [ßenda] *t* Zentrum *s* (Einrichtung)
centimeter [ßentimeda] *u* Zentimeter *m/s*
central [ßentral] *adj* **1** Mittel- **2** zentral ♦ *u* **1** Hauptstelle *w* **2** Zentrale *w* (Telefonzentrale)
centrum [ßentrom] *t* **1** Zentrum *s* **2** Mittelpunkt *m* (eines Kreises usw.) **3** Stadtzentrum *s*, Innenstadt *w* **4** Mittelpunkt *m* (einer Tätigkeit usw.), Knotenpunkt *m* (von Aktivitäten usw.)
ceremoni [ßeamoni] *u* Zeremonie *w*
certifikat [ßäadifikäd] *t* Bescheinigung *w*, Zeugnis *s*, Zertifikat *s*
chance [tschangß^e] *u* Chance *w* (Möglichkeit), Chancen *w Mz* (Gewinnquote usw.)
charcuteri [tschaküdari] *t* Feinkostgeschäft *s*
charme [tschaam^e] *u* Charme *m*, Grazie *w* (Anmut), Zauber *m* (Reiz)
chauffør [tschoföa] *u* Fahrer *m*, Lenker *m*, Chauffeur *m*
check [tscheg] *u* Scheck *m*
checke [tjeg^e] *v* überprüfen *etw. Akk* (nochmals prüfen)
chef [tschef] *u* Chef *m*, Vorsteher *m*, Leiter *m* (Person)
chok [tschag] *t* Schock *m*
chokolade [tschogolääd~~h~~^e] *u* Schokolade *w*; **varm ~** heiße Schokolade
cigar [ßiga] *u* Zigarre *w*
cigaret [ßig^erad] *u* Zigarette *w*
cirka [ßiaga] *adv* ungefähr, etwa, mehr oder minder
cirkel [ßiag^el] *u* Kreis *m* (Figur), Kreislinie *w*
cirkus [ßiaguß] *u/t* Zirkus *m*
cisterne [ßißdään^e] *u* **1** Tank *m* **2** Zisterne *w* **3** Wasserbehälter *m* (bei einem Klosett usw.)
citron [ßitron] *u* Zitrone *w*
clips [klebß] *u* Büroklammer *w*
cocktail [kagtejl] *u* Cocktail *m*
computer [kampjuuda] *u* Computer *m*
container [kantejna] *u* Container *m*, Behälter *m*
courgette [kuatsched^e] *u* Zucchini *w*
creme [krem] *u* Creme *w*
cykel [ßüg^el] *u* Fahrrad *s*; **lappe ~ den** Schlauch flicken
cykelpumpe [ßüg^elpomb^e] *u* Luftpumpe *w*, Pumpe *w*
cykelrytter [ßüg^elrüda] *u* Fahrer *m* (Motorradfahrer usw.)
cylinderhat [ßülenahad] *u* Zylinder *m* (Hut)

D

da [da] *conj* als (Gleichzeitigkeit)
dag [dä] **i ~** heute; **om dagen** tags, während des Tages; **God ~.** Guten Tag.; **to/tre gange om dagen** zweimal/dreimal täglich
dagblad [daubla~~dh~~] *t* Tageszeitung *w*
dagbod [daubo~~dh~~] *u* Strafe *w* (Geldbuße)
dagens [dääj^enß] *adj* heutig (Tag usw.)
daglig [dauli] *adj* täglich, Tages-
dagligdags [daulidäß] *adj* täglich (Besucher usw.)
dal [däl] *u* Tal *s*
dam [dam] *t* Dame *w* (Spiel), Damespiel *s* ♦ *u* Teich *m*
dame [dääm^e] *u* Dame *w* (Person)
damebind [dääm^eben] *t* Damenbinde *w*
dametoilet [dääm^etoaled] *t* Damentoilette *w*, Damen *w Mz*
damp [damb] *u* Dampf *m*
damspil [damßbel] *t* Dame *w* (Spiel), Damespiel *s*
danne [dan^e] *v* **1** bilden *etw. Akk* (ein Teil sein) **2** einrichten, bilden (Ausschuss usw.), gründen (Kommission) **3** bilden, schaffen (hervorrufen usw.)
dannelse [dan^elß^e] *u* Entstehung *w etw. Gen*, Schaffung *w etw. Gen*
dans [danß] *u* Tanz *m*
danse [danß^e] *v* tanzen
data [dääta] *Mz* **1** Daten *Mz* **2** Angabe *w* ► **personlige ~** Personaldaten *w Mz*
date [dejd] *u* Verabredung *w*, Date *s*
dato [däätо] *u* Datum *s*
datter [dada] *u* Tochter *w*
de [di] *pron* **1** sie (Plural) **2** die (da) **3** *De* Sie
deadline [dedlajn] *u* Deadline *w*, Termin *m* (letzter)
debat [debad] *u* Debatte *w*, Diskussion *w*

debitere [debitea] *v* belasten *mit etw.* (mit einem Betrag usw.)
december [deßemba] *u* Dezember *m*
defekt [defegd] *u* **1** Fehler *m* (an einer Ware usw.), Mangel *m* (an einem Produkt usw.) **2** Defekt *m*, Mangel *m* (Defekt usw.), Fehler *m* (Funktionsfehler usw.), Schaden *m* (Fehler) ♦ *adj* **1** fehlerhaft **2** defekt, kaputt ► **være ~** defekt sein, nicht richtig funktionieren
definitiv [definitiu] *adj* definitiv, endgültig, End-
dej [daj] *u* Teig *m*
dejlig [dajli] *adj* schön (Sache)
dekade [dekäädhe] *u* Dekade *w*, Jahrzehnt *s*
deklarere [deklarea] *v* **1** bekannt machen *etw. Akk*, melden *etw. Akk* (öffentlich usw.) **2** deklarieren (Ware)
del [del] *u* **1** Teil *m von etw., etw. Gen* (des Ganzen usw.) **2** Element *s* (Bestandteil) **3** Segment *s* (Teilstück) ► **tage ~** *i ngt* teilnehmen *an etw. Dat* (Teilnehmer sein), sich beteiligen *an etw. Dat*; **til dels… (og) til dels** erstens… zweitens
dele [deele] *v* **1** einteilen *etw. Akk in etw. Akk* (in Stücke), teilen *etw. Akk in etw. Akk* (in Teile) **2** teilen *etw. Akk mit j-m* (aufteilen) **3** teilen *etw. Akk mit j-m* (gemeinsam nutzen) **4** dividieren *etw. Akk durch etw.* (Zahlen)
delikatesse [delikateße] *u* Delikatesse *w*, Leckerbissen *m*
deling [deeleng] *u* **1** Teilung *w* **2** Zug *m* (militärische Abteilung)
deltage [deltä] *v* **1** teilnehmen *an etw. Dat* (Teilnehmer sein), sich beteiligen *an etw. Dat* **2** Anteil *an etw. Dat* nehmen, sich einlassen *auf etw. Akk* **3** teilnehmen *an etw. Dat*, sich beteiligen *an etw. Dat* (aktiv usw.)
deltager [deltäja] *u* Teilnehmer *m etw. Gen*
delvis [deelwiß] *adj* Teil-, partiell ♦ *adv* teilweise
dem [dem] *pron* ihnen, sie
demokrati [demokrati] *t* Demokratie *w*
demonstration [demonßdratschon] *u* Demonstration *w* (Protest), Vorführung *w* (Veranschaulichung)
den [den] *pron* jener
den, det *pron* **1** dieser, diese, dieses, derjenige, diejenige, dasjenige **2** der, die, das ► **~** das, es; **det** das, es
dengang [dengang] *adv* damals
denne, dette *pron* dieser, diese, dieses; **~ gang** diesmal; **på ~ måde** so (auf diese Weise)
deodorant [deodorand] *u* Deodorant *s*, Deo *s*
depositum [depoßitom] *t* **1** Anzahlung *w* **2** Pfand *s*
der [dea] *adv* dort, dorthin, hin ♦ *pron* der, die, das (bei Personen) ► **den ~** der da; **det ~** das da
deres [dääaß] *pron* ihr, ihre, ihres, ihr (3. Person Pl. possessiv)
Deres [dääaß] *pron* Ihr, Ihre
derfor [deafa] *adv* daher, deshalb, deswegen
design [dißajn] *t* Design *s*
designe [dißajne] *v* entwerfen *etw. Akk*
desinfektion [deßenfegtschon] *u* Desinfektion *w*
desinfektionsmiddel [deßenfegtschonßmidhel] *t* Desinfektionsmittel *s*
desperat [deßberad] *adj* verzweifelt ♦ *adv* verzweifelt
dessert [deßead] *u* Dessert *s*, Nachtisch *m*, Nachspeise *w*
destillere [deßdilea] *v* destillieren, brennen (Alkohol)
destination [deßdinatschon] *u* Bestimmungsort *m*
desuden [deßuudhen] *adv* außerdem, überhin, zusätzlich *zu etw.* (als Zusatz) ♦ *part* übrigens, im Übrigen ► **og ~** und außerdem
desværre [deßwäaa] *adv* leider
det [de] *pron* jener
detalje [detalje] *u* Detail *s*, Einzelheit *w*
detaljeret [detaljeadh] *adj* ausführlich, eingehend, detailliert, Detail- ♦ *adv* ausführlich, detailliert
diabetes [diabeedeß] *u* Diabetes *m*
diamant [diamand] *u* Diamant *m*
diameter [diameda] *u* Durchmesser *m etw. Dat*
diapositiv [diapooßitiu] *t* Diapositiv *s*, Dia *s*
diarré [diare] *u* Durchfall *m* (Erkrankung), Diarrhö *w*
diesel [dißel] *u* Dieselkraftstoff *m*, Diesel *m* (Kraftstoff)
dieselolie [dißelolje] *u* Dieselkraftstoff *m*, Diesel *m* (Kraftstoff)
dig [daj] *pron* dich
dige [diie] *t* Damm *m* (Hindernis usw.), Deich *m*
digt [degd] *t* Gedicht *s*
digter [degda] *u* Dichter *m*
dimension [dimentschon] *u* Ausmaß *s*, Dimension *w*
din [din] *pron* dein, deine
direkte [diragde] *adj* **1** direkt (Verbindung usw.) **2** geradlinig (Mensch usw.), direkt (Person) ♦ *adv* **1** direkt (ohne Umstände) **2** live (übertragen usw.) ♦ *part* geradezu, beinahe
direktør [diaegtöa] *u* Direktor *m*

discount [dißkaund] *u* Ermäßigung *w*
disk [deßg] *u* **1** Theke *w* **2** Schalter *m* (zur Abfertigung)
diskotek [dißgoteg] *t* Disco *w*, Diskothek *w* (Club)
diskussion [dißgutschon] *u* Diskussion *w*, Gespräch *s*, Unterhaltung *w*
diskutere [dißgutea] *v* **1** besprechen *etw. Akk mit j-m*, diskutieren *über etw. Akk* **2** streiten *mit j-m über etw. Akk* (diskutieren)
disse [diß^{e}] *pron* diese
distance [dißdangß^{e}] *u* Entfernung *w*, Distanz *w* (räumliche usw.), Ferne *w*
divan [diwän] *u* Liegesofa *s*, Sofa *s*, Couch *w*
diverse [diwäaß^{e}] *adj* verschieden, verschiedenartig, divers, vielfältig ♦ *pron* verschiedenerlei, mancherlei, allerlei, allerhand
dividere [diwidea] *v* dividieren *etw. Akk durch etw.* (Zahlen)
diæt [died] *u* **1** Diät *w* **2** Ernährung *w* (Regime) ► **Jeg er på ~.** Ich halte Diät.
djævel [djeew^{el}] *u* Teufel *m*
dobbelt [dab^{e}ld] *adj* **1** dual **2** doppelt (Portion usw.) **3** doppelt (Summe usw.), zweifach **4** doppelt, Doppel- ♦ *adv* doppelt ► **~ så meget** doppelt so viel
dobbeltværelse [dab^{e}ldwäaalß^{e}] *t* Zweibettzimmer *s* ♦ *u* Doppelzimmer *s*
doble [dabl^{e}] *v* verdoppeln *etw. Akk*
dog [dou] *conj* jedoch, aber
dokument [dogumend] *t* Dokument *s*, Urkunde *w*, Schriftstück *s* ♦ *u* Dokument *s*
dollar [dala] *u* Dollar *m*
dom [dam] *u* Dom *m*, Urteil *s* (richterliches)
dominerende [dominean^{e}] *adj* dominant, herrschsüchtig (Person usw.), überwiegend; **være ~** überwiegen (Mehrheit haben), vorherrschen
domkirke [damkiag^{e}] *u* Kathedrale *w*
dommer [dama] *u* Richter *m*, Schiedsrichter *m* (im Sport)
domstol [damßdol] *u* Gericht *s*
doven [dou^{e}n] *adj* faul (Mensch usw.)
drage [draau^{e}] *u* Drache *m*, Drachen *m* (aus Papier usw.) ♦ *v* herausschleppen *j-n/etw.*, hineinziehen *j-n in etw. Akk* (in einen Streit usw.), schleppen *j-n irgendwohin* (mit Gewalt hinbringen), ziehen *an etw. Dat*
dragt [dragd] *u* Anzug *m*, Kostüm *s* (für Frauen)
drama [draama] *t* Drama *s*
dramatisk [dramädißg] *adj* dramatisch
dreje [draj^{e}] *v* **1** sich drehen (Rad usw.), sich umdrehen **2** drehen *etw. Akk*, herumdrehen *etw. Akk*, umdrehen *etw. Akk* **3** abbiegen **4** wählen (eine Telefonnummer)
dreje sig *v* **1** sich drehen (Rad usw.) **2** gehen *um etw.*
dreng [drang] *u* Junge *m*
drift [drefd] *u* **1** Betrieb *m etw. Gen* (Tätigkeit usw.), Lauf *m etw. Gen* (einer Maschine usw.) **2** Antrieb *m* **3** Bedienung *w* (eines Gerätes usw.) **4** Betrieb *m etw. Gen* (einer Organisation usw.) **5** Instinkt *m* (Antrieb) ► **ude af ~** außer Betrieb
drik [dreg] *u* Getränk *s*
drikke [dreg^{e}] *v* **1** trinken *etw. Akk*, trinken *etw. Akk* **2** trinken (Durst stillen) **3** saufen (Alkohol) ► **~ *ngt* ud** austrinken *etw. Akk*
drikkepenge [dreg^{e}peng^{e}] *Mz* Trinkgeld *s*; **give ~ *til ngn*** Trinkgeld geben *j-m*
drikkevand [dreg^{e}wan] *t* Trinkwasser *s*
dristig [dreßdi] *adj* dreist, verwegen, kühn, mutig
drive [driiw^{e}] *v* antreiben, betreiben *etw. Akk*, driften (getrieben werden), jagen *j-n/etw.*; **~ en virksomhed** Unternehmen betreiben; **~ *ngn/ngt* væk** vertreiben *j-n/etw.*, fortjagen *j-n/etw.*, wegjagen *j-n/etw.* (Tier usw.)
dronning [draneng] *u* Königin *w*
drue [druu^{e}] *u* Weintraube *w*
drukne [drogn^{e}] *v* **1** ertrinken **2** ertränken *j-n/etw.*, ersäufen *j-n/etw.* ► **være ved at ~** am Ertrinken sein
dryppe [dröb^{e}] *v* **1** tropfen (Wasser usw.) **2** abtropfen *auf etw. Akk* **3** beträufeln *etw. Akk mit etw.* **4** nieseln
dræbe [dreeb^{e}] *v* **1** töten *j-n/etw.*, umbringen *j-n/etw.* **2** vertilgen (Ungeziefer usw.)
drøfte [dröfd^{e}] *v* besprechen *etw. Akk mit j-m*, debattieren *etw. Akk*, debattieren *mit j-m über etw. Akk*, debattieren *etw. Akk*
drøm [dröm] *u* Traum *m*
drømme [dröm^{e}] *v* träumen *von j-m/etw.*
dråbe [droob^{e}] *u* Tropfen *m*
du [du] *pron* du; **med dig** mit dir; **(til) dig** dir
due [duu^{e}] *u* Taube *w*
duft [dofd] *u* Duft *m*
dufte [dofd^{e}] *v* **1** duften **2** riechen *an etw. Dat*
dukke [dog^{e}] *u* Puppe *w*
dukke op *v* **1** auftauchen (aus Nebel usw.), erscheinen **2** sich zeigen (sich sehen lassen)
dum [dom] *adj* **1** blöd, blöde, dumm, doof **2** dumm (Frage usw.)
dumhed [domhe~~dh~~] *u* Dummheit *w*
dumrian [domrian] *u* Dummkopf *m*, Idiot *m*
dværg [dwäau] *u* Zwerg *m* (in Märchen)
dyb [düb] *adj* tief
dybde [dübd^{e}] *u* Tiefe *w*
dybfryse [dübfrüß^{e}] *v* einfrieren (Lebensmittel usw.)

dygtig [dögdi] *adj* fähig (geschickt usw.), geschickt, anstellig, tüchtig

dygtighed [dögdihe~~dh~~] *u* Beschlagenheit *w*, Fähigkeit *w*

dygtigt [dögdid] *adv* erfahren, geschickt

dykke [döge] *v* tauchen

dykkerbriller [dögabrela] *Mz* Taucherbrille *w*

dykning [dögneng] *u* Tauchen *s*

dyr [düa] *adj* aufwendig, aufwändig, kostspielig, teuer ♦ *t* Tier *s* ► **blive dyrere** sich verteuern, teurer werden; **vilde** ~ Wild *s* (wild lebend)

dyrekød [düaekö~~dh~~] *t* Wildbret *s*, Wild *s* (Fleisch)

dyreunge [düaeonge] *u* Junge *s*

dyrke [düage] *v* **1** züchten *etw. Akk*, anbauen *etw. Akk* (Pflanzen usw.), anpflanzen *etw. Akk* (Kartoffeln usw.) **2** ausüben, treiben *etw. Akk*, treiben *etw. Akk* (sich befassen) **3** vergöttern

dyrlæge [düaleeje] *u* Tierarzt *m*

dytte [düde] *v* hupen (Fahrer usw.)

dæk [deg] *t* **1** Bord *m* (eines Schiffes), Deck *s* **2** Mantel *m* (Reifen) **3** Reifen *m* ► **fladt** ~ platter Reifen; **punkteret** ~ platter Reifen

dække [dege] *v* **1** bedecken *j-n/etw. mit etw.*, zudecken *j-n/etw. mit etw.* (mit einer Decke usw.) **2** decken *j-n/etw.* (schützen) **3** decken *etw. Akk mit etw.*, decken *etw. Akk* (finanziell) **4** beziehen *etw. Akk mit etw.*, überziehen *etw. Akk mit etw.* ► ~ **bordet** Tisch decken; ~ **udgifterne** die Kosten decken

dæmning [demneng] *u* **1** Staudamm *m* **2** Damm *m* (Hindernis usw.), Deich *m* **3** Stausee *m*

dæmpe [dembe] *v* **1** dämpfen **2** mindern *etw. Akk*, verringern *etw. Akk* (Risiko usw.) **3** mildern *etw. Akk* (Folgen usw.) **4** leiser machen (Radio usw.) **5** dämpfen (Licht), abblenden (Scheinwerfer) **6** mildern (Zorn usw.) **7** betäuben *etw. Akk*, lindern *etw. Akk* (Schmerz usw.) **8** unterdrücken (Gefühle usw.)

dø [dö] *v* eingehen (Tiere), sterben *an etw. Dat*, umkommen (sterben)

død [dö~~dh~~] *adj* tot ♦ *u* Tod *m*

dødbringende [dö~~dh~~brengene] *adj* tödlich (todbringend)

dødelig [döö~~dh~~eli] *adj* letal, tödlich (Dosis usw.), sterblich

døgn [dajn] *t* Tag *m*

døgnåben [dajnoobeｎ] *u* Ganztagsbetrieb *m*

dømme [döme] *v* **1** verurteilen *j-n zu etw.* (zu Strafe) **2** richten *j-n* (vor dem Gericht usw.) **3** beurteilen *j-n/etw.*, urteilen *j-n/etw.*

dør [döa] *u* Tür *w*

døv [döu] *adj* Gehörlose *m*, Taube *m*, taub

dåb [dob] *u* Taufe *w*

dårlig [dooli] *adj* schlecht (minderwertig); **blive dårligere** sich verschlechtern; **Jeg har det dårligt.** Ich fühle mich nicht wohl., Mir ist unwohl., Mir ist schlecht.

dåse [dooße] *u* **1** Konserve *w*, Dose *w* **2** Blechbüchse *w*

dåseøl [dooßeöl] *u* Dosenbier *s*

dåseåbner [dooßeoobna] *u* Büchsenöffner *m*, Dosenöffner *m*

E

ebbe [ebe] *u* Ebbe *w*

edderkop [e~~dh~~akab] *u* Spinne *w*

eddike [e~~dh~~ige] *u* Essig *m*

effekt [efegd] *u* **1** Effekt *m* **2** Leistung *w* (einer Maschine usw.) ► **have en** ~ wirken (Wirkung haben)

effektiv [efegtiu] *adj* **1** effektiv (Methode usw.), wirksam (Maßnahme, Plan usw.) **2** leistungsfähig

efter [efda] *prep* **1** nach (später) **2** hinter *etw. Dat* (einem Fluss usw.)

efterfølger [efdafölja] *u* Nachfolger *m j-s/etw.*

efterhånden [efdahanen] *adv* **1** allmählich, stufenweise, schrittweise **2** danach, nachher

efterkommer [efdakama] *u* Nachkomme *m*

efterligne [efdaline] *v* imitieren *j-n/etw.*, nachahmen *j-n/etw.*, nachahmen *j-n*, imitieren *j-n* (komisch usw.)

eftermiddag [efdameda] *u* Nachmittag *m*; **i** ~ nachmittags; **om eftermiddagen** nachmittags; **klokken tre om eftermiddagen** nachmittags um drei

efternavn [efdanaun] *t* Familienname *m*, Zuname *m*, Nachname *m*

efterret [efdarad] *u* Nachtisch *m*, Dessert *s*, Nachspeise *w*

efterse [efdaße] *v* durchsehen *etw. Akk*, untersuchen *etw. Akk* (auf Fehler usw.), kontrollieren *etw. Akk* (überwachen)

efterspørgsel [efdaßböaßel] *u* **1** Bitte *w um etw.* **2** Nachfrage *w nach etw.*

efterår [efdaoo] *t* Herbst *m*

eg [ej] *u* Eiche *w*, Eich(en)baum *m*

egen [ajen] *adj* eigen

egenskab [ejenßgäb] *u* Eigenschaft *w j-s/etw.*

egentlig [ejendli] *adv* praktisch

egn [ajn] *u* Gebiet *s*, Gegend *w* (Region)

eje [aje] *v* besitzen *etw. Akk*, besitzen (innehaben)

ejendom [aj^{e}ndam] *u* Eigentum *s*, Besitz *m*

ejer [aja] *u* Besitzer *m etw. Gen*, Eigentümer *m etw. Gen*, Inhaber *m etw. Gen*, Vermieter *m*

ekko [eko] *t* Echo *s*

eksamen [egßääm^{e}n] *u* Prüfung *w* (Kenntnisse)

eksaminere [egßaminea] *v* prüfen, prüfen *j-n in etw. Dat*

eksempel [egßemb^{e}l] *t* **1** Beispiel *s etw. Gen* (Beweis) **2** Beispiel *s* (Muster) ► **for ~** zum Beispiel; **give et ~** Beispiel anführen

eksistere [egßißdea] *v* existieren

eksperiment [egßpäaimend] *t* Experiment *s*

ekspert [egßpäad] *u* Experte *m*, Fachmann *m für etw.*

eksport [egßpood] *u* Ausfuhr *w*, Export *m*

eksportere [egßbotea] *v* ausführen *etw. Akk*, exportieren, exportieren *etw. Akk*

ekstra [egßdra] *adj* nachträglich, zusätzlich ♦ *adv* zusätzlich (übrig), extra (noch dazu)

ekstraordinær [egßdraodinea] *adj* außerordentlich

elastik [elaßdig] *u* Gummiband *s*

elastisk [elaßdißg] *adj* elastisch

elefant [el^{e}fand] *u* Elefant *m*

elegant [el^{e}gand] *adj* elegant, schick

elektricitet [elegtrißited] *u* Elektrizität *w*

elektriker [elegtriga] *u* Elektriker *m*

elektrisk [elegtrißg] *adj* elektrisch

element [el^{e}mend] *t* Bestandteil *m etw. Gen*, Element *s* (Bestandteil)

elev [eleu] *u* Schulkind *s*, Schüler *m*

elevator [el^{e}wääta] *u* Aufzug *m*, Fahrstuhl *m*, Lift *m*

elfenben [elf^{e}nb^{e}n] *t* Elfenbein *s*

elg [elj] *u* Elch *m*

elkedel [elk^{e}del] *u* Wasserkocher *m*

eller [ela] *conj* oder; **enten… ~** entweder… oder; **hverken… ~** weder… noch

elleve [elw^e] *num* elf

elske [elßg^e] *v* **1** lieben *j-n/etw.* **2** Liebe machen *mit j-m* ► **~ hinanden** sich lieben

elsker [elßga] *u* Liebhaber *m*

elskerinde [elßgaen^e] *u* Geliebte *w*

e-mail [iimejl] *u* E-Mail *w*

emballage [ambaläätsch^e] *u* Verpackung *w*, Packung *w* (Hülle usw.)

emballere [ambalea] *v* einpacken, packen (in Papier usw.), verpacken

embede [embeedh^e] *t* Funktion *w* (Posten)

embedsmand [embedhßman] *u* Beamte *m*, Funktionär *m*, Staatsbeamte *m*

emne [emn^e] *t* Gegenstand *m etw. Gen* (Thema usw.), Thema *s*, Stoff *m* (für ein Buch usw.)

en [en] *num* ein, eine, ein; **~ gang** einmal; **ikke ~ eneste** kein einziger

en, et *pron* ein, eine, ein (Artikel)

end [en] *conj* als (Vergleich)

ende [en^e] *u* Ende *s* (von Stock usw.) ♦ *v* ausgehen *irgendwie*

endelig [en^{e}li] *adj* **1** begrenzt (Umfang usw.) **2** definitiv, endgültig, End-, final **3** End-, Schluss- (Ergebnis usw.) **4** endgültig (Ergebnis usw.), End-

endeløs [en^{e}löß] *adj* unendlich, endlos

endestation [en^{e}ßdatschon] *u* Endstation *w*, Endhaltestelle *w*

endog [enou] *adv* sogar

ene [een^e] *adj* allein (ohne Andere) ♦ *u* Wacholder *m*

energi [enäagi] *u* Energie *w*

enes [een^{e}ß] *v* sich einigen *über etw. Akk*, verabreden *etw. Akk*, vereinbaren *etw. Akk*, absprechen *etw. Akk* (Termin usw.)

eneste [een^{e}ßd^e] *adj* einzig ♦ *num* einzig

enestående [een^{e}ßdo^{e}n^e] *adj* außergewöhnlich, Ausnahme-, beispiellos, bemerkenswert

eng [eng] *u* Wiese *w*

engagere [anggatschea] *v* engagieren *j-n* (einen Künstler), einstellen *j-n* (Arbeiter usw.)

engel [eng^{e}l] *u* Engel *m*

engelsk [eng^{e}lßg] *adj* englisch ♦ *t* Englisch(e) *s* ► **på ~** englisch

England [englan] *t* England *s*

englænder [englena] *u* Engländer *m*

enhed [eenhedh] *u* **1** Einheit *w* (organisatorisch) **2** Einheit *w* (Meter usw.), Maßeinheit *w* **3** Einheit *w* (Verbundenheit)

enig [eeni] **blive ~** *med ngn om/i ngt* sich einigen *über etw. Akk*; **være ~** *med ngn om/i ngt* zustimmen *j-m/etw.*

enke [engg^e] *u* Witwe *w*

enkel [engg^{e}l] *adj* einfach (unkompliziert), simpel (Erklärung usw.)

enkeltværelse [engg^{e}ldwäaalß^e] *t* Einbettzimmer *s*, Einzelzimmer *s*

enkemand [engg^{e}man] *u* Witwer *m*

ens [enß] *adj* gleich ♦ *adv* übereinstimmend, identisch

ensidig [eenßidi] *adj* einseitig

ensom [eenßam] *adj* **1** einsam (Mensch), allein (Person) **2** einsam (Haus usw.) **3** einzelgängerisch

ental [eental] *t* Singular *m*

enten [end^{e}n] **~… eller** entweder… oder

entré [angtre] *u* Eintrittsgeld *s*, Eintritt *m* (Geld), Eintrittsgebühr *w*

entusiastisk [angtutschaßdißg] *adj* begeistert (Fan)

erfaren [äafaan] *adj* erfahren

erfaring [äafaeng] *u* **1** Erfahrung *w* **2** Praxis *w* (Berufserfahrung), Berufserfahrung *w*
erhverv [äawäau] *t* Gewerbe *s*
erklære [äaklea] *v* deklarieren (bekannt geben), erklären *etw. Akk*, erklären (sagen)
erklæring [äakleeng] *u* **1** Erklärung *w* (Mitteilung) **2** Proklamation *w*, Ankündigung *w* **3** Aussage *w* (vor der Polizei usw.) **4** Bekenntnis *s*
ernæring [äaneaeng] *u* Ernährung *w*, Nahrung *w* (Kindernahrung usw.)
erobre [erobra] *v* **1** erobern **2** unterwerfen *j-n/etw.* (Nation usw.) **3** ergreifen *etw. Akk* (beherrschen)
erstatning [äaßdadneng] *u* **1** Entschädigung *w*, Ersatz *m für etw.* **2** Ersetzen *s etw. Gen durch etw.* **3** Abfindungssumme *w*, Abfindung *w* (Geld)
erstatte [äaßdad^e^] *v* **1** ersetzen *j-n/etw. durch j-n/etw.*, ersetzen *j-n/etw.* (Nachfolger usw.) **2** entschädigen *j-n für etw.*, ersetzen *j-m etw. Akk* (Geldverlust usw.) **3** wiedergutmachen *j-m etw. Akk* **4** ersetzen (durch Besseres usw.) **5** vergüten *etw. Akk* (Auslagen usw.), erstatten *etw. Akk* **6** einsetzen *etw. Akk in etw. Akk* (in Gleichung usw.)
etablere [etablea] *v* einrichten, bilden (Ausschuss usw.), gründen (Kommission)
etage [etäätsch^e^] *u* Etage *w*, Stock *m*, Stockwerk *s*, Geschoss *s* (im Haus usw.)
euro [euro] *u* Euro *m*
Europa [euroopa] *t* Europa *s*
europæer [europea] *u* Europäer *m*
europæisk [europeißg] *adj* europäisch
eventuelt [ew^e^ntueld] *adv* beziehungsweise, eventuell
eventyr [eew^e^ntüa] *t* **1** Abenteuer *s* **2** Märchen *s*
evig [eewi] *adj* ewig, andauernd (Probleme usw.)
evne [eun^e^] *u* Fähigkeit *w*

F

fabrik [fabreg] *u* Betrieb *m* (Fabrik usw.), Fabrik *w*
fabrikant [fabrikand] *u* **1** Hersteller *m von etw.*, Erzeuger *m von etw.* (von Ware usw.), Produzent *m von etw.* **2** Fabrikant *m*
facade [faßääd~~h~~^e^] *u* Fassade *w*, Vorderfront *w*
faciliteter [faßiliteda] *u* Ausstattung *w* (in einer Fabrik usw.), Anlagen *w Mz*
fadøl [fad~~h~~öl] *t* Bier vom Fass, gezapftes Bier
fag [fäj] *t* **1** Fachgebiet *s* **2** Fach *s* (in der Schule usw.)
fagforening [faufaeneng] *u* Gewerkschaft *w*
faglig [fauli] *adj* Fach-
fair [feea] *adv* fair (handeln usw.)
faktisk [fagdißg] *adj* faktisch, tatsächlich, praktisch völlig ♦ *adv* praktisch, wirklich (in Wirklichkeit)
faktum [fagtom] *t* Fakt *m/s*, Tatsache *w*
faktura [fagtuura] *u* Rechnung *w*
fald [fal] *t* **1** Fall *m* (das Fallen), Sturz *m* (in die Tiefe usw.) **2** Rückgang *m an etw. Dat*, Sturz *m* (Machtverlust usw.), Fall *m* **3** Abnahme *w etw. Gen* (der Intensität usw.) **4** Gefälle *s* (einer Straße usw.) **5** Fall *m* (Grammatik) ► **i værste/bedste** im schlimmsten/besten Fall *m*
falde [fal^e^] *v* **1** fallen, hinstürzen, stürzen (stolpern usw.), hinfallen **2** sinken, fallen (Preise usw.) **3** verfallen *in etw.* (in Wut usw.) **4** abfallen (Laub usw.) **5** fallen (Meter Schnee usw.) **6** fallen (im Krieg) **7** durchfallen *durch etw.* **8** kommen *auf j-n/etw.* (entfallen) **9** weniger werden ► **~ af** abfallen (sich abbrechen); **~ i søvn** einschlafen (in Schlaf sinken); **~ ned** fallen (zum Boden); **~ ned** *bagved ngt* fallen hinter *etw. Akk*; **~ ud** ausfallen (Zahn usw.)
falsk [falßg] *adj* **1** falsch, gefälscht (Kunstwerk usw.) **2** unecht (Zuneigung usw.), vorgetäuscht **3** unwahr
familie [familj^e^] *u* **1** Familie *w* **2** Verwandtschaft *w* ► **i ~ med** *ngn* verwandt *mit j-m* (Familienmitglied)
fanden [fan^e^n] *u* Teufel *m*
fange [fang^e^] *v* **1** fangen (Tier usw.) **2** erjagen **3** fangen *etw. Akk* (Tier usw.) **4** auffangen *j-n/etw.* (im Fallen fassen) **5** in die Falle fangen *j-n/etw.* **6** erhaschen *etw. Akk* (Blick usw.) ♦ *u* **1** Häftling *m* **2** Gefangene *m* ► **tage** *ngn* **til ~** gefangen nehmen *j-n*
fantasi [fantaßi] *u* Fantasie *w*, Vorstellungsvermögen *s*
fantastisk [fantaßdißg] *adj* erstaunlich, fantastisch, toll, fabelhaft ♦ *adv* exzellent, ausgezeichnet, fantastisch
far [faa] *u* Vater *m* (Elternteil), Vati *m*, Papa *m*
farbar [faaba] *adj* befahrbar
fare [faaa] *u* **1** Bedrohung *w etw. Gen* (Gefahr), Gefahr *w* **2** Gefahr *w*, Risiko *s* (einer Ansteckung usw.) ♦ *v* **1** rasen *irgendwohin* (sich fortbewegen), stürmen *irgendwohin* (rennen) **2** durchrasen *an etw. Akk, durch etw.* ► **bringe** *ngn/ngt* **i ~** bedrohen *j-n/etw.*; **~ vildt** sich verlieren, sich verlaufen, sich verirren (in der Stadt usw.), umherirren; **udsætte** *ngn/ngt* **for ~** bedrohen *j-n/etw.*
farlig [faali] *adj* gefährlich

Wörterbuch Dänisch – Deutsch

fars [faß] *u* Hackfleisch *s* (Faschiertes)

fart [fad] *u* Tempo *s*, Verlauf *m*, Ablauf *m* (eines Ereignisses usw.); **sætte farten ned** verlangsamen *etw. Akk*; **sætte farten op** beschleunigen (sich schneller bewegen)

fartøj [faataj] *t* Wasserfahrzeug *s*, Fahrzeug *s* (Schiff, Boot usw.)

farve [faawe] *u* Farbe *w* ♦ *v* färben (farbig machen)

farvel [fawel] *interj* leb(t) wohl; **sige ~** *til ngn* sich verabschieden *von j-m*; **Farvel!** Auf Wiedersehen.; **Farvel.** Tschüss!

fase [fääße] *u* Phase *w*

fast [faßd] *adj* **1** fest **2** unbeweglich (nicht beweglich) **3** fix, Fix- ► **holde ~** *i ngn* halten *j-n irgendwohin*; **køre ~** *i ngt* einsinken *in etw. Dat*

faster [faßda] *u* Tante *w* (Schwester des Vaters)

fastetid [fääßdetidh] *u* Fastenzeit *w*

fastgøre [faßdgöa] *v* anbringen *etw. Akk an etw. Dat*, befestigen *etw. Akk an etw. Dat* (festmachen)

fastland [faßdlan] *t* Festland *s*

fastsat [faßdßad] *adj* fest (klar bestimmt), feststehend (Termin usw.), festgesetzt (Preis usw.), Fest-

fastslå [faßdßlo] *v* genau festlegen, konstatieren, feststellen (sagen usw.)

fastsætte [faßdßede] *v* bestimmen *etw. Akk* (Anzahl usw.), festlegen *etw. Akk* (Termin usw.), entscheiden *etw. Akk*

fatte [fade] *v* aufgehen *j-m etw. Akk*

fattig [fadi] *adj* arm, notleidend; **~ person** Arme *m* (ohne Geld usw.)

favorit [faworid] *u* **1** Favorit *m* (im Rennen usw.) **2** Liebling *m* (Favorit)

feber [feba] *u* erhöhte Temperatur, Fieber *s*

februar [februa] *u* Februar *m*

fedt [fed] *t* Fett *s*

fej [faj] *adj* feige

feje [faje] *v* fegen, kehren (vom Bürgersteig usw.), fegen *etw. Akk*, (SüD) kehren *etw. Akk*; **~** *ngt* **af** *ngt* wegfegen *etw. Akk von etw.* (Krümel usw.)

fejebakke [fajebage] *u* Kehrichtschaufel *w*

fejl [fajl] *u* **1** Fehler *m* (Verstoß) **2** Mangel *m* (Defekt usw.), Fehler *m* (Funktionsfehler usw.), Schaden *m* (Fehler) **3** Fehler *m* (an einer Ware usw.), Mangel *m* (an einem Produkt usw.), Makel *m* ♦ *adj* unrichtig, falsch ► **tage ~** sich irren; **tage ~ af** verwechseln *j-n/etw. mit j-m/etw.*; **tage ~** *i ngt* sich irren *in etw. Dat*, sich täuschen *in etw. Dat*, unrecht haben

fejlagtig [fajlagdi] *adj* **1** falsch (Antwort usw.), unrichtig **2** irrig **3** ungeeignet (Handhabung usw.)

fejltagelse [fajltäjelße] *u* Irrtum *m*, Versehen *s*; **ved en ~** aus Versehen

fejre [fajra] *v* feiern, feiern *etw. Akk*

felt [feld] *t* **1** Bereich *m* (thematischer usw.), Gebiet *s* (einer Tätigkeit usw.), Sphäre *w* **2** Feld *s* (im Fragebogen usw.), Kästchen *s*

fem [fem] *num* fünf

femhundrede [femhunadhe] *num* fünfhundert

femte [femde] **den ~** fünft(er,e,es); **det ~** fünft(er,e,es)

femtedel [femdedel] *u* Fünftel *s*

femten [femden] *num* fünfzehn

ferie [feaie] *u* **1** Urlaub *m* (unbezahlter, mehrtägiger usw.) **2** Ferien *Mz*

fersken [fääßgen] *u* Pfirsich *m* (Frucht)

fest [feßd] *u* **1** Feier *w*, Fest *s* (Veranstaltung), Feierlichkeiten *w Mz* **2** Fete *w*, Party *w* **3** Volksfest *s*, Fest *s* (Jahrmarkt usw.)

feste [feßde] *v* **1** anbringen *etw. Akk an etw. Dat* **2** fesseln (mit Seil usw.) **3** feiern, abfeiern (eine Party haben) **4** schmausen *etw. Akk*

fiasko [fiaßgo] *u* Debakel *s*, Durchfall *m* (Film usw.), Fiasko *s*, Misserfolg *m*

figen [fiien] *u* Feige *w* (Frucht)

figur [figua] *u* **1** Figur *w* **2** Figur *w* (geometrische), Gebilde *s* (geometrisches)

fikse [fegße] *v* basteln

fil [fil] *u* **1** Feile *w* **2** Datei *w*

filet [file] *u* Filet *s* (Lende)

film [film] *u* Film *m* (Spielfilm)

filme [filme] *v* drehen (Film), filmen, filmen *etw. Akk*

filter [filda] *t* Filter *m*

fin [fin] *adj* **1** fein, zart (Struktur usw.) **2** fein (Schotter usw.) **3** großartig **4** nobel (Haus usw.), vornehm (luxuriös) ► **fint vejr** schönes Wetter; **Det er fint vejr.** Das Wetter ist schön.

finansiel [finantschel] *adj* finanziell

finde [fene] *v* **1** finden **2** aufsuchen *j-n/etw.* **3** finden *etw. Akk irgendwie* ► **~ frem** *til et sted* (den Weg) finden *irgendwohin*; **~ på** *ngt* ausdenken *etw. Akk* (Lösung usw.); **~ ud af** *ngt* feststellen *etw. Akk*, herausfinden *etw. Akk* (Fakten usw.); **fundet** gefunden

findes [feneß] *v* vorkommen (plötzlich usw.)

finger [fenga] *u* Finger *m*

finne [fene] *u* Finne *m*, Flosse *w*

fint [find] *adv* fein (gemahlen usw.), klein, schön (angenehm, gehörig), wohl

firben [fiaben] *t* Eidechse *w*

fire [fiia] *num* vier

firehjulet [fiiajuledh] Allrad *m*, Allradwagen *m*

firkant [fiakand] *u* Quadrat *s* (Form), Viereck *s*
firma [fiama] *t* Firma *w*
firs [fiaß] *num* achtzig
fisk [feßg] *u* Fisch *m*
fiske [feßg^e] *v* **1** fischen **2** herausfischen *etw. Akk aus etw.*
fiskefilet [feßg^{e}fil^e] *u* Filet *s* (Fisch)
Fiskene [feßg^{e}n^e] *Mz* Fische *Mz*
fisker [feßga] *u* Angler *m*, Fischer *m*
fiskestang [feßg^{e}ßdang] *u* Angelrute *w*
fitnesscenter [fidneßßenda] *t* Fitnesscenter *s*
fjende [fjen^e] *u* Feind *m*
fjendtlig [fjendli] *adj* feindlich
fjer [fjea] *u* Feder *w*, Gefieder *s*
fjerde [fjeea] **den/det ~** viert(er,e,es)
fjerdedel [fjeeadel] *u* Viertel *s* (vierter Teil)
fjerkræ [fjeakre] *t* Geflügel *s*
fjern [fjäan] *adj* entfernt, fern, fernliegend
fjernbetjening [fjäanbetjeneng] *u* Fernbedienung *w* (Gerät), Fernsteuerung *w* (Tätigkeit)
fjerne [fjäan^e] *v* abnehmen *etw. Akk* (Deckel usw.), abschaffen *etw. Akk*, beseitigen *etw. Akk* (Abfall usw.), eliminieren *etw. Akk von etw.*
fjernkontrol [fjäankontral] *u* Fernbedienung *w* (Gerät)
fjernsyn [fjäanßün] *t* **1** Fernseher *m* **2** Fernsehen *s* ► **se ~** fernsehen
fjols [fjalß] *t* Dummkopf *m*, Idiot *m*, Narr *m*, Irre *m*
fjorten [fjoad^{e}n] *num* vierzehn
flad [flä~~dh~~] *adj* flach, platt; **fladt batteri** leere Batterie
flademål [flääd~~h~~^{e}mol] *t* Fläche *w*
flag [fläj] *t* Fahne *w*, Flagge *w*
flagermus [flauamuß] *u* Fledermaus *w*
flakke [flag^e] *v* **1** wandern (ziellos usw.) **2** schweifen lassen (Blick usw.)
flamme [flam^e] *u* Flamme *w* ♦ *v* lodern
flaske [flaßg^e] *u* Flasche *w*, Buddel *w*
flaskeåbner [flaßgeoobna] *u* Flaschenöffner *m*
flatulens [flatul^{e}nß] *u* Blähung *w*, Blähsucht *w*, Flatulenz *w*
flere [fleea] *num* einige, ein paar
flertal [fleatal] *t* Mehrheit *w j-s/etw.*, Majorität *w j-s/etw.*
fletning [fledneng] *u* Zopf *m*
flink [flengg] *adj* bewandert *in etw. Dat*, geschickt, anstellig, gewandt
flirte [flöad^e] *v* flirten *mit j-m*
flod [flo~~dh~~] *u* **1** Fluss *m* (Gewässer) **2** Flut *w*
flodseng [flo~~dh~~ßeng] *u* Bett *s* (eines Flusses usw.), Flussbett *s*
flok [flag] *u* **1** Schar *w* **2** Herde *w* **3** Rudel *s* (Wölfe usw.), Meute *w* (Hunde) **4** Schwarm *m* (von Vögeln)
flop [flab] *t* Durchfall *m* (Film usw.)
flot [flad] *adj* nobel (Haus usw.), vornehm (luxuriös) ♦ *adv* schön (gemacht), hübsch
flov [flou] *adj* peinlich; **være ~** *over/ved ngt* sich peinlich fühlen
flow [flou] *t* **1** Durchfluss *m* (Menge) **2** Fluss *m* (des Verkehrs usw.)
flue [fluu^e] *u* Fliege *w*
flugt [flogd] *u* **1** Flucht *w* **2** Massenflucht *w* **3** Flug *m*
fly [flü] *t* Flugzeug *s*, Luftfahrzeug *s*
flybillet [flübiled] *u* Flugticket *s*, Flugkarte *w*, Flugschein *m* (Ticket)
flydende [flüü~~dh~~^{e}n^e] *adj* **1** flüssig **2** schwimmend, Schwimm- **3** fließend, flüssig **4** flüssig, fließend (Verkehr) **5** fließend (ununterbrochen), flüssig (Bewegung usw.) ♦ *adv* fließend (lesen usw.), flüssig (reden usw.)
flygte [flögd^e] *v* entfliehen, entkommen, fliehen (aus Gefängnis usw.), flüchten *irgendwoher*; **~ bort** entfliehen, entkommen, fliehen (aus Gefängnis usw.)
flyselskab [flüßelßgäb] *t* Fluggesellschaft *w*
flytning [flödneng] *u* Umzug *m* (Wohnungswechsel)
flytte [flöd^e] *v* **1** übertragen *etw. Akk irgendwohin* (Gegenstände usw.), verlegen *etw. Akk irgendwohin*, umstellen *etw. Akk irgendwohin* (Möbel usw.), verschieben *etw. Akk irgendwohin* **2** abschieben **3** umziehen *etw. Akk* (Umzug durchführen) **4** umziehen (in neue Wohnung usw.) **5** wegziehen (in andere Wohnung) **6** übersiedeln (Standort ändern) **7** ausräumen *etw. Akk aus etw.*, ausziehen lassen *j-n* **8** verlegen (aufschieben) **9** bewegen *etw. Akk* ► **~ ud** ausziehen (aus dem Haus usw.), räumen (Zimmer usw.); **~** *ngt* **nærmere** nähern *j-m etw. Akk*
flytte sig *v* **1** sich bewegen **2** sich bewegen (Bewegung machen), sich rühren **3** ziehen (unterwegs sein)
flyve [flüüw^e] *v* durchfliegen *durch etw.* (durch Wolken usw.), fliegen, überfliegen *etw. Akk* (hinwegfliegen); **~ af (sted)** abfliegen; **~ over** *ngt* überfliegen *etw. Akk* (fliegen); **~ ud** *af ngt* fliegen *etw. Nom aus etw.*, ausfliegen *etw. Nom aus etw.*
flyvemaskine [flüüw^{e}maßgiin^e] *u* Luftfahrzeug *s*
flyver [flüüwa] *u* **1** Luftfahrzeug *s* **2** Pilot *m*, Flieger *m* (Person)
flyvning [flüuneng] *u* **1** Flug *m* **2** Flugwesen *s*, Luftfahrt *w*

flænge [fleng^{e}] *u* Risswunde *w* ♦ *v* hacken *j-n*
fløde [flöödh^{e}] *u* Sahne *w*
fløjte [flajd^{e}] *u* **1** Pfeife *w* **2** Flöte *w* ♦ *v* pfeifen
flåt [flod] *u* Zecke *w*
fod [fodh] *u* **1** Fuß *m* **2** Vorland *s*, Vorgebirge *s* ► **til fods** zu Fuß
fodbold [fodhbald] *u* Fußball *m*
foder [fodha] *t* **1** Futter *s* (Nahrung) **2** Viehfutter *s*
fodgænger [fodhgenga] *u* Fußgänger *m*
fodgængerområde [fodhgengaamroodh^{e}] *t* Fußgängerzone *w*
fodgængerovergang [fodhgengaouagang] *u* Fußgängerübergang *m*, Fußgängerüberweg *m*, Zebrastreifen *m*
fodled [fodhledh] *t* Fußknöchel *m*, Knöchel *m*
fold [fol] *u* **1** Falte *w* (Stoff usw.) **2** Pferch *m*
folde [fal^{e}] *v* **1** falten (Papier usw.) **2** anziehen (Beine usw.) ► **~ ud** ausbreiten (Gefaltetes usw.); **~ ud** *ngt* ausbreiten (Zeitung usw.); **~** *ngt* **sammen** zusammenfalten
folder [fala] *u* Mappe *w* (Aktenhefter usw.), Hefter *m*
folk [falg] *t* Leute *Mz*, Volk *s* (Bevölkerung)
folklore [falglooa] *u* Folklore *w*, Überlieferung *w*
fontæne [fanteen^{e}] *u* Brunnen *m* (Fontäne)
for [fa] *prep* **1** für *j-n* (Geschenk, Nachricht usw.) **2** für *etw.* (Zweck usw.) **3** für *etw.* (Preis usw.) **4** für (Zeitdauer usw.) ♦ *conj* denn ♦ *t* Futter *s* (Stoff) ♦ *adv* zu ► **alt ~** *hvordan* zu; **~ at** damit (zu dem Zweck), um… zu; **~ tredje gang** zum dritten Mal; **Jeg skal have et værelse ~ tre dage.** Ich brauche ein Zimmer für drei Tage.
foran [fooan] *adv* vorn, vorne (vor dem Sprecher usw.) ♦ *prep* vor *j-m/etw.* (auf dem Weg usw.)
forandre [faandra] *v* **1** ändern *etw. Akk* **2** verwandeln *etw. Akk in etw. Akk* **3** abwandeln *etw. Akk*, variieren *etw. Akk*
forandre sig *v* sich ändern, sich verändern
forandring [faandreng] *u* Änderung *w*, Veränderung *w*
forankre [faanggra] *v* **1** ankern **2** verankern *etw. Akk* (im Boden usw.)
forbedre [fabedhra] *v* **1** verbessern *etw. Akk* (Leistung usw.), aufbessern *etw. Akk*, bessern *etw. Akk* **2** aufbessern, verbessern **3** korrigieren, verbessern (Fehler usw.) **4** bessern *j-n* (Verbrecher usw.)
forbedring [fabedhreng] *u* Verbesserung *w*, Aufbesserung *w*
forberede [fooberedh^{e}] *v* bereiten *j-m etw. Akk*, vorbereiten *etw. Akk für j-n*, bereit machen *etw. Akk für j-n*, bereitmachen *j-n*
forberedelse [fooberedh^{e}lß^{e}] *u* Training *s*, Vorbereitung *w auf/für etw.*
forberede sig *v* sich vorbereiten *auf etw. Akk*
forbi [fabi] *adv* vorbei ♦ *prep* vorbei *an etw. Dat* (weiter usw.) ► **gå ~** vorbeifahren *an j-m/etw.*, vorbeigehen *an j-m/etw.* (zu Fuß); **køre ~** vorbeifahren *an etw. Dat*; **Det er ~.** Es ist aus.
forbillede [foobel^{e}dh^{e}] *t* Muster *s* (Vorlage), Vorbild *s*
forbinde [faben^{e}] *v* **1** verbinden **2** verbinden *etw. Akk mit etw.* (mehrere Teile usw.) **3** anschließen *etw. Akk an etw. Akk*, verbinden *etw. Akk mit etw.* (Ganzes bilden) **4** kombinieren (zusammenstellen)
forbindelse [faben^{e}lß^{e}] *u* **1** Kontakt *m* **2** Verbindung *w* (Verkehrsverbindung usw.) **3** Anschluss *m* (Verkehrsverbindung) **4** Beziehung *w* (Zusammenhang usw.), Zusammenhang *m zwischen etw. Dat* **5** Beziehung *w* (Handelsbeziehung usw.) **6** Verbindung *w* (von einem Gerät usw.) **7** Verbindung *w* (chemische) **8** ***forbindelser*** Konnexionen *w Mz*
forblive [fabliw^{e}] *v* **1** bleiben *irgendwo* **2** andauern, fortdauern (bleiben)
forbrug [fabru] *t* Verbrauch *m*
forbruge [fabru^{e}] *v* verbrauchen *etw. Akk* (Benzin, Zeit usw.)
forbrydelse [fabrüdh^{e}lß^{e}] *u* Verbrechen *s*
forbryder [fabrüdha] *u* Verbrecher *m*
forbud [foobudh] *t* Verbot *s etw. Gen*; **Rygning forbudt** Rauchen verboten
forbudt [fabud] *adj* verboten
forbyde [fabüdh^{e}] *v* verbieten *etw. Akk*, verbieten *j-m etw. Akk*
forcere [foßea] *v* beschleunigen *etw. Akk* (Anfang usw.), beschleunigen (Entwicklung), vorantreiben
fordel [foodel] *u* Vorteil *m*, Vorzug *m* (Vorteil)
fordelagtig [fodelagdi] *adj* günstig
fordi [fadi] *conj* weil
fordoble [fadabl^{e}] *v* verdoppeln *etw. Akk*
fordom [foodam] *u* Vorurteil *s*, Voreingenommenheit *w*
fordre [foodra] *v* fordern *etw. Akk von j-m*
fordybe [fadüb^{e}] *v* vertiefen *etw. Akk* (einen Graben usw.)
fordærve [fadäaw^{e}] *v* verderben, schlecht werden, verunstalten
fordøjelse [fadaj^{e}lß^{e}] *u* Verdauung *w*
fordøjelsesbesvær [fadaj^{e}lß^{e}ßbeßwea] *t* Verdauungsstörung *w*

fordømme [fadöm^e] *v* verurteilen (kritisieren)
forebygge [fooobüg^e] *v* vorbeugen *etw. Dat*, verhindern *etw. Akk*
foregive [fooogi] *v* vortäuschen *etw. Akk*, heucheln *etw. Akk* (Mitleid usw.)
foregå [fooogo] *v* sich abspielen, verlaufen (ablaufen), in Gang sein
forekomme [foookam^e] *v* vorkommen *irgendwo* (Tierart usw.)
forelske sig *v* sich verlieben *in j-n*
forelsket [faelßg^edh] *adj* verliebt *in j-n* (Mensch)
forelæse [foooleß^e] *v* lesen (Vorlesungen halten)
forelæsning [foooleßneng] *u* Vortrag *m* (wissenschaftlicher), Vorlesung *w* (an der Uni usw.)
foreløbig [fooolöbi] *adj* provisorisch, vorläufig, einstweilig
forene [faen^e] *v* **1** vereinigen *etw. Akk*, verbinden *etw. Akk* (zu einem Ganzen) **2** sich verbinden (zu einem Ganzen) **3** vereinigen, verbinden
forenet [faen^edh] *adj* einig, vereinigt
forening [faeneng] *u* **1** Assoziation *w*, Verein *m* **2** Union *w*, Vereinigung *w* (von Personen usw.) **3** Vereinigung *w* (Vereinigen) **4** Vereinigung *w* (von Mengen usw.)
forenkle [faenggl^e] *v* vereinfachen *etw. Akk*
foreskrive [foooßgriw^e] *v* verschreiben (Medikament usw.), verordnen (Kur usw.)
foreslå [foooßlo] *v* vorschlagen
forestilling [foooßdeleng] *u* **1** Vorstellung *w von etw.* (Ahnung) **2** Vorstellung *w* (Aufführung), Aufführung *w* (Theaterstück)
foretrække [foootrag^e] *v* bevorzugen *j-n/etw. vor j-m/etw.*, vorziehen *etw. Akk etw. Dat*, bevorzugen *etw. Akk*
forfalden [fafal^en] *adj* **1** fällig, zahlbar **2** baufällig (Gebäude usw.) **3** abhängig *von etw.* (Drogen usw.)
forfalsket [fafalßg^edh] *adj* falsch (Diamant usw.), unecht, gefälscht
forfatter [fafada] *u* Schriftsteller *m*
forfra [foofra] *adv* von vorn(e), von vorne
forfremme [fafram^e] *v* befördern *j-n zu etw.* (zum Direktor usw.)
forfremmelse [fafram^elß^e] *u* Beförderung *w* (in einen Rang)
forfriske [fafreßg^e] *v* erfrischen (Körper usw.)
forfriskning [fafreßgneng] *u* Erfrischung *w* (Getränk usw.)
forfærdelig [fafäadli] *adj* fürchterlich, schrecklich (Qualität usw.), grauenhaft, entsetzlich (Verbrechen usw.)
forfølge [faföl j^e] *v* **1** verfolgen *j-n* (beschatten) **2** verfolgen (Gegner usw.) **3** stalken *j-n* (Fan usw.)
forføre [fafÖa] *v* verführen *j-n* (Mädchen usw.)
forgifte [fagifd^e] *v* **1** vergiften *j-n* **2** verseuchen
forgiftning [fagifdneng] *u* Vergiftung *w*
forgæves [fagew^eß] *adj* ergebnislos, fruchtlos (Bemühung usw.), nutzlos, vergeblich (Bemühungen usw.) ♦ *adv* vergebens, umsonst, vergeblich
forgårs [fagoß] **i ~** vorgestern
forhandle [fahanl^e] *v* aushandeln *etw. Akk*, handeln *mit j-m über etw. Akk* (über Preis usw.), feilschen *mit j-m um etw.*, streiten *mit j-m über etw. Akk* (diskutieren)
forhandler [fahanla] *u* Händler *m*, Verhandlungsführer *m*
forhandling [fahanleng] *u* Verhandlung *w* (Besprechung)
forhindre [fahendra] *v* **1** verhindern *etw. Akk* **2** vorbeugen *etw. Dat*, verhindern *etw. Akk* **3** behindern *etw. Akk*
forhindring [fahendreng] *u* Behinderung *w in etw. Dat* (in der Entwicklung usw.), Hindernis *s in etw. Dat*, Hürde *w*, Hindernis *s* (in Athletik usw.)
forhold [foohal] *t* **1** Beziehung *w* (Zusammenhang usw.) **2** Verhältnis *s* (Verwandtschaft usw.) **3** Verhältnis *s mit j-m* (Liebschaft), Beziehung *w* (intime usw.) **4** Beziehung *w* (Handelsbeziehung usw.) **5** Relation *w etw. Gen zu etw.* ► **i ~ til** *ngn/ngt* gegenüber *j-m/etw.* (Verhalten usw.)
forholdsvis [foohalßwiß] *adv* relativ
forhøje [fahaj^e] *v* **1** erhöhen (Mauer usw.) **2** den Lohn erhöhen *j-m* **3** erhöhen (Spannung usw.)
forhør [fahöa] *t* Verhör *s*
forhåbentligt [fahob^enlid] *part* hoffentlich
forhånd [foohan] *u* Vorhand *w*; **på ~** im Voraus
fork [foog] *u* Gabel *w* (für Heu usw.)
forkert [fakead] *adj* falsch, unrichtig
forklare [faklaa] *v* erklären *j-m etw. Akk* (Problematik usw.)
forklaring [faklaeng] *u* **1** Erklärung *w* **2** Erläuterung *w*
forklæde [fookleedh^e] *t* Schürze *w*
forkorte [fakood^e] *v* abkürzen *etw. Akk* (Wort usw.), abkürzen (zeitlich), verkürzen *etw. Akk* (Gegenstand usw.), kürzen *etw. Akk* (kürzer machen)
forkortelse [fakood^elß^e] *u* Abkürzung *w* (Wort)

forkølelse [fakölelße] *u* **1** Erkältung *w* **2** Schnupfen *m*
forkølelsessår [fakölelßeßßo] *t* Fieberbläschen *s*, Herpes *m*
forkørselsret [fooköaßelßrad] *u* Vorfahrt *w*
forlade [falädhe] *v* **1** verlassen *etw. Akk* (Stadt usw.) **2** räumen (Zimmer usw.)
forladelse [falädhelße] *u* Vergebung *w*, Verzeihung *w*
forlag [fooläj] *t* Verlag *m*
forlange [falange] *v* **1** fordern *etw. Akk*, verlangen *etw. Akk*, fordern *etw. Akk von j-m* **2** verlangen *etw. Akk von j-m*, fordern *etw. Akk von j-m*
forlovet [falowedh] *adj* verlobt
forlygte [foolögde] *u* Scheinwerfer *m* (eines Autos)
forlystelsespark [falößdelßeßpaag] *u* Festplatz *m*, Vergnügungspark *m*, Freizeitpark *m*
forlænge [falenge] *v* verlängern *etw. Akk* (zeitlich), verlängern *etw. Akk* (räumlich)
forlængelse [falengelße] *u* Verlängerung *w*
forløb [falöb] *t* Progression *w*, Fortschritt *m* (einer Krankheit usw.), Verlauf *m*, Ablauf *m* (eines Ereignisses usw.)
forløbe [falöbe] *v* im Gange sein, vergehen (Zeit)
form [fom] *u* Form *w*, Gestalt *w*
formand [fooman] *u* Vorsitzende *m*
formgive [foomgi] *v* entwerfen, entwerfen *etw. Akk*
formiddag [foomedä] *u* Vormittag *m*; **om formiddagen** vormittags, am Vormittag; **klokken ti om formiddagen** um zehn Uhr vormittags
formindske [famenßge] *v* **1** verkleinern *etw. Akk* **2** verringern *etw. Akk* (Menge usw.), senken *etw. Akk* (Summe usw.), herabsetzen *etw. Akk* (Kosten usw.) **3** vermindern
formode [famodhe] *v* vermuten, voraussetzen, annehmen (glauben)
formular [fomula] *u* Formular *s*
formål [foomol] *t* Zweck *m*
formålsløs [foomolßlöß] *adj* sinnlos
fornavn [foonaun] *t* Vorname *m*
fornuft [fanofd] *u* Verstand *m*, Vernunft *w*; **sund ~** gesunder Menschenverstand
fornuftig [fanofdi] *adj* bedächtig (Schritt usw.), besonnen, umsichtig, vernünftig
forny [fanü] *v* erneuern (Vertrag usw.)
fornærme [fanäame] *v* beleidigen *j-n*, kränken *j-n*; **blive fornærmet** *over ngt* sich beleidigt fühlen *wegen etw.*
fornærmelse [fanäamelße] *u* Beleidigung *w*
fornøden [fanödhen] *adj* notwendig, nötig
fornøjelse [fanajelße] *u* **1** Spaß *m*, Vergnügen *s* (Tätigkeit usw.), Amüsement *s*, Unterhaltung *w* (Zeitvertreib) **2** Genuss *m*
fornøjet [fanajedh] *adj* **1** froh **2** fröhlich (Natur usw.)
forpasse [fapaße] *v* verpassen *etw. Akk* (Bus usw.)
forpligte [faplegde] *v* verpflichten *j-n zu etw.*
forpligtelse [faplegdelße] *u* Verpflichtung *w*, Versprechen *s* (Zusicherung)
forrest [fooßd] *adj* vorder(er,e,es), Vorder- (Teil, Glied usw.) ♦ *adv* vorn, vorne (im vorderen Teil)
forresten [fooßden] *adv* beiläufig, nebenbei ♦ *part* übrigens
forretningsmand [faradnengßman] *u* Geschäftsmann *m*, Unternehmer *m*
forrige [fooie] *adj* vorherig, vorig
forringe [farenge] *v* **1** verschlimmern **2** vermindern *etw. Akk* **3** vorenthalten *j-m etw. Akk* (ein Erbe usw.) **4** (völlig) verschwenden *etw. Akk*
forrude [fooruudhe] *u* Frontscheibe *w*, Windschutzscheibe *w*
forræder [faradha] *u* Verräter *m*
forråd [foorodh] *t* Reserve *w*, Vorrat *m* (an Rohstoff usw.)
forråde [farodhe] *v* hereinlegen *j-n*, verraten *j-n/etw.* (Verrat begehen)
forsamling [faßamleng] *u* Massenversammlung *w*, Massentreffen *s*, Versammlung *w* (Menschen)
forseelse [faßeelße] *u* **1** Vergehen *s*, Verstoß *m* **2** Foul *s*
forsegle [faßajle] *v* abdichten, besiegeln (Schicksal usw.), versiegeln, zukleben *etw. Akk* (Umschlag usw.)
forsendelse [faßenelße] *u* Sendung *w* (Ware)
forside [fooßiidhe] *u* Spitze *w etw. Gen* (Vorderteil)
for...siden *prep* vor (zwei Jahren usw.)
forsigtig [faßegdi] *adj* umsichtig, bedachtsam, bedächtig (Person usw.), vorsichtig
forsigtigt [faßegdid] *adv* vorsichtig
forsikre [faßegra] *v* **1** versichern *j-n etw. Gen* (bestätigen), zusichern *j-m etw. Akk* **2** versichern *j-n/etw.* (Versicherung abschließen)
forsikring [faßegreng] *u* Versicherung *w* (Vertrag); **tegne en ~** eine Versicherung abschließen; **tegne en ~** *mod ngt* sich versichern *gegen etw.* (Versicherung abschließen)
forsikringsselskab [faßegrengßßelßgäb] *t* Versicherungsgesellschaft *w*

forsinke [faßengge] *v* verzögern *etw. Akk* (hinauszögern), verzögern *j-n/etw.*; **være forsinket** aufgehalten werden (länger bleiben müssen)

forsinkelse [faßenggelße] *u* Rückstand *m* (zeitlicher), Verspätung *w*, Verzögerung *w*

forsinket [faßenggedh] *adj* verspätet, verzögert, unpünktlich (Zahlung usw.); **være ~** sich verzögern, sich verspäten (später eintreten)

forske [fooßge] *v* erforschen *etw. Akk*, untersuchen *etw. Akk* (Struktur usw.), forschen

forskel [fooßgel] *u* Unterschied *m*

forskellig [faßgeli] *adj* **1** verschieden (nicht gleich), ungleich **2** anders *als j./etw.*, unterschiedlich *von etw.* **3** verschieden, verschiedenartig, divers **4** bunt (abwechslungsreich) ► **være ~** *fra ngt* sich unterscheiden *in etw. Dat, von etw.*

forskning [fooßgneng] *u* Forschung *w*

forskrift [fooßgrefd] *u* Vorschrift *w*

forskrække [faßgrage] *v* alarmieren *j-n* (Nachricht usw.), beunruhigen *j-n*; **blive forskrækket** *af ngt* erschrecken *vor j-m/etw.*

forskud [fooßgudh] *t* Anzahlung *w* (auf den Preis), Vorschuss *m*

forslag [fooßläj] *t* Vorschlag *m*

forsone sig *v* sich versöhnen *mit j-m*, sich aussöhnen *mit j-m*

forstad [fooßdadh] *u* Vorstadt *w*

forstille sig *v* **1** sich vorstellen (sich ausmalen) **2** sich verstellen (sich anders stellen)

forstoppelse [faßdabelße] *u* Verstopfung *w*

forstyrre [faßdüaa] *v* **1** stören *j-n* (mit Lärm usw.) **2** stören *etw. Akk* (beeinträchtigen)

forstyrrelse [faßdüaalße] *u* **1** Störung *w* **2** Eindringen *s* (in Privatbesitz usw.)

forstærke [faßdäage] *v* intensivieren *etw. Akk*, steigern *etw. Akk*, verstärken *etw. Akk*, verstärken (Spannung usw.) *j-n/etw.*

forstørre [faßdöaa] *v* vergrößern

forstå [faßdo] *v* **1** verstehen *j-n/etw.* **2** begreifen *etw. Akk*, verstehen *etw. Akk* ► **jeg forstår ikke.** Ich verstehe nicht. (was du sagst usw.)

forståelig [faßdoeli] *adj* begreiflich, verständlich, fassbar, plausibel (Erklärung usw.); **gøre sig ~** *på* sich verständigen *auf etw.* (auf Englisch usw.)

forsvar [fooßwa] *t* Verteidigung *w*

forsvare [faßwaa] *v* **1** verteidigen *j-n vor j-m/etw.* (vor Angriff) **2** verteidigen *j-n/etw.* (Ansichten usw.) **3** eintreten *für j-n/etw.* **4** befürworten *etw. Akk* **5** verteidigen (Titel usw.)

forsvinde [faßwene] *v* **1** verschwinden **2** verloren gehen ► **Forsvind!** Verschwinde!

forsyne [faßüne] *v* versorgen *j-n/etw. mit etw.* (beliefern)

forsyning [faßüneng] *u* Gewährung *w von etw.*, Versorgung *w mit etw.*

forsætlig [faßedli] *adj* absichtlich, bewusst (Lüge usw.)

forsøg [faßöj] *t* Versuch *m um etw.* (Bemühung)

forsøge [faßöje] *v* **1** versuchen *etw. Akk* **2** versorgen *j-n* (finanziell usw.) ► **~ på** *ngt* versuchen *etw. Akk* (sich bemühen)

forsømme [faßöme] *v* **1** vernachlässigen *etw. Akk* (Pflicht usw.) **2** versäumen (vergessen zu tun usw.) **3** verpassen (Chance usw.) **4** versäumen *etw. Akk* (Unterricht usw.)

forsørge [faßöaue] *v* ernähren *j-n*, unterhalten *j-n* (Verwandte usw.), sorgen *für j-n*

fortid [footidh] *u* Vergangenheit *w* (Zeit)

fortidig [footidhi] *adj* vergangen (Zeiten usw.)

fortjene [fatjene] *v* verdienen *etw. Akk*

fortolde [fatale] *v* **1** abfertigen (zollamtlich) **2** deklarieren (Ware)

fortov [footou] *t* Gehweg *m*, Bürgersteig *m*

fortrinlig [fatrinli] *adj* hervorragend

fortrolig [fatroli] *adj* vertraulich (geheim)

fortryde [fatrüdhe] *v* bedauern *etw. Akk*

fortrylle [fatrüle] *v* bezaubern *j-n durch etw.*, bezaubern *j-n*, gewinnen *j-n* (erobern), verzaubern *j-n*

fortræffelig [fatrafeli] *adj* hervorragend

fortsat [foodßad] *adv* immer (dauernd), stets, ständig, weiterhin

fortsætte [foodßede] *v* **1** weitermachen *mit etw.* **2** weitergehen (Prozess usw.) **3** fortdauern **4** durchhalten

fortælle [fatele] *v* **1** erzählen *j-m etw. Akk*, erzählen *j-m etw. Akk* **2** sagen *j-m etw. Akk* (mitteilen)

fortælling [fateleng] *u* Erzählung *w*, Geschichte *w* (Ereignis)

fortære [fatea] *v* konsumieren *etw. Akk* (Lebensmittel), nehmen (essen usw.)

fortøje [fataje] *v* ankern

forudbetaling [foudhbetäleng] *u* Vorschuss *m*

foruden [faudhen] *prep* neben *etw. Dat* (zusätzlich), außer *etw. Dat* (auch noch)

forudseende [foudhßeene] *adj* clever, schlau, vorausschauend, vorausblickend

forudsige [foudhßie] *v* prophezeien, voraussagen *etw. Akk*

forudsigelse [foudhßielße] *u* Vorhersage *w*

forudsætning [foudhßedneng] *u* Voraussetzung *w* (Bedingung) *für etw.*, Vorbedingung *w für etw.*

forudsætte [foudhßed^e] *v* voraussetzen, annehmen (glauben); **forudsat at** unter der Bedingung, dass

forulykke [foulög^e] *v* **1** einen Unfall haben (Auto) **2** abstürzen (Flugzeug usw.)

forunderlig [faonali] *adj* seltsam, (höchst) sonderbar

forurene [fouren^e] *v* kontaminieren, verunreinigen, verseuchen, verschmutzen (Umwelt)

forurening [foureneng] *u* Verschmutzung *w*

forurolige [fourolii^e] *v* alarmieren *j-n* (Nachricht usw.), beunruhigen *j-n*, aufregen *j-n* (aus der Fassung bringen), aus der Ruhe bringen *j-n*

forvalte [fawald^e] *v* **1** verwalten *etw. Akk* (ein Vermögen usw.) **2** haushalten *mit etw.*

forvaltning [fawaldneng] *u* Verwaltung *w*

forvandle [fawanl^e] *v* **1** verwandeln *etw. Akk in etw. Akk* **2** umwandeln *etw. Akk*, umsetzen *etw. Akk* (in andere Form) **3** verzaubern *j-n in etw. Akk* (verhexen)

forvejen [foowaj^en] **i** ~ im Voraus

forveksle [fawegßl^e] *v* verwechseln *j-n/etw. mit j-m/etw.*

forvente [fawend^e] *v* erwarten *etw. Akk* (voraussetzen usw.)

forventning [fawendneng] *u* **1** Erwartung *w* **2** Vorwegnahme *w*

forvirre [fawiaa] *v* **1** irreführen *j-n*, verwirren *j-n* **2** verwechseln *etw. Akk* **3** desorientieren, verwirren **4** mystifizieren (verwirren)

forværre [fawäaa] *v* **1** verschlimmern *etw. Akk*, verschlechtern *etw. Akk* **2** faulen (Zähne) **3** sich verschlechtern (Wetter usw.)

forældre [faeldra] *Mz* Eltern *Mz*

forøde [faödh^e] *v* verschwenden *etw. Akk*, vergeuden *etw. Akk* (Geldmittel usw.)

forøge [faöj^e] *v* erhöhen *etw. Akk* (Wert usw.), intensivieren *etw. Akk*, steigern *etw. Akk*, verstärken *etw. Akk* (Spannung usw.)

forår [fooo] *t* Frühling *m*

forårsage [fo-oßäj^e] *v* **1** bewirken *etw. Akk*, herbeiführen, bewirken (Folgen usw.), machen (hervorrufen) *etw. Akk* **2** verschulden *etw. Akk*, zufügen (Schaden, Verletzung usw.) **3** sich zuziehen *etw. Akk* (Schaden usw.)

foster [faßda] *t* Frucht *w* (ungeboren), Fetus *m*

fotoapparat [fodoabarad] *t* Kamera *w* (fotografische), Fotoapparat *m*

fotografere [fodografea] *v* fotografieren *etw. Akk*, fotografieren *j-n/etw.*, eine Aufnahme *von j-m/etw.* machen

fotografi [fodografi] *t* Aufnahme *w* (Foto), Fotografie *w*, Foto *s*

fotografiapparat [fodogafiabarad] *t* Kamera *w* (fotografische), Fotoapparat *m*

fra [fra] *prep* **1** aus *etw.* (herausnehmen usw.), von, aus (weg) **2** aus (stammend usw.), von (Urheber usw.) **3** vor (fliehen usw.) **4** von (Anfang), ab (Zukunft), seit (Vergangenheit) ► **åbent ~... til...** geöffnet von... bis...; **~ hinanden** auseinander, voneinander; **(væk) ~** von (Oberfläche usw.); **væk ~** *ngt* von (weg)

fradrag [fradrau] *t* Abzug *m* (vom Lohn usw.)

fradrage [fradrau^e] *v* abziehen (Summe usw.)

fragt [fragd] *u* **1** Fracht *w* (Ware usw.), Frachtgut *s* **2** Ladung *w* (Frachtgut), Last *w* (auf dem Wagen usw.)

fragte [fragd^e] *v* transportieren *etw. Akk irgendwohin*, verschiffen *etw. Akk irgendwohin*

frakke [frag^e] *u* Mantel *m* (Kleidung)

frakoble [frakabl^e] *v* ausschalten

frakørsel [fraköaß^el] *u* Abzweig *m* (Straße), Abbiegung *w* (Stelle usw.), Abzweigung *w*, Ausfahrt *w* (auf der Autobahn)

Frankrig [frangkri] *t* Frankreich *s*

fransk [franßg] *adj* französisch
◆ *adv* französisch, auf Französisch
◆ *t* Französisch(e) *s*

franskmand [franßgman] *u* Franzose *m*

fratage [fratä] *v* **1** bringen *j-n um etw.*, berauben *j-n etw. Gen* **2** vorenthalten *j-m etw. Akk* (eine Nachricht usw.) **3** einem Ratenschuldner beschlagnahmen *etw. Akk*

fratræde [fratredh^e] *v* zurücktreten (von einem Amt usw.)

fratrække [fratrag^e] *v* abziehen (Summe usw.)

fraværende [frawean^e] *adj* abwesend *in etw.* ◆ *adv* abwesend (blicken usw.) ► **være ~** fehlen *irgendwo* (nicht teilnehmen)

fred [fredh] *u* **1** Ruhe *w*, Frieden *m* (Ungestörtheit) **2** Frieden *m* (nicht Krieg)

fredag [freda] *u* Freitag *m*

frem [fram] *adv* vorwärts, nach vorn; **~ for alt** vor allem (Betonung)

fremad [framadh] *adj* vorwärts (weiter)
◆ *adv* nach vorne, vorwärts, nach vorn
► **gå ~** weitergehen, vorankommen (sich bewegen)

frembringe [frambreng^e] *v* herstellen (Produkt usw.), erzeugen, produzieren (industriell usw.)

fremgang [framgang] *u* Aufschwung *m* (Boom usw.), Aufstieg *m* (Aufwärtsentwicklung), Fortschritt *m*

fremgangsmåde [framgangßmoodhe] *u* Verfahren *s* (Handlungsmethode usw.)
fremgå [framgo] *v* folgen *aus etw.*, sich ergeben *aus etw.* (Schluss usw.)
fremhæve [framhewe] *v* **1** markieren (anstreichen) **2** betonen *etw. Akk*, hervorheben *etw. Akk*
fremkalde [framkale] *v* **1** auslösen *etw. Akk* (verursachen) **2** hervorrufen *etw. Akk* (Zustand usw.) **3** entwickeln (Film) **4** evozieren (Vorstellungen usw.), hervorrufen (Erinnerung usw.)
fremkomme [framkame] *v* entstehen *aus etw.*
fremkommelig [framkameli] *adj* gangbar (Weg usw.), passierbar
fremleje [framlaje] *v* **1** mieten *etw. Akk*, anmieten *etw. Akk* **2** vermieten *etw. Akk an j-n*
fremme [frame] *v* **1** fördern *etw. Akk* (Entwicklung usw.) **2** werben *für etw.* (Produkt usw.) **3** vertreten (eine Meinung usw.) ♦ *adj* vorder(er,e,es), Vorder- (Teil, Glied usw.)
fremmed [framedh] *adj* **1** fremd **2** fremdländisch, exotisch ♦ *u* **1** Ausländer *m* **2** Fremde *m*
fremskridt [framßgrid] *t* Fortschritt *m*
fremstille [framßdele] *v* **1** herstellen (Produkt usw.), erzeugen, produzieren (industriell usw.), machen **2** produzieren *etw. Akk* (Sauerstoff usw.) **3** darstellen *j-n* (spielen) **4** darstellen (abbilden usw.)
fremstående [framßdoene] *adj* hervorragend (Persönlichkeit usw.), prominent
fremsynet [framßünedh] *adj* clever, schlau, vorausschauend, vorausblickend
fremtid [framtidh] *u* **1** Zukunft *w* **2** Futur *s*
fremtidig [framtidhi] *adj* potenziell, voraussichtlich (Kunde usw.), zukünftig, künftig
fremtrædende [framtredhene] *adj* bedeutend (Person usw.), angesehen, bedeutendst(er,e,es), wichtigst(er,e,es)
fremvise [framwiße] *v* **1** zeigen *etw. Akk* (Qualität usw.) **2** vorführen
fri [fri] *adj* **1** frei (uneingeschränkt usw.) **2** frei, Urlaub *m* (unbezahlter, mehrtägiger usw.) **3** frei (Wille usw.) **4** frei (Platz) **5** frei (Zeit) **6** kostenlos, kostenfrei, frei (umsonst) **7** locker (nicht befestigt), lose ► ~ **adgang** Eintritt frei
frigear [frigie] *t* Leerlauf *m*; **sætte i ~** den Gang ausschalten
frigøre [frigöa] *v* befreien *j-n/etw. aus etw.* (herausziehen usw.), befreien *j-n/etw.*, befreien *von j-m/etw.*
frihed [frihedh] *u* Freiheit *w*
friluftsbad [frilofdßbadh] *t* Freibad *s*, Schwimmbad *s*
frimærke [frimäage] *t* Marke *w* (Wertzeichen)
frisk [freßg] *adj* frisch, munter
frist [freßd] *u* **1** Frist *w* **2** Termin *m* (letzter), Deadline *w* (zur Fertigstellung usw.) **3** Termin *m* (Datum)
fristelse [freßdelße] *u* Versuchung *w*
frisure [frißüüa] *u* Frisur *w*, Haarschnitt *m*, Schnitt *m* (Haar)
frisør [frißöa] *u* Friseur *m*; **gå til frisøren** sich die Haare schneiden lassen
frisørsalon [frißöaßalang] *u* Friseursalon *m*
frit [frid] *adv* frei
fritid [fritidh] *u* frei, Freizeit *w* (nach der Arbeit), Feierabend *m*
frivillig [friwili] *adj* fakultativ, freiwillig ♦ *u* Freiwillige *m*
frodig [froodhi] *adj* **1** üppig (Bewuchs usw.) **2** lebhaft (Fantasie usw.) **3** knackig (Mädels usw.), sinnlich
frokost [frogaßd] *u* Mittagessen *s*; **spise ~** zu Mittag essen
front [frand] *u* **1** Front *w* (Kampflinie) **2** Spitze *w etw. Gen* (Vorderteil)
frontrude [frandruudhe] *u* Frontscheibe *w*, Windschutzscheibe *w*
frossen [froßen] *adj* **1** gefroren **2** Gefrier-, tiefgekühlt, tiefgefroren **3** verfroren, kälteempfindlich
frosset [froßedh] *adj* gefroren
frost [fraßd] *u* Frost *m*
fru [fru] *u* Frau *w*, Dame *w* (Person); **Fr. X** Frau X
frue [fruue] *u* Frau *w*, Dame *w* (Person)
frugt [frogd] *u* Obst *s*
frugtbar [frogdba] *adj* fruchtbar
frygt [frögd] *u* Angst *w vor etw. Dat*, Furcht *w*
frygte [frögde] *v* fürchten *etw. Akk*, befürchten *etw. Akk*, fürchten *j-n/etw.*, sich (sehr) fürchten *vor etw. Dat*
frygtelig [frögdeli] *adj* entsetzlich (Ereignis usw.), schrecklich, gräulich, gruselig
frygteligt [frögdelid] *adv* furchtbar, schrecklich
fryse [früüße] *v* **1** frieren (Wasser usw.) **2** gefrieren **3** frieren (Wetter) **4** kalt sein **5** kalt werde (Person) **6** erstarren (sich nicht bewegen) ► **~ ihjel** erfrieren; **~ (til is)** einfrieren (zu Eis werden); **Jeg fryser.** Mir ist kalt.
fryser [früüßa] *u* Gefrierschrank *m*

fryseskab [früüßeßgäb] *t* Gefriertruhe *w*
fræk [frag] *adj* 1 frech 2 schelmisch, verschmilzt
frø [frö] *t* Samen *m* (Samenkorn) ♦ *u* Frosch *m*
frøken [frögen] *u* Fräulein *s*
fugl [ful] *u* Vogel *m*
fugtig [fogdi] *adj* feucht
fugtighed [fogdihedh] *u* Feuchtigkeit *w*, Nässe *w*
fugtigt [fogdid] *adv* feucht, nass
fuld [ful] *adj* 1 voll *etw. Gen* (gefüllt) 2 betrunken ► **blive ~** sich betrinken *von etw.*
fuldføre [fulföa] *v* 1 ergänzen, vervollständigen 2 fertig machen *etw. Akk*
fuldkommen [fulkamen] *adj* allerbest(er,e,es) (bestmöglich), vollkommen (Lösung usw.), perfekt
fuldstændig [fulßdendi] *adj* 1 komplett, vollständig, voll 2 absolut, völlig, gänzlich, vollkommen (Unsinn usw.) 3 ganz (komplett)
fundere [fondea] *v* 1 nachdenken *über etw. Akk* 2 überlegen *etw. Akk*, nachdenken *über etw. Akk* 3 basieren *auf etw. Dat*, beruhen *auf etw. Dat*
fungere [fonggea] *v* funktionieren, laufen
fungerende [fonggeane] *adj* funktionsfähig, wirksam
funktion [fonggtschon] *u* 1 Funktion *w etw. Gen* (Zweck) 2 Tätigkeit *w* (Funktionieren)
fuske [fußge] *v* betrügen
fyld [fül] *adj* gefüllt (Karpfen usw.) ♦ *t* Füllung *w* ♦ *u/t* Füllung *w* (Fleischfüllung usw.)
fylde [füle] *v* 1 füllen *etw. Akk mit etw.*, füllen (Gefäß usw.) 2 laufen lassen (Wasser in Wanne usw.) 3 zuschütten *etw. Akk mit etw.* 4 ausfüllen *etw. Akk mit etw.* (Raum usw.) 5 einnehmen (Raum) 6 sättigen (Markt usw.) ► **~ op** nachfüllen
fyldning [fülneng] *u* Zahnfüllung *w*
fyre [füüa] *v* entlassen *j-n* (Arbeiter usw.), heizen *irgendwo*
fyrre [föaa] *num* vierzig
fyrtårn [füadon] *t* Leuchtturm *m*
fælde [fee] *u* 1 Falle *w* 2 Fallstrick *m* ♦ *v* 1 fällen (Bäume usw.) 2 haaren 3 vergießen (Träne usw.)
fælles [feleß] *adj* gemeinsam, kollektiv, Kollektiv-; **have** *ngt* **~ med** *ngn* teilen *etw. Akk mit j-m* (gemeinsam nutzen)
fællesskab [feleßßgäb] *t* Gemeinschaft *w*; **i ~** gemeinsam (zusammen), miteinander
fængsel [fengßel] *t* Gefängnis *s*, Haft *w* (Strafe), Strafanstalt *w*
færdig [fäadi] *adj* fertig; **gøre** *ngt* **~** beenden *etw. Akk* (Arbeit usw.), zu Ende bringen *etw. Akk*, vollenden *etw. Akk*; **(lige) være ~** *med ngt* (gerade) fertig sein *mit etw.*; **tale ~** ausreden (zu Ende reden)
færdiggøre [fäadigöa] *u* beenden *etw. Akk* (Arbeit usw.), zu Ende bringen *etw. Akk*, vollenden *etw. Akk*
færdighed [fäadihedh] *u* 1 Fertigkeit *w* 2 Kniff *m* (Geschicktheit) *für etw.*
færge [fäaue] *u* Fähre *w*
færre [fäaa] *pron* weniger (zahlbar)
fæstning [feßdneng] *u* Festung *w*
fætter [feda] *u* Cousin *m*
føde [föödhe] *v* gebären *etw. Akk*
fødevare [föödhewaaa] *u* Lebensmittel *s*, Nahrungsmittel *s*
fødsel [fößel] *u* 1 Geburt *w* 2 Entstehung *w etw. Gen*
fødselsdag [fößelßdä] *u* Geburtstag *m*
fødselsår [fößelßo] *t* Geburtsjahr *s*
født [föd] *adj* geboren; **~ i** gebürtig; **være ~** geboren sein/werden
føle [fööle] *v* 1 fühlen *etw. Akk*, spüren *etw. Akk* (Kälte usw.), empfinden *etw. Akk* (Schmerz usw.) 2 ertasten *etw. Akk* 3 mitfühlen *mit j-m* ► **~ på** *ngt* anfassen *etw. Akk*
følelse [föölelße] *u* 1 Empfindung *w* (Gefühle) 2 Gefühl *s* (körperlich usw.) 3 Gefühl *s* (Wahrnehmung) 4 Gefühl *s* (Emotion) 5 Gefühl *s* (in Fingern usw.)
føle sig *v* sich fühlen, sich vorkommen *wie j./etw.*
følge [följe] *u* 1 Folge *w etw. Gen, von etw.*, Konsequenz *w etw. Gen* (einer Tat usw.) 2 Folge *w etw. Gen, von etw.* (Ergebnis) ♦ *t* Gefolge *s* ♦ *v* 1 folgen *nach etw.* (in gewisser Reihenfolge) 2 überwachen (Prozess usw.), beobachten (Entwicklung usw.) 3 folgen *j-m/etw.* (einen Verdächtigen usw.), verfolgen *j-n* (beschatten) 4 begleiten *j-n* 5 befolgen *etw. Akk* (Rat usw.) ► **~ efter** *ngn/ngt* folgen *j-m/etw.* (nachgehen); **~ med** *ngn* mithalten *mit j-m*, nachkommen *j-m*; **som ~ (der)af** infolge *etw. Gen*, als Folge *etw. Gen*
følgende [följene] *adj* 1 folgend, nächst(er,e,es) (in der Zukunft) 2 nachfolgend, folgend (zeitlich usw.) 3 resultierend, End-
følges [följeß] *v* begleiten *j-n irgendwohin*
følsom [fölßam] *adj* empfindlich *gegen etw.* (gegen Kälte usw.), empfindsam
før [föa] *adv* 1 vorher 2 bevor 3 früher (einst), zuvor, vorher ♦ *prep* vor *etw. Dat* (einem Zeitpunkt) ► **~ tiden** früher (vorzeitig)
føre [fööa] *v* 1 führen *j-n irgendwohin*, leiten *j-n irgendwohin* 2 führen *j-n irgendwohin*, bringen 3 führen *j-n über etw. Akk* (auf die andere Seite usw.) 4 führen (im Wettkampf usw.) 5 führen *irgendwohin/durch etw.* (Weg) 6 leiten *etw. Akk durch etw.* (durchziehen usw.)

7 verlegen *etw. Akk irgendwohin* (Wasserleitung usw.) 8 fahren *etw. Akk* (Auto) ► **~ videre** verbreiten (Nachricht usw.); **~** *ngt* **ud i livet** durchführen *etw. Akk* (realisieren); **~** *ngt* **videre** verbreiten *etw. Akk*

fører [föa] *u* 1 Fahrer *m*, Lenker *m* 2 Kommandant *m*

først [föaßd] *adv* 1 zuerst 2 frühestens, ehestens (nicht früher als) 3 erst (nicht früher als) 4 anfangs, anfänglich ♦ *prep* anfangs *etw. Gen*, Anfang *etw. Gen* ♦ *part* erst ► **~ og fremmest** vor allem

første [föaßde] **(for) ~ gang** erstmals, zum ersten Mal; **den/det ~** erst(er,e,es)

førstehjælpskasse [föaßdejelbßkaße] *u* Verbandkasten *m*, Erste-Hilfe-Kasten *m*

få [fo] *v* 1 gewinnen *etw. Akk* 2 bekommen (geschenkt usw.) 3 bekommen (Grippe usw.), kriegen (Krankheit) 4 sich lassen *etw. Akk tun* (veranlassen) 5 bringen *j-n/etw. irgendwohin* ♦ *adj* wenige ► **~ besked** *om ngt* erfahren *etw. Akk, über etw. Akk*; **~ fat i** *ngn* erreichen *j-n* (zu Hause usw.); **~ fat i** *ngt* ergreifen *etw. Akk* (mit der Hand), packen *etw. Akk* (schnell, fest usw.), fassen *etw. Akk* (fest usw.), schnappen *etw. Akk*; **~ fat** *i ngt* auftreiben *etw. Akk*, beschaffen *etw. Akk* (Geld usw.); **~ klippet hår** sich die Haare schneiden lassen; **~** *ngn* **til at gøre** *ngt* treiben *j-n zu etw./in etw. Akk* (veranlassen); **~** *ngt* **at vide** erfahren *etw. Akk, über etw. Akk*; **~** *ngt* **ud** *af ngt* herausbekommen *etw. Akk aus etw.*

får [fo] *t* Mutterschaf *s*, Schaf *s*

G

gade [gäädhe] *u* Straße *w*

gaffel [gafel] *u* Gabel *w*

gal [gäl] *adj* 1 unrichtig, falsch 2 wahnsinnig 3 närrisch, verrückt 4 tollwütig

galde [gale] *u* Galle *w* (Sekret)

gammel [gamel] *adj* 1 alt (bejahrt) 2 bejahrt, betagt 3 alt (Lebensmittel usw.), trocken (Gebäck usw.) 4 alt (historisch) 5 ehemalig, vormalig 6 altertümlich

gammelby [gamelbü] *u* Altstadt *w*

gammeldags [gameldäß] *adj* altertümlich, archaisch, altmodisch, unmodern

gang [gang] *u* 1 Lauf *m etw. Gen* (einer Maschine usw.) 2 Flur *m*, Korridor *m*, Gang *m* (im Haus usw.) 3 Vorraum *m* 4 Gang *m* (Art des Gehens) 5 Mal *s* (Wiederholung) ► **denne ~** diesmal; **en anden ~** ein anderes Mal; **en ~** einmal; **en ~ til** noch einmal, nochmals; **flere gange** einige Male, mehrmals; **for anden ~** zum zweiten Mal; **(for) første ~** erstmals, zum ersten Mal; **gå i ~** *med ngt* herangehen *an etw. Akk* (Arbeit usw.), sich machen *an etw. Akk*; **hver ~** jedes Mal, jeweils; **hvor mange gange** wievielmal; **mange gange** vielmals; **sætte i ~** anlaufen (beginnen); **sætte** *ngt* **i ~** anlassen *etw. Akk* (Maschine usw.), in Gang setzen *etw. Akk*, betätigen *etw. Akk* (Anlage usw.); **to gange** zweimal; **to/tre gange om dagen** zweimal/dreimal täglich

gangbro [gangbro] *u* Steg *m*, Überführung *w* (für Fußgänger)

gange [gange] *conj* mal (multipliziert) ♦ *v* multiplizieren *etw. Akk mit etw.* ► **nogle ~** manchmal, ab und zu

gangsti [ganggßdi] *u* Pfad *m*, Weg *m* (Pfad usw.)

ganske [ganßge] *part* ganz, ziemlich

garage [garaatsche] *u* Garage *w*

garantere [ga-antea] *v* garantieren, verbürgen, haften *für etw.* (für Qualität usw.)

garanti [ga-anti] *u* 1 Garantie *w* (einer Ware usw.) 2 Bürgschaft *w für etw.* (Geld usw.)

garderobe [gaderoobe] *u* Garderobe *w* (Raum), Kleiderschrank *m*

gardin [gadin] *t* Gardine *w*, Vorhang *m* (zu Hause usw.)

garnering [ganeaeng] *u* Beilage *w*, Garnierung *w* (Gemüse usw.)

gas [gaß] *u* Gas *s* (Stoff)

gaspedal [gaßpedäl] *u* Gas *s* (Pedal usw.), Gashebel *s*, Gaspedal *s*

gave [gääwe] *u* Geschenk *s*, Spende *w* (Zuwendung)

gavn [gaun] *u* Nutzen *m von etw.*

gavne [gaune] *v* nutzen *j-m* (Nutzen bringen)

gear [gia] *t* Gang *m* (Geschwindigkeit), Getriebe *s* (System)

gebyr [gebüa] *t* Gebühr *w für etw.*

ged [gedh] *u* Ziege *w* (Tier)

gedehams [geedhehamß] *u* Hornisse *w*

gehør [gehöa] *t* Gehör *s*

gel [gel] *u* Gel *s*

gelænder [gelena] *t* Eisengeländer *s*, Geländer *s*

gemme [geme] *v* 1 verstecken *etw. Akk vor j-m*, verbergen *etw. Akk vor j-m* (unter Mantel usw.) 2 verstecken *etw. Akk* (Drogen usw.) 3 verbergen *j-n* (einen Flüchtling usw.)

genbrug [genbru] *t* Recycling *s*, Rezyklierung *w*

generel [general] *adj* allgemein, generell (Maßnahme usw.), General-

genert [tschenead] *adj* schüchtern, zaghaft; **være generet** sich schämen (scheu sein)

generøs [tschenerößs] *adj* edel (Mensch usw.), edelmütig

genkende [genkene] *v* 1 erkennen (in der Ferne usw.) 2 erkennen *etw. Akk* (Umrisse in

Dunkelheit usw.) **3** erkennen *j-n/etw.* (Freund usw.) **4** erkennen *j-n/etw.* (identifizieren)

gennem [gen^e^m] *prep* durch *etw. Akk*, mittels *j-s/etw.*

gennemføre [gen^e^mföa] *v* **1** durchführen *etw. Akk* (realisieren), realisieren *etw. Akk* (ein Vorhaben usw.), verwirklichen *etw. Akk* (vollziehen) **2** durchsetzen (Vorschlag usw.) **3** schaffen *etw. Akk* (bewältigen) **4** das Studium *etw. Gen* abschließen

gennemgang [gen^e^mgang] *u* **1** Durchfahrt *w* (Stelle), Durchgang *m* **2** Revision *w von etw.*, Überprüfung *w etw. Gen* (erneute usw.)

gennemgå [gen^e^mgo] *v* **1** durchsehen *etw. Akk*, untersuchen *etw. Akk* (auf Fehler usw.) **2** durchgehen *etw. Akk* (lesen usw.), durchstudieren *etw. Akk* **3** durchnehmen *etw. Akk* (in der Schule usw.), wiederholen *etw. Akk* (Lernstoff usw.) **4** sich unterziehen *etw. Dat* **5** hinter sich bringen *etw. Akk* **6** durchmachen *etw. Akk* (durchleben) **7** durchmachen *etw. Akk* (Krankheit usw.)

gennemkørsel [gen^e^mköaß^e^l] *u* Durchfahrt *w* (Stelle)

gennemsigtig [gen^e^mßegdi] *adj* **1** durchsichtig, transparent (Papier usw.) **2** durchscheinend, lichtdurchlässig **3** klar (Wasser usw.), durchsichtig (Flüssigkeit usw.)

gennemsnit [gen^e^mßnid] *t* Durchschnitt *m* (Wert)

gennemsnitlig [gen^e^mßnidli] *adj* durchschnittlich

gennemsøge [gen^e^mßöj^e^] *v* durchsuchen *j-n/etw.*

gennemtræk [gen^e^mtrag] *u* Durchzug *m*

gennemtænke [gen^e^mtengg^e^] *v* erwägen *etw. Akk*, bedenken *etw. Akk* (durchdenken)

genopbygge [genabbüg^e^] *v* rekonstruieren, rekonstruieren *etw. Akk*

genoprette [genabrad^e^] *v* erneuern (Beziehung usw.), wiederherstellen (Ordnung), rekonstruieren

gensidig [genßi~~dh~~i] *adj* gegenseitig, reziprok

genstand [genßdan] *u* **1** Gegenstand *m* (Sache) **2** Körper *m* (Gebilde)

gentage [gentä] *v* **1** wiederholen *etw. Akk* (nochmals machen) **2** wiederholen (um es zu betonen) ► **gentagne gange** wiederholt

gentagelse [gentäj^e^lß^e^] *u* **1** Wiederholung *w etw. Gen* **2** Wiederholung *w* (eines Ereignisses), Wiederkehr *w* (wiederholtes Auftreten)

genvej [genwaj] *u* Abkürzung *w* (kürzerer Weg)

gerne [gäan^e^] *adj* **1** gern *etw. Akk tun* **2** gern *etw. Akk tun*, mit Vergnügen *etw. Akk tun*

gerning [gäaneng] *u* Akt *m* (Tat), Handlung *w*, Tat *w*; **tage** *ngn* **på fersk ~** erwischen *j-n* (betrügen usw.), anschmieren *j-n*

gesandt [geßand] *u* Gesandte *m*

gevinst [gewenßd] *u* Gewinn *m* (im Lotto usw.)

geværløb [gewealöb] *t* Lauf *m* (eines Gewehrs)

gidsel [gißel] *t* Geisel *w*

gift [gifd] *adj* verheiratet ♦ *u* Gift *s* ► **blive ~** heiraten (Ehe schließen)

gifte sig *v* heiraten *j-n*, heiraten (Ehe schließen)

giftig [gifdi] *adj* giftig, toxisch

gips [gibß] *u* Gips *m*

giro [tschiio] *u* Girokonto *s*

gitter [gida] *t* Gitter *s*

give [gi] *v* **1** geben *j-m etw.* **2** schenken *j-m etw. Akk* **3** verleihen *etw. Akk etw. Dat* (Eigenschaft usw.) **4** verpassen *j-m etw. Akk* (Niederlage usw.) ► **~ afkald** *på ngt* verzichten *auf etw. Akk*; **~ efter** *for ngn/ngt* nachgeben *j-m/etw.* (Konzessionen machen); **~ et eksempel** Beispiel anführen; **~ lyd fra sig** sich melden *bei j-m* (anrufen, schreiben usw.)

glad [gla~~dh~~] *adj* **1** froh **2** glücklich (Mensch usw.) **3** fröhlich, heiter (Stimmung) **4** freudig, beglückend, jubelnd (Nachricht usw.) ► **være ~** *for ngt, over ngt* froh sein *über etw. Akk*; **være ~** *for ngt* begrüßen *etw. Akk*

glas [glaß] *t* Glas *s* ► **af ~** gläsern

glaskål [glaßkol] *u* Kohlrabi *m*

glat [glad] *adj* glatt, rutschig, schlüpfrig; **være ~** glatt sein

glemme [glem^e^] *v* **1** vergessen *etw. Akk* (sich nicht erinnern) **2** vergessen *etw. Akk irgendwo* (liegen lassen)

gletscher [gledtscha] *u* Gletscher *m*

glide [glii~~dh~~^e^] *v* **1** rutschen, gleiten (über Bürgersteig usw.) **2** ausrutschen (hinfallen) **3** rutschen *auf etw. Dat* (auf Rutsche usw.), rutschen (herunterrutschen) **4** gleiten (fliegen) ► **~ ned** *fra et sted, på ngt* herunterrutschen *von/aus etw.*

glimre [glema] *v* **1** aufleuchten **2** glänzen

glimrende [glemran^e^] *adj* ausgezeichnet ♦ *adv* exzellent, ausgezeichnet

glinse [glenß^e^] *v* glänzen (in der Sonne usw.)

glæde [glee~~dh~~^e^] *u* **1** Freude *w* **2** Glück *s* (Gefühl) ♦ *v* freuen *j-n*, Freude machen *j-m* ► **Det glæder mig at møde Dem.** Freut mich.

glædeløs [glee~~dh~~^e^lößß] *adj* trostlos, trüb (Ort usw.)

glæde sig *v* **1** sich freuen *auf etw. Akk* **2** sich freuen *über etw. Akk* (genießen), sich freuen *über etw. Akk*
gløde [glöödh^e] *v* glühen (Feuer usw.), Wärme ausstrahlen
gløgg [glög] *u* Glühwein *m*
gnide [gniidh^e] *v* **1** reiben *etw. Akk* (Hände usw.) **2** einreiben *etw. Akk in etw. Akk* **3** durchkneten *etw. Akk*
gnist [gnißd] *u* Funke *m*
gnubbe [gnob^e] *v* reiben *etw. Akk* (Hände usw.)
god [go] *adj* **1** gut (qualitätvoll usw.), okay **2** brav **3** gut *zu j-m* (nett) ► **God aften.** Guten Abend.; **God dag.** Guten Tag.; **God nat!** Gute Nacht!
godkende [goken^e] *v* **1** akzeptieren **2** annehmen (Plan usw.) **3** einwilligen *in etw. Akk* **4** billigen *etw. Akk* (Vorschlag usw.) **5** genehmigen *etw. Akk* **6** billigen *etw. Akk* (Handlung usw.)
godkendelse [goken^elß^e] *u* Bewilligung *w j-s*, Genehmigung *w*
gods [goß] *t* Ware *w* ♦ *u* Fracht *w* (Ware usw.), Frachtgut *s*
godstransport [goßtranßpood] *u* Frachtverkehr *m*, Güterverkehr *m*
godt [gad] *adv* gut, wohl; **Jeg har det ~.** Ich bin in Ordnung.
godtage [gotä] *v* annehmen (Plan usw.)
godtgøre [gadgöa] *v* abarbeiten *etw. Akk* (Schulden usw.), ersetzen *j-m etw. Akk* (Geldverlust usw.), entschädigen *j-n für etw.*
godtgørelse [gadgöalß^e] *u* Ersatz *m für etw.*
gople [gabl^e] *u* Qualle *w*
grad [gradh] *u* **1** Grad *m* **2** Maß *s etw. Gen* (Grad usw.) ► **akademisk ~** Titel *m* (von Universität); **have ~** *i ngt* das Studium *etw. Gen* abschließen
gradbøje [gradhbaj^e] *v* steigern (Adjektiv usw.)
gradvis [gradhwiß] *adj* allmählich
gram [gram] *t* Gramm *s*
grammatik [gramatig] *u* Grammatik *w*
grapefrugt [grejbfrogd] *u* Grapefruit *w*
gratis [graadiß] *adv* kostenlos, gratis, umsonst; **~ adgang** Eintritt frei
gratulation [gratulatschon] *u* Glückwunsch *m*, Gratulation *w*, Beglückwünschung *w*
gratulere [gratulea] *v* gratulieren *j-m zu etw.*
grav [grau] *u* **1** Grab *s* **2** Gruft *w*, Grabmal *s* **3** Bau *m* (eines Tieres), Höhle *w* (Tierbehausung)
grave [graaw^e] *v* **1** graben *etw. Akk* **2** aufgraben *etw. Akk* (auflockern) **3** baggern **4** umgraben *etw. Akk* **5** graben *unter etw. Dat* **6** durchgraben *etw. Akk*
gravid [grawidh] *adj* schwanger, gravid
greb [greb] *t* Hebel *m*
grejer [graja] *Mz* Ausrüstung *w*
gren [gren] *u* Rute *w*, Zweig *m*, Ast *m* (eines Baumes)
gribe [griib^e] *v* **1** fangen (Ball usw.) **2** fassen *etw. Akk*, packen *etw. Akk* (schnell, fest usw.) **3** ergreifen *etw. Akk*, schnappen *etw. Akk*, packen *etw. Akk*, fassen *etw. Akk* (fest usw.) **4** sich festhalten *an etw. Dat* **5** auffangen *j-n/etw.* (im Fallen fassen) **6** erwischen *j-n* (bei der Tat) ► **~ fast om** *ngt* umschließen; **~ ind** eingreifen
grill [gril] *u* Grill *m* (im Backofen usw.)
grille [gril^e] *u* Laune *w* (Einfall) ♦ *v* braten (im Fett), grillen *etw. Akk*
grim [grem] *adj* hässlich, unschön, unansehnlich, unhübsch
gris [griß] *u* Schwein *s*
gro [gro] *v* wachsen (sich entwickeln)
grotte [grad^e] *u* Höhle *w*
grov [grou] *adj* **1** derb, grob (Manieren usw.) **2** rau (Sitten usw.) **3** vulgär, gemein **4** Brutto- **5** grob (Struktur usw.) **6** grob (ungefähr)
grund [grond] *u* **1** Grund *m für etw.* (für Tat usw.) **2** Grundstück *s* ► **(bygge)grund** Grundstück *s* (Baugrundstück); **på ~ af** auf Grund *m etw. Gen*, wegen *j-s/etw.*; **på ~ af dårligt vejr** wegen des schlechten Wetters…
grundig [grondi] *adj* gründlich
grundlag [gronläj] *t* **1** Fundament *s etw. Gen* (Grundlage), Grundlage *w etw. Gen* **2** Grundlagenarbeit *w für etw.* **3** Untergrund *m* (Unterschicht usw.)
grundlov [gronlou] *u* Verfassung *w*
grundlægge [gronleg^e] *v* errichten, gründen
grundlæggende [gronleg^en^e] *adj* Grund- ♦ *adv* grundsätzlich, gründlich (ändern usw.)
grundskole [gronßgool^e] *u* Grundschule *w*
grundsætning [gronßedneng] *u* Prinzip *s*
gruppe [grub^e] *u* Gruppe *w*, Team *s*
grusom [gruußam] *adj* **1** grauenhaft, entsetzlich (Ereignis usw.), gräulich, gruselig **2** grausam **3** brutal
gryde [grüüdh^e] *u* Topf *m* (zum Kochen)
græde [graadh^e] *v* weinen
grænse [granß^e] *u* **1** Grenze *w* (Landesgrenze), Grenzlinie *w* **2** Schranke *w etw. Gen*, Grenze *w etw. Gen* (Beschränkung usw.), Limit *s etw. Gen*
grænseområde [granß^eamroodh^e] *t* Grenze *w* (Landesgrenze), Grenzgebiet *s*

grænseovergang [granßeouagang] *u* Grenzübergang *m*
græs [graß] *t* Gras *s*
græskar [graßka] *t* Kürbis *m* (Pflanze)
græsplæne [graßpleene] *u* Grasnarbe *w*, Rasen *m*
grøft [gröfd] *u* Graben *m* (Straßengraben usw.)
grøn [grön] *adj* grün
grøntsager [grönßäja] *Mz* Gemüse *s*
grå [gro] *adj* grau ♦ *u* Grau *s*
gud [gudh] *u* Gott *m*
Gud [gudh] *u* Gott *m*
gudfar [gudhfaa] *u* Pate *m*, Taufpate *m*, Patenonkel *m*
gudstjeneste [gudhßtjeneßde] *u* Gottesdienst *m*
guide [gajd] *u* Führer *m* (Buch), Reiseführer *m* ♦ *v* Touristen führen
guitar [gita] *u* Gitarre *w*
gul [gul] *adj* gelb, Gelb *s* (Ampel)
guld [gul] *t* Gold *s*
guldsmed [gulßmedh] *u* **1** Goldschmied *m* **2** Juwelier *m* **3** Juweliergeschäft *s* **4** Libelle *w* (Insekt)
gulerod [gulerodh] *u* Karotte *w*, Möhre *w*
gullasch [gulatsch] *u* Gulasch *s/m*
gulv [gol] *t* Boden *m* (im Zimmer usw.), Fußboden *m*
gulvtæppe [goltebe] *t* Teppich *m*
gummi [gomi] *t* Gummi *m/s*
gummibånd [gomiban] *t* Gummiband *s*
gummistøvler [gomißdöula] *Mz* Gummistiefel *m Mz*
gunst [gonßd] *u* Gunst *w*
gunstig [gonßdi] *adj* günstig, gelegen
gylden [gülen] *adj* golden (Münze usw.)
gyldig [güldi] *adj* gültig; **være ~** gelten (Anordnung usw.)
gyldighed [güldihedh] *u* Gültigkeit *w*, Geltung *w*
gymnasium [gümnätschom] *t* Gymnasium *s*
gymnastik [gümnaßdig] *u* Gymnastik *w*, Turnen *s*
gæld [gel] *u* Schuld *w* (Betrag)
gælde [gele] *v* gelten *für j-n/etw.*, betreffen *j-n/etw.* (Erklärung usw.)
gæst [geßd] *u* Gast *m*
gæstfri [geßdfri] *adj* gastfreundlich
gæt [ged] *t* Schätzung *w*, Vermutung *w*
gætte [gede] *v* raten *etw. Akk*; **~ rigtigt** erraten
gø [gö] *v* bellen (Hund)
gøre [gööa] *v* **1** machen *etw. Akk* (durchführen), tun *etw. Akk* **2** machen (hervorrufen) **3** machen *etw. Akk irgendwie* **4** machen (Schulden usw.) **5** anrichten (Schaden usw.) ► **~ indtryk** *på ngn* beeindrucken *j-n*; **~ ondt** wehtun; **~ rede for** *ngt* erklären; **~ rent** aufräumen; **~** *ngn* **fortræd** verletzen *j-n* (physisch), wehtun *j-m* (absichtlich usw.); **~** *ngn* **vred** wütend machen *j-n*; **~** *ngt* **færdig** beenden *etw. Akk* (Arbeit usw.), zu Ende bringen *etw. Akk*, vollenden *etw. Akk*; **Lad være med at ~ det.** Macht es nicht!; **Det gør ikke noget.** (Das) Macht nichts!
gøre-det-selv [göadeßelw] *v* basteln
gå [go] *v* **1** gehen *irgendwohin* (sich bewegen), laufen (zu Fuß gehen) **2** gehen *in etw. Akk* (in die Schule usw.), besuchen *etw. Akk* (Kurs usw.) **3** laufen (in Gang sein) **4** gehen (möglich sein) **5** vergehen ► **~ af** aussteigen (aus Flugzeug usw.), von Bord gehen; **~ afsted** gehen (weg); **~ en tur** spazieren gehen; **~ forud** *for ngt* vorausgehen *etw. Dat* (geschehen); **~ fremad** weitergehen, vorankommen (sich bewegen); **~ (hen)** vergehen (Zeit); **~ i gang** *med ngt* herangehen *an etw. Akk* (Arbeit usw.), sich machen *an etw. Akk*; **~ i seng** sich hinlegen; **~ i stykker** entzweigehen, auseinanderfallen, kaputtgehen, sich auflösen; **~ i væsken** scheitern, misslingen (Plan usw.); **~ igennem** *ngt* absolvieren *etw. Akk* (Training usw.), durchgehen *durch etw.*; **~ ind** *i ngt* eintreten *in etw. Akk*, betreten *etw. Akk*, hereinkommen *in etw. Akk*; **~ ned** untergehen (Sonne); **~ ned** *af ngt, ad ngt* hinuntergehen *etw. Akk* (vom Sprecher), heruntergehen *etw. Akk* (zum Sprecher); **~ op** steigen (Flugzeug usw.); **~ over** überschreiten (Schwelle usw.); **~ rundt** *om ngt* herumgehen *um etw.*; **~ til frisøren** sich die Haare schneiden lassen; **~ ud** ausgehen *aus etw.*, hinausgehen *aus etw.*, herauskommen *aus etw.*, erlöschen (Licht); **~ uden om** *ngt* umgehen *etw. Akk* (herumgehen); **~ væk** weggehen, gehen (weg); **~ (væk) fra** *ngn/ngt* verlassen *j-n/etw.*; **~** *ngn/ngt* **i møde** entgegengehen *j-m irgendwohin*; **Gå!** Verschwinde!; **Hvordan går det?** Wie geht es Ihnen?; **Sikringen er gået.** Die Sicherung ist herausgesprungen.
gåbe [goobe] *v* gähnen
gåde [goodhe] *u* Rätsel *s*
gådefuld [goodheful] *adj* geheimnisvoll, rätselhaft
gå ned *v* hinuntergehen (nach unten), hinabsteigen, sinken (Flugzeug usw.)
går [go] **i ~** gestern
gård [go] *u* Bauernhof *m*, Hof *m* (landwirtschaftlicher), Farm *w*
gås [goß] *u* Gans *w* (Vogel)
gåtur [gootua] *u* Spaziergang *m*

H

had [ha~~dh~~] *t* Hass *m*
hade [häädh^e] *v* hassen *j-n/etw.*
hage [hääj^e] *u* **1** Kinn *s* **2** Haken *m* (Schwierigkeit)
hagl [haul] *u* Hagel *m* (Niederschläge)
haj [haj] *u* Hai *m*
hal [hal] *u* Halle *w*
hale [hääl^e] *u* Schwanz *m* (eines Tiers) ♦ *v* ziehen *etw. Akk irgendwohin* (schleppen)
hals [halß] *u* Hals *m*
halsbånd [halßban] *t* Halsband *s*
halstørklæde [halßtöaklee~~dh~~^e] *t* Schal *m*
halv [hal] *u* halb, Hälfte *w etw. Gen*; **klokken ~ fem** um halb fünf
halvdel [haldel] *u* Hälfte *w*
halvfems [halfemß] *num* neunzig
halvfjerds [halfjääß] *num* siebzig
halvt [halwd] *adv* halb, zur Hälfte
halvtreds [haltreß] *num* fünfzig
halvø [halwö] *u* Halbinsel *w*
ham [ham] *pron* ihn; **(til) ~** ihm
hammer [hama] *u* Hammer *m*
han [han] *pron* er ♦ *u* Männchen *s*
handel [han^el] *u* Geschäft *s* (Transaktion), Handel *m* (Austausch)
handelsmand [han^elßman] *u* Geschäftsmann *m*
handicappet [handikab^e~~dh~~] *adj* **1** invalide **2** behindert
handle [hanl^e] *v* **1** handeln (tun) **2** einkaufen, Einkauf machen **3** handeln *mit etw.* (Geschäft betreiben) **4** handeln *von etw., über etw. Akk* (Buch), behandeln *etw. Akk* (Film usw.)
handling [hanleng] *u* **1** Aktion *w* (Tätigkeit usw.), Handlung *w* **2** Akt *m* (Tat), Handlung *w* **3** Handlung *w* (eines Films usw.)
handske [hanßg^e] *u* Handschuh *m*
handskerum [hanßg^erom] *t* Handschuhfach *s*
hane [hän^e] *u* **1** Hahn *m* **2** Absperrhahn *m*
hans [hanß] *pron* sein
harddisk [haaddeßg] *u* Platte *w* (Festplatte)
hare [haaa] *u* Hase *m*
hasard [haßad] *u/t* **1** Hasard *s* (Wagestück) **2** Glücksspiel *s*
hasselnød [haß^elnö~~dh~~] *u* Haselnuss *w*
hast [haßd] *u* Eile *w*
hastig [haßdi] *adj* eilig durchgeführt ♦ *adv* schnell (eilig usw.)
hastighed [haßdih^e~~dh~~] *u* Geschwindigkeit *w*, Schnelligkeit *w* (einer Bewegung usw.)
hat [had] *u* Hut *m*
hav [hau] *t* Meer *s*, See *w* (Meer); **ved havet** an der See, am Meer
have [ha] *u* Garten *m* ♦ *v* haben *etw. Akk* ► **~ det** gehen (gut, schlecht usw.); **~ indflydelse** *på ngn/ngt* beeinflussen *j-n/etw.*; **~ ingenting imod** *ngt* nicht stören *etw. Akk j-n*; **~ lyst til** *at gøre ngt, at lave ngt* Lust haben *etw. Akk zu tun*; **~ på (sig)** tragen, anhaben; **Jeg har det godt.** Ich bin in Ordnung., Mir geht es gut.
havn [haun] *u* Hafen *m*
havnefront [haun^efrand] *u* Kai *m*
hedde [he~~dh~~^e] *v* heißen *irgendwie*; **Hvad hedder du?** Wie heißt du?
hede [hee~~dh~~^e] *u* Hitze *w*
hegn [hajn] *t* Zaun *m*
hej [haj] *interj* ciao, tschau, hallo, he; **Hej!** Hallo!; **Hej.** Guten Tag.; **Hej ~.** Tschüss!
heks [hegß] *u* Hexe *w*
hektar [hegta] *u* Hektar *s/m*
hel [hel] *adj* ganz, heil (unversehrt)
helbred [helbre~~dh~~] *t* Gesundheit *w*
held [hel] *t* Glück *s*
heldags [heeldäß] *adj* ganztägig, Ganztags-
heldig [heldi] *adj* **1** glücklich (Gewinner usw.) **2** zufällig (positiv) ► **være ~** Glück haben
heldigvis [heldiwiß] *adv* zum Glück, glücklicherweise
hele [heel^e] *v* heilen (gesund werden); **~ tiden** unaufhörlich, ständig
heles [heel^eß] *v* heilen (Wunde usw.)
helikopter [helikabda] *u* Hubschrauber *m*
heller [hela] *u* Heller *m*; **~ ikke** noch; **Heller ikke mig.** Ich auch nicht.
hellere [helaa] *adv* **1** stattdessen, dafür **2** eher **3** lieber (klugerweise) ► **Jeg ville ~...** Ich möchte lieber...
hellig [heli] *adj* heilig
helligdag [helidä] *u* Feiertag *m*
helst [helßd] *adv* am liebsten; **hvad som ~** was auch immer; **hvem som ~** jed(er,e,es) (beliebige Person); **hvilken som ~** beliebig; **hvor som ~** wo auch immer; **når som ~** wann auch immer, jederzeit; **nogen som ~** beliebig
helt [held] *u* Held *m* ♦ *adj* ganz ♦ *adv* **1** komplett **2** ganz (allein usw.), durchaus (möglich usw.), völlig ► **~ sikkert** bestimmt, gewiss, sicher (ohne Zweifel usw.)
helvede [helw^e~~dh~~^e] *t* Hölle *w*
hemmelig [hem^eli] *adj* **1** geheim **2** geheim (Angst usw.), heimlich
hemmelighed [hem^elihe~~dh~~] *u* Geheimnis *s*
hende [hen^e] *pron* ihr, sie; **(til) ~** ihr
hendes [hen^eß] *pron* ihr
hensigt [henßegd] *u* Absicht *w*

hensigtsmæssigt [henßegdßmeßid] *adv* **1** geeignet, passend **2** ordentlich (angemessen)

hensyn [henßün] *t* **1** Rücksicht *w auf etw. Akk* **2** Hinsicht *w* ► **med ~ til** *ngn/ngt* mit Rücksicht *auf etw. Akk*; **med ~ til** *ngt* angesichts *etw. Gen*; **tage ~ til** *ngt* berücksichtigen *etw. Akk*, in Erwägung ziehen *etw. Akk*, erwägen *etw. Akk*

hensætte [henßäde] *v* setzen *etw. Akk in etw. Akk* (außer Betrieb usw.)

hente [hende] *v* abholen *j-n/etw.* (mit Wagen), holen *j-n/etw.*

henvende sig *v* ansprechen *j-n* (höflich usw.), sich wenden *an j-n/etw.*; **Hvem skal jeg henvende mig til?** An wen soll ich mich wenden?

henvise [henwiße] *v* betreffen *etw. Akk* (inhaltlich usw.), erwähnen *etw. Akk* (Quelle usw.), sich berufen *auf etw. Akk* (Gesetz usw.), verweisen *j-n an j-n/etw.*

her [hea] *adv* **1** hier **2** her, hierher

herberg [häabäau] *t* Heim *s* (für Obdachlose usw.), Herberge *w*

herfra [heafra] *adv* von hier (aus), von hier, hiervon

herlig [häali] *adj* herrlich, wunderbar, prima, toll

herpes [häabeß] *u* Herpes *m*

herre [häaa] *u* Herr *m*; **Hr. X** Herr X

herske [häaßge] *v* **1** herrschen, regieren **2** dominieren *etw. Akk*

hest [heßd] *u* Pferd *s*

hestesko [heßdeßgo] *u* Hufeisen *s*

hidtil [hid~~h~~tel] *adv* bis heute, (bis) zu diesem Tag, bisher, bis jetzt

hilse [hilße] *v* **1** begrüßen *j-n*, grüßen *j-n* **2** grüßen (offiziell, formell)

hilsen [hilßen] *u* Gruß *m*, Salut *m*

himmel [hemel] *u* Himmel *m*; **himlen** *u* Himmel *m* (Paradies); **klar ~** klarer Himmel

hinanden [hinanen] *adv* einander, untereinander, gegenseitig ♦ *pron* einander

hindbær [henbäa] *t* Himbeere *w* (Frucht)

hindre [hendra] *v* **1** hindern *j-n an etw. Dat* (nicht erlauben) **2** verhindern *j-n/etw.* **3** hindern *j-n* (im Wege stehen) **4** hemmen *etw. Akk* (Umstände usw.) **5** vereiteln **6** unterdrücken (Bemühung usw.)

hindring [hendreng] *u* Hindernis *s für etw.*

historie [hißdoaie] *u* **1** Geschichte *w* **2** Erzählung *w* (Werk) **3** Sage *w*

historisk [hißdoaißg] *adj* historisch

hjelm [jelm] *u* Helm *m*

hjem [jem] *adv* nach Haus(e), heim ♦ *t* Heim *s*

hjemland [jemlan] *t* Heimat *w*

hjemlig [jemli] *adj* **1** Haus-, häuslich **2** gemütlich, heimisch, anheimelnd

hjemme [jeme] *adv* zu Hause, (SwD, SüD) daheim

hjemmearbejde [jemeaabajde] *t* Aufgabe *w* (für die Schule)

hjemmelavet [jemeläwe~~dh~~] *adj* hausgemacht, selbst gemacht; **~ mad** häusliche Küche

hjerne [jäane] *u* Gehirn *s*

hjernerystelse [jäanerößdelße] *u* Gehirnerschütterung *w*

hjerte [jäade] *t* Herz *s* (Organ)

hjertelig [jäadeli] *adj* **1** warm (Empfang usw.) **2** herzlich

hjerteligt [jäadelid] *adv* herzlich

hjerter [jäada] *u Mz* Herz *s* (Karten)

hjul [jul] *t* **1** Rad *s* **2** Rolle *w* (Möbelrolle usw.)

hjullås [juullooß] *u* Parkkralle *w*, Kralle *w* (Vorrichtung)

hjælp [jelb] *u* Hilfe *w*; **ved ~ af** *ngn/ngt* mittels *j-s/etw.*

hjælpe [jelbe] *v* **1** helfen *j-m mit etw., bei etw.* **2** Beihilfe leisten *j-m* (einem Verbrecher usw.)

hjælpemiddel [jelbemi~~dh~~el] *t* Hilfsmittel *s*

hjælpsom [jelbßam] *adj* bereitwillig, dienstfertig, zuvorkommend, gefällig (Person usw.)

hjælpsomhed [jelbßamhe~~dh~~] *u* Bereitschaft *w* (zu helfen), Bereitwilligkeit *w*

hjørne [jöane] *t* Ecke *w* (der Straßen usw.)

hobby [habi] *u* Hobby *s*, Zeitvertreib *m* (Hobby usw.)

hofte [hafde] *u* Hüfte *w*

hold [hal] *t* Mannschaft *w*

holdbar [halba] *adj* belastbar, durabel (widerstandsfähig), haltbar (Material usw.)

holde [hale] *v* **1** halten *etw. Akk* (in der Hand), (kurz) halten *etw. Akk* **2** halten (können) *etw. Akk* **3** halten *etw. Akk* (in Ordnung usw.), halten (in einer Lage usw.) **4** bleiben *irgendwo* **5** behalten (Zustand usw.), halten *etw. Akk* (in bestimmten Zustand usw.) **6** behalten *etw. Akk* (Qualität usw.) **7** zurückhalten, aufhalten (Atem usw.) **8** halten (fest sein usw.) ► **~ af** *ngn/ngt* stehen *auf j-n/etw.* (Interesse haben); **~ op** aufhören (Regen usw.); **~ op** *med ngt* aufhören *mit etw.*; **~ sit ord** das Wort halten; **~ til** *et sted* sich halten *irgendwo* (sich nicht entfernen); **~ ud** durchhalten; **~** *ngn/ngt* **for** halten *j-n/etw. für j-n/etw.*, betrachten *j-n/etw. als j-n/etw.*; **~** *ngn* **ud** ausstehen *j-n*; **~** *ngt* **ud** aushalten *etw. Akk*, ertragen *etw. Akk*; **Hold kæft!** Halt die Klappe!; **Hold op!** Hören Sie damit auf!

holdeplads [haleplaß] *u* Haltestelle *w*

holder [hala] *u* Halter *m*, Träger *m* (eines Titels)

holde sig *v* **1** sich festhalten *an etw. Dat* (mit der Hand) **2** halten (frisch bleiben usw.) ► **~ til** *ngt* sich halten *an etw. Akk* (Anweisungen usw.)
holdning [halneng] *u* **1** Position *w* (Haltung) **2** Stellung *w* (Einstellung)
homoseksuel [hoomoßegßuel] *adj* homosexuell, schwul ♦ *u* Homosexuelle *m*
honning [haneng] *u* Honig *m*
hoppe [hab^e] *v* **1** springen (Sprünge machen) **2** hüpfen **3** aufspringen *auf etw. Akk* (auf Fahrzeug) **4** aufspringen (vor Freude usw.) ♦ *u* Stute *w* ► **~ op** aufspringen (hochspringen); **~ over** *ngt* überspringen *etw. Akk* (auslassen); **~ ud af** *ngt* springen *aus etw.*
horisont [hoißand] *u* Horizont *m*
horn [hoan] *t* **1** Horn *s* (eines Tiers usw.) **2** Hupe *w*
hospital [hoßbitääl] *t* Krankenhaus *s*
hoste [hooßd^e] *u* Husten *m* ♦ *v* husten, hüsteln
hotel [hotel] *t* Hotel *s*
hoved [hoo^e~~dh~~] *t* Kopf *m*; **ryste på hovedet** den Kopf schütteln
hovedbanegård [hoo^e~~dh~~bään^ego] *u* Hauptbahnhof *m*
hovedgade [hoo^e~~dh~~gä~~dh~~^e] *u* Hauptstraße *w* (für Fußgänger usw.)
hovedret [hoo^e~~dh~~rad] *u* Hauptgericht *s*
hovedsagelig [hoo^e~~dh~~ßäj^eli] *adj* vorrangig, erstrangig ♦ *adv* **1** meist, meistens **2** hauptsächlich, vor allem
hovedstad [hoo^e~~dh~~ßda~~dh~~] *u* Hauptstadt *w*
hovedvej [hoo^e~~dh~~waj] *u* Fernstraße *w*
hovmodig [houmo~~dh~~i] *adj* eingebildet, überheblich, stolz (hochmütig)
hud [hu~~dh~~] *u* **1** Haut *w* (Körpergewebe) **2** Teint *m*
hue [huu^e] *u* Kappe *w*, Mütze *w*
hugge [hog^e] *v* **1** hacken, zerhacken **2** durchhacken *etw. Akk* **3** behauen (mit Axt usw.) **4** meißeln **5** aushauen *etw. Akk* (Inschrift usw.), ausmeißeln *etw. Akk* ► **~** *ngt* **af** abhauen *etw. Akk*
hukommelse [hukam^elß^e] *u* **1** Gedächtnis *s* **2** Speicher *m* (Computer)
hul [hol] *adj* hohl ♦ *t* **1** Loch *s* **2** Grube *w* (Vertiefung) **3** Schlagloch *s*
hule [huul^e] *u* Bau *m* (eines Tieres), Höhle *w* (Tierbehausung)
human [humän] *adj* human, menschlich (Behandlung usw.)
hummer [homa] *u* Hummer *m*
humor [huuma] *u* Humor *m*
humør [humöa] *t* Laune *w* (gute usw.), Stimmung *w*
hun [hun] *pron* sie (Fem. Singular) ♦ *u* Weibchen *s*
hund [hun] *u* Hund *m*
hundrede [huna~~dh~~^e] *num* **1** hundert **2** hundertst(er,e,es) ♦ *t* Hundert *s*
hurtig [huadi] *adj* prompt (Antwort usw.), rapid, jäh, rapide ♦ *adv* schnell (eilig usw.)
hurtigtog [huaditou] *t* D-Zug *m*
hus [huß] *t* **1** Gebäude *s* **2** Haus *s*
husblok [hußblag] *u* Häuserblock *m*
husbond [hußbon] *u* Ehemann *m*
husholdning [hußhalneng] *u* **1** Haushalt *m* **2** Haushaltsführung *w*, Haushaltung *w*
huske [hußg^e] *v* **1** sich erinnern *an etw. Akk, etw. Gen* **2** sich merken *etw. Akk* **3** denken *an j-n/etw.* (im Kopf haben) **4** sich erinnern *an j-n/etw.*
husleje [hußlaj^e] *u* Miete *w* (Geld)
hustru [hußdru] *u* Ehefrau *w*, Frau *w* (Gattin)
hvad [wa] *pron* was (Frage); **~ for en** welch(er,e,es); **Hvad koster det?** Was/Wie viel kostet es?; **Hvad sker der?** Was ist (los)?
hvede [wee~~dh~~^e] *u* Weizen *m*
hvem [wem] *pron* **1** wer (Frage) **2** wen (in Frage) **3** wem ► **~ som helst** wer auch immer
hveps [webß] *u* Wespe *w*
hver [wea] *pron* jed(er,e,es) (alle), jedermann; **enhver** jed(er,e,es) (ohne Ausnahme); **ethvert** jed(er,e,es) (ohne Ausnahme); **~ for sig** separat, extra (eingepackt usw.); **hvert** jed(er,e,es) (alle), jedermann
hverdagsagtig [wäadäßagdi] *adj* alltäglich, gewöhnlich (normal), Alltags-
hverken [wäag^en] **~... eller** weder... noch
hverv [wäau] *t* Funktion *w* (Posten)
hvid [wi~~dh~~] *adj* **1** weiß **2** hellhäutig (Rasse usw.)
hvidløg [wi~~dh~~laj] *t* Knoblauch *m*
hvile [wiil^e] *u* Rast *w* (Pause), Ruhe *w* (Erholung) ♦ *v* sich ausruhen
hvile sig *v* sich ausruhen
hvilken [welg^en] *pron* **1** was für ein **2** welch(er,e,es) **3** der, die, das (Relativpronomen) **4** wievielt(er,e,es) ► **~ vej** welchen Weg, wie
hvilket [welg^e~~dh~~] *pron* **1** wievielt(er,e,es) **2** was (Nebensatz)
hvirvel [wiau^el] *u* Wirbel *m*, Strudel *m* (von Wasser usw.)
hvis [weß] *conj* **1** wenn (konditional) **2** ob ♦ *pron* **1** wessen **2** dessen
hviske [weßg^e] *v* flüstern, wispern, zuflüstern *j-m etw. Akk*
hvisle [wißl^e] *v* pfeifen
hvor [wo] *adv* wo; **~....fra** woher; **Hvor kommer du fra?** Woher kommen Sie?

hvordan [wodan] *adv* wie (Frage); **Hvordan er det?** Wie ist es?
hvorfor [wofa] *adv* warum; ~ **ikke** warum nicht (Zustimmung)
hvorhen [wohen] *adv* wohin
hvornår [wono] *adv* wann (Frage)
hyggelig [hüg^{e}li] *adj* **1** gemütlich **2** nett (angenehm)
hygiejne [hügiajn^{e}] *u* Hygiene *w*
hygiejnisk [hügiajnißg] *adj* hygienisch
hyle [hüül^{e}] *v* **1** schreien (Eule) **2** hupen (Hupe usw.) **3** heulen (Sirene usw.) **4** heulen (vor Schmerz usw.) **5** heulen (Tiere) **6** brüllen (Löwe usw.)
hylster [hülßda] *t* **1** Futteral *s* **2** Halfter *s*
hyppe [hüb^{e}] *v* hacken (ein Beet usw.)
hyppig [hübi] *adj* frequent, häufig, reichlich
hytte [hüd^{e}] *u* Hütte *w*
hæfte [hefd^{e}] *t* Broschüre *w*, Heft *s* (Schulheft usw.) ♦ *v* haften *für j-n*, bürgen *für j-n*, verantwortlich sein *für etw.*, zusammenheften *etw. Akk zu etw.*
hæk [heg] *u* Hecke *w*
hæl [hel] *u* Ferse *w*
hælde [hel^{e}] *v* **1** neigen *etw. Akk* (senken) **2** gießen *etw. Akk in etw. Akk* (Wasser in die Tasse usw.) **3** schütten *etw. Akk irgendwohin*, streuen *etw. Akk irgendwohin* ► ~ *ngt* **ud** ausgießen *etw. Akk* (Inhalt), ausschütten *etw. Akk* (Wasser usw.); ~ *ngt* **ud** *over ngt* übergießen *etw. Akk mit etw.*
hænde [hen^{e}] *v* vorgehen (geschehen), vorkommen *irgendwo* (Tierart usw.)
hænge [heng^{e}] *v* **1** hängen **2** aufhängen *etw. Akk* (Gardinen usw.), hängen *etw. Akk* (Wäsche usw.) **3** aufhängen *j-n* (Mörder usw.) ► ~ *ngt* **op** hängen *etw. Akk* (Bild usw.)
hænge op **hænge** *ngt* **op** aushängen *etw. Akk* (Anzeige usw.)
hænge sammen *v* zusammenhängen *mit etw.*
hængsel [hengß^{e}l] *t* Angel *w* (einer Tür usw.)
hær [hea] *u* Armee *w*, Heer *s*, Militär *s* (Streitkräfte)
hætte [hed^{e}] *u* Haube *w* (zum Schweißen usw.), Kapuze *w*
hævde [heud^{e}] *v* behaupten *etw. Akk*, vertreten (verkünden)
hæve [heew^{e}] *v* **1** abheben, (ÖrD) beheben (Geld usw.) **2** aufgehen (Teig) **3** anschwellen (Bein usw.) ► ~ **pris** verteuern *etw. Akk*
hævelse [hew^{e}lß^{e}] *u* Schwellung *w*
hævn [heun] *u* Rache *w*
hævne [heun^{e}] *v* rächen *j-n/etw.*
hø [hö] *t* Heu *s*
høflig [höfli] *adj* artig, manierlich, höflich
høflighed [höflih^{e}~~dh~~] *u* Höflichkeit *w*
høj [haj] *adj* **1** hoch (Berg usw.) **2** groß (hoch usw.) **3** hoch (Summe usw.) **4** laut
højde [hajd^{e}] *u* Höhe *w*
højdedrag [hajd^{e}drau] *t* Kamm *m* (Gebirge usw.)
højdepunkt [hajd^{e}pongd] *t* **1** Maximum *s* **2** Gipfel *m* (Wert usw.) **3** Höhepunkt *m* (Phase), Kulmination *w*
højere [haj^{e}a^{e}] *adj* größer (Gestalt usw.), höher (Wert usw.) ♦ *adv* höher
højland [hajlan] *t* Hochland *s*
højlydt [hajlüd] *adj* laut
højre [hajr^{e}] *adj* recht(er,e,es) ♦ *t* Rechte *w* (Partei) ► **fra** ~ von rechts; **på** ~ **side** rechts; **til** ~ nach rechts, rechts; **til** ~ *for ngn/ngt* rechts *von etw.*
højst [hajßd] *adv* höchstens, allerhöchstens
højt [hajd] *adv* **1** hoch (nach oben) **2** laut ► ~ **(oppe)** hoch (oben)
højtidelig [hajti~~dh~~^{e}li] *adj* festlich, zeremoniell, feierlich
højttaler [hajtäla] *u* Lautsprecher *m*
højvande [hajwan^{e}] *t* Hochwasser *s* (der Flut)
høne [hön^{e}] *u* Henne *w*, Huhn *s*
høre [hööa] *v* anhören, aufschnappen *etw. Akk*, hören *etw. Akk*, hören *etw. Akk* (erfahren)
hørelse [hööalß^{e}] *u* Gehör *s*
høretelefoner [hööatel^{e}fona] *u Mz* Kopfhörer *m Mz*
høst [hößd] *u* Ernte *w*
høste [hößd^{e}] *v* **1** ernten *etw. Akk* (Getreide usw.) **2** mähen *etw. Akk* (Getreide) **3** ernten (Ergebnisse seiner Bemühungen usw.)
håb [hob] *t* Hoffnung *w auf etw. Akk*
håbe [hoob^{e}] *v* hoffen *auf etw. Akk*
håbløs [hooblöß] *adj* **1** hoffnungslos, aussichtslos **2** vergeblich, nutzlos
hånd [han] *u* Hand *w*
håndarbejde [handaabajd^{e}] *t* Kunsthandwerk *s*
håndbagage [hanbagäätsch^{e}] *u* Handgepäck *s*
håndbog [handbou] *u* Anleitung *w* (in Druckform usw.), Handbuch *s*, Führer *m* (Buch)
håndflade [hanfläää~~dh~~^{e}] *u* Handfläche *w*
håndjern [hanjäan] *t* **1** Fesseln *w Mz* **2** Fesseln *w Mz*, Handschellen *w Mz* ► **give** *ngn* ~ **på** Handschellen anlegen *j-m*
håndklæde [hanklee~~dh~~^{e}] *t* Handtuch *s*
håndled [hanle~~dh~~] *t* Handgelenk *s*
håndskrift [hanßgrefd] *u* Handschrift *w* (schön usw.), Schrift *w* (lesbar usw.)
håndtag [hantäj] *t* **1** Handgriff *m* **2** Griff *m* (Handgriff) **3** Klinke *w* (Türklinke usw.) **4** Türknauf *m* **5** Hebel *m*

håndtaske [hantaßge] *u* Handtasche *w*

håndtere [hantea] *v* **1** manipulieren *etw. Akk, mit etw.* (handhaben), umgehen *mit etw. irgendwie* (manipulieren) **2** beseitigen *etw. Akk* (Abfall usw.)

håndvask [hanwaßg] *u* Waschbecken *s*

håndværk [hanwäag] *t* Handwerk *s*

håndværker [hanwäaga] *u* Handwerker *m*

håne [hoone] *v* **1** sich lustig machen *über j-n/etw.*, verspotten *j-n/etw.*, spotten *über j-n/etw.* **2** spotten *über j-n/etw.*, belächeln *j-n/etw.* **3** verunglimpfen, verleugnen (Rasse usw.)

hår [ho] *t* **1** Haar *s* **2** Haare *s Mz* (auf der Brust usw.)

hård [ho] *adj* **1** hart **2** anspruchsvoll (Aufgabe usw.), anstrengend (Tag usw.) **3** rau (Klima usw.)

hårdnakket [hoonage~~dh~~] *adj* **1** halsstarrig, unbeugsam, stur, verbissen **2** stark (Bemühung usw.), erbittert (Widerstand usw.)

hårdt [hood] *adv* hart (schlagen usw.)

hårlak [hoolag] *u* Haarfestiger *m*, Haarlack *m*, Haarspray *m/s*

hårspray [hooßprej] *u* Haarfestiger *m*, Haarlack *m*, Haarspray *m/s*

hårtørrer [hootöaa] *u* Haartrockner *m*, Föhn *m* (Gerät)

I

i [i] *prep* **1** in **2** auf (Richtung usw.), in, zu, nach (räumlich usw.) **3** für (Zeitdauer usw.) ► **i begyndelsen** am Anfang; **ind i** in (Richtung)

I [i] *pron* ihr (2. Person Pl., Duzen)

ideel [ideel] *adj* ideal

identificere [identifißea] *v* identifizieren *j-n*

identitet [identited] *u* Identität *w* (einer Person usw.)

identitetskort [identitedßkood] *t* Ausweis *m*, Personalausweis *m*, (ugs.) Perso *m*, Dokumente *s Mz*

idé [ide] *u* **1** Idee *w* **2** Vorstellung *w von etw.* (Gedanke)

idiot [idiod] *u* Dummkopf *m*, Idiot *m*, Blödmann *m*, Trottel *m*

ID-kort [idekood] *t* Dokumente *s Mz*, Papiere *s Mz*

ifølge [iföljе] *prep* nach *etw.* (Vorbild), gemäß *etw. Dat*

iføre sig *v* anziehen *etw. Akk* (Kleidung)

igen [igen] *adv* aufs Neue, wieder, abermals

igennem [igenem] *adv* durch; **gå ~** *ngt* absolvieren *etw. Akk* (Training usw.), durchgehen *durch etw.*; **køre ~** *ngt* durchfahren *durch etw.* (durch Tunnel usw.); **sætte** *ngt* **~** durchsetzen (Vorschlag usw.)

ikke [ege] *adv* nicht ♦ *part* nein ♦ *v* nicht ► **hvorfor ~** warum nicht (Zustimmung); **~ behøve** nicht müssen; **~ en eneste** kein einziger; **~ engang** nicht (ein)mal; **~ kun** nicht nur; **~ måtte** nicht dürfen; **~ rigtig** eigentlich nicht; **~ virke** defekt sein, nicht richtig funktionieren; **slet ~** ach wo; **slet ~ nogen** kein einziger

ikkeryger [egerüüa] *u* Nichtraucher *m*

ild [il] *u* Feuer *s* (Flammen), Schießen *s*, Beschuss *m*; **sætte ~ i** *ngt* anzünden *etw. Akk* (Gebäude usw.)

ildslukker [ilßloga] *u* Löschgerät *s*, Feuerlöscher *m*

illegal [ilegäl] *adj* gesetzwidrig, illegal

ilt [ild] *u* Sauerstoff *m*

imellem [imelem] *prep* zwischen

imens [imenß] *adv* **1** dabei **2** inzwischen

imidlertid [imi~~dh~~lati~~dh~~] *adv* inzwischen

imitere [imitea] *v* imitieren *j-n/etw.*, nachahmen *j-n/etw.*, nachahmen *j-n*, imitieren *j-n* (komisch usw.)

imod [imo~~dh~~] *prep* **1** gegen *j-n/etw.* (wirken usw.) **2** im Vergleich zu *etw.*, gegenüber *etw.* (verglichen), gegen *etw.*

importere [empotea] *v* einführen *etw. Akk irgendwohin*, importieren *etw. Akk irgendwohin*

ind [en] *adv* einwärts, nach innen, herein, hinein ♦ *prep* in *etw. Akk* ► **~ i** in, nach (Land usw.); **Kom ~.** Kommen Sie herein.

indberette [enberade] *v* melden *j-m etw. Akk* (benachrichtigen), berichten *j-m von etw.*

indbetaling [enbetäleng] *u* Zahlung *w*, Einzahlung *w*, Bezahlung *w*

indbrud [enbru~~dh~~] *t* Einbruch *m* (in ein Haus usw.)

indbrudstyv [enbru~~dh~~ßtüu] *u* Einbrecher *m*, Dieb *m*

indbydelse [enbü~~dh~~elße] *u* Einladung *w* (Karte), Einladungskarte *w*

indbygger [enbüga] *u* **1** Bewohner *m* (von Haus usw.), Einwohner *m* (von Land usw.) **2** Ortsansässige *m*

inddele [endele] *v* **1** einteilen *etw. Akk in etw. Akk* (in Stücke) **2** klassifizieren

inde [ene] *adv* drinnen, innen ♦ *prep* innerhalb *etw. Gen*, im Inneren *etw. Gen*

indefra [enefra] *adv* von (dr)innen, von innen

indehaver [enehäwa] *u* Besitzer *m*, Besitzer *m etw. Gen*, Eigentümer *m etw. Gen*, Inhaber *m etw. Gen*

indeholde [en^{e}hal^e] *v* einschließen *etw. Akk* (in sich usw.), einbegreifen *etw. Akk*, enthalten *etw. Akk*, umfassen (enthalten)

inden [en^{e}n] *prep* **1** vor *etw. Dat* (einem Zeitpunkt) **2** innerhalb *etw. Gen*, binnen *etw. Dat* ► **~ for rammerne** *af ngt* im Rahmen *etw. Gen*

indendørs [en^{e}ndöaß] *adv* drinnen (im Haus, unter dem Dach)

indenfor [en^{e}nfa] *adv* drinnen, innen

indeni [en^{e}ni] *adv* drinnen, innen

indenlandsk [en^{e}nlanßg] *adj* inländisch (Produkt usw.)

indeslutte [en^{e}ßlud^e] *v* umgeben *etw. Akk mit etw.*

indfinde sig *v* sich einfinden *irgendwohin*, sich einstellen *bei j-m* (kommen)

indflydelse [enflüdh^{e}lß^e] *u* Einfluss *m*; **have ~** *på ngn/ngt* beeinflussen *j-n/etw.*, wirken *auf j-n/etw.* (Wirkung haben)

indfri [enfri] *v* einlösen (Pfand usw.)

indfødt [enföd] *adj* **1** örtlich, Orts-, lokal **2** einheimisch (Bevölkerung usw.) **3** Aborigine- ♦ *u* **1** Eingeborene *m* **2** Muttersprachler *m*

indføre [enföa] *v* **1** einführen (Maßnahme usw.) **2** herstellen (Ordnung usw.) **3** übernehmen (Methode usw.) **4** eintragen *etw. Akk irgendwohin* (schriftlich)

indgang [engang] *u* **1** Eingang *m* **2** Eintritt *m* (ins Museum usw.)

indgå [engo] *v* abschließen (Abkommen usw.), schließen (Vertrag)

indhold [enhal] *t* Inhalt *m* (einer Flasche usw.)

indisk [endißg] *adj* indisch

individ [endiwidh] *t* Einzelne *m*, Individuum *s*

individuel [endiwiduel] *adj* individuell

indkomst [enkamßd] *u* Einkommen *s*

indkvartere [enkwatea] *v* unterbringen *j-n*

indkøb [enköb] *t* Einkaufen *s*, Einkauf *m* (Tätigkeit)

indkøbscenter [enköbßßenda] *t* Einkaufszentrum *s*

indkøbsvogn [enköbßwoun] *u* Einkaufswagen *m*

indkørsel [enköaß^{e}l] *u* **1** Einfahrt *w* (Stelle) **2** Zufahrt *w* (Fahrweg) **3** Einfahrt *w* (Einfahren)

indland [enlan] *t* Inland *s*, Binnenland *s* (einer Insel usw.)

indlogere [enlotschea] *v* unterbringen *j-n*

indlogere sig *v* unterkommen

indløse [enlöß^e] *v* **1** einlösen (Pfand usw.) **2** freikaufen (Sklaven usw.)

indmelde [enmel^e] *v* anmelden *j-n/etw.* (registrieren usw.)

indmeldelsesblanket [enmel^{e}lß^{e}ßblangked] *u* Anmeldung *w*, Anmeldeformular *s*

indmelde sig *v* sich anmelden *zu etw.* (Teilnehmer)

indpakning [enpagneng] *u* Verpackung *w*

indre [endra] *adj* **1** inner(er,e,es), Innen- **2** innerlich (Gefühle usw.), Innen- **3** binnenländisch ♦ *t* Innere *s*

indregistrere [enregißdrea] *v* registrieren *j-n/etw.* (amtlich), eintragen *j-n/etw.* (in ein Register)

indrejsevisum [enrajß^{e}wiißom] *t* Einreisevisum *s*

indretning [enradneng] *u* Anlage *w*, Vorrichtung *w* (technische usw.)

indrette [enrad^e] *v* einrichten *etw. Akk* (Wohnung usw.)

indrømme [enröm^e] *v* **1** gestehen *etw. Akk* **2** eingestehen *etw. Akk* **3** zugeben, zugestehen, einsehen

indsamle [enßaml^e] *v* einsammeln, sammeln (Holz usw.)

indsamling [enßamleng] *u* Sammlung *w* (von Gemälden usw.)

indsats [enßadß] *u* **1** Einlage *w* (Gegenstand) **2** Bestrebung *w um etw.*, Bemühung *w um etw.*

indskrift [enßgrefd] *u* Aufschrift *w*

indskrive [enßgriiw^e] *v* **1** anmelden *j-n/etw.* (registrieren usw.) **2** einschreiben *in etw. Akk*

indskud [enßgudh] *t* Pfand *s* ♦ *u* Parenthese *w*

indskyde [enßgüüdh^e] *v* einlegen *etw. Akk in etw. Akk*

indspille [enßbel^e] *v* aufnehmen *etw. Akk* (Musik usw.)

indsprøjtning [enßbrajdneng] *u* Injektion *w*, Spritze *w* (Dosis von Impfstoff usw.)

indstigning [enßdiineng] *u* Einstieg *m*

indstille [enßdel^e] *v* annullieren, aufgeben *etw. Akk* (aufhören), einstellen *etw. Akk* (Tätigkeit usw.), einstellen (Maschine usw.) *etw. Akk*

indstilling [enßdeleng] *u* Einstellung *w zu etw.* (Meinung), Stellung *w* (Einstellung)

indsætte [enßed^e] *v* **1** einlegen *etw. Akk in etw. Akk* **2** anlegen *etw. Akk irgendwo* (in einer Bank usw.), einlegen *etw. Akk irgendwo* (Geld), einzahlen *etw. Akk auf etw. Akk* **3** einsetzen *etw. Akk in etw. Akk* (hineinbringen) **4** einsetzen *j-n in etw. Akk, j-n zu j-m* (in Amt usw.) **5** inaugurieren, in das Amt einführen

indtage [entä] *v* nehmen

indtagning [entäjneng] *u* Aufnahme *w* (Nahrung usw.)

indtaste [entaßd^{e}] *v* eingeben *etw. Akk* (Passwort usw.)
indtil [entel] *conj* bis (etwas passiert usw.) ♦ *prep* bis (dauern usw.) ► **~ videre** vorläufig, für jetzt, vorerst
indtjekning [entjekneng] *u* Abfertigung *w*
indtryk [entrög] *t* Eindruck *m*; **gøre ~** *på ngn* beeindrucken *j-n*
indtræde [entre~~dh~~^{e}] *v* eintreten (geschehen)
indtrædelse [entre~~dh~~^{e}lß^{e}] *u* Eintritt *m* (Eintreten)
indtræffe [entraf^{e}] *v* eintreten
indtægt [entegd] *u* Aufkommen *s*, Einnahmen *w Mz*, Verdienst *m* (Einkommen)
industri [endußdri] *u* Industrie *w*
indvandrer [inwandra] *u* Einwanderer *m*, Zuwanderer *m*, Immigrant *m*
indvendig [enwendi] *adj* inner(er,e,es), Innen-
indvikle [enwegl^{e}] *v* verwirren (Fäden usw.); **blive indviklet** *i ngt* sich verwickeln *in etw. Akk* (Seil, Faden usw.)
indvirkning [enwiagneng] *u* Wirkung *w auf j-n/etw.* (Auswirkung)
indånde [enan^{e}] *v* einatmen *etw. Akk* (Rauch usw.)
infektion [enfegtschon] *u* Ansteckung *w*, Infektion *w*
influenza [enfluenßa] *u* Grippe *w*
information [enfomatschon] *u* Information *w*, Info *s*, Auskunft *w*
informere [enfomea] *v* informieren *j-n über etw. Akk*
ingen [eng^{e}n] *pron* **1** kein einziger, kein (nicht ein), niemand **2** kein (von beiden) ► **på ~ måde** keineswegs
ingeniør [entsch^{e}njöa] *u* Ingenieur *m*
ingenting [eng^{e}nteng] *pron* nichts; **have ~ imod** *ngt* nicht stören *etw. Akk j-n*
ingrediens [engredjenß] *u* Zutat *w*, Ingredienz *w*
inkludere [enkludea] *v* **1** einschließen *etw. Akk* (in sich usw.), einbegreifen *etw. Akk* **2** einbeziehen *etw. Akk in etw. Akk*, einrechnen *etw. Akk in etw. Akk*
inklusive [enklußiw^{e}] *prep* einschließlich *etw. Gen*
insekt [enßegd] *t* Insekt *s*
insistere [enßißdea] *v* bestehen *auf etw. Dat* (beharren)
inspektion [enßbegtschon] *u* Durchsuchung *w* (Haussuchung usw.), Kontrolle *w* (Zollkontrolle usw.), Inspektion *w* (Inspizieren)
inspektør [enßbegtöa] *u* Kontrolleur *m*
institut [enßditud] *t* Institut *s*, Lehrstuhl *m*
institution [enßditutschon] *u* **1** Institution *w* **2** Anstalt *w*
instruktion [enßdruktschon] *u* Anleitung *w*, Anweisung *w* (zur Verwendung usw.), Gebrauchsanweisung *w*, Regie *w*
instruktør [enßdrugtöa] *u* Instruktor *m*, Regisseur *m*
instrument [enßdrumend] *t* Gerät *s* (Zange usw.), Werkzeug *s*, Instrument *s*
intelligent [enteligend] *adj* intelligent
intens [entenß] *adj* intensiv, Intensiv-, stark (Gefühl), heftig (Leidenschaft usw.)
interessant [entr^{e}ßand] *adj* interessant ♦ *adv* interessant
interesse [entaraß^{e}] *u* Eingenommenheit *w für etw.*, Interesse *s an etw. Dat*; **vække** *ens* **~** *j-s* Interesse wecken
interessere sig *v* sich interessieren *für j-n/etw.*
internat [entäanäd] *t* Heim *s* (für Obdachlose usw.), Studentenwohnheim *s*, Studentenheim *s*
international [entanatschonäl] *adj* international
internet [entaned] *t* Internet *s*
internetforbindelse [entanedfaben^{e}lß^{e}] *u* Internetanschluss *m*
interview [entawju] *t* Interview *s*
intet [end^{e}~~dh~~] *pron* kein (nicht ein), nichts
intetsteds [end^{e}~~dh~~ßde~~dh~~ß] *adv* **1** nirgendwohin **2** nirgends, nirgendwo
introducere [entrodußea] *v* einführen (ein Produkt), auf den Markt bringen
introduktion [entrodugtschon] *u* Vorstellung *w* (Bekanntmachen)
invadere [enwadea] *v* einbrechen *in etw. Akk* (Feind usw.), einfallen *irgendwohin* (in ein Land usw.)
invalid [enwali~~dh~~] *u* Invalide *m*
investere [enw^{e}ßdea] *v* **1** investieren *in etw. Akk*, anlegen *etw. Akk in etw. Akk* (Geld) **2** verwenden *etw. Akk auf etw. Akk* (Mühe, Geld usw.)
invitation [enwitatschon] *u* Einladung *w*
invitere [enwitea] *v* einladen *j-n*, einladen *j-n irgendwohin*, hinzuziehen *j-n*
involvere [enwalwea] *v* **1** beteiligen *j-n an etw. Dat* (Tätigkeit usw.), interessieren *j-n für etw., an etw. Dat* (j-n gewinnen suchen) **2** umfassen (enthalten) ► **være involveret** *i ngt* sich beteiligen *an etw. Dat*
irritere [iaitea] *v* aufbringen *j-n* (erzürnen), ärgern *j-n*, (ugs.) nerven *j-n*, (ugs.) fuchsen *j-n*
irriteret [iaitea~~dh~~] *adj* aufgeregt, erregt (missgelaunt usw.), ärgerlich (Person), gereizt (Haut usw.)
is [iß] *u* Eis *s*
isbjerg [ißbjäau] *t* Eisberg *m*

ishockey [ißhagi] *u* Eishockey *s*
iskold [ißkal] *adj* **1** eiskalt, eisig (Wasser usw.) **2** frostig, eisig (Wetter usw.)
iskugle [ißkuul^e] *u* Kugel *w* (Eiskugel usw.)
isolation [ißolatschon] *u* Isolation *w* (des Menschen)
ispokal [ißpokäl] *u* Eisbecher *m*
isslag [ißßläj] *t* Glatteis *s*
især [ißea] *adv* besonders, vor allem, überwiegend

J

ja [ja] *interj* ja (Zustimmung) ♦ *part* ja (Zustimmung)
jage [jääj^e] *v* **1** jagen (Wildtiere usw.) **2** hetzen (Tier usw.) **3** jagen *j-n*, verfolgen *j-n* (Polizei usw.) **4** treiben *j-n/etw. irgendwohin*
jagt [jagd] *u* **1** Jagd *w* **2** Suche *w nach etw.* (Schatz usw.) **3** Verfolgungsjagd *w* (polizeiliche usw.)
jakke [jag^e] *u* **1** Jacke *w* **2** Sakko *m/s*
jalousi [tschalußi] *u* Eifersucht *w*
jaloux [tschalu] *adj* eifersüchtig; **være ~** *på ngn* eifersüchtig sein *auf j-n*
januar [janua] *u* Januar *m*
jeans [djiinß] *Mz* Jeans *Mz*
jeg [jaj] *pron* ich ♦ *t* Ich *s* (Ego usw.)
jeres [jääaß] *pron* euer, eure
jern [jäan] *t* Eisen *s*
jernbane [jäanbään^e] *u* Eisenbahn *w*, Bahn *w* (Schienenverkehrsmittel)
jernbanebom [jäanbään^ebom] *u* Bahnschranken *w Mz*
jernbaneoverskæring [jäanbään^eouaßgeaeng] *u* Bahnübergang *m*
jernbanestation [jäanbään^eßdatschon] *u* Bahnhof *m*
jernbanevogn [jäanbään^ewoun] *u* Eisenbahnwagen *m*, Wagen *m* (Eisenbahn)
jo [jo] *part* doch, ja
job [djab] *t* Arbeit *w*, Arbeitsstelle *w* (Beruf)
jord [joa] *u* **1** Erde *w*, Grund *m*, Boden *m* (Oberfläche) **2** Boden *m*, Erde *w* ► **Jorden** Erde *w* (Planet); **under jorden** unter der Erde
jordbrug [joabru] *t* Landwirtschaft *w*
jordbær [joabäa] *t* Erdbeere *w* (Frucht)
jordnød [joanöd] *u* Erdnuss *w* (Frucht)
jordskælv [joaßgelw] *t* Erdbeben *s*
journalist [tschoanalißd] *u* Journalist *m*, Reporter *m*
jubilæum [jubileeom] *t* Jahrestag *m etw. Gen*, Jubiläum *s*
jul [jul] *u* Weihnachten *s*, Weihnachtsfest *s*
juli [juli] *u* Juli *m*
juni [juni] *u* Juni *m*
jurist [jurißd] *u* Jurist *m*
just [jußd] *adv* gerade, eben (in dem Zeitpunkt)
justere [jußdea] *v* einstellen (Maschine usw.)
jæger [jeeja] *u* **1** Jäger *m* **2** Wildhüter *m*
jævn [jeun] *adj* **1** eben (Fläche usw.) **2** gleichmäßig, ebenmäßig ► **en ~ skråning** ein leichter Hang

K

kabel [käb^el] *t* Kabel *s*
kabine [kabiin^e] *u* Kabine *w*
kaffe [kaf^e] *u* Kaffee *m*
kage [kääj^e] *u* **1** Kuchen *m* **2** Torte *w*
kahyt [kahüd] *u* Kajüte *w*
kaj [kaj] *u* Landungsplatz *m*, Mole *w*
kakao [kakääo] *u* Kakao *m*
kalde [kal^e] *v* **1** nennen *j-n irgendwie* (bezeichnen) **2** rufen *j-n* (schreien usw.), zurufen *j-m* **3** einen Spitznamen geben *j-m*
kalender [kalena] *u* Kalender *m*
kalk [kalg] *u* Kalk *m*
kalkulator [kalkuläata] *u* Taschenrechner *m*
kalv [kalw] *u* Kalb *s*
kalvekød [kalw^eködh] *t* Kalbfleisch *s*
kamera [käm^era] *t* **1** Kamera *w* (Video) **2** Kamera *w* (fotografische), Fotoapparat *m*
kammerat [kam^erad] *u* Kumpel *m* (Freund), Partner *m* (Begleiter)
kamp [kamb] *u* **1** Kampf *m* **2** Anstrengung *w*, Kampf *m* (Wettkampf), Spiel *s* (Match)
kampvogn [kambwoun] *u* Panzer *m* (Kampffahrzeug)
kanal [kanäl] *u* **1** Kanal *m* **2** Kanal *m*, Programm *s* (TV)
kande [kan^e] *u* **1** Kanne *w* (für Tee usw.) **2** Krug *m*
kanin [kanin] *u* Kaninchen *s*
kanon [kanon] *u* **1** Kanone *w*, Geschütz *s* **2** Kanone *w in etw. Dat* (Könner)
kant [kand] *u* Bande *w* (im Eishockey), Kante *w*, Rand *m* (eines Gefäßes usw.), Saum *m*
kantine [kantiin^e] *u* Kantine *w*
kap [kab] *t* Kap *s*; **løbe om ~** an einem Wettkampf *gegen j-n* teilnehmen
kapacitet [kabaßited] *u* Kapazität *w*
kapel [kapel] *t* Kapelle *w* (Bau)
kapitel [kapid^el] *t* Kapitel *s*
kapre [kääbra] *v* entführen *etw. Akk*
kaptajn [kabtajn] *u* Kapitän *m*
karakter [ka-agtea] *u* **1** Charakter *m* (Wesen) **2** Zeichen *s* (Buchstabe usw.) **3** Note

w (in der Schule) **4** Figur *w* (eines Films usw.), Gestalt *w* (in einem Roman usw.)

karakteristisk [ka-agterißdißg] *adj* charakteristisch

karosseri [karaßari] *t* Karosserie *w*

karpe [kaab^e] *u* Karpfen *m*

karriere [kaieea] *u* Karriere *w*

karrusel [kaußel] *u* Karussell *s*

karry [kai] *u* Curry *m/s*

kartoffel [kataf^{e}l] *u* Kartoffel *w*, (ÖrD) Erdapfel *m*

karton [katang] *u/t* Pappe *w*, Karton *m* (Papier)

kasse [kaß^e] *u* **1** Schachtel *w* (große) **2** Kasse *w* (Zahlstelle) **3** Kasten *m* (Sicherungskasten usw.)

kassedame [kaß^{e}dääm^e] *u* Kassiererin *w*

kasserer [kaßea] *u* Kassenwart *m*, Kassierer *m*

kast [kaßd] *t* Wurf *m*

kaste [kaßd^e] *v* **1** werfen *etw. Akk*, schmeißen *etw. Akk* **2** abwerfen (Bomben usw.) **3** auswerfen (Angel usw.) **4** werfen *etw. Akk irgendwohin* (Schatten usw.) ♦ *u* Kaste *w* ► **~ op** brechen (bei Übelkeit); **~ op** *ngt* hinaufwerfen *etw. Akk*; **~** *ngt* **gennem** durchwerfen *j-n/etw. durch etw.*; **~** *ngt* **i** *ngt* hineinwerfen *etw. Akk in etw. Akk*, einwerfen *etw. Akk in etw. Akk*; **~** *ngt* **ned** abwerfen *etw. Akk* (Bombe usw.); **~** *ngt* **til** zuschütten

kaste sig *v* **1** stürzen *irgendwohin* (springen), sich werfen *irgendwohin* **2** sich stürzen *auf j-n/etw.* (angreifen)

kat [kad] *u* Katze *w* (Haustier usw.)

katastrofe [kadaßdroof^e] *u* Katastrophe *w*, Unglück *s* (Tragödie usw.), Unheil *s*

katedral [kad^{e}dral] *u* Kathedrale *w*

katolik [katolig] *u* Katholik *m*

katolsk [katolßg] *adj* katholisch

kede [keedh^e] *v* langweilen *j-n*

kedel [kedh^{e}l] *u* Kessel *m*

kedelig [keedh^{e}li] *adj* **1** langweilig **2** langweilig, lästig

kede sig *adj* gelangweilt ♦ *v* sich langweilen

kegle [kajl^e] *u* Kegel *m*

kejser [kajßa] *u* Kaiser *m*

kende [ken^e] *v* **1** kennen *j-n/etw.* **2** kennenlernen *j-n* ► **~** *ngt* **grundigt** sich auskennen *in etw. Dat*; **lære** *ngn/ngt* **at ~** kennenlernen *j-n/etw.*; **lære** *ngn* **at ~** kennenlernen *j-n*

kendelse [ken^{e}lß^e] *u* Urteil *s* (richterliches), Verdikt *s*

kendetegn [ken^{e}tajn] *t* **1** Kennzeichen *s*, Zeichen *s* (zum Unterscheiden) **2** Merkmal *s*

kendt [kend] *adj* **1** berühmt, ruhmreich, ruhmvoll **2** kundig *etw. Gen* **3** vertraut (Gesicht usw.)

keramik [keamig] *u* Keramik *w*

kerne [kääan^e] *u* **1** Kern *m* **2** Atomkern *m* **3** Wesen *s* (Kern)

kidnapning [kidnabneng] *u* Entführung *w*, Kidnapping *s* (von Person)

kigge [kig^e] *v* **1** schauen *auf j-n/etw.*, ansehen *j-n/etw.* **2** ansehen *j-n/etw.*, anschauen *j-n/etw.* **3** sich ansehen *etw. Akk* **4** begucken *j-n/etw.* **5** angucken *j-n/etw.* ► **~ på** *ngn/ngt* (sich) ansehen *j-n/etw.* (Film usw.), beobachten *j-n/etw.*

kikkert [kigad] *u* Fernglas *s*

kiks [kegß] *u* Keks *m*, Kräcker *m*

kilde [kil^e] *u* Brunnen *m* (Heilquelle), Quelle *w etw. Gen*, Quelle *w* (eines Flusses usw.) ♦ *v* kitzeln *j-n*

kildevæld [kilewel] *t* Brunnen *m* (Heilquelle)

kilerem [kiil^{e}ram] *u* Keilriemen *m* (Ventilatorriemen)

kilogram [kilogram] *u* Kilogramm *s*

kilometer [kilomeda] *u* Kilometer *m*

kime [kiim^e] *v* klingen (Glocke)

kind [ken] *u* Wange *w*, Backe *w* (Gesicht)

kindtand [kentan] *u* Backenzahn *m*

kiosk [kjaßg] *u* **1** Kiosk *m* **2** Imbiss *m* (Bahnhof)

kirke [kiag^e] *u* Kirche *w*

kirkegård [kiag^{e}goo] *u* **1** Friedhof *m* **2** Kirchhof *m*

kirsebær [kiaß^{e}bäa] *t* Kirsche *w* (süße, Frucht) ♦ *u* Kirschbaum *m*, Kirsche *w* (Baum)

kirsebærtræ [kiaß^{e}bäatre] *t* Kirschbaum *m*, Kirsche *w* (Baum)

kirtel [kiad^{e}l] *u* Drüse *w*

kirurg [kiruau] *u* Chirurg *m*

kirurgi [kiruagi] *u* Chirurgie *w*

kiste [kiißd^e] *u* Kiste *w*, Kasten *m*, Truhe *w*

kjole [kjool^e] *u* Kleid *s*

klage [klääj^e] *u* **1** Beschwerde *w* **2** Reklamation *w* ♦ *v* **1** sich beschweren *bei j-m über etw. Akk* **2** klagen, jammern **3** reklamieren *etw. Akk*, beanstanden *etw. Akk* **4** sich beschweren *bei j-m über j-n/etw.*

klappe [klab^e] *v* **1** applaudieren *j-m* **2** tätscheln *j-m* (den Rücken usw.) **3** tippen *an etw. Akk*, (leicht) klopfen *auf/an etw.*

klar [kla] *adj* **1** klar (Bedeutung usw.) **2** bewusst *etw. Gen* (einer Tatsache usw.) **3** klar (Glas usw.) **4** klar (Wasser usw.), durchsichtig (Flüssigkeit usw.) **5** vorbereitet *auf etw. Akk, für etw.*, bereit *zu etw.* **6** hell (Licht usw.) **7** klar (Himmel usw.), heiter (Tag usw.) ► **blive ~** *over ngt* sich klar werden *über etw. Akk*

klare [klaaa] *v* **1** schaffen *etw. Akk* (bewältigen) **2** sich abfinden *mit etw.*, zurechtkommen *mit etw.* **3** erfüllen *etw. Dat* (Ansprüche usw.)

klare op *v* aufklaren

klare sig *v* **1** auskommen *mit etw.* **2** gehen *j-m irgendwie* (Erfolg haben usw.) **3** sich durchschlagen (im Leben) ► **~ uden** *ngt* sich behelfen *ohne etw.*

klargøre [klaagöa] *v* klarmachen *j-m etw. Akk*, klären *etw. Akk*, aufklären *etw. Akk*, erläutern *etw. Akk*

klarhed [klaahedh] *u* Klarheit *w* (einer Beschreibung usw.)

klart [klad] *adv* deutlich (verständlich usw.), hell (scheinen usw.)

klasse [klaße] *u* Klasse *w*

klasseværelse [klaßewäaalße] *t* Klasse *w* (Zimmer), Klassenzimmer *s*

klatre [kladra] *v* **1** hinaufklettern *etw. Akk*, klettern *auf etw. Akk* (hinauf), klettern *auf etw. Akk* (auf eine Leiter usw.) **2** klettern (im Gebirge usw.)

klaver [klawea] *t* Klavier *s*, Piano *s*

klemme [kleme] *u* Klammer *w* (Gerät) ♦ *v* drücken *etw. Akk* (in der Hand usw.), drücken *j-n/etw. in/an etw. Akk*, drücken (zu eng sein), klemmen *etw. Akk* (in der Tür) (Finger usw.)

klient [kliend] *u* Kunde *m* (Bankkunde usw.), Klient *m*

klima [kliima] *t* Klima *s*

klimaanlæg [kliimaanleg] *t* Klimaanlage *w*

klinge [klenge] *u* Klinge *w* (eines Messers usw.) ♦ *v* klimpern (Münzen usw.), klirren

klinik [klinig] *u* Klinik *w*

klip [kleb] *t* Abschnitt *m* (Papier usw.), Kurzaufnahme *w*, Schnitt *m* (im Film)

klippe [klebe] *u* **1** Felsen *m* **2** Kliff *s* **3** Riff *s* ♦ *v* **1** schneiden (mit Schere) **2** schneiden *j-n* (Haar) **3** schneiden (Schaf usw.) **4** abmähen **5** schneiden (Film usw.) ► **få klippet hår** sich die Haare schneiden lassen; **lade sig ~** sich die Haare schneiden lassen

klippevæg [klebeweg] *u* Wand *w* (Felswand usw.)

klips [klebß] *u* Büroklammer *w*

klistre [klißdra] *v* aufkleben *etw. Akk auf etw. Akk*, kleben *etw. Akk an/auf etw. Akk* (befestigen); **~** *ngt* **sammen** zusammenkleben *etw. Akk* (verkleben), kleben *etw. Akk*; **~** *ngt* **over** überkleben *etw. Akk mit etw.*

klit [klid] *u* Düne *w* (Sanddüne usw.)

klo [klo] *u* **1** Kralle *w* (eines Vogels usw.) **2** Schere *w* (bei Krebsen)

klog [klou] *adj* **1** klug, schlau, clever **2** weise

klokke [klage] *u* **1** Klingel *w* (an der Tür) **2** Glocke *w*

klokken [klagen] *u* Uhr *w* (Uhrzeit); **Hvad er ~?** Wie spät ist es?; **Jeg kommer senest ~ fem.** Spätestens um fünf bin ich da.; **~ halv fem** um halb fünf; **~ syv** um sieben Uhr; **~ tre** um drei Uhr

kloster [klaßda] *t* Kloster *s*, Mönchskloster *s*, Nonnenkloster *s*

klud [kludh] *u* Lappen *m* (zum Abwischen usw.)

klæbe [kleebe] *v* kleben *etw. Akk an/auf etw. Akk* (befestigen), kleben (Klebkraft haben); **~** *ngt* **over** überkleben *etw. Akk mit etw.*

klæbrig [kleebri] *adj* klebrig, pappig

klæde [kleedhe] *t* **1** Stoff *m*, Gewebe *s* (aus Baumwolle usw.) **2** Bekleidung *w* ♦ *v* stehen *j-m* (Kleidung) ► **~ sig af** sich ausziehen; **~ sig på** sich anziehen; **~** *ngn* **af** ausziehen *j-n*

klædeskab [kleedheßgäb] *t* Kleiderschrank *m*

klø [klö] *v* jucken (Haut usw.), kratzen (reiben)

kløft [klöfd] *u* Abgrund *m*, Schlucht *w*

klør [klöa] *u* Kreuz *s* (im Kartenspiel)

kløve [klööwe] *v* spalten, aufspalten (Holz usw.)

knap [knab] *adj* knapp, nicht ganz, rar, zu gering ♦ *adv* kaum, mit Mühe ♦ *pron* kein (nicht einmal) ♦ *u* Drehknopf *m*, Druckknopf *m* (Maschinenteil usw.), Knopf *m* (Schalter usw.), Taste *w* (eines Gerätes usw.)

knapning [knabneng] *u* Verschluss *m* (eines Kleides usw.)

knappe [knabe] *v* schließen *etw. Akk* (Schnalle usw.), zumachen *etw. Akk*, zuknöpfen; **~ op** *ngt* aufmachen *etw. Akk* (Gürtel usw.), öffnen *etw. Akk* (Bluse usw.), aufknöpfen *etw. Akk*, zumachen (Kleid usw.)

knappenål [knabenol] *u* Nadel *w* (Stecknadel), Stecknadel *w*

kniv [kniu] *u* Messer *s*

knogle [knoule] *u* Knochen *m*

knop [knob] *u* Blütenknospe *w*, Knospe *w*

knude [knuudhe] *u* Knoten *m*, Nodus *m*, Knotenpunkt *m* (Verknüpfung); **gøre knuder** verrücktspielen

knudepunkt [knuudhepongd] *t* Knotenpunkt *m* (Verknüpfung), Kreuzung *w* (Straßen usw.)

knuge [knuue] *v* drücken *etw. Akk* (pressen), umschließen

knytte [knüde] *v* **1** knüpfen, binden, zubinden **2** ballen **3** angliedern *etw. Akk an etw. Dat* ► **~** *ngt* **sammen** verbinden *etw. Akk* (Schnüre usw.)

knyttet [knüd^{e}~~dh~~] *adj* verbunden *mit etw.* (innere Kohärenz)

knæ [kne] *t* Knie *s*; **sidde på ~** knien

knække [kneg^{e}] *v* **1** zerbrechen (Ast usw.) **2** abschlagen *etw. Akk* (abbrechen usw.) **3** anschlagen (Teller usw.) **4** anbrechen (entzweigehen) **5** aufknacken *etw. Akk*, knacken (Nüsse usw.) **6** knacken, knirschen (Schnee usw.)

knødel [knöö~~dh~~^{e}l] *u* Kloß *m*, (SüD, ÖrD) Knödel *m*

ko [ko] *u* Kuh *w* (Tier)

kobber [koua] *t* Kupfer *s*

koblet [kabl^{e}~~dh~~] *adj* verbunden *mit etw.*

kodeord [koo~~dh~~^{e}oa] *t* Passwort *s*, Kennwort *s*

kofanger [kofänga] *u* Stoßstange *w*

koge [koou^{e}] *v* kochen *etw. Akk* (im Wasser usw.), kochen (Wasser usw.); **~ op** aufkochen

kogeplade [koou^{e}plä~~dh~~^{e}] *u* Herdplatte *w*, Kocher *m*, Kochplatte *w*

kogle [koul^{e}] *u* Zapfen *m* (Tannenzapfen usw.)

kogt [kagd] *adj* gekocht

kok [kag] *u* Koch *m*, Kokke *w*

kolbøtte [kalböd^{e}] *u* Rolle *w* (Purzelbaum)

kold [kal] *adj* kalt, kühl (Getränk usw.), gekühlt (Wein usw.), ungerührt (ohne Gefühl); **blive koldere** sich abkühlen, kühl werden (Wetter usw.)

koldt [kald] *adv* kalt

kollega [koleega] *u* Kollege *m*, Mitarbeiter *m*

kollegium [kolegjom] *t* **1** Kollegium *s* **2** Studentenwohnheim *s*, Studentenheim *s*

kollision [kalitschon] *u* Kollision *w*, Zusammenstoß *m*

komedie [kome~~dh~~j^{e}] *u* Komödie *w*

komfortabel [kamfotäb^{e}l] *adj* bequem, komfortabel, Komfort-

komfur [komfua] *t* Herd *m*, Kochherd *m*

komisk [komißg] *adj* komisch (lustig), witzig, spaßig ♦ *adv* komisch (lustig usw.)

komma [kama] *t* Komma *s* (Satzzeichen); **~ foran decimalbrøk** Dezimalkomma *s*, Komma *s* (in Zahlen)

kommando [komando] *u* Befehl *m*, Kommando *s*; **have kommandoen** *over ngt* befehligen *j-n/etw.*, kommandieren *j-n/etw.* (Befehlsgewalt ausüben)

komme [kam^{e}] *v* **1** gelangen *irgendwohin* (zu Fuß), kommen *irgendwohin*, ankommen *irgendwohin*, eintreffen *irgendwohin* **2** kommen *irgendwohin* (gelangen) **3** herkommen *aus etw.* (aus China usw.), stammen *aus etw.* **4** kommen *zu etw.* (Ansicht usw.) **5** eintreten (geschehen), kommen (Zeit) ► **~ an på** *ngt* abhängen *von j-m/etw.*, ankommen *auf j-n/etw.*, liegen *an j-m/etw.* (an Umständen usw.); **~ for sent** sich verspäten (zu spät kommen); **~ gennem** *ngt* eindringen *in etw. Akk*; **~ (godt) ud af det** *med ngn* auskommen *mit j-m*; **~ nærmere til** *ngn/ngt* sich annähern *j-m/etw.*, herankommen *an j-n/etw.*; **~ op** hinauffahren, hinaufgehen; **~ tættere på** *ngn/ngt* sich nähern *j-m/etw.*; **~ til skade** sich verletzen; **~ tilbage** zurückkommen, wiederkommen; **~ ud** klettern *aus etw.* (herauskommen usw.); **kommer til at** wird; **Kom ind!** Herein!; **Kom ind.** Kommen Sie herein.; **Kom nu!** Komm schon!

kommen [kam^{e}n] *u* Kümmel *m*

kommentar [komenta] *u* **1** Kommentar *m* **2** Bemerkung *w* (Einwand), Anmerkung *w*

kommentere [kom^{e}nt^{e}a] *v* bemerken (nebenbei sagen usw.), kommentieren *etw. Akk*, kommentieren *etw. Akk* (Spiel usw.), sich äußern *zu etw.*

kommune [komuun^{e}] *u* Gemeinde *w* (Dorf, Stadt usw.)

kommunikation [komunigatschon] *u* Kommunikation *w*

kommunikere [komunigea] *v* kommunizieren *mit j-m*

komparere [komparea] *v* steigern (Adjektiv usw.)

kompas [kompaß] *t* Kompass *m*

kompasnål [kompaßnol] *u* Nadel *w* (eines Kompasses usw.)

kompensation [kampenßatschon] *u* Abfindungssumme *w*, Abfindung *w* (Geld), Ersatz *m für etw.*, Kompensierung *w für etw.*

kompensere [kamb^{e}nßea] *v* entschädigen *j-n für etw.*, ersetzen *j-m etw. Akk* (Geldverlust usw.)

kompetent [komb^{e}tend] *adj* berufen, befugt, kompetent (Gericht usw.), zuständig

komplet [kompled] *adj* komplett, vollständig, voll

komplettere [kompl^{e}tea] *v* ergänzen, vervollständigen

kompliceret [kamblißea~~dh~~] *adj* kompliziert ♦ *adv* kompliziert

kompliment [komplimang] *u/t* Kompliment *s*

komprimere [kamprimea] *v* zusammendrücken *etw. Akk* (Volumen reduzieren)

koncentrere sig *v* aufpassen *auf etw. Akk*, fokussieren *auf etw. Akk*, sich konzentrieren *auf etw. Akk* (sich nicht stören lassen)

koncept [kanßebd] *t* Konzept *s* (eines Textes), Entwurf *m* (schriftlicher)

koncert [konßäad] *u* Konzert *s* (Veranstaltung)

konditori [kandidari] *t* Konditorei *w*, Süßwarengeschäft *s*
kondolence [kandolangß^e] *u* Beileid *s*
kondom [kandom] *t* Präservativ *s*, Kondom *s/m*
konduktør [kondugtöa] *u* Schaffner *m*
kone [koon^e] *u* Ehefrau *w*, Frau *w* (Gattin)
konfekture [kanfegtüüa] *u* Süßwaren *Mz*
konfekturevarer [kanfegtüüawaaa] *Mz* Süßwaren *Mz*
konfession [kanfetschon] *u* Konfession *w*, Glaubensbekenntnis *s*
konfidentiel [kanfid^entschel] *adj* vertraulich (geheim)
konflikt [kanfligd] *u* Konflikt *m*, Zusammenstoß *m* (Auseinandersetzung)
konge [kang^e] *u* König *m* (Herrscher)
kongelig [kang^eli] *adj* königlich
kongerige [kang^erii^e] *t* Königtum *s*
konkludere [kangkludea] *v* schließen (Tatsache usw.), zu dem Schluss kommen
konklusion [kangklutschon] *u* Feststellung *w* (Wahrnehmung), Schluss *m* (gezogener usw.), Entschluss *m*
konkurrence [kanggorangß^e] *u* **1** Wettbewerb *m*, Wettkampf *m* **2** Konkurrenz *w*
konkurrencedeltager [kanggorangß^edeltäja] *u* Teilnehmer *m*
konkurrent [kanggorand] *u* Konkurrent *m*, Teilnehmer *m*, Wettkämpfer *m*
konsekvens [kanß^ekwenß] *u* Folge *w etw. Gen, von etw.*, Konsequenz *w etw. Gen* (einer Tat usw.), Konsequenz *w*
konservativ [kanßäawatiu] *adj* konservativ
konstant [kanßdand] *adj* dauernd, ständig, fortwährend, konstant ♦ *adv* dauernd, ständig, konstant, ununterbrochen ♦ *u* Konstante *w*
konstituere [kanßdituea] *v* bilden *etw. Akk* (ein Teil sein)
konstruktion [kanßdrugtschon] *u* Konstruktion *w*; **bærende ~** Gerüst *s* (Grundkonstruktion usw.), Rahmen *m* (Konstruktion)
konsul [kanßul] *u* Konsul *m*
konsulat [kanßuläd] *t* Konsulat *s*
konsulent [kanßulend] *u* Berater *m*, Konsultant *m*
konsultation [kanßultatschon] *u* Beratung *w* (Besprechung)
konsultere [kanßultea] *v* konsultieren *j-n über etw. Akk*, besprechen *etw. Akk mit j-m*, sich beraten *mit j-m über etw. Akk*
kontakt [kontagd] *u* **1** Kontakt *m* **2** Schalter *m* (elektrischer) ► **være i ~** *med ngn* in Kontakt stehen *mit j-m*
kontakte [kontagd^e] *v* kontaktieren *j-n*, sich verbinden *mit j-m* (telefonisch usw.), Kontakt aufnehmen *mit j-m*
konto [kanto] *u* Bankkonto *s*, Konto *s*
kontor [kontoa] *t* **1** Büro *s* **2** Amt *s*, Behörde *w* (staatliche usw.), Dienststelle *w*
kontorassistent [kontoaaßißdend] *u* Büroangestellte *m*, Bürobeamte *m*
kontoudskrift [kantoudhßgrefd] *u* Kontoauszug *m*
kontrakt [kontragd] *u* Kontrakt *m*, Vertrag *m*
kontrol [kontral] *u* **1** Kontrolle *w* (Überprüfung) **2** Kontrolle *w über etw. Akk* (Beherrschung) **3** Durchsuchung *w* (Haussuchung usw.), Kontrolle *w* (Zollkontrolle usw.) **4** Überprüfung *w* (strenge usw.), Kontrolle *w* (gründliche usw.)
kontrollere [kontrolea] *v* **1** kontrollieren *etw. Akk* (überwachen) **2** kontrollieren (Gebiet usw.), beherrschen (Firma usw.)
kontrollør [kontrolöa] *u* Kontrolleur *m*
konvolut [konwolud] *u* Umschlag *m* (für Briefe), Kuvert *s*, Briefumschlag *m*
kop [kab] *u* Tasse *w*
kopi [kopi] *u* Kopie *w*
kopiere [kopjea] *v* **1** kopieren **2** fotokopieren, fotokopieren *etw. Akk*, kopieren *etw. Akk*, ablichten *etw. Akk* (Formular usw.) **3** vervielfältigen *etw. Akk*, fotokopieren *etw. Akk* **4** abschreiben *etw. Akk von j-m, etw. Akk aus etw.* (von Mitschüler usw.)
kopimaskine [kopimaßgiin^e] *u* Kopierer *m*, Kopiergerät *s*
korkprop [koogprab] *u* Korken *m*
korn [koan] *t* Getreide *s*, Korn *s*
korps [koobß] *t* Gruppe *w* (Rettungsgruppe usw.), Organ *s* (Kollegium usw.)
korrekt [koragd] *adj* korrekt, richtig (nicht falsch) ♦ *adv* ordentlich (angemessen), standardsprachlich, in Standardsprache
korrektion [ko^egtschon] *u* Korrektion *w*, Verbesserung *w* (eines Fehlers usw.)
korrektur [ko^egtua] *u* Korrektur *w* (Fahnenkorrektur usw.), Korrekturlesen *s*
korridor [koidoa] *u* **1** Flur *m*, Korridor *m*, Gang *m* (im Haus usw.) **2** Gang *m* (im Zug) **3** Korridor *m* (Gebiet)
korrigere [koigea] *v* korrigieren (ändern)
kors [kooß] *t* Kreuz *s*
kort [kood] *adj* **1** kurz **2** kurz (nicht ausführlich), knapp (gekürzt) ♦ *adv* **1** kurz (besprechen usw.) **2** kurz, bündig **3** kurz (geschnitten usw.) ♦ *t* **1** Karte *w* (Plastikkarte usw.) **2** Ausweis *m* **3** Karte *w* (für Skat usw.), Spielkarte *w*

kortfattet [koodfadedh] *adj* bündig, kurz (nicht ausführlich), knapp (gekürzt) ♦ *adv* in wenigen Worten, kurz, bündig
kortslutning [koodßludneng] *u* Kurzschluss *m* (elektrischer)
kortvarig [koodwaai] *adj* kurzzeitig
kosmetik [kaßmetig] *u* Kosmetik *w* (Kosmetika)
kost [koßd] *u* **1** Besen *m* **2** Kost *w* **3** Verpflegung *w* **4** Ernährung *w* (Regime)
kostbar [kaßdba] *adj* aufwendig, aufwändig, kostspielig, luxuriös
koste [koßde] *v* **1** kosten *wie viel* (Preis haben) **2** fordern *etw. Akk* (Unfall – Opfer) ► **Hvad koster det?** Was/Wie viel kostet es?
kostume [koßdüüme] *t* Kostüm *s* (für Schauspieler usw.)
kotelet [kodeled] *u* Kotelett *s*
krabbe [krabe] *u* Krabbe *w* ♦ *v* kriechen (liegend usw.)
kraft [krafd] *u* Kraft *w* (Ursache der Bewegung)
kraftfuldt [krafdful] *adv* gewaltsam (öffnen usw.), mit Gewalt
kraftig [krafdi] *adj* **1** stark (wirksam) **2** hart (Schlag usw.) **3** herzhaft (Abendessen usw.), kräftig (Essen usw.) **4** massiv (fest usw.), Massiv- **5** stattlich (Mann usw.) **6** untersetzt (beleibt)
kraftigt [krafdid] *adv* heftig, stürmisch
kraftværk [krafdwäag] *t* Kraftwerk *s*
krampe [krambe] *u* Krampf *m*
kranbil [kranbil] *u* Abschleppwagen *m*
kranium [kranjom] *t* Schädel *m*
krat [krad] *t* Gestrüpp *s*
krav [krau] *t* **1** Anspruch *m auf etw. Akk* **2** Forderung *w*, Anspruch *m* (an Qualität usw.) **3** Verlangen *s* (geäußerter Wunsch) ► **gøre ~** *på ngt* beanspruchen *etw. Akk*
krave [kraawe] *u* Kragen *m*
kravle [kraule] *v* **1** kriechen (auf allen vieren usw.) **2** durchkriechen (hindurchkriechen) ► **~ ind** *i ngt* hineinkriechen *irgendwohin*, klettern *irgendwohin* (durchs Fenster usw.); **~ ud** *af ngt* kriechen *aus etw.*
krebs [krabß] *u* Krebs *m* (Tier)
Krebsen [krabßen] *u* Krebs *m* (Sternzeichen)
kreditkort [kredidkood] *t* Kreditkarte *w*
kreds [kreß] *u* Kreis *m* (Figur)
kridt [krid] *t* Kreide *w*
krig [kri] *u* Krieg *m*, Kriegführung *w*
kriminalitet [kriminalited] *u* Kriminalität *w*
kriminel [kriminel] *adj* kriminell, Kriminal-, strafbar, sträflich
krinkelkrog [krenggelkrou] *u* Winkel *m* (verborgener)
krise [kriiße] *u* Krise *w*
kritik [kritig] *u* Kritik *w*
kritisere [kridißea] *v* kritisieren
kritisk [kridißg] *adj* kritisch
kro [kro] *u* Gaststätte *w*, Gasthaus *s*, Kropf *m* (eines Vogels)
krog [krou] *u* Haken *m*, Hakennagel *m*, Kleiderhaken *m*, Winkel *m* (Ecke)
krone [kroone] *u* Krone *w* ♦ *v* krönen *etw. Akk mit etw.* (Laufbahn usw.), krönen *j-n* (König usw.)
krop [krab] *u* **1** Körper *m* (menschlich) **2** Rumpf *m* (eines Menschen)
kropsstilling [krabßßdeleng] *u* Position *w* (Haltung)
krum [krom] *adj* krumm
krumme [krome] *u* Krümel *m* ♦ *v* biegen *etw. Akk*, deformieren, krümmen (krumm machen), verkrümmen
krybe [krüübe] *v* **1** kriechen, sich winden, sich schlängeln (Schlange usw.) **2** kriechen (liegend usw.) **3** kriechen *vor j-m* (sich erniedrigen usw.) **4** wimmeln *von etw.* (voll sein)
krydderi [krüdhari] *t* Gewürz *s*
kryds [krüß] *t* Kreuzung *w* (Straßen usw.)
krydstogt [krüßtagd] *t* Kreuzfahrt *w* (Ausflug)
krykke [kröge] *u* Krücke *w*
kræft [krafd] *u* Krebs *m* (Krankheit)
kræmmerhus [kramarhuß] *t* Tüte *w*
krænke [krangge] *v* **1** verletzen *etw. Akk* (Gesetz usw.), verstoßen *gegen etw.* (Vertrag usw.) **2** brüskieren *j-n* (verächtlich behandeln) **3** entehren **4** kränken *j-n* **5** demütigen *j-n* **6** empören *j-n*
kræve [kreewe] *v* **1** fordern *etw. Akk*, verlangen *etw. Akk*, beanspruchen *etw. Akk* **2** verlangen *etw. Akk von j-m*, fordern *etw. Akk von j-m* **3** erfordern (notwendig machen)
krævende [kreewene] *adj* anspruchsvoll (mit hohen Ansprüchen)
krølle [kröle] *v* zerknittern ♦ *u* Locke *w*
kube [kuube] *u* Würfel *m*, Kubus *m*
kue [kuue] *v* unterdrücken *etw. Akk*, niederschlagen *etw. Akk* (Aufstand usw.)
kuffert [kofad] *u* Koffer *m*
kugle [kuule] *u* **1** Ball *m* (Kugel) **2** Kugel *w* (Körper) **3** Kugel *w* (Geschoss) **4** Kügelchen *s* **5** Kugel *w* (Kügelchen)
kuglepen [kuulepen] *u* Feder *w* (Schreibgerät), Kugelschreiber *m*
kul [kol] *t* Kohle *w* (Brennstoff)
kulde [kole] *u* Kälte *w*
kuling [kuuleng] *u* Sturm *m*
kultur [kultua] *u* Kultur *w*
kulturel [kultural] *adj* kulturell
kulørt [kulöad] *adj* bunt (nicht schwarz-weiß), farbig (Stoff usw.), Farb-
kun [kon] *adv* ausschließlich, einzig, einzig (und allein), lediglich; **ikke ~** nicht nur

Wörterbuch Dänisch – Deutsch

kunde [koon^{e}] *u* Kunde *m* (im Geschäft usw.)

kundgøre [kongöa] *v* bekannt machen *etw. Akk*, melden *etw. Akk* (öffentlich usw.)

kundskab [konßgäb] *u* **1** Bewusstsein *s etw. Gen* (Wissen) **2** Kenntnisse *w Mz*

kunne [kon^{e}] *v* **1** können *tun etw. Akk* **2** können *etw. Akk* (imstande sein) **3** dürfen ► **~ måle sig med** *ngn/ngt* gleichkommen *j-m/etw.*; **Jeg kan ikke mere.** Ich kann nicht mehr.

kunnen [kun^{e}n] *u* Fertigkeit *w*, Kunst *w* (Geschick)

kunst [konßd] *u* Kunst *w* (Gestalten); **bildende ~** bildende Kunst

kunstig [konßdi] *adj* gekünstelt, geziert, künstlich

kunstner [konßdna] *u* **1** Künstler *m* **2** Interpret *m* (Künstler)

kupé [kupe] *u* Abteil *s* (im Zug usw.)

kupon [kupang] *u* Gutschein *m*, Kupon *m*

kuppel [kub^{e}l] *u* Kuppel *w*

kurere [kurea] *v* ausheilen *etw. Akk*

kurs [kuaß] *u* **1** Kurs *m* (Richtung) **2** Kurs *m* (einer Währung), Wechselkurs *m* ► **sætte kursen mod** *ngt* gehen *irgendwohin*

kursted [kuaßdedh] *t* Bad *s* (mit Heilquellen), Kurort *m*

kursus [kuaßuß] *t* Kurs *m* (Lehrgang)

kurv [kuau] *u* Korb *m*

kurve [kuau^{e}] *u* Kurve *w*

kusine [kußiin^{e}] *u* Cousine *w*

kuvert [kuwäad] *u* Umschlag *m* (für Briefe), Kuvert *s*, Briefumschlag *m*

kvalifikation [kwalifigatschon] *u* Qualifikation *w für etw.*

kvalitet [kwalited] *u* Qualität *w*, Qualität *w etw. Gen*

kvalme [kwalm^{e}] *u* unwohl, übel, Übelkeit *w*; **Jeg har ~** Mir ist schlecht.

kvantitet [kwantited] *u* Quantität *w*

kvart [kwaad] *u* Viertel *s* (vierter Teil), Viertelstunde *w*

kvarter [kwatea] *t* **1** Stadtviertel *s*, Viertel *s* (in der Stadt) **2** Viertelstunde *w*

kvik [kwig] *adj* flink, behänd, geschmeidig, flott (Schritt usw.)

kvinde [kwen^{e}] *u* Frau *w*

kvindelig [kwen^{e}li] *adj* weiblich, Frauen-

kvittering [kwiteaeng] *u* Kassenzettel *m* (Quittung usw.), Quittung *w*, Zettel *m* (Kassenzettel usw.)

kvæg [kwej] *t* Rindvieh *s*, Vieh *s*

kvæle [kweel^{e}] *v* **1** ersticken *j-n* **2** erwürgen *j-n* **3** würgen (Opfer usw.) **4** abschnüren (Arterie usw.)

kvæles [kweel^{e}ß] *v* ersticken, würgen *an etw. Dat* (an Essen)

kværn [kwäan] *u* Mühle *w* (Haushaltsgerät)

kværne [kwäan^{e}] *v* mahlen

kvæstelse [kweßdelß^{e}] *u* Quetschung *w* (Wunde), Wunde *w*

kvæstet [kweßdedh] *adj* verletzt (bei Unfall usw.)

kylling [küleng] *u* Hähnchen *s*, Küken *s*, (junges) Huhn *s*

kys [köß] *t* Kuss *m*

kysse [köß^{e}] *v* küssen *j-n/etw.*, küssen *j-n*

kyst [kößd] *u* Küste *w*, Meeresufer *s*, Meeresküste *w*, Ufer *s* (Seeufer)

kæbe [keeb^{e}] *u* Kiefer *m*

kæde [keedh^{e}] *u* Kette *w*

kæft [kefd] **Hold ~!** Halt die Klappe!

kælder [kela] *u* Keller *m*

kæledyr [keel^{e}düa] *t* Haustier *s* (Heimtier)

kælk [kelg] *u* Schlitten *m*

kæmme [kem^{e}] *v* durchkämmen (Haare), kämmen *j-n/etw.*

kæmpe [kemb^{e}] *v* **1** kämpfen (mit Waffen) **2** ringen *mit j-m um etw.* **3** kämpfen *mit etw.* (mit Problemen usw.), bekämpfen *etw. Akk* (Schwierigkeiten usw.) **4** aufeinandertreffen ♦ *adj* hoch (Summe usw.) ♦ *u* Riese *m* (Wesen)

kæmpestor [kemb^{e}ßdoa] *adj* riesig, riesengroß

kæntre [kendra] *v* **1** umstoßen, umwerfen (Glas usw.) **2** umkippen (ein Boot usw.) **3** umkippen (Schiff usw.)

kæp [keb] *u* Stock *m*

kær [kea] *adj* lieb (geliebt)

kære [keea] *adj* lieb (in der Anrede usw.)

kæreste [kääaßd^{e}] *u* Freund *m* (Partner), Freundin *w* (Partnerin); **have en ~** gehen *mit j-m*

kærlig [kääli] *adj* **1** zart (empfindlich usw.), zärtlich **2** liebevoll, liebreich

kærlighed [käälihedh] *u* Liebe *w*

kærlighedsforhold [käälihedhßfoohal] *t* Verhältnis *s mit j-m* (Liebschaft)

kø [kö] *u* **1** Schlange *w* (Reihe) **2** Reihe *w* (Schlange usw.) **3** Billardstock *m* ► **stå i ~** in der Schlange warten *auf etw. Akk*; **stille sig i ~** sich aufreihen, sich ordnen

købe [kööb^{e}] *v* **1** kaufen *etw. Akk* **2** abkaufen *j-m etw. Akk* ► **~ ind** einkaufen, Einkauf/Einkäufe machen

køber [kööba] *u* Käufer *m*

købmand [köman] *u* Händler *m*, Lebensmittelgeschäft *s*

kød [ködh] *t* Fleisch *s*; **røget ~** Wurstwaren *w Mz*

køkken [kög^{e}n] *t* Küche *w*

køkkengrej [kög^{e}nggraj] *t* Geschirr *s* (zum Kochen)

køkkentøj [kög^{e}ntaj] *t* Geschirr *s* (zum Kochen)

køkkenvask [kög^{e}nwaßg] *u* Spülbecken *s*
køler [kööla] *u* Kühler *m*
køleskab [köölaßgäb] *t* Kühlschrank *m*
kølig [kööli] *adj* kühl, kühlend, Kühl-
kølle [köl^{e}] *u* kleiner Hammer *m*, Keule *w* (bei Schlachtvieh)
køn [kön] *adj* schön (Person), hübsch, gutaussehend ♦ *t* Geschlecht *s* (sexuell) ► **(grammatisk)** ~ Genus *s*
køre [kööa] *v* **1** fahren *mit etw.* (transportiert werden) **2** fahren *etw. Akk* (Fahrrad usw.) **3** fahren *j-n irgendwohin*, bringen *j-n irgendwohin* (mit dem Auto), fahren *j-n/etw. irgendwohin* **4** fahren *in etw. Akk* (mit dem Auto) ► ~ **en tur** ausfahren (mit Freunden usw.), eine Ausfahrt machen; ~ **fast** *i ngt* einsinken *in etw. Dat*; ~ **forbi** vorbeifahren *an etw. Dat*; ~ **ned** *af ngt, ad ngt* herabfahren *etw. Akk*; ~ **rundt** *om ngt* herumfahren *um etw.*; ~ **uden om** *ngt* umfahren *etw. Akk* (ausweichen); ~ **væk** wegfahren, abfahren (Fahrer); ~ *ngn/ngt* **ned** überfahren *j-n/etw.* (Fußgänger usw.); ~ *ngn/ngt* **over** überfahren *j-n/etw.* (Fußgänger usw.)
kørebane [kööabään^{e}] *u* Fahrbahn *w*
kørekort [kööakood] *t* Führerschein *m*
køretøj [kööataj] *t* Fahrzeug *s* (Wagen usw.)
kørsel [köaß^{e}l] *u* Fahrt *w*
kål [kol] *u* **1** Kohl *m* (Weißkohl usw.) **2** Wirsing *m*, Wirsingkohl *m*, (ÖrD) Kohl *m* (Rosenkohl usw.)
kålrabi [kolraabi] *u* **1** Kohl *m* (Pflanze) **2** Steckrübe *w*

L

lad [ladh] *adj* faul (Mensch usw.) ♦ *t* Wagenkasten *m*
lade [läädh^{e}] *v* **1** lassen *etw. Akk* (nicht ändern) **2** lassen *j-n etw. Akk zu tun* (erlauben) ♦ *u* Scheune *w* ► ~ **gå igennem** durchlassen *etw. Akk* (Wasser usw.); ~ **løbe igennem** durchlassen *etw. Akk* (Wasser usw.); ~ **sig klippe** sich die Haare schneiden lassen; ~ **som om...** so tun, als ob..., vorgeben *etw. Akk*; ~ **trænge igennem** durchlassen *etw. Akk* (Wasser usw.); ~ **være med** *ngt* ablassen *von etw.*; ~ *ngn* **komme ind** einlassen *j-n irgendwohin* (hineinlassen usw.); ~ *ngn* **komme ud** einlassen *j-n irgendwohin* (hineinlassen usw.); ~ *ngt* **op** aufladen (Batterie usw.); **Lad være med at gøre det.** Macht es nicht!
ladning [ladhneng] *u* **1** Fracht *w* (Ware usw.), Frachtgut *s* **2** Ladung *w* (elektrische)
lag [läj] *t* Schicht *w*
lagen [läj^{e}n] *t* Bettlaken *s*, Laken *s*, Betttuch *s*, Tuch *s* (Bettwäsche)
lager [läja] *t* **1** Lager *s* **2** Bestände *m Mz*
lagre [läjra] *v* **1** einlagern *etw. Akk irgendwo*, lagern *etw. Akk irgendwohin*, speichern *etw. Akk irgendwohin* (Vorräte usw.) **2** speichern (Daten usw.) **3** reif werden
lak [lag] *u* Lack *m*
laks [lagß] *u* Lachs *m*
lam [lam] *adj* lahm (Bein usw.) ♦ *t* Lamm *s*
lammekød [lam^{e}ködh] *t* Hammelfleisch *s*, Lammfleisch *s*
lampe [lamb^{e}] *u* Beleuchtungskörper *m*, Lampe *w*
land [lan] *t* Land *s*
landbrug [lanbru] *t* Landwirtschaft *w*
lande [lan^{e}] *v* landen, anlanden
landing [laneng] *u* Landung *w*
landkort [lankaad] *t* Landkarte *w*, Karte *w* (geografisch)
landmand [lanman] *u* Bauer *m*, Landwirt *m*
landsby [lanßbü] *u* Dorf *s*
landskab [lanßgäb] *t* Landschaft *w*
lang [lang] *adj* lang
langs [langß] ~ **(med)** entlang *etw. Dat*
langsom [langßam] *adj* **1** langsam **2** schleppend (Tempo usw.), langsam **3** allmählich
langt [langd] ~ **fra** bei weitem; ~ **væk** weit (entfernt usw.)
langtidsholdbar [langtidhßhalba] *adj* langlebig (Batterie usw.)
langvarig [langwai] *adj* **1** lang (zeitlich) **2** langwierig **3** langjährig
lap [lab] *u* Fetzen *m*, Flicken *m*, Lappen *m* (eines Organs usw.), Zettel *m* (mit Notiz usw.)
lappe [lab^{e}] *v* **1** flicken, stopfen, zunähen, vernähen (Hose usw.) **2** verkleben *etw. Akk mit etw.*, zukleben *etw. Akk mit etw.*
large [laadtsch] *adj* großzügig
larm [lam] *u* Krach *m*, Lärm *m*
larme [laam^{e}] *v* brüllen, lärmen
last [laßd] *u* Belastung *w* (Gewicht usw.), Last *w* (in Kilogramm usw.), Laster *s*
lastbil [laßdbil] *u* Lastkraftwagen *m*, Lkw *m*, Lastwagen *m*
laste [laßd^{e}] *v* laden *etw. Akk auf etw. Akk* (beladen), aufladen *etw. Akk auf etw. Akk* (Last usw.)
lastvogn [laßdwoun] *u* Lastkraftwagen *m*, Lkw *m*
latter [lada] *u* Lachen *s*
latterlig [ladali] *adj* lächerlich
lav [lau] *adj* niedrig ♦ *u/t* Flechte *w* (Pflanze)
lave [lääw^{e}] *v* **1** machen **2** erzeugen (Energie usw.) ► ~ *ngt* **om** umarbeiten
lavere [läwa] *adj* niedrig(er,e,es), unter(er,e,es) ♦ *adv* niedriger
lavine [lawiin^{e}] *u* Lawine *w*

lavland [laulan] *t* Tiefland *s*
lavmælt [laumeld] *adv* leise (sprechen usw.)
lavt [läwd] *adv* niedrig
lavvandet [lauwanedh] *adj* seicht (nicht tief), flach (Teich, Teller usw.)
le [le] *u* Sense *w* ♦ *v* lachen *über j-n/etw.*
leben [leeben] *t* Hetze *w* (Eile), Betrieb *m* (Treiben)
led [ledh] *t* **1** Gelenk *s* **2** Glied *s* (einer Kette) **3** Segment *s* (Teilstück)
ledbånd [ledhban] *t* Ligament *s*, Band *s* (Gewebe)
lede [leedhe] *v* **1** führen *etw. Akk* (Unternehmen usw.), leiten *etw. Akk* (Firma usw.) **2** führen *j-n irgendwohin* **3** leiten *etw. Akk durch etw.* (durchziehen usw.), vorsitzen *etw. Dat* **4** leiten (Wasser usw.) **5** verlegen *etw. Akk irgendwohin* (Wasserleitung usw.) **6** leiten (leitfähig sein) **7** nachforschen *nach etw.* ♦ *u* Abscheu *m vor j-m/etw.*, Abneigung *w gegen j-n/etw.* ► ~ **efter** *ngn/ngt* suchen *j-n/etw.* (dringend usw.), suchen *nach j-m/etw.* (Täter usw.)
ledelse [leedhelße] *u* **1** Führung *w* (eines Betriebes usw.), Leitung *w* (einer Firma usw.), Management *s* (Tätigkeiten) **2** Führung *w*, Management *s* (Personen usw.), Leitung *w* (Hauptvertreter), Vorstand *m* (einer Firma usw.) **3** Direktion *w*
leder [leedha] *u* **1** leitender Angestellter, Leiter *m* (einer Abteilung usw.), Manager *m* **2** Führer *m*, Leiter *m* (einer Bewegung usw.) **3** Führer *m* (Leiter), Chef *m* **4** Leiter *m* (Stoff) **5** Editorial *s* (Artikel)
ledig [leedhi] *adj* frei (Platz), unbesetzt (Platz usw.), vakant ♦ *u* Arbeitslose *m*
ledning [ledhneng] *u* **1** Kabel *s* **2** Leitung *w* (Telefonleitung usw.)
legalt [legäl] *adv* legal
lege [laje] *v* herumspielen *an/mit etw.*, spielen *mit etw.* (leichtfertig)
legeplads [lajeplaß] *u* Spielplatz *m*
legetøj [lajetaj] *t* Spielzeug *s*
legitimation [legitimatschon] *u* Ausweis *m*, Personalausweis *m*, (ugs.) Perso *m*
leje [laje] *u* **1** Miete *w* (Verhältnis) **2** Untermiete *w* (Mieten) **3** Miete *w* (Geld) ♦ *v* mieten *etw. Akk*, anmieten *etw. Akk* ► ~ *ngt* **ud** pachten *etw. Akk*; ~ *ngt* **ud til** *ngn* vermieten *etw. Akk an j-n*; **værelser til ~** Zimmer zu vermieten
lejer [laja] *u* Mieter *m*, Pächter *m*
lejlighed [lajlihedh] *u* **1** Wohnung *w* **2** Gelegenheit *w etw. Akk zu tun* **3** Gelegenheit *w* (Anlass)
lejr [laja] *u* Camp *s*, Campingplatz *m*, Lager *s* (Unterkunft); **slå ~** lagern (im Wald usw.), campen
lektie [legtsche] *u* Aufgabe *w* (für die Schule)
lem [lem] *t* Glied *s*, Penis *m*
ler [lea] *t* Lehm *m*, Ton *m* (Erde)
lesbisk [leßbißg] *adj* lesbisch ♦ *u* Lesbierin *w*
let [led] *adj* **1** leicht (wenig wiegend) **2** einfach, leicht (Aufgabe usw.) **3** sanft (nicht stark usw.), leicht, sacht (Berührung usw.) **4** leicht (Husten usw.) ♦ *adv* **1** leicht (ohne Problem) **2** leicht (nur wenig) **3** leicht (erreichbar usw.), bequem (zugänglich usw.) **4** leicht (berühren usw.), sanft (drücken usw.) ► **gøre** *ngt* **lettere** erleichtern *etw. Akk* (einfacher machen)
lette [lede] *u* Lette *m* ♦ *v* entlasten *etw. Akk* (Verkehr usw.), erleichtern *etw. Akk* (einfacher machen), erleichtern *j-m etw. Akk*
lettelse [ledelße] *u* Linderung *w etw. Gen* (Schmerzen usw.)
lettilgængelig [ledtilgengeli] *adj* erreichbar
leve [leewe] *v* **1** leben (am Leben sein) **2** erleben *etw. Akk* (Alter) ► ~ **af** *ngt* seinen Lebensunterhalt *mit etw.* verdienen, sich ernähren *von etw.* (essen)
levende [leewene] *adj* **1** am Leben, lebend, lebendig **2** lebhaft (Erinnerung usw.) **3** belebt (Substantiv usw.) ♦ *adv* **1** lebendig **2** lebhaft
lever [leewa] *u* Leber *w*
leverandør [lewerandöa] *u* **1** Lieferant *m von etw.* **2** Auftragnehmer *m*, Lieferant *m*
levere [lewea] *v* verleihen *etw. Akk etw. Dat* (Eigenschaft usw.)
levering [leweaeng] *u* **1** Lieferung *w*, Ablieferung *w* (von Waren usw.) **2** Versorgung *w mit etw.*
levevej [leewewaj] *u* Lebensunterhalt *m*, Unterhalt *m* (Mittel)
licens [lißenß] *u* Genehmigung *w* (Urkunde usw.), Lizenz *w*
lide [liidhe] *v* **1** mögen *j-n/etw.*, gernhaben *j-n/etw.* **2** leiden *an/unter etw. Dat* **3** erleiden *etw. Akk*, erleiden (Niederlage usw.) ► **kunne bedst ~** *ngn/ngt* am liebsten mögen *j-n/etw.*; **Jeg kan godt ~ det.** Es gefällt mir.; **Jeg kan ikke ~ det.** Es schmeckt mir nicht.
lidelse [liidhelße] *u* Leiden *s*, Qual *w*
lidenskab [liidhenßgäb] *u* Leidenschaft *w*
lidt [lid] *adv* ein bisschen, ein wenig, etwas, einigermaßen; **om ~** in Kürze
liebhaver [liibhäwa] *u* Liebhaber *m von etw.* (Anhänger)
lig [li] *adj* identisch, übereinstimmend ♦ *t* Leiche *w*

lige [lii^{e}] *adj* gerade ► **i ~ måde** gleichfalls; **~ stor** gleich (Chancen usw.); **~ ud** geradeaus; **Det er ~ meget.** Es ist mir egal.
ligefrem [lii^{e}fram] *adj* ehrlich (offen), aufrichtig
ligeglad [lii^{e}gla~~dh~~] *adj* abgestumpft (Mensch usw.), gleichgültig ► **Jeg er ~.** Es ist mir egal.
ligegyldig [lii^{e}güldi] *adj* **1** gleichgültig **2** abgestumpft (Mensch usw.)
ligeså [lii^{e}ßo] *adv* ebenso, genauso
ligetil [lii^{e}tel] *adj* direkt (Lösung usw.)
ligevægt [lii^{e}wegd] *u* Gleichgewicht *s*
ligge [leg^{e}] *v* **1** liegen (Mensch) **2** liegen *irgendwo* (Sache) **3** liegen *in etw. Dat* (Problem usw.) **4** sich bewegen *zwischen etw.* (Werte usw.)
liggeplads [leg^{e}plaß] *u* Liege *w*
liggestol [leg^{e}ßdol] *u* Strandliege *w*
lighed [liihe~~dh~~] *u* Ähnlichkeit *w* (Abbild), Gleichheit *w* (kein Unterschied)
lighter [lajda] *u* Feuerzeug *s*
ligne [liin^{e}] *v* **1** ähnlich sein *j-m/etw.* **2** geraten *nach j-m*, ähneln *j-m* ► **~ hinanden** gleichen (einander)
lignende [liin^{e}n^{e}] *adj* **1** ähnlich *etw. Gen* **2** analog, ähnlich ♦ *adv* ähnlich
likør [liköa] *u* Likör *m*
lilla [lela] *adj* violett
lille [lil^{e}] *adj* klein ► **ganske ~** winzig
lillebitte [lil^{e}bid^{e}] *adj* winzig, sehr klein
lim [lim] *u* Klebstoff *m*, Kleister *m*
limonade [limonää~~dh~~^{e}] *u* Limonade *w*, Limo *w/s*
linie [linj^{e}] *u* **1** Linie *w* (Strich) **2** Zeile *w* **3** Linie *w* (Verkehrsstrecke) ► **opstille på ~** aufreihen
linjestykke [linj^{e}ßdög^{e}] *t* Strecke *w* (in Geometrie)
linned [len^{e}~~dh~~] *t* Wäsche *w* (Textilien)
linse [lenß^{e}] *u* Linse *w*
liste [leßd^{e}] *u* **1** Liste *w etw. Gen*, Verzeichnis *s etw. Gen* **2** Latte *w*, Leiste *w* (hölzerne usw.)
liter [lida] *u* Liter *m/s*
litteratur [lid^{e}ratua] *u* Literatur *w*
liv [liu] *t* Leben *s*; **i live** am Leben
livlig [liuli] *adj* **1** lebhaft (Kind usw.) **2** lebhaft (Mensch), munter **3** voll von Leben **4** lebhaft (Erinnerung usw.) **5** lebhaft (Fantasie usw.)
livvagt [liuwagd] *u* **1** Bodyguard *m*, Leibwächter *m*, Leibwache *w* **2** Rettungsschwimmer *m*
lod [la~~dh~~] *u* Los *s*, Lotterielos *s*; **trække ~** losen
loft [lafd] *t* **1** Decke *w* (im Zimmer) **2** Dachboden *m*
logge [lag^{e}] **~ af** sich ausloggen; **~ på** sich einloggen
logi [lotschi] *t* **1** Unterkunft *w* (Raum usw.) **2** Übernachtung *w* ► **finde ~** unterkommen
logisk [logißg] *adj* logisch
lokal [lokäl] *adj* **1** lokal, Lokal-, örtlich, Orts- **2** hiesig **3** dortig
lokale [lokääl^{e}] *t* **1** Zimmer *s*, Raum *m* (im Haus) **2** Räumlichkeiten *w Mz*
lokomotiv [logomotiu] *t* Lokomotive *w*
lomme [lam^{e}] *u* Tasche *w* (in Kleidungsstücken)
lommekniv [lam^{e}kniu] *u* Taschenmesser *s*
lommelygte [lam^{e}lögd^{e}] *u* Taschenlampe *w*
lommeregner [lam^{e}rajn^{e}] *u* Taschenrechner *m*
lommetyv [lam^{e}tüu] *u* Taschendieb *m*
lommetørklæde [lam^{e}töaklee~~dh~~^{e}] *t* Taschentuch *s*
los [laß] *u* Luchs *m*
lotion [loutsch^{e}n] *u* Wasser *s* (kölnisches usw.)
lotteri [ladari] *t* Lotterie *w*
lov [lou] *u* Gesetz *s*
lovbrud [loubru~~dh~~] *t* Delikt *s*, Verletzung des Gesetzes
love [loow^{e}] *v* **1** versprechen *j-m etw. Akk* **2** geloben
lovlig [louli] *adj* **1** legal, gesetzlich **2** berechtigt (Vorgehen usw.), gerechtfertigt, legitim (Anspruch usw.) **3** angängig, erlaubt
lovmæssig [loumeßi] *adj* gesetzlich, rechtmäßig, statutarisch
lovovertrædelse [louo uatre~~dh~~^{e}lß^{e}] *u* Delikt *s*, Verletzung des Gesetzes
luft [lofd] *u* Luft *w*; **tabe ~** Luft verlieren (Reifen)
luftballon [lofdbalang] *u* Ballon *m*
lufte [lofd^{e}] *v* auslassen (Wut usw.); **~ ud** lüften
luftfartsselskab [lofdfadßelßgäb] *t* Fluggesellschaft *w*
lufthavn [lofdhaun] *u* Flughafen *m*
luftig [lofdi] *adj* locker (Gebäck usw.)
luftmadras [lofdmadraß] *u* Luftmatratze *w*
luftpost [lofdpaßd] *u* Luftpost *w*
lugt [logd] *u* Geruch *m*
lugte [logd^{e}] *v* **1** riechen *etw. Akk*, riechen (durch den Geruchssinn) **2** riechen *nach etw.* (Rosen usw.), stinken *nach etw.* **3** riechen *an etw. Dat*
lukke [log^{e}] *v* **1** schließen *etw. Akk* (Fenster usw.), zumachen *etw. Akk* (Tür usw.), sperren

2 zuklappen *etw. Akk* 3 schließen (Betrieb) ▸ ~ **ud** auslassen *etw. Akk* (Flüssigkeit usw.)

lukket [logedh] *adj* 1 geschlossen 2 zugeknöpft

luksus [logßuß] *u* Luxus *m*

lunge [longe] *u* Lunge *w*, Pulmo *m*

lungebetændelse [longebetenelße] *u* Lungenentzündung *w*

lunken [longgen] *adj* lauwarm, lau

lup [lub] *u* Lupe *w*

lus [luß] *u* Laus *w*

lyd [lüdh] *u* 1 Geräusch *s*, Klang *m* (klarer usw.) 2 Laut *m* (stimmhafter usw.) ▸ **give ~ fra sig** sich melden *bei j-m* (anrufen, schreiben usw.)

lyde [lüüdhe] *v* 1 klingen (hörbar sein) 2 ertönen 3 klingen *irgendwie* (Eindruck vermitteln)

lydigt [lüüdhid] *adv* gehorsam, brav

lydløs [lüdhlöß] *adv* leise (ohne Geräusch), still

lygte [lögde] *u* Lampe *w* (Taschenlampe usw.), Laterne *w*

lykkelig [lögeli] *adj* glücklich (Mensch usw.)

lykkes [lögeß] *v* Erfolg haben *bei etw.*, gelingen *j-m etw. Nom*, klappen, gelingen (Sache usw.)

lykketræf [lögetraf] *t* Glück *s* (Fortuna)

lykønske [lögönßge] *v* beglückwünschen *j-n zu etw.*, gratulieren *j-m zu etw.*

lyn [lün] *t* Blitz *m*

lynlås [lüünloß] *u* Reißverschluss *m*

lyntog [lüüntou] *t* D-Zug *m*

lys [lüß] *adj* 1 hell (Farbe usw.) 2 hell, blond (Haar) ♦ *t* 1 Licht *s* (Lichtschein) 2 Licht *s* (Lampe) ▸ **tænde lyset** (Licht) einschalten, (Licht) anmachen

lyse [lüüße] *v* leuchten *auf etw. Akk* (mit Taschenlampe usw.), leuchten (Lampe usw.), scheinen (Licht ausstrahlen)

lyshåret [lüßhaaadh] *adj* blond, hellhaarig

lyskurv [lüßkuau] *u* Ampel *w*

lysne [lüßne] *v* 1 dämmern (Morgen werden), hell werden (Tag) 2 blitzen

lyst [lößd] *u* 1 Appetit *m auf etw. Akk* 2 Lust *w an etw. Akk*, Verlangen *s nach etw.* (heftiges usw.) ▸ **have ~ til** *at gøre ngt, at lave ngt* Lust haben *etw. Akk zu tun*; **vække ~** *hos ngn* erregen *j-n* (sexuell)

lysten [lößden] *adj* gierig *nach etw.*

lytte [lüde] *v* anhören *j-n*, zuhören *j-m/etw.*

lyve [lüüwe] *v* lügen *j-m*

læbe [leebe] *u* Lippe *w*

læbestift [leebeßdefd] *u* Lippenstift *m*

læder [ledha] *t* Leder *s*

læg [leg] *adj* Laien-, laienhaft ♦ *u* Wade *w*

læge [leeje] *u* Arzt *m*, Doktor *m*

lægekontrol [leejekontral] *u* Nachuntersuchung *w*

lægemiddel [leejemidhel] *t* Arzneimittel *s*, Medikament *s*, Mittel *s gegen etw.* (Arzneimittel usw.) ♦ *u* Heilmittel *s*

læges [leejeß] *v* heilen (Wunde usw.)

lægge [lege] *v* 1 legen *etw. Akk irgendwohin* 2 legen *etw. Akk in etw. Akk* (in Mappe usw.) 3 lagern *etw. Akk irgendwohin*, speichern *etw. Akk irgendwohin* (Vorräte usw.), verstauen 4 verlegen *etw. Akk irgendwohin* (Kabel, Rohre usw.) ▸ ~ **mærke til** *ngt* bemerken *j-n/etw.* (sehen usw.), merken *j-n/etw.*; ~ **mærke** *til ngn/ngt* achten *auf j-n/etw.*, beachten *etw. Akk* (Aufmerksamkeit widmen); ~ **makeup** sich schminken; ~ *ngt* **hen/ned** hinlegen *etw. Akk irgendwohin*, legen *etw. Akk irgendwohin*; ~ *ngt* **på** anlegen *etw. Akk an etw. Akk* (legen); ~ *ngt* **væk** ablegen (Gegenstand)

lægge sig *v* sich hinlegen

lække [lege] *v* 1 entweichen (Gas usw.), auslaufen (Wasser usw.) 2 durchsickern (Flüssigkeit) 3 laufen (Gefäß usw.), lecken (Fass usw.)

lækkerbisken [legabißgen] *u* Delikatesse *w*, Leckerbissen *m*

lænestol [leeneßdol] *u* Armsessel *m*, Sessel *m*

længde [lengde] *u* (geografische) Länge, Länge *w*

længe [lenge] *adv* lange

længes [lengeß] *v* begehren *etw. Akk*, sich sehnen *nach etw.*, sich sehnen *nach j-m/etw.*, verlangen *nach etw.*

længst [lengßd] **for ~** längst

lære [leea] *v* 1 beibringen *j-m etw. Akk* 2 lernen *etw. Akk*, erlernen *etw. Akk* 3 belehren *j-n über etw. Akk* (informieren) 4 lernen *aus etw.* (durch Erfahrungen) 5 einüben *etw. Akk* (Fähigkeit usw.) ♦ *u* 1 Lehre *w* (christliche usw.) 2 Lehre *w* (Erfahrung) ▸ ~ *ngn* **at kende** kennenlernen *j-n*; **oplære** *ngn* ausbilden *j-n* (Arbeiter usw.)

lærebog [leeabou] *u* Lehrbuch *s*

lære sig *v* 1 lernen *etw. Akk* (Handwerk) 2 dazulernen *etw. Akk*

lærling [läaleng] *u* Lehrling *m*, Auszubildende *m*, (ugs.) Azubi *m*

læse [leeße] *v* 1 lesen *etw. Akk* (ein Buch usw.) 2 lernen (für eine Prüfung usw.)

læser [leeßa] *u* Leser *m*

løb [löb] *u* Lauf *m* (physische Aktivität); **i løbet af** während, im Laufe *etw. Gen*, im Verlauf *etw. Gen*

løbe [lööbe] *v* 1 laufen (Person usw.), rennen 2 laufen (Fitness usw.), joggen 3 durchlaufen *etw. Akk* (schnell durchkommen) 4 fließen (Wasser, Tränen usw.) ▸ ~

ind *i ngt* einfließen *in etw. Akk*; **~ over** *ngt* laufen *über etw. Akk* (hinüberlaufen); **~ tør** *for ngt* ausgehen (verbraucht sein); **~ ud** abfließen (wegfließen), entweichen (Gas usw.); **~ væk** entkommen (mit einem Wagen), weglaufen; **Jeg er løbet tør for benzin.** Ich habe kein Benzin mehr.

løfte [löfdᵉ] *v* **1** heben *etw. Akk* (Hand usw.), hochheben *etw. Akk* **2** heben *etw. Akk* (Gewicht usw.) **3** hochklappen (öffnen) **4** über Wasser halten ♦ *t* **1** Versprechen *s* **2** Versprechen *s* (Zusicherung), Zusage *w* **3** Gelübde *s* ► **~** *ngn* **op** hinaufsetzen *j-n auf etw. Akk*

løftestang [löfdᵉßdang] *u* Hebel *m*

løg [laj] *t* Zwiebel *w* (Gemüse)

løgn [lajn] *u* Lüge *w*

løjpe [lajbᵉ] *u* Piste *w*, Skipiste *w*

løn [lön] *u* **1** Lohn *m* **2** Gehalt *s* (Entlohnung)

lørdag [löada] *u* Samstag *m*, (NoD) Sonnabend *m*

løs [löß] *adj* **1** lose, locker (Schraube usw.) **2** locker (nicht befestigt), lose **3** locker (Boden usw.), Schütt-

løse [lößᵉ] *v* bewältigen *etw. Akk*, anpacken *etw. Akk*, sich *über etw. Akk* hermachen, lösen *etw. Akk* (Problem usw.)

løsne [lößnᵉ] *v* ablösen (Briefmarke usw.), abschnallen, lockern (Schraube usw.), losbinden *j-n/etw.*

løsning [lößneng] *u* **1** Lösung *w etw. Gen* (einer Aufgabe), Auflösung *w etw. Gen* **2** Lösungswort *s*

løv [löu] *t* Laub *s*, Blätter *s Mz*

løve [lööwᵉ] *u* Löwe *m* (Tier)

Løve [lööwᵉ] *u* Löwe *m* (Sternzeichen)

låg [lou] *t* **1** Verschluss *m*, Flaschendeckel *m*, Deckel *m* **2** Deckel *m* (Kofferdeckel usw.) **3** Topfdeckel *m*

lån [lon] *t* **1** Anleihe *w*, Darlehen *s* **2** Anleihe *w*, Leihgabe *w*, Ausleihe *w* (Ausleihen)

låne [loonᵉ] *v* **1** leihen *j-m etw. Akk* **2** sich ausleihen *etw. Akk von j-m*, (sich) leihen *etw. Akk von j-m*, sich ausleihen *etw. Akk von j-m*

lår [lo] *t* Oberschenkel *m*, Schenkel *m*

lås [loß] *u* Schloss *s* (Türschloss)

låse [looßᵉ] *v* abschließen (Wohnung usw.), schließen (mit dem Schlüssel); **~ op** *ngt* aufschließen *etw. Akk*; **~ sig ude** sich (die Tür) zuschlagen

M

mad [madh] *u* Essen *s*, Kost *w*; **lave ~** kochen (zubereiten)

madlyst [madhlößd] *u* Appetit *m*, Esslust *w*, Lust zu essen

madras [madraß] *u* Matratze *w*

magasin [magaßin] *t* **1** Magazin *s* (Zeitschrift), Illustrierte *w*, Zeitschrift *w* **2** Magazin *s* (einer Waffe)

magelig [määjᵉli] *adj* **1** bequem **2** gemächlich, geruhsam (Tempo usw.)

magnet [mauned] *u* Magnet *m*

magt [magd] *u* Macht *w*

magtfuld [magdful] *adj* mächtig (Herrscher usw.)

mail [mejl] **sende ~** *til ngn* E-Mail schicken *j-m*

maj [maj] *u* Mai *m*

majonæse [majoneeßᵉ] *u* Mayonnaise *w*, Majonäse *w*

majs [majß] *u* Mais *m*

makeup [mejgab] *u* Make-up *s*, Schminke *w*; **lægge ~** sich schminken

makker [maga] *u* Kumpel *m* (Freund), Partner *m* (bei einer Tätigkeit)

makrel [makral] *u* Makrele *w*

maksimum [magßimom] *t* Maximum *s*

male [määlᵉ] *v* anstreichen *etw. Akk* (Haus usw.), färben (malen usw.), mahlen, malen

maler [määla] *u* Maler *m*

maleri [määlari] *t* Gemälde *s*

malerkunst [määlakonßd] *u* Malerei *w*

maling [määleng] *u* Farbe *w* (aufgetragene), Anstrich *m* (bunter usw.)

mand [man] *u* **1** Mann *m* **2** Ehemann *m*

mandag [manda] *u* Montag *m*

mandarin [mandarin] *u* Mandarine *w*

mandel [manᵉl] *u* Mandel *w* (Samen)

mandlig [manli] *adj* männlich, Mannes-

mandskab [manßgäb] *t* **1** Mannschaft *w*, Team *s* (von Sportlern) **2** Besatzung *w*

mange [mangᵉ] *adj* viele ♦ *adv* viel *etw. Gen*, eine (ganze) Menge *etw. Gen* ► **hvor ~** wie viele; **hvor ~ gange** wievielmal; **~ gange** vielmals; **så ~** so viel

mangefarvet [mangᵉfaawᵉdh] *adj* bunt (mit vielen Farben), vielfarbig

mangel [mangᵉl] *u* **1** Mangel *m an etw.*, Knappheit *w an etw.*, Mangel *m an etw. Dat* (Knappheit) **2** Mangel *m* (Unvollkommenheit) **3** Mangel *m* (Defekt usw.), Fehler *m* (Funktionsfehler usw.) **4** Fehler *m* (an einer Ware usw.), Mangel *m* (an einem Produkt usw.) **5** Nachteil *m* (Mangel usw.)

mangelfuld [mang^{e}lful] *adj* **1** fehlerhaft **2** unzulänglich *in etw. Dat* (mangelhaft) **3** imperfektiv (Aspekt)

mangle [mangl^{e}] *v* **1** fehlen *j-m an etw. Dat*, mangeln *j-m an etw. Dat*, mangeln *an etw. Dat*, fehlen *an etw. Dat* **2** fehlen (gestohlen werden usw.), verschwunden sein

mango [manggo] *u* Mango *w*

manual [manuäl] *u* **1** Anleitung *w*, Bedienungsanleitung *w* (in Druckform usw.), Handbuch *s* **2** Anleitung *w*, Anweisung *w* (zur Verwendung usw.)

manus [määnuß] *t* Manuskript *s*, Handschrift *w* (Urkunde usw.)

mappe [mab^{e}] *u* Aktenkoffer *m*, Dateiverzeichnis *s*, Mappe *w*, Aktenmappe *w* (Hülle)

margarine [mag^{e}riin^{e}] *u* Margarine *w*

marionetdukke [maioneddog^{e}] *u* Puppe *w* (an Fäden), Marionette *w*

mark [maag] *u* **1** Feld *s*, Acker *m* (Grundstück) **2** Mark *w* (Währungseinheit)

markant [makand] *adj* markant ♦ *adv* beträchtlich, markant

marked [maag^{e}~~dh~~] *t* Markt *m* ♦ *u* Markt *m* (Platz), Marktplatz *m*

markedshal [maag^{e}~~dh~~ßhal] *u* Markthalle *w*

markør [maköa] *u* Anzeiger *m etw. Gen*, Cursor *m*

marmelade [mam^{e}lääd~~h~~^{e}] *u* Konfitüre *w*

marmor [mama] *t* Marmor *m*

marts [maadß] *u* März *m*

marv [mau] *u* Mark *s* (Gewebe)

maskine [maßgiin^{e}] *u* **1** Maschine *w* **2** Apparat *m* (Gerät), Werk *s* (Mechanismus)

maskineri [maßginari] *t* Maschinen *w Mz* (Maschinenausstattung)

massage [maßäätsch^{e}] *u* Massage *w*

masse [maß^{e}] *u* Masse *w* (große Menge), Menge *w* (von Ideen usw.)

mast [maßd] *u* Mast *m*

match [madtsch] *u* Kampf *m* (Wettkampf)

materiale [matriääl^{e}] *t* Material *s*

mave [määw^{e}] *u* **1** Bauch *m*, Wanst *m* (Bauch) **2** Magen *m*

med [me~~dh~~] *prep* **1** durch *j-n/etw.* (Methode), mit *j-m/etw.* (Mittel) **2** um (bei Differenzangaben) **3** mit, mit sich (bringen usw.) ► **(sammen)** ~ mit *j-m/etw.*

medarbejder [me~~dh~~abajda] *u* Mitarbeiter *m*, Kollege *m*

meddele [me~~dh~~del^{e}] *v* benachrichtigen *j-n von etw.*, mitteilen *j-m etw. Akk*, mitteilen *j-m etw.*, übermitteln *j-m etw.*

meddelelse [me~~dh~~del^{e}lß^{e}] *u* Bekanntgabe *w*, Hinweis *m* (Warnung usw.), Mitteilung *w*

medicin [medißin] *u* Arzneimittel *s*, Medikament *s*, Heilmittel *s*, Medikation *w*

medie [medj^{e}] **medier** *t pl* Medien *s Mz*

medikament [medikamend] *t* Heilmittel *s* ♦ *u* Medikament *s*

medlem [me~~dh~~lem] *t* Mitglied *s etw. Gen*, Angehörige *m etw. Gen*; **blive** ~ *af ngt* beitreten *etw. Dat*

medlidenhed [me~~dh~~li~~dh~~^{e}nhe~~dh~~] *u* Mitleid *s*

medvirke [me~~dh~~wiag^{e}] *v* **1** teilnehmen *an etw. Dat*, sich beteiligen *an etw. Dat* (aktiv usw.) **2** beitragen *zu etw.* **3** Beihilfe leisten *j-m* (einem Verbrecher usw.)

meget [maa~~dh~~] *adj* viel (große Menge) ♦ *adv* **1** sehr, sehr (viel) **2** viel *irgendwie* (schlimmer usw.), weitaus *irgendwie* ► **hvor** ~ wie viel; **så** ~ so viel

mejeri [majari] *t* Milchgeschäft *s*

mekaniker [mekäniga] *u* Mechaniker *m*

mel [mel] *t* Mehl *s*

melde sig *v* **1** sich anmelden (registrieren usw.) **2** sich melden *bei j-m* (beim Chef usw.)

mellem [mel^{e}m] *prep* unter, zwischen

mellemlanding [mel^{e}mlaneng] *u* Zwischenlandung *w*

mellemtid [mel^{e}mti~~dh~~] *u* Zwischenzeit *w*; **i mellemtiden** inzwischen

melodi [melodi] *u* Melodie *w*, Weise *w* (Melodie)

melon [melon] *u* **1** Melone *w* **2** Zuckermelone *w*

men [men] *adv* dafür (aber) ♦ *conj* aber, jedoch, sondern ♦ *part* immerhin, ja

mene [meen^{e}] *v* **1** meinen, glauben (Ansicht haben), denken (Meinung haben) **2** denken *etw. Akk von etw.* (schlussfolgern) **3** meinen *etw. Akk irgendwie* ► **Hvad mener du med det?** Was meinen Sie damit?; **Mener du det seriøst?** Ist das Ihr Ernst?, Meinen Sie das ernst?

mening [meeneng] *u* **1** Meinung *w*, Meinung *w über etw. Akk*, Ansicht *w von etw., über etw. Akk* **2** Sinn *m* (Bedeutung) **3** Sinn *m etw. Gen* (Zweck) ► **give** ~ Sinn ergeben; **sige sin** ~ *om ngt* sich äußern *zu etw.*; **skifte** ~ sich (anders) überlegen; **Der er ingen ~ i det.** Es hat keinen Zweck.

meningsfuld [meenengßful] *adj* sinnvoll (Sinn habend)

meningsløs [meenengßlöß] *adj* **1** sinnlos, unsinnig **2** unsinnig, sinnlos **3** unsinnig, sinnlos (Frage usw.) **4** mutwillig

menneske [men^{e}ßg^{e}] *t* Mensch *m*; **mennesker** *Mz* Leute *Mz* (Lebewesen)

menneskelig [men^{e}ßg^{e}li] *adj* Menschen-, menschlich (Körper, Wesen usw.)

mens [menß] *conj* während

menses [menß^{e}ß] *u* Menstruation *w*, Monatsblutung *w*
menstruation [menßdruatschon] *u* Menstruation *w*, Monatsblutung *w*
mental [mentäl] *adj* mental, geistig, seelisch
menu [menü] *u* Menü *s*
menukort [menükood] *t* Speisekarte *w*
mere [meea] *adv* mehr, noch (ein Bier usw.)
messe [meß^{e}] *u* Messe *w*
messing [meßeng] *u* Messing *s*
mest [meßd] *adv* am meisten, meist, meistens; **for det meste** am meisten
mester [meßda] *u* **1** Meister *m* (Weltmeister usw.), Champion *m* **2** Meister *m in etw. Dat* (Könner)
mesterskab [meßdaßkäb] *t* Meisterschaft *w*
metal [metal] *t* Metall *s*
meter [meda] *u* Meter *m/s*
metode [metoodh^{e}] *u* Methode *w*
middag [meda] *u* **1** Mittag *m* **2** Abendessen *s*, Abendbrot *s* ► **spise ~** zu Abend essen
middel [midh^{e}l] *t* Mittel *s*; **midler** *Mz* Mittel *Mz* (finanzielle)
midlertidig [midhlatidhi] *adj* einstweilig, vorübergehend, provisorisch, vorläufig
midnat [midhnad] *u* Mitternacht *w*
midt [med] *prep* in der Mitte *etw. Gen*, mitten *in etw. Dat* (irgendwo)
midte [med^{e}] *u* **1** Mitte *w etw. Gen* **2** Zentrum *s* (Mitte) ► **i midten** *af ngt* in der Mitte *etw. Gen*, mitten *in etw. Dat* (räumlich)
midtergang [medagang] *u* Gang *m* (zwischen den Sitzen usw.)
midterst [medaßd] *adj* mittler(er,e,es) (Finger usw.)
midtpå [medpoo] *adv* inmitten, in der Mitte
mig [maj] *pron* mich
migræne [migreen^{e}] *u* Migräne *w*
mikrobølgeovn [mikroböl^{je}oun] *u* Mikrowelle *w* (Gerät), Mikrowellenherd *m*, Mikrowellengerät *s*, Mikrowellenofen *m*; **varme** *ngt* **op i mikrobølgeovnen** in der Mikrowelle aufwärmen *etw. Akk*
mikrofon [mikrofon] *u* Mikrofon *s*, Mikro *s*
mikse [megß^{e}] *v* mischen *etw. Akk*, vermischen *etw. Akk*, mischen (Getränk usw.), vermischen *etw. Akk mit etw.*
mil [mil] *u* Meile *w*
mild [mil] *adj* fade (Geschmack usw.), (SüD, ÖrD) fad, milde (gütig), sanft (Geschmack usw.)
militær [militea] *adj* militärisch, Militär-
miljø [miljö] *t* **1** Milieu *s* **2** Umwelt *w*
miljøvenlig [miljöwenli] *adj* umweltfreundlich
milliard [miliad] *u* Milliarde *w*
million [milion] *u* Million *w*
milt [mild] *u* Milz *w*
min, mit, mine *pron* mein, meine
minde [men^{e}] *t* **1** Erinnerung *w an j-n/etw.* **2** Andenken *s* (Souvenir) **3** Andenken *s*, Erinnerung *w* ♦ *v* **1** erinnern *j-n an etw. Akk* **2** erinnern *j-n an etw. Akk* (an Erlebnis usw.), erinnern *j-n an j-n/etw.* (Erinnerung wachrufen) **3** Erinnerungen hervorrufen *an etw. Akk*, erinnern *an etw. Akk* (evozieren usw.) ► **mindes** *ngn/ngt* denken *an j-n/etw.* (im Kopf haben)
mindes [men^{e}ß] *v* gedenken, sich erinnern *an j-n/etw.*
mindesmærke [men^{e}ßmäag^{e}] *t* Denkmal *s*
mindre [mendra] *adj* geringfügig (Verletzung usw.), kleiner (Bedeutung usw.) ♦ *adv* weniger (Maß usw.) ► **blive ~** weniger werden
mindreværdig [mendrawäadi] *adj* minderwertig
mindreårig [mendraoi] *adj* minderjährig
mindske [menßg^{e}] *v* reduzieren (Ausgaben usw.), sich verringern (Vorräte usw.)
mindst [menßd] *adv* **1** mindestens **2** am wenigsten
mindste [menßd^{e}] **den ~** geringst(er,e,es) (Wert usw.); **det ~** geringst(er,e,es) (Wert usw.); **i det ~** wenigstens
mine [miin^{e}] *u* Mine *w*, Grube *w* (Anlage), Bergwerk *s*
mineralvand [min^{e}ralwan] *t* Mineralwasser *s*
minimal [minimäl] *adj* minimal
minister [minißda] *u* Minister *m*
minoritet [minoaited] *u* Minderheit *w*, Minorität *w*
minus [miinuß] *adv* minus ♦ *t* minus, Minuszeichen *s*, Nachteil *m*
minut [menud] *t* Minute *w*
mirakel [mirag^{e}l] *t* Wunder *s*
misbrug [mißbru] *t* Missbrauch *m*
misbruge [mißbru^{e}] *v* missbrauchen *j-n/etw.* (Macht usw.)
misforstå [mißfaßdo] *v* missverstehen *etw. Akk*
misforståelse [mißfaßdo^{e}lß^{e}] *u* Missverständnis *s*
mishandle [mißhanl^{e}] *v* **1** misshandeln *j-n*, schlecht behandeln *j-n*, schlecht behandeln *j-n* (Tier usw.) **2** quälen (physisch)
misse [miß^{e}] *v* verpassen *etw. Akk* (Bus usw.)
mistanke [mißtangg^{e}] *u* Verdacht *m* ♦ *v* verdächtigen *j-n etw. Gen*

miste [meßd^{e}] *v* **1** verlieren *etw. Akk* (aus Unachtsamkeit) **2** verpassen *etw. Akk* (Bus usw.) ► **Jeg missede min bus.** Ich habe den Bus verpasst.

mistillid [mißtelidh] *u* Misstrauen *s*

mistroisk [mißtroißg] *adj* misstrauisch, ungläubig

mistænksom [mißteenggßam] *adj* **1** verdächtig **2** misstrauisch

mistænkt [mißtenggd] *adj* verdächtig *etw. Gen* (einer Tat usw.) ♦ *u* Verdächtige *m*

misundelig [mißon^{e}li] *adj* missgünstig, neidisch

mobil [mobil] *adj* **1** mobil **2** beweglich (transportierbar) ♦ *u* Handy *s*

mod [modh] *prep* **1** gegen *j-n/etw.* (wirken usw.) **2** auf (Richtung usw.), in, zu, nach (räumlich usw.) **3** entgegen *j-m/etw.* ♦ *t* Mut *m*, Tapferkeit *w* ► **beskytte** *ngn/ngt* ~ *ngt* schützen *j-n/etw.* gegen *etw.*

modbydelig [modhbüdh^{e}li] *adj* abscheulich, abstoßend (Geruch), eklig, ekelhaft

mode [moodh^{e}] *u* Mode *w*

model [model] *u* **1** Modell *s* **2** Muster *s* (Vorlage)

moden [modh^{e}n] *adj* reif

moder [moodha] *u* Mutter *w* (Frau)

moderat [mod^{e}rad] *adj* **1** mäßig **2** mäßig (im Essen usw.), enthaltsam **3** maßvoll, gemäßigt

moderne [modään^{e}] *adj* **1** modern (Frisur usw.), modisch, Mode- **2** aktuell, zeitgemäß (Technologie usw.), up to date, modern (Entwicklung usw.)

modig [moodhi] *adj* kühn, mutig, tapfer

modsat [modhßad] *adj* **1** gegenüberliegend, gegenüberstehend, umgekehrt, entgegengesetzt **2** gegensätzlich, gegenteilig (Meinung usw.), Gegen-

modsige [modhßi^{e}] *v* widersprechen *j-m/etw.* (Behauptung usw.)

modstand [modhßdan] *u* Widerstand *m* *gegen j-n/etw.* (Trotz)

modstander [modhßdana] *u* Gegner *m*, Opponent *m j-s/etw.*

modstå [modhßto] *v* widerstehen *etw. Dat*, sich sträuben *etw. Gen*, sich widersetzen *etw. Dat* (Änderung usw.)

modsætning [modhßedneng] *u* Gegensatz *m zu etw.*, Gegenteil *s von etw.*

modtage [modhtä] *v* **1** bekommen (geschenkt usw.), erhalten *etw. Akk* (Brief usw.) **2** annehmen *etw. Akk* (Angebot usw.) **3** empfangen *j-n* (Gäste usw.) **4** beziehen (Gehalt usw.) **5** aufnehmen *etw. Akk*

modtagelse [modhtäj^{e}lß^{e}] *u* Annahme *w*, Empfang *m* (von Ware usw.)

modtager [modhtäja] *u* **1** Empfänger *m etw. Gen* **2** Leistungsempfänger *m* **3** Empfänger *m* (Gerät)

modvilje [modhwilj^{e}] *u* **1** Widerwille *m gegen etw.* **2** Widerwille *m gegen j-n/etw.*, Abneigung *w gegen j-n/etw.*, Aversion *w gegen j-n/etw.* **3** Unwille *m*

modvillig [modhwili] *adv* ungern

mole [mool^{e}] *u* Mole *w* (im Hafen), Pier *m*, Kai *m*

moment [momend] *t* Moment *m*, Augenblick *m* (kurzer usw.), Weile *w*

moms [mamß] *u* Mehrwertsteuer *w*, MwSt.

monitor [manita] *u* Bildschirm *m*, Monitor *m*

monument [monumend] *t* Denkmal *s* ♦ *u* Monument *s*

mor [moa] *u* Mutter *w* (Frau), Mutti *w*

mord [moa] *t* Mord *m*

morder [moada] *u* Mörder *m*

morgen [mo-on] *u* Morgen *m*, Früh *w*; **i** ~ morgen; **om morgenen** morgens, am Morgen; **God** ~**.** Guten Morgen.

morgengry [mo-ongrü] *t* Tagesanbruch *m*, Morgendämmerung *w*, Dämmerung *w* (am Morgen)

morgenmad [mo-onmadh] *u* Frühstück *s*; **overnatning med** ~ Übernachtung mit Frühstück; **spise** ~ frühstücken

morsom [moaßam] *adj* **1** humorvoll, humorig, lustig (amüsant) **2** witzig, spaßig

mos [moß] *t* Moos *s* ♦ *u* Brei *m* (Gericht)

mose [mooß^{e}] *u* Sumpf *m*, Moor *s* ♦ *v* zerquetschen *etw. Akk*

moske [moßge] *u* Moschee *w*

moskito [moßgito] *u* Moskito *m*

moster [maßda] *u* Tante *w* (Schwester der Mutter)

motion [motschon] *u* Bewegung *w*

motionere [motschonea] *v* turnen

motiv [motiu] *t* Beweggrund *m*, Motiv *s* (Anlass)

motor [moota] *u* Motor *m*

motorcykel [mootaßüg^{e}l] *u* Motorrad *s*

motorhjelm [mootajelm] *u* Haube *w*, Motorhaube *w* (eines Autos)

motorvej [mootawaj] *u* Autobahn *w*, Schnellstraße *w*

moustache [mußdäätsch^{e}] *u* Schnurrbart *m*

mudder [mudha] *t* Schlamm *m*

mug [mog] *u* Schimmel *m*

mulig [muuli] *adj* **1** möglich **2** machbar (Lösung usw.) **3** möglich (potenziell), eventuell **4** erfüllbar (Traum usw.) ► **det er muligt** *at gøre ngt osv.* es ist möglich *etw. Akk* *zu tun*, es geht *etw. Akk zu tun*; **være ~** sich lassen (machen usw.), möglich sein

muliggøre [muuligöa] *v* **1** ermöglichen *(j-m) etw. Akk* **2** erlauben *j-m etw. Akk*

mulighed [muulihe~~dh~~] *u* Möglichkeit *w*, Auswahlmöglichkeit *w*

muligt [muulid] **gøre** *ngt ~ for ngn* ermöglichen *(j-m) etw. Akk*

muligvis [muuliwiß] *adv* möglicherweise, eventuell

multiplicere [multiplißea] *v* multiplizieren *etw. Akk mit etw.*, vervielfachen (Angebot usw.)

mund [mon] *u* Mund *m*

munding [moneng] *u* Mündung *w*

mundskyl [monßgöl] *t* Mundwasser *s*

mundtlig [mondli] *adj* mündlich (Prüfung usw.), umgangssprachlich, Gesprächs-

munter [monda] *adj* fröhlich (Natur usw.)

mur [mua] *u* Mauer *w*

mursten [muaßden] *u* Ziegel *m* (Baustein), Backstein *m*

mus [muß] *u* Maus *w*

museum [mußeeom] *t* Museum *s*

musical [mjuußikal] *u* Musical *s*

musik [mußig] *u* Musik *w*

musikalsk [mußikälßg] *adj* musikalisch

musiker [mußiga] *u* Musiker *m*

musikinstrument [mußigenßdrumend] *t* Musikinstrument *s*, Instrument *s* (Geige usw.)

muskel [mußg^{e}l] *u* Muskel *m*

muslim [mußlim] *u* Muslim *m*, Moslem *m*

musling [mußleng] *u* Muschel *w* (Tier)

myg [müg] *u* **1** Mücke *w* **2** Moskito *m*

myldretid [mülrati~~dh~~] *u* Stoßzeit *w*

myndig [möndi] *adj* **1** volljährig **2** handlungsfähig, geschäftsfähig, mündig (Wähler usw.)

myndigheder [möndihe~~dh~~a] *Mz* Behörden *w Mz*

mynte [mönd^{e}] *u* Minze *w*

myrde [müad^{e}] *v* ermorden *j-n*

myre [müüa] *u* Ameise *w*

mysterium [müßdeajom] *t* Mysterium *s* (Rätsel), Rätsel *s* (Geheimnis)

mysteriøs [müßdeaiöß] *adj* geheimnisvoll, rätselhaft

mægtig [megdi] *adj* mächtig (groß), gewaltig (Welle usw.)

mælk [melg] *u* Milch *w*

mængde [mengd^{e}] *u* **1** Menge *w*, Quantität *w* **2** Masse *w* (große Menge) **3** Menge *w* (von Elementen)

mærkbar [mäagba] *adj* **1** merklich **2** spürbar, empfindlich (Verlust usw.)

mærke [mäag^{e}] *t* **1** Kennzeichen *s*, Zeichen *s* (zum Unterscheiden), Kennzeichnung *w*, Marke *w* (Zeichen usw.) **2** Marke *w* (Ware) **3** Abzeichen *s* ♦ *v* **1** bezeichnen *etw. Akk mit etw.*, markieren *etw. Akk mit etw.* **2** anstreichen (Fehler usw.) **3** kennzeichnen (mit einem Brandzeichen) ► **blåt ~** ein blauer Fleck; **lægge ~ til** *ngn/ngt* erblicken *j-n/etw.*; **lægge ~ til** *ngt* aufpassen *auf etw. Akk*, bemerken *j-n/etw.* (sehen usw.), merken *j-n/etw.*; **lægge ~** *til ngn/ngt* achten *auf j-n/etw.*, beachten *etw. Akk* (Aufmerksamkeit widmen); **sætte ~ på** markieren *etw. Akk mit etw.*

mærkelig [mäag^{e}li] *adj* merkwürdig, seltsam, sonderbar

mæt [med] *adj* **1** satt (nicht hungrig) **2** sättigend ♦ *adv* nach Herzenslust

møbel [möb^{e}l] *u* Möbel *s Mz*; **møbler** Einrichtung *w* (Möbel usw.)

møde [möö~~dh~~^{e}] *t* **1** Begegnung *w* **2** Meeting *s* **3** Besprechung *w*, Verabredung *w mit j-m*, Termin *m mit j-m* (bei Arzt usw.) **4** Sitzung *w* (eines Gerichts usw.), Tagung *w* ♦ *v* **1** treffen *j-n*, begegnen *j-m* **2** stoßen *auf etw. Akk* (Probleme usw.) **3** kennenlernen *j-n* (neue Freunde usw.) **4** aufeinandertreffen ► **aftale et ~** *med ngn* sich verabreden *mit j-m*; **gå** *ngn/ngt* **i ~** entgegengehen *j-m irgendwohin*; **have ~** sich treffen *mit j-m*; **~ op** erscheinen; **Det glæder mig at ~ Dem.** Freut mich.

mødes [möö~~dh~~^{e}ß] *v* **1** sich treffen *mit j-m*, zusammentreffen *mit j-m*, begegnen *j-m* **2** zusammenkommen, sich versammeln

møg [maj] *t* Dreck *m*, Mist *m* (Schmutz usw.), Kot *m*, Dung *m*

mølle [möl^{e}] *u* Mühle *w* (Anlage)

mønster [mönßda] *t* Modell *s* (Grundlage usw.), Vorlage *w* (zum Zeichnen usw.), Muster *s* (Entwurf), Muster *s an etw. Dat* (Vorbild)

mønt [mönd] *u* Münze *w*

møntvask [möndwaßg] *u* Waschsalon *m*

mørk [möag] *adj* **1** dunkel, dunkelfarbig, dunkelfarben, düster (Raum usw.) **2** dunkel (wenig beleuchtet)

mørke [möag^{e}] *t* Dunkelheit *w*, Finsternis *w*

mørkhåret [möaghaaa~~dh~~] *adj* dunkelhaarig

mørkt [möagd] *adv* dunkel

måde [moo~~dh~~^{e}] *u* Art *w* (einer Tätigkeit usw.), Weise *w* (Methode usw.); **i lige ~** gleichfalls; **på denne ~** so (auf diese Weise); **på en eller anden ~** irgendwie (auf irgendeine Weise); **på ingen ~** keineswegs; **på samme ~** ebenso, genauso

måge [moou^{e}] *u* Möwe *w*

mål [mol] *t* **1** Ziel *s* **2** Maß *s* (Größe) **3** Tor *s* (Treffer) **4** Tor *s* (im Fußball usw.) **5** Zielscheibe *w*, Schießscheibe *w* ► **tage ~** messen *j-n/etw.* (Größe bestimmen)

måle [mool^{e}] *v* **1** messen *j-n/etw.* (Größe bestimmen) **2** messen *wie viel* (Größe haben) ► **kunne ~ sig med** *ngn/ngt* gleichkommen *j-m/etw.*; **kunne ~ sig med** *ngt* gleichkommen können *j-m/etw.*, zu vergleichen sein *mit etw.*

målestok [mool^{e}ßdag] *u* Maßstab *m*

målmand [moolman] *u* Torwart *m*

måltid [mooltidh] *t* Gericht *s*, Speise *w*, Mahlzeit *w* (warme usw.)

måne [moon^{e}] *u* Glatze *w*, Mond *m*

måned [moon^{e}dh] *u* Monat *m*

månedlig [moon^{e}dhli] *adj* monatlich (Zahlung usw.)

månedskort [moon^{e}dhßkood] *t* Dauerkarte *w* (Fahrkarte usw.)

måske [moßg^{e}] *adv* **1** möglicherweise, vielleicht **2** möglicherweise, eventuell **3** angeblich

måtte [mad^{e}] *v* **1** müssen *etw. Akk tun*, verpflichtet sein *etw. Akk zu tun*, müssen *etw. Akk tun* (Pflicht haben) **2** sollen, haben *+ zu + Inf.* **3** dürfen ♦ *u* **1** Unterlage *w* (Polster usw.) **2** Matte *w* (zum Turnen) ► **ikke ~** nicht dürfen

N

nabo [nääbo] *u* Nachbar *m*; **være ~ til** *ngn/ngt* anliegen *etw. Dat* (benachbart sein)

naiv [naiu] *adj* naiv

nakke [nag^{e}] *u* **1** Hals *m* (Körperteil) **2** Nacken *m* **3** Genick *s*, Nacken *m*

narkotikum [nakotikom] *t* Droge *w*, Narkotikum *s* (Narkosemittel)

narre [naaa] *v* **1** einreden *j-m etw. Akk* (Lügen usw.) **2** betrügen *j-n*

nat [nad] *u* Nacht *w*; **i nattens løb** über Nacht; **natten over** über Nacht; **God ~!** Gute Nacht!

nation [natschon] *u* Volk *s*, Nation *w*

national [natschonäl] *adj* national, National-

nationalitet [natschonalited] *u* Nationalität *w*

nationalsang [natschonälßang] *u* Hymne *w*

natlogi [nadlotschi] *t* Unterkunft *w* (Raum usw.), Übernachtung *w*

natron [näätran] *t* Natron *s*, Speisesoda *w*

natur [natua] *u* **1** Natur *w* **2** Wesen *s* (Charakter)

naturlig [natuali] *adj* **1** natürlich (Tod usw.) **2** Natur-, natürlich

naturligvis [natualiwiß] *adv* auf jeden Fall, selbstverständlich

navigation [nawigatschon] *u* Navigation *w*

navle [naul^{e}] *u* Nabel *m*

navn [naun] *t* Name *m*; **give ~** nennen *j-n/etw. irgendwie* (einen Namen geben), benennen *j-n irgendwie* (Kind usw.); **Mit ~ er...** Ich heiße...

navneskilt [naun^{e}ßgeld] *t* **1** Namensschild *s* **2** Anhänger *m* (mit einer Adresse usw.)

navnlig [naunli] *adv* besonders, vor allem

ned [nedh] *adv* herunter (zum Sprecher), hinunter (von Sprecher), nach unten, abwärts

nedad [nedhadh] *adv* bergab

nedbør [nedhböa] *u* Niederschläge *w Mz*

neddyppe [nedhdöb^{e}] *v* eintauchen *etw. Akk in etw. Akk*, tauchen *etw. Akk in etw. Akk*

nede [needh^{e}] *adv* unten ♦ *prep* unterhalb

nedenfor [needh^{e}nfa] *adv* unten (im Text usw.)

nedenfra [needh^{e}nfra] *adv* von unten

nederdel [nedhadel] *u* Rock *m*

nederlag [nedhaläj] *t* Niederlage *w*

nedgang [nedhgang] *u* **1** Rückgang *m an etw. Dat*, Sturz *m* (Machtverlust usw.), Fall *m* **2** Abnahme *w etw. Gen* (der Intensität usw.)

nedre [nedhra] *adj* unter(er,e,es)

nedsætte [nedhßed^{e}] *v* **1** verringern *etw. Akk* (Menge usw.), senken *etw. Akk* (Summe usw.), herabsetzen *etw. Akk* (Kosten usw.) **2** einrichten, bilden (Ausschuss usw.), gründen (Kommission) **3** vermindern *etw. Akk* ► **~ pris** ermäßigen *etw. Akk*, verbilligen *etw. Akk*

negativ [negatiu] *adj* negativ ♦ *t* **1** Negativ *s* **2** Negation *w* (Verneinung)

negl [najl] *u* Nagel *m* (Fingernagel)

neglelak [najl^{e}lag] *u* Nagellack *m*

nej [naj] *interj* nein, (ugs.) nee ♦ *part* nein

nektarin [negtarin] *u* Nektarine *w*

nemlig [nemli] *adv* **1** und zwar **2** nämlich ♦ *conj* nämlich

nemt [nemd] *adv* leicht (einfach); **Det er ~ at reparere.** Das lässt sich leicht reparieren.

neopren [neopren] *t* Neopren ® *s* ♦ *u* Neoprenanzug *m*

nerve [nääw^{e}] *u* Nerv *m*; **nerver** Nerven *m Mz* (System)

nervøs [näawöß] *adj* nervös *wegen etw.*

net [ned] *t* Netz *s* (Fischernetz usw.)

netop [nedab] *adv* **1** gerade (ausgerechnet usw.) **2** genau (richtig) **3** akkurat, genau

netværk [nedwääg] *t* Netz *s* (Struktur)

neutral [neutral] *adj* neutral, sächlich (Neutrum)

nevø [newö] *u* Neffe *m*
ni [ni] *num* neun
niece [nieeße] *u* Nichte *w*
niende [niene] *num* neunt(er,e,es)
nikke [nege] *v* nicken (mit Kopf), zustimmend nicken
nitten [neden] *num* neunzehn
niveau [niwo] *t* Niveau *s*
node [noo~~dh~~e] *u* Note *w* (Notenzeichen)
nogen [noen] *pron* einig(er,e,es), manch (unbestimmte Menge), irgendein, irgendjemand; **slet ikke ~** kein einziger
noget [nooe~~dh~~] *pron* etwas, irgendetwas, irgendwas; **Det gør ikke ~.** (Das) Macht nichts!
nok [nag] *adv* genug (ausreichend); **være ~** genügen, reichen (Menge usw.); **Er det ~?** Ist das genug?
nord [noa] *t* Norden *m*
nordlig [noali] *adj* Nord-, nördlich
normal [nomäl] *adj* normal ♦ *u* Normalzustand *m*
notar [nota] *u* Notar *m*
notarius publicus *u* Notar *m*
note [noode] *u* Bemerkung *w* (schriftlich), Notiz *w*
notere [notea] *v* aufzeichnen, notieren, notieren *etw. Akk*, aufschreiben *etw. Akk*
notesblok [noodeßblag] *u* Block *m* (Heft usw.), Notizblock *m*, Papierblock *m*
november [nowemba] *u* November *m*
nu [nu] *adv* jetzt, nun; **lige ~** gerade, momentan, zurzeit, gegenwärtig
nuance [nüangße] *u* Farbton *m*, Tönung *w* (einer Farbe)
nudler [nu~~dh~~a] *u Mz* Nudeln *w Mz*
nul [nol] *t* Null *w*
nummer [noma] *t* **1** Zahl *w* (Zahlwort usw.), Nummer *w* (zwei usw.) **2** Nummer *w* (Schuhe usw.) **3** Nummer *w* (Zeitschrift usw.)
nummerplade [nomaplää~~dh~~e] *u* **1** Nummernschild *s* (Kfz) **2** Kraftfahrzeugkennzeichen *s*, Autonummer *w*, Autokennzeichen *s*
nutid [nuti~~dh~~] *u* Gegenwart *w*
nuværende [nuweane] *adj* bestehend, gegenwärtig, bisherig, jetzig
ny [nü] *adj* neu
nyde [nüü~~dh~~e] *v* **1** genießen *etw. Akk* (erleben) **2** genießen, genießen *etw. Akk* (Speise, Getränk) **3** genießen *etw. Akk* (Anblick), sich ergötzen *an etw. Dat* (an Anblick) **4** Spaß machen *j-m etw. Nom* ► **~ godt af** *ngt* Nutzen haben *von etw.*
nydelig [nüü~~dh~~eli] *adj* entzückend, niedlich, süß, gepflegt (sauber usw.)
nyeste [nüeßde] *adj* neuest(er,e,es) (Nachricht usw.)
nyhed [nühe~~dh~~] *u* **1** Nachricht *w*, Neuigkeit *w* (Auskunft usw.) **2** Neuheit *w* **3** Neuheit *w*, Novum *s* **4** ***nyheder*** Nachrichten *w Mz* (im Fernsehen usw.) **5** ***nyheder*** Nachrichten *w Mz* (im Fernsehen usw.)
nylig [nüüli] *adj* neuest(er,e,es); **for ~** vor kurzem, kürzlich, neulich, neuerdings
nyre [nüüa] *u* Niere *w*
nyse [nüüße] *v* niesen
nysgerrig [nüßgäai] *adj* **1** neugierig **2** wissbegierig **3** naseweis, vorwitzig
nyt [nüd] *adv* neu (anders usw.)
nytte [nöde] *u* Nutzen *m von etw.*, Nützlichkeit *w* ♦ *v* Dienste leisten *j-m/etw.*, nutzen *j-m* (Nutzen bringen) ► **drage ~ af** *ngt* Nutzen ziehen *aus etw.*; **have ~ af** *ngt* Nutzen haben *von etw.*
nyttig [nödi] *adj* effektiv, nützlich, hilfreich (Tipp usw.); **være ~** gelegen kommen *j-m etw. Nom*
nytårsdag [nüdoßdä] *u* Neujahr *s*
nægte [negde] *v* **1** leugnen **2** verweigern *j-m etw. Akk*, vorenthalten *j-m etw. Akk*, absprechen *j-m etw. Akk*
næppe [nebe] *adv* kaum
nær [nea] *adj* nahe (nicht weit entfernt) ♦ *adv* nahe (nicht weit entfernt) ► **på nært hold** aus der Nähe *w*
nærhed [neahe~~dh~~] *u* Nähe *w*; **i nærheden** nahe (nicht weit entfernt); **i nærheden af** nahe (nicht weit entfernt), nahe *etw. Dat* (in der Nähe)
nærig [neeai] *adj* geizig
næring [neeaeng] *u* Nahrung *w*
nærliggende [nealegene] *adj* **1** nahe, nicht weit **2** anliegend, angrenzend
nærmere [näamaa] *adj* **1** näher (liegend) **2** näher (Erklärung usw.), ausführlich ♦ *adv* **1** näher (gehen usw.) **2** näher (beschreiben usw.) ► **flytte** *ngt* **~** nähern *j-m etw. Akk*
nærme sig *v* **1** sich annähern *j-m/etw.*, herankommen *an j-n/etw.* **2** sich nähern *j-m/etw.* **3** bevorstehen **4** sich neigen (zu Ende gehen)
nærmest [näameßd] *adj* nächst(er,e,es) (in der Nähe), nächstliegend
nært [nead] *adv* nahe, nahebei
nærværelse [neawealße] *u* Anwesenheit *w von j-m*
næse [neeße] *u* Nase *w*
næste [neßde] *adj* nächst(er,e,es); **~ gang** das nächste Mal
næsten [neßden] *adv* beinahe, fast, nahezu
næstsidste [neßdßißd] *adj* vorletzt(er,e,es)
næve [neewe] *u* Faust *w*
nævne [neune] *v* erwähnen *j-n/etw.*

nød [nö~~dh~~] *u* 1 Nuss *w* 2 Not *w*, Notlage *w*, Notfall *m* ► **være ~ til** verpflichtet sein *etw. Akk zu tun*, müssen *etw. Akk tun* (Pflicht haben); **være/blive nødt til** müssen *etw. Akk tun*

nødlanding [nö~~dh~~laneng] *u* Notlandung *w*

nødsituation [nö~~dh~~ßiduatschon] *u* Not *w*, Notlage *w*, Notfall *m*

nødstilfælde [nö~~dh~~ßtelfele] *t* Not *w*, Notlage *w*, Notfall *m*

nødudgang [nö~~dh~~u~~dh~~gang] *u* Notausgang *m*

nødvendig [nö~~dh~~wendi] *adj* erforderlich, notwendig, nötig, unentbehrlich; **hvis (det bliver) nødvendigt** wenn notwendig, gegebenenfalls; **være ~** notwendig sein; **Det er ikke nødvendigt.** Das ist nicht nötig.

nødvendigvis [nö~~dh~~wendiwiß] *adv* 1 notwendig, notwendigerweise, unausweichlich 2 gesetzmäßig

nøgen [najen] *adj* kahl, nackt (Stelle usw.)

nøgle [najle] *u* 1 Schlüssel *m* (zum Schließen) 2 Schraubenschlüssel *m* 3 Schlüssel *m zu etw.* (Lösung) ♦ *t* Knäuel *m*

nøgleord [najleoa] *t* Hinweis *m* (Rat usw.)

nøjagtig [najagdi] *adj* exakt, treu (genau), getreu ♦ *adv* genau (richtig)

nøje [naje] **undersøge** *ngt* ~ durchgehen *etw. Akk* (lesen usw.)

nøjsomt [najßamd] *adv* sparsam

nøle [nööle] *v* trödeln (schlendern), zaudern, zögern

nå [na] *v* 1 erreichen *etw. Akk* (berühren) 2 kommen *irgendwohin* (gelangen) 3 erreichen *etw. Akk* (Niveau usw.) 4 schaffen *etw. Akk*, schaffen (rechtzeitig machen) 5 einholen *j-n* 6 anlaufen (Schiff) ♦ *part* na ► **ikke ~** verpassen *etw. Akk* (Bus usw.)

nål [nol] *u* 1 Nadel *w* (Nähnadel) 2 Nadeln *w Mz*

når [no] *adv* wenn (in dem Moment) ♦ *conj* als (Gleichzeitigkeit), wenn (Bedingung) ► **~ som helst** jedes Mal wenn

O

objektiv [abjegtiu] *adj* objektiv ♦ *t* Objektiv *s*

obligatorisk [obligatoaißg] *adj* obligat, Pflicht- ♦ *adv* obligatorisch

observant [abßäawand] *adj* 1 aufmerksam, wachsam 2 einfühlsam, aufmerksam

observatorium [abßäawatoajom] *t* 1 Sternwarte *w* 2 Aussichtsturm *m*

observere [abßäawea] *v* 1 beobachten *j-n/etw.* (um zu lernen usw.) 2 bemerken *j-n/etw.* (sehen usw.), merken *j-n/etw.*

ocean [oßeän] *t* Ozean *m*

offentlig [afendli] *adj* öffentlich

offentliggøre [afendligööa] *v* 1 veröffentlichen *etw. Akk* 2 herausgeben (Anordnung usw.) 3 promulgieren (öffentlich bekannt geben) 4 Werbung machen *für etw.* (durch Publizierung)

offer [afa] *t* 1 Opfer *s etw. Gen* (Geschädigte) 2 Opfer *s* (an die Götter usw.), Opfergabe *w* 3 Opfergabe *w*, Opfer *s* (an die Götter usw.)

officiel [afitschel] *adj* amtlich, behördlich, offiziell

ofte [afde] *adv* oft

og [a] *conj* 1 und 2 auch ► **af ~ til** ab und zu; **~ også** auch

også [aße] *adv* auch, ebenfalls

o.k. **okay** okay; **Okay så.** Also gut.; **Okay?** Einverstanden?

okse [agße] *u* Ochse *m*, Rind *s* (Büffel usw.)

oksekød [agßekö~~dh~~] *t* Rindfleisch *s*

oktober [ogtoba] *u* Oktober *m*

olie [olje] *u* Öl *s* (Flüssigkeit)

oliven [oliwen] *u* Olive *w*

om [am] *prep* 1 über *etw. Akk* (sprechen usw.), von *etw.* (reden, hören usw.), um *etw.* (sich handeln usw.) 2 in (Dauer) ♦ *conj* ob ► **~ aftenen** abends; **~ dagen** tags, während des Tages; **~ mandagen/tirsdagen** am Montag/Dienstag

ombordstigning [amboaßdiineng] *u* Einstieg *m*

ombytning [ambüdneng] *u* Austausch *m*

omdømme [amdöme] *t* Reputation *w*, Ruf *m* (guter usw.)

omelet [omeled] *u* Omelett *s*, (ÖrD, SwD) Omelette *w*

omfang [amfang] *t* 1 Umfang *m etw. Gen* (eines Grundstücks usw.) 2 Spannweite *w* 3 Umfang *m etw. Gen* (einer Maßnahme usw.) 4 Rahmen *m* (einer Tätigkeit usw.)

omfangsrigt [amfangßred] *adv* umfangreich, umfassend

omfartsvej [amfaadßwaj] *u* Ringstraße *w*, Umgehungsstraße *w*

omfatte [amfade] *v* 1 einschließen *etw. Akk* (in sich usw.), einbegreifen *etw. Akk* 2 umfassen (inhaltlich) 3 zählen (Anzahl haben)

omfattende [amfadene] *adj* 1 umfangreich, umfassend (Dokument usw.) 2 weitreichend, weitgreifend 3 umfassend (vollständig)

omfavne [amfaune] *v* 1 umarmen *j-n* 2 *j-n/etw.* in die Arme nehmen 3 liebkosen *j-n* 4 sich anschmiegen *an j-n*, sich kuscheln *an j-n*

omgivelser [amgiwelßa] *Mz* Umgebung *w etw. Gen*

omgå [amgo] *v* umgehen *etw. Akk* (Regeln usw.)

omgående [amgoene] *adj* sofortig ♦ *adv* **1** sofort, umgehend **2** direkt (sofort)

omhegning [amhajneng] *u* Zaun *m*

omhyggelig [amhügeli] *adj* sorgfältig

omklædningsrum [amkle~~dh~~nengßrom] *t* Ankleideraum *m*, Kabine *w* (zum Umkleiden usw.)

omkostninger [amkaßdnenga] *u Mz* Ausgaben *w Mz für etw.*, Aufwand *m für etw.*

omkreds [amkreß] *u* **1** Umfang *m* (Kugelumfang usw.) **2** Umkreis *m*

omkring [amkreng] *adv* rings, ringsherum ♦ *prep* **1** um *etw. Akk* (räumlich) **2** gegen (Menge), ungefähr

omkørsel [amköaßel] *u* Umleitung *w*

omregne [amrajne] *v* umrechnen *etw. Akk in etw. Akk*, konvertieren *etw. Akk in etw. Akk* (Währung usw.)

område [amroo~~dh~~e] *t* **1** Gebiet *s*, Gegend *w* (Region) **2** Bereich *m* (thematischer usw.), Gebiet *s* (einer Tätigkeit usw.), Sphäre *w* **3** Raum *m* (Gebiet) **4** Zweig *m* (Abteilung usw.)

områdenummer [amroo~~dh~~enoma] *t* Vorwahl *w* (Nummer)

omsider [amßi~~dh~~a] *adv* schließlich

omskrive [amßgriiwe] *v* abschreiben (noch einmal usw.)

omslag [amßläj] *t* Umschlag *m* (zu Heilzwecken) ♦ *u* Schutzumschlag *m* (eines Buches), Buchhülle *w*

omstigning [amßdineng] *u* Umsteigen *s*

omstilling [amßdeleng] *u* Zentrale *w* (Telefonzentrale)

omstyrte [amßdüade] *v* umkehren *etw. Akk* (ins Gegenteil)

omstændighed [amßdendihe~~dh~~] *u* Umstand *m*

omtale [amtääle] *u* Erwähnung *w etw. Gen* ♦ *v* erwähnen *etw. Akk* (Quelle usw.), erwähnen *j-n/etw.*

omtrent [amtrand] *adv* ungefähr, etwa, mehr oder minder

omtrentlig [amtrandli] *adj* ungefähr, annähernd

omvej [amwaj] *u* Umweg *m*

omvendt [amwend] *adj* **1** umgekehrt **2** umgedreht, überschlagen (Auto usw.), gekentert (Boot) ♦ *adv* **1** umgekehrt **2** verkehrt herum (mit dem Kopf nach unten)

ond [on] *adj* **1** böse (Mensch, Charakter usw.) **2** unfreundlich, unangenehm (Mensch usw.) ► **være ~** *mod ngn* unangenehm sein *j-m gegenüber*

onkel [onggel] *u* Onkel *m*

onsdag [onßda] *u* Mittwoch *m*

op [ab] *adv* aufwärts; **gå ~** steigen (Flugzeug usw.); **~ til** bis zu/an/über

opad [abä] *adv* aufwärts, hinauf

opbevare [abbewaaa] *v* aufbewahren, lagern *etw. Akk irgendwohin*, speichern *etw. Akk irgendwohin* (Vorräte usw.)

opbevaring [abbewaeng] *u* Aufbewahrung *w* (Aufbewahren), Lagerung *w*

opbevaringsrum [abbewaengßrom] *t* Aufbewahrung *w* (Schalter), Gepäckaufbewahrung *w* (Stelle)

opbruge [abbrue] *v* aufzehren *etw. Akk*, verbrauchen *etw. Akk* (Benzin, Zeit usw.)

opdage [abdäje] *v* **1** entdecken *etw. Akk* (Kontinent usw.) **2** entdecken *j-n/etw.* **3** detektieren (ermitteln)

opdagelse [abdäjelße] *u* Detektion *w* (Feststellung), Entdeckung *w*

opdele [abdele] *v* einteilen *etw. Akk in etw. Akk* (in Stücke)

opdrage [abdraue] *v* erziehen *j-n*

opdragelse [abdrauelße] *u* Erziehung *w*

opdrætte [abdrade] *v* halten *etw. Akk* (Haustier usw.)

opera [obera] *u* Oper *w*

operation [oberatschon] *u* **1** Operation *w* (chirurgische usw.) **2** Schritt *m* (Handlung)

operatør [oberatöa] *u* **1** Telefonist *m* **2** Betreiber *m etw. Gen* (eines Unternehmens usw.)

opfattelse [abfadelße] *u* **1** Verständnis *s* (eines Textes usw.) **2** Auffassung *w von etw.* **3** Ansicht *w von etw., über etw. Akk* (Meinung)

opfinde [abfene] *v* **1** erfinden *etw. Akk* (Glühbirne usw.) **2** sich ausdenken *etw. Akk* (Ausrede usw.)

opfindelse [abfenelße] *u* Erfindung *w* (Gerät usw.)

opfordre [abfadra] *v* auffordern *j-n zu etw.*, mahnen *j-n zu etw.*

opførelse [abföalße] *u* **1** Vorstellung *w* (Aufführung), Aufführung *w* (Theaterstück) **2** Aufbau *m etw. Gen* (Errichtung)

opføre sig *v* sich benehmen, sich verhalten, vorgehen

opførsel [abföaßel] *u* **1** Verhalten *s*, Benehmen *s* **2** Auftreten *s* (Benehmen)

opgave [abgääwe] *u* Aufgabe *w* (Pflicht usw.), Berufung *w* (innere Bestimmung), Vergabe *w*

opgive [abgi] *v* aufgeben *etw. Akk* (Anstrengungen usw.)

ophavsmand [abhaußman] *u* Autor *m*, Urheber *m*

ophidse [abhiße] *v* aufhetzen, erregen *j-n* (emotional), wütend machen *j-n*

ophold [abhal] *t* Aufenthalt *m*

opholde [abhal^{e}] *v* verzögern *j-n/etw.*; **blive opholdt** aufgehalten werden (länger bleiben müssen)

opholde sig *v* sich aufhalten, verweilen, wohnen *irgendwo* (vorübergehend)

opholdsstue [abhalßduu^{e}] *u* Wohnzimmer *s*

ophæve [abhew^{e}] *v* **1** annullieren **2** abschaffen *etw. Akk* **3** aufheben (Gültigkeit usw.)

ophøre [abhöa] *v* **1** aufhören (Regen usw.) **2** vergehen (Empfindung usw.) **3** vergehen (Empfindung) ► **høre op** *med ngt* aufhören *mit etw.*; **~ med at eksistere** untergehen (zugrunde gehen)

opkalde [abkal^{e}] *v* nennen *j-n/etw. irgendwie* (einen Namen geben), benennen *j-n irgendwie* (Kind usw.)

opklare [abklaaa] *v* klarstellen *etw. Akk*, klären *etw. Akk*

oplade [ablä~~dh~~^{e}] *v* aufladen (Batterie usw.), laden (Waffe)

oplader [ablä~~dh~~a] *u* Ladegerät *s*

opleve [ablew^{e}] *v* erleben *etw. Akk*

oplevelse [ablew^{e}lß^{e}] *u* Erlebnis *s*

oplukker [abloga] *u* Öffner *m*

oplyse [ablüß^{e}] *v* informieren *j-n über etw. Akk*, verständigen *j-n von etw.*

oplæring [ableeaeng] *u* Ausbildung *w*, Training *s*

opløses [ablöß^{e}ß] *v* tauen, schmelzen, abschmelzen (zergehen)

opløsning [ablößneng] *u* Auflösung *w* (des Bildschirms usw.), Lösung *w* (Flüssigkeit), Zerfall *m*; **gå i ~** sich zerlegen, zerfallen, sich zersetzen

opmærksom [abmäagßam] *adj* **1** aufmerksam **2** aufmerksam, wachsam **3** einfühlsam, aufmerksam ► **gøre ~** *på ngt* aufmerksam machen *j-n auf etw. Akk*; **være ~** *på ngt* aufpassen *auf etw. Akk*

opmærksomhed [abmäpajgßamhe~~dh~~] *u* Aufmerksamkeit *w*; **bortlede opmærksomheden** *j-s* Aufmerksamkeit ablenken; **en (lille) ~** eine kleine Aufmerksamkeit; **vise ~** Aufmerksamkeit widmen *j-m/etw.*

opnå [abno] *v* **1** gewinnen *etw. Akk* **2** erlangen *etw. Akk* **3** erreichen *etw. Akk* (realisieren) **4** erringen *etw. Akk*

opnåelig [abno^{e}li] *adj* realisierbar (Plan usw.)

oppe [ab^{e}] *adv* oben ► **være ~** auf sein

opponere [oponea] *v* sich stellen *j-m* (widersprechen), sich widersetzen *j-m*

opposition [oboßitschon] *u* Opposition *w*

opredning [abre~~dh~~neng] *u* Aufbettung *w*

opregne [abrajn^{e}] *v* nennen (namentlich), aufzählen

oprejst [abrajßd] *adj* aufgerichtet, aufrecht (Stellung usw.) ♦ *adv* gerade, aufrecht (sitzen usw.)

opret [abrad] *adj* aufgerichtet, aufrecht (Stellung usw.) ♦ *adv* gerade, aufrecht (sitzen usw.), senkrecht

opretholde [abradhal^{e}] *v* **1** erhalten (Entwicklung usw.) **2** aufrechterhalten (weiterhin fortsetzen) **3** bleiben *irgendwo*

oprette [abrad^{e}] *v* einrichten, bilden (Ausschuss usw.), gründen (Kommission), errichten

oprigtig [abregdi] *adj* aufrichtig, ehrlich (offen), geradlinig (Mensch usw.), direkt (Person)

oprindelig [abren^{e}li] *adj* Ur-, ursprünglich

oprindelse [abren^{e}lß^{e}] *u* Ursprung *m*, Herkunft *w*

oprøre [abröa] *v* **1** aufregen *j-n* (aus der Fassung bringen) **2** erschüttern *j-n* (schockieren usw.), bestürzen *j-n*

opsige [abßi^{e}] *v* **1** entlassen *j-n* (Arbeiter usw.) **2** seine Stelle aufgeben **3** kündigen *etw. Akk*

opskrift [abßgrefd] *u* **1** Rezept *s für etw.* (Gericht) **2** Rezeptur *w*

opslag [abßläj] *t* Hinweis *m* (Warnung usw.)

opspind [abßbend] *t* Erfindung *w* (Erdichtung)

opstå [abßdo] *v* **1** entspringen (Fluss usw.) **2** wachsen (entstehen) **3** entstehen **4** ausbrechen (Panik usw.)

opsummering [abßumeaeng] *u* Zusammenfassung *w*

optage [abtä] *v* **1** einnehmen (Raum) **2** in Anspruch nehmen (Zeit) **3** aufnehmen (Studenten usw.), annehmen (Mitglied usw.) **4** aufnehmen *etw. Akk* (Musik usw.)

optagelse [abtäj^{e}lß^{e}] *u* **1** Aufzeichnung *w* **2** Aufnahme *w* (in Verein usw.)

optik [abtig] *u* Optik *w*

optiker [abtiga] *u* Optiker *m*, Optikergeschäft *s*

optog [abtou] *t* Umzug *m* (Parade usw.)

optræde [abtre~~dh~~^{e}] *v* auftreten *in etw. Dat*, spielen (im Theater usw.)

optøjer [abtaja] *Mz* Krawalle *m Mz*, Unruhen *w Mz* (Arbeiterunruhen usw.)

opvarme [abwam^{e}] *v* aufwärmen *etw. Akk* (Essen), wärmen *etw. Akk* (warm machen)

opvarmning [abwamneng] *u* **1** Heizung *w* **2** Erwärmung *w* **3** Aufwärmen *s* (Übung usw.)

opvaskemaskine [abwaßg^{e}maßgiin^{e}] *u* Spülmaschine *w*

orange [orangtsch^{e}] *adj* orange

ord [oa] *t* Wort *s*

ordbog [oabou] *u* Wörterbuch *s*

orden [od^{e}n] *u* **1** Ordnung *w* (Harmonie) **2** Folge *w*, Reihenfolge *w* **3** Ordnung *w* (Verkehrsordnung usw.) **4** Orden *m* (Gemeinschaft) **5** Orden *m* (Ehrenzeichen) ► **bringe** *ngt* **i ~** in Ordnung bringen *etw. Akk*; **i ~.** Also gut.

ordentlig [od^{e}nli] *adj* **1** ordentlich (angemessen), richtig (entsprechend usw.) **2** anständig **3** ordentlich (Leben usw.) ► **ordentligt** ordentlich, richtig (viel)

ordforråd [oafaro~~dh~~] *t* Wortschatz *m*

ordinær [odinea] *adj* **1** gewöhnlich (normal usw.) **2** gewöhnlich, einfach **3** nullachtfünfzehn

ordne [oodn^{e}] *v* **1** ordnen *etw. Akk*, anordnen *etw. Akk* **2** herrichten **3** schlichten *etw. Akk* (Streit usw.) **4** in Ordnung bringen *etw. Akk*

ordre [odra] *u* Anweisung *w* (Befehl), Auftrag *m* (Bestellung), Befehl *m* (militärischer usw.)

organ [ogän] *t* Organ *s*

organisator [oganißäata] *u* Veranstalter *m*

organisere [oganißea] *v* **1** veranstalten *etw. Akk* **2** organisieren *etw. Akk* (Veranstaltung usw.), veranstalten *etw. Akk* **3** organisieren (sorgfältig)

orgasme [ogaßm^{e}] *u* Orgasmus *m*

orgel [ou^{e}l] *t* Orgel *w*

orientere sig *v* einen (guten) Überblick *über etw. Akk* haben, sich orientieren

original [oiginäl] *adj* original (authentisch usw.), ursprünglich ♦ *u* Original *s*

orkan [okän] *u* Hurrikan *m*, Orkan *m*, Wirbelsturm *m*

orkester [okeßda] *t* Orchester *s*

orm [oam] *u* Wurm *m*

os [aß] *pron* sich (ihr – Plural), uns

ost [oßd] *u* Käse *m*

otte [ood^{e}] *num* acht

ovenfor [ou^{e}nfa] *adv* oben (im Text)

over [oua] *prep* **1** über *etw. Dat* (höher) **2** über (dem Niveau) **3** über (quer über) **4** via *etw. Akk* (reisen usw.) **5** über *etw. Akk* (eine Oberfläche) **6** über *wie viel* (mehr als) **7** über *etw. Akk* (hinaus), jenseits *etw. Gen* (der Grenze usw.) ► **gå ~** vergehen (Empfindung); **gå ~** *i ngt* übergehen *in etw. Akk* (Schnee in Regen usw.); **~ for** *ngn/ngt* gegenüber *j-m/etw.*

overalt [ouaald] *adv* überall

overbelaste [ouabelaßd^{e}] *v* sich zerren (Muskel usw.), überlasten *etw. Akk* (System usw.)

overbevise [ouabewiß^{e}] *v* überzeugen *j-n von etw.*; **være overbevist** *om ngt* überzeugt *von etw.*

overbevisende [ouabewiß^{e}n^{e}] *adj* persuasiv, stichhaltig (Argument usw.), überzeugend

overbevisning [ouabewißneng] *u* Persuasion *w* (Überzeugen), Überzeugung *w*

overblik [ouableg] *t* Überblick *m* (Kenntnisse), Übersicht *w* (Wissen)

overbringe [ouabreng^{e}] *v* ausrichten *j-m etw. Akk*

overdrage [ouadrau^{e}] *v* übertragen *etw. Akk auf j-n* (Befugnis usw.)

overdreven [ouadreew^{e}n] *adj* übermäßig, übertrieben, überhöht

overdrive [ouadriiw^{e}] *v* **1** übertreiben *etw. Akk* **2** übertreiben (im Erzählen usw.)

overdrivelse [ouadriiw^{e}lß^{e}] *u* Übertreibung *w*

overfald [ouafal] *t* **1** Angriff *m* (Aggression) **2** Überfall *m*

overfalde [ouafal^{e}] *v* überfallen *j-n*

overflade [ouaflää~~dh~~^{e}] *u* Fläche *w* (Arbeitsfläche usw.), Oberfläche *w etw. Gen* (einer Straße usw.)

overflødig [ouaflö~~dh~~i] *adj* überflüssig, überschüssig, überzählig

overfor [ouafa] *adv* gegenüber, drüben

overføre [ouaföa] *v* übertragen *etw. Akk auf j-n*, übertragen (senden), überweisen *etw. Akk* (Geld)

overføring [ouaföäaeng] *u* Überweisung *w* (von Geld)

overgang [ouagang] *u* **1** Übergang *m* **2** Umstieg *m*

overhale [ouahäl^{e}] *v* sich vordrängen (in einer Schlange usw.), überholen *j-n* (vorbeifahren)

overhovedet [ouahoo^{e}d] *part* gar, überhaupt; **~ ikke** gar nicht, überhaupt nicht

overhælde [ouahel^{e}] *v* begießen *j-n/etw. mit etw.*

overleve [oualew^{e}] *v* überleben

overligger [oualega] *u* Querlatte *w*, Sturz *m* (Türsturz usw.)

overmorgen [ouamo-on] **i ~** übermorgen

overnatte [ouanad^{e}] *v* übernachten, die Nacht verbringen

overraske [ouaraßg^{e}] *v* überraschen *j-n mit etw.* (erstaunen)

overraskelse [ouaraßg^{e}lß^{e}] *u* Überraschung *w* (unerwartetes Ereignis), Verwunderung *w*

overrasket [ouaraßg^{e}~~dh~~] *adj* betroffen (überrascht usw.), verblüfft, überrascht *von etw.*

oversigt [ouaßegd] *u* Überblick *m* (Zusammenfassung), Übersicht *w* (Resümee)

overskride [ouaßkrii~~dh~~^{e}] *v* überschreiten *etw. Akk* (Limit usw.)

overskrift [ouaßgrefd] *u* **1** Überschrift *w* **2** Schlagzeile *w*

overskyet [ouaßgüü^{e}~~dh~~] *adv* bewölkt, wolkig; **blive ~** sich verfinstern

overskygget [ouaßgüg^{e}~~dh~~] *adj* bewölkt, trüb (Himmel)

overskæg [ouaßkeg] *t* Schnurrbart *m*

overstrege [ouaßdraj^{e}] *v* streichen *etw. Akk* (Wort usw.)

oversvømmelse [ouaßwöm^{e}lß^{e}] *u* Überschwemmung *w*, Hochwasser *s*

oversætte [ouaßed^{e}] *v* übersetzen (in andere Sprache)

oversættelse [ouaßed^{e}lß^{e}] *u* Übersetzung *w*

oversætter [ouaßeda] *u* Übersetzer *m*

overtage [ouatä] *v* **1** übernehmen *etw. Akk* (Besitz usw.) **2** übernehmen (Pflicht usw.)

overtale [ouatääl^{e}] *v* überreden *j-n (zu etw.)*, überreden *j-n zu etw.*, durch Bitten bewegen *j-n zu etw.*

overtjener [ouatjeena] *u* Ober *m*

overtro [ouatro] *u* Aberglaube *m* (konkreter Glaube)

overtræde [ouatre~~dh~~^{e}] *v* **1** brechen (Schwur usw.) **2** verstoßen *gegen etw.* **3** widerrechtlich betreten ► **~ loven** das Gesetz brechen

overtrædelse [ouatre~~dh~~^{e}lß^{e}] *u* Verletzung *w etw. Gen* (Verstoß)

overtræk [ouatrag] *t* **1** Belag *m*, Film *m* (Schicht) **2** Kontoüberziehung *w*

overtrække [ouatrag^{e}] *v* überziehen (Konto usw.), wälzen *etw. Akk in etw. Dat*

overveje [ouawaj^{e}] *v* abwägen, abwägen *etw. Akk* (bedenken), bedenken *etw. Akk* (durchdenken), erwägen *etw. Akk*

overvejende [ouawaj^{e}n^{e}] *adj* überwiegend ♦ *adv* größtenteils, überwiegend

overvåge [ouawou^{e}] *v* **1** überwachen *j-n/etw.* **2** überwachen (Prozess usw.), beobachten (Entwicklung usw.)

ovn [oun] *u* Ofen *m*, Backofen *m*

P

pakke [pag^{e}] *u* **1** Paket *s* (Verpacktes) **2** Paket *s* (Sendung) **3** Schachtel *w etw. Gen* (Packung usw.) ♦ *v* **1** einpacken, packen (in Papier usw.), verpacken **2** einpacken *etw. Akk* **3** packen *etw. Akk* (Koffer) ► **~ ind** einpacken, packen (in Papier usw.), verpacken; **~ ned** zusammenpacken; **~ sammen** zusammenpacken; **~ ud** auspacken *etw. Akk* (Geschenk usw.), auspacken (Koffer usw.); **~** *ngt* **ind** hüllen *etw. Akk in etw. Akk*, einwickeln *etw. Akk in etw. Akk*

pakning [pagneng] *u* **1** Verpackung *w*, Packung *w* (Hülle usw.) **2** Packung *w* (Menge), Paket *s* (Ware) **3** Umschlag *m* (zu Heilzwecken)

palads [palaß] *t* Palast *m*

pande [pan^{e}] *u* **1** Stirn *w* **2** Pfanne *w* ► **rynke panden** *ad ngn* die Stirn runzeln, finster ansehen *j-n*

pant [pand] *t* Pfand *s*, Sicherheit *w* (Geld usw.)

pap [pab] *u/t* Karton *m*, Pappe *w*

papir [papia] *t* Papier *s*

papirspose [papiaßpooß^{e}] *u* Papiertüte *w*

paprika [pabrika] *u* Paprika *m* (Gewürz)

par [pa] *t* Paar *s* ► **et ~** ein paar

paradis [paaadiß] *t* Paradies *s*

paraply [pa-aplü] *u* Regenschirm *m*, Schirm *m* (Regenschutz)

parentes [pa-anteß] *u* Klammer *w* (Schriftzeichen)

parfume [pafüüm^{e}] *u* Parfüm *s*

park [paag] *u* Park *m*

parkere [pakea] *v* parken *irgendwo*

parkeringsplads [pakeaengßplaß] *u* Parkplatz *m*

parkeringsskive [pakeaengßgiiw^{e}] *u* Parkscheibe *w*

parkomat [pagomäd] *u* Parkuhr *w*

parkometer [pagomäda] *t* Parkuhr *w*

parlament [palamend] *t* Parlament *s*

part [pad] *u* Teil *m von etw., etw. Gen* (des Ganzen usw.)

parti [pati] *t* **1** Partei *w* **2** Partie *w* (Schach) **3** Partie *w* (des Körpers)

partner [paadna] *u* Gesellschafter *m*, Partner *m* (bei einer Tätigkeit)

pas [paß] *t* Pass *m*, Reisepass *m*

passage [paßäätsch^{e}] *u* **1** Durchgang *m* **2** Durchfahrt *w durch etw.* (Durchfahren), Durchreise *w durch etw.* (durch Stadt usw.) **3** Passage *w* (eines Textes usw.)

passager [paßatschea] *u* Fahrgast *m*, Passagier *m*, Reisende *m*

passe [paß^{e}] *v* **1** sich kümmern *um j-n/etw.*, sorgen *für etw.* **2** sich widmen *j-m/etw.*, sich kümmern *um j-n/etw.* (behilflich sein usw.) **3** aufpassen *auf j-n/etw.*, passen *zu etw.* (Farben usw.) **4** passen *zu etw.* (Farben usw.) **5** passen *j-m* (Kleidung) **6** stehen *j-m* (Kleidung) **7** passen *j-m* (gefallen) ► **~ ind** hineinpassen; **~ (ind) i** *ngt* hineingehen *in etw. Akk* (Gepäck usw.); **~ på** *ngn/ngt* hüten *j-n* (Kinder usw.), aufpassen *auf j-n*, sich hüten *vor j-m/etw.*; **~ på** *ngt* aufpassen *auf etw. Akk* (Warnung usw.), Acht geben *auf etw. Akk*; **~ sammen** passen *zu etw.* (Farben usw.); **~** *ngn* **godt** passen *j-m* (gefallen); **Pas på!** Vorsicht!, Achtung!

passende [paß^{e}n^e] *adj* geeignet *für etw., zu etw.* (fähig), geeignet *zu etw., für etw.*, taugend *zu etw.*, gehörig ♦ *adv* geeignet, passend, ordentlich (angemessen)

password [paaßuööd] *t* Passwort *s*, Kennwort *s*

pasta [paßda] *u* **1** Paste *w* **2** Teigwaren *w Mz*

patient [patschend] *u* Patient *m*

pause [pauß^e] *u* Atempause *w*, Rast *w*, Pause *w* (in Rede usw.); **Vi holder en ~.** Machen wir eine Pause.

peanut [piinad] *u* Erdnuss *w* (Frucht)

peber [peua] *t* Pfeffer *m*

peberfrugt [peuafrogd] *u* Paprika *m* (Schote)

peberrod [peuarodh] *u* Meerrettich *m*

pedal [pedäl] *u* Pedal *s*

pege [paj^e] *v* zeigen *auf j-n/etw.* (in einer Richtung)

pejs [pajß] *u* Kamin *m*

pels [pelß] *u* Fell *s*, Pelz *m*

pen [pen] *u* Feder *w* (Schreibgerät)

penalhus [penälhuß] *t* Etui *s*, Federmappe *w*

pendle [pendl^e] *v* **1** oszillieren, schwingen (Teilchen usw.) **2** pendeln (zur Arbeit)

penge [peng^e] *Mz* Geld *s*; **bruge pengene på** *ngt* ausgeben *etw. Akk für etw.* (Geld); **rede ~** Bargeld *s*

pengeautomat [peng^{e}automäd] *u* Bankautomat *m*, Geldautomat *m*

pengekasse [peng^{e}kaß^e] *u* Geldkassette *w*

pengeseddel [peng^{e}ßedh^{e}l] *u* Banknote *w*, Schein *m* (Geld)

pengeskab [peng^{e}ßgäb] *t* Safe *m/s*

penis [peeniß] *u* Penis *m*

pensel [penß^{e}l] *u* Pinsel *m*

pension [pangtschon] *u* Pension *w*, Rente *w*, Ruhestand *m*; **gå på ~** in den Ruhestand treten

pensionat [pangtschonäd] *t* Pension *w* (Gebäude usw.)

pensionist [pangtschonißd] *u* Rentner *m*

perfekt [päafegd] *adj* **1** vollkommen (Lösung usw.), perfekt **2** perfektiv ♦ *adv* einwandfrei, tadellos, perfekt

periode [päaioodh^e] *u* **1** Zeitabschnitt *m*, Periode *w* **2** Zeit *w* (Periode usw.) **3** Amtszeit *w*, Amtsperiode *w*

perle [päal^e] *u* Perle *w*

permanent [päamanend] *adj* **1** permanent **2** dauerhaft ♦ *adv* auf Dauer, dauernd, dauerhaft, permanent

perron [parang] *u* Bahnsteig *m*

persienne [päatschen^e] *u* Jalousie *w*

persille [päaßel^e] *u* Petersilie *w*

person [päaßon] *u* Person *w* (Mensch)

personale [päaßonääl^e] *t* Personal *s*

personlig [päaßonli] *adj* persönlich, Personal-

perspektiv [päaßb^{e}gtiu] *adj* vielversprechend ♦ *t* Perspektive *w etw. Gen* (Zukunft), Perspektive *w* (Sicht)

pibe [piib^e] *u* Pfeife *w* (zum Rauchen) ♦ *v* pfeifen, quietschen

picnic [pignig] *u* Picknick *s*

pier [pia] *u* Pier *m*, Kai *m*

pig [pig] *u* Stachel *m*

pige [pii^e] *u* Mädchen *s*

pil [pil] *u* Pfeil *m*

pille [pel^e] *u* **1** Pille *w* **2** Pfeiler *m* ♦ *v* **1** herumstochern *in etw. Dat* **2** herumbasteln *an etw. Dat*

pilot [pilod] *u* Pilot *m*

pincet [penßed] *u* Pinzette *w*

pind [pen] *u* Bolzen *m*, Stift *m* (Verbindungsteil), Stock *m* (Zweig)

pindemad [pen^{e}madh] *u* Häppchen *s*

pindsvin [penßwin] *t* Igel *m*

pine [piin^e] *u* Schmerzen *m Mz* ♦ *v* belästigen (sexuell usw.), quälen *j-n* (seelisch)

pinkode [penkoodh^e] *u* PIN, Geheimzahl *w* (einer Karte)

pinlig [piinli] *adj* heikel, delikat (Thema usw.), prekär, unangenehm (Situation usw.); **føle sig pinligt** sich peinlich fühlen

pistol [pißdol] *u* Pistole *w*

pjatte [pjad^e] *v* schwatzen, plaudern

placere [plaßea] *v* aufstellen *etw. Akk irgendwo* (in bestimmter Ordnung), legen *etw. Akk irgendwohin*, hinlegen *etw. Akk irgendwohin*, platzieren *etw. Akk irgendwohin*

plade [plääd h^e] *u* **1** Platte *w* (aus Metall usw.), Scheibe *w* (aus Metall), Steinplatte *w* **2** Tafel *w* (Schokolade usw.)

plads [plaß] *u* **1** Platz *m* (Teil eines Raumes), Ort *m*, Stelle *w* (Punkt, Gebiet usw.) **2** Platz *m* (umbaute Fläche) ► **gøre ~** Platz machen

pladsbillet [plaßbiled] *u* Platzkarte *w*

plage [plääj^e] *u* **1** Trübsal *w* **2** Übel *s* (Krankheit) **3** Ärgernis *s* (Ungelegenheit) ♦ *v* **1** quälen *j-n* (physisch) **2** bekümmern *j-n* **3** quälen *j-n* (seelisch) **4** plagen *j-n/etw.* **5** bedrängen *j-n/etw.* (belasten) **6** bedrängen *j-n* (belästigen) **7** belästigen (sexuell usw.)

plagsom [pläjßam] *adj* lästig

plakat [plakäd] *u* Plakat *s*

plan [plän] *u* Plan *m* ► **have planer** *om ngt* wollen *etw. Akk zu tun* (vorhaben)

planet [planed] *u* Planet *m*

planlægge [pläänleg^e] *v* einteilen (planen), planen *etw. Akk*, projektieren

plante [pland^{e}] *v* **1** pflanzen **2** pflanzen *etw. Akk*, einpflanzen *etw. Akk* **3** auspflanzen **4** unterschieben *etw. Akk irgendwohin* (falsche Beweise usw.) ♦ *u* Pflanze *w* ► *~ ngt* **ud** auspflanzen
plaster [plaßda] *t* Pflaster *s* (Verband)
plastic [plaßdig] *u/t* Kunststoff *m*, Plastik *s*
plastik [plaßdig] *u* Plastik *w*, Skulptur *w* (Bildwerk)
platform [pladfom] *u* Plattform *w* (erhöhte usw.)
pleje [plaj^{e}] *u* Pflege *w j-s*, Sorge *w für j-n* ♦ *v* sorgen *für j-n/etw.*, pflegen *j-n/etw.*
pligt [plegd] *u* Pflicht *w*
plombe [plomb^{e}] *u* Zahnfüllung *w*
plov [plou] *u* Pflug *m*
pludselig [pluß^{e}li] *adj* abrupt, plötzlich, unerwartet
plukke [plog^{e}] *v* abpflücken, abpflücken *etw. Akk*, abreißen (Blätter usw.), aufnehmen *etw. Akk* (lernen usw.)
plus [plußß] *adv* plus ♦ *t* Pluszeichen *s*, Vorzug *m* (Vorteil)
pløje [plaj^{e}] *v* **1** pflügen **2** pflügen *etw. Akk*
pløk [plög] *u* Bolzen *m*, Stift *m* (Verbindungsteil), Pflock *m*
pløre [plööa] *t* Schlamm *m*
podium [podjom] *t* Podium *s*
point [poeng] *t* **1** Punkt *m* (Bewertung) **2** Testat *s*, Seminarschein *m*
pokal [pokäl] *u* Kelch *m*, Pokal *m* (Trinkgefäß)
politi [politi] *t* Polizei *w*
politibetjent [politibetjend] *u* Polizist *m*
politik [politig] *u* Politik *w*
politiker [polidiga] *u* Politiker *m*
politimand [politiman] *u* Polizist *m*
politisk [polidißg] *adj* politisch
politistation [politißdatschon] *u* Polizeidienststelle *w*, Polizeiwache *w*
poloskjorte [pooloßgjoad^{e}] *u* Polohemd *s*, Poloshirt *s*
populær [pobulea] *adj* beliebt *bei j-m*, populär *bei j-m*
porcelæn [poß^{e}len] *t* Porzellan *s*
porre [poaa] *u* Porree *m*
port [poad] *u* Tor *s*
portion [potschon] *u* Portion *w*
porto [poodo] *u* Porto *s*, Postgebühr *w*
portræt [potrad] *t* Porträt *s*
portvagt [poadwagd] *u* Pförtner *m*
pose [pooß^{e}] *u* Beutel *m*, Tüte *w*
position [poßitschon] *u* **1** Lage *w etw. Gen*, Position *w etw. Gen* (räumliche) **2** Stelle *w* (Job) ► **førende ~** Führung *w* (Führungsposition)
positiv [poßitiu] *adj* positiv, bejahend
post [paßd] *u* **1** Post *w* **2** Posten *m* (Betrag), Position *w* (einer Liste) **3** Posten *m* (Stellung) **4** Standort *m*
postanvisning [paßdanwißneng] *u* Postanweisung *w*
postbud [paßdbudh] *t* Briefträger *m*, Briefzusteller *m*, Zusteller *m*, Überbringer *m*
postej [poßdaj] *u* Pastete *w*
postforsendelse [paßdfaßen^{e}lß^{e}] *u* Postsendung *w*
posthus [paßdhuß] *t* Post *w* (Amt), Postamt *s*
postkasse [paßdkaß^{e}] *u* Briefkasten *m*
postkort [paßdkood] *t* Ansichtskarte *w*, Postkarte *w* (aus dem Urlaub usw.)
postnummer [paßdnoma] *t* Postleitzahl *w*
postpakke [paßdpag^{e}] *u* Paket *s* (Sendung)
postyr [paßdüa] *t* **1** Krach *m* **2** Aufheben *s*, Rummel *m*, Aufsehen *s*
p-pille [pepel^{e}] *u* Antibabypille *w*, Pille *w* (Verhütungsmittel)
praksis [pragßiß] *u* Praxis *w* (praktische Anwendung)
praktisk [pragdißg] *adj* praktisch ♦ *adv* praktisch (orientiert usw.)
prale [praal^{e}] *v* prahlen, angeben, protzen *mit etw.*, sich brüsten *mit etw.*
pres [praß] *t* Druck *m* (Zwang), Zwang *m* (rücksichtsloser usw.)
presse [praß^{e}] *u* Presse *w* ♦ *v* **1** drücken *etw. Akk* **2** auspressen *etw. Akk aus etw.* (Saft usw.) **3** herauspressen *etw. Akk aus etw.*, auspressen *etw. Akk aus etw.* (Zahnpasta usw.) **4** pressen (Obst usw.) **5** zerdrücken **6** hineinpressen *etw. Akk irgendwohin*, hineinpressen *j-n/etw. irgendwohin*, hineinpressen *etw. Akk irgendwohin*, hineinzwängen *etw. Akk irgendwohin* **7** drücken *j-n/etw. in/an etw. Akk* **8** drücken *auf etw. Akk* **9** erpressen *etw. Akk von j-m* **10** dringen *auf j-n mit etw.* **11** auspressen *etw. Akk* (Zitrone usw.) ► *~ ngt* **sammen** zusammendrücken *etw. Akk* (Volumen reduzieren)
presserende [preßean^{e}] *adj* dringend, eindringlich, eilig, unaufschiebbar ♦ *adv* dringend, eindringlich
prik [preg] *u* Punkt *m*
prikke [preg^{e}] *v* **1** stechen *mit etw. in j-n/etw.* (mit Nadel usw.) **2** stechen (Dornen usw.) **3** prickeln **4** (ziehend) schmerzen (Zähne)
princip [prenßib] *t* Prinzip *s*
prins [prenß] *u* Prinz *m*
prinsesse [prenßeß^{e}] *u* Prinzessin *w*
print [prend] *t* Ausdruck *m* (von Daten usw.)
printer [prenda] *u* Drucker *m* (Vorrichtung)

prioritere [prioitea] *v* bevorzugen *j-n/etw. vor j-m/etw.* (favorisieren), *j-m/etw.* den Vorzug geben

prioritet [prioited] *u* Priorität *w*, Vorzug *m* (Priorität)

pris [prið] *u* **1** Preis *m* (Betrag) **2** Preis *m etw. Gen* (für Beschaffung usw.) **3** Auszeichnung *w* ► **nedsætte ~** ermäßigen *etw. Akk*, verbilligen *etw. Akk*; **sætte ~ på** *ngt* schätzen *etw. Akk* (Verdienst usw.)

prisreduktion [priißredugtschon] *u* Ermäßigung *w*

privat [priwäd] *adj* privat, Privat-

privatliv [priwädliw] *t* Privatleben *s*

problem [problem] *t* Problem *s*, Schwierigkeit *w* (Problem)

problemfrit [problemfrid] *adv* leicht (ohne Problem)

procent [proßend] *u* Prozent *s*

procentdel [proßenddel] *u* (prozentualer) Anteil *m*

proces [proßeß] *u* Prozess *m* (Vorgang)

producent [produßend] *u* Hersteller *m von etw.*, Erzeuger *m von etw.* (von Ware usw.), Produzent *m von etw.*

producere [produßea] *v* erzeugen, herstellen (Produkt usw.), produzieren (industriell usw.), produzieren *etw. Akk* (Sauerstoff usw.)

produkt [prodogd] *t* **1** Erzeugnis *s*, Produkt *s* (neues usw.) **2** Produkt *s* (einer Multiplikation) **3** Ausgeburt *w*

produktion [prodogtschon] *u* Produktion *w*

produktiv [prodogtiu] *adj* fruchtbar (Schriftsteller usw.), produktiv

profession [profetschon] *u* Beruf *m*

professionel [profetschonel] *adj* beruflich (Beruf betreffend), professionell, Profi *m*

professor [profeßa] *u* Professor *m*

profit [profid] *u* Profit *m*

program [program] *t* **1** Programm *s etw. Gen* (Ablauf) **2** Sendung *w* (Programm) **3** Programm *s* (Computer), Computerprogramm *s*

projekt [protschegd] *t* Projekt *s*

prop [prab] *u* Stöpsel *m*

propagere [probagea] *v* propagieren (Gedanken usw.), verbreiten (Ideen usw.)

proptrækker [prabtraga] *u* Korkenzieher *m*

prospekt [proßbegd] *t* Prospekt *m*

protest [proteßd] *u* Protest *m*

protestere [prodeßdea] *v* protestieren *gegen etw.* (öffentlich usw.), protestieren *gegen j-n/etw.* (zurückweisen)

provins [prowenß] *u* Provinz *w*

provisorisk [prowißoaißg] *adj* provisorisch, vorläufig (Abkommen usw.), Interims-

præcis [preßiß] *adj* exakt, genau, präzis

præg [prej] *t* Charakter *m*

præmie [preemje] *u* Preis *m* (Belohnung)

præsentere sig *v* sich vorstellen (Namen nennen)

præservativ [preßäpajwatiu] *t* Präservativ *s*, Kondom *s/m*

præsident [preßidend] *u* Präsident *m*

præst [praßd] *u* Priester *m*

præteritum [preteaitom] *t* Vergangenheit *w* (Zeitform)

præventionsmiddel [prewentschonßmidhel] *t* Verhütungsmittel *s*

prøve [prööue] *u* **1** Prüfung *w* (Qualität usw.), Test *m*, Probe *w* **2** Probe *w* (Probieren) **3** Beispiel *s* (Muster) **4** Muster *s*, Probestück *s* (einer Ware usw.) **5** Prüfung *w* (im Theater usw.) ♦ *v* **1** versuchen *etw. Akk* **2** probieren *etw. Akk* (ausprobieren) **3** prüfen *etw. Akk* (Qualität) ► **~ på** *ngt* versuchen *etw. Akk* (sich bemühen)

prøverum [prööuerom] *t* **1** Kabine *w* (zum Umkleiden usw.) **2** Kabine *w*, Ankleidekabine *w*

publikum [publikom] *t* Publikum *s*

pudder [pudha] *t* Puder *m*

pude [puudhe] *u* Kissen *s*

pudsig [pußi] *adj* lustig (amüsant)

pullover [pulouwa] *u* Pullover *m*, Pulli *m*

pulver [polwa] *t* Pulver *s*

pumpe [pombe] *u* Pumpe *w* ♦ *v* abpumpen, abzapfen (Wasser usw.), abziehen (Energie usw.), pumpen ► **~ dækkene** die Reifen *m Mz* aufpumpen; **~ ind** einpumpen *etw. Akk in etw. Akk*; **~ op** aufpumpen

punch [pontsch] *u* Punsch *m*

pung [pong] *u* **1** Portemonnaie *s* **2** Beutel *m* **3** Hodensack *m*

punkt [pongd] *t* Punkt *m* (Stelle)

punktere [pongtea] **Jeg er punkteret.** Ich habe einen Platten.

punktering [pongteaeng] *u* Reifenpanne *w*, Platten *m*

punktlig [pongdli] *adj* pünktlich

punktum [pongtom] *t* Punkt *m*

puppe [pube] *u* Puppe *w* (eines Schmetterlings usw.)

pur [pua] *adj* rein (Gold usw.), pur (Silber usw.)

puré [püre] *u* Mark *s* (aus Tomaten usw.), Püree *s*

purløg [pualaj] *u* Schnittlauch *m*

pus [puß] *t* Eiter *m*

puste [puußde] **~ op** aufpumpen

pusterum [puußderom] *t* Atempause *w*, Rast *w*

pyjamas [püjäämaß] *u* Pyjama *m*, Schlafanzug *m*
pynt [pönd] *u* **1** Schmuck *m* (Zierde), Verzierung *w* (Gegenstand usw.) **2** Beilage *w*, Garnierung *w* (Gemüse usw.)
pynte [pönd^{e}] *v* ausschmücken *etw. Akk mit etw.*, verzieren *etw. Akk mit etw.* (Zimmer), dekorieren *etw. Akk mit etw.* (Saal usw.), schmücken *etw. Akk mit etw.*
pyt [püd] *u* Pfütze *w*
pæn [pen] *adj* **1** schön (Sache) **2** schön (Person), hübsch, gutaussehend **3** schön (Gehalt usw.) ► **Det er pænt af dig.** Das ist lieb von Ihnen.
pære [peea] *u* Birne *w*; **(elektrisk) ~** Glühbirne *w*, Birne *w* (mattierte usw.)
pæretræ [peeatre] *t* Birne *w* (Baum)
pølse [pölß^{e}] *u* Knackwurst *w*, Bockwurst *w*, Wurst *w* (Bierwurst usw.), Bratwurst *w*; **kødpølse** Wurst *w* (Schinkenwurst usw.)
på [po] *prep* an *j-n/etw.* (denken usw.), auf (einer Oberfläche usw.), in (der Wüste usw.), an (Ort)
pådrage sig *v* sich zuziehen *etw. Akk* (Schaden usw.)
påfyldning [pafülneng] *u* Füllen *s*, Füllung *w* (Tätigkeit)
pålidelig [pali~~dh~~^{e}li] *adj* zuverlässig, verlässlich
pålægge [paleg^{e}] *v* auferlegen *j-m etw. Akk* (Geldbuße usw.), beauftragen *j-n mit etw.*, zuteilen *j-m etw. Akk* (vergeben)
påminde [pamen^{e}] *v* erinnern *j-n an etw. Akk* (an Pflicht usw.)
påmindelse [pamen^{e}lß^{e}] *u* Erinnerung *w etw. Dat*
påpege [papaj^{e}] *v* hinweisen *auf etw. Akk*, hinweisen *auf etw.*
pårørende [paröan^{e}] *Mz* Verwandtschaft *w*
påske [pooßg^{e}] *u* Ostern *s*
påskrift [paßgrefd] *u* Aufschrift *w*
påskud [paßgu~~dh~~] *t* Vorwand *m für etw.*
påskynde [paßgön^{e}] *v* antreiben *j-n*, beschleunigen *etw. Akk* (Anfang usw.), beschleunigen (Entwicklung), vorantreiben
påstand [paßdan] *u* Behauptung *w*
påstå [paßdo] *v* behaupten, anführen, behaupten *etw. Akk*
påtage sig *v* nehmen (Risiko usw.), sich verpflichten *zu etw.*, übernehmen (Pflicht usw.)
påtale [patääl^{e}] *v* verfolgen (strafrechtlich)
påtrængende [patrang^{e}n^{e}] *adj* aufdringlich, penetrant, beharrlich, dringend
påvirke [pawiag^{e}] *v* beeinflussen *j-n/etw.*, einwirken *auf j-n/etw.*
påvise [pawiiß^{e}] *v* beweisen *etw. Akk*, nachweisen *etw. Akk*

R

rabat [rabad] *u* Ermäßigung *w*, Rabatt *m*; **give ~** *på ngt* ermäßigen *etw. Akk*, nachlassen *j-m wie viel* (Rabatt)
race [raaß^{e}] *u* Rasse *w*
radio [radjo] *u* **1** Radio *s* (Gerät) **2** Radio *s*, Rundfunk *m* **3** Funksprechgerät *s*
radise [radiß^{e}] *u* Radieschen *s*
radius [radjuß] *u* Halbmesser *m*
raket [raked] *u* Rakete *w*, Raketengeschoss *s*
ramle [raml^{e}] *v* stoßen *gegen/an etw.* (mit Kopf usw.)
ramme [ram^{e}] *v* **1** treffen *etw. Akk* (Ziel) **2** betreffen *etw. Akk* (Erdbeben) **3** fallen (stürzen) ♦ *u* **1** Rahmen *m* (Einrahmung) **2** Rahmen *m* (Gepräge) ► **ikke ~** verfehlen *etw. Akk* (Ziel usw.); **inden for rammerne** *af ngt* im Rahmen *etw. Gen*
rampe [ramb^{e}] *u* Rampe *w*
rand [ran] *u* Rand *m etw. Gen* (einer Krise usw.), Rand *m* (eines Gefäßes usw.)
rang [rang] *u* Rang *m*
ransage [ranßäj^{e}] *v* durchsuchen *j-n/etw.*, durchwühlen, durchkramen, genau untersuchen *bei j-m*
rapport [rapood] *u* Bericht *m*, Bericht *m über etw. Akk*, Meldung *w über etw. Akk* (dienstliche), Report *m über etw. Akk*
rar [ra] *adj* angenehm, gütig, nett, sonderbar
rasende [raaß^{e}n^{e}] *adj* sauer *auf j-n*, verärgert, wütend
raseri [raaßari] *t* Wut *w*, Zorn *m*
rask [raßg] *adj* **1** schnell (Erledigung usw.), rasch (Genesung usw.) **2** gesund (Person usw.) **3** flott (Schritt usw.), schnell ► **blive ~** sich erholen *von etw.* (gesund werden)
rastløshed [raßdlößhe~~dh~~] *u* Unruhe *w* (innere), Rastlosigkeit *w*
rat [rad] *t* Lenkrad *s*, Steuer *s*
rationel [ratschonel] *adj* rational, vernünftig
rav [rau] *t* Bernstein *m*
reagere [reagea] *v* reagieren *auf etw. Akk*
reaktion [reagtschon] *u* Reaktion *w auf etw. Akk*
realisere [realißea] *v* realisieren *etw. Akk*, verwirklichen *etw. Akk*; **blive realiseret** sich verwirklichen, wahr werden
reb [reb] *t* Seil *s*
recept [reßebd] *u* Rezept *s* (Heilmittel)
reception [reß^{e}btschon] *u* Empfang *m* (Veranstaltung), Rezeption *w*
redde [re~~dh~~^{e}] *v* retten *j-n/etw. vor j-m/etw.*

rede [reedhe] *u* Nest *s* ♦ *v* durchkämmen (Haare), kämmen ► **bygge ~** nisten; **gøre ~ for** *ngt* erklären; **~ éns hår** sich kämmen; **~ sengen** das Bett/die Betten machen

redelig [reedheli] *adj* direkt (Lösung usw.)

redigere [redigea] *v* editieren, redigieren (Buch usw.), schneiden (Film usw.)

redning [redhneng] *u* Rettung *w*

redningskrans [redhnengßkranß] *u* Rettungsring *m*

redningsmand [redhnengßman] *u* Retter *m*, Rettungsmann *m*

redningsvest [redhnengßweßd] *u* Schwimmweste *w*

redskab [redhßgäb] *t* **1** Gerät *s* (Zange usw.), Werkzeug *s*, Instrument *s* **2** Werkzeug *s* (Gesamtheit von Werkzeugen), Gerät *s* (Ausrüstung usw.), Werkzeuge *s Mz* **3** Mittel *s* (Hilfsmittel) ► **skriveredskaber** *Mz* Schreibbedarf *m*

reducere [redußea] *v* kürzen *etw. Akk* (Geld), verringern *etw. Akk* (Intensität usw.)

reel [reel] *adj* real (tatsächlich), wirklich

reference [referangße] *u* Referenzen *w Mz*, Zeugnis *s* (vom Arbeitgeber), Empfehlungsschreiben *s*

regel [rejel] *u* Regel *w*

regelmæssig [rejelmeßi] *adj* gleichmäßig, regelmäßig

regere [regea] *v* herrschen, regieren

regering [regeaeng] *u* Regierung *w* (Organ)

region [region] *u* Bezirk *m*, Region *w*

regional [regjonäl] *adj* regional, Regional-

registrere [regißdrea] *v* messen, registrieren *j-n/etw.* (bemerken), registrieren *etw. Akk*, erfassen *etw. Akk* (statistisch usw.)

regn [rajn] *u* Regen *m*

regnbue [rajnbuue] *u* Regenbogen *m*

regne [rajne] *v* **1** regnen **2** rechnen *etw. Akk*, ausrechnen *etw. Akk* (Rechenaufgabe), berechnen *etw. Akk* (Umfang usw.) **3** rechnen *mit etw.*, zählen *auf etw. Akk* ► **~ blandt** zählen *zu j-m/etw.* (gehören); **~ efter** nachrechnen; **~ med** *ngt* berücksichtigen *etw. Akk*, rechnen *mit etw.* (Risiko usw.); **~** *ngt* **blandt** *ngt* zählen *j-n/etw. zu j-m/etw.* (zuordnen)

regnfrakke [rajnfrage] *u* Regenmantel *m*

regning [rajneng] *u* Rechnung *w* ► **Må jeg bede om regningen?** Bitte zahlen!

regnskov [rajnßgou] *u* Regenwald *m*

regulere [regulea] *v* lenken *etw. Akk* (Richtung bestimmen), richten *etw. Akk*, regeln *etw. Akk* (durch Gesetz usw.)

regulering [reguleaeng] *u* Regelung *w*

regulær [regulea] *adj* ordentlich (vorschriftsmäßig), regulär

reje [raje] *u* Krevette *w*

rejse [rajße] *v* **1** reisen **2** durchfahren, durchreisen (Land usw.) **3** heben *etw. Akk* (Hand usw.), hochheben *etw. Akk* **4** aufheben *etw. Akk* (vom Boden usw.) **5** erheben *etw. Akk* (Widerspruch usw.) **6** aufstellen *etw. Akk* (Mast usw.) ♦ *u* **1** Reise *w* **2** Reisen *s* ► **~ på tommelfingeren** trampen, per Anhalter fahren; **~ telt** ein Zelt aufstellen; **~ ud** *et sted* aufbrechen *irgendwohin*; **God ~.** Gute Reise., Gute Fahrt.

rejsebureau [rajßebüro] *t* Reisebüro *s*, Reiseagentur *w*

rejsechecks [rajßetschegß] *u Mz* Reiseschecks *m Mz*

rejseleder [rajßeleedha] *u* Reiseführer *m*

rejse sig *v* aufstehen, sich erheben, sich sträuben (Fell usw.)

reklamation [reklamatschon] *u* Reklamation *w*

reklame [rekläääme] *u* Werbespot *m*, Werbung *w* (eines Produktes), Promotion *w* (Reklame), Reklame *w*

reklamere [reklamea] *v* reklamieren *etw. Akk*, beanstanden *etw. Akk*

rekonstruktion [rekanßdrugtschon] *u* Umbau *m*

rekord [rekood] *u* Rekord *m*

rekreation [rekreatschon] *u* Erholung *w* (Ausruhen usw.)

rektor [ragta] *u* Rektor *m*, Schulleiter *m*

relation [relatschon] *u* Verhältnis *s* (Verwandtschaft usw.)

relativ [relatiu] *adj* relativ

relativt [relatiut] *adv* relativ

religion [religjon] *u* Religion *w*

religiøs [religjöß] *adj* Religions-, religiös (Religion betreffend)

rem [ram] *u* Gurt *m* (zum Anschnallen), Riemen *m* (an Kleidung usw.)

ren [ren] *adj* **1** sauber **2** rein (Unsinn usw.), pur (völlig) **3** rein (Gold usw.), pur (Silber usw.) **4** bloß ♦ *u* Ren(tier) *s*

rende [rane] *u* Futtertrog *m*, Rinne *w* (in der Erde), Trog *m* ♦ *v* hineinlaufen *in etw. Akk* (fließen), laufen (Person usw.), rennen

rendezvous [rangdewu] *t* Rendezvous *s* (Verabredung), Verabredung *w*, Date *s*

rengøring [reengöaeng] *u* Aufräumen *s*, Reinigung *w*

rengøringsdame [reengöaengßdääme] *u* Putzfrau *w*

rengøringsmiddel [reengöaengßmidhel] *t* Reinigungsmittel *s*

rense [ranße] *v* abputzen *etw. Akk*, ausnehmen (Schlachttier usw.), ausweiden, reinigen *etw. Akk*

renseri [ranßari] *t* Reinigung *w* (Geschäft)

rente [rand^e] *u* Zins *m*
reol [reol] *u* Regal *s*, Bord *s* (Brett)
reparation [rebratschon] *u* Reparatur *w*
reparere [reb^{e}rea] *v* reparieren *etw. Akk*; **Det er nemt at ~.** Das lässt sich leicht reparieren.
repetere [reb^{e}tea] *v* wiederholen *etw. Akk* (Lernstoff usw.), wiederholen (um es zu betonen)
repetition [reb^{e}titschon] *u* Wiederholung *w* (des Lernstoffes)
reporter [repooda] *u* Reporter *m*
repræsentant [repreß^{e}ntand] *u* Agent *m* (Vertreter), Beauftragte *m*, Vertreter *m*, Repräsentant *m*
repræsentere [repreß^{e}ntea] *v* darstellen *etw. Akk* (Symbol usw.), repräsentieren (ein Land usw.), vertreten *j-n/etw.* (als Beauftragter)
republik [republig] *u* Republik *w*
reservat [reßäawäd] *t* Reservat *s*
reservation [reßäawatschon] *u* Reservierung *w*, Buchung *w*
reserve [reßäaw^e] *u* Bereitschaft *w* (Reserve), Reserve *w*, Vorrat *m*
reservedele [reßäaw^{e}deel^e] *u Mz* Ersatzteile *s Mz*
reservehjul [reßäaw^{e}juul] *t* Reserverad *s*, Reservereifen *m*
reservere [reßäawea] *v* beiseitelegen (Geld usw.), abzweigen, reservieren *etw. Akk* (Tisch usw.), buchen *etw. Akk* (Reise usw.)
reservoir [reßäawuaa] *t* Becken *s* (Reservoir)
residens [reßidenß] *u* Residenz *w*
resistent [reßißdend] *adj* widerstandsfähig *gegen etw.*
respekt [reßbegd] *u* Achtung *w vor j-m* (Hochschätzung usw.), Respekt *m vor j-m*
respektere [reßbegtea] *v* achten (Gesetz usw.), respektieren *etw. Akk* (Gesetze usw.), schätzen *j-n/etw.* (hochachten)
respons [reßbanß] *u/t* Anklang *m* (Beifall), Reaktion *w auf etw. Akk*
rest [raßd] *u* Rest *m etw. Gen* (beim Verbrauch), Rest *m* (gering), Überrest *m*; **resten** Rest *m j-s/etw.* (die Anderen)
restaurant [reßdorang] *u* Restaurant *s*
resterende [reßdean^e] *adj* übrig, restlich
resultat [reßultäd] *t* Ergebnis *s etw. Gen*, Feststellung *w* (Wahrnehmung), Folge *w etw. Gen, von etw.* (Ergebnis)
resurse [reßuaß^e] *u* Reserve *w*, Vorrat *m*
ret [rad] *u* **1** Anspruch *m auf etw. Akk* (Recht), Recht *s zu etw.* (Berechtigung) **2** Recht *s* (Rechtsordnung) **3** Gericht *s* **4** Gang *m* (Gericht) **5** Gericht *s*, Speise *w* **6** Oberseite *w* ♦ *adv* ziemlich, recht (alt usw.) ♦ *part* ganz (gut usw.), ziemlich ► **Du har ~.** Sie haben Recht.
retfærdig [radfäadi] *adj* fair, gerecht
retfærdiggøre [radfäadigöa] *v* rechtfertigen *etw. Akk* (entschuldigen), rechtfertigen (eine Tat usw.)
retfærdighed [radfäadihe~~dh~~] *u* Gerechtigkeit *w*
retlig [radli] *adj* Rechts-, rechtlich
retmæssig [radmeßi] *adj* **1** gesetzlich, rechtmäßig **2** berechtigt (Vorgehen usw.), gerechtfertigt, legitim (Anspruch usw.)
retning [radneng] *u* Richtung *w*
retsforfølge [radßfaföl j^e] *v* verfolgen (strafrechtlich)
retsgyldig [radßgüldi] *adj* legal, gesetzlich
retslig [radßli] *adj* Gerichts-, gerichtlich, Rechts-, rechtlich
retssag [radßßäj] *u* **1** Prozess *m* (Rechtsstreit) **2** Rechtsstreit *m* **3** Gerichtsverfahren *s* ► **føre en ~** prozessieren *gegen j-n*
retssystem [radßßüßdem] *t* Recht *s* (Rechtsordnung)
rette [rad^e] *v* **1** korrigieren **2** gutmachen *etw. Akk* (Fehler usw.), wiedergutmachen *etw. Akk*, beheben *etw. Akk* (Fehler usw.) **3** richten *etw. Akk irgendwohin* **4** konzentrieren *etw. Akk auf j-n/etw.* (Aufmerksamkeit usw.) **5** richten *etw. Akk auf etw. Akk* (eine Tätigkeit usw.) **6** richten (Augen usw.) ► **~ på** *ngt* herrichten; **~ sig efter** *ngt* einhalten *etw. Akk*
rettelse [rad^{e}lß^e] *u* Berichtigung *w* (im Text), Korrektur *w*, Verbesserung *w* (eines Fehlers usw.)
returbillet [retuabiled] *u* Rückfahrkarte *w*
returnere [retuanea] *v* zurückgeben *j-m etw. Akk*
revne [raun^e] *u* Riss *m* ♦ *v* aufplatzen, platzen, springen (anbrechen)
ribben [riben] *t* Rippe *w*
ride [rii~~dh~~^{e}] *v* reiten
ridning [ri~~dh~~neng] *u* Pferdereiten *s*, Reiten *s* (Sportart)
rids [riß] *t* Riss *m* (Zeichnung)
riffel [ref^{e}l] *u* Gewehr *s*
rig [ri] *adj* reich, reichlich
rigdom [riidam] *u* Reichtum *m* (Geld usw.)
rige [rii^e] *t* Reich *s*
rigtig [regdi] *adj* richtig (nicht falsch), korrekt; **ikke ~** eigentlich nicht
rim [rim] *t* Reim *m* ♦ *u* Raureif *m*, Reif *m*
rimelig [riim^{e}li] *adj* **1** angemessen *etw. Dat* **2** gerecht, fair (Mensch usw.) **3** passabel, leidlich ♦ *adv* anständig
ring [reng] *u* Ring *m*

ringe [reng^{e}] *v* **1** anrufen *j-n*, einen Anruf machen, telefonieren **2** klingen, läuten ♦ *adj* schwach (schlecht) ► **~ på** klingeln (an der Tür); **~** *ngn* **op** anrufen *j-n* (telefonieren); **Han skal ~ til mig!** Er soll mich anrufen!

ringmur [rengmua] *u* Ringmauer *w*

ringvej [rengwaj] *u* Ringstraße *w*

ris [riß] *u* Reis *m*

risikabel [rißikäb^{e}l] *adj* riskant

risikere [rißikea] *v* riskieren *etw. Akk*, Risiko *etw. Gen* eingehen

risiko [rißiko] *u* Gefahr *w*, Risiko *s* (einer Ansteckung usw.)

rist [reßd] *u* Rost *m*

riste [reßd^{e}] *v* **1** rütteln *an j-m/etw.* **2** schütteln *etw. Akk* **3** schütteln *etw. Akk* **4** zittern **5** zittern, sich schütteln **6** sich schütteln (Hund usw.) **7** durchschütteln *etw. Akk* **8** vibrieren **9** braten (an der Oberfläche) **10** toasten, rösten **11** sautieren (kurz anbraten) **12** anrösten *etw. Akk*, anbraten *etw. Akk* **13** rösten (Kaffee usw.)

rive [riiw^{e}] *v* **1** reißen *etw. Akk* (Papier usw.) **2** reiben *etw. Akk* (Gemüse usw.), raspeln *etw. Akk* **3** reiben (raspeln) **4** harken, rechen ♦ *u* Harke *w*, Rechen *m* ► **~ af** *ngt* abreißen *etw. Akk*, herunterreißen *etw. Akk*; **~** *ngt* **i stykker** reißen *etw. Akk*, zerreißen *etw. Akk* (in Stücke), zerreißen (Seil usw.); **~** *ngt* **ned** herabziehen; **~** *ngt* **op** ausreißen (Unkraut usw.)

ro [ro] *u* **1** Stille *w*, Ruhe *w* (Stille) **2** Ruhe *w*, Frieden *m* (Ungestörtheit) **3** Ruhe *w* (Untätigkeit) ♦ *v* rudern

rod [rodh] *t* **1** Saustall *m* (Unordnung), Unordnung *w* **2** Schlamassel *m/s*

rode [roodh^{e}] *v* durcheinanderbringen, durcheinanderbringen *etw. Akk*, herumwühlen *in etw. Dat* (suchen); **blive rodet ind i** *ngt* sich verwickeln *in etw. Akk* (Seil, Faden usw.)

rolig [rooli] *adj* gemächlich, geruhsam (Lebenstempo usw.), ruhig, friedlich (ohne Aufregung); **blive ~** sich beruhigen

rolle [ral^{e}] *u* Rolle *w* (Schauspiel)

roman [romän] *u* Roman *m*

ror [roa] *t* Ruder *s* (Steuerruder)

ros [roß] *u* Lob *s*

rose [rooß^{e}] *u* Rose *w* ♦ *v* loben *j-n für etw.*, preisen *j-n/etw.*, loben *j-n/etw.*, rühmen *j-n/etw.*

rosenkål [rooß^{e}nkol] *u* Rosenkohl *m*

rosiner [roßina] *u Mz* Rosinen *w Mz*

rotte [rad^{e}] *u* Ratte *w*

rovdyr [roudüa] *t* Raubtier *s*

rovfugl [rouful] *u* Greifvogel *m*, Raubvogel *m*

ru [ru] *adj* grob, rau (Oberfläche usw.)

rubrik [rubreg] *u* Abschnitt *m*, Rubrik *w* (eines Formulars), Feld *s* (im Fragebogen usw.), Kästchen *s*

rug [ru] *u* Roggen *m*

ruin [ruin] *u* Ruine *w*

rulle [rul^{e}] *u* Mangel *w*, Rolle *w* (Fleischrolle usw.) ♦ *v* rollen, rollen *etw. Akk*, wälzen *etw. Akk* (Fass usw.) ► **~ rundt** sich wälzen; **~ ud** ausrollen (Zusammengerolltes); **~** *ngt* **op** hochkrempeln; **~** *ngt* **sammen** zusammenrollen (Papier usw.)

rullestol [rul^{e}ßdol] *u* Rollstuhl *m*

rulletrappe [rul^{e}trab^{e}] *u* Rolltreppe *w*

rum [rom] *t* **1** Zimmer *s*, Raum *m* (im Haus) **2** Fach *s* (im Schrank usw.) **3** Raum *m* (leerer usw.) **4** Platz *m* (Kapazität usw.), Raum *m* (leerer usw.)

rumfartøj [romfaataj] *t* Rakete *w*, Raumschiff *s*

rumme [rom^{e}] *v* aufnehmen

rumraket [romraked] *u* Rakete *w*

rund [ron] *adj* kugelig, kugelförmig, Kugel-, rund

runde [ronde] *u* Runde *w*

rundkørsel [ronköaß^{e}l] *u* Kreisverkehr *m*

rundrejse [ronrajß^{e}] *u* Rundreise *w*

rundstykke [ronßdög^{e}] *t* Brötchen *s*, (ÖrD, SüD) Semmel *w*

rundvisning [ronwiißneng] *u* Besichtigung *w etw. Gen*, geführte Tour

Rusland [rußlan] *t* Russland *s*

rusmiddel [rußmidh^{e}l] *t* Droge *w*, Rauschgift *s*

russisk [rußißg] *adj* russisch ♦ *adv* russisch, auf Russisch ♦ *t* Russisch(e) *s*

rust [roßd] *u* Rost *m* (Eisenoxid)

rute [ruud^{e}] *u* **1** Route *w* **2** Linie *w* (Verkehrsstrecke)

rutebil [rud^{e}bil] *u* Bus *m* (Verkehrsmittel), Reisebus *m*

rutebilstation [rud^{e}bilßdatschon] *u* Busbahnhof *m*

rutine [rutiin^{e}] *u* Praxis *w* (Berufserfahrung), Berufserfahrung *w*, Routine *w*

ry [rü] *t* Reputation *w*, Ruf *m* (guter usw.)

rydde [rüdh^{e}] *v* **1** frei machen (Weg usw.), säubern *etw. Akk* (Partei usw.) **2** wegräumen ► **~ op** aufräumen; **~ væk** entfernen *etw. Akk*, beseitigen *etw. Akk*

ryddelig [rüdh^{e}li] *adj* gepflegt (sauber usw.), ordentlich (ordnungsliebend)

ryg [rög] *u* Rücken *m*, Rückenlehne *w*

ryge [rüü^{e}] *v* rauchen; **~ ud** ausscheiden (aus einem Spiel usw.)

ryger [rüüa] *u* Raucher *m*

rygrad [rögradh] *u* Wirbelsäule *w*

rygsæk [rögßeg] *u* Kraxe *w*, Rucksack *m*

rygsøjle [rögßajl^{e}] *u* Wirbelsäule *w*

rykke [röge] *v* **1** zerren *an etw. Dat*, reißen *an etw. Dat* **2** zucken (Muskel usw.) **3** reißen *etw. Akk von etw.* **4** weitergehen, vorankommen (sich bewegen) **5** verlegen (aufschieben) ► ~ *ngt* **sammen** zusammenschieben (zusammenrücken)

rynke [röngge] *u* Falte *w* (Runzel) ♦ *v* runzeln ► ~ **panden** *ad ngn* die Stirn runzeln, finster ansehen *j-n*

ryste [rößde] *v* **1** sich schütteln, zittern (vor Kälte usw.) **2** schütteln *j-n/etw.* ► ~ **af sig** *ngn/ngt* abschütteln *etw. Akk* (Schnee usw.); ~ **på hovedet** den Kopf schütteln

rædsel [radhßel] *u* Entsetzen *s*, Schrecken *m*

rædsom [radhßam] *adj* fürchterlich, schrecklich (Qualität usw.)

række [rage] *u* **1** Reihe *w* **2** Kette *w* (Reihe von Dingen usw.) ♦ *v* **1** reichen *j-m etw. Akk* (geben) **2** ausstrecken **3** ausreichen ► ~ **hånden op** sich melden (Schüler usw.); ~ **ud** *efter ngt* greifen *nach etw.* (mit Hand usw.)

rækkefølge [ragefölje] *u* Folge *w*, Reihenfolge *w*, Reihe *w* (von Zahlen), Aufeinanderfolge *w*

ræv [reu] *u* Fuchs *m* (Tierart)

rød [rödh] *adj* rot

røg [raj] *u* Rauch *m*

røget [rajedh] *adj* geräuchert

rømme [röme] *v* räumen (Zimmer usw.)

røntgenbillede [röndgenbeledhe] *t* Röntgenaufnahme *w*

rør [röa] *t* Rohr *s*, Röhre *w*

røre [rööa] *v* **1** berühren *j-n/etw.*, anrühren *j-n/etw.* **2** ertasten *etw. Akk* **3** rücken *etw. Akk* (Tisch usw.) **4** mischen *etw. Akk*, vermischen *etw. Akk* **5** einrühren *etw. Akk in etw. Akk*, vermischen *etw. Akk in etw. Dat* **6** rühren *j-n* (innerlich) ► ~ **i** *ngt* rühren *etw. Akk*, umrühren *etw. Akk* (Suppe usw.)

røve [rööwe] *v* ausrauben *etw. Akk* (Bank usw.), ausräumen *etw. Akk* (Laden, Wohnung usw.), betrügen *j-n um etw.*, einbrechen *in etw. Akk* (in eine Wohnung usw.)

røver [rööwa] *u* Räuber *m*

rå [ro] *adj* **1** roh (Gemüse usw.) **2** roh, Roh- **3** brutal ♦ *u* Rehgeiß *w*

råbåd [robod] *u* Ruderboot *s*

råd [rodh] *t* Rat *m*, Ratschlag *m*; **have** ~ **til** *ngt* sich *etw. Akk* leisten können (finanziell usw.)

rådden [radhen] *adj* faul (Obst usw.), verfault

råde [roodhe] *v* beraten *j-n bei etw.*, raten *j-m etw. Akk*, raten *j-m*, verfügen *über etw. Akk* (besitzen); ~ *ngn* **fra** *ngt* abraten *j-m von etw.*, abbringen *j-n von etw.*

rådgiver [radhgiwa] *u* Berater *m*, Ratgeber *m* (Person)

rådgivning [radhgiuneng] *u* Beratung *w* (Beratertätigkeit)

rådhus [radhhuß] *t* Rathaus *s*

rådspørge [radhßböaue] *v* sich beraten *mit j-m über etw. Akk*

råolie [raolje] *u* Erdöl *s*, Öl *s* (Rohstoff)

råstof [raßdaf] *t* Rohstoff *m*

S

sadel [ßadhel] *u* Sattel *m* (Pferd usw.)

saft [ßafd] *u* **1** Saft *m* (aus Obst usw.) **2** Sirup *m*

sag [ßäj] *u* Angelegenheit *w*, Frage *w* (Problem usw.), Rechtsfall *m*, Sache *w* (Sachverhalt)

sagkyndig [ßauköndi] *adj* **1** qualifiziert, sachkundig (fachlich ausgebildet) **2** kompetent (Gericht usw.), zuständig

saglig [ßauli] *adj* sachlich

sagsanlæg [ßääßenleg] *t* Klage *w* (gerichtlich)

saks [ßagß] *u* Schere *w* (Werkzeug)

sal [ßäl] *u* Saal *m*, Stock *m* (Geschoss)

salami [ßaläämi] *u* Dauerwurst *w*, Salami *w*

salat [ßaläd] *u* Salat *m*

salg [ßal] *t* Verkauf *m*

salgsautomat [ßalßautomäd] *u* Münzautomat *m*, Automat *m* (Zigaretten usw.)

salt [ßald] *adj* salzig ♦ *t* Salz *s*

saltbøsse [ßaldböße] *u* Salzstreuer *m*

salte [ßalde] *v* salzen *etw. Akk*

salve [ßalwe] *u* Salbe *w*, Salve *w*

salvie [ßalwiie] *u* Salbei *m/w*

samarbejde [ßamabajde] *t* Zusammenarbeit *w* ♦ *v* kooperieren, zusammenarbeiten *mit j-m*

samfund [ßamfon] *t* Gesellschaft *w* (menschliche)

samle [ßamle] *v* **1** einsammeln, sammeln (Holz usw.) **2** sammeln (Briefmarken usw.) **3** sammeln (Sachen usw.) **4** sammeln (ein Heer usw.), versammeln **5** zusammensetzen *etw. Akk* **6** konzentrieren (Arbeitskräfte usw.) **7** ansammeln, häufen *etw. Akk* (Vorräte usw.) **8** aufhäufen ► ~ **op** *ngt* aufheben *etw. Akk* (vom Boden usw.)

samleje [ßamlaje] *t* Geschlechtsverkehr *m*, Koitus *m*, Beischlaf *m*

samlever [ßamlewa] *u* Partner *m* (Lebensgefährte), Partnerin *w* (Lebensgefährtin)

samling [ßamleng] *u* Sammlung *w* (von Altpapier usw.)

samme [ßam^{e}] *adj* gleich; **det ~** dasselbe; **med det ~** direkt, gleich (sofort); **på ~ måde** ebenso, genauso; **den/det ~** derselbe

sammen [ßam^{e}n] *adv* beisammen, zusammen (arbeiten usw.), gemeinsam, miteinander; **passe ~** passen *zu etw.* (Farben usw.)

sammenbrud [ßam^{e}nbrudh] *t* Störung *w* (technische), Panne *w* (Fahrzeug)

sammendrag [ßam^{e}ndrau] *t* Zusammenfassung *w*

sammenføjning [ßam^{e}nfajneng] *u* Verbindung *w* (zwischen zwei Teilen)

sammenhæng [ßam^{e}nheng] *u* Zusammenhang *m*, Zusammenhang *m zwischen etw. Dat*; **hænge sammen** *med ngt* sich beziehen *auf etw. Akk*

sammenligne [ßam^{e}nliin^{e}] *v* **1** vergleichen *j-n/etw. mit j-m/etw.* (Unterschiede) **2** vergleichen *etw. Akk mit etw.* (Ähnlichkeiten), vergleichen *j-n/etw. mit j-m/etw.* (angleichen) ► **sammenlignet med** im Vergleich zu *etw.*, gegenüber *etw.* (verglichen), gegen *etw.*

sammensat [ßam^{e}nßad] *adj* **1** gebildet *aus etw.* **2** zusammengesetzt (Auge usw.) **3** komplex ► **være ~ af** *ngt* bestehen *aus etw.* (als Ganzes), sich zusammensetzen *aus etw.*

sammensluttet [ßam^{e}nßlud^{e}dh] *adj* einheitlich (Einheit bildend)

sammenstød [ßam^{e}nßdödh] *t* Anprall *m*, Aufprall *m*, Zusammenstoß *m* (Zusammenprall)

sammensætte [ßam^{e}nßed^{e}] *v* zusammensetzen *etw. Akk*

samt [ßamd] *conj* auch

samtale [ßamtääl^{e}] *u* **1** Gespräch *s* **2** Besprechung *w*

samtidig [ßamtidhi] *adj* **1** zeitgenössisch **2** parallel (gleichzeitig) ♦ *adv* **1** zugleich **2** auf einmal, gleichzeitig

samtykke [ßamtüg^{e}] *t* **1** Zustimmung *w zu etw.* **2** Bewilligung *w j-s* ♦ *v* **1** zustimmen *j-m/etw.* **2** bewilligen *etw. Akk* **3** einwilligen *in etw. Akk*

samvittighed [ßamwidihedh] *u* Gewissen *s*

sand [ßan] *t* Sand *m* ♦ *adj* **1** wahr **2** wirklich (wie es sein soll) ► **Det er ikke ~.** Das ist nicht wahr.; **Er det sandt?** Im Ernst?, Ehrlich?, Wirklich?

sandaler [ßandäla] *u Mz* Sandalen *w Mz*

sandhed [ßanhedh] *u* Wahrheit *w*

sandsynlig [ßanßünli] *adj* wahrscheinlich

sandsynligvis [ßanßünliwiß] *adv* wahrscheinlich, wohl ♦ *part* wahrscheinlich, vielleicht, wohl

sang [ßang] *u* Gesang *m*, Lied *s*

sanger [ßanga] *u* Sänger *m*

sans [ßanß] *u* **1** Sinn *m* (Sehkraft usw.) **2** Gefühl *s für etw.*, Sinn *m für etw.* (Gerechtigkeit usw.)

sanselig [ßanß^{e}li] *adj* sinnlich (Lippen usw.)

sardin [ßadin] *u* Sardine *w*, Pilchard *m*

satellitnavigation [ßad^{e}lidnawigatschon] *u* Navi *s*, Satellitennavigation *w*, Navigationssystem *s* (Gerät), Navigationsgerät *s* (im Auto)

sats [ßadß] *u* Satz *m* (Gebühr usw.)

satse [ßadß^{e}] *v* tippen (im Wettbüro usw.)

sav [ßäw] *u* Säge *w*

save [ßääw^{e}] *v* sägen *etw. Akk* (Baumstamm usw.), zersägen *etw. Akk*, sägen (arbeiten); **~ af** *ngt* absägen *etw. Akk*

savne [ßaun^{e}] *v* vermissen *j-n/etw.*, fehlen *j./etw. j-m*

scene [ßeen^{e}] *u* **1** Bühne *w* **2** Szene *w* (hysterische usw.)

Schweiz [ßwajdß] *t* Schweiz *w* ♦ *u* Schweiz *w*

schweizer [ßwajdßa] *u* Schweizer *m*

schweizisk [ßwajdßißg] *adj* schweizerisch

se [ße] *v* **1** schauen *auf j-n/etw.*, ansehen *j-n/etw.*, starren *auf j-n/etw.* (blicken) **2** sehen *j-n/etw.* **3** erblicken **4** siehe ► **~ efter** *ngn/ngt* suchen *j-n/etw.* (Verlorenes usw.); **~ op til** *ngn/ngt* bewundern *j-n/etw. wegen etw.*; **~ på** *ngn/ngt* (sich) ansehen *j-n/etw.* (Film usw.), beobachten *j-n/etw.*; **~ på** *ngt* besichtigen *etw. Akk*, sich ansehen *etw. Akk*; **~ sig tilbage** *efter ngn/ngt* sich umsehen *nach j-m/etw.*, zurückblicken *auf j-n/etw.*, (SüD, ÖrD, SwD) sich umschauen *nach j-m/etw.*; **~ ud** aussehen *irgendwie*, schauen *irgendwie* (dreinblicken); **vi ses** auf Wiedersehen

seddel [ßedh^{e}l] *u* **1** Zettel *m* (Notizzettel usw.) **2** Schildchen *s*, Etikett *s*

segl [ßajl] *t* Plombe *w*, Siegel *s* (Abdruck) ♦ *u* Sichel *w*

sej [ßaj] *adj* **1** zäh (Fleisch usw.) **2** hart (unnachgiebig) **3** zäh (mit Ausdauer usw.) **4** toll (Leistung usw.), cool

sejl [ßajl] *t* Segel *s*

sejlads [ßajläß] *u* Schiffsreise *w*, Seeschifffahrt *w*, Schifffahrt *w* (Segeln usw.), Segeln *s*

sejle [ßajl^{e}] *v* durchsegeln *durch etw.* (hindurch), segeln *an etw. Dat vorbei*, mit einem Schiff fahren, segeln (mit Segelboot usw.)

sejr [ßaja] *u* Sieg *m*

sekretær [ßegr^{e}tea] *u* Sekretär *m*, Sekretärin *w*

seks [ßegß] *num* sechs

seksten [ßajßd^{e}n] *num* sechzehn

sekund [ßekond] *t* Sekunde *w*

selleri [ßelari] *u* Bleichsellerie *m*, Sellerie *m*, Knollensellerie *m* (Knolle)

selskab [ßelßgäb] *t* 1 Gesellschaft *w* (Firma usw.) 2 Party *w* ► **gøre** *ngn* ~ Gesellschaft leisten *j-m*

selv [ße] *adj* selbst (allein) ♦ *pron* selbst (er – Singular) ► **en** ~ selbst (persönlich); ~ **om** auch wenn, obwohl; **Det må du** ~ **om.** Wie Sie wollen.; **Selv tak.** Nichts zu danken.

selvbetjening [ßelbetjeneng] *u* Cafeteria *w*, Selbstbedienungsrestaurant *s*, Selbstbedienung *w*

selvfølgelig [ßelföljeli] *adj* selbstverständlich ♦ *part* natürlich (Zustimmung), selbstverständlich ♦ *adv* selbstverständlich

selvklar [ßelkla] *adj* selbstverständlich

selvmord [ßelmoa] *t* Selbstmord *m*

selvom [ßelam] *conj* auch wenn, obgleich, obschon, obwohl

selvsagt [ßelßagd] *adj* selbstverständlich

selvstændig [ßelßdendi] *adj* autonom, eigenständig, selbstständig, unabhängig ♦ *u* Selbständige *m*

semester [ßemeßda] *t* Halbjahr *s* (in der Schule), Semester *s*

seminar [ßemina] *t* Seminar *s*

sen [ßen] *adj* verspätet, Spät-

sende [ßen^{e}] *v* 1 senden *j-m etw. Akk* (Brief usw.), schicken *j-m etw. Akk* 2 schicken *j-n irgendwohin* 3 senden (ausstrahlen) 4 im Fernsehen senden 5 abfertigen (Briefe usw.)

senest [ßen^{e}ßd] *adv* spätestens

seng [ßeng] *u* Bett *s*; **gå i** ~ sich hinlegen

sengetæppe [ßeng^{e}teb^{e}] *t* Tagesdecke *w*

sengetøj [ßeng^{e}taj] *t* Bettwäsche *w*

sennep [ßenab] *u* Senf *m*

sensitiv [ßenßitiu] *adj* empfindlich *gegen etw.* (gegen Kälte usw.)

sensuel [ßenßuel] *adj* sinnlich (Lippen usw.)

sent [ßend] *adv* spät (in der Nacht usw.); **for** ~ spät (verspätet); **komme for** ~ sich verspäten (zu spät kommen)

separat [ßebarat] *adj* 1 separat, Separat- 2 frei stehend (Gebäude usw.) ♦ *adv* separat, extra (eingepackt usw.)

sepiablæksprutte [ßepjablegßbrud^{e}] *u* Tintenfisch *m*

september [ßebtemba] *u* September *m*

serie [ßeaj^{e}] *u* Serie *w*

seriøs [ßeaiöß] *adj* 1 seriös (Mensch usw.), solide 2 ernst (nicht amüsant) ► **seriøst** ernst (gemeint usw.)

servere [ßäawea] *v* servieren (Essen)

service[1] [ßööwiß] *u* Dienst *m* (Leistung), Service *m/s* (Dienst)

service[2] [ßööwiß] *t* Geschirr *s* (zum Essen)

serviet [ßäawied] *u* Serviette *w*

seværdighed [ßewäadihedh] *u* Sehenswürdigkeit *w*; **seværdigheder** *Mz* Sehenswürdigkeiten *w Mz*

sex [ßegß] *u* Sex *m*

sfære [ßfeea] *u* Bereich *m* (thematischer usw.), Gebiet *s* (einer Tätigkeit usw.), Sphäre *w*, Wirkungskreis *m*

shampoo [tschampo] *u* Shampoo *s*

sidde [ßedh^{e}] *v* sitzen; ~ **fast** *i ngt, et sted* stecken *irgendwo* (festsitzen)

siddeplads [ßedheplaß] *u* Sitzplatz *m*

side [ßiidh^{e}] *u* 1 Seite *w* 2 Seite *w etw. Gen* (Standpunkt), Aspekt *etw. Gen m* ► **for lang tid siden** längst; **til siden** beiseite (legen usw.); **ved siden af** daneben

siden [ßiidh^{e}n] *conj* 1 seit 2 denn, weil ► **for en halv time** ~ vor einer halben Stunde

sidste [ßißd^{e}] *adj* vorig, vergangen, letzt(er,e,es) (Woche usw.) ♦ *pron* der zuletzt genannte (von zwei) ► **den** ~ letzt(er,e,es); **det** ~ letzt(er,e,es); ~ **gang** letztens, das letzte Mal, zum letzten Mal

sig [ßaj] *pron* sich; ~ **selv** sich, sich (selbst), werden

sige [ßii^{e}] *v* 1 sagen *etw. Akk* (aussprechen) 2 erzählen *j-m etw. Akk* ► **det vil** ~ das heißt, d. h.; ~ **sin mening** *om ngt* sich äußern *zu etw.*

sightseeing [ßajdßiieng] *u* Besichtigung von Sehenswürdigkeiten, Sightseeing *s*, Besichtigungsfahrt *w*

signal [ßinäl] *t* Signal *s* (Zeichen usw.)

sigte [ßegd^{e}] *v* 1 zielen *mit etw. auf j-n/etw.* 2 richten *auf etw. Akk* (seine Anstrengung usw.) 3 durchsieben (Mehl usw.)

sikker [ßega] *adj* sicher ► **sikkert sted** *t* Sicherheit *w* (Platz); **være** ~ *på ngt* sich *etw. Gen* sicher sein, überzeugt *von etw.*

sikkerhed [ßegahedh] *u* 1 Sicherheit *w* (Zustand) 2 Sicherheit *w*, Gewissheit *w* 3 Sicherheit *w* (Selbstsicherheit) 4 Sicherung *w* (Schutz) 5 Sicherheit *w etw. Gen* (von Betrieb usw.) 6 Bürgschaft *w für etw.* (Geld usw.)

sikkerhedsnål [ßegahedhßnol] *u* Sicherheitsnadel *w*

sikkerhedssele [ßegahedhßßeel^{e}] *u* Sicherheitsgurt *m*; **spænde sikkerhedsselen** den Sicherheitsgurt anlegen

sikkert [ßegad] *part* gewiss, sicherlich; **helt** ~ gewiss, sicherlich, bestimmt

sikre [ßegr^{e}] *v* 1 sichern *etw. Akk*, absichern *etw. Akk* (vor Gefahr) 2 sichern *etw. Akk* (garantieren) 3 sichern *j-n/etw.* (schützen)

sikring [ßegreng] *u* Sicherung *w*; **Sikringen er gået.** Die Sicherung ist herausgesprungen.
sild [ßil] *u* **1** Hering *m* (Fisch) **2** eine tolle Braut
simpel [ßembel] *adj* einfach (unkompliziert), simpel (Erklärung usw.)
simpelthen [ßembeldhen] *part* einfach, eben, halt
sin, sit, sine *pron* mein, dein, sein, ihr, unser, euer
sind [ßen] *t* Geist *m*, Sinn *m* (Gedanken usw.)
singel [ßenggel] *adj* ledig
situation [ßiduatschon] *u* Situation *w*
sjette [tscheede] *num* sechst(er,e,es)
sjov [tschou] *adj* lustig (amüsant) ♦ *t* Spaß *m*
sjusket [tschußge~~dh~~] *adj* nachlässig ♦ *adv* nachlässig, schlampig
sjæl [tschel] *t* Seele *w*
sjælden [tschelen] *adj* rar, knapp (kaum vorhanden), selten, vereinzelt
skab [ßgäb] *t* **1** Schrank *m*, Wandschrank *m* **2** Krätze *w*, Skabies *w*, Schränkchen *s*
skabe [ßgääbe] *v* ausformen *etw. Akk*, bilden, schaffen (hervorrufen usw.), machen (erzeugen)
skade [ßgää~~dh~~e] *u* **1** Beschädigung *w*, Schaden *m* (Einbuße) **2** Läsion *w*, Unfall *m* (Verletzung), Verletzung *w* **3** Elster *w* ♦ *v* **1** schaden *j-m/etw.*, verletzen *j-n* (physisch), wehtun *j-m* (absichtlich usw.) **2** verletzen *j-n* (beschädigen) ► **komme til ~** sich verletzen
skadelig [ßgää~~dh~~eli] *adj* **1** schädlich **2** verderblich (Einfluss usw.), verheerend **3** unzuträglich, schädlich
skadestue [ßgää~~dh~~eßduue] *u* Notaufnahme *w*, Notdienst *m*, Bereitschaftsdienst *m* (ärztlicher)
skadet [ßgää~~dh~~e~~dh~~] *adj* **1** zerstört **2** verletzt, verwundet (bei Unfall usw.)
skaffe [ßgafe] *v* auftreiben *etw. Akk*, beschaffen *etw. Akk* (Geld usw.), besorgen *j-m etw. Akk für j-n* (beschaffen), verschaffen *etw. Akk* (besorgen); **~ (sig)** *ngt* verschaffen *etw. Akk* (gewinnen)
skaft [ßgafd] *t* Handgriff *m*, Stiel *m* (einer Schaufel etc.), Griff *m* (des Hammers usw.)
skak [ßgag] *u* Schach *s*
skal [ßgal] *u* **1** Schale *w* (von Orange usw.) **2** Schale *w* (einer Nuss), Nussschale *w* **3** Schale *w* (Ei), Eierschale *w* **4** Muschel *w* (Schale) **5** Hülse *w* (von Getreide usw.) ♦ *v* wird
skam [ßgam] *u* Scham *w*, Schande *w* (Schamgefühl)
skamme sig *v* sich schämen *für j-n/etw.*
skarp [ßgaab] *adj* **1** scharf **2** rau (Geräusch usw.), grell (Klang usw.) **3** heftig (stark)
skarpsindig [ßgaabßendi] *adj* sinnvoll (Lösung usw.), sinnreich
skat [ßgad] *u* **1** Steuer *w auf etw. Akk* (Abgabe) **2** Schatz *m* (Reichtum) **3** Liebling *m*, Schatz *m*, Schätzchen *s*
ske [ßge] *u* Löffel *m* ♦ *v* **1** geschehen, passieren (Ereignis usw.), vorgehen **2** stattfinden *irgendwo* ► **Hvad sker der?** Was ist (los)?
skede [ßgee~~dh~~e] *u* Scheide *w*, Vagina *w*
skeful [ßgeful] *u* Löffel *m etw. Akk* (Maßangabe)
skejs [ßgajß] *u* (ugs.) Kohle *w* (Geld), Moneten *Mz*
skelet [ßgeled] *t* Skelett *s* ♦ *u* Gerüst *s* (Grundkonstruktion usw.)
skelne [ßgelne] *v* unterscheiden *j-n/etw. von j-m/etw.* (Unterschied feststellen)
skema [ßgeema] *t* **1** Formular *s* **2** Plan *m* (Programm) **3** Schema *s*
skeptisk [ßgebtißg] *adj* misstrauisch, skeptisch, zweiflerisch
ski [ßgi] *u* Ski *m*; **stå på ~** Ski fahren
skib [ßgib] *t* Schiff *s* (Wasserfahrzeug)
skide [ßgii~~dh~~e] *adj* schmutzig (Raum usw.), dreckig (Zimmer usw.) ♦ *v* sich entleeren
skift [ßgifd] *t* Wechsel *m* (Ablösung)
skifte [ßgifde] *t* **1** Wende *w* (des Jahres usw.) **2** Schicht *w* (Arbeitsabschnitt) ♦ *v* **1** wechseln (Berufe usw.) **2** sich abwechseln *mit etw.* **3** sich umziehen **4** übergehen *zu etw.* (Thema usw.) **5** umsteigen *in etw. Akk* **6** tauschen (gegenseitig), wechseln (Schalter) ► **~ mening** sich (anders) überlegen; **~** *ngt* **til** *ngt* umschalten *etw. Akk auf etw. Akk*, schalten *etw. Akk auf etw. Akk* (Kamera usw.); **skiftes** *til at gøre ngt* sich abwechseln *bei etw.*, abwechselnd tun *etw. Akk*; **~ ble på barnet** ein Kind wickeln
skik [ßgig] *u* Sitte *w* (Gewohnheit); **skikke** *Mz* Bräuche *w Mz*
skildre [ßgeldra] *v* darstellen *j-n* (spielen)
skilift [ßgilifd] *u* Skilift *m*
skille [ßgele] *v* **1** auseinandernehmen, zerlegen *etw. Akk*, auseinandernehmen *etw. Akk* (Maschine usw.) **2** durchhauen *etw. Akk* **3** scheiden (Ehe) **4** trennen (zerlegen usw.) **5** differenzieren ► **~ sig ud** herausragen *unter j-m/etw.*, hervorragen *unter j-m/etw.* (Persönlichkeit usw.); **~** *ngn/ngt* **fra** trennen *j-n/etw.*, abtrennen *j-n/etw.*
skilsmisse [ßgelßmiße] *u* Scheidung *w*
skilt [ßgeld] *t* **1** Schild *s* **2** Zeichen *s* (Symbol) ♦ *adj* geschieden ► **blive ~** sich scheiden lassen *von j-m*; **trafikskilt** *t* Verkehrszeichen *s*

skiløber [ßgilöba] *u* Skifahrer *m*

skin [ßgen] *t* 1 Glanz *m* 2 Schein *m* (des Lichts) 3 greller Schein 4 Schein *m* (Eindruck usw.), Anschein *m*

skind [ßgen] *t* Leder *s*

skinke [ßgengg^{e}] *u* Schinken *m*

skinne [ßgen^{e}] *v* 1 leuchten (Lampe usw.), scheinen (Licht ausstrahlen) 2 beleuchten *etw. Akk* ♦ *u* 1 Schiene *w* (für einen Zug usw.) 2 Schiene *w* (für Frakturen)

skipas [ßgipaß] *t* Skipass *m*

skive [ßgiiw^{e}] *u* 1 Scheibe *w* 2 Scheibe *w etw. Gen* (Brot usw.) 3 Unterlegscheibe *w* ► **skære** *ngt* **i skiver** aufschneiden *etw. Akk* (in Scheiben)

skjold [ßgjal] *t* Panzer *m* (von Schildkröte usw.) ♦ *u* Schild *m* (Schutzschild usw.)

skjorte [ßgjoad^{e}] *u* Hemd *s*

skjule [ßgjuul^{e}] *v* 1 verstecken *etw. Akk vor j-m*, verbergen *etw. Akk vor j-m* (unter Mantel usw.) 2 verbergen *j-n* (einen Flüchtling usw.)

skjult [ßgjuld] *adj* implizit, indirekt ausgedrückt, latent, versteckt

sko [ßgo] *u* Schuh *m* ♦ *v* beschlagen (Pferd) ► **tage på (sig) skoene** anziehen (Schuhe)

skole [ßgool^{e}] *u* Schule *w*; **i ~** in der Schule

skoleår [ßgool^{e}o] *t* Schuljahr *s*

skorsten [ßgooßden] *u* Schornstein *m*

skov [ßgou] *u* Wald *m*

skovl [ßgoul] *u* Schaufel *w* (Schippe)

skrabe [ßgraab^{e}] *v* baggern (Flussbett usw.), scheuern (bei Bewegung), reiben; **~ af** abkratzen, herunterkratzen (Farbe usw.)

skrald [ßgral] *t* Abfall *m* (Reste usw.), Müll *m*

skraldespand [ßgral^{e}ßban] *u* Mülleimer *m*, Abfalleimer *m*

skrap [ßgrab] *adj* hart (unnachgiebig)

skride [ßgriidh^{e}] *v* schreiten, gehen

skrift [ßgrefd] *u* Schrift *w* (System)

skriftlig [ßgrefdli] *adj* schriftlich

skrig [ßgri] *t* Geschrei *s*, Schreien *s*, Schrei *m*

skrige [ßgrii^{e}] *v* anbrüllen *j-n*, anschreien *j-n*, aufkreischen, brüllen

skrin [ßgrin] *t* Kasten *m* (zum Aufbewahren), Kästchen *s*

skrive [ßgriiw^{e}] *v* 1 schreiben (aufzeichnen) 2 schreiben *etw. Akk* (formulieren) 3 aufzeichnen, vermerken 4 tippen (schreiben), Maschine schreiben ► **~ af** umschreiben (Rede von Aufnahme usw.); **~ ned** notieren *etw. Akk*, aufschreiben *etw. Akk*; **~** *ngt* **ned** aufschreiben *etw. Akk*; **skriveredskaber** *Mz* Schreibbedarf *m*

skrivebord [ßgriiw^{e}boa] *t* 1 Schreibtisch *m* 2 Desktop *m*, Arbeitsfläche *w* (eines Computers)

skrivehæfte [ßgriiw^{e}hefd^{e}] *t* Heft *s* (Schulheft usw.)

skrot [ßkrad] *u/t* Schrott *m* (Alteisen)

skrue [ßgruu^{e}] *u* Schraube *w* ♦ *v* schrauben *etw. Akk irgendwohin* ► **~ ned** leiser stellen, vermindern, zurückstellen (Heizung usw.); **~ op** *for ngt* lauter stellen *etw. Akk* (Radio usw.), aufdrehen *etw. Akk* (Heizung)

skruetrækker [ßgruu^{e}traga] *u* Schraubenzieher *m*

skrædder [ßgradha] *u* Schneider *m* (Person)

skræk [ßgrag] *u* Furcht *w*, Schreck *m*, Schrecken *m* (Person)

skrækkelig [ßgrag^{e}li] *adj* grässlich, schrecklich, gräulich, gruselig

skræl [ßgral] *t* Schale *w* (Frucht), Haut *w* (von Pfirsich usw.) ♦ *u* Schale *w* (von Orange usw.)

skrælle [ßgral^{e}] *v* abschälen (Obst usw.), schaben (säubern usw.), schälen, schälen *etw. Akk*

skræmme [ßgram^{e}] *v* aufschrecken, erschrecken, verschrecken *j-n*, verscheuchen *etw. Akk* (Tiere usw.); **blive skræmt** *af ngt* erschrecken *vor j-m/etw.*

skrænt [ßgrand] *u* Absturz *m* (Abhang), Hang *m* (steil usw.), Abhang *m*

skrøbelig [ßgrööb^{e}li] *adj* 1 unsolide 2 zart (körperlich), schwach 3 zerbrechlich, brüchig 4 altersschwach

skrå [ßkro] *adj* schief, schräg

skråning [ßkrooneng] *u* Abhang *m*

skråt [ßgrod] *adv* schräg; **stille** *ngt* **på ~** neigen *etw. Akk* (senken)

skuespil [ßguu^{e}ßbel] *t* Schauspiel *s*

skuespiller [ßguu^{e}ßbela] *u* Schauspieler *m*

skuffe [ßgof^{e}] *u* Schublade *w* ♦ *v* enttäuschen *j-n*, *j-n* im Stich lassen

skuffelse [ßgof^{e}lß^{e}] *u* Enttäuschung *w*

skulder [ßgula] *u* Schulter *w*

skulle [ßgul^{e}] *v* 1 sollen, haben *+ zu + Inf.* 2 müssen *etw. Akk tun* 3 würde ► **Hvad skal jeg gøre?** Und was soll ich machen?; **Jeg skal på toilet.** Ich muss auf die Toilette.

skulptør [ßgulbtöa] *u* Bildhauer *m*

skum [ßgom] *t* Schaum *m*, Schaumfestiger *m*

skur [ßgua] *t* Hütte *w* (primitive), Schuppen *m*, Schutzdach *s* (für Holz usw.)

skvætte [ßgwed^{e}] *v* 1 spritzen (Wasser usw.) 2 bespritzen *etw. Akk mit etw.* (befeuchten)

sky [ßgü] *adj* ängstlich, scheu, schüchtern ♦ *u* Wolke *w*

skyde [ßgüüdh^{e}] *v* 1 schießen 2 abschießen *j-n/etw.* (töten) 3 abfeuern (Rakete usw.) ► **~ ned** *ngt/ngn* anschießen *j-n* (verletzen)

skydevåben [ßgüüdhewoben] *t* Feuerwaffe *w*, Schusswaffe *w*

skygge [ßgüge] *u* Schatten *m etw. Gen* (eines Körpers) ♦ *v* beschatten *etw. Akk* (vor Sonne)

skyld [ßgül] *u* Schuld *w an etw. Dat* (Verantwortung usw.), Schuld *w* (Fehler); **give** *ngn* **skylden** *for ngt j-m* die Schuld *an etw. Dat* geben; **have skylden** *for ngt* schuld sein *an etw. Dat*; **Det er ikke min ~!** Es ist nicht meine Schuld!

skylde [ßgüle] *v* **1** schulden *j-m etw. Akk*, schuldig sein *j-m etw. Akk*, schulden *j-m etw. Akk* **2** verdanken *j-m etw. Akk*

skyldig [ßgüldi] *adj* **1** schuldig *etw. Gen* **2** schuldbewusst **3** schuldig (Summe)

skylle [ßgöle] *v* **1** wegspülen (abschwemmen) **2** spülen (Toilette) **3** spülen (Wäsche), durchspülen

skynde sig *v* eilen, herbeieilen, sich beeilen *mit etw.*

skyskraber [ßgüßkraaba] *u* Wolkenkratzer *m*

skæbne [ßgeebne] *u* Schicksal *s*

skæg [ßgeg] *t* **1** Bart *m* **2** Barthaar *s*

skæl [ßgel] *t* Kopfschuppen *w Mz*, Schuppen *w Mz*, Schuppe *w* (von Fisch usw.)

skælde [ßgele] *v* schimpfen *mit j-m*; **~ ud** *ngn* ausschimpfen *j-n*

skændsel [ßgenßel] *u* Schande *w* (Unehre)

skænke [ßgengge] *v* gießen *etw. Akk in etw. Akk* (durch Gießen verteilen)

skære [ßgeea] *v* **1** schneiden *etw. Akk* (mit Messer) **2** schneiden *j-n mit etw.* (verletzen) **3** aufschneiden (in Scheiben), schneiden (Salami usw.) **4** aufschneiden (Bauch usw.) ► **~ over** *ngt* schneiden *etw. Akk* (in Teile); **~** *ngt* **af** abschneiden *etw. Akk* (mit einem Messer usw.); **~** *ngt* **i skiver** aufschneiden *etw. Akk* (in Scheiben)

skærm [ßgeam] *u* **1** Bildschirm *m* **2** Bildschirm *m*, Monitor *m* **3** Schirm *m* (einer Lampe usw.), Lampenschirm *m*

skærpe [ßgäabe] *v* **1** schärfen *etw. Akk* (Sense usw.), schleifen *etw. Akk* (Messer usw.), schärfen (Sense usw.), schleifen **2** intensivieren *etw. Akk*, steigern *etw. Akk*, verstärken *etw. Akk* **3** verschärfen (Konflikte usw.)

skæv [ßgeu] *adj* schief, schräg, zapfenförmig, zapfenartig; **skævt** schief

skødesløst [ßgöödheßlößd] *adv* nachlässig

skøjte [ßgajde] *u* Schlittschuh *m* ♦ *v* Schlittschuh laufen

skøn [ßgön] *adj* wunderschön, schön (hübsch anzusehen) ♦ *t* Schätzung *w* (von Entfernung usw.)

skønhed [ßgönhedh] *u* Schöne *w*, Schönheit *w*

skønne [ßgöne] *v* schätzen *etw. Akk* (bestimmen), abschätzen *etw. Akk*

skør [ßgöa] *adj* bekloppt, plemplem, verrückt

skål [ßgol] *u* **1** Schüssel *w*, Schale *w* (kleines Gefäß) **2** Trinkspruch *m* ► **Skål!** Prosit!, Zum Wohl!

skåle [ßgoole] *v* anstoßen, trinken *auf j-n/etw.*

slag [ßläj] *t* **1** Faustschlag *m*, Schlag *m* (mit der Faust), Schlag *m* (mit Faust usw.) **2** Schlacht *w* **3** Schlag *m* (des Herzens usw.)

slags [ßlagß] *u* Art *w* (Typus usw.), Sorte *w* (Typ usw.)

slagter [ßlagda] *u* Fleischer *m*, (SüD) Metzger *m*

slagterbutik [ßlagdabutig] *u* Fleischerei *w*, (SüD) Metzgerei *w*

slagtilfælde [ßlautefele] *t* Schlaganfall *m*

slange [ßlange] *u* Schlange *w* (Tier), Schlauch *m* (Röhre)

slank [ßlangg] *adj* **1** schlank **2** schlank, schmal **3** mager (Mensch)

slanke sig *v* abnehmen

slappe af *v* sich abreagieren, sich entspannen (ruhiger sein usw.)

slet [ßled] *part* gar, überhaupt; **~ ikke** ach wo, gar nicht, überhaupt nicht

slette [ßlede] *u* Ebene *w* (Land) ♦ *v* ablöschen, löschen (Daten), verwischen (beseitigen)

slide [ßlajd] *v* **1** schuften, sich abschuften, sich quälen *mit etw.* (sich abmühen) **2** sich schleppen **3** sich abnutzen **4** abwetzen *etw. Akk* (verschrammen usw.) **5** verschleißen (verbrauchen)

slik [ßleg] *t* Süßigkeiten *w Mz*, Süßwaren *Mz*

slikke [ßlege] *v* lecken, lecken *etw. Akk*

slippe [ßlebe] *v* **1** fallen lassen *etw. Akk* **2** loslassen *j-n/etw.* (nicht festhalten) **3** loslassen *etw. Akk* (nicht festhalten) **4** ausrutschen (aus der Hand usw.), ausgleiten (Löffel usw.) **5** ausrutschen *aus etw.* (aus Hand usw.) ► **~ bort** entkommen (mit einem Wagen); **~ godt fra** *ngt* davonkommen; **~ ud** entweichen (Gas usw.), klettern *aus etw.* (herauskommen usw.)

slips [ßlebß] *t* Krawatte *w*, Schlips *m*

slot [ßlad] *t* **1** Schloss *s* (Palast) **2** Palast *m*

sludder [ßludha] *t* Gelaber *s*, Gelabere *s*, Geschwafel *s*, Gefasel *s*

sludre [ßludhra] *v* plaudern, plaudern *mit j-m über etw. Akk*

sluge [ßluue] *v* hinunterschlingen *etw. Akk*, schlingen (essen), schlucken *etw. Akk*, verschlucken *etw. Akk* (Wasser usw.)

slukke [ßlog^e] *v* **1** ausmachen *etw. Akk* (Licht) **2** erlöschen (Licht), ausgehen (Lichter usw.) **3** ausschalten *etw. Akk* (Maschine usw.) **4** löschen (Brand usw.) **5** (den Brand) löschen, löschen (Feuer) **6** auslöschen (Feuer mit Wasser usw.) **7** stillen (Durst) **8** erlöschen (Feuer usw.), verlöschen

slurk [ßluag] *u* Schluck *m etw. Gen*

slurvet [ßluaw^e~~dh~~] *adj* nachlässig (Mensch usw.)

slut [ßlud] *prep* zu Ende *etw. Gen*; **Det er ~.** Es ist aus.

slutning [ßludneng] *u* **1** Schluss *m*, Ende *s* (einer Ära usw.) **2** Schluss *m* (gezogener usw.), Entschluss *m*

slutte [ßlud^e] *v* **1** aufhören *mit etw.*, enden, zu Ende sein **2** aufgeben *etw. Akk*, einstellen *etw. Akk* (Tätigkeit usw.), aufhören *mit etw.* **3** dicht schließen

slutte sig *v* sich anschließen *j-m/etw.*, unterstützen *etw. Dat* (ein Projekt usw.)

slæbe sig *v* sich schleppen

slægt [ßlegd] *u* Geschlecht *s* (Familie)

slægtning [ßlegdneng] *u* Verwandte *m*

slække [ßleg^e] *v* nachlassen

slæng [ßleng] *t* Clique *w* (Freundeskreis), Bande *w* (Jugendlicher usw.)

sløjfe [ßlajf^e] *u* Schleife *w* (im Haar usw.)

sløv [ßlöu] *adj* **1** stumpf (nicht scharf) **2** betäubt **3** lethargisch **4** saumselig, säumig

slå [ßlo] *v* **1** schlagen *j-n*, prügeln *j-n* **2** eine schmieren *j-m*, schlagen *j-n* (Schlag geben) **3** schlagen *an etw. Akk* (an den Tisch usw.) **4** schlagen *auf/an etw. Akk* (an die Tür usw.), hämmern *gegen etw.* **5** schlagen (Herz) **6** besiegen *j-n*, schlagen *j-n* (im Wettkampf, Krieg) **7** abmähen, mähen (Gras) **8** auffallen *j-m* ♦ *u* Riegel *m* (an der Tür) ► **~ ned** umstoßen *j-n/etw.*, umwerfen *j-n/etw.*; **~ op** *med ngn* auseinandergehen *von j-m*, sich trennen *von j-m*; **~ sammen** sich verbinden (zu einem Ganzen); **~ sig ned** *et sted* sich niederlassen *irgendwo* (wohnen usw.); **~** *ngn* **ned** umstoßen *j-n*, umwerfen *j-n*; **~** *ngn* **ud** k.o. schlagen *j-n*; **~** *ngt* **itu** zerschlagen *etw. Akk* (absichtlich usw.); **~** *ngt* **op** aufsuchen *j-n/etw.*; **~** *ngt* **ud** ausschlagen *etw. Akk*

smag [ßmäj] *u* **1** Geschmack *m* (des Essens usw.) **2** Geschmack *m* (Sinn), Geschmackssinn *m* **3** Geschmack *m* (Vorliebe) **4** Geschmack *m* (von Erdbeeren usw.)

smage [ßmääj^e] *v* **1** schmecken *nach etw.* (Beigeschmack haben) **2** kosten *etw. Akk* (Speise) **3** schmecken *j-m etw. Akk* (lecker sein)

smal [ßmal] *adj* **1** eng, schmal **2** schmal, schlank

smart [ßmad] *adj* **1** schlau, clever **2** sinnvoll (Lösung usw.), sinnreich **3** passend

smelte [ßmeld^e] *v* **1** tauen, schmelzen (zergehen) **2** auftauen (von Eis frei werden) **3** zerfließen (flüssig werden) **4** schmelzen (Erz usw.) **5** schmelzen (Erz usw.), abschmelzen (zergehen lassen) ► **~ bort** tauen, schmelzen, abschmelzen (zergehen)

smerte [ßmäad^e] *u* Schmerz *m*

smil [ßmil] *t* Lächeln *s*

smile [ßmiil^e] *v* anlachen *j-n*, anlächeln *j-n*, lächeln

sminke [ßmengg^e] *u* Make-up *s*, Schminke *w* ♦ *v* schminken *etw. Akk*, schminken *j-n/etw.*

sminke sig *v* sich schminken

smitsom [ßmedßam] *adj* ansteckend, infektiös, Infektions-, übertragbar (Krankheit usw.)

smitte [ßmed^e] *v* infizieren *j-n/etw. mit etw.*, übertragen (Krankheiten usw.)

smudsig [ßmußi] *adj* beschmutzt, verschmutzt (unsauber), schmutzig

smuk [ßmog] *adj* wunderschön, schön (hübsch anzusehen)

smykke [ßmög^e] *t* Schmuck *m* (Ring usw.); **smykker** *Mz* Juwelen *s Mz*

smøge [ßmaj^e] *u* Gasse *w*

smør [ßmöa] *t* Butter *w*

smøre [ßmööa] *v* auftragen *etw. Akk (auf etw. Akk)* (streichen), ausschmieren, beschmieren *etw. Akk mit etw.*, bestreichen *etw. Akk mit etw.*; **~ (sig) ind** sich eincremen

smørepålæg [ßmööapaleg] *t* Aufstrich *m*

smålig [ßmali] *adj* kleinlich, penibel

småpenge [ßmapeng^e] *Mz* Kleingeld *s*

småting [ßmateng] *Mz* Kleinigkeit *w* ♦ *u* Kleinigkeit *w* (etwas Kleines)

snakke [ßnag^e] *v* **1** sprechen *mit j-m von etw., über etw. Akk*, reden *mit j-m von etw., über etw. Akk* (etwas äußern) **2** sich unterhalten *über etw. Akk* **3** sprechen *mit j-m von etw., über etw. Akk*, reden *mit j-m von etw., über etw. Akk* (sich unterhalten)

snaps [ßnabß] *u* Schnaps *m*

snarere [ßnaaa-a] *adv* eher

snart [ßnad] *adv* bald, in Kürze, demnächst; **så ~** sobald, sowie (gleich usw.); **så ~ som mulig** so bald wie möglich, baldmöglichst

snavs [ßnauß] *t* Schmutz *m*, Unreinheit *w*

snavset [ßnauß^e~~dh~~] *adj* schmutzig, verschmutzt (unsauber)

sne [ßne] *u* Schnee *m* ♦ *v* heftig schneien, schneien

sneakers [ßniiga] *u Mz* Sportschuhe *m Mz*, Turnschuhe *m Mz*

snedig [ßneedhi] *adj* durchtrieben, gerissen (Mensch usw.), schlitzohrig, schlau
snegl [ßnajl] *u* Gastropode *m*, Nacktschnecke *w*, Schnecke *w*
sneskred [ßneßgredh] *t* Lawine *w*
snesmeltning [ßneßmeldneng] *u* Tauwetter *s*
snige sig *v* durchschleichen *durch etw.*, schleichen, sich stehlen, sich eindrängen *bei j-m* (Fehler usw.)
snit [ßnid] *t* **1** Schnitt *m* (mit dem Messer usw.) **2** Einschnitt *m* **3** Schnitt *m* (Kleider)
snitte [ßnide] *v* **1** schneiden *etw. Akk* (mit Messer) **2** aufschneiden (in Scheiben), schneiden (Salami usw.) **3** einstechen *auf j-n*, schneiden *j-n*
sno [ßno] *v* **1** drehen *etw. Akk* (formen) **2** wickeln (Draht usw.) **3** aufwickeln (zusammenrollen), umwickeln *etw. Akk um etw.*, wickeln *etw. Akk auf etw. Akk* (Wolle usw.) **4** umwickeln *etw. Akk mit etw.*
snor [ßnoa] *u* **1** Schnur *w* **2** Leine *w* (für Hund usw.) ► **holde en hund i ~** den Hund an der Leine haben
snorke [ßnooge] *v* schnarchen
snorkel [ßnoogel] *u* Schnorchel *m*
snuble [ßnuble] *v* nachlassen (Intensität usw.), stolpern *über etw. Akk*
snyd [ßnüdh] *t* Betrug *m*
snyde [ßnüüdhe] *v* **1** betrügen *j-n* **2** betrügen *j-n um etw.*, abschwindeln *j-m etw. Akk* **3** zu viel berechnen *j-m* **4** täuschen *j-n* (irreführen)
snyder [ßnüüdha] *u* Betrüger *m*
snæver [ßneua] *adj* eng, schmal
snørebånd [ßnööaban] *t* Schnürsenkel *m*
social [ßotschäl] *adj* **1** gesellschaftlich, sozial **2** gesellig, umgänglich (Mensch usw.)
sofa [ßoofa] *u* Sofa *s*, Couch *w*
sogn [ßoun] *t* Pfarrei *w*, Gemeinde *w* (Bezirk)
sok [ßag] *u* Socke *w*
sol [ßol] *u* Sonne *w*, Sonnenschein *m*
solcreme [ßoolkrem] *u* Sonnencreme *w*, Sonnenschutzcreme *w*, Sonnenlotion *w*
soldat [ßoldäd] *u* Soldat *m*
solid [ßolidh] *adj* fest (Stoff usw.), solide, redlich
solnedgang [ßoolnedhgang] *u* Sonnenuntergang *m*
solopgang [ßoolabgang] *u* Sonnenaufgang *m*
solrig [ßoolri] *adj* sonnig
solskoldning [ßoolßgalneng] *u* Sonnenbrand *m*
solstik [ßoolßdeg] *t* Sonnenstich *m*
som [ßam] *conj* **1** wie (Ähnlichkeit) **2** wie (Vergleich) **3** als (arbeiten als usw.) ♦ *pron* **1** der, die, das **2** was (Nebensatz) ► **~ om** als ob
sommer [ßama] *u* Sommer *m*
sommerfugl [ßamaful] *u* Schmetterling *m*
sommerhus [ßamahuß] *t* Ferienhaus *s*
sorg [ßou] *u* **1** Kummer *m* **2** Trauer *w* (Gefühl), Traurigkeit *w* **3** Trauer *w* (gehaltene)
sort [ßod] *adj* schwarz ♦ *adv* schwarz ♦ *t* Schwarz *s* ♦ *u* Schwarze *m*, Sorte *w*, Abart *w* (von Frucht usw.) ► **køre ~** schwarzfahren
sortiment [ßotimang] *t* Sortiment *s*
souvenir [ßuweniia] *u* **1** Souvenir *s* **2** Andenken *s* (Souvenir) **3** Memento *s*, Andenken *s*
sove [ßoue] *v* durchschlafen *etw. Akk*, schlafen (gut, lange usw.); **~ godt** (sich) ausschlafen
sovepille [ßouepele] *u* Schlaftablette *w*, Schlafmittel *s*
sovepose [ßouepooße] *u* Schlafsack *m*
sovevogn [ßouewoun] *u* Schlafwagen *m*
soveværelse [ßouewäaalße] *t* Schlafzimmer *s*
sovs [ßouß] *u* **1** Soße *w* **2** Saft *m* (Fleischsaft)
spadsere [ßbaßea] *v* spazieren, herumgehen (stundenlang usw.)
spadseretur [ßbaßeatua] *u* Spaziergang *m*
spalte [ßbalde] *u* **1** Lücke *w* (Stelle usw.) **2** Spalte *w* (in einem Text) ♦ *v* **1** spalten *etw. Akk*, spalten (Atomkerne usw.) **2** aufspalten, spalten (chemische Verbindung usw.)
spand [ßban] *t* Gespann *s* (Zugtiere) ♦ *u* Eimer *m*, Kübel *m*
Spanien [ßbanjen] *t* Spanien *s*
spansk [ßbanßg] *adj* spanisch ♦ *adv* spanisch, auf Spanisch ♦ *t* Spanisch(e) *s*
spare [ßbaaa] *v* **1** sparen *etw. Akk* (Wasser usw.) **2** ersparen *etw. Akk*, ansparen *etw. Akk*, sparen *etw. Akk* (Geld usw.) **3** verschonen *j-n mit etw.* **4** schonen *j-n/etw.* ► **~ op** *til ngt* sparen *auf etw. Akk*
spark [ßbaag] *t* Ball *m* (Schlag), Fußtritt *m*
sparke [ßbaage] *v* rausschmeißen *j-n aus etw.*, rauswerfen *j-n aus etw.*
sparsom [ßbaaßam] *adj* sparsam (Person)
sparsommelig [ßbaßameli] *adj* sparsam (Person)
speaker [ßbiiga] *u* Sprecher *m* (im Fernsehen usw.)
specialist [ßbetschalißd] *u* Fachmann *m für etw.*, Spezialist *m*

specialitet [ßbetschalited] *u* Spezialität *w* (Gericht usw.)
specielt [ßbetscheld] *adv* besonders, speziell
speeder [ßbiida] *u* Gas *s* (Pedal usw.), Gashebel *s*, Gaspedal *s*
spejl [ßbajl] *t* Spiegel *m*
spekulere [ßbegulea] *v* nachdenken *über etw. Akk*, spekulieren *über etw. Akk* (nachgrübeln)
spids [ßbeß] *u* **1** Spitze *w etw. Gen* (scharfe usw.), Spitze *w* (eines Pfeils usw.) **2** Spitze *w* (Posten) ♦ *adj* spitz
spil [ßbel] *t* **1** Spiel *s* (Spielen) **2** Seilwinde *w*
spille [ßbel^{e}] *v* **1** spielen *etw. Akk* **2** spielen *etw. Akk auf etw. Dat* **3** spielen (Schauspieler)
spiller [ßbela] *u* Spieler *m* (Sportler usw.)
spinat [ßbinäd] *u* Spinat *m*
spinkel [ßbenggel^{el}] *adj* **1** zart (körperlich), schwach **2** subtil (Person usw.), fein (Figur usw.)
spinne [ßben^{e}] *v* spinnen (Flachs usw.)
spiral [ßbiral] *u* Spirale *w*
spise [ßbiiß^{e}] *v* essen, sich verpflegen, essen *etw. Akk*, aufessen *etw. Akk*
spiselig [ßbbiß^{e}li] *adj* essbar, genießbar
spisesal [ßbbiß^{e}ßäl] *u* Esszimmer *s*, Speisesaal *m*
spisestel [ßbbiß^{e}ßdel] *t* Service *s* (Geschirr)
spisevogn [ßbbiß^{e}woun] *u* Speisewagen *m*
splint [ßblend] *u* Bruchstück *s*, Splitter *m*
spolere [ßbolea] *v* verderben *etw. Akk* (Freude usw.)
spor [ßboa] *t* Gleis *w* (Schienen), Spur *w etw. Gen* (Zeichen), Spur *w* (einer Tätigkeit usw.)
spore [ßbooa] *u* Spore *w*, Sporn *m* (Reitersporn usw.) ♦ *v* aufspüren *j-n/etw.*, verfolgen (Wild usw.)
sport [ßbood] *u* Sport *m*
sportslig [ßboodßli] *adj* sportlich (Aussehen usw.)
sportsmand [ßboodßman] *u* Sportler *m*
sportsplads [ßboodßplaß] *u* **1** Sportplatz *m*, Spielfeld *m* **2** Sportanlage *w* **3** Übungsplatz *m*
sporvogn [ßboawoun] *u* Straßenbahn *w*, Bahn *w* (Stadtverkehrsmittel)
spotte [ßbad^{e}] *v* auslachen *j-n/etw.*, sich lustig machen *über j-n*, spotten *über j-n/etw.*, belächeln *j-n/etw.*
spray [ßbrej] *u* Spray *m/s*
sprede [ßbreedh^{e}] *v* ausbreiten *etw. Akk*, auseinandertreiben *j-n/etw.*, verbreiten *etw. Akk*, verbreiten (Informationen, Ideen usw.) *etw. Akk*
spring [ßbreng] *t* Sprung *m*, Überspringen *s etw. Gen*
springe [ßbreng^{e}] *v* **1** hüpfen **2** abprallen **3** durchgebrannt werden **4** sprengen (einen Felsen usw.) **5** losgehen (Bombe usw.) ► **~ op** aufspringen (hochspringen); **~ (over)** springen (Sprünge machen); **~ ud** *af ngt* springen *aus etw.*; **~** *ngt* **over** überspringen *etw. Akk* (Sprung machen), springen *über etw. Akk*
springvand [ßbrengwan] *t* Brunnen *m* (Fontäne), Springbrunnen *m*
sprit [ßbrid] *u* Alkohol *m* (Spiritus)
sprog [ßbrou] *t* Sprache *w* (als Kommunikation)
sprutte [ßbrud^{e}] *v* **1** bespritzen *etw. Akk mit etw.* (befeuchten) **2** hervorsprudeln, quellen (Wasser usw.), spritzen *aus etw.* **3** spritzen (Fett usw.) **4** ausspeien (Lava usw.) **5** auswerfen *etw. Akk* (Vulkan)
sprække [ßbrag^{e}] *u* **1** Schlitz *m* (Öffnung), Spalte *w* (Riss) **2** Öffnung *w* **3** Riss *m* ♦ *v* **1** springen (anbrechen) **2** springen (Glas usw.) **3** rissig werden **4** anschlagen (Teller usw.) **5** knistern (Feuer usw.) **6** platzen (Blase usw.)
sprøjte [ßbrajd^{e}] *v* **1** spritzen (Wasser usw.) **2** bespritzen *etw. Akk mit etw.* (befeuchten), besprühen, spritzen (mit Pestiziden usw.) **3** bespritzen *etw. Akk mit etw.* (beschmutzen) **4** spritzen (sprudeln) ♦ *u* **1** Spritze *w* (zum Versprühen) **2** Spritze *w* (für Injektionen), Injektionsspritze *w*
sprøjtemale [ßbrajd^{e}määl^{e}] *v* spritzen (mit Farbe), sprühen (mit Lack usw.)
spyt [ßböd] *t* Speichel *m*
spytte [ßböd^{e}] *v* auswerfen *etw. Akk* (viel produzieren usw.), prusten, spucken
spædbarn [ßbedhban] *t* Baby *s*, Säugling *m*
spæk [ßbeg] *t* Speck *m* (Schweinespeck)
spænde [ßben^{e}] *v* **1** spannen *etw. Akk* (Seil usw.), ausspannen *etw. Akk* **2** schließen *etw. Akk* (Schnalle usw.), zumachen *etw. Akk* **3** anspannen (Muskeln) ♦ *t* **1** Klemme *w* **2** Schnalle *w* ► **~ ben for** *ngn* ein Bein stellen *j-m*; **~ sikkerhedsselen** den Sicherheitsgurt anlegen
spærre [ßbäaa] *v* sperren, versperren
spørge [ßböaa] *v* **1** fragen *j-n nach j-m/etw.* **2** nachfragen *nach j-m/etw.*, sich erkundigen *nach j-m/etw.*
spørgeskema [ßbäaaßgeema] *t* Fragebogen *m*
spørgsmål [ßböaßmol] *t* Frage *w*; **stille et ~** *j-m* eine Frage stellen
spørgsmålstegn [ßbäaßmolßtajn] *t* Fragezeichen *s*

squash [ßguatsch] *u* Zucchini *w*
stadig [ßäädđhi] *adj* fortwährend, ständig, unaufhörlich, pausenlos ♦ *adv* zunehmend, immer (mehr) (wichtig usw.)
stage [ßdääjᵉ] *u* Stange *w* (zum Abstoßen usw.)
stak [ßdag] *u* Stapel *m etw. Gen*
stakkels [ßdagᵉlß] *adj* arm (bedauernswert usw.), mitleiderregend (bedauernswert)
stamme [ßdamᵉ] *v* **1** herkommen *aus etw.* (aus China usw.), stammen *aus etw.* **2** stottern ♦ *u* **1** Stamm *m* (Baum usw.) **2** Stamm *m* (Menschengruppe)
standse [ßdanßᵉ] *v* **1** anhalten *etw. Akk*, stoppen *etw. Akk* (Bewegung usw.) **2** abbrechen *etw. Akk* (beenden)
stang [ßdang] *u* **1** Stange *w* (aus Metall usw.) **2** Stab *m* (aus Holz usw.), Stange *w* (aus Metall usw.) **3** Mast *m* **4** Stange *w* (Stütze usw.) **5** Riegel *m* (Schokolade)
start [ßdad] *u* **1** Start *m* **2** Anfahren *s* (Starten) ► **i starten** anfangs
starte [ßdadᵉ] *v* **1** starten (Motor usw.) **2** anlaufen, anspringen (Motor usw.) **3** anfahren (Wagen usw.) **4** starten *etw. Akk* (Vorhaben usw.), eröffnen *etw. Akk* (Aktion usw.) **5** starten (Rennfahrer usw.) **6** initiieren **7** sich einlassen *auf etw. Akk* (beginnen)
stat [ßdäd] *u* Staat *m*
station [ßdatschon] *u* Station *w* (Haltestelle)
stativ [ßdatiu] *t* Ständer *m* (Gestell) ♦ *u* Stativ *s*
statsadvokat [ßdädßađhwokäd] *u* Ankläger *m*, Staatsanwalt *m*
statsborgerskab [ßdädßboouaßkäb] *t* Staatsangehörigkeit *w*
statsminister [ßdädßminißda] *u* Ministerpräsident *m*
statue [ßdätuᵉ] *u* Statue *w*
status [ßdäätuß] *u* **1** Status *m* (Situation) **2** Abrechnung *w* (Schlussrechnung) **3** Stellung *w* (in der Gesellschaft)
stav [ßdäu] *u* Stab *m* (aus Holz usw.), Stange *w* (aus Metall usw.), Stock *m* (als Waffe)
stave [ßdääwᵉ] *v* buchstabieren *etw. Akk*, syllabieren
stearinlys [ßdarinlüß] *t* Kerze *w*
sted [ßdeđh] *t* **1** Platz *m* (Teil eines Raumes), Ort *m*, Stelle *w* (Punkt, Gebiet usw.) **2** Veranstaltungsort *m etw. Gen* ► **et andet ~** woanders, anderswo, woandershin; **et eller andet ~** irgendwo, irgendwohin; **finde ~** stattfinden *irgendwo*; **i stedet for** *ngn/ngt* statt *etw. Gen*, anstelle *von etw.*, anstatt *etw. Gen*; **i stedet for** *ngn* für *j-n* (anstatt usw.); **Han er taget afsted.** Er ist schon weg.
stedfar [ßdeđhfaa] *u* Stiefvater *m*
stedmor [ßdeđhmoa] *u* Stiefmutter *w*
steg [ßdaj] *u* Braten *m*
stege [ßdajᵉ] *v* **1** braten **2** anrösten *etw. Akk*, anbraten *etw. Akk* **3** sautieren (kurz anbraten)
stejl [ßdajl] *adj* steil, abschüssig, schroff (Riff usw.)
stemme [ßdemᵉ] *v* **1** stimmen *für etw., gegen etw.* (bei Abstimmung) **2** wählen *j-n* (abstimmen) **3** stimmen *etw. Akk*, stimmen *etw. Akk* (Geige usw.) ♦ *u* **1** Stimme *w* (menschliche) **2** Stimme *w* (bei Abstimmung)
stemning [ßdemneng] *u* Laune *w* (gute usw.), Stimmung *w*
stempel [ßdembᵉl] *t* Kolben *m* (Maschinenteil), Stempel *m*
sten [ßden] *u* **1** Stein *m* **2** Kern *m*
steward [ßdjuuad] *u* Steward *m* (im Flugzeug), Flugbegleiter *m*
stewardesse [ßdjuadeßᵉ] *u* Stewardess *w*, Flugbegleiterin *w*
sti [ßdi] *u* Pfad *m*, Wanderweg *m*, schmaler Weg (Feldweg, Gasse usw.)
stift [ßdefd] *u* Bolzen *m*, Stift *m* (Verbindungsteil)
stifte [ßdefdᵉ] *v* errichten
stige [ßdiiᵉ] *v* **1** steigen **2** anwachsen (Menge usw.) **3** aufsteigen *auf etw. Akk* (Fahrrad, Pferd usw.) ♦ *u* Leiter *w* ► **~ af** aussteigen (aus Flugzeug usw.), von Bord gehen; **~ i pris** sich verteuern, teurer werden; **~ ind** *i ngt* einsteigen *in etw. Akk*; **~ ind** *i/på ngt* zusteigen *in etw. Akk*; **~ om** *til ngt* umsteigen *in etw. Akk*; **~ op** steigen (Flugzeug usw.); **~ på** *ngt* einsteigen *in etw. Akk*, zusteigen *in etw. Akk*; **~ ud** *af ngt* aussteigen *aus etw.* (Zug usw.)
stik [ßdeg] *t* **1** Stecker *m* **2** Einstich *m*
stikke [ßdegᵉ] *v* **1** stechen *j-n mit etw.* **2** stechen *j-n*, zerstechen **3** spritzen *j-m etw. Akk*, injizieren *j-m etw. Akk* (Medikament usw.) **4** einstechen *etw. Akk in etw. Akk* **5** aufspießen **6** stechen (Dornen usw.) **7** einstoßen *etw. Akk in etw. Akk*, stoßen *etw. Akk in etw. Akk* **8** stecken *etw. Akk irgendwohin* **9** schieben *etw. Akk irgendwohin* (heimlich usw.), zustecken *j-m etw. Akk* (heimlich) ► **~ ud** *af ngt* hervorstehen *aus etw.*; **~** *ngt* **ud** ausstechen
stil [ßdil] *u* Stil *m*
stilhed [ßdelheđh] *u* Stille *w*, Ruhe *w* (Stille)
stille [ßdelᵉ] *v* **1** stellen **2** stellen *etw. Akk irgendwohin* (auf den Tisch usw.) **3** vergeben *j-m etw. Akk*, aufgeben *j-m etw. Akk* (Aufgabe usw.) **4** vortragen *etw. Akk* (Anliegen usw.) ♦ *adj* leise, still ♦ *adv* bewegungslos, regungslos ► **~ et spørgsmål** *j-m* eine Frage stellen
stille sig *v* sich stellen *irgendwohin* (ans Fenster usw.); **~ i kø** sich aufreihen, sich ordnen

stilling [ßdeleng] *u* **1** Stelle *w* (Job) **2** Stellung *w* **3** Rang *m* (Posten usw.) ► **tage ~ til** *ngt* nehmen (Einstellung)

sting [ßdeng] *t* Stich *m* (beim Nähen)

stinke [ßdengg^{e}] *v* stinken *nach etw.*

stiv [ßdiu] *adj* steif, unbiegsam (Material usw.)

stivelse [ßdiiw^{e}lß^{e}] *u* Stärke *w* (Substanz)

stivnet [ßdiun^{e}dh] *adj* steif (Glieder usw.)

stjerne [ßdjäan^{e}] *u* Stern *m*

stjæle [ßdjeel^{e}] *v* **1** stehlen **2** bestehlen *j-n um etw.* **3** wegangeln *j-m j-n*, abspenstig machen *j-m j-n* (Freundin usw.)

stof [ßdaf] *t* **1** Stoff *m*, Gewebe *s* (aus Baumwolle usw.), Tuch *s* (Gewebe) **2** Textil *s* **3** Material *s* **4** Stoff *m* (fester usw.), Substanz *w*, Materie *w* **5** Stoff *m* (chemischer usw.) **6** Droge *w* **7** Thema *s*, Stoff *m* (für ein Buch usw.)

stok [ßdag] *u* **1** Stock *m* **2** Krückstock *m*

stol [ßdol] *u* Stuhl *m* (Möbel)

stole [ßdol^{e}] *v* sich verlassen *auf j-n/etw.*; **~ på** *ngn/ngt* sich verlassen *auf j-n/etw.*, vertrauen *j-m/etw.*, trauen *j-m/etw.* (Vertrauen haben)

stolt [ßdald] *adj* stolz *auf j-n/etw.* (mit Recht)

stolthed [ßdaldhedh] *u* Stolz *m*

stop [ßdab] *t* Halt *m*

stoppe [ßdab^{e}] *v* **1** anhalten (stehen bleiben), aufhören *mit etw.* **2** anhalten *etw. Akk*, stoppen *etw. Akk* (Bewegung usw.) **3** pausieren **4** aufgeben *etw. Akk* (aufhören), einstellen *etw. Akk* (Tätigkeit usw.) **5** halten *irgendwo* (Zug usw.) **6** flicken, stopfen, zunähen, vernähen (Hose usw.) **7** hineinstopfen *etw. Akk in etw. Akk*, hineinstopfen *etw. Akk in etw. Akk* ► **~** *ngt* **ind** *i ngt* stopfen *etw. Akk irgendwohin* (hineinstecken)

stoppested [ßdab^{e}ßdedh] *t* Haltestelle *w*

stor [ßdoa] *adj* groß (Maß, Menge)

storartet [ßdoaaad^{e}dh] *adj* großartig (Bauwerk usw.), überwältigend

storm [ßdom] *u* Gewitter *s*, Sturm *m*

stormagasin [ßdoamagaßin] *t* Kaufhaus *s*, Warenhaus *s*

straf [ßdraf] *t* Strafe *w* (Gefängnisstrafe) ♦ *u* Strafe *w* (Bestrafung)

strafbar [ßdrafba] *adj* strafbar, sträflich

straffe [ßdraf^{e}] *v* bestrafen *j-n für etw.*

straks [ßdragß] *adv* **1** sofort, dringend, unverzüglich, umgehend **2** unmittelbar danach ♦ *conj* kaum (in dem Moment) ► **Straks?** Jetzt sofort?

stram [ßdram] *adj* knapp (Kleidung)

strand [ßdran] *u* Strand *m*

streg [ßdraj] *u* Strich *m* (Linie)

strejke [ßdrajg^{e}] *u* Streik *m für etw.* ♦ *v* streiken *für/gegen etw.*

streng [ßdrang] *adj* **1** streng (Person usw.) **2** starr, streng (Regeln usw.) **3** streng (Stil usw.) ♦ *u* Saite *w*

strid [ßdridh] *u* Meinungsverschiedenheit *w*, Differenz *w* (persönliche usw.), Streit *m*, Auseinandersetzung *w* ♦ *adj* verbissen, hartnäckig

stride [ßdriidh^{e}] *v* kämpfen *mit j-m/etw.* (um Macht usw.), sich balgen *um etw.*, widersprechen *etw. Dat* (in Widerspruch stehen)

strikke [ßdreg^{e}] *v* stricken

strop [ßdrab] *u* **1** Gürtelschlaufe *w* **2** Träger *m* (für Kleider) **3** Riemen *m* (an Kleidung usw.)

strudel [ßdrudh^{e}l] *u* Strudel *m* (Speise)

struds [ßdruß] *u* Strauß *m* (Vogel)

struktur [ßdrugtua] *u* Struktur *w etw. Gen* (von Molekülen usw.), Bau *m etw. Gen*

stryge [ßdrüü^{e}] *v* **1** bügeln **2** streicheln *j-n/etw.*

strygejern [ßdrüü^{e}jäan] *t* Bügeleisen *s*

stræbe [ßdreeb^{e}] *v* **1** sich bemühen *um etw.* **2** sich (sehr) anstrengen *etw. Akk zu tun* **3** anstreben *etw. Akk*, sich bewerben *um etw.* **4** sich quälen *mit etw.* (sich abmühen)

strække [ßdrag^{e}] *v* dehnen *etw. Akk* (in Länge), strecken *etw. Akk*; **~ sig (ud)** sich strecken (Körper usw.)

strø [ßdrö] *v* **1** schütten *etw. Akk irgendwohin*, streuen *etw. Akk irgendwohin* **2** bestreuen *etw. Akk mit etw.* **3** verstreuen (streuend verteilen) ► **~ ud** *ngt* verstreuen (Pulver usw.)

strøm [ßdröm] *u* **1** Strom *m* (Meeresstrom usw.), Strömung *w* (des Wassers usw.) **2** Strom *m* (Strömung) ► **(elektrisk) ~** (elektrischer) Strom; **Strømmen er afbrudt.** Der Strom ist ausgefallen.

strømafbrydelse [ßdrömaubrüdh^{e}lß^{e}] *u* Stromausfall *m*

strømme [ßdröm^{e}] *v* strömen (Menschen usw.); **~ ind** *i ngt* einfließen *in etw. Akk*

strømpe [ßdrömb^{e}] *u* Strumpf *m*

strømpebukser [ßdrömb^{e}bogßa] *Mz* Strumpfhose *w*

stråle [ßdrool^{e}] *u* Strahl *m* (von Licht usw.) ♦ *v* prallen (Sonne usw.), strahlen

studere [ßdudea] *v* studieren *an etw. Dat* (an Hochschule)

studie [ßdudj^{e}] *u* **1** Studie *w* (wissenschaftliche) **2** Studio *s* **3** Studium *s*

stue [ßduu^{e}] *u* Wohnzimmer *s*

stueetage [ßduu^{e}etätsch^{e}] *u* Erdgeschoss *s*, Parterre *s* (eines Hauses)

stum [ßdom] *adj* stumm

stund [ßdon] *u* Weile *w*

styk [ßdög] *t* Stück *s* (einzige Sache)

stykke [ßdøge] *t* **1** Stück *s von etw.* (Teil eines Ganzen) **2** Stück *m etw. Gen* (einer Masse usw.) ► **et ~ af** *ngt* ein wenig *etw. Gen*, ein bisschen *etw. Gen*; **gå i stykker** entzweigehen, auseinanderfallen, kaputtgehen, sich auflösen; **i stykker** kaputt, zerschlagen (Gegenstand usw.); **rive** *ngt* **i stykker** zerreißen (Seil usw.)

styre [ßdüüa] *v* **1** steuern *etw. Akk* (Fahrzeug) **2** ans Ziel führen *j-n* (Fahrer usw.) **3** regeln *etw. Akk* (durch Gesetz usw.) **4** herrschen (in einem Land usw.), regieren **5** leiten *j-n/etw.* **6** vorsitzen *etw. Dat* **7** steuern (Schiff usw.) **8** manövrieren ♦ *t* **1** Herrschaft *w*, Regierung *w* (Tätigkeit) **2** Fahren *s* ► **~ imod** *ngt* gehen *irgendwohin*

styring [ßdüüaeng] *u* **1** Steuerung *w* (Steuergerät), Lenkung *w* (Lenkeinrichtung) **2** Führung *w* (eines Betriebes usw.), Leitung *w* (einer Firma usw.), Management *s* (Tätigkeiten)

styrke [ßdüage] *u* **1** Kraft *w* (körperlich), Stärke *w* (eines Menschen) **2** Festigkeit *w etw. Gen* (eines Materials) **3** Lautstärke *w* ♦ *v* **1** festigen *etw. Akk* (Position usw.) **2** stählen (Muskeln usw.), härter machen **3** stärken (Selbstbewusstsein usw.)

styrtløb [ßdüadlöb] *t* Abfahrt *w* (Sportdisziplin)

stædig [ßdeedhi] *adj* dickköpfig, starrsinnig, eigensinnig, starrköpfig

stærk [ßdäag] *adj* **1** stark (körperlich) **2** fest (widerstandsfähig), hart (Holz usw.) **3** schwer (intensiv) **4** scharf (Paprika usw.) **5** würzig (Geschmack usw.) **6** stark (wirksam) ► **blive stærkere** sich verstärken

stævne [ßdeune] *t* Treffen *s*

stævnemøde [ßdeunemödhe] *t* Rendezvous *s* (Verabredung), Verabredung *w*, Date *s*

støddæmper [ßdödhdemba] *u* Stoßdämpfer *m*

støde [ßdöödhe] *v* **1** stoßen *gegen/an etw.* (mit Kopf usw.) **2** stoßen *auf etw. Akk* (Probleme usw.) **3** stoßen *auf j-n/etw.* (begegnen) ► **~ ind** *i ngt* stoßen *gegen etw.* (Wand usw.), anstoßen *an/gegen etw.*, prallen *gegen etw.* (Wagen usw.)

stødfanger [ßdödhfanga] *u* Stoßstange *w*

større [ßdöaa] *adj* größer

størrelse [ßdöaalße] *u* Ausmaß *s*, Größe *w*

støtte [ßdöde] *v* **1** stützen *etw. Akk gegen etw.* **2** abstützen *etw. Akk mit etw.* **3** unterstützen *j-n* (helfen) **4** beistehen *j-m* **5** beipflichten *etw. Dat* (einem Vorschlag usw.) **6** fördern *etw. Akk* (Entwicklung usw.) **7** befürworten *etw. Akk* **8** erregen *etw. Akk* (hervorrufen) ♦ *u* **1** Stütze *w* (Pfahl usw.) **2** Unterstützung *w* (Hilfe) **3** Stütze *w* (psychische usw.) **4** Subvention *w*

støv [ßdöu] *t* Staub *m*; **tørre ~ af** *ngt* Staub wischen *irgendwo, von etw.*

støvle [ßdöule] *u* Stiefel *m*

støvsuger [ßdöußuua] *u* Staubsauger *m*

stå [ßdo] *v* stehen ► **~ af** *ngt* aussteigen *aus etw.* (Zug usw.); **~ op** aufgehen (Sonne usw.), aufstehen, sich erheben; **~ over for** *ngn/ngt* gegenüberstehen *j-m/etw.*; **~ på** *ngt* einsteigen *in etw. Akk*, zusteigen *in etw. Akk*; **~ ved** *ngt* stehen *zu etw.* (bestehen)

stål [ßdol] *t* Stahl *m*

succes [ßügße] *u* Erfolg *m*, Gelingen *s etw. Gen*, Leistung *w* (Erfolg)

succesfuldt [ßügßeful] *adv* erfolgreich, gedeihlich

suge [ßuue] *v* **1** lutschen *an etw. Dat* (Daumen usw.) **2** lutschen *etw. Akk* (Bonbon usw.) **3** einsaugen ► **~ ud** aussaugen *etw. Akk aus/von etw.*

sugerør [ßuueröa] *t* Strohhalm *m* (zum Trinken)

sukker [ßoga] *t* Zucker *m*

sukkersyge [ßogaßüüe] *u* Diabetes *m*

sult [ßuld] *u* Hunger *m*, Hungern *s*

sulten [ßulden] *adj* hungrig; **Jeg er ~.** Ich habe Hunger., Ich bin hungrig.

sum [ßom] *u* **1** Betrag *m*, Summe *w* (bezahlte usw.) **2** Summe *w* (einer Addition) **3** Endsumme *w*

sump [ßomb] *u* Sumpf *m*, Moor *s*

sund [ßon] *adj* gesund ♦ *t* Meerenge *w*

supermarked [ßubamaagedh] *t* Supermarkt *m*

suppe [ßobe] *u* Suppe *w*

supplement [ßublemang] *t* Ergänzung *w*

sur [ßuua] *adj* **1** sauer **2** lästig, verdrießlich, missmutig, verdrossen ► **være ~ på** *ngn* sich ärgern *über j-n*, böse sein *j-m, auf j-n*

surfbræt [ßööfbrad] *t* Surfbrett *s*

surfe [ßööfe] *v* surfen

surkirsebær [ßuakiaßebäa] *t* Sauerkirsche *w* (Frucht), Kirsche *w* (saure)

suspension [ßußbentschon] *u* Einstellung *w* (von Tätigkeit usw.)

sut [ßud] *u* Schnuller *m*, Sauger *m*

sutteflaske [ßudeflaßge] *u* Milchflasche *w*, Babyflasche *w*

svag [ßwäj] *adj* **1** schwach **2** altersschwach **3** fade (Geschmack usw.), (SüD, ÖrD) fad **4** farblos (ausdruckslos usw.), glanzlos (Stil usw.)

svaghed [ßwäjhedh] *u* Schwäche *w* (charakterliche usw.)

svamp [ßwamb] *u* Pilz *m*, Schwamm *m*

svane [ßwääne] *u* Schwan *m*

svar [ßwa] *t* **1** Antwort *w auf etw. Akk* **2** Reaktion *w auf etw. Akk*

svare [ßwaaa] *v* **1** antworten *auf etw. Akk* **2** beantworten *etw. Akk* **3** entsprechen *etw. Dat* **4** zurückschreiben *j-m*
sved [ßwedħ] *u* Schweiß *m*
svede [ßweedħ^e] *v* ins Schwitzen kommen, schwitzen
svig [ßwi] *t* Finanzbetrug *m* ♦ *u/t* Schwindel *m*
svigerdatter [ßwiadada] *u* Schwiegertochter *w*
svigerfar [ßwiafaa] *u* Schwiegervater *m*
svigermor [ßwiamoa] *u* Schwiegermutter *w*
svigersøn [ßwiaßön] *u* Schwiegersohn *m*
svimmel [ßwem^el] **være ~** schwindelig werden; **Jeg er ~.** Mir schwindelt.
svin [ßwin] *t* Sau *w* (Schimpfwort), Schwein *s*
svinekød [ßwiin^eködħ] *t* Schweinefleisch *s*
svinge [ßweng^e] *v* **1** abbiegen **2** schaukeln (in Schaukelstuhl usw.) **3** wackeln *mit etw.* (schnell usw.) **4** baumeln (mit Beinen usw.)
svinsk [ßwinßg] *adj* schmutzig (Wort usw.)
svoger [ßwoua] *u* Schwager *m*
svulme op *v* anschwellen (Bein usw.)
svulst [ßwulßd] *u* Geschwulst *w*
svække [ßweg^e] *v* **1** abschwächen *etw. Akk*, schwächen *j-n/etw.* **2** vermindern *etw. Akk*
svælle [ßweel^e] *v* anschwellen (wachsen)
svær [ßwea] *adj* schwierig
sværd [ßwea] *t* Schwert *s*
sværge [ßwäau^e] *v* beschwören *etw. Akk*, schwören
svært [ßwead] *adv* schwer (atmen usw.)
svævebane [ßweew^ebään^e] *u* Schwebebahn *w*, Seilbahn *w*
svømme [ßwöm^e] *v* schwimmen *über etw. Akk*, schwimmen (Mensch)
svømmebad [ßwöm^ebadħ] *t* Schwimmbad *s*
svømmedragt [ßwöm^edragd] *u* Badehose *w*
svømmefødder [ßwöm^efödħa] *u Mz* Schwimmflossen *w Mz*
svømmer [ßwöma] *u* Schwimmer *m*; **ikke ~** *u* Nichtschwimmer *m*
sweatshirt [ßuedtschööd] *u* Sweatshirt *s*
swimmingpool [ßuemengpuul] *u* Schwimmbecken *s*
sy [ßü] *v* **1** nähen (Kleid usw.) **2** flicken, stopfen, zunähen, vernähen (Hose usw.) **3** nähen *etw. Akk* (befestigen) **4** annähen *etw. Akk an etw. Akk*
syd [ßüdħ] *t* Süden *m*
sydlig [ßüdħli] *adj* südlich, Süd-
syg [ßü] *adj* krank; **blive ~** *af ngt* erkranken *an etw. Dat*
sygdom [ßüüdam] *u* Erkrankung *w*, Krankheit *w*
sygeafdeling [ßüü^eaudeleng] *u* Station *w* (in Krankenhaus)
sygeplejerske [ßüü^eplajaßg^e] *u* Krankenschwester *w*
sygesikring [ßüü^eßegreng] *u* Krankenversicherung *w*
syltetøj [ßüld^etaj] *t* Eingemachte *s*, Konfitüre *w* ♦ *u* Konfitüre *w*
sympati [ßümbati] *u* **1** Sympathie *w für j-n* **2** Zuneigung *w* **3** Mitleid *s*, Mitgefühl *s*
sympatisk [ßümpädißg] *adj* **1** sympathisch **2** mitleidig, mitleidend
symptom [ßümtom] *t* Symptom *s von etw., für etw.* (einer Krankheit usw.)
syn [ßün] *t* **1** Sehkraft *w* **2** Anblick *m etw. Gen* (Erblicken) **3** Sehen *s* **4** Erscheinung *w* (Vision)
synd [ßön] *u* Sünde *w*; **Det er ~.** Das ist schade.; **synes at det er ~** *for ngn* bedauern *j-n*
synes [ßün^eß] *v* **1** scheinen *j-m irgendwie* (vorkommen) **2** denken *etw. Akk von etw.* (schlussfolgern), meinen, glauben (Ansicht haben), denken (Meinung haben)
synge [ßöng^e] *v* singen
synke [ßöngg^e] *v* **1** sinken (Boot), untergehen (Schiff), versinken (im Meer usw.) **2** einsinken *in etw. Dat* **3** tauchen *in etw. Akk* **4** sinken (Wasser usw.) **5** absinken, stürzen (Aktienkurse usw.)
synlig [ßüünli] *adj* sichtbar
synspunkt [ßünßpongd] *t* Gesichtspunkt *m*, Sicht *w* (Blickwinkel) ♦ *u* Betrachtungsweise *w*, Blickwinkel *m* (Ansicht)
synsvinkel [ßünßweng^el] *u* Gesichtspunkt *m*, Sicht *w*, Standpunkt *m* (Blickwinkel)
syre [ßüüa] *u* Säure *w* (Substanz)
syrlig [ßüali] *adj* sauer (Geschmack)
system [ßüßdem] *t* System *s*
systematisk [ßüßd^emädißg] *adj* systematisch ♦ *adv* systematisch, planmäßig
sytten [ßöd^en] *num* siebzehn
syv [ßüu] *num* sieben; **syvhundrede** siebenhundert
syvende [ßüu^en^e] *num* siebent(er,e,es), siebt(er,e,es)
sæbe [ßeeb^e] *u* Seife *w* ♦ *v* einseifen
sæde [ßeedħ^e] *t* **1** Sitz *m* (Sitzgelegenheit) **2** Sitz *m* (Institution) ♦ *u* Sitz *m* (Sitzgelegenheit)
sædvane [ßedħwään^e] *u* Brauch *m*, Sitte *w* (Gewohnheit)
sædvanlig [ß^edħwänli] *adj* gewohnt, gewöhnlich (Zeit usw.), üblich

sæk [ßeg] *u* Sack *m*
sælge [ßelje] *v* verkaufen *j-m etw. Akk für etw.*
sælger [ßelja] *u* Verkäufer *m*
sænke [ßengge] *v* **1** senken (nach unten) **2** verringern *etw. Akk* (Menge usw.), senken *etw. Akk* (Summe usw.), herabsetzen *etw. Akk* (Kosten usw.) **3** senken (Kopf usw.) **4** vergraben *etw. Akk in etw. Akk* (Gesicht in Händen usw.) **5** senken (Stimme) ► *~ ngt* **ned** *i ngt* eintauchen *etw. Akk in etw. Akk*, tauchen *etw. Akk in etw. Akk*
særlig [ßeali] *adv* besonders (gut, erfolgreich usw.)
særpreg [ßeaprej] *t* Merkmal *s*
sært [ßead] *adv* seltsam, merkwürdig
sæson [ßeßang] *u* Saison *w*
sæt [ßed] *t* **1** Kit *s/m* **2** Satz *m von etw.*, Garnitur *w etw. Gen* (Geschirr usw.) **3** Komplet *s* **4** Satz *m* (im Tennis usw.)
sætning [ßedneng] *u* Satz *m* (Aussage)
sætte [ßede] *v* **1** stellen *etw. Akk irgendwohin* (auf den Tisch usw.) **2** verwenden *etw. Akk auf etw. Akk* (Mühe, Geld usw.) **3** aufstellen *etw. Akk irgendwo* (in bestimmter Ordnung) **4** festlegen ► **~ farten ned** verlangsamen *etw. Akk*; **~ farten op** beschleunigen (sich schneller bewegen); **~ (i gear)** (den Gang) einlegen/schalten; **~ ild** *i ngt* anzünden *etw. Akk* (Gebäude usw.); **~ kursen mod** *ngt* gehen *irgendwohin*; **~ mærke på** markieren *etw. Akk mit etw.*; **~ sig i bilen** in ein Auto einsteigen; **~ sig op på** *ngt* aufsteigen *auf etw. Akk* (Fahrrad, Pferd usw.); *~ ngt* **i gang** anlassen *etw. Akk* (Maschine usw.), in Gang setzen *etw. Akk*, betätigen *etw. Akk* (Anlage usw.); *~ ngt* **igennem** durchsetzen (Vorschlag usw.); *~ ngt* **på** anlegen *etw. Akk an etw. Akk* (legen); *~ ngt* **på** *ngt* ansetzen *etw. Akk an etw. Akk*; *~ ngt* **til** in die Steckdose stecken *etw. Akk*; **~ i første/anden gear** in den ersten/zweiten Gang schalten
sætte sig *v* sich ansetzen
sø [ßö] *u* See *m* (Binnengewässer)
søge [ßööje] *v* beantragen *etw. Akk*, suchen *j-n/etw.* (Verlorenes usw.)
søgsmål [ßööjßmol] *t* Klage *w* (gerichtlich)
søle [ßööle] *v* **1** beschmutzen *etw. Akk*, verschmutzen *etw. Akk* **2** beklecksen *etw. Akk mit etw.* **3** verschütten *etw. Akk*
sølv [ßöl] *adj* silbern, Silber- ♦ *t* Silber *s* (Metall)
sømand [ßöman] *u* Seemann *m*, Matrose *m*
søn [ßön] *u* Sohn *m*
søndag [ßönda] *u* Sonntag *m*
søpindsvin [ßöpenßwin] *u* Seeigel *m*
sørge [ßöaue] *v* beaufsichtigen *etw. Akk* (Arbeit usw.), besorgen *etw. Akk*, sorgen *für etw.* (Problem lösen usw.), sich kümmern *um j-n/etw.*
søskende [ßößgene] *u* Geschwister *s*
søster [ßößda] *u* **1** Schwester *w* **2** Nonne *w*
søvn [ßöun] *u* **1** Schlaf *m* **2** Schläfe *w* ► **falde i ~** einschlafen (in Schlaf sinken)
søvnig [ßöuni] *adj* schläfrig, verschlafen; **være ~** müde sein
så [ßa] *adv* **1** so (so sehr) **2** danach, dann, daraufhin ♦ *conj* **1** damit (zu dem Zweck), um… zu **2** so (deshalb) ♦ *v* aussäen, besäen, säen ► **og ~ videre** und so weiter; **~ (at)** also
sådan [ßaden] *adv* **1** solch(er,e,es), derartig **2** so (auf diese Weise)
sål [ßol] *u* **1** Sohle *w* (eines Schuhs), Schuhsohle *w* **2** Lauffläche *w* (eines Skis)
sår [ßo] *t* Wunde *w*
såre [ßooo] *v* **1** verwunden *j-n* **2** verletzen (kränken), treffen (erschüttern)
såvel [ßawel] **~…som…** auch

T

tab [täb] *t* Niederlage *w* (im Spiel usw.), Verlust *m etw. Gen*
tabe [tääbe] *v* **1** fallen lassen *etw. Akk* **2** verlieren *etw. Akk* (aus Unachtsamkeit) **3** kommen *um etw.* (verlieren), verlieren *etw. Akk* (Vertrauen usw.) **4** verlieren *etw. Akk gegen j-n* (Kampf usw.) **5** verspielen *etw. Akk* (Geld usw.) **6** (Geld) verlieren *an etw. Dat*, Schaden nehmen *an etw.* ► **~ (sig)** abnehmen
tabel [tabel] *u* Tabelle *w*
tablet [tabled] *u* Tablette *w*
tag [täj] *t* Dach *s*
tage [tä] *v* **1** fassen (festhalten), nehmen *etw. Akk*, nehmen (in die Hand) **2** nehmen (Essen usw.), sich bedienen **3** führen *j-n irgendwohin* (begleiten), leiten *j-n irgendwohin* **4** fahren *mit etw.* (mit der Bahn usw.), fahren *mit j-m*, mitfahren *bei j-m* **5** führen *j-n irgendwohin*, mitnehmen *j-n/etw. irgendwohin* (mit dem Auto usw.) **6** fahren *irgendwohin* (sich bewegen), nehmen *j-n irgendwohin* (regelmäßig) **7** einnehmen *etw. Akk* (Medikament usw.), nehmen *etw. Akk* (Pillen usw.) **8** abnehmen *etw. Akk von etw.* (Wäsche usw.), herunternehmen *etw. Akk* (vom Regal usw.) ► **~ afgangseksamen** *i ngt* absolvieren *etw. Akk* (Schule); **~ afsted** abfahren, abgehen (Zug usw.), abreisen *aus etw. nach etw.*, verlassen *etw. Akk* (Stadt usw.); **~ brusebad** eine Dusche nehmen, (sich) duschen; **~ del** *i ngt* sich widmen *etw. Dat* (teilnehmen usw.); ~

et billede eine Aufnahme *von etw.* machen; **~ fri** freinehmen, freimachen (ein paar Tage usw.); **~ imod** *ngt* annehmen *etw. Akk* (Angebot usw.); **~ nær** *ngn* hereinlegen *j-n*; **~ sig af** *ngn/ngt* sich widmen *j-m/etw.*, sich kümmern *um j-n/etw.* (behilflich sein usw.); **~ sig af** *ngt* besorgen *etw. Akk*, sorgen *für etw.* (Problem lösen usw.), sich befassen *mit etw.* (Problem usw.), sich beschäftigen *mit etw.* (Thema usw.), sorgen *für etw.* (sich kümmern), übernehmen *etw. Akk* (Leitung usw.); **~ stilling til** *ngt* nehmen (Einstellung); **~ tøj på** sich anziehen; **~** *ngn/ngn* **med** bringen *j-n/etw. irgendwohin* (mit dem Auto usw.); **~** *ngn/ngt* **for** *ngt* halten *j-n/etw. für j-n/etw.*, betrachten *j-n/etw. als j-n/etw.*; **~** *ngn* **med** mitbringen *j-n*; **~** *ngn* **med** *hvorhen* fahren *j-n irgendwohin*, mitnehmen *j-n irgendwohin* (mit dem Auto); **~** *ngn* **på fersk gerning** erwischen *j-n* (betrügen usw.), anschmieren *j-n*; **~** *ngt* **i brug** übernehmen (Methode usw.); **~** *ngt* **med** bringen *j-m etw. Akk* (ein Buch usw.), mitnehmen *etw. Akk*; **~** *ngt* **op** heben *etw. Akk* (Gewicht usw.); **~** *ngt* **ud** *af ngt* herausnehmen *etw. Akk aus etw.*, heraustun *etw. Akk aus etw.*, herausholen *etw. Akk aus etw.*; **~** *ngt* **væk** *fra ngn* wegnehmen *j-m etw. Akk* (entziehen); **Hvor lang tid vil det ~?** Wie lange wird es dauern?; **Vi tager taxa.** Wir nehmen ein Taxi.

tagselvbord [taßelboa] *t* **1** warmes Büfett **2** kaltes Büfett

tak [tag] *u* Danksagung *w* (im Buch); **Tak!** Danke!

takke [tage] *v* danken *j-m für etw.*, sich bedanken *bei j-m für etw.*; **takket være** *ngon/ngt* dank *j-m/etw.*

taknemmelig [tagnemeli] *adj* dankbar *für etw.*, verpflichtet *j-m*; **være ~** *overfor ngn over ngt* dankbar sein *j-m für etw.*

taksere [tagßea] *v* schätzen *etw. Akk*

takst [tagßd] *u* Fahrpreis *m*

tal [tal] *t* Zahl *w*, Nummer *w* (zwei usw.)

tale [tääle] *u* **1** Sprache *w* (Sprachfähigkeit) **2** Rede *w* ♦ *v* sprechen *mit j-m von etw., über etw. Akk*, reden *mit j-m von etw., über etw. Akk* (etwas äußern) ► **~ færdig** ausreden (zu Ende reden); **Jeg taler ikke engelsk/ tysk/ fransk.** Ich spreche kein Englisch/Deutsch/Französisch.

talent [talend] *t* Begabung *w für etw.*, Talent *s für etw.*

tallerken [taläägen] *u* Teller *m*

talon [talang] *u* Abschnitt *m* (einer Eintrittskarte usw.), Kontrollabschnitt *m*

talrig [talri] *adj* zahlreich

talsmand [tälßman] *u* Sprecher *m* (Vertreter)

tampon [tampang] *u* Tampon *m*

tand [tan] *u* Zahn *m*; **børste tænder** sich die Zähne putzen

tandbørste [tanböaßde] *u* Zahnbürste *w*

tandlæge [tanleeje] *u* Stomatologe *m*, Zahnarzt *m*

tandpasta [tanpaßda] *u* Zahnpasta *w*

tandstikker [tanßdega] *u* Zahnstocher *m*

tang [tang] *u* Zange *w*

tank [tangg] *u* **1** Tank *m* (für Benzin usw.), Kraftstofftank *m* **2** Panzer *m* (Kampffahrzeug)

tanke [tangge] *u* Gedanke *m*; **komme i tanker** *om ngn/ngt* sich erinnern *an j-n/etw.*; **~ op** auftanken

tankegang [tanggegang] *u* Geist *m*, Sinn *m* (Gedanken usw.)

tankstation [tanggßdatschon] *u* Tankstelle *w*

tante [tande] *u* Tante *w* (Verwandte)

tap [tab] *u* Zapfen *m* (Lagerzapfen usw.), Zapfhahn *m*

tape [tejb] *u* Klebeband *s*, Tesafilm ® *m* ♦ *v* mit Klebeband zukleben *etw. Akk*

tapet [taped] *t* Tapete *w*

tarif [tarif] *u* Tarif *m*

tarm [tam] *u* Darm *m*

taske [taßge] *u* Tasche *w* (Behälter)

tast [taßd] *u* Taste *w* (eines Computers usw.)

tastatur [taßdatua] *t* Tastatur *w*

tavle [taule] *u* Tafel *w* (zum Schreiben), Wandtafel *w*

taxi [tagßi] *u* Taxi *s*

taxichauffør [tagßitschofóa] *u* Taxifahrer *m*

te [te] *u* Tee *m*

team [tiim] *t* **1** Kollektiv *s* **2** Team *s*, Gruppe *w* (von Fachleuten usw.) **3** Mannschaft *w*, Team *s* (von Sportlern)

teater [teäda] *t* Theater *s*

teenager [tiinejdtscha] *u* Adoleszent *m*, Jugendliche *m*, Teenager *m*

tegn [tajn] *t* **1** Symptom *s von etw., für etw.* (einer Krankheit usw.) **2** Zeichen *s* (Geste usw.) **3** Zeichen *s* (Anzeichen)

tegne [tajne] *v* **1** zeichnen **2** zeichnen *etw. Akk*, zeichnen (Dreieck usw.) **3** projektieren

tegnebog [tajnebou] *u* Geldtasche *w*, Portemonnaie *s*, Geldbörse *w*

tegnefilm [tajnefilm] *u* Zeichentrickfilm *m*, Trickfilm *m*

tegneserie [tajneßeaje] *u* Comicheft *s*, Comic *m*, Zeichengeschichte *w*

tegning [tajneng] *u* **1** Zeichnung *w* **2** Entwurf *m* (einer Konstruktion usw.)

tekande [tekane] *u* Teekanne *w*

teknik [tegnig] *u* Technik *w* (Methode)

tekniker [tegniga] *u* Techniker *m* (Fachmann)

teknisk [tegnißg] *adj* technisch
teknologi [tegnologi] *u* Technik *w* (Erkenntnisse), Technologie *w*
tekst [tegßd] *u* **1** Text *m* **2** Liedtext *m*
tekstil [tegßtil] *t* Textilie *w* ♦ *u* Textil *s*
telefon [tel^{e}fon] *u* Telefon *s*
telefonlinie [tel^{e}fonlinj^{e}] *u* Telefonleitung *w*
telefonsamtale [tel^{e}fonßamtääl^{e}] *u* Telefongespräch *s*, Anruf *m* (telefonischer), Telefonat *s*
telefonsvarer [tel^{e}fonßwaaa] *u* Anrufbeantworter *m*
telt [teld] *t* Zelt *s*; **rejse ~** ein Zelt aufstellen
tema [teema] *t* Thema *s*, Stoff *m* (für ein Buch usw.)
temmelig [tem^{e}li] *adv* ziemlich, recht (alt usw.)
tempel [temb^{e}l] *t* Tempel *m* (Gebäude)
temperatur [tembratua] *u* Temperatur *w*
tempo [tembo] *t* Tempo *s*
tendens [tendenß] *u* Neigung *w für etw.* (Vorliebe usw.), Tendenz *w* (der Entwicklung usw.)
tennis [tenіß] *u* Tennis *s*
teori [teori] *u* Theorie *w*
terminal [täaminäl] *u* Abfertigungshalle *w*, Terminal *m/s* (auf dem Flughafen), Flughafenterminal *m/s*
termometer [täamomeda] *t* Thermometer *s*
terrasse [taraß^{e}] *u* Terrasse *w*
teske [teßg^{e}] *u* Teelöffel *m*, Löffel *m* (kleiner)
test [teßd] *u* Prüfung *w* (Qualität usw.), Test *m*, Probe *w*
teste [teßd^{e}] *v* **1** testen **2** checken, abchecken, prüfen (Bremsen usw.)
testikel [teßdig^{e}l] *u* Hoden *m*
ti [ti] *num* zehn
tid [ti~~dh~~] *u* Tempus *s*, Zeit *w* (Größe); **før tiden** früher (vorzeitig); **hele tiden** unaufhörlich, ständig; **i den sidste ~** in letzter Zeit; **i god ~** rechtzeitig; **afgangstid/ankomstid** Abfahrtszeit *w*/Ankunftszeit *w*
tidevand [tii~~dh~~^{e}wan] *t* Gezeiten *w Mz*
tidlig [ti~~dh~~li] *adj* früh, Früh-; **for ~** vorzeitig
tidligere [ti~~dh~~liaa] *adj* **1** ehemalig, vormalig **2** vergangen (Zeiten usw.) **3** früher (Ausgabe usw.), vorherig, vorig **4** vorzeitig (Anfang) ♦ *adv* **1** früher (als geplant), eher **2** früher (einst), zuvor, vorher **3** einst, einmal (in Vergangenheit)
tidligst [ti~~dh~~lißd] *adv* frühestens
tidsplan [ti~~dh~~ßplän] *u* Fahrplan *m*, Harmonogramm *s*
tie [tii^{e}] *v* schweigen
tiende [ti^{e}n^{e}] *adj* schweigsam, wortkarg ♦ *num* zehnt(er,e,es)
tiendedel [ti^{e}n^{e}del] *u* Zehntel *s*
tigger [tega] *u* Bettler *m*
til [tel] *prep* **1** für *j-n* (Geschenk, Nachricht usw.) **2** für *etw.* (Zweck usw.) **3** für *etw.* (Preis usw.) **4** auf (Richtung usw.), in, zu, nach (räumlich usw.) ► **åbent fra… ~…** geöffnet von… bis…; **en ~** noch einer; **~ mig** mir
tilbage [tebääj^{e}] *adj* rückläufig (Bewegung usw.), (Zu)Rück- ♦ *adv* **1** zurück (gehen usw.) **2** nach hinten ► **blive ~** (übrig) bleiben; **holde** *ngn/ngt* **~** aufhalten *j-n/etw.*, zurückhalten *j-n/etw.* (Person usw.)
tilbagebetale [tebääj^{e}betääl^{e}] *v* **1** abzahlen *etw. Akk*, abbezahlen *etw. Akk* (Schuld usw.) **2** abzahlen (Darlehen usw.), abtragen (Kredit usw.) **3** vergüten *etw. Akk* (Auslagen usw.), erstatten *etw. Akk* **4** zurückzahlen (Geld) **5** rückerstatten *etw. j-m*, rückvergüten *etw. j-m* (für Ware usw.)
tilbagefald [tebääj^{e}fal] *t* Rezidiv *s*, Rückfall *m* (einer Krankheit)
tilbageholden [tebääj^{e}hal^{e}n] *adj* reserviert (Mensch usw.), schüchtern, zaghaft, zurückhaltend
tilbagekomst [tebääj^{e}kamßd] *u* Rückkehr *w*
tilbagelægge [tibääj^{e}leg^{e}] *v* zurücklegen
tilbehør [telbehöa] *t* **1** Zubehör *s* **2** Beilage *w* (Essen)
tilberedning [telbere~~dh~~neng] *u* Zubereitung *w von etw.* (von Essen usw.)
tilbringe [telbreng^{e}] *v* verbringen
tilbud [telbu~~dh~~] *t* Angebot *s*
tilbyde [telbü~~dh~~^{e}] *v* anbieten, anbieten *j-m etw. Akk*, bieten *j-m etw. Akk*
tildele [teldel^{e}] *v* verleihen *j-m etw. Akk*, auszeichnen *j-n mit etw.*, zusprechen *j-m etw. Akk* (Belohnung usw.), zuteilen *j-m etw. Akk* (als Anteil usw.)
tilegne sig *v* **1** sich aneignen **2** beherrschen (gelernt haben), sich aneignen (Kenntnisse usw.)
tilfalde [telfal^{e}] *v* kommen *auf j-n/etw.* (entfallen)
tilfreds [tefreß] *adj* zufrieden *mit j-m/etw.*
tilfredsstille [tefreßßdel^{e}] *v* **1** befriedigen *j-n/etw.*, zufriedenstellen *j-n* (Kunden usw.) **2** befriedigen (Bedürfnis usw.) **3** sättigen (Markt usw.)
tilfælde [telfel^{e}] *t* **1** Zufall *m* **2** Vorfall *m*, Fall *m* (Angelegenheit) ► **ved et ~** zufällig, zufälligerweise; **i det ~ at…** falls…, im Fall, dass…
tilfældig [tefeldi] *adj* **1** zufällig (Treffen usw.), beiläufig, Zufalls- **2** zufällig (Auswahl usw.), Zufalls- **3** gelegentlich
tilføje [telfaj^{e}] *v* dazuschreiben *etw. Akk*, hinzufügen *etw. Akk* (sagen)

tilgive [telgi] *v* verzeihen *j-m etw. Akk*

tilgængelig [tegeng^{e}li] *adj* zugänglich (betretbar)

tilhænger [telhenga] *u* Anhänger *m*; **(begejstret) ~** *af ngt* Fan *m von j-m/etw.*

tilhøre [telhöa] *v* **1** gehören *j-m* **2** zählen *zu j-m/etw.* (gehören)

tilintetgøre [teend^{e}~~dh~~göa] *v* vernichten

tilkalde [telkal^{e}] *v* **1** rufen *j-n* (Arzt usw.) **2** hinzuziehen *j-n* **3** aufrufen *j-n*, ausrufen *j-n* (durch Lautsprecher)

tilkobling [telkableng] *u* Anschluss *m* (zu einem Leitungsnetz)

tilkørsel [telköaß^{e}l] *u* **1** Auffahrt *w* (zur Autobahn) **2** Autobahnauffahrt *w*

tillade [teläd~~h~~^{e}] *v* **1** erlauben *j-m etw. Akk* **2** zulassen *etw.* (damit es geschieht)

tilladelse [teläd~~h~~^{e}lß^{e}] *u* Bewilligung *w j-s*, Erlaubnis *w*

tilladt [teläd~~h~~d] *adj* angängig, erlaubt, zulässig

tillid [telid~~h~~] *u* Vertrauen *s*

tillykke [t^{e}lög^{e}] **sige ~** *med ngt* beglückwünschen *j-n zu etw.*, gratulieren *j-m zu etw.*; **Tillykke!** Herzlichen Glückwunsch!

tillæg [teleg] *t* Ergänzung *w* (Zusatz usw.), Zuschlag *m*, Aufschlag *m* (Preis), Aufpreis *m*; **i ~ til i ~ til** und überdies, außerdem

tilovers [teouaß] *adv* übrig

tilpas [tepaß] *adv* angemessen, entsprechend

tilpasse [tepaß^{e}] *v* **1** anpassen *etw. Akk j-m/etw.*, angleichen *etw. Akk j-m/etw.*, herrichten **2** modifizieren

tilse [telße] *v* beaufsichtigen *etw. Akk*

tilsigtet [telßegded~~h~~] *adj* absichtlich, bewusst (Lüge usw.)

tilskuer [telßgua] *u* Schaulustige *m*, Zuschauer *m*

tilslutte [telßlud^{e}] *v* anschließen (ans Netz usw.), in die Steckdose stecken *etw. Akk*

tilstand [telßdan] *u* Zustand *m j-s/etw.*

tilstedeværelse [telßded~~h~~^{e}wealß^{e}] *u* Anwesenheit *w von j-m*

tilstrækkelig [teßdrag^{e}li] *adj* ausreichend, genügend, hinreichend; **være ~** genügen, reichen (Menge usw.)

tilstrømning [telßdrömneng] *u* Flut *w von etw.*, Schwall *m von etw.* (von Geld usw.), Zustrom *m von etw.*

tilstå [telßdo] *v* bekennen *etw. Akk*, gestehen *etw. Akk*

tilsvarende [telßwaan^{e}] *adj* **1** entsprechend *etw. Dat* **2** äquivalent *mit etw.*, gleichwertig *mit etw.* **3** adäquat, angemessen **4** entsprechend, jeweilig

tiltage [teltä] *v* zunehmen (dicker werden)

tiltale [teltääl^{e}] *u* Anklage *w* (gerichtliche), Anrede *w* ♦ *v* verfolgen (strafrechtlich)

tiltro [teltro] *u* Vertrauen *s*

tiltrække [teltrag^{e}] *v* anlocken *j-n irgendwohin*, anziehen *j-n* (Kunden usw.)

time [tiim^{e}] *u* **1** Stunde *w* (60 Minuten) **2** Lektion *w* (Lehrstunde), Stunde *w* (Unterricht) ♦ *v* timen

tin [ten] *t* Zinn *s*

tinboks [tenbagß] *u* Blechbüchse *w*, Blechdose *w*

ting [ten] *u* Sache *w* (Gegenstand), Ding *s* (nützliches usw.)

tippe [tib^{e}] *v* tippen

tirsdag [tiaßda] *u* Dienstag *m*

tisse [tiß^{e}] *v* pinkeln, Pipi machen (Kind)

titel [tid^{e}l] *u* Titel *m*

tjek [tjeg] *t* Kontrolle *w* (Überprüfung)

tjekke [tjeg^{e}] *u* Tscheche *m* ♦ *v* checken, abchecken, prüfen (Bremsen usw.), kontrollieren *etw. Akk* (überwachen) ► **~ baggage ind** Gepäck einchecken; **~ ud** auschecken (Hotel)

tjene [tjeen^{e}] *v* **1** dienen *j-m/etw.* **2** verdienen (Gehalt erwerben) **3** verdienen *an j-m/etw.* (Gewinn erzielen) **4** einnehmen (durch Verkauf)

tjener [tjeena] *u* Diener *m*, Kellner *m*

tjeneste [tjeen^{e}ßd^{e}] *u* **1** Dienst *m* **2** Gefallen *m*

to [to] *num* zwei

toast [toußd] *u* Toast *m*

tobak [tobag] *u* Tabak *m*

tobaksforretning [tobagßfaradneng] *u* Tabakgeschäft *s*, Tabakladen *m*, Kiosk *m*

tog [tou] *t* Zug *m* (Verkehrsmittel)

toilet [toaled] *t* Toilette *w*, Klosett *s* (Raum)

toiletpapir [toaledpapia] *t* Toilettenpapier *s*

told [tal] *u* **1** Zoll *m* **2** Zollamt *s*

toldbehandling [talbehanleng] *u* Zollabfertigung *w*

toldbetjent [talbetjend] *u* Zollbeamte *m*

tolk [talg] *u* Dolmetscher *m*

tolke [talg^{e}] *v* dolmetschen, dolmetschen *etw. Akk in etw. Akk*

tolv [tal] *num* zwölf

tom [tam] *adj* leer (Gefäß usw.)

tomat [tomäd] *u* Tomate *w*

tommelfinger [tam^{e}lfenga] *u* Daumen *m*; **rejse på tommelfingeren** trampen, per Anhalter fahren

ton [tan] *u* Tonne *w* (Maßeinheit)

tone [toon^{e}] *u* Ton *m* (Klang)

top [tab] *u* **1** Gipfel *m etw. Gen*, Spitze *w etw. Gen* **2** Kraut *s* (der Kartoffeln usw.)

topløs [tablöß] *adv* oben ohne

torden [toad^{e}n] *u* **1** Donner *m* **2** Sausen *s*, Donnern *s*
tordenvejr [toad^{e}nwea] *t* Gewitter *s*
torsdag [toßda] *u* Donnerstag *m*
torsk [tooßg] *u* Kabeljau *m*
total [totäl] *adj* **1** absolut, völlig, gänzlich, vollkommen (Unsinn usw.) **2** Gesamt-, gesamt **3** Gesamt-, allgemein **4** komplett
tov [tou] *t* Seil *s*
tovbane [toubään^e] *u* Schwebebahn *w*, Seilbahn *w*, Standseilbahn *w*
tradition [traditschon] *u* Tradition *w*
trafik [trafig] *u* Verkehr *m*
trafikprop [trafigprab] *u* Stau *m* (Verkehr)
tragedie [trage~~dh~~j^e] *u* Tragödie *w*
tragisk [tragißg] *adj* tragisch
tragt [tragd] *u* Trichter *m*
trailer [trejla] *u* Anhänger *m* (Wagen)
tranebær [traan^{e}bäa] *t* Preiselbeere *w*
trang [trang] *adj* beengt (Raum usw.), beschränkt ♦ *u* Drang *m* (Antrieb), Zwang *m* (innerer)
transformer [tranßfooma] *u* Netzteil *s*, Transformator *m*
transport [tranßpood] *u* **1** Beförderung *w*, Transport *m*, Überführung *w* (Transportieren) **2** Versand *m*, Transport *m* **3** Abfuhr *w*
transportere [tranßbotea] *v* befördern *etw. Akk irgendwohin* (Güter usw.), transportieren *etw. Akk irgendwohin*, fahren *j-n/etw. irgendwohin*, transportieren *j-n/etw. irgendwohin*
transportmiddel [tranßpoodmi~~dh~~^{e}l] *t* Verkehrsmittel *s*
trappe [trab^e] *u* Treppe *w*
trappeopgang [trab^{e}abgang] *u* Treppe *w* (Aufgang)
travl [traul] *adj* **1** beschäftigt (sehr usw.) **2** belebt (Straße usw.) **3** rege (Verkehr usw.) **4** hart (Tag usw.)
travlhed [traulhe~~dh~~] *u* Betrieb *m* (Treiben), Getriebe *s* (Betriebsamkeit)
travlt [trauld] **Jeg har ~.** Ich habe es eilig.
tre [tre] *num* drei ♦ *u* Drei *w* (Ziffer)
tredive [tra~~dh~~w^e] *num* dreißig
tredje [tre~~dh~~j^e] *num* dritt(er,e,es)
tredjedel [tre~~dh~~j^{e}del] *u* Drittel *s*
trekant [trekand] *u* Dreieck *s*
trend [tran] *u* **1** Trend *m* **2** Kette *w* (im Gewebe usw.)
tres [treß] *num* sechzig
tretten [trad^{e}n] *num* dreizehn
trick [treg] *t* Trick *m* (Film usw.) ♦ *u* Trick *m*
trille [tril^e] *v* rollen, rollen *etw. Akk* (Fass usw.)
trin [trin] *t* Stufe *w* (Treppe)
trist [trißd] *adj* **1** traurig **2** trübsinnig **3** trist (Situation usw.)
tro [tro] *v* **1** glauben *j-m/etw.* **2** glauben *an etw. Akk* **3** vermuten ♦ *adj* treu *j-m* (zuverlässig) ♦ *u* Glaube *m* ► **~ på** *ngn/ngt* vertrauen *j-m/etw.*; **Det tror jeg.** Ich glaube schon./Das glaube ich nicht.
trofast [trofaßd] *adj* loyal, treu *j-m* (zuverlässig)
tromme [trom^e] *u* Trommel *w* ♦ *v* trommeln (pauken)
trompet [tromped] *u* Trompete *w*
troværdig [trowäadi] *adj* glaubhaft, glaubwürdig, vertrauenswürdig
true [truu^e] *v* drohen *j-m mit etw.*, androhen *j-m etw. Akk*
trussel [truß^{e}l] *u* **1** Bedrohung *w etw. Gen*, Bedrohung *w* (Gefahr) **2** Drohung *w*
tryg [trög] **være ~** in Sicherheit sein
tryk [trög] *t* **1** Druck *m* (Kraft) **2** Druck *m etw. Gen* (Prozess) **3** Druck *m* (Zwang), Zwang *m* (rücksichtsloser usw.) **4** Akzent *m*, Betonung *w* (einer Silbe usw.)
trykke [trög^e] *v* **1** drücken *etw. Akk* (Knopf usw.) **2** drücken *auf etw. Akk* **3** drucken, drucken *etw. Akk*
trykknap [trögknab] *u* Druckknopf *m* (zum Verschließen)
træ [tre] *t* **1** Holz *s* **2** Baum *m* **3** Bäumchen *s*
træde [tree~~dh~~^{e}] *v* **1** treten *auf etw. Akk* (Schritte machen) **2** niedertreten *etw. Akk* (Blumen usw.) **3** durchziehen *etw. Akk durch etw.* (Faden durch Öhr usw.) ► **~ et skridt tilbage** zurücktreten (nach hinten); **~ i pedalerne** treten *etw. Akk, auf etw. Akk* (auf dem Fahrrad usw.)
træffe [traf^e] *v* fassen (in Worte usw.); **ikke ~** verfehlen *etw. Akk* (Ziel usw.)
træk [trag] *u* Antrieb *m* (Treibkraft) ♦ *t* **1** Zug *m* (Wesenszug) **2** Zug *m* (im Schach usw.)
trække [trag^e] *v* **1** ziehen *etw. Akk irgendwohin* (Handwagen usw.) **2** hineinziehen *etw. Akk irgendwohin* **3** ziehen *an etw. Dat* **4** zerren *an etw. Dat* **5** schleifen *etw. Akk* (Sack usw.) **6** durchstecken *etw. Akk durch etw.* **7** beziehen *etw. Akk mit etw.*, überziehen *etw. Akk mit etw.* **8** aufziehen (Uhr usw.), auslosen, ziehen (Los usw.) **9** ziehen (Waffe) **10** auffädeln *etw. Akk* (Perlen usw.) ► **~ af** herunterziehen (Tischtuch usw.), abziehen (Ring usw.); **~ fra** abziehen *etw. Akk von etw.*, abrechnen *etw. Akk von etw.*, subtrahieren *etw. Akk von etw.*; **~ lod** losen; **~ op** herausreißen *etw. Akk* (Zahn usw.), ausreißen *etw. Akk* (Haar usw.); **~ sammen** zusammenziehen (schrumpfen lassen); **~ sig sammen** sich zusammenziehen, schrumpfen (kleiner werden); **~ sig tilbage** sich zurückziehen (Armee usw.); **~ tilbage** zurückziehen *j-n/etw.* (Produkt

usw.); **~ ud** herausreißen *etw. Akk* (Zahn usw.), ausreißen *etw. Akk* (Haar usw.); **~ vejret** einatmen (Atem holen); **~** *ngn* **med** holen *j-n irgendwohin*; **~** *ngt* **for** zuziehen *etw. Akk* (Vorhang usw.); **~** *ngt* **fra** abziehen (Summe usw.); **~** *ngt* **ned** zuziehen *etw. Akk* (Vorhang usw.); **~** *ngt* **op** herausziehen *etw. Akk aus etw.*, ziehen *etw. Akk aus etw.*, hochziehen, aufziehen (nach oben); **~** *ngt* **ud** ausreißen (Unkraut usw.)

træne [treen^e] *v* **1** turnen **2** trainieren (sich vorbereiten) **3** trainieren (Muskeln usw.) **4** einüben *etw. Akk* (Fähigkeit usw.) **5** ausbilden *j-n* **6** ausbilden *j-n* (Arbeiter usw.), schulen **7** abrichten

trænge [trang^e] *v* durchsickern (Flüssigkeit); **~ ind** *i ngt* eindringen *in etw. Akk*; **~ sig frem** sich drängen *irgendwohin* (durch die Menge usw.)

træning [treeneng] *u* Übung *w*

træt [trad] *adj* müde, down; **blive ~** müde werden, ermüden; **Jeg er ~ af det.** Ich habe davon die Nase voll.

trætte [trad^e] *v* müde machen *j-n*, ermüden *j-n*

trættende [trad^en^e] *adj* ermüdend, anstrengend, lästig

trøje [traj^e] *u* **1** Pullover *m*, Pulli *m* **2** Dress *m*, Trikot *s*

trøste [trößd^e] *v* besänftigen, trösten *j-n*

tråd [trodh] *u* **1** Faden *m* **2** Draht *m*

T-shirt [tiitschööd] *u* T-Shirt *s*

tube [tuub^e] *u* Tube *w*

tunfisk [tuunfeßg] *u* Thunfisch *m*

tung [tong] *adj* schwer (Gewicht)

tunge [tong^e] *u* Zunge *w* (Organ)

tunnel [ton^el] *u* Tunnel *m*

tur [tua] *u* **1** Wanderung *w* **2** Fahrt *w* ► **gå en ~** spazieren gehen; **tage (det) efter ~** sich abwechseln *bei etw.*, abwechselnd tun *etw. Akk*; **tage på ~** wandern (in den Bergen usw.)

turde [tooa] *v* wagen *etw. Akk zu tun*, sich trauen *etw. Akk zu tun*, wagen *etw. Akk zu tun*

turisme [turißm^e] *u* Fremdenverkehr *m*, Tourismus *m*

turist [turißd] *u* Tourist *m*

turistbus [turißdbuß] *u* Reisebus *m*

tusind [tuß^en] *num* tausend

tvilling [twileng] *u* Zwilling *m*

Tvillingerne [twilenggäan^e] *u Mz* Zwillinge *m Mz*

tvinge [tweng^e] *v* **1** zwingen *j-n zu etw.* **2** aufzwingen *j-m etw. Akk* **3** hineinpressen *etw. Akk irgendwohin* ► **blive tvunget** *til ngt* zwingen *j-n zu etw.*; **være tvunget** *til ngt* gezwungen sein *zu etw.*

tvist [tweßd] *u* Streit *m*, Auseinandersetzung *w*

tvivl [twiul] *u* Zweifel *m*; **være i ~** zweifeln *an j-m/etw.*

tvivle [twiul^e] *v* bezweifeln *etw. Akk*, zweifeln *an j-m/etw.*

tvivlsom [twiulßam] *adj* verrufen, anrüchig, zweifelhaft, fragwürdig

tværs [twäaß] **på ~ af** quer *durch etw., über etw. Akk*; **~ over** quer *durch etw., über etw. Akk*

tværtimod [twäadimodh] *adv* im Gegenteil

tværtom [twäadam] *adv* umgekehrt

ty [tü] *v* greifen *zu etw.* (Maßnahmen usw.)

tydelig [tüüdh^eli] *adj* **1** deutlich (klar erkennbar) **2** markant **3** sichtlich, merklich **4** illustrativ, veranschaulichend

tydeliggøre [tüüdh^eligöa] *v* klären *etw. Akk*, aufklären *etw. Akk*, erläutern *etw. Akk*

tygge [tüg^e] *v* **1** kauen *etw. Akk* (Nahrung usw.), kauen *etw. Akk* **2** zerkauen *etw. Akk*, zerbeißen *etw. Akk*, zerkauen *etw. Akk* **3** wiederkäuen *etw. Akk* (Futter)

tyggegummi [tüg^egomi] *t* Kaugummi *m*

tyk [tüg] *adj* dicht (Soße usw.), dick (Suppe usw.), fett (Mensch)

tynd [tön] *adj* dünn, spärlich, schütter (Haar usw.)

type [tüüb^e] *u* Typ *m etw. Gen* (Typus)

typisk [tübißg] *adj* typisch

tyr [tüa] *u* Stier *m* (Bulle)

tysk [tüßg] *adj* deutsch ♦ *adv* deutsch, auf Deutsch ♦ *t* Deutsch(e) *s*

tysker [tüßga] *u* Deutsche *m*

Tyskland [tüßglan] *t* Deutschland *s*

tyv [tüu] *u* Dieb *m*

tyve [tüüw^e] *num* zwanzig

tyveri [tüuari] *t* Diebstahl *m*, Entwendung *w etw. Gen*

tælle [tel^e] *v* zählen *bis wie viel*, zählen *wie viel* (Anzahl feststellen); **~ om** nachrechnen

tænde [ten^e] *v* **1** anzünden *etw. Akk*, anmachen *etw. Akk* **2** anzünden *etw. Akk* (Holz mit Papier usw.) **3** anzünden *etw. Akk* (Gebäude usw.) **4** anstellen, einschalten, anschalten (Gerät usw.) ► **~ lyset** (Licht) einschalten, (Licht) anmachen; **~ op** das Feuer anmachen

tændrør [tenröa] *t* Zündkerze *w*

tændstik [tenßdeg] *u* Streichholz *s*, (ÖrD, SwD) Zündholz *s*

tænke [tengg^e] *v* **1** denken *an etw. Akk* (im Kopf haben) **2** überlegen *etw. Akk*, nachdenken *über etw. Akk* **3** nachdenken *über etw. Akk* **4** hinzudenken ► **~ over** *ngt* bedenken *etw. Akk* (durchdenken)

tænke sig *v* beabsichtigen *etw. Akk zu tun*, vorhaben *etw. Akk zu tun*, gedenken *etw. Akk zu tun*, wollen *etw. Akk zu tun* (vorhaben)

tæppe [teb^e] *t* **1** Decke *w* (im Bett) **2** Teppich *m* **3** (kleiner) Teppich *m* **4** Vorhang *m* (im Theater usw.)

tæske [teßg^e] *v* schlagen *j-n*, prügeln *j-n*

tæt [ted] *adj* **1** eng (Zusammenhang usw.) **2** dicht ► **~ på** *ngt* daneben, nebenan (in der Nähe); **~ ved** *ngn/ngt* nahe (nicht weit entfernt), nahe *etw. Dat* (in der Nähe)

tætning [tedneng] *u* Dichtung *w* (Schicht)

tøffel [töf^{e}l] *u* Pantoffel *m*

tøj [taj] *t* **1** Kleider *s Mz*, Kleidung *w* **2** Kleider *Mz* (Anzug) **3** Kleidung *w* (Artikel) ► **tage ~ på** sich anziehen

tømme [töm^e] *v* **1** ausleeren *etw. Akk*, leeren *etw. Akk*, räumen, ausräumen (Zimmer usw.) **2** ausgießen *etw. Akk*, ausschütten *etw. Akk* **3** ausschütten *etw. Akk* (Aschenbecher usw.) **4** aufzehren *etw. Akk*

tør [töa] *adj* dürr, trocken

tørke [töag^e] *v* **1** trocknen (trocken werden) **2** ausdörren, eintrocknen ◆ *u* Trockenheit *w* (Trockenzeit), Dürre *w*

tørklæde [töaklee~~dh~~^{e}] *t* Tuch *s* (Kopftuch usw.)

tørre [töaa] *v* **1** trocknen (trocken werden), abtrocknen (Kleid usw.) **2** abtrocknen *etw. Akk* (trocken machen), trocknen *etw. Akk*, trocknen (trocken machen) **3** wischen *etw. Akk (von etw.)* ► **~ (af)** abreiben, wischen *etw. Akk*, wegwischen *etw. Akk*, abwischen *etw. Akk* (entfernen); **~ ud** vertrocknen; **~** *ngt* **(af)** wischen *etw. Akk* (reinigen), abwischen *etw. Akk* (säubern)

tørretumbler [töaatombla] *u* Wäschetrockner *m*

tørst [töaßd] *u* Durst *m*; **være tørstig** Durst haben, durstig sein

tørstig [töaßdi] *adj* durstig

tøve [tööw^e] *v* zaudern, zögern

tå [to] *u* Zehe *w* (am Fuß); **på tåspidserne** auf den Zehen (gehen usw.)

tåge [toou^e] *u* Nebel *m*, Dunst *m*; **let ~** Dunst *m*

tågelys [toou^{e}lüß] *t* Nebelscheinwerfer *m Mz*

tåle [tool^e] *v* **1** aushalten *etw. Akk*, ertragen *etw. Akk* **2** vertragen *etw. Akk* (widerstehen) **3** ausstehen *j-n* **4** dulden (zulassen) *etw. Akk*, leiden *etw. Akk* (Beleidigung usw.)

tålmodig [talmo~~dh~~i] *adj* geduldig

tåre [tooo] *u* Träne *w*

tårn [ton] *t* Turm *m*

U

uafgjort [uaugjoad] *adj* unentschieden (Spiel usw.); **~ kamp** Remis *s*, Unentschieden *s*; **~ spil** Remis *s*, Unentschieden *s*

uafhængig [uauhengi] *adj* **1** unabhängig *von j-m/etw.* **2** freiberuflich (Reporter usw.), freischaffend (Künstler usw.)

uagtsom [uagdßam] *adj* **1** nachlässig (Mensch usw.), schlampig (Person usw.), fahrlässig **2** unabsichtlich, unbeabsichtigt

uanset [uanßed] *prep* trotz *etw. Gen*, ungeachtet *etw. Gen*, ohne Berücksichtigung *von etw.*

uanstændig [uanßdendi] *adj* **1** schamlos (Person usw.), unanständig (Bemerkung usw.), unsittlich (derb usw.) **2** unpassend (Benehmen usw.) **3** obszön

uansvarlig [uanßwali] *adj* unverantwortlich

ubegrænset [ubegranß^e~~dh~~] *adj* unbegrenzt

ubehagelig [ubehäj^{e}li] *adj* **1** unbequem **2** unangenehm (Situation usw.) **3** lästig

ubehøvlet [ubehöul^e~~dh~~] *adj* rau (Sitten usw.)

ubetalt [ubetäld] *adj* unbezahlt, offen (noch unbezahlt), ausstehend (Schulden usw.)

ubetydelig [ubetü~~dh~~^{e}li] *adj* gering, geringfügig (Menge usw.), belanglos, unwesentlich

ud [u~~dh~~] *adv* heraus (vom Sprecher), hinaus (zum Sprecher), nach draußen

udbetale [u~~dh~~betäl^e] *v* ausbezahlen, auszahlen *j-m etw. Akk* (Gehälter usw.)

udbetaling [u~~dh~~betäleng] *u* Anzahlung *w*

udbrede [u~~dh~~bre~~dh~~^{e}] *v* **1** verbreiten *etw. Akk* (Neuigkeit usw.) **2** propagieren (Gedanken usw.), verbreiten (Ideen usw.) **3** vermehren (Pflanzen usw.)

uddannelse [u~~dh~~dan^{e}lß^e] *u* Ausbildung *w*, Bildung *w* (schulische usw.), Schulung *w von j-m*

uddanne sig *v* lernen *etw. Akk* (Handwerk)

uddele [u~~dh~~del^e] *v* verteilen *etw. Akk an/unter j-n*, verteilen (an mehrere Personen)

uddybe [u~~dh~~düb^e] *v* ausführen *etw. Akk* (in Einzelheiten)

ude [uu~~dh~~^{e}] *adv* **1** heraus *aus etw.* **2** draußen ► **~ af drift** außer Betrieb

udefra [uu~~dh~~^{e}fra] *adv* von außen

udelade [uu~~dh~~^{e}lä~~dh~~^{e}] *v* auslassen, auslassen *etw. Akk*

udelukke [uu~~dh~~^{e}log^e] *v* **1** ausschließen *j-n/etw. aus etw.* **2** ausschließen (Möglichkeit usw.) **3** ausschalten *j-n* (Konkurrenten usw.)

uden [u~~dh~~^{e}n] *prep* ohne *j-n/etw.*; **~ at** ohne *etw. Akk zu tun*; **~ for** *ngt* außerhalb (der Stadt usw.); **~ for** *ngt* außerhalb *etw. Dat*

udenad [udhenadh] *adv* auswendig
udendørs [udhendöaß] *adj* Außen-
udfald [udhfal] *t* Ausfall *m* (Bewegung), Folge *w etw. Gen, von etw.* (Ergebnis)
udflugt [udhflogd] *u* Ausflug *m*, Ausflüchte *w Mz*
udfordring [udhfodreng] *u* Herausforderung *w für j-n* (schwierige Aufgabe usw.)
udforme [udhfome] *v* **1** erfinden (ausdenken) **2** konzipieren **3** entwerfen **4** konstruieren (Maschinen usw.)
udforskning [udhfoßgneng] *u* Untersuchung *w* (eines Gebietes usw.)
udfylde [udhfüle] *v* ausfüllen (Formular usw.)
udføre [udhföa] *v* durchführen *etw. Akk*, ausführen *etw. Akk*, durchführen (Experiment usw.)
udgang [udhgang] *u* Ausgang *m*
udgave [udhgääwe] *u* Ausgabe *w* (broschierte usw.), Edition *w* (gebundene usw.), Version *w*
udgift [udhgifd] *u* Ausgabe *w* (Kosten); **udgifter** Auslagen *w Mz*
udgøre [udhgöa] *v* **1** bilden *etw. Akk* **2** machen, betragen (Summe) **3** darstellen (bedeuten)
udkørsel [udhköaßel] *u* Ausfahrt *w*
udlade [udhläädhe] *v* entladen (Akkumulator usw.)
udlandet [udhlanedh] *u* Ausland *s*
udlede [udhledhe] *v* schließen (Tatsache usw.)
udleje [udhlaje] *u* Miete *w* (Verhältnis)
udlevering [udhleweaeng] *u* Ausgabe *w* (Austeilung)
udlænding [udhleneng] *u* Ausländer *m*
udløb [udhlöb] *t* **1** Auslass *m* **2** Ausfluss *m* (Ausfließen) **3** Ablauf *m* (einer Frist usw.)
udløse [udhlöße] *v* beginnen, anfangen (Krieg, Streit usw.)
udmatte [udhmade] *v* **1** müde machen *j-n*, ermüden *j-n* **2** erschöpfen *j-n*
udmærke sig *v* **1** glänzen *in etw. Dat*, sich auszeichnen *in etw. Dat*, sich hervortun *durch etw.* **2** gekennzeichnet werden *durch etw.*
udmærket [udhmäagedh] *adj* ausgezeichnet, exzellent, großartig (ausgezeichnet usw.), hervorragend
udnytte [udhnöde] *v* **1** nutzen *etw. Akk* (Nutzen ziehen) **2** sich *etw.* zunutze machen **3** utilisieren, verwerten, ausnutzen (Quellen usw.) **4** auslasten *etw. Akk* (Kapazitäten usw.) **5** ausbeuten (Arbeiter usw.)
udrydde [udhrüdhe] *v* **1** ausrotten, austilgen **2** ausmerzen, ausrotten (Krankheit usw.) **3** vernichten
udsagn [udhßaun] *t* Aussage *w*, Äußerung *w*
udsalg [udhßal] *t* Ausverkauf *m*
udseende [udhßeene] *t* Aussehen *s* ♦ *u* Aussehen *s*
udsende [udhßene] *v* **1** entsenden *j-n irgendwohin*, aussenden *j-n irgendwohin* (einen Boten usw.) **2** senden (ausstrahlen)
udsending [udhßeneng] *u* **1** Gesandte *m* **2** Beauftragte *m*
udsigt [udhßegd] *u* **1** Aussicht *w* (ins Weite usw.), Ausblick *m* (schöner usw.) **2** Aussichtspunkt *m* **3** Aussicht *w* (Panorama) **4** Perspektive *w etw. Gen* (Zukunft) ► **udsigter** *Mz* Aussichten *w Mz* (Chancen)
udskifte [udhßgifde] *v* **1** wechseln *etw. Akk für etw.* (ersetzen), auswechseln *etw. Akk gegen etw.*, austauschen *etw. Akk gegen etw.* (Ersatzteil usw.) **2** auswechseln *j-n* **3** ersetzen *j-n/etw.* (Nachfolger usw.)
udskrift [udhßgrefd] *u* Ausdruck *m* (von Daten usw.), Auszug *m* (Urkunde)
udskrive [udhßgriiwe] *v* entlassen (aus dem Krankenhaus usw.)
udskyde [udhßgüdhe] *v* verlegen *etw. Akk* (auf später), verschieben *etw. Akk* (zeitlich)
udslag [udhßläj] *t* Ausdruck *m etw. Gen* (Bekanntgabe)
udslette [udhßlede] *v* vernichten
udsmykke [udhßmöge] *v* dekorieren (Schaufenster usw.), schmücken *etw. Akk mit etw.*
udsolgt [udhßald] *adj* ausverkauft
udspring [udhßbreng] *t* Sprung *m*
udspringe [udhßbrenge] *v* **1** springen (einen Sprung machen) **2** entspringen (Fluss usw.)
udstede [udhßdedhe] *v* ausstellen *etw. Akk* (Urkunde usw.)
udstilling [udhßdeleng] *u* Ausstellung *w*, Exposition *w* (Ausstellung usw.)
udstyr [udhßtüa] *t* **1** Ausrüstung *w*, Ausstattung *w* **2** Ausrüstung *w* (für Sport usw.) **3** Einrichtung *w* (Möbel usw.) **4** Ausstattung *w* (in einer Fabrik usw.), Anlagen *w Mz*
udstyre [udhßdüa] *v* **1** ausstatten *j-n/etw. mit etw.* **2** bewaffnen *j-n mit etw.* **3** versehen *etw. Akk mit etw.*
udstødningsrør [udhßdödhnengßröa] *t* Auspuff *m*
udsyn [udhßün] *t* Aussicht *w* (Panorama)
udsætte [udhßede] *v* **1** verlegen *etw. Akk* (auf später), verschieben *etw. Akk* (zeitlich) **2** aufschieben *etw. Akk* (auf später) **3** vertagen **4** aussetzen *j-n/etw. etw. Dat* (Gefahr usw.) ► *~ ngn/ngt* **for fare** bedrohen *j-n/etw.*

udtale [udhtääl^e] *v* **1** aussprechen, sagen (Wort usw.) **2** artikulieren ♦ *u* Aussprache *w*
udtalelse [udhtäl^{e}lß^e] *u* Äußerung *w*, Erklärung *w* (Mitteilung)
udtryk [udhtrög] *t* Ausdruck *m*
udtrykke [udhtrög^e] *v* ausdrücken *etw. Akk* (mit Worten usw.)
udtrykkelig [udhtrög^{e}li] *adj* ausdrücklich
udvalg [udhwalj] *t* Auswahl *w* (ausgewählte Dinge) ♦ *u* Ausschuss *m* (Kommission), Komitee *s*
udveksle [udhwegßl^e] *v* tauschen (Blick usw.)
udveksling [udhwegßleng] *u* Tausch *m*, Umtausch *m* (von Sachen)
udvide [udhwidh^e] *v* erweitern *etw. Akk* (Kenntnisse usw.), verbreitern *etw. Akk*, erweitern *etw. Akk* (Weg usw.)
udvikle [udhwegl^e] *v* entwickeln *etw. Akk*, entwickeln (Druck usw.), konzipieren, wachsen (sich entwickeln)
udvikling [udhwegleng] *u* Entwicklung *w*
udvinde [udhwen^e] *v* fördern *etw. Akk* (Kohle usw.), abbauen *etw. Akk* (Erz usw.), fördern (Kohle usw.)
udøve [udhöw^e] *v* entwickeln (Druck usw.), geltend machen *etw. Akk* (Rechte usw.)
uendeligt [uen^{e}lid] *adv* bis ins Unendliche, unendlich
uenig [ueni] **være** ~ *med ngn om ngt* missbilligen *etw. Akk*, nicht zustimmen *j-m/etw.*
uforfalsket [ufafalßg^{e}dh] *adj* unverfälscht, echt
uforsigtig [ufaßegdi] *adj* unvorsichtig
uforskammet [ufaßgam^{e}dh] *adj* **1** grob (unhöflich) **2** unverfroren **3** schamlos (Lüge usw.), unverschämt
ufortjent [ufatjend] *adj* arbeitslos (Einkommen usw.), leicht verdient (Geld usw.)
ufrivillig [ufriwili] *adj* unbedingt (Reflex usw.), unfreiwillig, unwillkürlich
uge [uu^e] *u* Woche *w*
ugift [ugifd] *adj* ledig
ugle [uul^e] *u* Eule *w*
ugyldig [ugüldi] *adj* ungültig, nichtig
uheld [uhel] *t* **1** Pech *s*, wenig Glück, Unglück *s*, Unheil *s* (Pech usw.) **2** Unfall *m* (Autounfall usw.), Havarie *w*
uheldig [uheldi] *adj* **1** unglücklich **2** bedauernswert, beklagenswert, bedauerlich **3** ungünstig (Bedingungen usw.)
uheldigvis [uheldiwiß] *adv* leider ♦ *part* unglücklicherweise, leider
uhøflig [uhöfli] *adj* grob, unhöflich
ujævn [ujeun] *adj* **1** bucklig, holprig (Straße usw.), uneben **2** grob, rau (Oberfläche usw.) **3** ungleichmäßig (uneinheitlich)
ukendt [ukend] *adj* **1** unbekannt **2** fremd (unbekannt)
uklar [ukla] *adj* unklar (Bedeutung usw.), vage (Idee usw.)
uklog [uklou] *adj* **1** unvernünftig **2** unvorsichtig
ukorrekt [ukoragd] *adj* falsch, unrichtig
uld [ul] *u* Wolle *w*
ulempe [ulemb^e] *u* Nachteil *m*, Negativum *s*
ulig [uli] *adj* verschieden, verschiedenartig, divers
ulovlig [ulouli] *adj* gesetzwidrig, illegal, rechtswidrig, widerrechtlich
ultralyd [ultralüdh] *u* Ultraschall *m*
ulv [ulw] *u* Wolf *m*
ulykke [ulög^e] *u* Unglück *s*, Unheil *s* (Pech usw.)
ulyst [ulößd] *u* Unlust *w zu etw.*, Widerwille *m gegen etw.*
umiddelbar [umidh^{e}lba] *adj* **1** unmittelbar (Reaktion usw.) **2** unmittelbar (bevorstehend) (Risiko usw.) **3** sofortig
umulig [umuli] *adj* undurchführbar, nicht durchführbar, unmöglich; **gøre** *ngt* ~ unmöglich machen *etw. Akk*
umådeholden [umoodh^{e}hal^{e}n] *adj* übermäßig
umådelig [umodh^{e}li] *adj* übermäßig
under [ona] *prep* **1** (unmittelbar) unter *etw. Dat*, unter *etw. Dat* (dem Tisch usw.) **2** während, im Laufe *etw. Gen*, im Verlauf *etw. Gen* **3** bei (Angelegenheit) ♦ *u* Wunder *s* ► **temperaturer ~ nul** Temperaturen unter Null
underbukser [onabogßa] *Mz* Unterhose *w*
underdel [onadel] *u* Unterteil *s/m*
undergang [onagang] *u* **1** Unterführung *w* (für Fußgänger) **2** Verhängnis *s*
undergrundsbane [onagronßbään^e] *u* U-Bahn *w*, Metro *w*
underholde [onahal^e] *v* amüsieren *j-n*, belustigen *j-n*, unterhalten *j-n mit etw.* (mit Erzählungen usw.)
underlig [onali] *adj* sonderbar, seltsam
underskrift [onaßgrefd] *u* Unterschrift *w*
underskrive [onaßgriiw^e] *v* unterschreiben *etw. Akk*
understrege [onaßdraj^e] *v* **1** unterstreichen (Strich ziehen) **2** betonen *etw. Akk* (Bedeutung usw.) **3** betonen *etw. Akk*, hervorheben *etw. Akk*
undersøge [onaßöj^e] *v* **1** nachgehen *etw. Dat*, untersuchen *etw. Akk* (überprüfen) **2** untersuchen *etw. Akk* (Problem usw.) **3** nochmals überprüfen *etw. Akk*, nochmals untersuchen *etw. Akk* (überprüfen)

4 untersuchen *j-n* (Patienten usw.) **5** mustern **6** erforschen *etw. Akk*, untersuchen *etw. Akk* (Struktur usw.) ► *~ ngt* **nøje** durchgehen *etw. Akk* (lesen usw.)

undersøgelse [onaßöj^{e}lß^{e}] *u* **1** Umfrage *w*, Befragung *w* **2** Untersuchung *w* (ärztliche) **3** Untersuchung *w* (polizeiliche)

undertrykke [onatrög^{e}] *v* **1** unterdrücken (Bemühung usw.) **2** unterdrücken *etw. Akk*, niederschlagen *etw. Akk* (Aufstand usw.) **3** unterdrücken (Volk usw.) **4** unterdrücken (Gefühle usw.)

undertrøje [onatraj^{e}] *u* Hemdchen *s* (für Frauen), Unterhemd *s*

undertøj [onataj] *t* Unterwäsche *w*, Unterkleidung *w*

undervise [onawiß^{e}] *v* **1** lehren *j-n etw. Akk* **2** unterrichten (Schüler usw.) **3** Nachhilfe geben

undervisning [onawißneng] *u* Unterricht *m* (Unterrichtsstunde), Unterrichten *s*

undgå [ongo] *v* **1** meiden *j-n/etw.*, ausweichen *j-m/etw.* **2** ausweichen *etw. Dat* **3** umgehen *etw. Akk* (Regeln usw.) **4** meiden *j-n*, scheuen *j-n/etw.* (ausweichen) **5** vermeiden *etw. Akk*

undlade [onlädh^{e}] *v* sich enthalten *etw. Gen* (Abstimmung usw.)

undre sig *v* sich wundern *über etw. Akk*, sich *etw. Akk* fragen, verwundert sein *über etw. Akk*; **Jeg undrer mig over…** Ich frage mich, ob…

undskylde [onßgül^{e}] *v* **1** entschuldigen *j-n* **2** entschuldigen *j-n/etw.* (Grund mitteilen) **3** entschuldigen *j-n/etw.* (Verständnis zeigen) **4** sich herausreden *auf etw. Akk* ► **sige undskyld** *for ngt* sich entschuldigen *bei j-m für etw.*; **Undskyld!** Entschuldigen Sie!, Entschuldigung!, Verzeihung!; **Undskyld?** Wie bitte?

undskylde sig *v* sich entschuldigen *bei j-m für etw.*

undskyldning [onßgülneng] *u* **1** Entschuldigung *w für etw.* **2** Ausrede *w für etw.*

undtagelse [ontäj^{e}lß^{e}] *u* Ausnahme *w*

undtagen [ontäj^{e}n] *prep* außer *j-m/etw.* (ausgenommen), mit Ausnahme *von j-m/etw.*, außerhalb *etw. Dat*

ung [ong] *adj* jung; *~* **mand** junger Mann *m*

ungdom [ongdam] *u* Jugend *w*

uniform [unifom] *u* Uniform *w*

unik [unig] *adj* einzigartig, einmalig

univers [uniwääß] *t* Weltraum *m*, Universum *s*, Weltall *s*, All *s*

universitet [uniwääßited] *t* Universität *w*, Uni *w*

unødig [unödhi] *adj* nutzlos, vergeblich (Bemühungen usw.)

unødvendig [unödhwendi] *adj* **1** nutzlos, unbrauchbar, unnütz **2** unnötig (Risiko usw.) **3** nutzlos, vergeblich (Bemühungen usw.)

uophørlig [uabhöali] *adj* fortwährend, ständig

uorden [uod^{e}n] *u* Unordnung *w*

upassende [upaß^{e}n^{e}] *adj* unangebracht, unpassend, unanständig (Bemerkung usw.) ♦ *adv* unpassend

upræcis [upreßiß] *adj* ungenau, unpünktlich (Mensch usw.)

ur [ua] *t* Uhr *w*

urenhed [urenhedh] *u* Verunreinigung *w* (Stoff)

uretfærdig [uradfäadi] *adj* unfair, ungerecht ♦ *adv* unrechtmäßig

uretmæssigt [uradmeßid] *adv* falsch (beschuldigen), zu Unrecht

urin [urin] *u* Harn *m*, Urin *m*

uro [uro] *u* **1** Unruhen *w Mz* (soziale usw.) **2** Angst *w* (Sorge usw.)

urolighed [urolihedh] *u* Unruhen *w Mz* (in der Gesellschaft)

urt [uad] *u* Kraut *s* (Heilpflanze usw.)

usikker [ußega] *adj* ungewiss, unsicher (Mensch), instabil (Lage usw.)

uskyldig [ußgüldi] *adj* unschuldig

usund [ußon] *adj* ungesund (Kost usw.)

usynlig [ußünli] *adj* unsichtbar

usædvanlig [uß^{e}dhwänli] *adj* außergewöhnlich, ungewöhnlich (Fähigkeit usw.), beispiellos, merkwürdig

usømmelig [ußöm^{e}li] *adj* lasterhaft, obszön, schamlos (Person usw.), unanständig (Bemerkung usw.)

utaknemmelig [utagnem^{e}li] *adj* undankbar

utilfreds [utefreß] *adj* unzufrieden *mit etw.*, nicht zufrieden *mit etw.*

utilgængelig [utegeng^{e}li] *adj* nicht zugänglich (Informationen usw.), unzugänglich (Haus usw.)

utilstrækkelig [uteßdrag^{e}li] *adj* mangelhaft, ungenügend

utrolig [utroli] *adj* unglaublich

utryg [utrög] *adj* **1** gefährlich **2** unsicher (Situation usw.), instabil (Lage usw.)

utvivlsomt [utwiulßamd] *adv* unstreitig, unbestreitbar, zweifellos, ohne Zweifel ♦ *part* zweifellos, zweifelsohne, ohne Zweifel

utålmodig [utalmodhi] *adj* ungeduldig

uvanlig [uwäänli] *adj* **1** ungewohnt, ungewöhnlich, unüblich **2** unsachgemäß (unzulässig)

uventet [uwend^{e}dh] *adj* unerwartet ♦ *adv* unerwartet

uvigtig [uwegdi] *adj* nebensächlich, untergeordnet (unwichtig usw.)
uvilje [uwilje] *u* Unlust *w zu etw.*, Widerwille *m gegen etw.*, Widerwille *m gegen j-n/etw.*, Abneigung *w gegen j-n/etw.*
uvilkårlig [uwilkoli] *adj* **1** unwillkürlich, absichtslos **2** unbedingt (Reflex usw.)
uvæsentlig [uweßenli] *adj* bedeutungslos, geringfügig, belanglos, nebensächlich
uægte [uegde] *adj* falsch, gefälscht (Kunstwerk usw.), unecht

V

vabel [wääbel] *u* Blase *w* (auf Haut)
vagt [wagd] *u* **1** Wache *w* **2** Bewachung *w* (Personen) **3** Bewachung *w* (Bewachen) **4** Wächter *m*
vagtlæge [wagdleeje] *u* Notarzt *m*
valg [wal] *t* **1** Wahl *w* **2** Wahlen *w Mz*
valmue [walmuue] *u* Mohn *m* (Pflanze)
valuta [waluta] *u* **1** Währung *w* **2** Valuten *w Mz* (Währung)
vand [wan] *t* Wasser *s* (H_2O)
vandcykel [wanßügel] *u* Tretboot *s*
vandfald [wanfal] *t* Wasserfall *m*
vandhane [wanhääne] *u* Wasserhahn *m*
vandledning [wanledhneng] *u* Wasserleitung *w*
vandmelon [wanmelon] *u* Wassermelone *w*
vandoverflade [wanouafläädhe] *u* Spiegel *m* (Oberfläche)
vandpyt [wanpüd] *u* Pfütze *w*
vandre [wandra] *v* **1** wandern **2** durchs Land ziehen **3** sich herumtreiben **4** schweifen (Gedanken usw.)
vandrehjem [wandrajem] *t* Herberge *w*, Hostel *s*
vandrerhjem [wandrajem] *t* Herberge *w*
vandretur [wandratua] *u* Treck *m*, Wandern *s*
vandring [wandreng] *u* Wanderung *w*
vandski [wanßgi] *u* Wasserski *m Mz*
vandsport [wanßbood] *u* Wassersportarten *w Mz*
vandtæt [wanted] *adj* wasserdicht
vane [wääne] *u* Gewohnheit *w*; **dårlig ~** schlechte Gewohnheit
vanilje [wanilje] *u* Vanille *w*
vanlig [wäänli] *adj* üblich (Satz, Preis usw.)
vanskelig [wanßgeli] *adj* schwierig, mühevoll, anstrengend
vanskelighed [wanßgelihedh] *u* **1** Schwierigkeit *w* **2** Schwierigkeit *w etw. Gen* (Eigenschaft)
vant [wand] *adj* bewandert *in etw. Dat*; **være ~ til ngt** gewöhnt *an etw. Akk*, gewohnt *etw. Akk*
vanvittig [wanwidi] *adj* **1** närrisch, verrückt, wahnsinnig **2** fieberhaft (Tätigkeit usw.) **3** wütend
vare [waaa] *u* Ware *w* ♦ *v* andauern, fortdauern (bleiben), dauern
varebil [waaabil] *u* Lieferwagen *m*
variant [waiand] *u* Sorte *w*, Abart *w* (von Frucht usw.), Variante *w*
varig [waai] *adj* dauerhaft ♦ *adv* auf Dauer, dauernd (für immer)
varm [wam] *adj* **1** warm **2** heiß (Gegenstand usw.)
varme [wame] *v* **1** wärmen **2** durchwärmen **3** anheizen (Ofen usw.) ♦ *u* Wärme *w* ► **~ op** beheizen, heizen (Zimmer usw.); **~ *ngt* op** erwärmen *etw. Akk*, warm machen *etw. Akk*, erhitzen *etw. Akk*; **~ *ngt* op i mikrobølgeovnen** in der Mikrowelle aufwärmen *etw. Akk*
varmt [wamd] *adv* **1** warm **2** heiß (Gefühl usw.) **3** warm (empfangen usw.), herzlich ► **Jeg har det ~.** Mir ist heiß.
varmtvandsbeholder [wamdwanßbehala] *u* Kessel *m* (Gaskessel usw.)
varsle [waaßle] *v* ankündigen *j-m etw. Akk*, benachrichtigen *j-n von etw.*, verständigen *j-n von etw.*, hindeuten *auf etw. Akk*
vase [wääße] *u* Vase *w*
vaske [waßge] *v* **1** waschen *etw. Akk* (reinigen), abwaschen *etw. Akk* **2** waschen *etw. Akk* (Wäsche) **3** waschen (Gemüse usw.) ► **vask** *u* Waschen *s* (von Wäsche)
vaskemaskine [waßgemaßgiine] *u* Waschmaschine *w*
vaskepulver [waßgepolwa] *t* Waschpulver *s*
vaskeri [waßgari] *t* Waschküche *w*, Wäscherei *w*
vasketøj [waßgetaj] *t* Wäsche *w* (schmutzige), Schmutzwäsche *w*
ved [we] *prep* **1** an **2** neben *etw. Dat* (an der Seite) **3** bei (Angelegenheit) **4** durch *j-n/etw.* (Methode), mit *j-m/etw.* (Mittel) ♦ *t* Holz *s* ► **~ hjælp af *ngt*** mithilfe *etw. Gen*; **~ siden af** daneben, neben *etw. Dat* (an der Seite); **~ havet** an der See, am Meer
vedhæfte [wedhhefde] *v* beifügen, anfügen (einem Dokument usw.); **vedhæftet fil** Anhang *m* (zu einer E-Mail usw.)
vedhæng [wedheng] *t* Anhänger *m* (Schmuckstück)
vedkommende [wedhkamene] *adj* betreffend, entsprechend (Amt usw.), zuständig, zutreffend
vedligeholde [weliiehale] *v* **1** halten *etw. Akk* (in Ordnung usw.) **2** aufrechterhalten

(weiterhin fortsetzen) **3** erhalten (Entwicklung usw.)

vedlægge [wedhleg^{e}] *v* beifügen, anfügen (einem Dokument usw.), beilegen *etw. Akk zu etw.*

vedrøre [wedhröa] *v* betreffen *etw. Akk*, angehen *etw. Akk*, betreffen *j-n/etw.*, angehen *j-n/etw.*

vedrørende [wedhröan^{e}] *adj* zutreffend ♦ *adv* was *etw. Akk* betrifft ♦ *prep* bezüglich, hinsichtlich

vedtage [wedhtä] *v* **1** sich vornehmen *etw. Akk* (Entschluss fassen) **2** beschließen *etw. Akk*, einen Beschluss fassen *über etw. Akk* **3** beschließen (ein Gesetz usw.), abstimmen (Antrag usw.) **4** gesetzlich festlegen

vedvarende [wedhwaan^{e}] *adj* andauernd, anhaltend, dauernd, ständig ♦ *adv* permanent, dauernd (für immer)

vegetariansk [weg^{e}taiänßg] *adj* vegetarisch

vej [waj] *u* **1** Weg *m* (Pfad usw.) **2** Straße *w* (Verkehrsweg) **3** Weg *m* (Richtung) ► **denne ~** hier (durch); **være (godt) på ~** *hvorhen* steuern *irgendwohin* (sich richten); **vise ~** *til ngn hvorhen* lenken *etw. Akk irgendwohin* (zum Ziel); **Jeg er på ~.** Ich bin schon unterwegs.

vejbro [wajbro] *u* Überführung *w* (Brücke)

veje [waj^{e}] *v* **1** wiegen (Gewicht haben) **2** wiegen *j-n/etw.* (Gewicht feststellen)

vejkryds [wajkrüß] *t* Knotenpunkt *m* (im Verkehr usw.), Kreuzweg *m*

vejlede [wajledh^{e}] *v* belehren *j-n über etw. Akk* (informieren), lenken *etw. Akk irgendwohin* (zum Ziel)

vejr [wea] *t* Wetter *s*; **fint ~** schönes Wetter; **trække vejret** einatmen (Atem holen); **Det er fint ~.** Das Wetter ist schön.

vejrudsigt [weaudhßegd] *u* Wettervorhersage *w*

veksel [wegß^{e}l] *u* Wechsel *m* (Wertpapier)

vekselkontor [wegß^{e}lkontoa] *t* Wechselstube *w*

veksle [wegßl^{e}] *v* **1** tauschen (gegenseitig) **2** wechseln (Geld usw.), umtauschen (in EUR usw.) **3** wechseln *etw. Akk* (Kleingeld) **4** wechseln (Schalter) **5** schwanken (Temperaturen usw.)

vel [wel] *adv* gut (arbeiten usw.)

velegnet [welajn^{e}dh] *adj* geeignet *für etw., zu etw.* (fähig)

velkendt [welkend] *adj* bekannt (allgemein usw.), berühmt, namhaft, (wohl) bekannt *j-m*

velkommen [welkam^{e}n] *adj* willkommen; **byde** *ngn* **~** willkommen heißen *j-n*; **Velkommen!** Willkommen!

velsmagende [welßmäj^{e}n^{e}] *adj* köstlich, lecker, deliziös (Geschmack), schmackhaft

ven [wen] *u* Freund *m* (Bekannter), Kumpel *m* (Freund); **være venner** *med ngn* befreundet sein *mit j-m*

vende [wen^{e}] *v* **1** sich umdrehen (woanders gehen usw.), wenden (Auto, Schwimmer usw.), drehen (Schiff, Wind usw.) **2** wenden *etw. Akk* (in andere Richtung), umwenden *etw. Akk* **3** umkehren *etw. Akk* (ins Gegenteil) **4** gerichtet werden *irgendwohin* ► **være vendt imod** *ngn/ngt j-m/etw.* zugewandt sein; **~ om** umwenden, wenden, umdrehen *etw. Akk* (Seite usw.); **~ rund** wenden *etw. Akk* (Auto usw.)

veninde [wenen^{e}] *u* Freundin *w*

venlig [wenli] *adj* **1** freundschaftlich, freundlich **2** umgänglich (nett) **3** gütig, nett ► **vil du være så ~ at** *vb* bitte

venstre [wenßdra] *adj* link(er,e,es) ♦ *t* Linke *w* (Partei) ► **fra ~** von links; **på den ~ side** links (wo), nach links (wohin); **til ~** links (wo), nach links (wohin)

vente [wende^{e}] *v* **1** warten *auf j-n/etw.* **2** bereitstehen (wartend) **3** erwarten *j-n/etw.* (Besuch usw.) **4** verzögern *etw. Akk* (Prozess usw.)

venteværelse [wend^{e}wäaalß^{e}] *t* Wartezimmer *s*, Warteraum *m*

ventil [wentil] *u* Ventil *s*

ventilator [wentiläata] *u* Ventilator *m*, Lüfter *m*

verden [wäad^{e}n] *u* Welt *w*

verdensrum [wäad^{e}nßrom] *t* Kosmos *m*, Weltraum *m*

vest [weßd] *t* Westen *m* (Himmelsrichtung); **i vesten** im Westen

vestlig [weßdli] *adj* westlich

veterinær [wetäainea] *adj* veterinär, tierärztlich ♦ *u* Tierarzt *m*

vi [wi] *pron* wir

via [wiia] *prep* via *etw. Akk* (reisen usw.)

viadukt [wiadogd] *u* Unterführung *w* (für Verkehrsmittel), Viadukt *m/s*

vice versa *adv* umgekehrt

vide [wiidh^{e}] *v* wissen *etw. Akk, von etw.*; **få** *ngt* **at ~** erfahren *etw. Akk, über etw. Akk*

videnskab [widh^{e}nßgäb] *u* Wissenschaft *w*

videnskabelig [widh^{e}nßgäb^{e}li] *adj* wissenschaftlich

videnskabsmand [widh^{e}nßgabßman] *u* Wissenschaftler *m*

videokamera [widjokäm^{e}ra] *t* Videokamera *w*

videre [widhaa] *adv* weiter; **indtil ~** bisher, vorläufig, für jetzt, vorerst; **og så ~** und so weiter

vidne [widhn^{e}] *v* **1** aussagen, zeugen (vor Gericht) **2** bezeugen *etw. Akk* **3** zeugen *von etw.* (zeigen) ♦ *t* Zeuge *m etw. Gen* ► **være ~ til** *ngt* Zeuge *etw. Gen* sein (Unfalls usw.)
vidunderlig [widhonali] *adj* herrlich, wunderbar, Wunder-
vie [wi] *v* **1** weihen *etw. Akk etw. Dat* (Leben der Wissenschaft usw.), widmen *etw. Akk j-m/etw.* (Zeit usw.) **2** trauen *j-n* (ehelich verbinden) ► **~ sig** *til ngt* sich widmen *etw. Dat*, sich hingeben *etw. Dat* (Tätigkeit usw.)
vifte [wefd^{e}] *v* **1** winken *mit etw.* (Fahne usw.) **2** schwingen *etw. Akk* (Arm usw.) **3** wackeln *mit etw.* (schnell usw.) **4** wedeln *mit etw.* (mit Schwanz usw.) ♦ *u* Fächer *m*
vig [wi] *u* Bucht *w* (klein), Meeresarm *m*
vigtig [wegdi] *adj* **1** wichtig **2** bedeutend, bedeutungsvoll ► **det vigtigste er** das wichtigste ist; **være ~** liegen *an etw. Dat* (wichtig sein)
vikar [wika] *u* Vertreter *m* (Ersatz); **blive ~** *for ngn* vertreten *j-n* (einspringen)
vil [wil] *v* wird
vild [wil] *adj* **1** wild **2** wild (wachsend)
vildlede [willedh^{e}] *v* **1** trügen **2** desorientieren, verwirren
vilje [wilj^{e}] *u* Wille *m*; **med ~** absichtlich, bewusst (mit Absicht)
vilkårlig [wilkoli] *adj* völlig zufällig, zufällig (Auswahl usw.), Zufalls-
villa [wila] *u* Villa *w*
ville [wil^{e}] *v* **1** wollen *etw. Akk zu tun* (vorhaben) **2** wollen (verlangen), mögen *etw. Akk von j-m* **3** würde ► **Hvad er det, du vil?** Was wollen Sie?; **Jeg vil gerne snakke med...** Ich möchte (mit)... sprechen.
villig [wili] *adj* bereit *etw. Akk zu tun*, bereitwillig
vin [win] *u* Wein *m*
vind [wen] *u* Wind *m*
vinde [wen^{e}] *v* **1** gewinnen *etw. Akk, in etw. Dat* (Wettkampf usw.), siegen *in etw. Dat* **2** gewinnen *etw. Akk aus etw.* **3** sich erkämpfen, erringen **4** aufwickeln *etw. Akk auf etw. Akk* (zusammenrollen)
vinder [wena] *u* Gewinner *m etw. Gen* (eines Preises usw.), Sieger *m*
vindjakke [wenjag^{e}] *u* Anorak *m*, Windjacke *w*
vindmølle [wenmöl^{e}] *u* Windmühle *w*, Windrädchen *s*
vindue [wendu] *t* Fenster *s*
vinduesvisker [wendußweßga] *u* Scheibenwischer *m*
vinge [weng^{e}] *u* Flügel *m* (Körperteil)
vingård [wiingo] *u* Weinberg *m*, Weingarten *m*
vinkel [wengg^{e}l] *u* Winkel *m* (geometrisch)
vinstue [wiinßduu^{e}] *u* Weinstube *w*
vinter [wenda] *u* Winter *m*
violin [wiolin] *u* Geige *w*
virke [wiag^{e}] *v* **1** funktionieren **2** wirken *auf j-n irgendwie* (Eindruck machen) **3** einwirken *auf j-n/etw. irgendwie*, sich auswirken *auf j-n/etw. irgendwie* **4** zu wirken beginnen ► **begynde at ~** wirken (Medikament usw.); **ikke ~** defekt sein, nicht richtig funktionieren; **~ på** *ngn/ngt* wirken *auf j-n/etw.* (Wirkung haben)
virkelig [wiag^{e}li] *adj* **1** real (tatsächlich), wirklich **2** wirklich (wie es sein soll) ♦ *adv* **1** wirklich (in Wirklichkeit) **2** wirklich, tatsächlich, allerdings ► **Virkelig?** Im Ernst?, Ehrlich?, Wirklich?
virkeliggøre [wiag^{e}ligöa] *v* realisieren *etw. Akk*, verwirklichen *etw. Akk*; **blive virkeliggjort** sich verwirklichen, wahr werden
virkelighed [wiag^{e}lihedh] *u* Realität *w*, Wirklichkeit *w*
virkende [wiag^{e}n^{e}] *adj* funktionsfähig
virkning [wiagneng] *u* Wirkung *w*, Auswirkung *w*; **gøre sin ~** wirken (Medikament usw.); **have en ~** wirken (Wirkung haben)
virksom [wiagßam] *adj* aktiv
virksomhed [wiagßamhedh] *u* **1** Unternehmen *s* (Firma usw.) **2** Tätigkeit *w* (Funktionieren) ► **drive en ~** Unternehmen betreiben
vis [wiß] *adj* **1** weise **2** gewiss ♦ *pron* irgendein
vise [wiiß^{e}] *v* **1** zeigen *j-m etw. Akk* (vorzeigen usw.) **2** äußern *etw. Akk*, zeigen *etw. Akk*, ausdrücken *etw. Akk* (Freude usw.) **3** ausstellen (Exponat usw.) **4** anzeigen (auf Monitor usw.) **5** spielen *etw. Akk* (Film usw.) **6** beweisen *etw. Akk* (Fähigkeiten usw.) **7** aufweisen (Gewinn usw.) ► **~ sig (at være)** sich zeigen (Wahrheit usw.); **~ vej** *til ngn hvorhen* lenken *etw. Akk irgendwohin* (zum Ziel); **~** *ngn* **rundt** *i ngt* durchführen *j-n durch etw.* (durch Stadt usw.); **~** *ngn* **ind** führen *j-n irgendwohin*, bringen
visitkort [wißidkood] *t* Visitenkarte *w*, Besuchskarte *w*
visum [wiißom] *t* Visum *s*
vittig [widi] *adj* geistreich, geistvoll, witzig
vogn [woun] *u* Karre *w*, Karren *m*
vogte [wagd^{e}] *v* bewachen
vokal [wokäl] *u* **1** Vokal *m* **2** Gesang *m*
voks [wagß] *u* Wachs *s*
vokse [wagß^{e}] *v* **1** wachsen **2** expandieren (Stadt usw.) **3** wuchern (sich verbreitern) ► **~ op** wachsen (größer werden)
voksen [wagß^{e}n] *adj* erwachsen, groß ♦ *u* Erwachsene *m*
vold [wal] *u* **1** Gewalt *w* **2** Damm *m*

voldelig [wal^{e}li] *adj* gewaltsam, Gewalt-
voldsom [walßam] *adj* **1** hart (Schlag usw.) **2** turbulent, stürmisch (Entwicklung usw.) **3** schwer (intensiv)
voldtage [waltä] *v* vergewaltigen *j-n*
voldtægt [waltegd] *u* Vergewaltigung *w*
volumen [woluum^{e}n] *u* Lautstärke *w*, Volumen *s*
vores [wo-oß] *pron* unser(e)
vrang [wrang] *u* Rückseite *w* (eines Blattes usw.)
vred [wredh] *adj* sauer *auf j-n*, verärgert; **gøre** *ngn* **~** verärgern *j-n*, wütend machen *j-n*; **være ~** *på ngn* sich ärgern *über j-n*, böse sein *j-m, auf j-n*
vrede [wreedh^{e}] *u* Wut *w*, Zorn *m*
vride [wriidh^{e}] *v* **1** drehen *etw. Akk* (formen) **2** wringen (Wäsche usw.) **3** (sich) verstauchen
vræle [wreel^{e}] *v* brüllen (Löwe usw.)
vrøvl [wröul] *t* Gelaber *s*, Gelabere *s*, Geschwafel *s*, Gefasel *s*
vulkan [wulkän] *u* Vulkan *m*
vurdere [wuadea] *v* **1** schätzen *etw. Akk* (bestimmen), abschätzen *etw. Akk* **2** bewerten, einschätzen **3** beurteilen *j-n/etw.*, urteilen *j-n/etw.* **4** schätzen *etw. Akk* (Wert) **5** abwägen, abwägen *etw. Akk* (bedenken) **6** auswerten
vurdering [wuadeaeng] *u* **1** Schätzung *w* (von Entfernung usw.) **2** Abschätzung *w* **3** Bewertung *w* **4** Gutachten *s*
vædde [wedh^{e}] *v* **1** wetten *um etw.* **2** wetten *auf etw. Akk* **3** tippen (im Wettbüro usw.)
væddeløb [wedh^{e}löb] *t* Rennen *s*; **deltage i væddelob** an einem Wettkampf *gegen j-n* teilnehmen
væddemål [wedh^{e}mol] *t* auf dem Spiel stehen, Wette *w*
væg [weg] *u* Wand *w* (im Zimmer usw.)
vægelement [wegel^{e}meng] *t* Platte *w* (Bauteil)
væggelus [weg^{e}luß] *u* Wanze *w* (Insekt), Bettwanze *w*
vægplade [wegpläädh^{e}] *u* Platte *w* (Bauteil)
vægt [wegd] *u* **1** Gewicht *s etw. Gen* (Schwere) **2** Waage *w* (Gerät) **3** Gewicht *s etw. Gen* (Bedeutung) ► **lægge ~ på** *ngt* betonen *etw. Akk* (Bedeutung usw.)
Vægten [wegd^{e}n] *u* Waage *w* (Sternzeichen)
væk [weg] *adv* weg; **gå ~** weggehen, gehen (weg); **lægge** *ngt* **~** ablegen (Gegenstand); **langt ~** weit (entfernt usw.); **~ fra** *ngt* von (weg); **være ~** fehlen (gestohlen werden usw.), verschwunden sein
vække [weg^{e}] *v* **1** aufwecken *j-n*, wecken *j-n* **2** erwecken *etw. Akk* (Interesse usw.)
vækkeur [weg^{e}ua] *t* Wecker *m*
vækst [wegßd] *u* **1** Wachstum *s* **2** Zunahme *w* **3** Zunahme *w*, Zuwachs *m* **4** Anstieg *m etw. Gen* **5** Anstieg *m etw. Gen*, Aufstieg *m etw. Gen* (Anzahl usw.)
vælge [welj^{e}] *v* **1** auswählen, wählen **2** wählen *j-n* (abstimmen) **3** sich aussuchen (Ziel usw.)
vælte [weld^{e}] *v* **1** umstoßen *j-n/etw.*, umwerfen *j-n/etw.* **2** umstoßen, umwerfen (Glas usw.) **3** umkippen *etw. Akk* (eine Kiste usw.) **4** umkippen (ein Boot usw.) **5** umkippen (Schiff usw.) **6** umkippen (Wagen usw.) **7** stürzen (Regierung usw.)
væmmelig [wem^{e}li] *adj* abscheulich, ekelhaft, eklig, unappetitlich
vænne sig *v* sich gewöhnen *an etw. Akk*
værd [wea] *adj* wert *etw. Gen* (würdig), würdig *etw. Gen* (wert); **være** *ngt* **~** verdienen *etw. Akk* (würdig sein), wert sein *etw. Gen* (verdienen)
værdi [weadi] *u* **1** Wert *m etw. Gen* (finanzieller) **2** Wert *m* (Bedeutung) ♦ *Mz* ***værdier*** Wertsachen *w Mz*
værdifuld [weadiful] *adj* wertvoll, Wert-
værdig [weadi] *adj* würdig (Person usw.)
værdisætte [weadißed^{e}] *v* schätzen *etw. Akk* (taxieren)
værdsætte [weadßed^{e}] *v* **1** schätzen *etw. Akk* (Verdienst usw.) **2** schätzen *j-n/etw.* (hochachten)
være [weea] *v* sein; **~ (lige) ved** *at gøre ngt* im Begriff sein *etw. Akk zu tun*, vorhaben *etw. Akk zu tun*; **Hvor er det?** Wo ist das?
værelse [wäaalß^{e}] *t* Zimmer *s*, Raum *m* (im Haus); **Jeg skal have et ~ for tre dage.** Ich brauche ein Zimmer für drei Tage.
værk [wäag] *t* **1** Werk *s* (Schöpfung usw.) **2** Betrieb *m* (Fabrik usw.) **3** Schaffen *s* (eines Künstlers usw.) **4** Schöpfung *w*
værksted [wäagßdedh] *t* Werkstatt *w*
værktøj [wäagtaj] *t* Werkzeug *s* (Gesamtheit von Werkzeugen), Gerät *s* (Ausrüstung usw.), Werkzeuge *s Mz*
værne [wäan^{e}] *v* schützen *j-n/etw.*
værre [wäaa] *adj* schlechter *als j./etw.*, schlimmer *als j./etw.* ♦ *adv* schlimmer ► **blive ~** sich verschlechtern
værsgo [wäaßgo] **Værsgo!** *INTERJ* Bitte! (Einwilligung usw.); **Værsgo!** Bedienen Sie sich., Greifen Sie zu!, Hier bitte. (Schenken usw.)
vært [wäad] *u* **1** Hauswirt *m* **2** Gastgeber *m*
værtshus [wäadßhuß] *t* Kneipe *w*
væsen [weß^{e}n] *t* **1** Geschöpf *s* **2** Wesen *s* (Kern)
væsentlig [weß^{e}nli] *adj* beträchtlich, deutlich (Änderung usw.), wesentlich
væske [weßg^{e}] *u* Flüssigkeit *w*
væve [weew^{e}] *v* weben, weben *etw. Akk*

våben [wob^e^n] *t* Bewaffnung *w* (Waffen), Waffe *w*
våbenskjold [wob^e^nßgjal] *t* Wappen *s*
våd [wodh] *adj* **1** nass (feucht) **2** feucht (nass) **3** regennass
vådområde [wodhamroodh^e^] *t* Sumpf *m*
vågen [wou^e^n] *adj* wach; **være ~** wach sein
vågne [woun^e^] *v* aufwachen, erwachen; **~ op** aufwachen
vås [woß] *t* Gelaber *s*, Gelabere *s*, Geschwafel *s*, Gefasel *s*

W

weekend [wiigend] *u* Wochenende *s*
wienerschnitzel [winaßnidß^e^l] *u* Schnitzel *s*

Y

yde [üüdh^e^] *v* leisten *j-m etw. Akk* (Dienst usw.), bieten *j-m etw. Akk* (Möglichkeit usw.)
ydelse [üüdh^e^lß^e^] *u* Leistung *w* (Betrag)
yderligere [üdhaliaa] *adj* **1** weiter(er,e,es) (nächster) **2** nachträglich, zusätzlich ♦ *adv* weiter (entfernt)
yderside [üdhaßiidh^e^] *u* Außenseite *w etw. Gen*
ydre [üdhra] *adj* äußer(er,e,es), Außen-, extern ♦ *t* Außenseite *w etw. Gen*, Äußere *s*
yndet [önd^e^dh] *adj* beliebt *bei j-m*, populär *bei j-m*
yndig [öndi] *adj* **1** reizend **2** entzückend, niedlich, süß **3** liebenswert (Mensch usw.)
yndling [önleng] *u* Liebling *m* (Favorit)
yngre [öngra] *adj* jünger
ynkelig [öngg^e^li] *adj* arm (bedauernswert usw.), erbärmlich (Zustand usw.), jämmerlich (Ansicht usw.), mitleiderregend (bedauernswert)
yoghurt [joguad] *u* Joghurt *m/s*, Jogurt *m/s*
ytre [üdra] *v* aussprechen, sagen (Wort usw.)
ytring [üdreng] *u* Ausdruck *m* (Kennzeichen)

Z

zoo [ßoo] *u* Zoo *m*, Tiergarten *m* (kleiner), Tierpark *m* (größer)
zucchini [ßukiini] *u* Zucchini *w*

Æ

æble [eebl^e^] *t* **1** Apfel *m* **2** Apfelbaum *m*
æblesaft [eebl^e^ßafd] *u* Apfelsaft *m*
ædelmodig [edh^e^lmodhi] *adj* edel (Mensch usw.), edelmütig
ædelsten [edh^e^lßd^e^n] *u* Edelstein *m*
ædru [eedru] *adj* nüchtern; **blive ~** ausnüchtern
æg[1] [eg] *t* Ei *s*
æg[2] [eg] *u* Schneide *w*
ægge [eg^e^] *v* erregen *j-n* (sexuell)
æggestok [eg^e^ßdag] *u* Eierstock *m*
ægte [egd^e^] *adj* **1** echt **2** rein (Gold usw.), pur (Silber usw.) **3** authentisch **4** rein (Gefühl usw.)
ægtepar [egd^e^pa] *t* Eheleute *Mz*, Ehepaar *s*
ægteskab [egd^e^ßgäb] *t* Ehe *w*
ækel [eg^e^l] *adj* eklig, ekelhaft
ældre [eldra] *adj* älter
ændre [endra] *v* **1** ändern *etw. Akk*, ändern *etw. Akk* **2** abändern, modifizieren ► **~ gear** umschalten (Gang)
ændre sig *v* sich ändern, sich verändern
ændring [endreng] *u* Änderung *w*, Veränderung *w*
ære [eea] *u* Ehre *w* ♦ *v* ehren *j-n/etw.*
ærgre [äaura] *v* aufbringen *j-n* (erzürnen), ärgern *j-n*, (ugs.) nerven *j-n*, (ugs.) fuchsen *j-n*
ærlig [ääli] *adj* **1** ehrlich, ehrenhaft, Ehren- **2** redlich (voller Bedenken)
ærme [ääm^e^] *t* Ärmel *m*
ært [äad] *u* Erbsen *w Mz*
æsel [eß^e^l] *t* Esel *m*

Ø

ø [ö] *u* Insel *w*
ødelægge [öödh^e^leg^e^] *v* **1** kaputt machen *etw. Akk* **2** beschädigen **3** vernichten, zerstören **4** verderben *etw. Akk* (Freude usw.) **5** demolieren
øge [öj^e^] *v* **1** vergrößern **2** zulegen (sich anstrengen) **3** erhöhen, steigern (Spannung usw.) **4** anschwellen (wachsen)
øje [aj^e^] *t* **1** Auge *s* **2** Öhr *s* ♦ *v* anwachsen (Menge usw.)
øjeblik [aj^e^bleg] *t* **1** Moment *m*, Augenblick *m* (kurzer usw.), Weile *w* **2** Moment *m* (Punkt), Zeitpunkt *m*, Augenblick *m* (genauer usw.) ► **i dette ~** momentan, zurzeit, gegenwärtig
øjeblikkelig [aj^e^bleg^e^li] *adj* **1** sofortig **2** momentan, augenblicklich (jetzt vorhanden)

øjeblikklig [aj^{e}bleg] *adv* sofort

øjenbryn [aj^{e}nbrün] *t* Augenbrauen *w Mz*

øjendråber [aj^{e}ndroob^{e}] *Mz* Augentropfen *Mz*

øjenkrog [aj^{e}nkrou] *u* Winkel *m* (Augenwinkel)

øjenlæge [aj^{e}nleej^{e}] *u* Augenarzt *m*, Ophthalmologe *m*

øjenlåg [aj^{e}nlou] *t* Lid *s*

øjenskygge [aj^{e}nßgüg^{e}] *u* Lidschatten *m*

øjensynlig [aj^{e}nßüünli] *adj* scheinbar

øjenvippe [aj^{e}nweb^{e}] *u* Wimper *w*, Augenwimper *w*

økologisk [ökoloißg] *adj* ökologisch, Umwelt-

økonomi [ökonomi] *u* Ökonomie *w* (Wissenschaft), Wirtschaft *w*, Wirtschaftlichkeit *w*

økonomisk [ökonomißg] *adj* **1** ökonomisch (Lage usw.), wirtschaftlich **2** ökonomisch, sparsam (Wagen usw.)

økse [ögß^{e}] *u* Axt *w*

øl [öl] *t* Bier *s*

øm [öm] *adj* schmerzend, zart (empfindlich usw.), zärtlich

ømfindtlig [ömfendli] *adj* empfindlich (leicht beleidigt)

ønske [önßg^{e}] *v* **1** wollen (verlangen), mögen *etw. Akk von j-m* **2** wünschen *j-m etw. Akk* ♦ *t* **1** Wunsch *m* (Sehnsucht) **2** Wunsch *m* (Verlangen) ► **~ (sig)** *ngt* sich wünschen *etw. Akk*

øre [ööa] *t* Ohr *s*

ørering [ööareng] *u* Ohrring *m*

ørken [öag^{e}n] *u* Wüste *w*

ørn [öan] *u* Adler *m*

ørred [öaadħ] *u* Forelle *w*

øse [ööß^{e}] *v* **1** gießen *etw. Akk in etw. Akk* (Wasser in die Tasse usw.) **2** schöpfen (mit einer Kelle usw.) ♦ *u* Kelle *w*, Schöpflöffel *m*, Schöpfkelle *w* ► **~ ned** gießen (regnen)

øst [ößd] *t* Osten *m*; **i ~** im Osten

østers [ößdaß] *u* Auster *w*

østlig [ößdli] *adj* östlich

Østrig [ößdri] *t* Österreich *s*

østriger [ößdria] *u* Österreicher *m*

østrigsk [ößdrißg] *adj* österreichisch

øve [ööw^{e}] *v* **1** trainieren (sich vorbereiten) **2** üben *etw. Akk* ► **~ (sig)** *på ngt* üben *etw. Akk*

øvelse [ööw^{e}lß^{e}] *u* Übung *w*

øverst [öuaßd] *adv* oben (an der oberen Stelle), obendrauf

øve sig *v* proben (für ein Konzert usw.)

Å

åben [oob^{e}n] *adj* geöffnet, aufgeblüht (Blume usw.), offen (ohne Dach usw.); **~ for offentligheden** für die Öffentlichkeit zugänglich

åbenbar [oob^{e}nba] *adj* augenscheinlich, offenkundig, offen (unverhohlen), sichtlich

åbenlys [oob^{e}nlüß] *adj* offen (unverhohlen), offensichtlich

åbenlyst [oob^{e}nlüßd] *adv* offenkundig, evident, offensichtlich

åbent [oob^{e}nd] *adv* aufrichtig (antworten usw.), ehrlich, offen

åbne [oobn^{e}] *v* **1** öffnen *etw. Akk* (Tür usw.) **2** aufmachen *etw. Akk* (Packung usw.) **3** eröffnen *etw. Akk* (Ausstellung usw.) **4** beginnen *mit etw.* (mit Lernen usw.), anfangen *mit etw.* (mit Tätigkeit usw.)

åbning [oobneng] *u* **1** Öffnung *w* **2** Eröffnung *w* (einer Sitzung usw.), Beginn *m* (eines Konzerts usw.) **3** Lücke *w* (Stelle usw.)

åbningstale [oobnengßtääl^{e}] *u* Einleitung *w*

åbningstid [oobnengßtiħ] *u* Öffnungszeiten *w Mz*, Geschäftszeiten *w Mz*

ål [ol] *u* Aal *m*

ånd [an] *u* **1** Gespenst *s*, Geist *m* (übernatürliches Wesen) **2** Butzemann *m* **3** Geist *m*

ånde [an^{e}] *u* Atem *m* ♦ *v* atmen, einatmen *etw. Akk* (Dämpfe usw.)

åndelig [an^{e}li] *adj* geistig, seelisch

år [o] *t* Jahr *s*; **i ~** dieses Jahr, in diesem Jahr; **sidste ~** voriges Jahr

åre [ooo] *u* Ruder *s*, Skull *s* (Ruder)

århundrede [ohunradħ^{e}] *t* Jahrhundert *s*

årlig [ooli] *adj* **1** jährlich (für ein Jahr usw.) **2** Jahres-, jährlich (ein Jahr dauernd), einjährig

årsag [ooßäj] *u* Ursache *w etw. Gen*

årsdag [oßdä] *u* Jahrestag *m etw. Gen*

årstid [oßtiħ] *u* Jahreszeit *w*

årti [oti] *t* Dekade *w*, Jahrzehnt *s*

ås [oß] *u* Hügel *m*

Weitere Titel für die Region von Reise Know-How

CityTrip Kopenhagen
Idealer Begleiter für die dänische Hauptstadt

978-3-8317-2671-4

11,95 Euro [D]

Nordseeküste – Dänemark
Alle Informationen für Ihre Reise nach Dänemark

978-3-8317-2510-6

14,90 Euro [D]

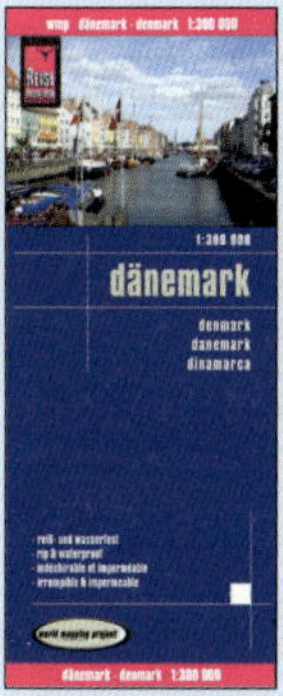

Landkarte Dänemark 1:300.000
Alltagstaugliche Landkarte auf widerstandsfähigem Spezialmaterial

978-3-8317-7249-0

8,90 Euro [D]

100% wasserfest | praktisch unzerreißbar
beschreibbar wie Papier | GPS-tauglich

A

Aal *m* ål [ol] *u*
ab^1 *prep* (Platz, Ort usw.) fra [fra]
ab^2 (weg usw.) **~ sein** falde af, gå af; **~ und zu** undertiden
abbiegen *v* svinge [ßweng^e], dreje [draj^e]
abbrechen *v* **1** (beenden) *etw. Akk* standse [ßdanß^e] *ngt*, afbryde [aubrüdh^e] *ngt* **2** (niederreißen) rive ned [riiw^e nedh] **3** (entzweigehen) brække af [brag^e ä] **4** *etw. Akk* brække *ngt* af [brag^e ä]
Abend *m* aften [afd^{e}n] *u*; **gestern ~** i går aftes; **zu ~ essen** spise middag; **Guten ~.** God aften.
Abendessen *s* aftensmad [afd^{e}nßmadh] *u*, middag [meda] *u*
abends *adv* hen i mod aftenen [hen i modh afd^{e}n^{e}n], i aften [i afd^{e}n], om aftenen [am afd^{e}n^{e}n]
Abenteuer *s* eventyr [eew^{e}ntüa] *t*
aber *conj* dog [dou], men [men]
Aberglaube *m* **1** (konkreter Glaube) overtro [ouatro] *u* **2** (Eigenschaft) overtroiskhed [ouatroißghedh] *u*
abfahren *v* tage afsted [tä aßdedh]
Abfahrt *w* **1** (eines Zuges usw.) afgang [augang] *u* **2** (Sportdisziplin) styrtløb [ßdüadlöb] *t*
Abfall *m* skrald [ßgral] *t*, affald [aufal] *t*
Abfalleimer *m* skraldespand [ßgral^{e}ßban] *u*, affaldsspand [aufalßßban] *u*
abfallen *v* **1** falde af [fal^e ä] **2** (Laub usw.) falde [fal^e]
abfliegen *v* flyve af (sted) [flüüw^e ä (ßdedh)], flyve bort [flüüw^e bood]
Abflug *m* afgang [augang] *u*
Abfluss *m* afløb [aulöb] *t*
Abfuhr *w* transport [tranßpood] *u*, fjernelse [fjäan^{e}lß^e] *u*
Abführmittel *s* afføringsmiddel [auföaengßmidh^{e}l] *t*
Abgang *m* afgang [augang] *u*
abgeben *v* **1** (Arbeit usw.) aflevere [aulewea] **2** (Geräusch, Licht usw.) afgive [augi], emittere [emitea]
abgelaufen *adj* **1** forfalds- [fafalß] **2** (Periode usw.) foregående [fooogo^{e}n^e]
abgelegen *adj* **1** afsides [außidh^{e}ß], (Stelle usw.) afsidesliggende [außiidh^{e}ßleg^{e}n^e] **2** (Ort usw.) uforstyrret [ufaßdüaadh]
Abgrund *m* kløft [klöfd] *u*
Abhang *m* skrænt [ßgrand] *u*, skråning [ßkrooneng] *u*
abhängen *v von j-m/etw.* afhænge [auheng^e] *af ngt*, komme an på [kam^e an po] *ngt*
abhängig *adj* **1** (von Umständen usw.) *von j-m/etw.* afhængig [auhengi] *af ngt* **2** (Drogen usw.) *von etw.* afhængig [auhengi] *af ngt*, forfalden [fafal^{e}n] *til ngt*
abheben *v* hæve [heew^e]
abholen *v j-n/etw.* afhente [auhend^e] *ngn*; **Gepäck ~** afhente bagage
Abitur *s* studentereksamen [ßdudendaegßäam^{e}n] *u*
abkühlen *v* **1** *etw. Akk* afkøle [aukööl^e] *ngt*, svale [ßwääl^e] *ngt* **2** (kühler werden) køle ned [kööl^e nedh] **3** ***sich ~*** (Wetter usw.) blive koldere [blii^e kal^{e}a]
abkürzen *v* **1** (zeitlich) forkorte [fakood^e] *ngt* **2** (Wort usw.) *etw. Akk* forkorte [fakood^e] *ngt*
Abkürzung *w* **1** (kürzerer Weg) genvej [genwaj] *u* **2** (Wort) forkortelse [fakood^{e}lß^e] *u*
ablegen *v* **1** (Gegenstand) lægge *ngt* væk [leg^e weg] **2** (Prüfung usw.) bestå [beßdo]
ablehnen *v* **1** *etw. Akk* afslå [außlo] *ngt*, afvise [auwiß^e] *ngt* **2** (Einfall usw.) *etw. Akk* afvise [auwiß^e] *ngt*, afslå [außlo] *ngt*
Ablehnung *w* **1** afslag [außläj] *t på ngt* **2** (eines Antrags usw.) afvisning [auwißneng] *u af ngn/ngt*, afslag [außläj] *t på ngt*
abmachen *v* aftale [autääl^e], arrangere [a-angtschea]; **Abgemacht!** Det er en aftale!
Abmachung *w* aftale [autääl^e] *u*
abmelden *v j-n/etw.* melde fra [mel^e fra] *ngn/ngt*
abnehmen *v* **1** (Deckel usw.) *etw. Akk* fjerne [fjäan^e], tage *ngt* af [tä ä] **2** (Wäsche usw.) *etw. Akk von etw.* tage [tä] *ngt af ngt* **3** (gezielt schlanker werden) slanke sig [ßlangg^e ßaj], tabe sig [tääb^e ßaj]
Abonnement *s etw. Gen* abonnement [abon^{e}mang] *u*
abonnieren *v* abonnere [abonea] *på ngt*
abrechnen *v etw. Akk von etw.* trække fra [trag^e fra]
Abreise *w* afrejse [aurajß^e] *u*
abreisen *v aus etw. nach etw.* tage afsted [tä aßdedh], (Reise unternehmen) rejse bort [rajß^e bood]
abreißen *v* **1** (Blätter usw.) plukke [plog^e], (weg reißen) *etw. Akk* rive af [riiw^e ä] *ngt* **2** (Pflaster usw.) rive af [riiw^e ä/nedh], *etw. Akk* rive af [riiw^e ä] *ngt* **3** (Schlaufe usw.) falde af [fal^e ä], gå af [go ä] **4** (Gebäude usw.) *etw. Akk* rive ned [riiw^e nedh] *ngt*
absagen *v* aflyse [aulüß^e] *ngt*

Absatz *m* **1** (eines Textes) afsnit [außnid] *t* **2** (eines Schuhs) skohæl [ßgohel] *u* **3** (Verkauf) afsætning [außedneng] *u*
abschaffen *v etw. Akk* afskaffe [außgaf^e], fjerne [fjäan^e], *etw. Akk* afskaffe [außgaf^e] *ngt*, ophæve [abhew^e]
abschalten *v* afbryde [aubrü~~dh~~^{e}] *ngt*, (Reaktor usw.) *etw. Akk* sætte ud *ngt* af drift [ßed^e u~~dh~~ ä drefd]
abschätzen *v etw. Akk* skønne [ßgön^e], vurdere [wuadea], bedømme [bedöm^e]
abschicken *v etw. Akk* afsende [außen^e] *ngt*
Abschied *m* afsked [außge~~dh~~] *u*
Abschleppdienst *m* vejhjælp [wajjelb] *u*
abschleppen *v etw. Akk* bugsere [bugßea] *ngt*
Abschleppwagen *m* kranbil [kranbil] *u*
abschließen *v* **1** (Wohnung usw.) låse [looß^e] **2** (Abkommen usw.) indgå [engo] *ngt* ► **das Studium** *etw. Gen* ~ have grad *i ngt*, gennemføre *ngt*
abschneiden *v* **1** skære af [ßgeea ä], (mit einem Messer usw.) *etw. Akk* skære *ngt* af [ßgeea ä] **2** klippe af [kleb^e ä]
Abschnitt *m* **1** afsnit [außnid] *t* **2** (Papier usw.) klip [kleb] *t* **3** (einer Eintrittskarte usw.) talon [talang] *u* **4** rubrik [rubreg] *u*
abschreiben *v* **1** (noch einmal usw.) omskrive [amßgriiw^e] **2** (von Mitschüler usw.) *etw. Akk von j-m, etw. Akk aus etw.* kopiere [kopjea], skrive *ngt* af [ßgriiw^e ä] *fra ngn* **3** (Abschrift machen) skrive *ngt* af [ßgriiw^e ä] **4** (wegen Abnutzung usw.) afskrive [außgriw^e]
absenden *v etw. Akk* afsende [außen^e] *ngt*
Absender *m* afsender [außena] *u*
Absicht *w* hensigt [henßegd] *u*
absichtlich *adj* forsætlig [faßedli], tilsigtet [telßegde~~dh~~] ♦ *adv* forsætligt [faßedlid], med vilje [me~~dh~~ wilj^e]
Absperrhahn *m* hane [hän^e] *u*
Abstand *m* afstand [außdan] *u*
abstimmen *v* vedtage [we~~dh~~tä]
Abstimmung *w über etw. Akk* afstemning [außdemneng] *u om ngt*; **geheime ~** hemmelig afstemning
abstürzen *v* forulykke [foulög^e], styrte [ßdüad^e]
Abteil *s* **1** (im Zug usw.) kupé [kupe] *u* **2** (abgegrenzter Teil) afsnit [außnid] *t*, (abgeteilter Raum) boks [bagß] *u*
Abteilung *w* afdeling [audeleng] *u*
Abtreibung *w* abort [abood] *u*
abtrennen *v j-n/etw.* adskille [a~~dh~~ßgel^e] *ngn/ngt*, skille *ngn/ngt* fra [ßgel^e fra], separere [ßebarea] *ngn/ngt*
abtrocknen *v* **1** (Kleid usw.) tørre [töaa], (trocken werden) tørre af [töaa ä] **2** (trocken machen) *etw. Akk* tørre [töaa] *ngt*
abwärts *adv* ned [ne~~dh~~]
abwaschen *v* vaske ned [waßg^e ne~~dh~~], *etw. Akk* vaske [waßg^e] *ngt*
abwesend *adj in etw.* fraværende [frawean^e] ♦ *adv* fraværende [frawean^e]
abwischen *v* **1** (entfernen) *etw. Akk* tørre (af) [töaa (ä)] **2** (säubern) *etw. Akk* tørre [töaa] *ngt* (af)
abzahlen *v etw. Akk* afbetale [aubetäl^e], tilbagebetale [tebääj^{e}betääl^e]
Abzug *m* **1** (einer Waffe) aftrækker [autraga] *u* **2** (vom Lohn usw.) fradrag [fradrau] *t*
Accessoires *s Mz* accessoirer [aßeßuaa] *Mz*
Achse *w* **1** (eines Fahrzeugs) aksel [agß^{e}l] *u* **2** (Drehachse usw.) akse [agß^e] *u*
acht *num* otte [ood^e]
acht(er,e,es) *num* den ottende [d^{e}n ad^{e}n^e], det ottende [d^e ad^{e}n^e]
achten *v* **1** *auf j-n/etw.* lægge mærke [leg^e mäag^e] *til ngn/ngt* **2** (Gesetz usw.) respektere [reßbegtea], tage hensyn til [tä henßün tel] *ngn/ngt* **3** (aufpassen) *auf etw. Akk* bryde sig [brüü~~dh~~^{e} ßaj] *om ngt*
Achtung *w vor j-m* agtelse [agd^{e}lß^e] *u*, respekt [reßbegd] *u for ngn*; **~!** Pas på!
achtzehn *num* atten [ad^{e}n]
achtzig *num* firs [fiaß]
Acker *m* mark [maag] *u*
Adapter *m* adapter [adabta] *u*
addieren *v* summere [ßumea], regne sammen [rajn^e ßam^{e}n], addere [adea]
Ader *w* blodåre [blo~~dh~~hooo] *u*
Adler *m* ørn [öan] *u*
Adresse *w* adresse [adraß^e] *u*
Affe *m* abe [ääb^e] *u*
Agentur *w* agentur [agentua] *t*, bureau [büro] *t*
ähnlich *adj etw. Gen* lignende [liin^{e}n^e] ♦ *adv* lignende [liin^{e}n^e], på samme måde [po ßam^e moo~~dh~~^{e}] ► **~ sein** *j-m/etw.* ligne *ngn/ngt*
Ähnlichkeit *w* lighed [liihe~~dh~~] *u*
Ahnung *w* anelse [ään^{e}lß^e] *u*
aktiv *adj* aktiv [agtiu], virksom [wiagßam]
aktuell *adj* **1** (Nachricht usw.) aktuel [agtuel] **2** (Technologie usw.) moderne [modäan^e], aktuel [agtuel]
Alarm *m* alarm [alam] *u*
alarmieren *v j-n* forurolige [fouroli^e] *ngn*, alarmere [alamea] *ngn*, forskrække [faßgrag^e] *ngn*
Alkohol *m* **1** (Getränk) alkohol [algohal] *u* **2** (Spiritus) sprit [ßbrid] *u*
alkoholfrei *adj* alkoholfri [algohalfri]

alkoholisch *adj* alkoholisk [algoholißg]
all *pron* **1** al [al] **2 ~e** (jeder) alle [ale] **3 ~e** (von einer Gruppe) alle [ale] ► **vor ~em** hovedsagelig, især
All *s* univers [uniwääß] *t*
Allee *w* allé [ale] *u*
allein *adj* **1** (ohne Andere) alene [aleene], ene [eene] **2** (Person) ensom [eenßam]
Allergie *w gegen etw.* allergi [aläägi] *u over for ngt*
allergisch *adj gegen etw.* allergisk [aläagißg] *over for ngt*
alles *pron* alt [ald]
allgemein *adj* almen [almen], generel [general], total [totäl], samlet [ßamle~~dh~~]
allmählich *adj* gradvis [gra~~dh~~wiß], langsom [langßam] ♦ *adv* gradvist [gra~~dh~~wißd], efterhånden [efdahanen], langsomt [langßamd], lidt efter lidt [lid efda lid]
Allradwagen *m* firehjulet [fiiajule~~dh~~]
alltäglich *adj* almindelig [almenli], hverdagsagtig [wäadäßagdi]
Alphabet *s* alfabet [alfabed] *t*
als[1] *conj* (sobald usw.) da [da], når [no]
als[2] *conj* (im Vergleich) end [en]; **~ ob** som om
als[3] *conj* (als Lehrer usw.) som [ßam]
also *conj* altså [alßa], så (at) [ßa (a)], således at [ßale~~dh~~eß a]
alt *adj* gammel [gamel]
Alter *s* **1** (einer Person) alder [ala] *u* **2** (Lebensabend) alderdom [aladam] *u*
älter *adj* ældre [eldra]
altmodisch *adj* gammeldags [gameldäß], gammelmodig [gamelmoo~~dh~~i]
Altstadt *w* gammelby [gamelbü] *u*
Alufolie *w* alufolie [äälufolje] *u*
Aluminium *s* aluminium [aluminjom] *t*
am **~ Anfang** i begyndelsen; **~ Leben** i live, levende; **~ Meer** ved havet; **~ Montag/Dienstag** om mandagen/tirsdagen
Ambulanz *w* **1** (Wagen) ambulance [ambulangße] *u* **2** (Abteilung) ambulatorium [ambulatoaiom] *t* **3** (in der Schule usw.) ambulatorium [ambulatoaiom] *t*
Ameise *w* myre [müüa] *u*
Amerika *s* Amerika [amaika] *t*
amerikanisch *adj* amerikansk [amaikanßg]
Ampel *w* lyskurv [lüßkuau] *u*
Amt *s* kontor [kontoa] *t*
amtlich *adj* officiel [afitschel]
amüsieren *v j-n* more [mooa] *ngn*, underholde [onahale] *ngn*; **sich ~** more sig
an *prep* **1** ved [we], (Ort) på [po] **2** (denken usw.) *j-n/etw.* på [po] *ngn/ngt* ► **~ der See** ved havet; **A~ wen soll ich mich wenden?** Hvem skal jeg henvende mig til?
Ananas *w* ananas [ananaß] *u*
anbauen *v* **1** *etw. Akk an etw. Akk* bygge *ngt* til [büge tel] *ngt* **2** (Pflanzen usw.) *etw. Akk* dyrke [düage] *ngt*
anbieten *v j-m etw. Akk* tilbyde [telbü~~dh~~e] *ngn ngt*
Andenken *s* **1** (Gedenken) minde [mene] *t* **2** (Erinnerung) minde [mene] *t*, eftermæle [efdameele] *t* **3** souvenir [ßuweniia] *u* **4** (Souvenir) erindring [erendreng] *u*, minde [mene] *t*, souvenir [ßuweniia] *u*
ander(er,e,es) *adj* **1** (Seite usw.) anden [anen] **2** (Exemplar usw.) en anden [en anen] ► **die anderen** andre *Mz*; **ein ~** anden; **ein anderes Mal** en anden gang
ändern *v etw. Akk* ændre [endra] *ngt*, forandre [faandra] *ngt*, *etw. Akk* forandre [faandra] *ngt*, ændre [endra] *ngt*; **sich ~** ændre sig, forandre sig
anders *adj als j./etw.* anderledes [anale~~dh~~eß] *end ngn/ngt*, forskellig [faßgeli] *fra ngn/ngt* ♦ *adv* anderledes [anale~~dh~~eß], forskelligt [faßgelid] ► **jemand ~** en anden
anderswo *adv* et andet sted [ed ane~~dh~~ ßde~~dh~~], andetsteds [ane~~dh~~ßde~~dh~~ß]
Änderung *w* ændring [endreng] *u*, forandring [faandreng] *u*
anerkennen *v etw. Akk* anerkende [anakene]
Anfall *m* anfald [anfal] *t*
Anfang *m* begyndelse [begönelße] *u*; **am ~** i begyndelsen
anfangen *v* **1** *etw. Akk* begynde [begöne] *på ngt, med ngt* **2** (Anfang haben) begynde [begöne] **3** (Krieg, Streit usw.) udløse [u~~dh~~lößе] *ngt*
Anfänger *m* begynder [begöna] *u*
anfangs *adv* først [föaßd], i begyndelsen [i begönelßen], i starten [i ßdaden] ♦ *prep etw. Gen* først [föaßd], i begyndelsen [i begönelßen], *etw. Gen* i begyndelsen af [i begönelßen ä] *ngt*
anfassen *v etw. Akk* føle på [fööle po] *ngt*, *j-n/etw.* røre [rööa] *ngn/ngt*
anfliegen *v* ankomme [ankame]
Angabe *w* data [dääta] *t*
angeben *v* **1** (Adresse usw.) *etw. Akk* angive [angi] *ngt* **2** *mit etw.* blive stolt [bliie ßdald] *af ngt*, *mit etw.* vise sig [wiiße ßaj]
Angebot *s* tilbud [telbu~~dh~~] *t*
Angehörige *m etw. Gen* medlem [me~~dh~~lem] *t*
Angel *w* **1** (zum Fischfang) line og fiskekrog [liine a feßgekrou] **2** (einer Tür usw.) hængsel [hengßel] *t*
Angelegenheit *w* anliggende [anlegene] *t*, sag [ßäj] *u*

Angelrute *w* fiskestang [feßgeßdang] *u*
angemessen *adj* adækvat [adekwäd], tilsvarende [telßwaane], *etw. Dat* rimelig [riimeli] ♦ *adv* svarende til [ßwaaane tel], tilpas [tepaß]
angenehm *adj* **1** behagelig [behäjeli], rar [ra] **2** (Anblick usw.) behagelig [behäjeli]
Angestellte *m* ansat [anßad] *u*; **leitender ~r** leder *u*
angreifen *v* **1** *j-n* angribe [angribe] *ngn/ngt*, attakere [atakea] *ngn/ngt* **2** (militärisch) *j-n/etw.* angribe [angribe] *ngn/ngt*
Angreifer *m* angriber [angriba] *u*, overfaldsmand [ouafalßman] *u*
Angriff *m* angreb [angreb] *t*, overfald [ouafal] *t*
Angst *w* **1** *vor etw. Dat* frygt [frögd] *u* **2** (Sorge usw.) bekymring [bekömreng] *u*, uro [uro] *u*
anhaben *v* have på (sig) [ha po (ßaj)]
anhalten *v* **1** (Bewegung usw.) *etw. Akk* stoppe [ßdabe] *ngn/ngt*, standse [ßdanße] *ngn/ngt* **2** (stehen bleiben) stoppe [ßdabe] *ngt*
Anhalter **per ~ fahren** blaffe, tomle, rejse på tommelfingeren
Anhänger *m* **1** tilhænger [telhenga] *u* **2** (Fan usw.) ivrig tilhænger [iuri telhenga] *u*, tilhænger [telhenga] *u* **3** (des Teufels usw.) tilbeder [telbedha] *u* **4** (Wagen) anhænger [anhenga] *u*, trailer [trejla] *u* **5** (Schmuckstück) vedhæng [wedheng] *t* **6** (mit einer Adresse usw.) navneskilt [nauneßgeld] *t*
Ankauf *m* køb [köb] *t*
Anker *m* anker [angga] *t*
ankern *v* forankre [faanggra] *ngt*, fortøje [fataje] *ngt*, (vor Anker liegen) ankre [angkra]
anklagen *v j-n etw. Gen* anklage [ankläähje] *ngn for ngt*
Ankleidekabine *w* prøverum [prööuerom] *t*
Ankleideraum *m* omklædningsrum [amkledhnengßrom] *t*
ankommen *v* **1** *irgendwohin* komme [kame] **2** (mit dem Auto usw.) *in etw. Dat, an etw. Dat* ankomme [ankame] **3** (Paket usw.) ankomme [ankame] **4** *auf j-n/etw.* afhænge [auhenge] *af ngt*, komme an på [kame an po] *ngt*
ankündigen *v j-m etw. Akk* varsle [waaßle] *ngt*
Ankunft *w* ankomst [ankamßd] *u*
Anlage *w* **1** indretning [enradneng] *u*, anordning [anodneng] *u* **2** (eines Dokumentes) bilag [biläj] *u* ► **~n** anlæg *t*, faciliteter *u*, udstyr *t*
Anlasser *m* starter [ßdada] *u*
anlegen *v* **1** (legen) *etw. Akk an etw. Akk* lægge *ngt* på [lege po], sætte *ngt* på [ßede po] **2** (in einer Bank usw.) *etw. Akk irgendwo* indsætte [enßede] *ngt* **3** (Geld) *etw. Akk in etw. Akk* investere [enweßdea] *i ngt* **4** (planvoll erstellen) lægge ud [lege udh] ► **den Sicherheitsgurt ~** spænde sikkerhedsselen
Anlegestelle *w* ankerplads [anggaplaß] *u*
Anleitung *w* **1** vejledning [wajledhneng] *u*, instruktion [enßdruktschon] *u*, manual [manuäl] *u* **2** (in Druckform usw.) håndbog [handbou] *u*, manual [manuäl] *u*
anmachen *v etw. Akk* tænde [tene]; **(Licht) ~** tænde lyset
Anmeldeformular *s* indmeldelsesblanket [enmelelßeßblangked] *u*
anmelden *v* **1** (registrieren usw.) *j-n/etw.* indmelde [enmele] *ngn/ngt*, indskrive [enßgriiwe] *ngn/ngt* **2** ***sich* ~** (Teilnehmer) *zu etw.* indtegne sig [entajne ßaj] *til ngt*, indmelde sig [enmele ßaj] *til ngt*
Anmeldung *w* indmeldelsesblanket [enmelelßeßblangked] *u*
annähern *v* ***sich* ~** *j-m/etw.* nærme sig [näame ßaj] *ngn/ngt*, komme nærmere til [kame näamaa tel] *ngn/ngt*
annehmen *v* **1** (Angebot usw.) *etw. Akk* modtage [modhtä] *ngt*, tage imod [tä imodh] *ngt*, acceptere [agßebtea] *ngt* **2** (Plan usw.) godkende [gokene] *ngt*, godtage [gotä] *ngt*, acceptere [agßebtea] *ngt* **3** (Mitglied usw.) optage [abtä] *ngn på/i ngt* **4** (glauben) forudsætte [foudhßede] *ngt*, antage [antä] *ngt*, formode [famodhe] *ngt*
anpassen *v* **1** *etw. Akk j-m/etw.* tilpasse [tepaße] *ngt til ngt*, afpasse [aupaße] *ngt* **2** ***sich* ~** *etw. Dat* tilpasse sig [tepaße ßaj] *ngt*
anprobieren *v* prøve (på) [prööue (po)]
Anruf *m* telefonsamtale [telefonßamtääle] *u*; **einen ~ machen** ringe *til ngn*
Anrufbeantworter *m* telefonsvarer [telefonßwaaa] *u*
anrufen *v j-n* ringe [renge] *ngn*, (telefonieren) *j-n* ringe [renge] *til ngn*, ringe *ngn* op [renge ab] ► **Er soll mich ~!** Han skal ringe til mig!
anschauen *v j-n/etw.* kigge [kige] *på ngn/ngt*
anscheinend *part* tilsyneladende [teßüünelädhene]
Anschluss *m* **1** (Verkehrsverbindung) forbindelse [fabenelße] *u* **2** (zu einem Leitungsnetz) tilkobling [telkableng] *u*
Anschrift *w* adresse [adraße] *u*
anschwellen *v* **1** svælle [ßweele], svulme op [ßwulme ab], svælle op [ßweele ab], svælle (op) [ßweele (ab)] **2** (wachsen) svælle [ßweele], øge [öje]

ansehen *v j-n/etw.* kigge [kig^{e}] *på ngn/ngt*, *j-n/etw.* se [ße] *på ngn/ngt*, kigge [kig^{e}] *på ngn/ngt* ▶ **finster ~** *j-n* rynke panden *ad ngn*; **(sich) ~** *j-n/etw.* (Film usw.) se på *ngn/ngt*, kigge på *ngn/ngt*

ansetzen *v* **1** *etw. Akk an etw. Akk* sætte *ngt* på [ßed^{e} po] *ngt* **2** ***sich* ~** sætte sig [ßed^{e} ßaj], bundfælde [bonfel^{e}]

Ansicht *w von etw., über etw. Akk* mening [meeneng] *u om ngt*, (Meinung) *von etw., über etw. Akk* anskuelse [anßgu^{e}lß^{e}] *u*, opfattelse [abfad^{e}lß^{e}] *u*

Ansichtskarte *w* postkort [paßdkood] *t*

ansprechen *v j-n* henvende sig [henwen^{e} ßaj] *til ngn*

Anspruch *m* **1** (erhobener usw.) *auf etw. Akk* krav [krau] *t på ngt* **2** (an Qualität usw.) krav [krau] *t*, forlangende [falang^{e}n^{e}] *t* **3** (Recht) *auf etw. Akk* ret [rad] *u til ngt*, krav [krau] *t på ngt* ▶ **~ erlangen** *auf etw. Akk* kvalificere sig *til ngt*; **Ansprüche** *an j-n/etw.* fordringer *Mz*, krav *Mz*

anspruchsvoll *adj* hård [ho], anstrengende [anßdrang^{e}n^{e}], (mit hohen Ansprüchen) krævende [kreew^{e}n^{e}]

Anstalt *w* institution [enßditutschon] *u*

anständig *adj* anstændig [anßdendi], ordentlig [od^{e}nli] ♦ *adv* anstændigt [anßdendid], høfligt [höflid], artigt [aadid], rimelig [riim^{e}li]

anstecken *v* **1** *j-n (mit etw.)* inficere [enfißea] *ngn* **2** (Ring usw.) *etw. Akk an etw. Akk* tage *ngt* på [tä po] *ngt*

ansteckend *adj* smitsom [ßmedßam]

Ansteckung *w* infektion [enfegtschon] *u*

anstelle *prep etw. Gen* i stedet for [i ßdedh^{e}dh fa], *von etw.* i stedet for [i ßdedh^{e}dh fa] *ngn/ngt*

anstellen *v* **1** (Gerät usw.) tænde [ten^{e}] **2** (Angestellten usw.) *j-n* ansætte [anßed^{e}] *ngn* **3** (Unfug usw.) brage [braau^{e}] **4** (anlehnen) *etw. Akk an etw. Akk* stille [ßdel^{e}] *ngt ved ngt, ngt et sted*

Anstieg *m etw. Gen* forøgelse [faöj^{e}lß^{e}] *u af ngt*, vækst [wegßd] *u i ngt, af ngt*, stigning [ßdiineng] *u i ngt*

anstrengen *v* **1 *sich* ~** (intensiv arbeiten) anstrenge sig [anßdrang^{e} ßaj] **2** (Muskeln, Augen usw.) anstrenge [anßdrang^{e}]

anstrengend *adj* **1** (Tag usw.) hård [ho], anstrengende [anßdrang^{e}n^{e}] **2** vanskelig [wanßg^{e}li], besværlig [beßweali]

Anstrengung *w* kamp [kamb] *u*

Anteil *m an etw. Dat* andel [andel] *u*; **~** *an etw. Dat* **nehmen** deltage *i ngt*; **(prozentualer) ~** procentdel *u*

Antenne *w* antenne [anten^{e}] *u*

Antibabypille *w* p-pille [pepel^{e}] *u*

Antibiotikum *s* antibiotikum [antibiotikom] *t*

antik *adj* antik [antig]

Antiquität *w* antikvitet [antigwited] *u*

Antrag *m auf etw. Akk* ansøgning [anßöjneng] *u*, anmodning [anmodhneng] *u* ▶ **den ~ stellen** *auf etw. Akk* indgive ansøgning

Antwort *w auf etw. Akk* svar [ßwa] *t*

antworten *v auf etw. Akk* svare [ßwaaa] *på ngt*

Anwalt *m* advokat [adhwokäd] *u*

Anwender *m* bruger [bruua] *u*

Anwendung *w etw. Gen* anvendelse [anwen^{e}lß^{e}] *u*

anwesend *adj irgendwo* tilstedeværende [telßdedh^{e}wean^{e}]

Anwesenheit *w von j-m* nærværelse [neawealß^{e}] *u*, deltagelse [deltäj^{e}lß^{e}] *u*, tilstedeværelse [telßdedh^{e}wealß^{e}] *u*

Anzahl *w etw. Gen* antal [antal] *t*

Anzahlung *w* udbetaling [udhbetäleng] *u*, depositum [depoßitom] *t*, (auf den Preis) forskud [foosßgudh] *t*

Anzeige *w* **1** (in einer Zeitung) annonce [anangß^{e}] *u* **2** (bei der Polizei usw.) angivelse [angiw^{e}lß^{e}] *u*

anzeigen *v* **1** (Täter usw.) *j-n* angive [angi] *ngn til ngn* **2** (auf Monitor usw.) vise [wiiß^{e}]

anziehen *v* **1** (Kleidung) *etw. Akk* tage *ngt* på [tä po], iføre sig [iföa ßaj], (Schuhe) tage på (sig) [tä po (ßaj)], tage på (sig) skoene [tä po (ßaj) ßgoen^{e}] **2** (bekleiden) *j-n* klæde *ngn* på [kleedh^{e} po] **3 *sich* ~** klæde sig på [kleedh^{e} ßaj po], tage tøj på [tä taj po] **4** (Schraube) stramme [ßdram^{e}] **5** (attraktiv sein) *j-n* tiltrække [teltrag^{e}] *ngn/ngt* **6** (Kunden usw.) *j-n* tiltrække [teltrag^{e}] *ngn et sted*

Anzug *m* dragt [dragd] *u*

anzünden *v* **1** *etw. Akk* tænde [ten^{e}] **2** (Holz mit Papier usw.) *etw. Akk* tænde [ten^{e}] *ngt* **3** (Gebäude usw.) *etw. Akk* tænde [ten^{e}] *ngt*, antænde [anten^{e}] *ngt*, sætte ild [ßed^{e} il] *i ngt*

Apfel *m* æble [eebl^{e}] *t*

Apfelsaft *m* æblesaft [eebl^{e}ßafd] *u*

Apfelsine *w* appelsin [ab^{e}lßin] *u*

Apotheke *w* apotek [aboteg] *t*

Apotheker *m* farmaceut [famaßöud] *u*

Apparat *m* **1** (Gerät) maskine [maßgiin^{e}] *u*, (Gerät usw.) apparat [abarad] *t* **2** (im Körper) apparat [abarad] *u*

Appetit *m* **1** appetit [ab^{e}tid] *u*, madlyst [madhlößd] *u* **2** *auf etw. Akk* lyst [lößd] *u til ngt*

applaudieren *v j-m* klappe [klab^{e}] *ad/af ngn/ngt*, applaudere [aplaudea] *ngn/ngt*

Aprikose *w* abrikos [abrikoß] *u*
April *m* april [april] *u*
Arbeit *w* **1** arbejde [aabajd^{e}] *t* **2** (Beruf) arbejde [aabajd^{e}] *t*, beskæftigelse [beßgefdi^{e}lß^{e}] *u*, job [djab] *t*
arbeiten *v* arbejde [aabajd^{e}]
Arbeiter *m* arbejder [aabajda] *u*
Arbeitgeber *m* arbejdsgiver [aabajdßgiiwa] *u*
Arbeitnehmer *m* ansat [anßad] *u*
arbeitslos *adj* **1** (Person) arbejdsløs [aabajdßlöß] **2** (Einkommen usw.) ufortjent [ufatjend]
Arbeitslosigkeit *w* arbejdsløshed [aabaj~~dh~~ßlöößhe~~dh~~] *u*
Arbeitsplatz *m* arbejdsplads [aabajdßplaß] *u*
Arbeitstag *m* arbejdsdag [aabajdßdä] *u*
Architekt *m* arkitekt [agitegd] *u*
Architektur *w* arkitektur [agitegtua] *u*
ärgerlich *adj* irriteret [iaitea~~dh~~]
ärgern *v* **1** *j-n* irritere [iaitea] *ngn*, ærgre [äaura] *ngn* **2** ***sich*** **~** *über j-n* være vred [weea wre~~dh~~] *på ngn*, være sur [weea ßuua] *på ngn*
Argument *s* argument [agumend] *t*
arm *adj* **1** (ohne Geld usw.) fattig [fadi] **2** (bedauernswert usw.) stakkels [ßdag^{e}lß], ynkelig [öngg^{e}li] ► **ein ~er Kerl/Teufel** stakker *u*
Arm *m* arm [am] *u*
Armband *s* armbånd [aamban] *t*
Armee *w* hær [hea] *u*, armé [ame] *u*
Ärmel *m* ærme [äam^{e}] *t*
Armut *w* fattigdom [fadidam] *u*
Art *w* **1** (einer Tätigkeit usw.) måde [moo~~dh~~^{e}] *u* **2** (Typus usw.) slags [ßlagß] *u* **3** (Tierart usw.) art [ad] *u*
Artikel *m* artikel [atig^{e}l] *u*
Artischocke *w* artiskok [aatißgag] *u*
Arzneimittel *s* lægemiddel [leej^{e}mi~~dh~~^{e}l] *t*, medicin [medißin] *u*
Arzt *m* læge [leej^{e}] *u*
Arztpraxis *w* konsultationsstue [kanßultatschonßduu^{e}] *u*
Asche *w* aske [aßg^{e}] *u*
Aschenbecher *m* askebæger [aßg^{e}beeja] *t*
Asiat *m* asiat [aßiäd] *m*, asiater [aßiäda] *m*, asiat [aßiäd] *u*
asiatisch *adj* asiatisk [aßiätißg]
Asien *s* Asien [aßi^{e}n] *t*
Asphalt *m* asfalt [aßfald] *u*
Ast *m* gren [gren] *u*
Asthma *s* astma [aßdma] *u*
Atem *m* ånde [an^{e}] *u*
atmen *v* ånde [an^{e}]
Atom *s* atom [atom] *t*
Attraktion *w* attraktion [atragtschon] *u*
Aubergine *w* aubergine [obäatschiin^{e}] *u*
auch *adv* også [aß^{e}] ♦ *conj* og [a], samt [ßamd] ► **Ich ~ nicht.** Heller ikke mig.
auf *prep* **1** (einer Oberfläche usw.) på [po] **2** (Richtung usw.) til [tel], i [i], mod [mo~~dh~~] **3** (einer Stelle usw.) på [po] ► **A~ Wiedersehen.** Farvel!
aufbewahren *v etw. Akk* bevare [bewaa] *ngt*
Aufbewahrung *w* **1** (Schalter) opbevaringsrum [abbewaengßrom] *t* **2** (Aufbewahren) opbevaring [abbewaeng] *u*
aufblasbar *adj* oppustelig [abpußd^{e}li]
aufblasen *v* blæse op [bleeß^{e} ab]
aufbrechen *v etw. Akk* brække *ngt* op [brag^{e} ab], *etw. Akk* brække *ngt* af [brag^{e} ä]
Aufenthalt *m* ophold [abhal] *t*
Auffahrt *w* tilkørsel [telköaß^{e}l] *u*
auffallen *v j-m* slå [ßlo] *ngn*
auffordern *v j-n zu etw.* opfordre [abfadra] *ngn til ngt*
Aufführung *w* forestilling [foooßdeleng] *u*, opførelse [abföalß^{e}] *u*
Aufgabe *w* lektie [legtsch^{e}] *u*, hjemmearbejde [jem^{e}aabajd^{e}] *t*, (Pflicht usw.) opgave [abgääw^{e}] *u*
aufgeben *v* **1** (Aufgabe usw.) *j-m etw. Akk* stille [ßdel^{e}] *ngn ngt* **2** (aufhören) *etw. Akk* slutte [ßlud^{e}] *med ngt*, holde op [hal^{e} ab] *med ngt*, indstille [enßdel^{e}] *ngt*, stoppe [ßdab^{e}] *ngt* **3** (Anstrengungen usw.) *etw. Akk* opgive [abgi] *ngt* **4** (nicht mehr raten) give sig [gi ßaj]
aufgehen *v* **1** (Sonne usw.) stå op [ßdo ab] **2** (Teig) hæve [heew^{e}] **3** (Samen usw.) vokse ud [wagß^{e} u~~dh~~] **4** *j-m etw. Akk* fatte [fad^{e}] *ngt*, begribe [begrib^{e}] *ngt*
aufhalten *v* **1** (Person usw.) *j-n/etw.* holde *ngn/ngt* tilbage [hal^{e} tebääj^{e}] **2** (Atem usw.) holde [hal^{e}] **3** (kurz halten) *etw. Akk* holde [hal^{e}] *ngt* **4** ***sich*** **~** opholde sig [abhal^{e} ßaj] ► **aufgehalten werden** (länger bleiben müssen) være forsinket, blive opholdt
aufhängen *v* **1** *etw. Akk* hænge [heng^{e}] *ngt* **2** (Hörer) lægge på [leg^{e} po] **3** (Mörder usw.) *j-n* hænge [heng^{e}] *ngn*
aufheben *v* **1** (vom Boden usw.) *etw. Akk* samle op [ßaml^{e} ab] *ngt*, rejse [rajß^{e}] *ngt* **2** (Gültigkeit usw.) ophæve [abhew^{e}]
aufhören *v* **1** (Regen usw.) holde op [hal^{e} ab], ophøre [abhöa] **2** *mit etw.* høre op [hööa ab] *med ngt*, holde op [hal^{e} ab] *med ngt*, *mit etw.* slutte [ßlud^{e}] *med ngt*, *mit etw.* stoppe [ßdab^{e}] *ngt* ► **Hören Sie damit auf!** Hold op!
aufklaren *v* klare op [klaaa ab]

aufklären *v* **1** *etw. Akk* tydeliggøre [tüü~~dh~~^{e}ligöa] *ngt*, klargøre [klaagöa] *ngt* **2** (über einen Sachverhalt usw.) *j-n* belære [belea] **3** ***sich*** **~** (Himmel) lysne [lüßn^{e}]

aufladen *v* **1** (Last usw.) *etw. Akk auf etw. Akk* laste [laßd^{e}] *ngt på ngt* **2** (Batterie usw.) oplade [ablä~~dh~~^{e}] *ngt*, lade *ngt* op [lää~~dh~~^{e} ab]

aufmachen *v* **1** (Packung usw.) *etw. Akk* åbne [oobn^{e}] *ngt* **2** (Gürtel usw.) *etw. Akk* knappe op [knab^{e} ab] *ngt*

aufmerksam *adj* observant [abßäawand], opmærksom [abmäagßam], modtagelig [mo~~dh~~täj^{e}li] ♦ *adv* opmærksomt [abmäagßamd] ► **~ machen** *j-n auf etw. Akk* gøre opmærksom *på ngt*

Aufmerksamkeit *w* opmærksomhed [abmäpajgßamhe~~dh~~] *u* ► **~ widmen** *j-m/etw.* vise opmærksomhed; **eine kleine ~** en (lille) opmærksomhed

Aufnahme *w* **1** (in Verein usw.) optagelse [abtäj^{e}lß^{e}] *u* **2** (Nahrung usw.) indtagning [entäjneng] *u* **3** (Foto) billede [bel^{e}~~dh~~^{e}] *t*, fotografi [fodografi] *t*

aufnehmen *v* **1** (vom Boden usw.) *etw. Akk* samle *ngt* op [ßaml^{e} ab] **2** (Studenten usw.) optage [abtä] *ngn på/i ngt* **3** (Mitglied usw.) *j-n* ansætte [anßed^{e}] *ngn* **4** (Musik usw.) *etw. Akk* indspille [enßbel^{e}], optage [abtä] **5** (lernen usw.) *etw. Akk* plukke [plog^{e}] *ngt* **6** (Behälter usw.) rumme [rom^{e}]

aufpassen *v* **1** *auf etw. Akk* lægge mærke til [leg^{e} mäag^{e} tel] *ngt*, være opmærksom [weea abmäagßam] *på ngt*, koncentrere sig [kanß^{e}ntrea ßaj] *om ngt*, (Warnung usw.) *auf etw. Akk* passe på [paß^{e} po] *ngt* **2** *auf j-n* passe på [paß^{e} po] *ngn/ngt*, (Baby usw.) *auf j-n/etw.* passe [paß^{e}] *ngn, på ngt*

Aufpreis *m* tillæg [teleg] *t*

aufräumen *v* gøre rent [gööa rend], rydde op [rü~~dh~~^{e} ab]; **aufgeräumt** (Zimmer usw.) ryddet

aufrecht *adj* opret [abrad], oprejst [abrajßd] ♦ *adv* oprejst [abrajßd], opret [abrad]

aufregen *v j-n* forurolige [fouroli i^{e}] *ngn*, oprøre [abröa] *ngn*

aufregend *adj* spændende [ßben^{e}n^{e}]

Aufschlag *m* **1** (im Tennis usw.) serv [ßäaw] *u* **2** (Preis) tillæg [teleg] *t*

aufschließen *v etw. Akk* låse op [looß^{e} ab] *ngt*

aufschreiben *v etw. Akk* notere [notea] *ngt*, skrive ned [ßgriiw^{e} ne~~dh~~]

Aufschrift *w* påskrift [paßgrefd] *u*, indskrift [enßgrefd] *u*

aufstehen *v* **1** stå op [ßdo ab], rejse sig [rajß^{e} ßaj] **2** (aus dem Bett) stå op [ßdo ab]

aufsteigen *v* **1** (Fahrrad, Pferd usw.) *auf etw. Akk* stige [ßdii^{e}], sætte sig op på [ßed^{e} ßaj ab po] *ngt* **2** (an die Oberfläche) dukke op [dog^{e} ab], flyde op [flüü~~dh~~^{e} ab]

Aufstrich *m* smørepålæg [ßmööapaleg] *t*

aufsuchen *v j-n/etw.* finde [fen^{e}] *ngn/ngt*, slå *ngt* op [ßlo ab]

auftanken *v* fylde brændstof [fül^{e} branßdaf], tanke op [tangg^{e} ab]

aufwachen *v* vågne [woun^{e}], vågne op [woun^{e} ab]

aufwärmen *v* **1** (Essen) *etw. Akk* opvarme [abwam^{e}] **2** ***sich*** **~** (Sportler usw.) varme op [wam^{e} ab], varme sig [wam^{e} ßaj]

aufwärts *adv* op [ab], opad [abä]

Aufzug *m* elevator [el^{e}wääta] *u*

Auge *s* øje [aj^{e}] *t*

Augenarzt *m* øjenlæge [aj^{e}nleej^{e}] *u*, oftalmolog [aftalmolo] *u*

Augenblick *m* **1** (kurzer usw.) øjeblik [aj^{e}bleg] *t*, moment [momend] *t* **2** (genauer usw.) øjeblik [aj^{e}bleg] *t*

Augenbrauen *w Mz* øjenbryn [aj^{e}nbrün] *t*

Augentropfen *Mz* øjendråber [aj^{e}ndroob^{e}] *Mz*

August *m* august [augoßd] *u*

aus[1] *prep* **1** (herausnehmen usw.) *etw.* (ud) af [(u~~dh~~) ä] *ngt*, fra [fra] *ngt* **2** (weg) fra [fra] **3** (stammend usw.) af [ä], fra [fra] **4** (gemacht) *etw.* af [ä] *ngt*

aus[2] *adj* slukket [ßlog^{e}~~dh~~]; **Es ist ~.** Det er slut., Det er forbi.

ausatmen *v* puste ud [puußd^{e} u~~dh~~]

Ausbildung *w* oplæring [ableeaeng] *u*, uddannelse [u~~dh~~dan^{e}lß^{e}] *u*

Ausblick *m* udsigt [u~~dh~~ßegd] *u*

Ausdruck[1] *m* **1** (Wort usw.) udtryk [u~~dh~~trög] *t* **2** (Bekanntgabe) *etw. Gen* udslag [u~~dh~~ßläj] *t af ngt* **3** (im Gesicht usw.) udtryk [u~~dh~~trög] *t* **4** (Kennzeichen) ytring [üdreng] *u*

Ausdruck[2] *m* (etw. Gedrucktes) udskrift [u~~dh~~ßgrefd] *u*, print [prend] *t*

ausdrücken *v* **1** (mit Worten usw.) *etw. Akk* udtrykke [u~~dh~~trög^{e}] **2** ***sich*** **~** udtrykke sig [u~~dh~~trög^{e} ßaj]

ausdrücklich *adj* udtrykkelig [u~~dh~~trög^{e}li] ♦ *adv* **1** (betonen usw.) udtrykkeligt [u~~dh~~trög^{e}lid] **2** (ablehnen usw.) eftertrykkeligt [efdatrög^{e}li]

ausfahren *v* køre en tur [kööa en tua]

Ausfahrt *w* **1** udkørsel [u~~dh~~köaß^{e}l] *u* **2** (auf der Autobahn) frakørsel [fraköaß^{e}l] *u* ► **eine ~ machen** køre en tur

Ausfall *m* **1** (vorübergehender usw.) svigten [ßwegd^{e}n] *u* **2** (von Gedächtnis usw.) svigt [ßwegd] *t* **3** (Bewegung) udfald [u~~dh~~fal] *t*

ausfallen *v* **1** falde ud [fal^e udh] **2** (nicht stattfinden) blive aflyst [blii^e aulüßd] ► **Der Strom ist ausgefallen.** Strømmen er afbrudt.

Ausflug *m* udflugt [udhflogd] *u*

Ausfuhr *w* eksport [egßpood] *u*

ausführen *v* **1** (exportieren) *etw. Akk* eksportere [egßbotea] *ngt* **2** (Arbeit usw.) *etw. Akk* udføre [udhföa] *ngt*, effektuere [efegtuea] *ngt*, ekspedere [egßbedea] *ngt* **3** (in Einzelheiten) *etw. Akk* uddybe [udhdüb^e] *ngt*

ausführlich *adj* detaljeret [detaljeadh], udførlig [udhföali], nærmere [näamaa], mere detaljeret [meea detaljeadh] ♦ *adv* detaljeret [detaljeadh], udførligt [udhföalid]

ausfüllen *v* **1** (Raum usw.) *etw. Akk mit etw.* fylde [fül^e] *ngt med ngt* **2** (Formular usw.) udfylde [udhfül^e] *ngt*

Ausgabe *w* **1** (Kosten) udgift [udhgifd] *u* **2** (broschierte usw.) udgave [udhgääw^e] *u* **3** (Austeilung) udlevering [udhleweaeng] *u*

Ausgang *m* udgang [udhgang] *u*

ausgeben *v* **1** (Flugblätter usw.) dele ud [deel^e udh], give væk [gi weg] **2** (Geld) *etw. Akk für etw.* bruge pengene på [bruu^e peng^{e}n^e po] *ngt* **3** ***sich*** *~ als j.* give sig ud [gi ßaj udh] *for ngn*

ausgehen *v* **1** *aus etw.* gå ud [go udh] **2** *irgendwie* ende [en^e] *på en måde* **3** (verbraucht sein) løbe tør [lööb^e töa] *for ngt*

ausgeschaltet *adj* slukket [ßlog^{e}dh]

ausgezeichnet *adj* glimrende [glemran^e], udmærket [udhmääg^{e}dh] ♦ *adv* fremragende [framrau^{e}n^e], rigtig godt [regdi gad], glimrende [glemran^e], fantastisk [fantaßdißg]

aushalten *v etw. Akk* holde *ngt* ud [hal^e udh], tåle [tool^e] *ngt*

auskennen *v* ***sich*** *~ in etw. Dat* have forstand [ha faßdan] *på ngt*, kende *ngt* grundigt [ken^e grondid]

Auskunft *w* information [enfomatschon] *u*

Ausland *s* udland [udhlan] *t*, udlandet [udhlan^{e}dh] *u*; **im ~** i udlandet; **ins ~ fahren** rejse til udlandet

Ausländer *m* fremmed [fram^{e}dh] *u*, udlænding [udhleneng] *u*

ausländisch *adj* udenlandsk [udh^{e}nlanßg]

auslaufen *v* **1** *aus etw.* lække [leg^e] *ud af ngt*, (Wasser usw.) lække [leg^e] *fra ngt*, sive ud [ßiiw^e udh] **2** (Schiff) sejle ud fra (et sted) [ßajl^e udh fra (ed ßdedh)]

ausleeren *v etw. Akk* tømme [töm^e] *ngt*

ausleihen *v* ***sich*** *~ etw. Akk von j-m* låne [loon^e] *ngt fra ngn*

ausloggen *v* ***sich*** ~ logge af [lag^e ä]

ausmachen *v etw. Akk* slukke [ßlog^e] *(for) ngt*

Ausmaß *s* dimension [dim^{e}ntschon] *u*, størrelse [ßdöaalß^e] *u*

Ausnahme *w* undtagelse [ontäj^{e}lß^e] *u*

ausnutzen *v* udnytte [udhnöd^e]

auspacken *v* **1** (Geschenk usw.) *etw. Akk* pakke ud [pag^e udh] **2** (Koffer usw.) pakke ud [pag^e udh]

Auspuff *m* udstødningsrør [udhßdödhnengßröa] *t*

ausradieren *v* viske ud [weßg^e udh]

ausräumen *v* **1** (Zimmer usw.) tømme [töm^e] *ngt* **2** (Laden, Wohnung usw.) *etw. Akk* røve [rööw^e]

Ausrede *w für etw.* undskyldning [onßgülneng] *u for ngt*

ausreichen *v* række [rag^e], strække til [ßdrag^e tel], være nok [weea nag]

ausrichten *v* **1** *j-m etw. Akk* overbringe [ouabreng^e] **2** (veranstalten) *etw. Akk* organisere [oganißea], være vært [weea wäad] ► **~ lassen** *j-m etw. Akk* give besked *til ngn*

ausruhen **sich ~** hvile, hvile sig

Ausrüstung *w* grejer [graja] *Mz*, udrustning [udhroßdneng] *u*, udstyr [udhßtüa] *t*

ausrutschen *v* **1** (hinfallen) glide [gliidh^e] **2** (aus Hand usw.) *aus etw.* slippe [ßleb^e] *ud ngt*

Aussage *w* **1** (vor der Polizei usw.) udsagn [udhßaun] *t*, erklæring [äakleeng] *u* **2** (Mitteilung) udsagn [udhßaun] *t*

aussagen *v* vidne [widhn^e], aflægge vidneudsagn [auleg^e widhn^{e}udhßaun]

ausschalten *v* **1** frakoble [frakabl^e] *ngt*, (Maschine usw.) *etw. Akk* slukke [ßlog^e] **2** (Konkurrenten usw.) *j-n* udelukke [uudh^{e}log^e] *ngn* ► **den Gang ~** sætte i frigear

aussehen *v irgendwie* se ud [ße udh]

außen **von ~** udefra

Außenseite *w etw. Gen* yderside [üdhaßiidh^e] *u*, ydre [üdhra] *t af ngt*

außer *prep* **1** *j-m/etw.* bortset fra [boodßed fra] *ngn/ngt*, (ausgenommen) *j-m/etw.* undtagen [ontäj^{e}n] *ngn/ngt* **2** (auch noch) *etw. Dat* foruden [faudh^{e}n] ► **~ Betrieb** ude af drift

äußer(er,e,es) *adj* ydre [üdhra], udvendig [udhwendi]

außerdem *adv* desuden [deßuudh^{e}n], for øvrigt [fa öurid], i tillæg til i tillæg til [i teleg tel i teleg tel]; **und ~** og desuden, og derudover

außergewöhnlich *adj* enestående [een^{e}ßdo^{e}n^e], ualmindelig [ualmenli], usædvanlig [uß^{e}dhwänli]
außerhalb *prep etw. Dat* uden for [udh^{e}n fa] *ngt*, undtagen [ontäj^{e}n], *etw. Gen* uden for [udh^{e}n fa] *ngt*, (der Stadt usw.) uden for [udh^{e}n fa] *ngt*
außerordentlich *adj* ekstraordinær [egßdraodinea] ♦ *adv* usædvanligt [uß^{e}dhwänlid], ualmindeligt [ualmenlid], ekstraordinært [egßdraodinead]
Aussicht *w* **1** udsigt [udhßegd] *u*, udsyn [udhßün] *t* **2** *~en* (Chancen) udsigter [udhßegda] *Mz*
Aussichtspunkt *m* udsigt [udhßegd] *u*
Aussichtsturm *m* observatorium [abßäawatoajom] *t*
aussprechen *v* **1** udtale [udhtääl^e] **2** ytre [üdra], udtale [udhtääl^e]
Ausstattung *w* **1** udstyr [udhßtüa] *t* **2** (in einer Fabrik usw.) anlæg [anleg] *t*, faciliteter [faßiliteda] *u*, udstyr [udhßtüa] *t*
aussteigen *v aus etw.* stå af [ßdo ä] *ngt*, stige ud [ßdii^e udh] *af ngt*, (Zug usw.) *aus etw.* gå af [go ä] *ngt*
ausstellen *v* **1** (Exponat usw.) udstille [udhßdel^e], vise [wiiß^e] **2** (Urkunde usw.) *etw. Akk* udstede [udhßdedh^e]
Ausstellung *w* udstilling [udhßdeleng] *u*
Austausch *m* ombytning [ambüdneng] *u*, udskiftning [udhßgifdneng] *u*
austauschen *v* **1** (gegenseitig) *etw. Akk gegen etw.* bytte [büd^e] *ngt med/til ngt* **2** (Ersatzteil usw.) *etw. Akk gegen etw.* udskifte [udhßgifd^e] *ngt med ngt*, bytte [büd^e] *ngt med ngt*
Auster *w* østers [ößdaß] *u*
Australien *s* Australien [außdrali^{e}n] *t*
Australier *m* australier [außdralja] *m*, australier [außdralja] *u*
australisch *adj* australsk [außdralßg]
austrinken *v* **1** *etw. Akk* drikke *ngt* ud [dreg^e udh] **2** (zu Ende trinken) drikke op [dreg^e ab]
ausüben *v* dyrke [düag^e]
Ausverkauf *m* udsalg [udhßal] *t*
ausverkauft *adj* udsolgt [udhßald]
Auswahl *w* udvalg [udhwalj] *t*
auswählen *v* vælge [welj^e]
auswechseln *v* **1** *etw. Akk gegen etw.* udskifte [udhßgifd^e] *ngt med ngt*, bytte [büd^e] *ngt med ngt* **2** *j-n* udskifte [udhßgifd^e] *ngn*, afløse [aulöß^e] *ngn*
Ausweis *m* kort [kood] *t*, legitimation [legitimatschon] *u*, identitetskort [identitedßkood] *t*
auswendig *adv* udenad [udh^{e}nadh]
auszahlen *v j-m etw. Akk* udbetale [udhbetäl^e] *ngn ngt*
ausziehen *v* **1** (Hose usw.) *etw. Akk* tage af [tä ä] *ngt* **2** *j-n* klæde *ngn* af [kleedh^e ä] **3** (aus dem Haus usw.) flytte ud [flöd^e udh] ► **sich ~** klæde sig af
Auszubildende *m* lærling [läaleng] *u*
Auto *s* bil [bil] *u*; **in ein ~ einsteigen** sætte sig i bilen
Autobahn *w* motorvej [mootawaj] *u*
Autobahnauffahrt *w* tilkørsel [telköaß^{e}l] *u*
Autokennzeichen *s* nummerplade [nomapläädh^e] *u*
Automat *m* maskine [maßgiin^e] *u*, automat [automäd] *u*, (Zigaretten usw.) salgsautomat [ßalßautomäd] *u*
automatisch *adj* automatisk [automätißg]
Autonummer *w* nummerplade [nomapläädh^e] *u*
Autor *m* ophavsmand [abhaußman] *u*
Autowaschanlage *w* bilvask [bilwaßg] *u*
Avocado *w* avokado [awokäädo] *u*
Axt *w* økse [ögß^e] *u*

B

Baby *s* baby [bejbi] *u*, spædbarn [ßbedhban] *t*
Babyflasche *w* sutteflaske [ßud^{e}flaßg^e] *u*
Babynahrung *w* spædbørnsmad [ßbedhbanßmadh] *u*
Bach *m* bæk [beg] *u*
backen *v* bage [bääj^e] *ngt*
Backenzahn *m* kindtand [kentan] *u*
Bäcker *m* bager [bääja] *u*
Bäckerei *w* bageri [bäjari] *t*
Backwaren *w Mz* bagværk [bauwäag] *t*, (salzige) brød [brödh] *t*
Bad *s* **1** (Raum) badeværelse [bäädh^{e}wäaalß^e] *t*, bad [badh] *t* **2** (mit Heilquellen) kursted [kuaßdedh] *t* **3** (Baden) bad [badh] *t*
Badeanzug *m* badedragt [bäädh^{e}dragd] *u*
Badehose *w* svømmedragt [ßwöm^{e}dragd] *u*
Bademantel *m* badekåbe [bäädh^{e}koob^e] *u*
baden *v* **1** *j-n* bade [bäädh^e] *ngn* **2** (sich waschen) tage bad [tä badh] **3** (schwimmen) bade [bäädh^e]
Badetuch *s* badelagen [bäädh^{e}läj^{e}n] *t*
Badewanne *w* badekar [bäädh^{e}ka] *t*
Badezimmer *s* badeværelse [bäädh^{e}wäaalß^e] *t*, bad [badh] *t*

Bahn *w* **1** (von Projektil usw.) bane [bään^e] *u* **2** (für Läufer usw.) løbebane [lööb^{e}bään^e] *u* **3** (Schienenverkehrsmittel) jernbane [jäanbään^e] *u* **4** (Stadtverkehrsmittel) sporvogn [ßboawoun] *u*
Bahnhof *m* jernbanestation [jäanbään^{e}ßdatschon] *u*
Bahnschranken *w Mz* jernbanebom [jäanbään^{e}bom] *u*
Bahnsteig *m* perron [parang] *u*
Bahnübergang *m* jernbaneoverskæring [jäanbään^{e}ouaßgeaeng] *u*
bald *adv* snart [ßnad]; **so ~ wie möglich** så snart som mulig
baldmöglichst *adv* så snart som mulig [ßa ßnad ßam muuli]
Balkon *m* balkon [balkang] *u*, altan [altän] *u*
Ball *m* **1** (für Sport) bold [bald] *u* **2** (Kugel) kugle [kuul^e] *u* **3** (Schlag) spark [ßbaag] *t*
Ballon *m* luftballon [lofdbalang] *u*
Banane *w* banan [banän] *u*
Band[1] *s* **1** (magnetisches usw.) bånd [ban] *t* **2** (Förderband usw.) drivrem [driuram] *u* **3** (Gewebe) ledbånd [le~~dh~~ban] *t*, (Verbindung) bånd [ban] *t* **4** (im Haar usw.) bånd [ban] *t*
Band[2] *m* bind [ben] *t*
Band[3] *w* band [bäänd] *t*
Bank[1] *w* (zum Sitzen usw.) bænk [bengg] *u*
Bank[2] *w* (Geldanstalt) bank [bangg] *u*
Bankautomat *m* pengeautomat [peng^{e}automäd] *u*
Banknote *w* pengeseddel [peng^{e}ße~~dh~~^{e}l] *u*
Bar *w* **1** (Lokal) bar [ba] *u* **2** (Theke) bar [ba] *u*, bardisk [badeßg] *u*
Bär *m* bjørn [bjöan] *u*
barfuß *adj* barfodet [baafo~~dh~~^{e}d]
Bargeld *s* rede penge [ree~~dh~~^{e} peng^e]
Bart *m* skæg [ßgeg] *t*
Basilikum *s* basilikum [baßilikom] *u*
Basis *w* **1** basis [bääßiß] *u* **2** (militärische usw.) base [bääß^e] *u*
basteln *v* pusle [pußl^e], fikse [fegß^e], gøre-det-selv [göadeßelw]
Batterie *w* batteri [badari] *t*
Bau *m* **1** byggeri [bügari] *t* **2** (Gebäude) bygning [bügneng] *u* **3** *etw. Gen* struktur [ßdrugtua] *u* **4** (eines Tieres) hule [huul^e] *u*, grav [grau] *u*
Bauch *m* mave [määw^e] *u*
bauen *v* **1** *etw. Akk* bygge [büg^e] **2** (Maschinen usw.) bygge [büg^e]
Bauer *m* **1** landmand [lanman] *u*, (Landwirt) bonde [bon^e] *u* **2** (im Schach) bonde [bon^e] *u*
Bauernhof *m* gård [go] *u*, bondegård [bon^{e}go] *u*
Baum *m* træ[tre] *t*
Baumwolle *w* bomuld [bamul] *u*
Baustelle *w* byggeplads [büg^{e}plaß] *u*
Bauwerk *s* bygning [bügneng] *u*
Beamte *m* embedsmand [embe~~dh~~ßman] *u*, (im öffentlichen Dienst) tjenestemand [tjeen^{e}ßd^{e}man] *u*
beanspruchen *v etw. Akk* forlange [falang^e] *ngt*, kræve [kreew^e] *ngt*, *etw. Akk* kræve [kreew^e] *ngt*, gøre krav [gööa krau] *på ngt*
beanstanden *v etw. Akk* klage [klääj^e] *over ngt*, reklamere [reklamea] *over ngt*
beantragen *v etw. Akk* ansøge [anßöj^e] *om ngt*, *etw. Akk* søge [ßööj^e] *om ngt*
bearbeiten *v* behandle [behanl^e]
beaufsichtigen *v etw. Akk* have opsyn [ha abßün] *med ngt/ngn*, føre tilsyn [fööa telßün] *med ngn/ngt*, tilse [telße] *ngn/ngt*, (Arbeit usw.) *etw. Akk* sørge [ßöau^e] *for ngt*
Becken *s* **1** (Reservoir) reservoir [reßäawuaa] *t*, tank [tangg] *u* **2** (Körperteil) bækken [beg^{e}n] *t* **3** (Musikinstrument) cymbler [ßümbla] *u Mz*
bedanken **sich ~** *bei j-m für etw.* takke
bedauern *v* **1** *j-n* synes at det er synd [ßün^{e}ß a d^e ea ßön] *for ngn*, *j-n* vise medfølelse [wiiß^e me~~dh~~föl^{e}lß^e] *med ngn* **2** *etw. Akk* beklage [bekläj^e] *ngt*, fortryde [fatrü~~dh~~^{e}] *ngt*
bedecken *v j-n/etw. mit etw.* dække [deg^e] *ngn/ngt med ngt*
bedeuten *v* betyde [betü~~dh~~^{e}] *ngt*
Bedeutung *w* betydning [betü~~dh~~neng] *u*
bedienen *v* **1** *j-n* betjene [betjen^e] *ngn* **2** ***sich*** **~** tage [tä] **3** (Maschine usw.) *etw. Akk* betjene [betjen^e] *ngt* ► **B~ Sie sich.** Værsgo!
Bedienung *w* **1** (von Kunden) betjening [betjeneng] *u* **2** (eines Gerätes usw.) betjening [betjeneng] *u*, drift [drefd] *u af ngt* **3** (Personal) betjeningspersonale [betjenengßpääßonääl^e] *t*
Bedingung *w* betingelse [beteng^{e}lß^e] *u*; **unter der ~, dass** på den betingelse at, forudsat at
bedrohen *v j-n/etw.* bringe *ngn/ngt* i fare [breng^e i faaa], udsætte *ngn/ngt* for fare [u~~dh~~ßed^e fa faaa]
Bedrohung *w* fare [faaa] *u*, trussel [truß^{e}l] *u af ngt*
Bedürfnis *s* behov [behou] *t*
beeilen *v* ***sich*** **~** skynde sig [ßgön^e ßaj]
beeinflussen *v j-n/etw.* påvirke [pawiag^e] *ngn/ngt*, have indflydelse [ha enflü~~dh~~^{e}lß^e] *på ngn/ngt*

beenden *v* **1** afslutte [außlud^e], fuldføre [fulföa], (Arbeit usw.) *etw. Akk* gøre *ngt* færdig [gööa fäadi], færdiggøre [fäadigöa] *u* **2** (stoppen) *etw. Akk* afslutte [außlud^e] *ngt*

beerdigen *v j-n* begrave [begraw^e] *ngn*, bisætte [bißed^e] *ngn*, gravlægge [graulege^e] *ngn*

Beerdigung *w* begravelse [begrau^{e}lß^e] *u*

Beere *w* bær [bäa] *t*

Beet *s* bed [be~~dh~~] *t*

befahrbar *adj* farbar [faaba]

befassen *v* **1** *sich ~ mit etw.* beskæftige sig [beßgefdi^e ßaj] *med ngt* **2** *sich ~* (Problem usw.) *mit etw.* behandle [behanl^e] *ngt*, tage sig af [tä ßaj ä] *ngt*

Befehl *m* **1** (militärischer usw.) befaling [befäleng] *u*, ordre [odra] *u*, (militärischer usw.) kommando [komando] *u* **2** (EDV) kommando [komando] *u*

befehlen *v j-m etw. Akk* befale [befäl^e] *ngn til ngt*, beordre [beodra] *ngn til ngt*, *j-m etw. Akk* beordre [beodra] *ngn ngt*

befestigen *v* **1** (festmachen) *etw. Akk an etw. Dat* fastgøre [faßdgöa] *ngt til/på ngt* **2** (eine Stadt usw.) befæste [befeßd^e]

befinden *v sich ~ irgendwo* befinde sig [befen^e ßaj]

befördern *v* **1** (Güter usw.) *etw. Akk irgendwohin* transportere [tranßbotea] **2** (zum Direktor usw.) *j-n zu etw.* forfremme [fafram^e] *ngn til ngt*

Beförderung *w* **1** transport [tranßpood] *u* **2** (in einen Rang) forfremmelse [fafram^{e}lß^e] *u*

befreien *v* **1** *j-n/etw.* frigøre [frigöa] *ngn/ngt*, (Gefangene usw.) befri [befri] **2** (Stadt usw.) frigøre [frigöa], befri [befri] **3** (herausziehen usw.) *j-n/etw. aus etw.* frigøre [frigöa] *ngn/ngt fra ngt/et sted*, få *ngn/ngt* løs [fo löß] *fra ngt/et sted* **4** (von Pflicht) *j-n von etw.* befri [befri] *ngn fra ngt* **5** *von j-m/etw.* frigøre [frigöa] *ngn for ngt*, befri [befri] *ngn for/fra ngt*, (von Einschränkungen usw.) liberalisere [lib^{e}ralißea] **6** *sich ~ von etw.* frigøre sig [frigöa ßaj] *fra ngt*, befri sig [befri ßaj] *fra ngt*

befriedigen *v* **1** *j-n/etw.* tilfredsstille [tefreßßdel^e] *ngn/ngt* **2** (Bedürfnis usw.) tilfredsstille [tefreßßdel^e]

begabt *adj* begavet [begäw^e~~dh~~]

begegnen *v j-m* møde [möö~~dh~~^{e}] *ngn*, *j-m* mødes [möö~~dh~~^{e}ß] *med ngn*

begehen *v etw. Akk* begå [bego] *ngt*

begeistert *adj* **1** (hingerissen) *von etw.* begejstret [begajßdra~~dh~~] *for ngt* **2** (Fan) entusiastisk [angtutschaßdißg] **3** (engagiert) *für etw.* begejstret [begajßdra~~dh~~] *for ngn/ngt*

Begeisterung *w* **1** glæde [glee~~dh~~^{e}] *u*, *für etw.* entusiasme [angtutschaßm^e] *u* **2** (Verve usw.) begejstring [begajßdreng] *u*, entusiasme [angtutschaßm^e] *u*

begießen *v j-n/etw. mit etw.* overhælde [ouahel^e] *ngn med ngt*

Beginn *m* begyndelse [begön^{e}lß^e] *u*, (eines Konzerts usw.) åbning [oobneng] *u*

beginnen *v* **1** *etw. Akk, mit etw.* begynde [begön^e] *på ngt, med ngt* **2** (Beginn haben) begynde [begön^e] **3** (Krieg, Streit usw.) udløse [u~~dh~~lößß^e] *ngt*

beglaubigen *v etw. Akk* attestere [at^{e}ßdea] *ngt*, bekræfte [bekrafd^e] *ngt*, *etw. Akk* bekræfte [bekrafd^e] *ngt*, attestere [at^{e}ßdea] *ngt*

begleiten *v* følge [följ^e] *ngn*, *j-n irgendwohin* ledsage [le~~dh~~ßäj^e] *ngn*, følges [följ^{e}ß] *med ngn*

beglückwünschen *v j-n zu etw.* lykønske [lögönßg^e] *ngn med*, sige tillykke [ßii^e t^{e}lög^e] *med ngt*

begreifen *v etw. Akk* forstå [faßdo] *ngt*

Begriff *m* begreb [begreb] *t*; **im ~ sein** *etw. Akk zu tun* være (lige) ved *at gøre ngt*

begrüßen *v* **1** *j-n* hilse [hilß^e] *ngn* **2** *etw. Akk* være glad [weea gla~~dh~~] *for ngt*

behalten *v* **1** (nicht zurückgeben) *etw. Akk* beholde [behal^e] *ngt* **2** (Zustand usw.) holde [hal^e] **3** (Qualität usw.) *etw. Akk* bevare [bewaa] *ngt*, beholde [behal^e] *ngt*, (Qualität usw.) *etw. Akk* holde [hal^e]

Behälter *m* container [kantejna] *u*

behandeln *v* **1** (respektvoll usw.) *j-n irgendwie* behandle [behanl^e] *ngn på en måde* **2** (ärztlich) *j-n/etw.* behandle [behanl^e] *ngn/ngt* **3** (Patienten usw.) *j-n/etw.* behandle [behanl^e] *ngn/ngt* **4** (Film usw.) *etw. Akk* handle [hanl^e] *om ngt*

Behandlung *w* **1** (Umgang) *j-s* behandling [behanleng] *u med ngn* **2** (eines Patienten usw.) behandling [behanleng] *u*

behaupten *v* hævde [heud^e], påstå [paßdo], *etw. Akk* påstå [paßdo] *ngt*

Behauptung *w* påstand [paßdan] *u*

beheizen *v* varme op [wam^e ab]

beherrschen *v* **1** (ein Land usw.) *etw. Akk* beherske [behäaßg^e] *ngt*, tage kontrol [tä kontral] *over ngt*, (Firma usw.) kontrollere [kontrolea], beherske [behäaßg^e] *ngt* **2** (Fremdsprache usw.) beherske [behäaßg^e], mestre [meßdra] *ngt*, (gelernt haben) beherske [behäaßg^e] *ngt*, tilegne sig [telajn^e ßaj]

behindern *v etw. Akk* forhindre [fahendra] *i ngt*

behindert *adj* handicappet [handikab^e~~dh~~]

Behörde *w* kontor [kontoa] *t*

behördlich *adj* officiel [afitschel]

bei *prep* under [ona], ved [we]

beibringen *v j-m etw. Akk* lære [leea] *ngn ngt*

beide *num* begge [bege]

Beifall *m* bifald [bifal] *t*, applaus [aplauß] *u*, klapsalve [klabßalwe] *u*

beifügen *v* vedhæfte [wedhhefde] *ngt*, vedlægge [wedhlege] *ngt*

Beilage *w* **1** (Zeitung usw.) bilag [biläj] *t* **2** (Essen) tilbehør [telbehöa] *t*, (Gemüse usw.) garnering [ganeaeng] *u*, pynt [pönd] *u*

Beileid *s* kondolence [kandolangße] *u*

Bein *s* ben [ben] *t*; **ein ~ stellen** *j-m* spænde ben for *ngn*

beinahe *adv* næsten [neßden] ♦ *part* direkte [diragde]

beiseite *adv* **1** (zur Seite) sidelæns [ßiidhelenß] **2** (legen usw.) til side [tel ßiidhe], til siden [tel ßiidhen], afsides [außidheß]

Beispiel *s* **1** (Beweis) *etw. Gen* eksempel [egßembel] *t på ngt* **2** (Muster) eksempel [egßembel] *t på ngt*, prøve [pröoue] *u på ngt* ► **zum ~** for eksempel

beißen *v* **1** *in etw. Akk* bide [biidhe] *i ngt* **2** (wiederholt) gnave [gnääwe] **3** (verletzen usw.) *j-n* bide [biidhe] *ngn* **4** (Schlange) bide [biidhe] **5** (böser Hund usw.) bide [biidhe]

bekämpfen *v etw. Akk* kæmpe [kembe] *med ngt*

bekannt *adj* velkendt [welkend] ► **~ machen/geben** *etw. Akk* bekendtgøre *ngt*, deklarere *ngt*, kundgøre *ngt*; **(wohl) ~** *j-m* velkendt *for ngn*, bekendt *for ngn*

Bekannte *m* bekendt [bekend] *u*

Bekanntschaft *w* bekendtskab [bekendßgäb] *t med ngn*

bekommen *v* **1** (geschenkt usw.) modtage [modhtä], få [fo] **2** (Grippe usw.) få [fo]

belasten *v* **1** *etw. Akk* belaste [belaßde] *ngt* **2** *j-n mit etw.* belaste [belaßde] *ngn med ngt* **3** (mit einem Betrag usw.) *mit etw.* belaste [belaßde] *ngt*, debitere [debitea]

belästigen *v* **1** *j-n mit etw.* besvære [beßwea] *ngt*, ulejlige [ulajlie] *ngn*, *j-n* gøre *ngn* ulejlighed [gööa ulajlihedh], besvære [beßwea] *ngn* **2** (sexuell usw.) pine [piine], plage [plääje], chikanere [tschikanea]

Belastung *w* **1** (Gewicht usw.) last [laßd] *u*, (Last) belastning [belaßdneng] *u* **2** (Arbeit usw.) belastning [belaßdneng] *u* **3** (Schwierigkeit usw.) byrde [büade] *u*

belebt *adj* **1** (Straße usw.) travl [traul] **2** (Substantiv usw.) levende [leewene]

beleidigen *v j-n* fornærme [fanäame] *ngn*; **sich beleidigt fühlen** *wegen etw.* blive fornærmet *over ngt*

Beleidigung *w* fornærmelse [fanäamelße] *u*

beleuchten *v etw. Akk* skinne [ßgene] *på ngt*, (anleuchten) belyse [belüße]

Beleuchtung *w* belysning [belüßneng] *u*

beliebig *adj* nogen som helst [noen ßam helßd], hvilken som helst [welgen ßam helßd] ♦ *pron* nogen som helst [noen ßam helßd], hvilken som helst [welgen ßam helßd]

beliebt *adj* **1** *bei j-m* populær [pobulea], yndet [öndedh] **2** (Lieblings-) yndlings- [önlengß]

bellen *v* gø [gö], bjæffe [bjefe]

Belohnung *w* belønning [belöneng] *u*

bemerken *v* **1** (sehen usw.) *j-n/etw.* bemærke [bemäage] *ngt*, lægge mærke til [lege mäage tel] *ngt*, (sehen usw.) *j-n/etw.* lægge mærke til [lege mäage tel] *ngt*, observere [abßäawea] *ngt* **2** bemærke [bemäage], kommentere [komentea] *ngt*, gøre bemærkninger om [gööa bemäaknenga am] *ngt*

Bemerkung *w* bemærkning [bemäagneng] *u*, kommentar [komenta] *u*, (schriftlich) note [noode] *u*, anmærkning [anmäagneng] *u*

bemühen *v* ***sich* ~** *um etw.* stræbe [ßdreebe] *at gøre ngt*, *um etw.* stræbe [ßdreebe] *efter ngt*

Bemühung *w um etw.* bestræbelse [beßdrebelße] *u*, indsats [enßadß] *u*

benachrichtigen *v j-n von etw.* informere [enfomea] *ngn om ngt*, underrette [onarade] *ngn om ngt*, varsle [waaßle] *ngn om ngt*, *j-n von etw.* meddele [medhdele] *ngt til ngn*

benehmen *v* ***sich* ~** opføre sig [abföa ßaj]

Benehmen *s* opførsel [abföaßel] *u*, adfærd [adhfea] *u*

benötigen *v etw. Akk* trænge akut [trange akud] *til ngt*

benutzen *v* bruge [bruue], benytte sig [benöde ßaj] *af ngt*, *etw. Akk* benytte [benöde] *ngt*, bruge [bruue] *ngt*

Benutzer *m* bruger [bruua] *u*

Benutzung *w etw. Gen* brug [bru] *u af ngt*, anvendelse [anwenelße] *u af ngt*

Benzin *s* benzin [benßin] *u*; **Ich habe kein ~ mehr.** Jeg er løbet tør for benzin.

beobachten *v* **1** *j-n/etw.* følge [följe] *ngn/ngt*, (um zu lernen usw.) *j-n/etw.* observere [abßäawea] *ngn/ngt*, iagttage [iagtä] **2** (bemerken) observere [abßäawea], lægge mærke til [lege mäage tel] *ngt* **3** (Entwicklung usw.) overvåge [ouawoue], følge [följe]

Beobachtung *w* iagttagelse [iagtäjelße] *u*

bequem *adj* komfortabel [kamfotäb^{e}l], magelig [määj^{e}li], bekvem [bekwem] ♦ *adv* let [led]

beraten *v j-n bei etw.* råde [roodh^e] *ngn til at gøre ngt;* **sich ~** *mit j-m über etw. Akk* konsultere *ngn i ngt,* rådspørge *ngn i ngt*

Beratung *w* **1** (Besprechung) rådspørgning [radhßböauneng] *u,* konsultation [kanßultatschon] *u* **2** (Beratertätigkeit) rådgivning [radhgiuneng] *u*

berauben *v j-n etw. Gen* fratage [fratä] *ngn ngt,* berøve [beröw^e] *ngn ngt*

berechtigt *adj* **1** (Sorge usw.) begrundet [begron^{e}dh], berettiget [beradi^{e}dh] **2** (Vorgehen usw.) retmæssig [radmeßi], lovlig [louli] **3** (zuständig) berettiget [beradi^{e}dh]

Bereich *m* område [amroodh^e] *t,* felt [feld] *t,* sfære [ßfeea] *u*

bereit *adj etw. Akk zu tun* villig [wili] *til at gøre ngt, zu etw.* klar [kla]; **~ machen** *etw. Akk für j-n* forberede *ngt*

bereiten *v j-m etw. Akk* forberede [fooberedh^e] *ngt*

Bereitschaft *w* **1** (zum Handeln usw.) beredskab [beredhßgäb] *t* **2** (zu helfen) hjælpsomhed [jelbßamh^{e}dh] *u* **3** (Reserve) reserve [reßäaw^e] *u*

Berg *m* bjerg [bjäau] *t*

bergab *adv* nedad [nedhadh], ned ad bakke [nedh adh bag^e]

bergauf *adv* op ad bakke [ab adh bag^e]

Berggipfel *m* bjergtop [bjäautab] *u*

Bergkette *w* bjergkæde [bjäaukeedh^e] *u*

Bergsteiger *m* bjergbestiger [bjäaubeßdia] *u*

Bergwerk *s* mine [miin^e] *u*

Bericht *m über etw. Akk* rapport [rapood] *u,* indberetning [enberadneng] *u*

berichten *v j-m von etw.* rapportere [rabotea] *ngt til ngn,* indberette [enberad^e] *ngt til ngn*

Beruf *m* profession [prof^{e}tschon] *u*

Berufserfahrung *w* erfaring [äafaeng] *u,* rutine [rutiin^e] *u*

beruhigen *v* **1** *j-n* berolige [beroli^e] *ngn* **2** (einen Wütenden usw.) berolige [beroli^e] **3** (durch Versicherung usw.) berolige [beroli^e] **4** ***sich ~*** berolige sig [beroli^e ßaj], blive rolig [blii^e rooli] **5** ***sich ~*** (Lage usw.) berolige sig [beroli^e ßaj]

berühmt *adj* berømt [berömd], kendt [kend], velkendt [welkend], (bedeutend) fremtrædende [framtredh^{e}n^e]

berühren *v j-n/etw.* røre [rööa] *ngn/ngt*

Berührung *w* berøring [beröaeng] *u*

Besatzung *w* besætning [beßedneng] *u,* mandskab [manßgäb] *t*

beschädigen *v* beskadige [beßgädhi^e] *ngt,* ødelægge [öödh^{e}leg^e] *ngt,* skade [ßgäädh^e]

Beschädigung *w* skade [ßgäädh^e] *u,* ødelæggelse [öödh^{e}leg^{e}lß^e] *u*

beschäftigen *v* **1** ***sich ~*** *mit etw.* beskæftige sig [beßgefdi^e ßaj] *med ngt* **2** (Angestellten usw.) *j-n* ansætte [anßed^e] *ngn* **3** (etwas zu tun geben) *j-n mit etw.* beskæftige [beßgefdi^e] *ngn med ngt*

Beschäftigung *w* ansættelse [anßed^{e}lß^e] *u,* arbejde [aabajd^e] *t,* beskæftigelse [beßgefdi^{e}lß^e] *u*

Bescheid *m* bekendtgørelse [bekendgöalß^e] *u;* **~ sagen** *j-m* give besked *til ngn*

bescheiden *adj* beskeden [beßgedh^{e}n]

Bescheinigung *w* attest [ateßd] *u,* certifikat [ßäadifikäd] *t*

beschlagnahmen *v j-m etw. Akk* konfiskere [kanfißgea] *ngt*

beschleunigen *v* **1** (sich schneller bewegen) sætte farten op [ßed^e fad^{e}n ab] **2** *etw. Akk* accelerere [agßel^{e}rea], (Entwicklung) forcere [foßea] *ngt,* påskynde [paßgön^e] *ngt,* accelerere [agßel^{e}rea] *ngt* **3** (Anfang usw.) *etw. Akk* forcere [foßea] *ngt,* påskynde [paßgön^e] *ngt*

beschließen *v* **1** (Entschluss fassen) *etw. Akk* bestemme sig [beßdem^e ßaj] *for ngt,* beslutte sig [beßlud^e ßaj] *til at gøre ngt, for ngt* **2** (ein Gesetz usw.) vedtage [wedhtä]

beschmutzen *v* **1** *etw. Akk* smudse til [ßmuß^e tel] *ngt,* søle [ßööl^e] *på ngt, etw. Akk* snavse til [ßnauß^e tel] *ngt* **2** (Ruf, Ehre usw.) besmudse [beßmuß^e] *ngt*

beschränken *v etw. Akk* begrænse [begranß^e] *ngt,* indskrænke [enßgrangg^e] *ngt*

beschränkt *adj* begrænset [begranß^{e}dh]

Beschränkung *w* begrænsning [begranßneng] *u af ngt,* indskrænkning [enßgranggneng] *u i/af ngt*

beschreiben *v* **1** (Blatt usw.) *etw. Akk* beskrive [beßgriw^e] *ngt* **2** (Person usw.) *j-n/etw.* beskrive [beßgriw^e] *ngn/ngt*

Beschreibung *w* beskrivelse [beßgriw^{e}lß^e] *u*

beschützen *v j-n/etw. vor j-m/etw.* beskytte [beßgöd^e] *ngn/ngt mod ngt*

Beschwerde *w* klage [klääj^e] *u*

beschweren *v* **1** (Kummer usw.) *j-n* bekymre [bekömra] *ngn* **2** ***sich ~*** *bei j-m über etw. Akk* beklage sig [bekläj^e ßaj] *over ngt,* klage [klääj^e] *over ngt til ngn*

beseitigen *v* **1** *etw. Akk* fjerne [fjäan^e] *ngt,* rydde væk [rüdh^e weg] **2** (tilgen usw.) *etw.*

Akk fjerne [fjäane] *ngt* **3** (Abfall usw.) *etw. Akk* fjerne [fjäane]

Beseitigung *w* **1** fjernelse [fjäanelße] *u* **2** (Tilgung usw.) *von etw.* bortskaffelse [boodßgafelße] *u af ngt*

Besen *m* kost [koßd] *u*

besetzen *v* besætte [beßede]

besetzt *adj* optaget [abtäjedh]

besichtigen *v etw. Akk* se på [ße po] *ngt*

Besichtigung *w etw. Gen* rundvisning [ronwiißneng] *u på et sted, af ngt;* ~ **von Sehenswürdigkeiten** sightseeing *u*, byvandring *u*

Besitz *m* **1** ejendom [ajendam] *u*, besiddelse [beßidhelße] *u* **2** (Besitzen) besiddelse [beßidhelße] *u*, ejerskab [ajaßgäb] *t*

besitzen *v etw. Akk* eje [aje] *ngt*

Besitzer *m* besidder [beßidha] *u*, ejer [aja] *u*, indehaver [enehäwa] *u*, *etw. Gen* ejer [aja] *u*

besonder(er,e,es) *adj* særskilt [ßeaßgeld]

besonders *adv* **1** især [ißea], navnlig [naunli] **2** (gut, erfolgreich usw.) særlig [ßeali], især [ißea] ♦ *part* specielt [ßbetscheld]

besorgen *v* **1** (Aufgabe usw.) *etw. Akk* arrangere [a-angtschea] *ngt*, (Problem lösen usw.) *etw. Akk* ordne [oodne] *ngt*, *etw. Akk* sørge [ßöaue] *for ngt*, tage sig af [tä ßaj ä] *ngt* **2** (beschaffen) *j-m etw. Akk für j-n* skaffe [ßgafe] *ngt til ngn*

besprechen *v etw. Akk mit j-m* bede om råd [beedhe am rodh], konsultere [kanßultea], *etw. Akk mit j-m* diskutere [dißgutea] *ngt med ngn*, drøfte [dröfde] *ngt med ngn*

besser *adj* bedre [bedhra] ♦ *adv* bedre [bedhra]

best(er,e,es) *adj* bedst [beßd]

Bestandteil *m etw. Gen* bestanddel [beßdandel] *u*, element [elemend] *t*

bestätigen *v* **1** (amtlich usw.) *etw. Akk* attestere [ateßdea] *ngt*, bekræfte [bekrafde] *ngt* **2** (Wahrhaftigkeit usw.) bekræfte [bekrafde] *ngt*

Bestätigung *w etw. Gen* bekræftelse [bekrafdelße] *u*

bestechen *v j-n* bestikke [beßdege] *ngn til ngt*, underkøbe [oneköbe] *ngn*

Besteck *s* bestik [beßdeg] *t*

bestehen *v* **1** (als Ganzes) *aus etw.* bestå af [beßdo ä] *ngt*, være sammensat af [weea ßamenßad ä] *ngt*, (als Ganzes) *aus etw.* bestå [beßdo] *af ngt* **2** (Prüfung usw.) bestå [beßdo] **3** (von einem Problem usw.) *in etw. Dat* bestå i [beßdo i] *ngt* **4** (beharren) *auf etw. Dat* insistere [enßißdea] *på ngt, på at gøre ngt*

bestehlen *v j-n um etw.* bestjæle [beßdjele] *ngn for ngt, j-n um etw.* stjæle [ßdjeele] *fra ngn, j-n um etw.* stjæle [ßdjeele] *ngt fra ngn*

bestellen *v etw. Akk* bestille [beßdele] *ngt*

Bestellung *w* bestilling [beßdeleng] *u*

bestimmen *v* **1** (Anzahl usw.) *etw. Akk* bestemme [beßdeme] *ngt*, afgøre [augöa] *ngt*, fastsætte [faßdßede] *ngt* **2** (autoritativ) bestemme [beßdeme], afgøre [augöa]

bestimmt[1] *adj* bestemt [beßdemd]

bestimmt[2] *part* afgjort [augjoad], helt sikkert [held ßegad], bestemt [beßdemd], absolut [abßolud]

Bestimmungsort *m* bestemmelsessted [beßdemelßeßßdedh] *t*, destination [deßdinatschon] *u*

bestrafen *v j-n für etw.* straffe [ßdrafe] *ngn for ngt*

Besuch *m* **1** *j-s/etw.* besøg [beßöj] *t* **2** (Gast) besøgende [beßöjene] *u*

besuchen *v* **1** *j-n* besøge [beßöje] *ngn*, aflægge besøg hos [aulege beßöj hoß] *ngn* **2** (Kurs usw.) *etw. Akk* gå [go] *hvorhen*

Besucher *m* besøgende [beßöjene] *u*

Betäubung *w* bedøvelse [bedöwelße] *u*

beten *v* bede [beedhe]

Beton *m* beton [betang] *u*

betonen *v* **1** (Bedeutung usw.) *etw. Akk* understrege [onaßdraje] *ngt*, lægge vægt på [lege wegd po] *ngt* **2** *etw. Akk* betone [betone] *ngt*, fremhæve [framhewe] *ngt*, understrege [onaßdraje] *ngt*

Betonung *w* tryk [trög] *t*

betrachten *v j-n/etw. als j-n/etw.* holde *ngn/ngt* for [hale fa], anse *ngn/ngt* for [anße fa] *ngn/ngt*, tage *ngn/ngt* for [tä fa] *ngt*

beträchtlich *adj* betragtelig [betragdeli], betydelig [betüdheli], væsentlig [weßenli], anselig [anßeli] ♦ *adv* betydeligt [betüdhelid], væsentligt [weßenlid], markant [makand]

Betrag *m* sum [ßom] *u*, beløb [belöb] *t*

betreffen *v* **1** *j-n/etw.* angå [ango] *ngn/ngt*, vedrøre [wedhröa] *ngn/ngt* **2** (Erklärung usw.) *j-n/etw.* gælde [gele] *for ngn/ngt* **3** (inhaltlich usw.) *etw. Akk* henvise [henwiße] *til ngt*, angå [ango] *ngn/ngt*, vedrøre [wedhröa] *ngn/ngt* **4** (Erdbeben) *etw. Akk* ramme [rame] *ngt/ngn* ► **was** *j-n/etw.* **betrifft** hvad *ngn/ngt* angår

betreffend *adj* vedkommende [wedhkamene]

betreiben *v etw. Akk* drive [driiwe] *ngt;* **Unternehmen** ~ drive en virksomhed

Betrieb *m* **1** (Fabrik usw.) fabrik [fabreg] *u*, værk [wäag] *t*, (Fabrik usw.) virksomhed [wiagßamhedh] *u* **2** (Tätigkeit usw.) *etw. Gen* drift [drefd] *u af ngt* **3** (einer Organisation usw.) *etw. Gen* drift [drefd] *u* **4** (Treiben) leben [leeb^e^n] *t*, travlhed [traulhed~~h~~] *u* ► **außer ~** ude af drift

betrinken **sich ~** *von etw.* blive fuld

Betrug *m* bedrag [bedrau] *t*, snyd [ßnüd~~h~~] *t*

betrügen *v* **1** bedrage [bedrau^e^], fuske [fußg^e^], *j-n* snyde [ßnüüd~~h~~^e^] *ngn*, bedrage [bedrau^e^] *ngn* **2** (Ehemann usw.) *j-n* bedrage [bedrau^e^] *ngn* **3** *j-n um etw.* røve [rööw^e^], bestjæle [beßdjel^e^] *ngn*, *j-n um etw.* snyde [ßnüüd~~h~~^e^] *ngn*

Betrüger *m* snyder [ßnüüd~~h~~a] *u*, bedrager [bedraua] *u*

betrunken *adj* fuld [ful]

Bett *s* **1** seng [ßeng] *u* **2** (eines Flusses usw.) flodseng [flod~~h~~ßeng] *u*, flodleje [flod~~h~~laj^e^] *t* ► **das ~/die ~en machen** rede sengen

betteln *v* **1** (um Almosen) *um etw.* tigge [teg^e^] *for* **2** *um etw.* bede [beed~~h~~^e^] *om ngt*, bønfalde [bönfal^e^] *om ngt*, (bitten) *bei j-m um etw.* bede [beed~~h~~^e^] *ngn om ngt*, tigge [teg^e^] *for ngt hos ngn*

Bettlaken *s* lagen [läj^e^n] *t*

Bettler *m* tigger [tega] *u*

Bettwäsche *w* sengetøj [ßeng^e^taj] *t*

Beule *w* bule [buul^e^] *u*

beurteilen *v j-n/etw.* dømme [döm^e^] *ngn/ngt*, *j-n/etw.* dømme [döm^e^] *om ngn/ngt*, vurdere [wuadea] *ngn/ngt*

Beute *w* bytte [büd^e^] *t*, tyvegods [tüüw^e^goß] *t*

Beutel *m* **1** pose [pooß^e^] *u*, pung [pong] *u* **2** (des Kängurus usw.) pung [pong] *u* **3** (Person) fjols [fjalß] *t*

Bevölkerung *w* befolkning [befalgneng] *u*

bevor *adv* før [föa]

bevorzugen *v* **1** *etw. Akk* foretrække [foootrag^e^] *ngt frem for ngt*, *j-n/etw. vor j-m/etw.* foretrække [foootrag^e^] *ngn/ngt frem for ngn/ngt* **2** (favorisieren) *j-n/etw. vor j-m/etw.* prioritere [prioitea] *ngn/ngt*

bewachen *v* vogte [wagd^e^] *ngt*, (Haus usw.) *etw. Akk* bevogte [bewagd^e^] *ngt*

bewaffnet *adj* bevæbnet [bewebn^e^d~~h~~]

bewässern *v* vande [wan^e^], irrigere [irigea]

bewegen *v* **1** *etw. Akk* bevæge [bewej^e^] *med ngt*, *etw. Akk* bevæge [bewej^e^] *ngt*, flytte [flöd^e^] *ngt* **2** ***sich*** **~** bevæge sig [bewej^e^ ßaj], flytte sig [flöd^e^ ßaj], (Bewegung machen) flytte sig [flöd^e^ ßaj], gøre en bevægelse [gööa en bewej^e^lß^e^] **3** ***sich*** **~** (vorwärts usw.) bevæge sig [bewej^e^ ßaj] **4** ***sich*** **~** (Werte usw.) *zwischen etw.* strække sig [ßdrag^e^ ßaj], ligge [leg^e^] *mellem ngt*

beweglich *adj* bevægelig [bewej^e^li], mobil [mobil]

Bewegung *w* **1** bevægelse [bewej^e^lß^e^] *u*, motion [motschon] *u* **2** (religiöse usw.) bevægelse [bewej^e^lß^e^] *u* ► **sich in ~ setzen** bevæge sig

Beweis *m etw. Gen* bevis [bewiß] *t for/på ngt*

beweisen *v* **1** *etw. Akk* bevise [bewiß^e^] *ngt*, påvise [pawiiß^e^] *ngt* **2** (Fähigkeiten usw.) *etw. Akk* vise [wiiß^e^] *ngt*, bevise [bewiß^e^] *ngt* **3** ***sich*** **~** *als etw. Nom* vise sig (som) [wiiß^e^ ßaj (ßam)], vise sig (at være) [wiiß^e^ ßaj (a weea)]

bewerben *v* ***sich*** **~** *um etw.* ansøge [anßöj^e^] *om ngt*

bewohnbar *adj* beboelig [bebo^e^li], beboelses- [bebo^e^lß^e^ß]

bewohnen *v etw. Akk* bebo [bebo] *ngt*, befolke [befalg^e^]

Bewohner *m* indbygger [enbüga] *u*

bewölkt *adj* overskygget [ouaßgüg^e^d~~h~~] ♦ *adv* overskyet [ouaßgüü^e^d~~h~~]

bewundern *v j-n/etw. wegen etw.* beundre [beondra] *ngn/ngt*, se op til [ße ab tel] *ngn/ngt*

bewusst *adj* **1** (Lüge usw.) forsætlig [faßedli], tilsigtet [telßegded~~h~~] **2** (einer Tatsache usw.) *etw. Gen* bevidst [beweßd] *om ngt*, klar [kla] *over ngt* **3** (Mensch usw.) bevidst [beweßd] ♦ *adv* **1** (mit Absicht) forsætligt [faßedlid], med vilje [med~~h~~ wilj^e^] **2** (mit Bewusstsein) bevidst [beweßd] ► **sich ~** *etw. Gen* **werden** indse *ngt*, erkende *ngt*

bewusstlos **~ sein** være bevidstløs

Bewusstlosigkeit *w* bevidstløshed [beweßdlößhed~~h~~] *u*

Bewusstsein *s* **1** bevidsthed [beweßdhed~~h~~] *u* **2** (Wissen) *etw. Gen* kundskab [konßgäb] *u om ngt* ► **bei ~ sein** være ved bevidsthed

bezahlen *v j-m etw. Akk* betale [betäl^e^]

Bezahlung *w* betaling [betäleng] *u*, indbetaling [enbetäleng] *u*

bezeichnen *v* **1** *etw. Akk mit etw.* mærke [mäag^e^] *ngt med ngt* **2** (mit einem Namen usw.) betegne [betajn^e^]

Bezeichnung *w* betegnelse [betajn^e^lß^e^] *u*, benævnelse [beneun^e^lß^e^] *u*

Beziehung *w* **1** (Handelsbeziehung usw.) forbindelse [faben^e^lß^e^] *u*, forhold [foohal] *t* **2** (intime usw.) forhold [foohal] *t* **3** (Zusammenhang usw.) forhold [foohal] *t*, forbindelse [faben^e^lß^e^] *u*

beziehungsweise *adv* eventuelt [ew^e^ntueld]

Bezirk *m* distrikt [dißdregd] *t*, region [region] *u*, amt [amd] *t*

Bezug *m* betræk [betrag] *t*

bezüglich *prep* vedrørende [wed~~h~~röan^e^], angående [ango^e^n^e^]

bezweifeln *v etw. Akk* betvivle [betwiul^{e}] *ngt, etw. Akk* tvivle [twiul^{e}] *på ngn/ngt*, være i tvivl [weea i twiul] *om ngn/ngt*

BH *m* bh [beho] *u*, brystholder [brößdhala] *u*, busteholder [büßd^{e}hala] *u*

Bibliothek *w* bibliotek [biblioteg] *u*

biegen *v etw. Akk* bøje [baj^{e}] *ngt*, krumme [krom^{e}] *ngt*, bukke [bog^{e}] *ngt*

biegsam *adj* bøjelig [baj^{e}li]

Biene *w* bi [bi] *u*

Bier *s* øl [öl] *t*; **~ vom Fass** fadøl *t*

bieten *v* **1** *j-m etw. Akk* tilbyde [telbüdh^{e}] *ngn ngt* **2** (Möglichkeit usw.) *j-m etw. Akk* yde [üüdh^{e}] *ngt*

Bikini *m* bikini [bikini] *u*

Bild *s* billede [bel^{e}dh^{e}] *t*

bilden *v etw. Akk* danne [dan^{e}], udgøre [udhgöa], (ein Teil sein) *etw. Akk* udgøre [udhgöa], konstituere [kanßdituea]

Bildhauer *m* skulptør [ßgulbtöa] *u*, billedhugger [bel^{e}dhhoga] *u*

Bildschirm *m* skærm [ßgeam] *u*, monitor [manita] *u*

Bildung *w* uddannelse [udhdan^{e}lß^{e}] *u*

billig *adj* billig [bili] ♦ *adv* billigt [bilid]
► **~er werden** blive billigere

Binde *w* bånd [ban] *t*

binden *v* **1** knytte [knüd^{e}], binde [ben^{e}] **2** (miteinander) binde [ben^{e}] **3** (Beziehung usw.) binde [ben^{e}] **4** (Schleife um Geschenk usw.) *etw. Akk um etw.* binde [ben^{e}] *ngt med ngt* **5** ***sich* ~** (beruflich, emotionell usw.) binde sig [ben^{e} ßaj]

binnen *prep etw. Dat* i løbet af [i lööb^{e}dh ä], inden [en^{e}n]

Birne *w* **1** (Frucht) pære [peea] *u* **2** (Baum) pære [peea] *u*, pæretræ[peeatre] *t* **3** (mattierte usw.) (elektrisk) pære [(elegtrißg) peea]

bis[1] *prep* indtil [entel]; **~ zu/an/über** op til; **geöffnet von… ~…** åbent fra… til…

bis[2] *conj* indtil [entel]

Bischof *m* biskop [bißgab] *u*, bisp [bißb] *u*

bisher *adv* endnu [enu], hidtil [hidhtel], ind til nu [en tel nu], indtil videre [entel widhaa]; **~ nicht** ikke endnu

bisschen **ein ~** lidt; **ein ~** *etw. Gen* et stykke *af ngt*

bitte *part* vil du være så venlig at [wil du weea ßa wenli a] *vb*; **B~!** (Einwilligung usw.) Værsgo!; **Hier ~.** (Schenken usw.) Værsgo!; **Ja ~?** Hallo!; **Wie ~?** Undskyld?

Bitte *w um etw.* bøn [bön] *u om ngt*, efterspørgsel [efdaßböaß^{e}l] *u om ngt*

bitten *v j-n um etw.* bede [beedh^{e}] *ngn om ngt*

bitter *adj* bitter [beda]

Blähung *w* flatulens [flatul^{e}nß] *u*

Blase *w* **1** (Seifenblase usw.) boble [babl^{e}] *u* **2** (auf Haut) vabel [wääb^{e}l] *u* **3** (Organ) blære [bleea] *u*

blasen *v* **1** (Wind usw.) blæse [bleeß^{e}] **2** (Musikinstrument usw.) *etw. Akk* blæse [bleeß^{e}] *på ngt*

blass *adj* bleg [blaj]

Blatt *s* blad [bladh] *t*

blau *adj* blå [blo]; **ein ~er Fleck** blåt mærke

Blaubeere *w* blåbær [blabäa] *t*

Blech *s* blik [bleg] *t*

Blechbüchse *w* tinboks [tenbagß] *u*

Blechdose *w* tinboks [tenbagß] *u*

Blei *s* bly [blü] *t*

bleiben *v irgendwo* forblive [fabliw^{e}]
► **(übrig) ~** blive tilbage

Bleistift *m* blyant [blüüand] *u*

Blende *w* blænde [blen^{e}] *u*, blænder [blena] *u*

blenden *v* **1** *j-n* blænde [blen^{e}] *ngn* **2** *j-n* blinde [blen^{e}] *ngn*

Blick *m auf etw. Akk* blik [bleg] *t på ngt*

blind *adj* blind [blen] ♦ *adv* blindt [blend], uden at kigge [udh^{e}n a kig^{e}]

Blinddarm *m* blindtarm [blentam] *u*

Blinddarmentzündung *w* blindtarmsbetændelse [blentaamßbeten^{e}lß^{e}] *u*

Blinker *m* blinklys [blenglüß] *t*

Blinkleuchte *w* blinklys [blenglüß] *t*

Blitz *m* lyn [lün] *t*

blitzen *v* lysne [lüßn^{e}]; **Es blitzt.** Det lyner.

Blitzlicht *s* blitz [blidß] *u*

Block *m* **1** blok [blag] *u* **2** (Heft usw.) notesblok [nood^{e}ßblag] *u*

blockieren *v etw. Akk* blokere [blokea]

blond *adj* **1** (Haar) lys [lüß] **2** (Mensch) blond [bland], lyshåret [lüßhaaadh]

bloß *adj* blot [blad], ren [ren]

blühen *v* blomstre [blamßdra]

Blume *w* blomst [blamßd] *u*

Blumengeschäft *s* blomsterhandler [blamßdahanla] *u*

Blumenkohl *m* blomkål [blamkol] *u*

Blumenladen *m* blomsterhandler [blamßdahanla] *u*

Blumenstrauß *m* buket [buked] *u*

Blumentopf *m* urtepotte [uad^{e}pad^{e}] *u*

Bluse *w* bluse [bluuß^{e}] *u*

Blut *s* blod [blodh] *t*

Blutdruck *m* blodtryk [blodhtrög] *t*

Blüte *w* **1** (einer Pflanze) blomst [blamßd] *u* **2** (wirtschaftliche usw.) blomstring [blamßdreng] *u*

Blutegel *m* igle [iil^{e}] *u*

bluten *v* bløde [blöödh^{e}]

Blutentnahme *w* blodprøve [blodhprööu^{e}] *u*

blutig *adj* blodig [bloodhi] ► **~es Steak** rødstegt *u*
Boden *m* **1** jord [joa] *u* **2** (im Zimmer usw.) gulv [gol] *t* **3** (von einem Gefäß usw.) bund [bon] *u*
Bogen *m* **1** bue [buu^{e}] *u* **2** (Papierblatt) ark [aag] *t*
Bohne *w* bønne [bön^{e}] *u*
bohren *v* bore [booa]
Bohrmaschine *w* bor [boa] *t*
Bombe *w* bombe [bomb^{e}] *u*
Bonbon *m* bolsje [baltsch^{e}] *t*
Boot *s* båd [bodh] *u*
Bord[1] *s* reol [reol] *u*
Bord[2] *m* **1** (eines Schiffes) dæk [deg] *t* **2** (eines Flugzeugs usw.) bord [boa] *t* ► **an ~ gehen** (Schiff) gå om bord, stige om bord; **an ~** *etw. Gen* om bord; **von ~ gehen** gå af, stige af
Bordell *s* bordel [bodel] *u*
Börse *w* børs [böaß] *u*
böse *adj* ond [on]; **~ sein** *j-m, auf j-n* være vred *på ngn*, være sur *på ngn*
Botschaft *w* **1** (Vertretung) ambassade [ambaßäädh^{e}] *u* **2** (Nachricht) budskab [budhßgäb] *t*
Botschafter *m* ambassadør [ambaßadöa] *u*
Brand *m* brand [bran] *u*
braten *v* **1** stege [ßdaj^{e}], bage [bääj^{e}], grille [gril^{e}] **2** (in der Pfanne) stege [ßdaj^{e}] *ngt*
Braten *m* steg [ßdaj] *u*
Bratwurst *w* pølse [pölß^{e}] *u*
brauchen *v etw. Akk* behøve [behöw^{e}] *ngt*, have brug for [ha bru fa] *ngt*
braun *adj* brun [brun]
bräunen *v etw. Akk* brune [bruun^{e}] *ngt*
Braut *w* brud [brudh] *u*
Bräutigam *m* brudgom [brudhgam] *u*
brav *adj* god [go] ♦ *adv* lydigt [lüüdhid]
brechen *v* **1** (Zweig usw.) *etw. Akk* brække [brag^{e}] *ngt* **2** (Schwur usw.) bryde [brüüdh^{e}], overtræde [ouatredh^{e}] **3** (bei Übelkeit) kaste op [kaßd^{e} ab] **4** (zerfallen) brække sig [brag^{e} ßaj] *op* ► **das Gesetz ~** overtræde loven; **(sich) ~** *etw. Akk* (Knochen usw.) brække *ngt*
Brei *m* mos [moß] *u*
breit *adj* bred [bredh] ♦ *adv* vidt [wid], bredt [bred]
Breite *w* **1** *etw. Gen* bredde [bred^{e}] *u af ngt* **2** (geografische) breddegrad [bred^{e}gradh] *u*
Bremse *w* bremse [bramß^{e}] *u*
bremsen *v* bremse [bramß^{e}]
brennen *v* **1** brænde [bran^{e}] **2** (Alkohol) destillere [deßdilea], brænde [bran^{e}] ► **Es brennt!** Brand!
Brennstoff *m* brændstof [branßdaf] *t*
Brett *s* bræt [brad] *t*
Brief *m* brev [breu] *t*
Briefkasten *m* postkasse [paßdkaß^{e}] *u*
Briefmarke *w* frimærke [frimääg^{e}] *t*
Brieftasche *w* tegnebog [tajn^{e}bou] *u*
Briefträger *m* postbud [paßdbudh] *t*
Briefumschlag *m* kuvert [kuwäad] *u*, konvolut [konwolud] *u*
Brille *w* briller [brela] *Mz*
bringen *v* **1** (ein Buch usw.) *j-m etw. Akk* bringe [breng^{e}] *ngn/ngt*, tage *ngt* med [tä medh] **2** (mit dem Auto usw.) *j-n/etw. irgendwohin* tage *ngn/ngn* med [tä medh], (mit dem Auto) *j-n irgendwohin* køre [kööa] *ngn/ngt et sted* **3** *j-n/etw. irgendwohin* få [fo] *ngn/ngt hvorhen* **4** (in Verlegenheit usw.) bringe [breng^{e}] **5** *j-n um etw.* fratage [frätä] *ngn ngt*, berøve [beröw^{e}] *ngn ngt* ► **auf den Markt ~** introducere; **in Verlegenheit ~** *j-n* sætte *ngn* i forlegenhed
Brokkoli *m* broccoli [brakoli] *u*
Brombeere *w* brombær [brombäa] *t*
Bronze *w* bronze [brangß^{e}] *u*
Brot *s* brød [brödh] *t*
Brötchen *s* bolle [bal^{e}] *u*, rundstykke [ronßdög^{e}] *t*
Bruch *m* **1** (Knochen) brud [brudh] *t* **2** (Zahlen) brøk [brög] *u*
Brücke *w* bro [bro] *u*
Bruder *m* bror [broa] *u*
Brühe *w* afkog [aukou] *t*, bouillon [buljang] *u*, consommé [konßomee] *u*
brüllen *v* **1** brøle [brööl^{e}], vræle [wreel^{e}], hyle [hüül^{e}] **2** larme [laam^{e}], skrige [ßgrii^{e}]
Brunnen *m* **1** (für Grundwasser) brønd [brön] *u* **2** (Fontäne) springvand [ßbrengwan] *t*, fontæne [fanteen^{e}] *u* **3** (Heilquelle) kilde [kil^{e}] *u*, kildevæld [kilewel] *t*
Brust *w* bryst [brößd] *t*
brutal *adj* brutal [brutäl], rå [ro], grusom [gruußam] ♦ *adv* brutalt [brutäld]
Buch *s* bog [bou] *u*
buchen *v etw. Akk* bestille [beßdel^{e}] *ngt*, *etw. Akk* reservere [reßäawea] *ngt*, booke [buug^{e}] *ngt*
Bücherschrank *m* bogreol [bougreol] *u*
Buchhandlung *w* boghandel [bouhan^{e}l] *u*
Büchsenöffner *m* dåseåbner [dooß^{e}oobna] *u*
Buchstabe *m* bogstav [bogßdäu] *t*
buchstabieren *v etw. Akk* stave [ßdääw^{e}] *ngt*
Bucht *w* bugt [bogd] *u*, (klein) vig [wi] *u*
Buchung *w* reservation [reßäawatschon] *u*, booking [bukeng] *u*, bookning [bugneng] *u*

Büfett *s* bar [ba] *u*, bardisk [badeßg] *u*
Bügel *m* **1** (für Kleider) bøjle [bajl^e] *u* **2** (am Sattel) stigbøjle [ßdibajl^e] *u*
Bügeleisen *s* strygejern [ßdrüü^{e}jäan] *t*
bügeln *v* stryge [ßdrüü^e]
Bühne *w* scene [ßeen^e] *u*
bunt *adj* **1** (nicht schwarz-weiß) farverig [faaweri], kulørt [kulöad] **2** (mit vielen Farben) farverig [faaweri], mangefarvet [mang^{e}faaw^e~~dh~~], broget [broou^e~~dh~~] **3** (abwechslungsreich) varieret [waiea], forskellig [faßgeli]
Burg *w* borg [bou] *u*
bürgen *v für j-n* hæfte [hefd^e] *for ngn*
Bürger *m* borger [booua] *u*
Bürgermeister *m* borgmester [boumeß-da] *u*
Bürgersteig *m* fortov [footou] *t*
Büro *s* kontor [kontoa] *t*, bureau [büro] *t*
Bürste *w* børste [böaßd^e] *u* ► **(kleine) ~** børste *u*
Bus *m* bus [buß] *u*, rutebil [rud^{e}bil] *u*
Busbahnhof *m* rutebilstation [rud^{e}bilßdatschon] *u*
Busen *m* barm [bam] *u*, bryster [brößda] *Mz*
Bußgeld *s* bøde [bööd~~dh~~^{e}] *u*
Büstenhalter *m* bh [beho] *u*, brystholder [brößdhala] *u*, busteholder [büßd^{e}hala] *u*
Butter *w* smør [ßmöa] *t*

C

Café *s* café [kafe] *u*
Camp *s* lejr [laja] *u*
campen *v* campere [kampea], slå lejr [ßlo laja]
Camper *m* campist [kampißd] *u*
Campingplatz *m* campingplads [kam-bengplaß] *u*, lejr [laja] *u*
Chance *w* **1** (Möglichkeit) chance [tschangß^e] *u* **2** **~n** (Gewinnquote usw.) chance [tschangß^e] *u*
Charakter *m* **1** (Wesen) karakter [ka--agtea] *u*, præg [prej] *t* **2** (einer Landschaft usw.) præg [prej] *t*, karakter [ka-agtea] *u*
charakteristisch *adj* karakteristisk [ka--agterißdißg]
Chef *m* chef [tschef] *u*, leder [lee~~dh~~a] *u*
Chirurg *m* kirurg [kiruau] *u*
Chirurgie *w* kirurgi [kiruagi] *u*
Chor *m* kor [koa] *t*
Christ *m* kristen [kreßd^{e}n]
Clique *w* slæng [ßleng] *t*
Comic *m* tegneserie [tajn^{e}ßeaj^e] *u*
Computer *m* computer [kampjuuda] *u*
Couch *w* sofa [ßoofa] *u*, divan [diwän] *u*
Cousin *m* fætter [feda] *u*
Cousine *w* kusine [kußiin^e] *u*
Creme *w* creme [krem] *u*
Curry *m/s* karry [kai] *u*

D

dabei *adv* imens [imenß]
Dach *s* tag [täj] *t*
Dachboden *m* loft [lafd] *t*
Dachgepäckträger *m* tagbagagebærer [taubagäätsch^{e}beea] *u*
dafür *adv* hellere [helaa]
daheim *adv* (SwD, SüD) hjemme [jem^e]
damals *adv* dengang [dengang]
Dame *w* **1** (Person) dame [dääm^e] *u*, frue [fruu^e] *u*, fru [fru] *u* **2** (Spiel) dam [dam] *t*, damspil [damßbel] *t* **3** **~n** dametoilet [dääm^{e}toaled] *t*
Damenbinde *w* damebind [dääm^{e}ben] *t*
damit *conj* for at [fa a], så [ßa]
Dämmerung *w* **1** (am Morgen) daggry [daugrü] *t*, morgengry [mo-ongrü] *t* **2** (am Abend) skumring [ßgomreng] *u*
Dampf *m* damp [damb] *u*
dämpfen *v* dæmpe [demb^e]
daneben *adv* ved siden af [w^e ßii~~dh~~^{e}n ä]
dank *prep j-m/etw.* takket være [tag^e~~dh~~ weea] *ngn/ngt*, *j-m/etw.* takket være [tag^e~~dh~~ weea] *ngon/ngt*
dankbar *adj für etw.* taknemmelig [tagnem^{e}li] *over ngt*; **~ sein** *j-m für etw.* være taknemmelig *overfor ngn over ngt*
danke **D~!** Tak!
danken *v j-m für etw.* takke [tag^e]
dann *adv* så [ßa]
Darm *m* tarm [tam] *u*
darstellen *v* **1** (abbilden usw.) fremstille [framßdel^e], (Symbol usw.) *etw. Akk* repræsentere [repreß^{e}ntea] *ngt* **2** (bedeuten) udgøre [u~~dh~~göa] **3** (spielen) *j-n* fremstille [framßdel^e] *ngn*, skildre [ßgeldra] *ngn*
das *pron* det [d^e], den [d^{e}n]
dass *conj* at [a]
dasselbe *pron* det samme [d^e ßam^e]
Daten *Mz* data [däata] *Mz*
Dattel *w* daddel [da~~dh~~^{e}l] *u*
Datum *s* dato [dääto] *u*
Dauer *w* varighed [waaihe~~dh~~] *u*
dauerhaft *adj* permanent [päamanend], varig [waai] ♦ *adv* permanent [päama-nend], varigt [waaid]
Dauerkarte *w* abonnementsbillet [abon^{e}mangßbiled] *u*, abonnementskort

[aboneemangßkood] *t*, (Fahrkarte usw.) månedskort [mooneˆ~~dh~~ßkood] *t*, -kort [kood]

dauern *v* vare [waaa]; **Wie lange wird es ~?** Hvor lang tid vil det tage?

dauernd *adj* vedvarende [we~~dh~~waane], konstant [kanßdand] ♦ *adv* **1** (ohne Unterbrechung) uafbrudt [uaubrud], konstant [kanßdand], (ohne Unterbrechung) ustandseligt [ußdanßelid] **2** (für immer) permanent [päamanend], vedvarende [we~~dh~~waane], for altid [fa alti~~dh~~], (für immer) varig [waai]

Daumen *m* tommelfinger [tamelfenga] *u*

Debitkarte *w* betalingskort [betälengßkood] *t*

Deck *s* dæk [deg] *t*

Decke *w* **1** (im Bett) dækken [degen] *t*, tæppe [tebe] *t* **2** (im Zimmer) loft [lafd] *t*

Deckel *m* låg [lou] *t*

decken *v* **1** (schützen) *j-n/etw.* dække [dege] *ngn/ngt* **2** ***Tisch ~*** dække bordet [dege boae~~dh~~] **3** *etw. Akk mit etw.* dække [dege] *ngt* **4** (finanziell) *etw. Akk* dække [dege] *ngt*, betale [betäle] *ngt*, lægge ud [lege u~~dh~~] *for ngt* ► **die Kosten ~** dække udgifterne

defekt *adj* defekt [defegd]; **~ sein** ikke virke, være defekt

Defekt *m* maskinfejl [maßgiinfajl] *u*, defekt [defegd] *u*

Deich *m* dæmning [demneng] *u*, dige [diie] *t*

dein, deine *pron* din [din]

demnächst *adv* snart [ßnad], om lidt [am lid]

Demokratie *w* demokrati [demokrati] *t*

Demonstration *w* demonstration [demonßdratschon] *u*

denken *v* **1** (im Kopf haben) *an etw. Akk* tænke [tengge] *på ngn/ngt* **2** (Meinung haben) mene [meene], synes [ßüneß] **3** (sich erinnern) *an j-n/etw.* tænke [tengge] *på ngn/ngt* **4** (vorhaben) *an etw. Akk* tænke [tengge] *ngt, på ngt*

Denkmal *s* monument [monumend] *t*, mindesmærke [meneßmäage] *t*

dennoch *conj* ikke desto mindre [ege deßdo mendra]

Deodorant *s* deodorant [deodorand] *u*

der, die, das *pron* **1** den, det [den, de] **2** (bei Personen) der [dea], som [ßam], (Relativpronomen) hvilken [welgen]

derb *adj* grov [grou]

derjenige, diejenige, dasjenige *pron* den, det [den, de]

deshalb *adv* derfor [deafa]

Design *s* design [dißajn] *t*, formgivning [foomgiwneng] *u*

Desinfektion *w* desinfektion [deßenfegtschon] *u*

Desinfektionsmittel *s* desinfektionsmiddel [deßenfegtschonßmi~~dh~~el] *t*

desinfizieren *v* desinficere [deßenfißea]

dessen *pron* hvis [weß]

Dessert *s* dessert [deßead] *u*, efterret [efdarad] *u*

deswegen *adv* derfor [deafa]

deutlich *adj* **1** (Änderung usw.) betydelig [betü~~dh~~eli], væsentlig [weßenli] **2** (klar erkennbar) tydelig [tüü~~dh~~eli] ♦ *adv* **1** (geschrieben usw.) forståeligt [faßdoelid] **2** (hören usw.) tydeligt [tüü~~dh~~elid] **3** (verständlich usw.) klart [klad]

deutsch *adj* tysk [tüßg] ♦ *adv* tysk [tüßg]

Deutsch(e) *s* tysk [tüßg] *t*

Deutsche *m* tysker [tüßga] *m*, tysker [tüßga] *u*

Deutschland *s* Tyskland [tüßglan] *t*

Devise *w* devise [dewiiße] *u*

Dezember *m* december [deßemba] *u*

Dezimalkomma *s* komma foran decimalbrøk [kama fooan deßimälbrög]

Dia *s* lysbillede [lüßbele~~dh~~e] *t*, dias [diiaß] *t*, diapositiv [diapooßitiu] *t*

Diabetes *m* sukkersyge [ßogaßüüe] *u*, diabetes [diabeedeß] *u*

Diamant *m* diamant [diamand] *u*

Diät *w* diæt [died] *u*; **Ich halte ~.** Jeg er på diæt.

dich *pron* dig [daj]

dicht *adj* **1** tæt [ted] **2** (Soße usw.) tyk [tüg], kraftig [krafdi]

Dichter *m* digter [degda] *u*

Dichtung *w* tætning [tedneng] *u*

dick *adj* **1** (Brett usw.) tyk [tüg] **2** (Person usw.) tyk [tüg], fed [fe~~dh~~] **3** (Suppe usw.) tyk [tüg], kraftig [krafdi]

die *pron* de [di]; **~ (da)** de

Dieb *m* indbrudstyv [enbru~~dh~~ßtüu] *u*, tyv [tüu] *u*

Diebstahl *m* tyveri [tüuari] *t*

dienen *v j-m/etw.* tjene [tjeene] *ngn/ngt*

Dienst *m* tjeneste [tjeeneßde] *u*, service [ßööwiß] *u*; **~e leisten** *j-m/etw.* nytte *for ngn/ngt*

Dienstag *m* tirsdag [tiaßda] *u*

Dienstleistungen *w Mz* tjenester [tjeeneßda] *Mz*

diese *pron* disse [diße]

Diesel *m* diesel [dißel] *u*, dieselolie [dißelolje] *u*

dieser, diese, dieses *pron* den, det [den, de], denne, dette [dene, dede]; **dieses Jahr** i år

diesmal *adv* denne gang [dene gang]

Digitalkamera *w* digital kamera [digitäl käm^{e}ra] *u*
Ding *s* ting [ten] *u*
dir *pron* (til) dig [(tel) daj]
direkt *adj* **1** (Verbindung usw.) direkte [diragd^{e}] **2** (Person) direkte [diragd^{e}], oprigtig [abregdi] **3** (Lösung usw.) oprigtigt [abregdid], redelig [ree~~dh~~^{e}li], ligetil [lii^{e}tel] ♦ *adv* **1** (ohne Umstände) direkte [diragd^{e}] **2** (sofort) med det samme [me~~dh~~ d^{e} ßam^{e}], omgående [amgo^{e}n^{e}]
Direktor *m* direktør [dia^{e}gtöa] *u*
Diskothek *w* diskotek [dißgoteg] *t*
Diskussion *w* diskussion [dißgutschon] *u*, debat [debad] *u*
diskutieren *v über etw. Akk* diskutere [dißgutea] *ngt*, debattere [debatea] *ngt*, drøfte [dröfd^{e}] *ngt*
dividieren *v etw. Akk durch etw.* dele [deel^{e}] *ngt med ngt*, dividere [diwidea] *ngt med ngt*
doch *part* jo [jo]
Doktor *m* læge [leej^{e}] *u*
Dollar *m* dollar [dala] *u*
dolmetschen *v etw. Akk in etw. Akk* tolke [talg^{e}] *ngt til ngt*
Dolmetscher *m* tolk [talg] *u*
Dom *m* dom [dam] *u*
Donner *m* torden [toad^{e}n] *u*
Donnerstag *m* torsdag [toßda] *u*
doppelt *adj* dobbelt [dab^{e}ld] ♦ *adv* dobbelt [dab^{e}ld] ► **~ so viel** dobbelt så meget
Doppelzimmer *s* dobbeltværelse [dab^{e}ldwäaalß^{e}] *u*
Dorf *s* landsby [lanßbü] *u*
dort *adv* der [dea]
dorthin *adv* der [dea]
Dose *w* dåse [dooß^{e}] *u*
Dosenbier *s* dåseøl [dooß^{e}öl] *u*
Dosenöffner *m* dåseåbner [dooß^{e}oobna] *u*
Draht *m* tråd [tro~~dh~~] *u*
dramatisch *adj* dramatisk [dramädißg]
draußen *adv* ude [uu~~dh~~^{e}]; **nach ~** ud
drehen *v* **1** *etw. Akk* dreje [draj^{e}] *ngt* **2** ***sich* ~** vende sig [wen^{e} ßaj] **3** ***sich* ~** (Rad usw.) dreje [draj^{e}], dreje sig [draj^{e} ßaj] **4** (Schiff, Wind usw.) vende [wen^{e}] **5** (formen) *etw. Akk* sno [ßno] *ngt*, *etw. Akk* vride [wrii~~dh~~^{e}] *ngt* **6** (Film) filme [film^{e}]
drei *num* tre [tre]
Dreieck *s* trekant [trekand] *u*
dreißig *num* tredive [tra~~dh~~w^{e}]
dreizehn *num* tretten [trad^{e}n]
dringend *adj* presserende [preßean^{e}], påtrængende [patrang^{e}n^{e}], (Aufgabe usw.) akut [akud] ♦ *adv* presserende [preßean^{e}]
drinnen *adv* inde [en^{e}], indeni [en^{e}ni], indenfor [en^{e}nfa], (im Haus, unter dem Dach) indendørs [en^{e}ndöaß]
dritt(er,e,es) *num* tredje [tre~~dh~~j^{e}]
Drittel *s* tredjedel [tre~~dh~~j^{e}del] *u*
Droge *w* rusmiddel [rußmi~~dh~~^{e}l] *t*, stof [ßdaf] *t*, narkotikum [nakotikom] *t*, narko [naako] *u*
drohen *v j-m mit etw.* true [truu^{e}] *ngn men ngt*
Drohung *w* trussel [truß^{e}l] *u*
drüben *adv* overfor [ouafa], tværs over [twäaß oua]
Druck[1] *m* **1** (Kraft) tryk [trög] *t* **2** (Zwang) tryk [trög] *t*, pres [praß] *t*
Druck[2] *m* (Prozess) *etw. Gen* tryk [trög] *t*
drucken *v* trykke [trög^{e}]
drücken *v* **1** (in der Hand usw.) *etw. Akk* klemme [klem^{e}] *ngt* **2** (Knopf usw.) *etw. Akk* presse [praß^{e}] *ngt*, trykke [trög^{e}] *ngt* **3** trykke [trög^{e}], (pressen) *etw. Akk* presse [praß^{e}] *ngt*, knuge [knuu^{e}] *ngt* **4** (mit der Hand usw.) *auf etw. Akk* skubbe [ßgob^{e}], presse [praß^{e}] **5** (zu eng sein) klemme [klem^{e}] **6** *etw. Akk in etw. Akk* skubbe [ßgob^{e}] *ngt ind* **7** ***sich* ~** *an j-n/etw.* presse sig [praß^{e} ßaj] *på ngn/ngt* **8** *j-n/etw. in/an etw. Akk* klemme [klem^{e}] *ngn mod ngt*, presse [praß^{e}] *ngn mod ngt*
Druckerei *w* trykkeri [trögari] *t*
Druckknopf *m* **1** (zum Verschließen) trykknap [trögknab] *u* **2** (Maschinenteil usw.) knap [knab] *u*
Drüse *w* kirtel [kiad^{e}l] *u*
du *pron* du [du]
Dudelsack *m* sækkepibe [ßeg^{e}piib^{e}] *u*
Duft *m* duft [dofd] *u*
duften *v* dufte [dofd^{e}]
dumm *adj* dum [dom], tåbelig [toob^{e}li] ♦ *adv* dumt [domd]
Dummheit *w* dumhed [domhe~~dh~~] *u*
Düne *w* klit [klid] *u*
Dünger *m* gødning [gö~~dh~~neng] *u*, (natürlicher) naturgødning [natuagö~~dh~~neng] *u*
dunkel *adj* **1** (fast schwarz) mørk [möag] **2** (wenig beleuchtet) dunkel [dongg^{e}l], mørk [möag] **3** (mit dunkler Haut) mørkhudet [möaghu~~dh~~^{e}d] ♦ *adv* mørkt [möagd]
dunkelhaarig *adj* mørkhåret [möaghaaa~~dh~~]
Dunkelheit *w* mørke [möag^{e}] *t*
dünn *adj* tynd [tön]
durch *prep* **1** *etw. Akk* gennem [gen^{e}m] *ngt* **2** (Methode) *j-n/etw.* ved [w^{e}] *ngt*, med [me~~dh~~] *ngt*
durcheinanderbringen *v etw. Akk* rode [roo~~dh~~^{e}] *ngt*, (verwechseln usw.) rode op [roo~~dh~~^{e} ab] *i ngt*

durchfahren[1] *v* (durch Tunnel usw.) *durch etw.* køre igennem [kööa igen^{e}m] *ngt*
durchfahren[2] *v* (durchreisen) rejse [rajß^e], *etw. Akk* rejse rundt omkring [rajß^e rond amkreng]
Durchfahrt *w* **1** (Durchfahren) *durch etw.* passage [paßäätsch^e] *u* **2** (Stelle) gennemkørsel [gen^{e}mköaß^{e}l] *u*, gennemgang [gen^{e}mgang] *u*
Durchfall *m* **1** (Erkrankung) diarré [diare] *u* **2** (Film usw.) flop [flab] *t*, fiasko [fiaßgo] *u*
durchfallen *v* **1** *durch etw.* falde [fal^e] *igennem ngt* **2** *in etw. Dat* dumpe til [dombe tel] *ngt*, dumpe i [domb^e i] *ngt*
durchführen *v* **1** (durch Stadt usw.) *j-n durch etw.* vise *ngn* rundt [wiiß^e rond] *i ngt* **2** (Aufgabe usw.) *etw. Akk* udføre [udhföa] *ngt* **3** (Vorhaben usw.) *etw. Akk* udføre [udhföa] *ngt*, effektuere [efegtuea] *ngt*, ekspedere [egßbedea] *ngt* **4** (Experiment usw.) udføre [udhföa] **5** (realisieren) *etw. Akk* gennemføre [gen^{e}mföa] *ngt*, føre *ngt* ud i livet [fööa udh i liiw^{e}dh]
Durchgang *m* passage [paßäätsch^e] *u*, gennemgang [gen^{e}mgang] *u*
durchgehen *v* **1** *durch etw.* gå igennem [go igen^{e}m] *ngt* **2** (lesen usw.) *etw. Akk* gennemgå [gen^{e}mgo] *ngt*, undersøge *ngt* nøje [onaßöj^e naj^e]
Durchmesser *m etw. Dat* diameter [diameda] *u*, tværmål [tweamol] *t*
Durchreise *w durch etw.* passage [paßäätsch^e] *u*
durchreisen *v* rejse [rajß^e]
Durchschnitt *m* gennemsnit [gen^{e}mßnid] *t*
durchschnittlich *adj* gennemsnitlig [gen^{e}mßnidli]
durchsehen *v etw. Akk* gennemgå [gen^{e}mgo] *ngt*, efterse [efdaße] *ngt*
durchsichtig *adj* gennemsigtig [gen^{e}mßegdi]
durchsuchen *v j-n/etw.* ransage [ranßäj^e] *ngn/ngt*, gennemsøge [gen^{e}mßöj^e] *ngn/ngt*
dürfen *v* kunne [kon^e], måtte [mad^e]; **nicht ~** ikke måtte
Durst *m* tørst [töaßd] *u*; **~ haben** være tørstig
durstig *adj* tørstig [töaßdi]; **~ sein** være tørstig
Dusche *w* brusebad [bruß^{e}badh] *t*; **eine ~ nehmen** tage brusebad
duschen **(sich) ~** tage brusebad
Dutzend *s* dusin [dußin] *t*
D-Zug *m* lyntog [lüüntou] *t*, hurtigtog [huaditou] *t*

E

Ebbe *w* ebbe [eb^e] *u*
eben[1] *adj* jævn [jeun]; **~ machen** udjævne
eben[2] *adv* just [jußd]
eben[3] *part* enkelt [engg^{e}ld], simpelthen [ßemb^{e}ldhen]
Ebene *w* **1** (Land) slette [ßled^e] *u* **2** (geometrische usw.) plan [plän] *t*
ebenfalls *adv* også [aß^e]
ebenso *adv* ligeså [lii^{e}ßo], på samme måde [po ßam^e moodh^e]
Echo *s* ekko [eko] *t*
echt *adj* ægte [egd^e], uforfalsket [ufafalßg^{e}dh] ♦ *adv* virkelig [wiag^{e}li] ♦ *part* virkelig [wiag^{e}li]
Ecke *w* **1** (der Straßen usw.) hjørne [jöan^e] *t* **2** (eines Raumes) krog [krou] *u*
eckig *adj* kantet [kand^{e}dh]
edel *adj* adel [ädh^{e}l], (Mensch usw.) ædelmodig [edh^{e}lmodhi], generøs [tschen^{e}röß]
Edelstein *m* ædelsten [edh^{e}lßd^{e}n] *u*
egal **Es ist mir ~.** Jeg er ligeglad., Det er lige meget.
Ehe *w* ægteskab [egd^{e}ßgäb] *t*
Ehefrau *w* kone [koon^e] *u*, hustru [hußdru] *u*
Eheleute *Mz* ægtepar [egd^{e}pa] *t*
ehemalig *adj* tidligere [tidhliaa], ex- [egß], gammel [gam^{e}l]
Ehemann *m* mand [man] *u*, husbond [hußbon] *u*
Ehepaar *s* ægtepar [egd^{e}pa] *t*
eher *adv* tidligere [tidhliaa] ♦ *part* snarere [ßnaaa-a], hellere [helaa]
Ehre *w* **1** ære [eea] *u* **2** (Ehrenerweisung) hyldest [hül^{e}ßd] *u*, tribut [tribud] *u*
ehrlich *adj* **1** ærlig [ääli] **2** (offen) ligefrem [lii^{e}fram], oprigtig [abregdi] ♦ *adv* ærligt [äalid], åbent [oob^{e}nd], lige ud af posen [lii^e udh ä pooß^{e}n] ► **E~?** Virkelig?, Er det sandt?
Ei *s* æg [eg] *t*, æg [eg] *t*
Eiche *w* eg [ej] *u*, egetræ[eej^{e}tre] *t*
Eidechse *w* firben [fiaben] *t*
Eierschale *w* skal [ßgal] *u*
Eierstock *m* æggestok [eg^{e}ßdag] *u*
Eifersucht *w* jalousi [tschalußi] *u*
eifersüchtig *adj* jaloux [tschalu]; **~ sein** *auf j-n* være jaloux *på ngn*
eigen *adj* egen [aj^{e}n]
Eigenschaft *w j-s/etw.* egenskab [ej^{e}nßgäb] *u ved/hos ngn/ngt*
eigentlich **~ nicht** ikke rigtig
Eigentum *s* ejendom [aj^{e}ndam] *u*, besiddelse [beßidh^{e}lß^e] *u*

Eigentümer *m etw. Gen* ejer [aja] *u*, indehaver [enehäwa] *u*
Eile *w* hast [haßd] *u*
eilen *v* skynde sig [ßgöne ßaj]
eilig *adj* presserende [preßeane] ♦ *adv* **1** hurtigt [huadid] **2** (schicken usw.) Post Exprés [paßd egßpraß] ► **Ich habe es ~.** Jeg har travlt.
Eimer *m* spand [ßban] *u*
einatmen *v* **1** (Atem holen) trække vejret [trage wea~~dh~~] **2** (Dämpfe usw.) *etw. Akk* ånde [ane] *ind ngt* **3** (Rauch usw.) *etw. Akk* indånde [enane] *ngt*, puste ind [puußde en] *ngt*
einbahnig *adj* ensrettet [eenßrade~~dh~~]
Einbahnstraße *w* ensrettet vej [eenßrade~~dh~~ waj] *u*
Einbettzimmer *s* enkeltværelse [enggeldwäaalße] *t*
einbrechen *v* **1** (Dieb usw.) *in etw. Akk* bryde ind [brüü~~dh~~e en] *i ngt* **2** (Feind usw.) *in etw. Akk* invadere [enwadea] *ngt* **3** (Decke usw.) falde sammen [fale ßamen]
Einbruch *m* **1** (in ein Haus usw.) indbrud [enbru~~dh~~] *t* **2** (der Aktien usw.) lavkonjunktur [laukanjongtua] *u*
Eindruck *m* indtryk [entrög] *t*
Einfahrt *w* indkørsel [enköaßel] *u*
einfallen *v* **1** (Idee usw.) *j-m* falde *ngn* ind [fale en] **2** (in ein Land usw.) *irgendwohin* invadere [enwadea] *ngt*
einfliegen *v* ankomme [ankame]
Einfluss *m* indflydelse [enflü~~dh~~elße] *u*
einfrieren *v* **1** (zu Eis werden) fryse (til is) [früüße (tel iß)] **2** (Lebensmittel usw.) fryse ned [früüße ne~~dh~~], fryse (ned) [früüße (ne~~dh~~)] *ngt*, dybfryse [dübfrüße] *ngt*
einführen *v* **1** *etw. Akk irgendwohin* importere [empotea] *ngt hvorhen* **2** (Maßnahme usw.) indføre [enföa] **3** (ein Produkt) introducere [entrodußea]
Eingang *m* indgang [engang] *u*
Eingeborene *m* indfødt [enföd] *u*
Eingemachte *s* syltetøj [ßüldetaj] *t*, syltet frugt [ßülde~~dh~~ frogd]
eingeschaltet *adj* tændt [tend]
eingießen *v etw. Akk in etw. Akk* hælde [hele]
einheimisch *adj* hjemmehørende [jemehöane], indfødt [enföd]
Einheit *w* enhed [eenhe~~dh~~] *u*
einheitlich *adj* **1** (Einheit bildend) unitarisk [unitaißg], sammensluttet [ßamenßlude~~dh~~] **2** (für alle gleich) ensartet [eenßade~~dh~~] ♦ *adv* enstemmigt [eenßdemi]
einig *adj* forenet [faene~~dh~~]
einig(er,e,es) *pron* nogen [noen]; **einige** flere; **einige Male** flere gange
einigen *v* **1** (Volk usw.) forene [faene] **2** ***sich* ~** *über etw. Akk* blive enig [bliie eeni] *med ngn om/i ngt*, enes [eeneß] *om ngt*
einjährig *adj* årlig [ooli], års- [oß]
Einkauf *m* indkøb [enköb] *t*; **~/Einkäufe machen** handle, købe ind
einkaufen *v* handle [hanle], købe ind [kööbe en]
Einkaufspassage *w* arkade [akää~~dh~~e] *u*, butikscenter [butigßßenda] *t*
Einkaufswagen *m* indkøbsvogn [enköbßwoun] *u*
Einkaufszentrum *s* indkøbscenter [enköbßßenda] *t*
Einkommen *s* indkomst [enkamßd] *u*
einladen *v j-n irgendwohin* invitere [enwitea] *ngn hvorhen*
Einladung *w* **1** invitation [enwitatschon] *u* **2** (Karte) indbydelse [enbü~~dh~~elße] *u*
einlegen *v* **1** *etw. Akk in etw. Akk* indskyde [enßgüü~~dh~~e] *ngt*, indsætte [enßede] *ngt* **2** (Geld) *etw. Akk irgendwo* indsætte [enßede] *ngt* **3** (Gurken usw.) lægge i lage [lege i lääje]
Einlegesohlen *w Mz* indlægssåler [enlegßola] *Mz*
Einleitung *w* åbningstale [oobnengßtääle] *u*
einloggen *v* ***sich* ~** logge på [lage po]
einlösen *v* indløse [enlöße], indfri [enfri]
einmal *adv* engang [engang], tidligere [ti~~dh~~liaa] ♦ *num* en gang [en gang] ► **auf ~** pludseligt, samtidig
einmalig *adj* engangs- [eengangß]
einmischen *v* ***sich* ~** *in etw. Akk* blande sig [blane ßaj] *ind i ngt*, (fremde Angelegenheiten usw.) blande sig ind [blane ßaj en] *i ngt*, blande sig [blane ßaj] *i ngt*
einpacken *v* pakke [page] *ngt*, pakke ind [page en], emballere [ambalea]
Einreisevisum *s* indrejsevisum [enrajßewiißom] *t*
einrichten *v* **1** (Wohnung usw.) *etw. Akk* indrette [enrade] **2** (Ausschuss usw.) nedsætte [ne~~dh~~ßede], oprette [abrade], danne [dane], etablere [etablea]
Einrichtung *w* udstyr [u~~dh~~ßtüa] *t*, møbler [möbla]
einsam *adj* **1** (Mensch) ensom [eenßam], (Mensch usw.) forladt [falad] **2** (Haus usw.) ensom [eenßam]
einsammeln *v* samle [ßamle] *ngt*, indsamle [enßamle] *ngt*
einschalten *v* tænde [tene] ► **(Licht) ~** tænde lyset
einschenken *v etw. Akk in etw. Akk* hælde [hele]

einschiffen **sich ~** gå om bord, stige om bord

einschlafen *v* **1** (in Schlaf sinken) falde i søvn [fal^{e} i ßöun] **2** (Bein usw.) blive følelsesløs [blii^{e} fööl^{e}lß^{e}ßlöß]

einschließen *v etw. Akk* inkludere [enkludea] *ngt*, indeholde [en^{e}hal^{e}] *ngt*, omfatte [amfad^{e}] *ngt*, indbefatte [enbefad^{e}] *ngt*

einschließlich *adv etw. Gen* inklusiv [enklußiu] *ngt* ♦ *prep etw. Gen* inklusive [enklußiw^{e}] *ngt*

Einschreiben *s* rekommanderet brev [rekomandea~~dh~~/anbefäl^{e}~~dh~~breu] *t*

einseitig *adj* ensidig [eenßidi]

einsteigen *v in etw. Akk* stå på [ßdo po] *ngt*, stige ind [ßdii^{e} en] *i ngt*, stige på [ßdii^{e} po] *ngt*

einstellen *v* **1** (Arbeiter usw.) *j-n* ansætte [anßed^{e}] *ngn*, *j-n* engagere [anggatschea] *ngn*, ansætte [anßed^{e}] *ngn* **2** (Maschine usw.) justere [jußdea] *ngt*, indstille [enßdel^{e}] *ngt* **3** (Sender usw.) *etw. Akk* indstille [enßdel^{e}] *ngt* **4** (Tätigkeit usw.) *etw. Akk* slutte [ßlud^{e}] *med ngt*, holde op [hal^{e} ab] *med ngt*, indstille [enßdel^{e}] *ngt*, stoppe [ßdab^{e}] *ngt* **5 *sich* ~** (kommen) *bei j-m* indfinde sig [enfen^{e} ßaj]

Einstellung *w* **1** (von Tätigkeit usw.) suspension [ßußb^{e}ntschon] *u* **2** (Meinung) *zu etw.* indstilling [enßdeleng] *u til ngt* **3** (von Software usw.) indstilling [enßdeleng] *u*

Einstieg *m* indstigning [enßdiineng] *u*, ombordstigning [amboaßdiineng] *u*

einstoßen *v etw. Akk in etw. Akk* stikke [ßdege^{e}] *ngt ind i ngt*

einstürzen *v* falde sammen [fal^{e} ßam^{e}n], (Gebäude usw.) styrte sammen [ßdüad^{e} ßam^{e}n]

einteilen *v* **1** (in Stücke) *etw. Akk in etw. Akk* opdele [abdel^{e}] *ngt i ngt*, inddele [endel^{e}] *ngt i ngt*, dele [deel^{e}] *ngt i ngt* **2** (planen) planlægge [pläänleg^{e}]

eintreten *v* **1** *in etw. Akk* gå ind [go en] *i ngt* **2** *für j-n/etw.* forsvare [faßwaa] *ngn* **3** indtræffe [entraf^{e}], (geschehen) blive [blii^{e}], indtræde [entre~~dh~~^{e}], komme [kam^{e}]

Eintritt *m* **1** (Eintreten) indtrædelse [entre~~dh~~^{e}lß^{e}] *u* **2** (ins Museum usw.) indgang [engang] *u* **3** (Geld) entré [angtre] *u* **4** (der Dunkelheit usw.) begyndelse [begön^{e}lß^{e}] *u* ► **~ frei** gratis adgang, fri adgang

Eintrittsgeld *s* entré [angtre] *u*

Eintrittskarte *w* billet [biled] *u*

einverstanden **E~?** Okay?

einwerfen *v etw. Akk in etw. Akk* kaste *ngt* i [kaßd^{e} i] *ngt*

einwickeln *v etw. Akk in etw. Akk* pakke *ngt* ind [pag^{e} en]

Einwohner *m* indbygger [enbüga] *u*

einzahlen *v etw. Akk auf etw. Akk* indsætte [enßed^{e}] *ngt*

Einzahlung *w* **1** betaling [betäleng] *u*, indbetaling [enbetäleng] *u* **2** (Betrag) betaling [betäleng] *u*

Einzelheit *w* detalje [detalj^{e}] *u*, enkelthed [engg^{e}ldhe~~dh~~] *u*

einzeln *adj* enkelt [engg^{e}ld]

Einzelzimmer *s* enkeltværelse [engg^{e}ldwäaalß^{e}] *t*

einzig *adj* eneste [een^{e}ßd^{e}] ♦ *adv* kun [kon], udelukkende [uu~~dh~~^{e}log^{e}n^{e}] ♦ *num* eneste [een^{e}ßd^{e}] ► **kein ~er** ingen, ikke en eneste, slet ikke nogen

einzigartig *adj* unik [unig]

Eis *s* is [iß] *u*

Eisbecher *m* ispokal [ißpokäl] *u*

Eisdiele *w* isbutik [ißbutig] *u*

Eisen *s* jern [jäan] *t*

Eisenbahn *w* jernbane [jäanbään^{e}] *u*

Eisenbahnwagen *m* jernbanevogn [jäanbään^{e}woun] *u*

eisig *adj* iskold [ißkal]

eiskalt *adj* iskold [ißkal]

Eiter *m* pus [puß] *t*

Ekel *m* afsky [außgü] *u*

ekelhaft *adj* afskyelig [außgü^{e}li], væmmelig [wem^{e}li], modbydelig [mo~~dh~~büd~~h~~^{e}li], ækel [eg^{e}l]

elastisch *adj* elastisk [elaßdißg]

Elch *m* elg [elj] *u*

Elefant *m* elefant [el^{e}fand] *u*

elegant *adj* elegant [el^{e}gand]

Elektriker *m* elektriker [elegtriga] *u*

elektrisch *adj* elektrisk [elegtrißg]

Elektrizität *w* elektricitet [elegtrißited] *u*

Element *s* **1** (Bestandteil) element [el^{e}mend] *t*, del [del] *u* **2** (Naturkraft) element [el^{e}mend] *t*

Elend *s* trængsler [trangßla] *u Mz*

elf *num* elleve [elw^{e}]

Elfenbein *s* elfenben [elf^{e}nb^{e}n] *t*

Ellbogen *m* albue [albuu^{e}] *u*

Eltern *Mz* forældre [faeldra] *Mz*

E-Mail *w* e-mail [iimejl] *u*; **~ schicken** *j-m* sende mail *til ngn*, maile *ngn*

Empfang *m* **1** (von Ware usw.) accept [agßebd] *u*, modtagelse [mo~~dh~~täj^{e}lß^{e}] *u af ngn* **2** (von Gästen usw.) modtagelse [mo~~dh~~täj^{e}lß^{e}] *u* **3** (Signal usw.) modtagelse [mo~~dh~~täj^{e}lß^{e}] *u* **4** (Veranstaltung) banket [bangked] *u*, reception [reß^{e}btschon] *u*

empfangen *v* **1** (Gäste usw.) *j-n* modtage [mo~~dh~~tä] *ngn* **2** (ein Kind usw.) undfange [onfange^e]

Empfänger *m* **1** *etw. Gen* modtager [mo~~dh~~täja] *u*, (eines Briefes usw.) adressat [adreßäd] *u* **2** (Gerät) modtager [mo~~dh~~täja] *u*

Empfängnisverhütung *w* antikonception [antikanßebtschon] *u*

empfehlen *v j-n/etw. j-m* anbefale [anbefäl^e] *ngn/ngt*

Empfehlung *w* anbefaling [anbefäleng] *u*

empfindlich *adj* **1** (leicht beleidigt) ømfindtlig [ömfendli], nærtagende [neatäj^{e}n^e] **2** (gegen Kälte usw.) *gegen etw.* følsom [fölßam], sensitiv [ßenßitiu], (wenig beständig) følsom [fölßam], sårbar [ßooba] **3** (Verlust usw.) følbar [fölba], mærkbar [mäagba]

Ende *s* **1** (einer Ära usw.) slutning [ßludneng] *u*, (Zeitpunkt) afslutning [außludneng] *u* **2** (von Stock usw.) ende [en^e] *u* ► **zu ~ bringen** *etw. Akk* gøre *ngt* færdig, færdiggøre *u*; **zu ~ sein** slutte

enden *v* slutte [ßlud^e]

endgültig *adj* definitiv [definitiu], endelig [en^{e}li], afgørende [augöan^e], afsluttende [außlud^{e}n^e]

Endhaltestelle *w* endestation [en^{e}ßdatschon] *u*

endlich *adv* endeligt [en^{e}lid]

Endstation *w* endestation [en^{e}ßdatschon] *u*

Energie *w* energi [enäagi] *u*

eng *adj* **1** smal [ßmal], snæver [ßneua] **2** (Zusammenhang usw.) tæt [ted] ► **~er werden** indsnævres

Engel *m* engel [eng^{e}l] *u*

England *s* England [englan] *t*

Engländer *m* englænder [englena] *m*, (Person) englænder [englena] *u*

englisch *adj* engelsk [eng^{e}lßg] ♦ *adv* på engelsk [po eng^{e}lßg]

Enkel *m* barnebarn [baan^{e}ban] *t*

Enkelin *w* barnebarn [baan^{e}ban] *t*

entdecken *v* **1** (Kontinent usw.) *etw. Akk* opdage [abdäj^e] *ngt* **2** (Verbrechen usw.) *etw. Akk* afdække [audeg^e] *ngt*, afsløre [außlöa] *ngt*

Entdeckung *w* opdagelse [abdäj^{e}lß^e] *u*

Ente *w* and [an] *u*

entfernen *v* **1** *etw. Akk* fjerne [fjäan^e] *ngt*, rydde væk [rü~~dh~~^{e} weg] **2** (in Ferne bringen) *etw. Akk von etw.* fjerne [fjäan^e] *ngt fra ngt* **3** *sich ~ von etw.* fjerne sig [fjäan^e ßaj] *fra ngt*

entfernt *adj* **1** (Ort usw.) afsidesliggende [außii~~dh~~^{e}ßleg^{e}n^e], (Stelle usw.) fjern [fjäan] **2** (Ähnlichkeit usw.) fjern [fjäan]

Entfernung *w* afstand [außdan] *u*, distance [dißdangß^e] *u*

entführen *v etw. Akk* kapre [kääbra] *ngt*, *j-n* bortføre [boodföa] *ngn*

Entführung *w* kidnapning [kidnabneng] *u*

entgegengesetzt *adj* modsat [mo~~dh~~ßad]

enthalten *v* **1** *etw. Akk* indeholde [en^{e}hal^e] *ngt* **2** *sich ~ etw. Gen* fornægte sig selv [fanegd^e ßaj ße] *ngt* **3** *sich ~ etw. Gen* (Abstimmung usw.) afholde sig [auhal^e ßaj] *fra ngt*, undlade [onlä~~dh~~^{e}]

entladen *v* **1** (Ladung usw.) læsse af [leß^e ä] **2** (Akkumulator usw.) udlade [u~~dh~~lää~~dh~~^{e}]

entlang *prep etw. Dat* langs (med) [langß (me~~dh~~)]

entlassen *v* **1** (aus dem Krankenhaus usw.) udskrive [u~~dh~~ßgriiw^e] *ngn fra ngt* **2** (Arbeiter usw.) *j-n* fyre [füüa] *ngn*, opsige [abßi^e] *ngn*, afskedige [außge~~dh~~i^e] *ngn*

entschädigen *v j-n für etw.* kompensere [kamb^{e}nßea] *ngn for ngt*, erstatte [ääßdad^e] *ngt til ngn*, erstatte [ääßdad^e] *ngt*, godtgøre [gadgöa] *ngn ngt*

Entschädigung *w* erstatning [ääßdadneng] *u*

entscheiden *v* **1** *etw. Akk* bestemme [beßdem^e] *ngt*, afgøre [augöa] *ngt*, fastsætte [faßdßed^e] *ngt* **2** *sich ~* beslutte sig [beßlud^e ßaj] *for ngt* **3** *sich ~ für j-n/etw.* bestemme sig [beßdem^e ßaj] *for ngn/ngt*

Entscheidung *w* beslutning [beßludneng] *u*

Entschluss *m* slutning [ßludneng] *u*, konklusion [kangklutschon] *u*

entschuldigen *v* **1** *sich ~ bei j-m für etw.* undskylde sig [onßgül^e ßaj], sige undskyld [ßii^e onßgül] *for ngt* **2** (Grund mitteilen) *j-n/etw.* undskylde [onßgül^e] *ngn/ngt* **3** (Verständnis zeigen) *j-n/etw.* beklage [bekläj^e] *ngn/ngt*, undskylde [onßgül^e] *ngn/ngt* ► **E~ Sie!** Undskyld!

Entschuldigung *w für etw.* undskyldning [onßgülneng] *u for ngt* ► **~!** Undskyld!

entspannen *v* ***sich*** **~** slappe af [ßlab^e ä]

entsprechen *v etw. Dat* svare [ßwaaa] *til ngt*

entsprechend *adj* **1** *etw. Dat* tilsvarende [telßwaan^e] *ngt* **2** (Amt usw.) vedkommende [we~~dh~~kam^{e}n^e] ♦ *adv* tilpas [tepaß]

entstehen *v* opstå [abßdo], *aus etw.* komme ud [kam^e u~~dh~~] *af ngt*, fremkomme [framkam^e], blive til [blii^e tel]

enttäuschen *v j-n* skuffe [ßgof^e] *ngn*

Enttäuschung *w* skuffelse [ßgof^{e}lß^e] *u*

entweder **~… oder** enten… eller

entwenden *v j-m etw. Akk* bestjæle [beßdjele] *ngn for ngt*

entwerfen *v* formgive [foomgi], udforme [udhfome], *etw. Akk* designe [dißajne]

entwickeln *v* **1** *etw. Akk* udvikle [udhwegle] *ngt*, (verbessern) videreudvikle [widhaaudhwegle] *ngt* **2** (entstehen lassen) *etw. Akk* udvikle [udhwegle] *ngt* **3** (Druck usw.) udvikle [udhwegle], udøve [udhöwe] **4** (Film) fremkalde [framkale]

Entwicklung *w* udvikling [udhwegleng] *u*

Entwurf *m* **1** (einer Konstruktion usw.) tegning [tajneng] *u* **2** (schriftlicher) koncept [kanßebd] *t*

Entzündung *w* betændelse [beteneIße] *u*

er *pron* han [han]

erbauen *v etw. Akk* bygge [büge] *ngt*

Erbe[1] *s* **1** (Eigentum usw.) arv [au] *u* **2** (geschichtlich usw.) budskab [budhßgäb] *t*

Erbe[2] *m etw. Gen* arving [aaweng] *u til ngt*

erben *v etw. Akk von j-m* arve [aawe] *ngt efter ngn*

Erbse **~n** ært *u*

Erdapfel *m* (ÖrD) kartoffel [katafel] *u*

Erdbeben *s* jordskælv [joaßgelw] *t*

Erdbeere *w* jordbær [joabäa] *t*

Erde *w* **1** jord [joa] *u* **2** (Planet) Jorden [joaen] ► **unter der ~** under jorden

Erdgeschoss *s* stueetage [ßduueetätsche] *u*

Erdnuss *w* jordnød [joanöd] *u*, peanut [piinad] *u*

Erdöl *s* råolie [raolje] *u*

Ereignis *s* begivenhed [begiwenhedh] *u*

erfahren[1] *v etw. Akk, über etw. Akk* få *ngt* at vide [fo a wiidhe], få besked [fo beßgedh] *om ngt*

erfahren[2] *adj* *adj* erfaren [äafaan] ♦ *adv* rutineret [rutineadh], dygtigt [dögdid]

Erfahrung *w* erfaring [äafaeng] *u*

erfinden *v* tænke ud [tengge udh], udforme [udhfome], (Glühbirne usw.) *etw. Akk* opfinde [abfene] *ngt*

Erfindung *w* **1** (Gerät usw.) opfindelse [abfeneIße] *u* **2** (Erdichtung) opspind [abßbend] *t*

Erfolg *m* succes [ßügße] *u*; **~ haben** *bei etw.* lykkes *med ngt, i ngt*

erfolgreich *adj* succesrig [ßügßeri] ♦ *adv* succesfuldt [ßügßeful]

erforschen *v etw. Akk* forske [fooßge] *i ngt*, undersøge [onaßöje] *ngt*

erfrischen *v* forfriske [fafreßge], friske op [freßge ab] ► **sich ~** *mit etw.* forfriske sig *med ngt*, blive frisket op

Erfrischung *w* forfriskning [fafreßgneng] *u*

ergänzen *v* fuldføre [fulföa] *ngt*, fuldstændiggøre [fulßdendigöa] *ngt*, komplettere [kompletea] *ngt*

Ergänzung *w* supplement [ßublemang] *t*, tilføjelse [telfajeIße] *u*, (Zusatz usw.) tillæg [teleg] *t til ngt*

Ergebnis *s etw. Gen* resultat [reßultäd] *t af ngt*

ergreifen *v* **1** (mit der Hand) *etw. Akk* få fat i [fo fad i] *ngt* **2** (beherrschen) *etw. Akk* erobre [erobra] *ngt*, tage *ngt* i besiddelse [tä i beßidheIße] **3** (anfangen) *etw. Akk* sætte i gang [ßede i gang] *ngt* **4** (Krankheit usw.) *etw. Akk* blive græbet [bliie grebedh] *af ngt*

erhalten *v* **1** (Brief usw.) *etw. Akk* modtage [modhtä] **2** (Entwicklung usw.) bevare [bewaa], vedligeholde [weliiehale], opretholde [abradhale] **3** ***sich ~*** være bevaret [weea bewaaedh] ► **sich ~** være bevaret

erhöhen *v* **1** (Mauer usw.) forhøje [fahaje] **2** (Wert usw.) *etw. Akk* forøge [faöje] *ngt* **3** ***sich ~*** (Volumen usw.) forøge [faöje] **4** (Spannung usw.) øge [öje], forhøje [fahaje] ► **den Lohn ~** *j-m* forhøje

erholen *v* **1** ***sich ~*** (ausruhen) slappe af [ßlabe ä], hvile [wiile] **2** ***sich ~*** (gesund werden) *von etw.* restituere (sig) [reßdituea (ßaj)], blive rask [bliie raßg] **3** ***sich ~*** *von etw.* komme til sig selv [kame tel ßaj ße], *von etw.* tage sig sammen [tä ßaj ßamen] *efter ngt*

Erholung *w* **1** (von Krankheit) bedring [bedhaeng] *u*, helbredelse [helbredheIße] *u* **2** (Ausruhen usw.) rekreation [rekreatschon] *u*

erinnern *v* **1** ***sich ~*** *an j-n/etw.* erindre [erendra] *ngn/ngt*, komme i tanker [kame i tangga] *om ngn/ngt*, *an j-n/etw.* huske [hußge] *ngn/ngt*, mindes [meneß] *ngn/ngt* **2** (an Erlebnis usw.) *j-n an etw. Akk* minde [mene] *ngn om ngn/ngt* **3** (an Pflicht usw.) *j-n an etw. Akk* påminde [pamene] *ngn om ngt*

Erinnerung *w* **1** *an j-n/etw.* minde [mene] *t om ngn/ngt*, erindring [erendreng] *u* **2** *etw. Dat* påmindelse [pameneIße] *u om ngt*

Erkältung *w* forkølelse [faköleIße] *u*

erkennen *v* **1** (in der Ferne usw.) genkende [genkene] **2** (Freund usw.) *j-n/etw.* genkende [genkene] *ngn*, (identifizieren) *j-n/etw.* genkende [genkene] *ngn/ngt* **3** (Umrisse in Dunkelheit usw.) *etw. Akk* genkende [genkene] *ngt*

erklären *v* **1** (Problematik usw.) *j-m etw. Akk* forklare [faklaa] *ngt til ngn* **2** (sagen) erklære [äaklea] *ngt*, bekendtgøre [bekendgööa] *ngt*

Erklärung *w* **1** forklaring [faklaeng] *u* **2** (Mitteilung) erklæring [äakleeng] *u*, udtalelse [udhtäleIße] *u*

erkranken *v an etw. Dat* blive syg [blii^{e} ßü] *af ngt*
erkundigen *v* ***sich ~*** *nach j-m/etw.* spørge [ßböaa] *efter ngn/ngt*
erlauben *v* tillade [telä~~dh~~^{e}], *j-m etw. Akk* muliggøre [muuligöa] *ngt*, gøre *ngt* muligt [gööa muulid]
Erlaubnis *w* tilladelse [telä~~dh~~^{e}lß^{e}] *u*
erlaubt *adj* tilladt [telä~~dh~~d], lovlig [louli]
erleben *v* **1** (durchmachen) *etw. Akk* opleve [ablew^{e}] *ngt* **2** (miterleben) *etw. Akk* opleve [ablew^{e}] **3** (Alter) *etw. Akk* leve [leew^{e}] *til*
Erlebnis *s* oplevelse [ablew^{e}lß^{e}] *u*
erledigen *v etw. Akk* arrangere [a-angtschea] *ngt*, (Bestellung usw.) behandle [behanl^{e}] *ngt*
erleichtern *v* **1** gøre *ngt* lettere [gööa leda^{e}], *j-m etw. Akk* lette [led^{e}] *ngt for ngn*, (einfacher machen) *etw. Akk* lette [led^{e}] *ngt* **2** (seelisch) *etw. Akk* lindre [lendra] *ngt*, afhjælpe [aujelb^{e}] *ngt*
Ermäßigung *w* rabat [rabad] *u*, discount [dißkaund] *u*, prisreduktion [priißredugtschon] *u*
ermöglichen *v (j-m) etw. Akk* muliggøre [muuligöa] *ngt for ngn*, gøre *ngt* muligt [gööa muulid] *for ngn*
ermorden *v j-n* myrde [müad^{e}] *ngn*
ermüden *v* **1** blive træt [blii^{e} trad] **2** *j-n* trætte [trad^{e}] *ngn*, udmatte [u~~dh~~mad^{e}] *ngn*
Ernährung *w* ernæring [äaneaeng] *u*, (Regime) diæt [died] *u*, kost [koßd] *u*
ernst *adj* **1** (Gesicht usw.) alvorlig [alwoli] **2** (Interesse usw.) alvorlig [alwoli], seriøs [ßeaiößß] **3** (Lage usw.) alvorlig [alwoli] ♦ *adv* alvorligt [alwolid], seriøst [ßeaiößd] ► **Meinen Sie das ~?** Mener du det seriøst?
Ernst *m* alvor [alwo] *u*; **Im ~?** Virkelig?, Er det sandt?
ernsthaft *adj* alvorlig [alwoli] ♦ *adv* alvorligt [alwolid]
ernstlich *adv* alvorligt [alwolid]
Ernte *w* høst [hößd] *u*
ernten *v* **1** (Getreide usw.) *etw. Akk* høste [hößd^{e}] **2** (Ergebnisse seiner Bemühungen usw.) høste [hößd^{e}]
eröffnen *v* **1** (Ausstellung usw.) *etw. Akk* åbne [oobn^{e}] **2** (Aktion usw.) *etw. Akk* lancere [langßea] *ngt*, starte [ßdad^{e}] *ngt*
Eröffnung *w* åbning [oobneng] *u*
erpressen *v etw. Akk von j-m* presse [praß^{e}] *ngt af ngn*, *j-n* afpresse [aupraß^{e}] *ngn*
erraten *v* gætte rigtigt [ged^{e} regdid]
erregen *v* **1** (emotional) *j-n* ophidse [abhiß^{e}] *ngn* **2** (sexuell) *j-n* pirre [piaa] *ngn*, ægge [eg^{e}] *ngn*, vække lyst [weg^{e} lößd] *hos ngn* **3** (hervorrufen) *etw. Akk* stimulere [ßdimulea] *ngt*, støtte [ßdöd^{e}] *ngt*
erreichbar *adj* lettilgængelig [ledtilgeng^{e}li]
erreichen *v* **1** (berühren) *etw. Akk* nå [na] **2** (zu Hause usw.) *j-n* få fat i [fo fad i] *ngn* **3** (Niveau usw.) *etw. Akk* nå [na] **4** *etw. Akk* opnå [abno] *ngt*
errichten *v* grundlægge [gronleg^{e}], oprette [abrad^{e}], stifte [ßdefd^{e}], *etw. Akk* bygge [büg^{e}] *ngt*
Ersatz *m* **1** *für etw.* erstatning [äaßdadneng] *u ngt* **2** *für etw.* erstatning [äaßdadneng] *u*, kompensation [kampenßatschon] *u*, godtgørelse [gadgöalß^{e}] *u*
Ersatzteile *s Mz* reservedele [reßäaw^{e}deel^{e}] *u Mz*
erscheinen *v* dukke op [dog^{e} ab], vise sig [wiiß^{e} ßaj], møde op [möö~~dh~~^{e} ab]
erschöpfen *v j-n* udmatte [u~~dh~~mad^{e}] *ngn*, afkræfte [aukrafd^{e}] *ngn*
erschöpft *adj* udmattet [u~~dh~~mad^{e}~~dh~~]
erschrecken[1] *v* (Angst bekommen) blive forskrækket [blii^{e} faßgrag^{e}~~dh~~] *over ngt*, blive skræmmet [blii^{e} ßgram^{e}~~dh~~], blive skræmt [blii^{e} ßgramd], *vor j-m, über etw. Akk* blive skræmmet [blii^{e} ßgram^{e}~~dh~~] *af ngt*
erschrecken[2] *v* (Angst einjagen) skræmme [ßgram^{e}], *j-n* skræmme [ßgram^{e}] *ngn*, forurolige [fouroliі^{e}] *ngn*
ersetzen *v* **1** *j-n/etw. durch j-n/etw.* erstatte [äaßdad^{e}] *ngn/ngt med ngn/ngt* **2** (Nachfolger usw.) *j-n/etw.* erstatte [äaßdad^{e}] *ngn/ngt*, udskifte [u~~dh~~ßgifd^{e}] **3** (Geldverlust usw.) *j-m etw. Akk* kompensere [kamb^{e}nßea] *ngn for ngt*, erstatte [äaßdad^{e}] *ngt*, godtgøre [gadgöa] *ngn ngt*
ersparen *v etw. Akk* spare [ßbaaa] *ngt*, (Geld) spare (op) [ßbaaa (ab)]
erst *part* først [föaßd]
erst(er,e,es) *num* den/det første [d^{e}n/d^{e}föaßd^{e}]
Erste-Hilfe-Kasten *m* førstehjælpskasse [föaßd^{e}jelbßkaß^{e}] *u*
ersticken *v* **1** kvæles [kweel^{e}ß] **2** *j-n* kvæle [kweel^{e}] *ngn*, (töten) kvæle [kweel^{e}] *ngn*
erstmals *adv* (for) første gang [(fa) föaßd^{e} gang]
Ertrag *m* afkastning [aukaßdneng] *u*
ertragen *v* tåle [tool^{e}], *etw. Akk* holde *ngt* ud [hal^{e} u~~dh~~]
ertrinken *v* drukne [drogn^{e}]
erwachsen *adj* voksen [wagß^{e}n]; **~ werden** modne, udvikle sig
Erwachsene *m* voksen [wagß^{e}n] *u*
erwägen *v etw. Akk* overveje [ouawaj^{e}] *ngt*, gennemtænke [gen^{e}mtengg^{e}] *ngt*, *etw.*

Akk tage *ngt* i betragtning [tä i betragdneng], tage hensyn til [tä henßün tel] *ngt*

Erwägung *w* overvejelse [ouawaj^{e}lß^e] *u*, betænkning [betenggneng] *u*; **in ~ ziehen** *etw. Akk* tage *ngt* i betragtning, tage hensyn til *ngt*

erwähnen *v j-n/etw.* nævne [neun^e], omtale [amtääl^e] *ngn/ngt*, (Quelle usw.) *etw. Akk* henvise [henwiß^e] *til ngt*

erwärmen *v* **1** *etw. Akk* varme *ngt* op [wam^e ab] **2** ***sich*** **~** (warm werden) varme sig [wam^e ßaj]

erwarten *v* **1** (Besuch usw.) *j-n/etw.* afvente [auwend^e] *ngt*, vente [wend^e] *ngt* **2** (voraussetzen usw.) *etw. Akk* forvente [fawend^e] *ngt*

Erwartung *w* forventning [fawendneng] *u*

erwecken *v etw. Akk* vække [weg^e] *ngt*

erweitern *v* **1** (Weg usw.) *etw. Akk* udvide [u~~dh~~wi~~dh~~^{e}] *ngt* **2** ***sich*** **~** udvide sig [u~~dh~~wi~~dh~~^{e} ßaj] **3** (Kenntnisse usw.) *etw. Akk* udvide [u~~dh~~wi~~dh~~^{e}] *ngt*

erzählen *v j-m etw. Akk* fortælle [fatel^e] *om ngt til ngn, ngn ngt*, sige [ßii^e] *ngt til ngn, ngn ngt*

Erzählung *w* **1** (von Erlebnis usw.) fortælling [fateleng] *u* **2** (Werk) historie [hißdoai^e] *u*, fortælling [fateleng] *u*

erzeugen *v* fremstille [framßdel^e], producere [produßea] *ngt*, fremstille [framßdel^e] *ngt*, frembringe [frambreng^e] *ngt*

Erzeuger *m von etw.* producent [produßend] *u af ngt*, fabrikant [fabrikand] *u*

Erzeugnis *s* produkt [prodogd] *t*

erziehen *v j-n* opdrage [abdrau^e] *ngn*

Erziehung *w* opdragelse [abdrau^{e}lß^e] *u*

es *pron* den [d^{e}n], det [d^e]

Esel *m* æsel [eß^{e}l] *t*

essbar *adj* spiselig [ßbbiß^{e}li]

essen *v* spise [ßbiiß^e]; **zu Abend ~** spise middag

Essen *s* mad [ma~~dh~~] *u*

Essig *m* eddike [e~~dh~~ig^e] *u*

Esszimmer *s* spisesal [ßbbiß^{e}ßäl] *u*

Etage *w* etage [etäätsch^e] *u*

Etui *s* penalhus [penälhuß] *t*

etwa *adv* cirka [ßiaga], omtrent [amtrand]

etwas *adv* lidt [lid], en smule [en ßmuul^e] ♦ *pron* noget [noo^e~~dh~~]

euer, eure *pron* jeres [jäaaß]

Eule *w* ugle [uul^e] *u*

Euro *m* euro [euro] *u*

Europa *s* Europa [euroopa] *t*

Europäer *m* europæer [europea] *m*

europäisch *adj* europæisk [europeißg]

ewig *adj* evig [eewi] ♦ *adv* **1** for altid [fa alti~~dh~~], for al fremtid [fa al framti~~dh~~], for evig og altid [fa eewi a alti~~dh~~] **2** (für immer) evigt [eewid], for evigt [fa eewid], for altid [fa alti~~dh~~]

existieren *v* eksistere [egßißdea]

Experiment *s* eksperiment [egßpäaimend] *t*

extra *adv* **1** (noch dazu) ekstra [egßdra] **2** (eingepackt usw.) separat [ßebarat], hver for sig [wea fa ßaj]

F

Fabrik *w* fabrik [fabreg] *u*

Fach *s* **1** (im Schrank usw.) rum [rom] *t* **2** (in der Schule usw.) fag [fäj] *t*

Fachausdruck *m* begreb [begreb] *t*

Fächer *m* vifte [wefd^e] *u*

fachlich *adj* fag- [fau] ♦ *adv* fagligt [faulid], professionelt [profetschoneld]

Fachmann *m für etw.* ekspert [egßpäad] *u i ngt*, specialist [ßbetschalißd] *u i ngt*

fade *adj* svag [ßwäj], mild [mil]

Faden *m* tråd [tro~~dh~~] *u*

fähig *adj* **1** (geschickt usw.) dygtig [dögdi], egnet [ajn^e~~dh~~] **2** *zu etw.* i stand til [i ßdan tel] *at gøre ngt*

Fähigkeit *w* evne [eun^e] *u*, dygtighed [dögdihe~~dh~~] *u*

Fahne *w* flag [fläj] *t*

Fahrbahn *w* kørebane [kööabään^e] *u*

Fähre *w* færge [fäau^e] *u*

fahren *v* **1** (sich bewegen) *irgendwohin* tage [tä] *hvorhen* **2** (transportiert werden) *mit etw.* køre [kööa] *med ngt* **3** *j-n irgendwohin* køre [kööa] *ngn et sted*, *j-n/etw. irgendwohin* køre [kööa] *ngn/ngt et sted* **4** *j-n/etw. irgendwohin* transportere [tranßbotea] *ngn/ngt* **5** (Auto) *etw. Akk* føre [fööa] *ngt* **6** (Fahrrad usw.) *etw. Akk* køre [kööa] *på ngt* **7** (mit der Bahn usw.) *mit etw.* tage [tä] *ngt, med ngt* **8** *j-n irgendwohin* tage *ngn* med [tä me~~dh~~] *hvorhen* **9** (mit dem Auto) *in etw. Akk* køre [kööa] *på, ind i*

Fahrer *m* **1** chauffør [tschoföa] *u*, fører [föa] *u*, bilist [bilißd] *u*, (Motorradfahrer usw.) cykelrytter [ßüg^{e}lrüda] *u* **2** (von Beruf usw.) chauffør [tschoföa] *u*

Fahrgeld *s* billetpris [biledpriß] *u*

Fahrkarte *w* billet [biled] *u*

Fahrkartenautomat *m* billetautomat [biledautomäd] *u*

Fahrplan *m* tidsplan [ti~~dh~~ßplän] *u*

Fahrpreis *m* billetpris [biledpriß] *u*, takst [tagßd] *u*, betaling (for befordring) [betäleng (fa befodreng)]

Fahrrad *s* cykel [ßüg^{e}l] *u*

Fahrschein *m* billet [biled] *u*

Fahrspur *w* bane [bään^e] *u*

Fahrstuhl *m* elevator [el^{e}wääta] *u*

Fahrt *w* tur [tua] *u*, kørsel [köaß^{e}l] *u*; **Gute ~.** God rejse.

Fahrzeug *s* **1** (Wagen usw.) køretøj [kööa-taj] *t* **2** (Schiff, Boot usw.) fartøj [faataj] *t*

fair *adj* **1** (Mensch usw.) retfærdig [radfä-adi], rimelig [riim^{e}li] **2** (Behandlung usw.) retfærdig [radfäadi] ♦ *adv* fair [feea]

Fakt *m/s* faktum [fagtom] *t*

Fall *m* **1** (das Fallen) fald [fal] *t* **2** (Angelegenheit) tilfælde [telfel^e] *t* **3** (Grammatik) kasus [kääßuß] *u*, fald [fal] *t* ► **im ~, dass…** i det tilfælde at…

Falle *w* fælde [fe^e] *u*

fallen *v* **1** (zum Boden) falde ned [fal^e ne~~dh~~] **2** (Preise usw.) falde [fal^e] **3** (stürzen) ramme [ram^e] **4** (im Krieg) falde [fal^e] **5** (in eine Kategorie) *in etw. Akk* falde ind under [fal^e en ona] *ngt* ► **~ lassen** *etw. Akk* tabe, slippe

falls *conj* hvis [weß]; **~…** i det tilfælde at…

falsch *adj* **1** (Diamant usw.) forfalsket [fafalßg^e~~dh~~] **2** (Antwort usw.) fejlagtig [fajlagdi], forkert [fakead], ukorrekt [ukoragd] ♦ *adv* **1** (antworten usw.) dårligt [doolid] **2** (beschuldigen) uretmæssigt [uradmeßid]

Falte *w* **1** (Stoff usw.) fold [fol] *u* **2** (Runzel) rynke [röngg^e] *u* ► **~n** (im Gesicht) rynker *Mz*

falten *v* folde [fal^e] *ngt*

Familie *w* familie [familj^e] *u*

Familienname *m* efternavn [efdanaun] *t*

fangen *v* **1** (Tier usw.) fange [fang^e] *ngt* **2** (Ball usw.) gribe [griib^e] *ngt*

Fantasie *w* fantasi [fantaßi] *u*

fantastisch *adj* fantastisk [fantaßdißg] ♦ *adv* fantastisk [fantaßdißg]

Farbe *w* maling [määleng] *u*, (blau usw.) farve [faaw^e] *u*

färben *v* farve [faaw^e] *ngt*, (malen usw.) male [määl^e]

Farbton *m* nuance [nüangß^e] *u*

Fass *s* tønde [tön^e] *u*

Fassade *w* facade [faßää~~dh~~^{e}] *u*

fassen *v* **1** (festhalten) tage [tä] *ngt*, (schnell, fest usw.) *etw. Akk* gribe [griib^e] *ngt* **2** (Täter usw.) anholde [anhal^e], arrestere [a-aßdea] **3** (in Worte usw.) træffe [traf^e] **4** *sich* ~ komme til sig selv [kam^e tel ßaj ße], tage sig sammen [tä ßaj ßam^{e}n]

fast *adv* næsten [neßd^{e}n]

Fastenzeit *w* fastetid [fääßd^{e}ti~~dh~~] *u*

faul *adj* **1** (Obst usw.) rådden [ra~~dh~~^{e}n] **2** (Mensch usw.) doven [dou^{e}n], lad [la~~dh~~]

Faust *w* næve [neew^e] *u*

Fax *s/m* fax [fagß] *u*

Faxgerät *s* fax [fagß] *u*

Februar *m* februar [februa] *u*

Feder *w* **1** fjer [fjea] *u* **2** (Schreibgerät) pen [pen] *u*, kuglepen [kuul^{e}pen] *u* **3** (aus Stahl usw.) fjeder [fje~~dh~~a] *u*

fegen *v etw. Akk* feje [faj^e] *ngt*

fehlen *v* **1** *j-m an etw. Dat ngn/ngt* mangle [mangl^e] *ngt* **2** (gestohlen werden usw.) mangle [mangl^e], være væk [weea weg] **3** (nicht teilnehmen) *irgendwo* være fraværende [weea frawean^e] **4** *j./etw. j-m* savne [ßaun^e] *ngn/ngt*

Fehler *m* **1** (Verstoß) fejl [fajl] *u* **2** (an einer Ware usw.) brist [breßd] *u*, defekt [defegd] *u*, mangel [mang^{e}l] *u*, fejl [fajl] *u* **3** (Funktionsfehler usw.) fejl [fajl] *u*, defekt [defegd] *u*, mangel [mang^{e}l] *u*

fehlerhaft *adj* defekt [defegd], mangelfuld [mang^{e}lful]

Fehlgeburt *w* abort [abood] *u*

Feier *w* fest [feßd] *u*

feierlich *adj* højtidelig [hajti~~dh~~^{e}li], ceremoniel [ßeamonjel]

feiern *v* **1** fejre [fajra] **2** (eine Party haben) feste [feßd^e]

Feiertag *m* helligdag [helidä] *u*

feige *adj* fej [faj]

Feige *w* figen [fii^{e}n] *u*

Feile *w* fil [fil] *u*

feilschen *v mit j-m um etw.* prutte [prud^e] *med ngn om ngt*, forhandle [fahanl^e] *med ngn om ngt*

fein *adj* **1** fin [fin] **2** (Figur usw.) subtil [ßubtil], spinkel [ßbengg^{e}l] ♦ *adv* fint [find]

Feind *m* fjende [fjen^e] *u*

feindlich *adj* fjendtlig [fjendli]

Feld *s* **1** (Grundstück) mark [maag] *u* **2** (im Fragebogen usw.) rubrik [rubreg] *u*, felt [feld] *t*

Fell *s* pels [pelß] *u*

Felsen *m* klippe [kleb^e] *u*

Fenchel *m* fennikel [fenig^{e}l] *u*

Fenster *s* vindue [wendu] *t*

Ferien *Mz* ferie [feai^e] *u*

Ferienhaus *s* sommerhus [ßamahuß] *t*

Ferienwohnung *w* ferielejlighed [feai^{e}lajlihe~~dh~~] *u*

fern *adj* fjern [fjäan]

Fernbedienung *w* fjernbetjening [fjäanbetjeneng] *u*, fjernkontrol [fjäankontral] *u*

Ferngespräch *s* udenbyssamtale [u~~dh~~^{e}nbüßßamtääl^e] *u*

Fernglas *s* kikkert [kigad] *u*

fernsehen *v* se fjernsyn [ße fjäanßün]

Fernsehen *s* fjernsyn [fjäanßün] *t*

Fernseher *m* fjernsyn [fjäanßün] *t*

Fernstraße *w* hovedvej [hoo^e~~dh~~waj] *u*

Ferse *w* hæl [hel] *u*

fertig *adj* færdig [fäadi] ► **(gerade) ~ sein** *mit etw.* (lige) være færdig *med ngt*
fest *adj* **1** (Stoff usw.) fast [faßd], solid [ßolidh] **2** (widerstandsfähig) fast [faßd], stærk [ßdäag] **3** (klar bestimmt) fastsat [faßdßad] ♦ *adv* beslutsomt [beßludßamd] ► **~ (angezogen)** (Schraube usw.) strammet
Fest *s* banket [bangked] *u*, (Veranstaltung) fest [feßd] *u*
Festland *s* fastland [faßdlan] *t*
festlegen *v* sætte [ßede], (Termin usw.) *etw. Akk* bestemme [beßdeme] *ngt*, afgøre [augöa] *ngt*, fastsætte [faßdßede] *ngt*
festlich *adj* højtidelig [hajtidheli], højtidsfuld [hajtidhßful]
festnehmen *v j-n* anholde [anhale] *ngt for ngt*
feststellen *v etw. Akk* finde ud af [fene udh ä] *ngt*, (sagen usw.) konstatere [kanßdatea], fastslå [faßdßlo]
Festung *w* fæstning [feßdneng] *u*
fett *adj* **1** (Fleisch usw.) fed [fedh] **2** (Mensch) tyk [tüg], fed [fedh]
Fett *s* fedt [fed] *t*
fettig *adj* **1** (Gericht usw.) fed [fedh] **2** (Papier usw.) fedtet [fededh]
feucht *adj* fugtig [fogdi], våd [wodh] ♦ *adv* fugtigt [fogdid]
Feuchtigkeit *w* fugtighed [fogdihedh] *u*
Feuer *s* **1** (Flammen) ild [il] *u* **2** bål [bol] *t* ► **das ~ anmachen** tænde op
Feuerlöscher *m* ildslukker [ilßloga] *u*
feuern *v j-n* afskedige [außgedhie] *ngn*
Feuerwaffe *w* skydevåben [ßgüüdhewoben] *t*
Feuerwehr *w* brandkorps [brankoobß] *t*
Feuerwehrmann *m* brandmand [branman] *u*
Feuerzeug *s* lighter [lajda] *u*
Fieber *s* feber [feba] *u*
Figur *w* **1** figur [figua] *u* **2** (eines Films usw.) karakter [ka-agtea] *u*
Filet *s* fiskefilet [feßgefile] *u*, (Lende) filet [file] *u*
Filiale *w* filial [filiäl] *u*
Film *m* **1** (Spielfilm) film [film] *u* **2** (Schicht) overtræk [ouatrag] *t*
filmen *v* filme [filme], tage op [tä ab], *etw. Akk* filme [filme], tage op film [tä ab film]
Filter *m* filter [filda] *t*
finanziell *adj* finansiel [finantschel]
finden *v* **1** finde [fene] **2** *etw. Akk irgendwie ngn* finde [fene] *ngt hvilket* ► **(den Weg) ~** *irgendwohin* finde frem *til et sted*
Finger *m* finger [fenga] *u*
finster *adj* dystert [düßda]; **~ ansehen** *j-n* se bistert *på ngn*
Firma *w* firma [fiama] *t*
Fisch *m* **1** fisk [feßg] *u* **2 ~e** Fiskene [feßgene] *Mz*
Fischer *m* fisker [feßga] *u*
flach *adj* **1** flad [flädh] **2** (Teich, Teller usw.) lavvandet [lauwanedh]
Fläche *w* **1** (sehr große usw.) areal [aaeäl] *t*, flademål [fläädhemol] *t* **2** (Arbeitsfläche usw.) overflade [ouafläädhe] *u* **3** (Ausmaß) areal [aaeäl] *t*, flademål [fläädhemol] *t*
Flagge *w* flag [fläj] *t*
Flamme *w* flamme [flame] *u*
Flasche *w* flaske [flaßge] *u*
Flaschenöffner *m* flaskeåbner [flaßgeoobna] *u*
Fleck *m* plet [pled] *u*
Fledermaus *w* flagermus [flauamuß] *u*
Fleisch *s* kød [ködh] *t*
Fleischer *m* slagter [ßlagda] *u*
Fleischerei *w* slagterbutik [ßlagdabutig] *u*
fleißig *adj* arbejdsom [abajdßam], flittig [flidi]
flicken *v* sy [ßü], lappe [labe], flikke [flege], stoppe [ßdabe]; **den Schlauch ~** lappe cykel
Fliege *w* **1** flue [fluue] *u* **2** (Krawatte) butterfly [badaflaj] *u*
fliegen *v* **1** flyve [flüüwe] **2** *etw. Nom aus etw.* flyve ud [flüüwe udh] *af ngt*
fliehen *v irgendwoher* flygte [flögde] *fra ngt*, (aus Gefängnis usw.) flygte [flögde] *fra ngt*, flygte bort [flögde bood]
fließen *v* flyde [flüüdhe], (Wasser, Tränen usw.) løbe [lööbe]
flirten *v mit j-m* flirte [flöade]
Floh *m* loppe [labe] *u*
Flosse *w* finne [fene] *u*
Flöte *w* fløjte [flajde] *u*
fluchen *v* bande [bane]
Flug *m* flugt [flogd] *u*, flyvning [flüuneng] *u*
Flugbegleiter *m* steward [ßdjuuad] *u*
Flugbegleiterin *w* stewardesse [ßdjuadeße] *u*
Flügel *m* **1** (Körperteil) vinge [wenge] *u* **2** (einer Armee usw.) flanke [flangge] *u*
Fluggesellschaft *w* flyselskab [flüßelßgäb] *t*, luftfartsselskab [lofdfadßelßgäb] *t*
Flughafen *m* lufthavn [lofdhaun] *u*
Flughafenterminal *m/s* terminal [täaminäl] *u*
Flugkarte *w* flybillet [flübiled] *u*
Flugschein *m* flybillet [flübiled] *u*
Flugticket *s* flybillet [flübiled] *u*
Flugzeug *s* fly [flü] *t*
Flur *m* gang [gang] *u*, korridor [koidoa] *u*

Fluss *m* **1** (Gewässer) flod [flodh] *u* **2** (des Verkehrs usw.) strøm [ßdröm] *u*, flow [flou] *t*

flüssig *adj* flydende [flüüdhene] ♦ *adv* **1** (reden usw.) flydende [flüüdhene] **2** (zügig) jævnt [jeun], glidende [gliidhene]

Flüssigkeit *w* **1** væske [weßge] *u* **2** (Sprachgewandtheit) veltalenhed [weltälenhedh] *u*, talefærdighed [täälefäadihedh] *u*

flüstern *v* hviske [weßge]

Flut *w* **1** flod [flodh] *u* **2** (von Geld usw.) *von etw.* syndflod [ßönflodh] *u af ngt*, tilstrømning [telßdrömneng] *u af ngt*, bølge [bölje] *u af ngt*

Föhn *m* hårtørrer [hootöaa] *u*

Folge *w* **1** (von Zahlen usw.) rækkefølge [ragefölje] *u* **2** (einer Tat usw.) *etw. Gen, von etw.* følge [följe] *u af ngt*, konsekvens [kanßekwenß] *u af ngt* **3** (Ergebnis) *etw. Gen, von etw.* resultat [reßultäd] *t*, følge [följe] *u af ngt*, udfald [udhfal] *t af ngt* **4** (Film usw.) *von etw.* fortsættelse [foodßedelße] *u af ngt* ► **als ~** *etw. Gen* som følge (der)af

folgen *v* **1** (nachgehen) *j-m/etw.* følge efter [följe efda] *ngn/ngt* **2** (einen Verdächtigen usw.) *j-m/etw.* følge [följe] *ngn/ngt* **3** (in gewisser Reihenfolge) *nach etw.* følge [följe] *efter ngt* **4** (Chef usw.) *j-m/etw.* adlyde [adhlüdhe] *ngn* **5** (Schluss usw.) *aus etw.* som følge [ßam följe] *af ngt*, fremgå [framgo] *af ngt*

Folklore *w* folklore [falglooa] *u*, overlevering [oualeweaeng] *u*

fordern *v* **1** *etw. Akk* forlange [falange] *ngt*, kræve [kreewe] *ngt* **2** *etw. Akk von j-m* fordre [foodra] *af ngn/ngt*, kræve [kreewe] *ngt af ngn*, forlange [falange] *ngt* **3** (viel Zeit usw.) *etw. Akk* kræve [kreewe] *ngt*, nødvendiggøre [nödhwendigööa] *ngt* **4** (Unfall – Opfer) *etw. Akk* koste [koßde]

fördern *v* **1** (Entwicklung usw.) *etw. Akk* fremme [frame] *ngt*, støtte [ßdöde] **2** (Kohle usw.) udvinde [udhwene], *etw. Akk* bryde [brüüdhe] *ngt*

Forderung *w* **1** krav [krau] *t*, forlangende [falangene] *t* **2** (finanzieller Anspruch) fordring [foodreng] *u* ► **~en** *an j-n/etw.* fordringer *Mz*, krav *Mz*

Forelle *w* ørred [öaadh] *u*

Form *w* form [fom] *u*

Formular *s* formular [fomula] *u*, blanket [blangked] *u*, skema [ßgeema] *t*

Forschung *w* forskning [foßgneng] *u*

fortgeschritten *adj* **1** (Technik usw.) avanceret [awangßeadh] **2** (Stufe usw.) mellemliggende [melemlegene]

Fortschritt *m* **1** fremskridt [framßgrid] *t*, fremgang [framgang] *u* **2** (einer Krankheit usw.) forløb [falöb] *t*

fortsetzen *v etw. Akk* fortsætte med [foodßede medh] *ngt*, blive ved [bliie we] *med ngt*

Fortsetzung *w* **1** (einer Tätigkeit usw.) *etw. Dat* fortsættelse [foodßedelße] *u* **2** (Film usw.) *von etw.* fortsættelse [foodßedelße] *u af ngt*

Foto *s* fotografi [fodografi] *t*

Fotoapparat *m* kamera [kämera] *t*, fotografiapparat [fodogafiabarad] *t*, fotoapparat [fodoabarad] *t*

Fotografie *w* **1** fotografi [fodografi] *t* **2** (Hobby, Bereich usw.) fotografering [fodografeaeng] *u*

fotografieren *v etw. Akk* fotografere [fodografea], *j-n/etw.* fotografere [fodografea] *ngn/ngt*, tage billede af [tä beledhe ä] *ngn/ngt*

fotokopieren *v* kopiere [kopjea], mangfoldiggøre [mangfaldigööa], *etw. Akk* kopiere [kopjea] *ngt*

Fracht *w* ladning [ladhneng] *u*, gods [goß] *u*, fragt [fragd] *u*

Frage *w* **1** spørgsmål [ßböaßmol] *t* **2** (Problem usw.) spørgsmål [ßböaßmol] *t*, sag [ßäj] *u* ► *j-m* **eine ~ stellen** stille et spørgsmål

Fragebogen *m* spørgeskema [ßbääaßgeema] *t*

fragen *v* **1** *j-n nach j-m/etw.* spørge [ßböaa] *ngn om ngt* **2** ***sich*** *etw. Akk* **~** undre sig [ondra ßaj] *over ngt* ► **Ich frage mich, ob...** Jeg undrer mig over...

Fragezeichen *s* spørgsmålstegn [ßbääaßmolßtajn] *t*

Frankreich *s* Frankrig [frangkri] *t*

Franzose *m* franskmand [franßgman] *m*, franskmand [franßgman] *u*

französisch *adj* fransk [franßg] ♦ *adv* fransk [franßg]

Frau *w* **1** (weibliche Person) kvinde [kwene] *u* **2** (Gattin) kone [koone] *u*, hustru [hußdru] *u* ► **~ X** Fr. X

Fräulein *s* frøken [frögen] *u*

frech *adj* fræk [frag] ♦ *adv* frækt [fragd]

frei *adj* **1** fri [fri] **2** (Platz) fri [fri], ledig [leedhi] ♦ *adv* frit [frid] ► **~ machen** (Weg usw.) rydde *ngt for ngt*

Freibad *s* friluftsbad [frilofdßbadh] *t*

Freiheit *w* frihed [frihedh] *u*

Freitag *m* fredag [freda] *u*

freiwillig *adj* frivillig [friwili] ♦ *adv* frivilligt [friwilid]

Freizeit *w* fritid [fritidh] *u*

Freizeitpark *m* forlystelsespark [falößdelßeßpaag] *u*

fremd *adj* **1** fremmed [framedh] **2** (unbekannt) fremmed [framedh], ukendt [ukend]

Fremde *m* fremmed [fram^{e}dh] *u*

Freude *w* glæde [gleedh^{e}] *u*; **~ machen** *j-m* glæde *ngn*

freuen *v* **1** ***sich*** **~** *über etw. Akk* glæde sig [gleedh^{e} ßaj] *over ngt* **2** *j-n* glæde [gleedh^{e}] *ngn* ► **Freut mich.** Det glæder mig at møde Dem.

Freund *m* **1** (Bekannter) ven [wen] *u* **2** (Partner) kæreste [käaaßd^{e}] *u*

Freundin *w* **1** veninde [wenen^{e}] *u* **2** (Partnerin) kæreste [käaaßd^{e}] *u*

freundlich *adj* elskværdig [elßgwäadi], venlig [wenli]

Frieden *m* **1** (nicht Krieg) fred [fredh] *u* **2** (Ungestörtheit) ro [ro] *u*, fred [fredh] *u*

Friedhof *m* kirkegård [kiag^{e}goo] *u*

frieren *v* fryse [früüß^{e}]

frisch *adj* frisk [freßg] ♦ *adv* ny- [nü]

Friseur *m* frisør [frißöa] *u*

Friseursalon *m* frisørsalon [frißöaß-alang] *u*

Frist *w* frist [freßd] *u for ngt*

Frisur *w* frisure [frißüüa] *u*

froh *adj* fornøjet [fanaj^{e}dh], glad [gladh], glædelig [gleedh^{e}li], frydefuld [früüdh^{e}ful]; **~ sein** *über etw. Akk* være glad *for ngt, over ngt*

fröhlich *adj* glad [gladh], (Natur usw.) munter [monda], fornøjet [fanaj^{e}dh]

Frosch *m* frø [frö] *u*

Frost *m* frost [fraßd] *u*

Frucht *w* bære [beea] *t*, (ungeboren) foster [faßda] *t*; **Früchte tragen** bære

fruchtbar *adj* **1** frugtbar [frogdba] **2** (Schriftsteller usw.) frugtbar [frogdba], produktiv [prodogtiu]

früh *adj* **1** tidlig [tidhli] **2** (Anfang usw.) tidlig [tidhli], start- [ßdaad] ♦ *adv* tidligt [tidhlid]

früher *adv* **1** (als geplant) tidligere [tidhliaa] **2** (vorzeitig) før tiden [föa tidh^{e}n] **3** (einst) tidligere [tidhliaa], før [föa] ♦ *adj* tidligere [tidhliaa], foregående [fooogo^{e}n^{e}]

frühestens *adv* først [föaßd], tidligst [tidhlißd]

Frühling *m* forår [fooo] *t*

Frühstück *s* morgenmad [mo-onmadh] *u*; **Übernachtung mit ~** overnatning med morgenmad

frühstücken *v* spise morgenmad [ßbiiß^{e} mo-onmadh]

Fuchs *m* ræv [reu] *u*

fühlen *v etw. Akk* føle [fööl^{e}] *ngt*

führen *v* **1** *j-n irgendwohin* føre [fööa] *ngn* **2** (auf die andere Seite usw.) *j-n über etw. Akk* føre [fööa] *ngn over ngt* **3** (begleiten) *j-n irgendwohin* føre [fööa] *ngn et sted*, *j-n irgendwohin* føre [fööa] *ngn til ngt*, tage [tä] *ngn et sted* **4** (Unternehmen usw.) *etw. Akk* lede [leedh^{e}] *ngt* **5** (im Wettkampf usw.) føre [fööa] **6** (Weg) *irgendwohin/durch etw.* føre [fööa] *hen, gennem ngt*

Führer *m* **1** leder [leedha] *u* **2** (Buch) guide [gajd] *u*, håndbog [handbou] *u*

Führerschein *m* kørekort [kööakood] *t*

Führung *w* **1** (eines Betriebes usw.) ledelse [leedh^{e}lß^{e}] *u*, styring [ßdüüaeng] *u* **2** (Führungsorgane) ledelse [leedh^{e}lß^{e}] *u* **3** (Führungsposition) førende position [fööan^{e} poßitschon] **4** (Besichtigung) guidet tour [gajd^{e}dh tuua] *u*

füllen *v* fylde [fül^{e}]

Füllung *w* **1** (eines Bonbons usw.) fyld [fül] *t*, (Fleischfüllung usw.) fyld [fül] *u/t* **2** (in Matratzen usw.) fyld [fül] *t* **3** (Tätigkeit) påfyldning [pafülneng] *u*

Fundbüro *s* hittegodskontor [hid^{e}goßkontoa] *t*

fünf *num* fem [fem]

fünft(er,e,es) *num* den femte [d^{e}n femd^{e}], det femte [d^{e} femd^{e}]

fünfzehn *num* femten [femd^{e}n]

fünfzig *num* halvtreds [haltreß]

Funke *m* gnist [gnißd] *u*

Funktion *w* **1** (Zweck) *etw. Gen* funktion [fonggtschon] *u af ngt* **2** (Posten) embede [embeedh^{e}] *t*, hverv [wäau] *t*

funktionieren *v* fungere [fonggea], virke [wiag^{e}]; **nicht richtig ~** ikke virke, være defekt

funktionsfähig *adj* virkende [wiag^{e}n^{e}], fungerende [fonggean^{e}], (im Betrieb) fungerende [fonggean^{e}], i drift [i drefd]

für *prep* **1** (Zweck usw.) *etw.* for [fa] *ngt*, til [tel] *ngt* **2** (Geschenk, Nachricht usw.) *j-n* til [tel] *ngn*, for [fa] *ngn* **3** (anstatt usw.) *j-n* i stedet for [i ßdedh^{e}dh fa] *ngn* **4** (Preis usw.) *etw.* for [fa], til [tel] **5** (Zeitdauer usw.) for [fa], i [i] ► **Ich brauche ein Zimmer ~ drei Tage.** Jeg skal have et værelse for tre dage.

Furcht *w* skræk [ßgrag] *u*, frygt [frögd] *u*

furchtbar *adj* frygtelig [frögd^{e}li] ♦ *adv* forfærdeligt [fafäadlid], frygteligt [frögd^{e}lid]

fürchten *v* **1** *j-n/etw.* være bange [weea bang^{e}] *for ngn/ngt*, frygte [frögd^{e}] *ngn*, *etw. Akk* frygte [frögd^{e}] *ngt* **2** *für j-n/etw., um j-n/etw.* bekymre sig [bekömra ßaj] *for ngn/ngt*, *für j-n/etw., um j-n/etw.* være bange [weea bang^{e}] *for ngn/ngt*

Fuß *m* **1** fod [fodh] *u* **2** (Sockel) basis [bääßiß] *u*, base [bääß^{e}] *u*, sokkel [ßag^{e}l] *u* ► **zu ~** til fods

Fußball *m* fodbold [fodhbald] *u*

Fußboden *m* gulv [gol] *t*

Fußgänger *m* fodgænger [fodhgenga] *u*

Fußgängerübergang *m* fodgængerovergang [fodhgengaouagang] *u*
Fußgängerüberweg *m* fodgængerovergang [fodhgengaouagang] *u*
Fußgängerzone *w* fodgængerområde [fodhgengaamroodh^{e}] *t*
Fußknöchel *m* ankel [angg^{e}l] *u*, ankelled [angg^{e}ledh] *t*, fodled [fodhledh] *t*
Futter[1] *s* (Nahrung) foder [fodha] *t*
Futter[2] *s* (Stoff) for [fa] *t*
füttern *v j-n mit etw.* fodre [fodhra] *ngn med ngt*

G

Gabel *w* **1** gaffel [gaf^{e}l] *u* **2** (für Heu usw.) høtyv [hötüu] *u*, fork [foog] *u*
gähnen *v* gåbe [goob^{e}]
Galerie *w* billedgalleri [bel^{e}dhgalari] *t*, malerisamling [määlarißamleng] *u*
Galle *w* galde [gal^{e}] *u*
Gang *m* **1** (Art des Gehens) gang [gang] *u*, måde at gå på [moodh^{e} a go po] **2** (Geschwindigkeit) gear [gia] *t* **3** (im Haus usw.) gang [gang] *u*, korridor [koidoa] *u* **4** (zwischen den Sitzen usw.) midtergang [medagang] *u* **5** (Gericht) ret [rad] *u* ► **im Gange sein** forløbe; **in ~ sein** foregå; **in ~ setzen** *etw. Akk* sætte *ngt* i gang
gangbar *adj* fremkommelig [framkam^{e}li]
Gans *w* gås [goß] *u*
ganz *adj* **1** (völlig) hel [hel] **2** (komplett) hel [hel], fuldstændig [fulßdendi] **3** (nicht beschädigt) hel [hel] ♦ *adv* absolut [abßolud], fuldstændigt [fulßdendid], (allein usw.) helt [held] ♦ *part* ret [rad], ganske [ganßg^{e}]
ganztägig *adj* heldags [heeldäß], heldags- [heeldäß]
gar *adj* gennemstegt [gen^{e}mßdegd] ♦ *part* slet [ßled], overhovedet [ouahoo^{e}d] ► **~ nicht** slet ikke, overhovedet ikke
Garage *w* garage [garaatsch^{e}] *u*
Garantie *w* garanti [ga-anti] *u*
garantieren *v* garantere [ga-antea]
Garderobe *w* garderobe [gaderoob^{e}] *u*
Gardine *w* gardin [gadin] *t*
Garnitur *w etw. Gen* sæt [ßed] *t af ngt*
Garten *m* have [ha] *u*
Gas *s* **1** (Stoff) gas [gaß] *u* **2** (Pedal usw.) speeder [ßbiida] *u*, gaspedal [gaßpedäl] *u*
Gashebel *s* speeder [ßbiida] *u*, gaspedal [gaßpedäl] *u*
Gaspedal *s* speeder [ßbiida] *u*, gaspedal [gaßpedäl] *u*
Gasse *w* smøge [ßmaj^{e}] *u*, gyde [güüdh^{e}] *u*
Gast *m* gæst [geßd] *u*
gastfreundlich *adj* gæstfri [geßdfri]
Gastgeber *m* vært [wäad] *u*
Gasthaus *s* kro [kro] *u*
Gaststätte *w* kro [kro] *u*
Gebäck *s* bagværk [bauwäag] *t*
gebären *v etw. Akk* føde [föödh^{e}] *ngt*; **geboren sein/werden** være født
Gebärmutter *w* livmor [liumoa] *u*
Gebäude *s* bygning [bügneng] *u*, hus [huß] *t*
geben *v j-m etw.* give [gi] *ngt til ngn*; **es gibt** her er
Gebet *s* bøn [bön] *u*
Gebiet *s* **1** (Region) område [amroodh^{e}] *t*, egn [ajn] *u*, (Region) territorium [täaitoajom] *t* **2** (einer Tätigkeit usw.) område [amroodh^{e}] *t*, felt [feld] *t*, sfære [ßfeea] *u*
gebildet *adj* **1** (Bildung besitzend) veluddannet [weludhan^{e}dh] **2** *aus etw.* sammensat [ßam^{e}nßad] *af ngt/ngn*, bestående [beßdo^{e}n^{e}] *af ngt/ngn*
Gebirge *s* bjerge [bjäau^{e}] *t pl*, bjergkæde [bjäaukeedh^{e}] *u*; **im ~** i bjergene
Gebiss *s* tandsæt [tanßed] *t*
gebraten *adj* stegt [ßdegd]
Gebrauch *m etw. Gen* brug [bru] *u af ngt*, anvendelse [anwen^{e}lß^{e}] *u af ngt*
Gebrauchsanweisung *w* vejledning [wajledhneng] *u*, instruktion [enßdruktschon] *u*
gebraucht *adj* brugt [brogd]
gebrochen *adj* brækket [brag^{e}dh]
Gebühr *w für etw.* gebyr [gebüa] *t*
Geburt *w* fødsel [föß^{e}l] *u*
Geburtsjahr *s* fødselsår [föß^{e}lßo] *t*
Geburtstag *m* fødselsdag [föß^{e}lßdä] *u*
Gebüsch *s* buskads [bußgäß] *t*
Gedächtnis *s* hukommelse [hukam^{e}lß^{e}] *u*
Gedanke *m* tanke [tangg^{e}] *u*
Gedicht *s* digt [degd] *t*
Geduld *w* tålmodighed [talmodhihedh] *u*
geduldig *adj* tålmodig [talmodhi]
geeignet *adj für etw., zu etw.* egnet [ajn^{e}dh] *til ngt*, velegnet [welajn^{e}dh] *til ngt*, passende [paß^{e}n^{e}] *til ngt* ♦ *adv* passende [paß^{e}n^{e}], hensigtsmæssigt [henßegdßmeßid]
Gefahr *w* fare [faaa] *u*, risiko [rißiko] *u*
gefährlich *adj* farlig [faali], utryg [utrög] ♦ *adv* farligt [faalid]
gefallen **Es gefällt mir.** Jeg kan godt lide det.
Gefallen *m* tjeneste [tjeen^{e}ßd^{e}] *u*

gefangen nehmen *v j-n* tage *ngn* til fange [tä tel fang^e]
Gefängnis *s* fængsel [fengß^{e}l] *t*
Gefäß *s* **1** (Behälter) beholder [behala] *u* **2** (Ader usw.) blodåre [blodhooo] *u*
Geflügel *s* fjerkræ[fjeakre] *t*
Gefrierschrank *m* fryser [früüßa] *u*
Gefriertruhe *w* fryseskab [früüß^{e}ßgäb] *t*
gefroren *adj* frossen [froß^{e}n], frosset [froß^{e}dh]
Gefühl *s* **1** følelse [fööl^{e}lß^e] *u* **2** *für etw.* sans [ßanß] *u for ngt*
gegen *prep* **1** (wirken usw.) *j-n/etw.* mod [modh] *ngn/ngt*, imod [imodh] *ngn/ngt* **2** *etw.* sammenlignet med [ßam^{e}nliin^{e}dh medh], i sammenligning med [i ßam^{e}nlineng medh], imod [imodh] **3** (Menge) omkring [amkreng] ► **schützen** *j-n/etw.* **~** *etw.* beskytte *ngn/ngt* mod *ngt*
Gegend *w* område [amroodh^e] *t*, egn [ajn] *u*
Gegensatz *m zu etw.* modsætning [modhßedneng] *u til ngt*
gegenseitig *adj* gensidig [genßidhi] ♦ *adv* hinanden [hinan^{e}n]
Gegenstand *m* **1** (Sache) genstand [genßdan] *u* **2** (Thema usw.) *etw. Gen* emne [emn^e] *t*
Gegenteil *s von etw.* modsætning [modhßedneng] *u*; **im ~** tværtimod
gegenüber *prep* **1** (sitzen usw.) *j-m/etw.* over for [oua fa] *ngn/ngt* **2** (Verhalten usw.) *j-m/etw.* i forhold til [i foohal tel] *ngn/ngt*, over for [oua fa] *ngn/ngt* **3** (verglichen) *etw.* sammenlignet med [ßam^{e}nliin^{e}dh medh], i sammenligning med [i ßam^{e}nlineng medh], imod [imodh] ♦ *adv* overfor [ouafa], tværs over [twääß oua]
Gegenwart *w* nutid [nutidh] *u*
Gegner *m* modstander [modhßdana] *u*
geheim *adj* **1** hemmelig [hem^{e}li] **2** (Dokument usw.) hemmelig [hem^{e}li], hemmelighedsfuld [hem^{e}lihedhßful] ♦ *adv* hemmeligt [hem^{e}lid], i al hemmelighed [i al hem^{e}lihedh]
Geheimnis *s* hemmelighed [hem^{e}lihedh] *u*
Geheimzahl *w* pinkode [penkoodh^e] *u*
gehen *v* **1** skride [ßgriidh^e], (sich bewegen) *irgendwohin* gå [go] *hvorhen* **2** *irgendwohin* gå [go] *hvorhen* **3** (in die Schule usw.) *in etw. Akk* gå [go] *hvorhen* **4** (weg) gå afsted [go aßdedh], gå væk [go weg] **5** *um etw.* dreje sig [draj^e ßaj] *om ngt* **6** *j-m irgendwie* gå [go] **7** *mit j-m* have en kæreste [ha en kääaßd^e] **8** (möglich sein) gå [go] **9** (akzeptabel sein) være tålelig [weea tool^{e}li], være acceptabel [weea agßebtäb^{e}l] ► **es geht** *etw. Akk zu tun* det er muligt *at gøre ngt osv.*; **Mir geht es gut.** Jeg har det godt.; **Wie geht es Ihnen?** Hvordan går det?
Gehirn *s* hjerne [jäan^e] *u*
Gehirnerschütterung *w* hjernerystelse [jäan^{e}rößd^{e}lß^e] *u*
Gehör *s* gehør [gehöa] *t*, hørelse [hööalß^e] *u*
gehorchen *v j-m/etw.* adlyde [adhlüdh^e] *ngn*
gehören *v* **1** *j-m* tilhøre [telhöa] *ngn* **2** *zu etw.* høre til [hööa tel] *et sted, ngt*, høre hjemme [hööa jem^e] *et sted, ngt*
Gehweg *m* fortov [footou] *t*
Geige *w* violin [wiolin] *u*
Geisel *w* gidsel [gißel] *t*
Geist[1] *m* (Gedanken usw.) sind [ßen] *t*, tankegang [tangg^{e}gang] *u*
Geist[2] *m* (übernatürliches Wesen) ånd [an] *u*
geizig *adj* nærig [neeai], gerrig [gäai]
gekocht *adj* kogt [kagd]
Gel *s* gel [gel] *u*
Geländer *s* gelænder [gelena] *t*
Geländewagen *m* terrængående køretøj [taranggoo^{e}ng^e kööataj]
gelangen *v irgendwohin* komme [kam^e], ankomme [ankam^e]
gelb *adj* gul [gul]
Geld *s* penge [peng^e] *Mz*
Geldautomat *m* pengeautomat [peng^{e}automäd] *u*
Geldbörse *w* tegnebog [tajn^{e}bou] *u*
Geldstrafe *w* bøde [böödh^e] *u*; **mit einer ~ belegen** *j-n* give *ngn* en bøde
Geldtasche *w* tegnebog [tajn^{e}bou] *u*
Gelegenheit *w etw. Akk zu tun* lejlighed [lajlihedh] *u til ngt*
Gelenk *s* led [ledh] *t*
Geliebte[1] *m* elskede [elßg^{e}d^e] *u*
Geliebte[2] *w* elskerinde [elßgaen^e] *u*
gelingen *v* **1** *j-m etw. Nom* lykkes [lög^{e}ß] *med ngt, i ngt* **2** (Sache usw.) lykkes [lög^{e}ß]
gelten *v* **1** (Anordnung usw.) være gyldig [weea güldi] **2** *für j-n/etw.* gælde [gel^e] *for ngn/ngt*
Geltung *w* gyldighed [güldihedh] *u*; **zur ~ bringen** *etw. Akk* benytte sig *af ngt*, bruge *ngt*
gemahlen *adj* malet [määl^{e}dh]
Gemälde *s* maleri [määlari] *t*
gemein *adj* grov [grou]
Gemeinde *w* **1** (Dorf, Stadt usw.) kommune [komuun^e] *u* **2** (Bezirk) sogn [ßoun] *t*
gemeinsam *adj* fælles [fel^{e}ß] ♦ *adv* sammen [ßam^{e}n], i fællesskab [i fel^{e}ßßgäb]
Gemeinschaft *w* fællesskab [fel^{e}ßßgäb] *t*

gemischt *adj* **1** blandet [blan^{e}~~dh~~] **2** (Getränk usw.) blandet [blan^{e}~~dh~~], mikset [megß^{e}~~dh~~]
Gemüse *s* grøntsager [grönßäja] *Mz*
gemütlich *adj* hyggelig [hüg^{e}li], (anheimelnd) hjemlig [jemli]
genau *adj* præcis [preßiß] ♦ *adv* **1** (richtig) nøjagtig [najagdi], præcist [preßißd], netop [nedab] **2** nøjagtigt [najagdid], præcist [preßißd]
genehmigen *v etw. Akk* godkende [goken^{e}] *ngt*
Genehmigung *w* **1** (Urkunde usw.) licens [lißenß] *u* **2** godkendelse [goken^{e}lß^{e}] *u*
genesen *v* være i rekonvalescens [weea i rekanwal^{e}ßenß] *u*
genießen *v* **1** (erleben) *etw. Akk* nyde [nüü~~dh~~^{e}] *ngt* **2** (Anblick) *etw. Akk* nyde [nüü~~dh~~^{e}], glæde sig [glee~~dh~~^{e} ßaj] *af ngt* **3** (Speise, Getränk) *etw. Akk* nyde [nüü~~dh~~^{e}] *ngt*
genug *adv* nok [nag], tilstrækkeligt [teßdrag^{e}lid]; **Ist das ~?** Er det nok?
genügen *v* være nok [weea nag], være tilstrækkelig [weea teßdrag^{e}li]
genügend *adj* tilstrækkelig [teßdrag^{e}li] ♦ *adv* nok [nag], tilstrækkeligt [teßdrag^{e}lid]
Genuss *m* fornøjelse [fanaj^{e}lß^{e}] *u*
geöffnet *adj* **1** (Fenster usw.) åben [oob^{e}n] **2** (Blüte usw.) udviklet [u~~dh~~wegl^{e}~~dh~~], åben [oob^{e}n] ► **~ von... bis...** åbent fra... til...
Gepäck *s* bagage [bagäätsch^{e}] *u*; **~ einchecken** tjekke baggage ind
Gepäckaufbewahrung *w* opbevaringsrum [abbewaengßrom] *t*
Gepäckstück *s* bagage [bagäätsch^{e}] *u*
Gepäckträger *m* bærer [beea] *u*
gepflegt *adj* nydelig [nüü~~dh~~^{e}li], ryddelig [rü~~dh~~^{e}li]
gerade[1] (Linie usw.) *adj* lige [lii^{e}] ♦ *adv* oprejst [abrajßd], opret [abrad]
gerade[2] *adv* (in dem Zeitpunkt) just [jußd], (momentan) lige nu [lii^{e} nu]
geradeaus *adv* lige ud [lii^{e} u~~dh~~]
Gerät *s* **1** (Zange usw.) instrument [enßdrumend] *t*, redskab [re~~dh~~ßgäb] *t* **2** (elektrisches usw.) apparat [abarad] *t* **3** (Messgerät usw.) apparat [abarad] *t* **4** (Ausrüstung usw.) redskab [re~~dh~~ßgäb] *t*, værktøj [wäagtaj] *t*
geräuchert *adj* røget [raj^{e}~~dh~~]
Geräusch *s* lyd [lü~~dh~~] *u*
gerecht *adj* **1** (Mensch usw.) rimelig [riim^{e}li] **2** (Behandlung usw.) retfærdig [radfäadi] ♦ *adv* berettiget [beradi^{e}~~dh~~]
gerechtfertigt *adj* retmæssig [radmeßi], lovlig [louli]
Gericht *s* **1** domstol [damßdol] *u*, ret [rad] *u* **2** måltid [moolti~~dh~~] *t*, ret [rad] *u*
gern *adj etw. Akk tun* gerne [gäan^{e}] *gøre ngt*, *etw. Akk tun* gerne [gäan^{e}] *lave ngt*
Gerste *w* byg [büg] *u*
Geruch *m* lugt [logd] *u*
Gerüst *s* stillads [ßdeläß] *t*, (Grundkonstruktion usw.) skelet [ßgeled] *u*, bærende konstruktion [beean^{e} kanßdrugtschon]
Gesandte *m* gesandt [geßand] *u*, udsending [u~~dh~~ßeneng] *u*
Gesang *m* sang [ßang] *u*, vokal [wokäl] *u*
Gesäß *s* bagdel [baudel] *u*, balder [bala] *u Mz*
Geschäft *s* **1** (Raum) butik [butig] *u* **2** (Transaktion) handel [han^{e}l] *u*
geschäftlich *adj* handels- [han^{e}lß]
Geschäftsführer *m* administrerende direktør [a~~dh~~minißdrean^{e} dia^{e}gtöa] *u*
Geschäftsmann *m* forretningsmand [faradnengßman] *u*, handelsmand [han^{e}lßman] *u*
geschehen *v* ske [ßge]
Geschenk *s* gave [gääw^{e}] *u*
Geschichte *w* **1** (der Welt usw.) historie [hißdoai^{e}] *u* **2** (Ereignis) fortælling [fateleng] *u*, historie [hißdoai^{e}] *u* **3** (Unterrichtsfach) historie [hißdoai^{e}] *u*
geschickt *adj* dygtig [dögdi], flink [flengg] ♦ *adv* dygtigt [dögdid]
geschieden *adj* skilt [ßgeld]
Geschirr *s* **1** (zum Essen) service [ßööwiß] *t*, bordtøj [boataj] *t*, (zum Kochen) køkkengrej [kög^{e}nggraj] *t*, køkkentøj [kög^{e}ntaj] *t* **2** (von Zugtieren) seletøj [ßeel^{e}taj] *t*
Geschlecht *s* **1** (sexuell) køn [kön] *t* **2** (Familie) slægt [ßlegd] *u*
geschlechtlich *adj* køns- [könß]
Geschlechtsverkehr *m* samleje [ßamlaj^{e}] *t*, coitus [koituß] *t*
geschlossen *adj* lukket [log^{e}~~dh~~]
Geschmack *m* smag [ßmäj] *u*
Geschwindigkeit *w* hastighed [haßdih^{e}~~dh~~] *u*
Geschwister *s* søskende [ßößg^{e}n^{e}] *u*
Gesellschaft *w* selskab [ßelßgäb] *t*, (menschliche) samfund [ßamfon] *t*; **~ leisten** *j-m* gøre *ngn* selskab
gesellschaftlich *adj* selskabelig [ßelßgäb^{e}li], social [ßotschäl], selskabs- [ßelßgabß]
Gesetz *s* lov [lou] *u*
gesetzlich *adj* lovlig [louli], retsgyldig [radßgüldi], lovmæssig [loumeßi], retmæssig [radmeßi]
Gesicht *s* ansigt [anßegd] *t*
gespannt *adj* spændt [ßbend]
Gespräch *s* samtale [ßamtääl^{e}] *u*

Gestalt *w* **1** form [fom] *u* **2** (in einem Roman usw.) karakter [ka-agtea] *u*
gestehen *v etw. Akk* indrømme [enröme] *ngt*, tilstå [telßdo] *ngt*
gestern *adv* i går [i go]
gestrig *adj* gårsdagens [gooßdäanß]
Gestrüpp *s* krat [krad] *t*
gesund *adj* **1** sund [ßon], rask [raßg] **2** (gut für Gesundheit) sund [ßon] ► **~er Menschenverstand** sund fornuft
Gesundheit *w* helbred [helbredh] *t*
gesundheitlich *adj* helbreds- [helbredhß], sundheds- [ßonhedhß]
Getränk *s* drik [dreg] *u*
Getreide *s* korn [koan] *t*
getrennt *adj* adskilt [adhßgeld], selvstændig [ßelßdendi]
Getriebe *s* **1** (System) gear [gia] *t* **2** (Betriebsamkeit) travlhed [traulhedh] *u*
Gewalt *w* vold [wal] *u*
gewaltsam *adj* voldelig [waleli], (unter Gewaltanwendung) tvangs- [twangß] ♦ *adv* voldsomt [walßamd], kraftfuldt [krafdful]
Gewehr *s* riffel [refel] *u*
Gewerbe *s* erhverv [äawäau] *t*
Gewerkschaft *w* fagforening [faufaeneng] *u*
Gewicht *s etw. Gen* vægt [wegd] *u*
Gewinn *m* **1** (finanzieller) afkastning [aukaßdneng] *u* **2** (im Lotto usw.) gevinst [gewenßd] *u*
gewinnen *v* **1** (Wettkampf usw.) *etw. Akk, in etw. Dat* vinde [wene] *ngt, i ngt* **2** *etw. Akk aus etw.* vinde [wene] *ngt ud af ngt*, *etw. Akk* opnå [abno] *ngt*, få [fo] *ngt* **3** (erobern) *j-n* bedåre [bedoo] *ngn*, fortrylle [fatrüle] *ngn*
Gewinner *m etw. Gen* vinder [wena] *u*
gewiss *adj* vis [wiß], bestemt [beßdemd] ♦ *adv* bestemt [beßdemd], helt sikkert [held ßegad], garanteret [ga-anteadh] ♦ *part* helt sikkert [held ßegad], sikkert [ßegad], bestemt [beßdemd]
Gewissen *s* samvittighed [ßamwidihedh] *u*
Gewitter *s* storm [ßdom] *u*, tordenvejr [toadenwea] *t*
gewöhnen *v* ***sich ~*** *an etw. Akk* vænne sig [wene ßaj] *til ngt*, blive vant [bliie wand] *til ngt*
Gewohnheit *w* vane [wääne] *u*; **schlechte ~** dårlig vane
gewöhnlich *adj* **1** almindelig [almenli], hverdagsagtig [wäadäßagdi], ordinær [odinea] **2** (Zeit usw.) sædvanlig [ßedhwänli], almindelig [almenli] ♦ *adv* almindeligvis [almeneliwiß], normalt [nomäld], sædvanligvis [ßedhwänliwiß]
Gewürz *s* krydderi [krüdhari] *t*
Gezeiten *w Mz* tidevand [tiidhewan] *t*
gierig *adj nach etw.* begærlig [begeali] *efter ngt*, lysten [lößden] *efter ngt*, (Blick usw.) begærlig [begeali]
gießen *v* **1** (Wasser in die Tasse usw.) *etw. Akk in etw. Akk* hælde [hele] *ngt*, øse [ööße] *ngt* **2** (durch Gießen verteilen) *etw. Akk in etw. Akk* skænke [ßgengge] *ngt* **3** (Blume usw.) *etw. Akk* vande [wane] *ngt*
Gift *s* gift [gifd] *u*
giftig *adj* gift- [gifd], giftig [gifdi]
Giftschlange *w* giftslange [gifdßlange] *u*
Gipfel *m* **1** (Berg usw.) *etw. Gen* top [tab] *u af ngt* **2** (Wert usw.) højdepunkt [hajdepongd] *t*
Gips *m* gips [gibß] *u*
Girokonto *s* giro [tschiio] *u*
Gitarre *w* guitar [gita] *u*
Gitter *s* **1** (am Fenster usw.) gitter [gida] *t*, tremmer [trama] *Mz* **2** (Lüftunggitter usw.) gitter [gida] *t* **3** (Netz usw.) gitter [gida] *t*
glänzen *v* **1** (in der Sonne usw.) glinse [glenße] **2** glimre [glema] **3** (sich hervortun) *in etw. Dat* udmærke sig [udhmääge ßaj] *i ngt*
glänzend *adj* **1** (Oberfläche usw.) skinnende [ßgenene] **2** (Haar usw.) blank [blangg]
Glas *s* glas [glaß] *t*
gläsern *adj* glas- [glaß], af glas [ä glaß]
glatt *adj* glat [glad] ► **~ sein** være glat
Glatteis *s* isslag [ißßläj] *t*
Glaube *m* tro [tro] *u*
glauben *v* **1** *j-m/etw.* tro [tro] *på ngn/ngt*, *j-m etw. Akk* tro [tro] *på ngn/ngt* **2** (Ansicht haben) mene [meene], synes [ßüneß] **3** *an etw. Akk* tro [tro] *på ngt* ► **Ich glaube schon./Das glaube ich nicht.** Det tror jeg.
gleich *adj* **1** (mit denselben Eigenschaften) samme [ßame] **2** (Niveau) ens [enß], samme [ßame] **3** (Chancen usw.) lige stor [liie ßdoa], ens [enß] ♦ *adv* med det samme [medh de ßame], øjeblikkeligt [ajeblegelid] ► **~ (sein)** *etw. Nom* være lige med *ngt*
gleichen *v* ligne hinanden [liine hinanen]
gleichfalls *adv* i lige måde [i liie moodhe]
Gleichgewicht *s* balance [balangße] *u*, ligevægt [liiewegd] *u*
gleichgültig *adj* ligegyldig [liiegüldi], ligeglad [liiegladh]
gleichzeitig *adv* samtidig [ßamtidhi]
Gleis *w* spor [ßboa] *t*
Gletscher *m* gletscher [gledtscha] *u*
Glied *s* **1** (einer Kette) led [ledh] *t* **2** (Gliedmaße) lem [lem] *t* **3** (Penis) lem [lem] *t*

Glocke *w* klokke [klage] *u*
Glück *s* **1** (Erfolg) held [hel] *t* **2** (Fortuna) held [hel] *t*, lykketræf [lögetraf] *t* **3** (Gefühl) glæde [glee~~dh~~e] *u* ► **~ haben** være heldig; **wenig ~** uheld *t*; **zum ~** heldigvis
glücklich *adj* **1** (Gewinner usw.) heldig [heldi], (Zahl usw.) lykke- [löge] **2** (Mensch usw.) glad [gla~~dh~~], lykkelig [lögeli] ♦ *adv* lykkeligt [lögelid]
glücklicherweise *part* heldigvis [heldiwiß]
Glücksspiel *s* hasard [haßad] *u/t*
Glückwunsch *m* lykønskning [lögönßgneng] *u*, gratulation [gratulatschon] *u*; **Herzlichen ~!** Tillykke!
Glühbirne *w* (elektrisk) pære [(elegtrißg) peea]
glühen *v* gløde [gløö~~dh~~e]
Glühwein *m* gløgg [glög] *u*
Gold *s* guld [gul] *t*
golden *adj* gylden [gülen]
Gott *m* gud [gu~~dh~~] *u*, Gud [gu~~dh~~] *u*, Vorherre [wohäaa] *u*
Gottesdienst *m* gudstjeneste [gu~~dh~~ßtjeneßde] *u*
Grab *s* grav [grau] *u*
graben *v etw. Akk* grave [graawe] *ngt*, (Loch) udgrave [u~~dh~~grawe]
Graben *m* udgravning [u~~dh~~grauneng] *u*, (Straßengraben usw.) grøft [gröfd] *u*
Grad *m* grad [gra~~dh~~] *u*
Gramm *s* gram [gram] *t*
Grammatik *w* grammatik [gramatig] *u*
Grapefruit *w* grapefrugt [grejbfrogd] *u*
Gras *s* græs [graß] *t*
gratis *adv* gratis [graadiß]
gratulieren *v j-m zu etw.* gratulere [gratulea] *ngn med ngt*, lykønske [lögönßge] *ngn med ngt*, *j-m zu etw.* lykønske [lögönßge] *ngn med*, sige tillykke [ßiie telöge] *med ngt*
grau *adj* grå [gro]
Graupen *w* (finhakkede) byggryn [(fiinhage~~dh~~e) büggrün]
grausam *adj* grusom [gruußam]
greifen *v* **1** (mit Hand usw.) *nach etw.* række ud [rage u~~dh~~] *efter ngt* **2** (Maßnahmen usw.) *zu etw.* ty [tü] *til ngt*
Grenze *w* **1** (Landesgrenze) grænse [granße] *u*, grænseområde [granßeamrooo~~dh~~e] *t* **2** (Trennungslinie) grænse [granße] *u* **3** (Beschränkung usw.) *etw. Gen* grænse [granße] *u for ngt*
Grenzübergang *m* grænseovergang [granßeouagang] *u*
Grill *m* grill [gril] *u*
Grippe *w* influenza [enfluenßa] *u*
grob *adj* **1** (Oberfläche usw.) ru [ru], ujævn [ujeun] **2** (Struktur usw.) grov [grou] **3** (Manieren usw.) grov [grou], (unhöflich) uforskammet [ufaßgame~~dh~~], uhøflig [uhöfli] **4** (ungefähr) grov [grou]
groß *adj* **1** (Maß, Menge) stor [ßdoa] **2** (hoch usw.) høj [haj] **3** (erwachsen) voksen [wagßen]
großartig *adj* fantastisk [fantaßdißg], (ausgezeichnet usw.) udmærket [u~~dh~~mäage~~dh~~], strålende [ßdroolene], (Bauwerk usw.) storartet [ßdoaaade~~dh~~]
Größe *w* størrelse [ßdöaalße] *u*
Großmutter *w* bedstemor [beßdemoa] *u*
Großvater *m* bedstefar [beßdefaa] *u*, (Vater des Vaters) farfar [fafaa] *u*
großzügig *adj* højsindet [hajßene~~dh~~], large [laadtsch]
grün *adj* grøn [grön]
Grund *m* **1** (Oberfläche) jord [joa] *u* **2** (für Tat usw.) *für etw.* grund [grond] *u til ngt* ► **auf ~** *etw. Gen* på grund af
gründen *v* grundlægge [gronlege], etablere [etablea]
Grundlage *w etw. Gen* grundlag [gronläj] *t*, basis [bääßiß] *u*
gründlich *adj* grundig [grondi] ♦ *adv* grundlæggende [gronlegene], væsentligt [weßenlid], (untersuchen usw.) grundigt [grondid], (wie es sein soll) ordentligt [odenlid]
grundsätzlich *adj* elementær [elementea] ♦ *adv* grundlæggende [gronlegene], væsentligt [weßenlid]
Grundschule *w* grundskole [gronßgoole] *u*
Grundstück *s* grund [grond] *u*; **eingezäuntes ~** indhegning *u*
Gruppe *w* **1** gruppe [grube] *u* **2** (von Fachleuten usw.) gruppe [grube] *u*, team [tiim] *t* **3** (Rettungsgruppe usw.) korps [koobß] *t*
Gruß *m* hilsen [hilßen] *u*
grüßen *v* **1** *j-n* hilse [hilße] *ngn* **2** *j-n von j-m* hilse [hilße] *ngn fra ngn*
gültig *adj* gyldig [güldi]
Gummi *m/s* gummi [gomi] *t*
Gummiband *s* elastik [elaßdig] *u*, gummibånd [gomiban] *t*
Gummistiefel *m Mz* gummistøvler [gomißdöula] *Mz*
Gunst *w* gunst [gonßd] *u*
günstig *adj* **1** fordelagtig [fodelagdi] **2** (Bedingungen usw.) gunstig [gonßdi], fordelagtig [fodelagdi] **3** (Augenblick usw.) gunstig [gonßdi], passende [paßene]
Gurke *w* agurk [aguag] *u*
Gurt *m* **1** (Gürtel) bælte [belde] *t* **2** (zum Anschnallen) rem [ram] *u*
Gürtel *m* bælte [belde] *t*, livrem [liuram] *u*

gut *adj* **1** (qualitätvoll usw.) god [go] **2** (nett) *zu j-m* god [go] *mod ngn*, sød [ßö~~dh~~] *mod ngn* ♦ *adv* vel [wel], godt [gad] ► **ziemlich ~** tålelig; **Also ~.** Okay så., I orden.; **G~e Fahrt.** God rejse.

Gutachten *s* bedømmelse [bedöm^{e}lß^{e}] *u*, vurdering [wuadeaeng] *u*

Gutschein *m* kupon [kupang] *u*

Gymnasium *s* gymnasium [gümnätschom] *t*

Gymnastik *w* gymnastik [gümnaßdig] *u*

H

Haar *s* hår [ho] *t* ► **sich die ~e schneiden lassen** lade sig klippe, få klippet hår, gå til frisøren

Haarschnitt *m* frisure [frißüüa] *u*

Haarspray *m/s* hårlak [hoolag] *u*, hårspray [hooßprej] *u*

haben *v* **1** *etw. Akk* have [ha] *ngt* **2** *+ zu + Inf.* skulle [ßgul^{e}], måtte [mad^{e}]

hacken *v* **1** *j-n* flænge [fleng^{e}] *ngn* **2** hakke [hag^{e}], hugge [hog^{e}] **3** (ein Beet usw.) hyppe [hüb^{e}] **4** (Fleisch usw.) hakke [hag^{e}]

Hackfleisch *s* fars [faß] *u*

Hafen *m* havn [haun] *u*

Hafer *m* havre [haura] *u*

haften *v* **1** *auf/an etw. Akk* klistre sig [klißdra ßaj] *på ngt* **2** (für Qualität usw.) *für etw.* garantere [ga-antea] *ngt/for ngt* **3** *für j-n* hæfte [hefd^{e}] *for ngn*

Haftung *w* ansvar [anßwa] *t*

Hagel *m* hagl [haul] *u*

Hahn *m* hane [hän^{e}] *u*

Hähnchen *s* kylling [küleng] *u*

Hai *m* haj [haj] *u*

Haken *m* **1** krog [krou] *u* **2** (Schwierigkeit) hage [hääj^{e}] *u*, problem [problem] *t*

halb *adj* halv- [hal] ♦ *adv* halvt [halwd] ► **um ~ fünf** klokken halv fem; **vor einer ~en Stunde** for en halv time siden

Halbinsel *w* halvø [halwö] *u*

Halbmesser *m* radius [radjuß] *u*

Hälfte *w* halvdel [haldel] *u*, *etw. Gen* halv [hal] *u*

Halle *w* hal [hal] *u*

hallo **H~!** Hallo!, Hej!

Hals *m* **1** (Körperteil) hals [halß] *u*, nakke [nag^{e}] *u* **2** (einer Flasche usw.) hals [halß] *u*

Halsband *s* halsbånd [halßban] *t*

halt **H~!** Stop!

Halt *m* stop [ßdab] *t*

haltbar *adj* holdbar [halba]

halten *v* **1** (in der Hand) *etw. Akk* holde [hal^{e}] *ngt* **2** (fest sein usw.) holde [hal^{e}] **3** (in einer Lage usw.) holde [hal^{e}] **4** (in bestimmten Zustand usw.) *etw. Akk* holde [hal^{e}], (in Ordnung usw.) *etw. Akk* holde [hal^{e}] *ngt*, vedligeholde [weliie^{e}hal^{e}] **5** *j-n irgendwohin* holde fast [hal^{e} faßd] *i ngn* **6** (Zug usw.) *irgendwo* stoppe [ßdab^{e}] *ved et sted* **7** ***sich*** **~** (sich nicht entfernen) *irgendwo* holde til [hal^{e} tel] *et sted* **8** *j-n/etw. für j-n/etw.* holde *ngn/ngt* for [hal^{e} fa], anse *ngn/ngt* for [anße fa] *ngn/ngt*, tage *ngn/ngt* for [tä fa] *ngt* **9** (Haustier usw.) *etw. Akk* avle [aul^{e}], opdrætte [abdrad^{e}] **10** ***sich*** **~** *an etw. Akk* (Anweisungen usw.) holde sig til [hal^{e} ßaj tel] *ngt* **11** (frisch bleiben usw.) holde sig [hal^{e} ßaj] ► **das Wort ~** holde sit ord; **~ (können)** *etw. Akk* holde *på ngt*; **Halt die Klappe!** Hold kæft!

Halter *m* holder [hala] *u*

Haltestelle *w* holdeplads [hal^{e}plaß] *u*, stoppested [ßdab^{e}ßde~~dh~~] *t*

Hammer *m* hammer [hama] *u*

Hand *w* hånd [han] *u*

Handbuch *s* håndbog [handbou] *u*, manual [manuäl] *u*

Handel *m* handel [han^{e}l] *u*

handeln *v* **1** (tun) handle [hanl^{e}] **2** (Buch) *von etw., über etw. Akk* handle [hanl^{e}] *om ngt* **3** prutte [prud^{e}], forhandle [fahanl^{e}] *med ngn om ngt* **4** (Geschäft betreiben) *mit etw.* handle [hanl^{e}] *med ngt*

Handfläche *w* håndflade [hanflää~~dh~~^{e}] *u*

Handgelenk *s* håndled [hanle~~dh~~] *t*

Handgepäck *s* håndbagage [hanbagäätsch^{e}] *u*

Händler *m* forhandler [fahanla] *u*, købmand [köman] *u*

Handlung *w* **1** handling [hanleng] *u*, gerning [gäaneng] *u* **2** (eines Films usw.) handling [hanleng] *u*

Handschellen *w Mz* håndjern [hanjäan] *t pl*; **~ anlegen** *j-m* give *ngn* håndjern på

Handschrift *w* **1** (schön usw.) håndskrift [hanßgrefd] *u* **2** (Urkunde usw.) manuskript [manußgrebd] *t*, manus [määnuß] *t*

Handschuh *m* handske [hanßg^{e}] *u*

Handschuhfach *s* handskerum [hanßg^{e}rom] *t*

Handtasche *w* håndtaske [hantaßg^{e}] *u*

Handtuch *s* håndklæde [hanklee~~dh~~^{e}] *t*

Handwerk *s* håndværk [hanwääg] *t*

Handwerker *m* håndværker [hanwääga] *u*

Handy *s* mobil [mobil] *u*

Hang *m* **1** (steil usw.) skrænt [ßgrand] *u* **2** (Tendenz) *zu etw.* tilbøjelighed [tebaj^{e}lihe~~dh~~] *u*

hängen[1] *v* (im Schrank usw.) **1** hænge [heng^{e}] **2** (nicht verzichten) *an etw. Dat* holde fast [hale faßd] *ved ngt* **3** (an Mutter usw.) *an j-m* knytte sig [knüde ßaj] *til ngn*

hängen[2] *v* **1** (Bild usw.) *etw. Akk* hænge *ngt* op [henge ab] **2** (Wäsche usw.) *etw. Akk* hænge [henge] *ngt* **3** (hinrichten) *j-n* hænge [henge] *ngn*

harmlos *adj* troskyldig [troßgüldi], godtroende [gadtroene]

hart *adj* **1** (Holz usw.) hård [ho], stærk [ßdäag] **2** (Schlag usw.) hård [ho], kraftig [krafdi], voldsom [walßam] **3** (unnachgiebig) hård [ho], sej [ßaj], skrap [ßgrab] **4** (Tag usw.) travl [traul] ♦ *adv* hårdt [hood]

hartnäckig *adj* stædig [ßdeedhi], strid [ßdridh], hårdnakket [hoonagedh]

Hase *m* hare [haaa] *u*

Haselnuss *w* hasselnød [haßelnödh] *u*

Hass *m* had [hadh] *t*

hassen *v j-n/etw.* afsky [außgü] *ngt, j-n/etw.* hade [häädhe] *ngn/ngt*

hässlich *adj* afskyelig [außgüeli], modbydelig [modhbüdheli], grim [grem]

Haufen *m* dynge [dönge] *u*, bunke [bongge] *u*

häufig *adj* hyppig [hübi] ♦ *adv* mange gange [mange gange]

Hauptbahnhof *m* hovedbanegård [hooedhbäänego] *u*

Hauptgericht *s* hovedret [hooedhrad] *u*

hauptsächlich *part* hovedsagelig [hooedhßäjeli]

Hauptstadt *w* hovedstad [hooedhßdadh] *u*

Hauptstelle *w* central [ßentral] *u*

Hauptstraße *w* hovedgade [hooedhgädhe] *u*

Haus *s* hus [huß] *t*; **nach ~(e)** hjem; **zu ~e** hjemme

Hausaufgaben *w Mz* lektier [legtscha] *Mz*

Häuserblock *m* husblok [hußblag] *u*

Hausfrau *w* husmor [hußmoa] *u*

hausgemacht *adj* hjemmelavet [jemeläwedh]

Haushalt *m* husholdning [hußhalneng] *u*

Haushaltsgerät *s* apparat [abarad] *t*

Haushaltswaren *Mz* isenkram [ißengkram] *t*

Haustier *s* kæledyr [keeledüa] *t*

Haut *w* **1** (Körpergewebe) hud [hudh] *u* **2** (von Pfirsich usw.) skræl [ßgral] *t*

Havarie *w* uheld [uhel] *t*

Hebel *m* håndtag [hantäj] *t*, greb [greb] *t*, løftestang [löfdeßdang] *u*

heben *v etw. Akk* løfte [löfde] *ngt*, tage *ngt* op [tä ab], (Hand usw.) *etw. Akk* rejse [rajße] *ngt*, løfte [löfde] *ngt*

Hecke *w* hæk [heg] *u*

Heer *s* hær [hea] *u*, armé [ame] *u*

Heft *s* hæfte [hefde] *t*, skrivehæfte [ßgriiwehefde] *t*

heftig *adj* **1** (stark) skarp [ßgaab], brat [brad] **2** (Leidenschaft usw.) intens [entenß] ♦ *adv* **1** (sehr energisch usw.) kraftigt [krafdid] **2** (regnen usw.) kraftigt [krafdid]

Heidelbeere *w* blåbær [blabäa] *t*

heilen *v* hele [heele], (Wunde usw.) læges [leejeß], helbredes [helbredheß], heles [heeleß]

heilig *adj* hellig [heli]

heim *adv* hjem [jem]

Heim *s* **1** hjem [jem] *t* **2** (für Obdachlose usw.) herberg [häabäau] *t*, internat [entäanäd] *t*

Heimat *w* hjemland [jemlan] *t*

heiraten *v* **1** (Ehe schließen) gifte sig [gifde ßaj], blive gift [bliie gifd] **2** (die Ehe eingehen) *j-n* gifte sig [gifde ßaj] *med ngn*

heiser *adj* hæs [heß]

heiß *adj* **1** (Gegenstand usw.) varm [wam] **2** (Liebe usw.) brændende [branene] ♦ *adv* varmt [wamd] ► **Mir ist ~.** Jeg har det varmt.

heißen *v irgendwie* hedde [hedhe]; **das heißt** det vil sige; **willkommen ~** *j-n* byde *ngn* velkommen; **Ich heiße…** Mit navn er…; **Wie heißt du?** Hvad hedder du?

heiter *adj* **1** (Stimmung) glad [gladh] **2** (Tag usw.) klar [kla]

heizen *v* **1** *irgendwo* fyre [füüa] **2** (Zimmer usw.) varme op [wame ab]

Heizung *w* opvarmning [abwamneng] *u*

Hektar *s/m* hektar [hegta] *u*

Held *m* helt [held] *u*

helfen *v j-m mit etw., bei etw.* hjælpe [jelbe] *ngn med ngt*, assistere [aßißdea] *ngn med/ved ngt*

hell *adj* **1** (Farbe usw.) lys [lüß], (Licht usw.) klar [kla] **2** lys [lüß] ♦ *adv* klart [klad]

Helm *m* hjelm [jelm] *u*

Hemd *s* skjorte [ßgjoade] *u*

Henkel *m* hank [hangg] *u*

Henne *w* høne [höne] *u*

her *adv* her [hea]

heraus *adv aus etw.* ude [uudhe] *af ngt*, (vom Sprecher) ud [udh]

herausfinden *v etw. Akk* finde ud af [fene udh ä] *ngt*

herausnehmen *v* trække ud [trage udh], drage ud [draaue udh], *etw. Akk aus etw.* tage *ngt* ud [tä udh] *af ngt*

Herberge *w* herberg [häabäau] *t*, vandrehjem [wandrajem] *t*, vandrerhjem [wandrajem] *t*

Herbst *m* efterår [efdaoo] *t*

Herd *m* komfur [komfua] *t*

Herde *w* hjord [jod] *u*, flok [flag] *u*

Herdplatte *w* kogeplade [kooue^{e}plädh^e] *u*
herein *adv* ind [en]; **H~!** Kom ind!
hereinkommen *v in etw. Akk* gå ind [go en] *i ngt*; **Kommen Sie herein.** Kom ind.
Hering *m* **1** (Fisch) sild [ßil] *u* **2** (Pflock) teltpløk [teldplög] *t*
Herkunft *w* oprindelse [abren^{e}lß^e] *u*, afstamning [außdamneng] *u*
Herpes *m* herpes [häab^{e}ß] *u*, forkølelsessår [faköl^{e}lß^{e}ßßo] *t*
Herr *m* herre [häaa] *u* ► **~ X** Hr. X
herrlich *adj* herlig [häali], vidunderlig [widhonali] ♦ *adv* dejligt [dajlid], herligt [häalid]
herrschen *v* herske [häaßg^e], side som konge [ßiidh^e ßam kang^e], (in einem Land usw.) regere [regea], styre [ßdüüa]
herstellen *v* **1** (Produkt usw.) fremstille [framßdel^e], producere [produßea] *ngt*, (Produkt usw.) producere [produßea] *ngt*, fremstille [framßdel^e] *ngt* **2** (Ordnung usw.) indføre [enföa]
Hersteller *m von etw.* producent [produßend] *u af ngt*, fabrikant [fabrikand] *u*
herunter *adv* ned [nedh]
hervorragend *adj* **1** udmærket [udhmäag^{e}dh], fortræffelig [fatraf^{e}li], fortrinlig [fatrinli] **2** (Persönlichkeit usw.) fremragende [framrau^{e}n^e], fremstående [framßdo^{e}n^e]
Herz *s* **1** (Organ) hjerte [jäad^e] *t* **2** (Karten) hjerter [jäada] *u Mz*
herzlich *adj* hjertelig [jäad^{e}li] ♦ *adv* hjerteligt [jäad^{e}lid]
Heu *s* hø [hö] *t*
heucheln *v etw. Akk* foregive [fooogi] *ngt*
heute *adv* i dag [i dä]
heutig *adj* **1** (Tag usw.) dagens [dääj^{e}nß] **2** (Entwicklung usw.) moderne [modäan^e]
Hexe *w* heks [hegß] *u*
hier *adv* her [hea]; **~ (durch)** denne vej; **von ~ (aus)** herfra
hierher *adv* her [hea]
Hilfe *w* hjælp [jelb] *u* ► **erste ~** førstehjælp *u*
Hilfsmittel *s* hjælpemiddel [jelb^{e}midh^{e}l] *t*
Himbeere *w* hindbær [henbäa] *t*
Himmel *m* himmel [hem^{e}l] *u*, (Paradies) himlen [heml^{e}n] *u*; **klarer ~** klar himmel
hin *adv* der [dea]
hinabsteigen *v* gå ned [go nedh]
hinaufsteigen *v etw. Akk* bestige [beßdi^e] *ngt*
hinaus *adv* ud [udh]
hindern *v* **1** *j-n an etw. Dat* hindre [hendra] *ngn/ngt i/fra ngt*, (nicht erlauben) *j-n an etw. Dat* hindre [hendra] *ngn i ngt* **2** (im Wege stehen) *j-n* hindre [hendra] *ngt/ngn*
Hindernis *s* **1** *für etw.* hindring [hendreng] *u*, *in etw. Dat* forhindring [fahendreng] *u for ngt* **2** (in Athletik usw.) forhindring [fahendreng] *u*
hineingehen *v* **1** *in etw. Akk* gå ind [go en] **2** (Gepäck usw.) *in etw. Akk* passe (ind) i [paß^e (en) i] *ngt*
Hinfahrt *w* tur [tua] *u*
hinfallen *v* falde [fal^e]
hinlegen *v* **1** *etw. Akk irgendwohin* anbringe [anbreng^e] *ngt*, placere [plaßea] *ngt*, *etw. Akk irgendwohin* lægge *ngt* hen/ned [leg^e hen/nedh] **2** ***sich* ~** gå i seng [go i ßeng], lægge sig [leg^e ßaj]
hinten *adv* bag [bäj], bagpå [bäjpo]; **nach ~** bagud, tilbage; **von ~** bagfra
hinter *prep etw. Dat* bag [bäj] *ngt*, efter [efda] *ngt*, (einem Haus usw.) bag [bäj], bagved [bäjwedh]; **fallen ~** *etw. Akk* falde ned *bagved ngt*
hinter(er,e,es) *adj* bag- [bau]
Hintergrund *m* baggrund [baugron] *u*
hinunter *adv* ned [nedh]; **die Treppe ~** ned ad (trapper)
Hinweis *m* **1** (Warnung usw.) meddelelse [medhdel^{e}lß^e] *u*, opslag [abßläj] *t* **2** (Rat usw.) nøgleord [najl^{e}oa] *t* **3** (auf eine Quelle usw.) *auf etw. Akk* henvisning [henwißneng] *u til ngt*
hinweisen *v auf etw. Akk* påpege [papaj^e] *ngt*, *auf etw.* påpege [papaj^e] *ngt*
hinzufügen *v etw. Akk* tilføje [telfaj^e] *ngt*
Hirsch *m* hjort [jood] *u*
Hirt *m* hyrde [hüad^e] *u*
historisch *adj* historisk [hißdoaißg]
Hitze *w* hede [heedh^e] *u*
Hobby *s* hobby [habi] *u*
hoch *adj* **1** (Berg usw.) høj [haj] **2** (Summe usw.) høj [haj], kæmpe [kemb^e] ♦ *adv* **1** (nach oben) højt [hajd], (oben) højt (oppe) [hajd (ab^e)] **2** højt [hajd]
Hochland *s* højland [hajlan] *t*
höchstens *adv* højst [hajßd], maks. [magß]
Hochwasser *s* **1** oversvømmelse [ouaßwöm^{e}lß^e] *u* **2** (der Flut) højvande [hajwan^e] *t*
Hochzeit *w* bryllup [brölab] *t*
hochziehen *v* trække *ngt* op [trag^e ab]
Hocker *m* taburet [taburad] *u*
Hoden *m* testikel [teßdig^{e}l] *u*
Hof *m* **1** (Platz) gård [go] *u* **2** (landwirtschaftlicher) gård [go] *u*, bondegård [bon^{e}go] *u*
hoffen *v auf etw. Akk* håbe [hoob^e] *på ngt*
hoffentlich *part* forhåbentligt [fahob^{e}nlid]

Hoffnung *w auf etw. Akk* håb [hob] *t om ngt*
höflich *adj* høflig [höfli] ♦ *adv* anstændigt [anßdendid], høfligt [höflid], artigt [aadid]
Höflichkeit *w* høflighed [höflih^e~~dh~~] *u*
Höhe *w* højde [hajd^e] *u*
Höhepunkt *m* klimaks [kliimagß] *t*, højdepunkt [hajd^{e}pongd] *t*
höher *adj* højere [haj^{e}a^e] ♦ *adv* højere [haj^{e}a^e]
hohl *adj* hul [hol]
Höhle *w* **1** hule [huul^e] *u*, grotte [grad^e] *u* **2** (eines Tieres) hule [huul^e] *u*, grav [grau] *u*
holen *v etw. Akk* stikke bort [ßdeg^e bood] *for ngt*, hente [hend^e] *ngt*, (Brot usw.) *j-n/etw.* hente [hend^e] *ngn/ngt*
Hölle *w* helvede [helw^e~~dh~~^{e}] *t*
Holz *s* træ[tre] *t*
hölzern *adj* træ – [tre]
Honig *m* honning [haneng] *u*
hören *v etw. Akk* høre [hööa] *ngt*
Hörer *m* telefonrør [tel^{e}fonröa] *t*
Horizont *m* horisont [hoißand] *u*
Horn *s* horn [hoan] *t*
Hose *w* bukser [bogßa] *Mz*
Hotel *s* hotel [hotel] *t*
hübsch *adj* køn [kön], pæn [pen] ♦ *adv* flot [flad]
Hubschrauber *m* helikopter [helikabda] *u*
Huf *m* hov [hou] *u*
Hufeisen *s* hestesko [heßd^{e}ßgo] *u*
Hüfte *w* hofte [hafd^e] *u*
Hügel *m* ås [oß] *u*, bakke [bag^e] *u*
Huhn *s* høne [hön^e] *u*
Humor *m* humor [huuma] *u*
Hund *m* hund [hun] *u*
hundert *num* hundrede [huna~~dh~~^{e}]
Hunger *m* sult [ßuld] *u*; **Ich habe ~.** Jeg er sulten.
hungern *v* **1** sulte [ßuld^e] **2** *nach etw.* længes [leng^{e}ß] *efter ngt*
hungrig *adj* sulten [ßuld^{e}n]; **Ich bin ~.** Jeg er sulten.
Hupe *w* horn [hoan] *t*
hupen *v* dytte [düd^e], (Hupe usw.) hyle [hüül^e], dutte [dud^e]
hüpfen *v* hoppe [hab^e], springe [ßbreng^e]
husten *v* hoste [hooßd^e]
Husten *m* hoste [hooßd^e] *u*
Hut *m* hat [had] *u*
hüten *v* **1** (Kinder usw.) *j-n* passe på [paß^e po] *ngn/ngt* **2** (Schafe usw.) *etw. Akk* græsse [graß^e] *ngt* **3** ***sich*** ~ *vor j-m/etw.* passe på [paß^e po] *ngn/ngt* ► **Kinder** *j-s* ~ babysitte
Hütte *w* **1** hytte [hüd^e] *u*, skur [ßgua] *t* **2** (Hüttenwerk) hytte [hüd^e] *u*
Hygiene *w* hygiejne [hügiajn^e] *u*
hygienisch *adj* hygiejnisk [hügiajnißg]

I

ich *pron* jeg [jaj]
ideal *adj* ideel [ideel]
Idee *w* **1** idé [ide] *u* **2** (Vorstellung usw.) anelse [ään^{e}lß^e] *u*
Idiot *m* idiot [idiod] *u*, dumrian [domrian] *u*, fjols [fjalß] *t*
Igel *m* pindsvin [penßwin] *t*
ihm *pron* ham [ham]
ihn *pron* ham [ham]
ihr *pron* **1** (3. Person Sg. possessiv) hendes [hen^{e}ß] **2** (3. Person Pl. possessiv) deres [dääaß] **3** ***I~, I~e*** Deres [dääaß] **4** (2. Person Pl., Duzen) I [i] **5** (einer Frau usw.) hende [hen^e]
im **~ Gebirge** i bjergene; **~ Gegenteil** tværtimod; **~ schlimmsten/besten Fall** i værste/bedste
Imbiss *m* **1** (Gericht) mellemmåltid [mel^{e}mmooltid~~h~~] *u* **2** (Bahnhof) cafe [kafe] *u*, kiosk [kjaßg] *u*
immer *adv* stadig(væk) [ßdäädhi(weg)], fortsat [foodßad], (stets) altid [altid~~h~~]; **wer auch ~** hvem som helst; **für/auf ~** for evigt
impfen *v* vaccinere [wagßinea]
importieren *v etw. Akk irgendwohin* importere [empotea] *ngt hvorhen*
in *prep* **1** (einem Raum usw.) i [i] **2** (der Wüste usw.) på [po] **3** (Richtung) i [i], ind i [en i] **4** (die Stadt usw.) til [tel], ind i [en i] **5** (Dauer) om [am] ► **~ Sicherheit sein** være tryg
indisch *adj* indisk [endißg]
Industrie *w* industri [endußdri] *u*
industriell *adj* industriel [endußdriel], industri- [endußdri]
Infektion *w* infektion [enfegtschon] *u*
Information *w* information [enfomatschon] *u*
informieren *v j-n über etw. Akk* informere [enfomea] *ngn om ngt*, *j-n über etw. Akk* oplyse [ablüß^e] *ngn om ngt*, informere [enfomea] *ngn om ngt*, underrette [onarad^e] *ngn om ngt*
Ingenieur *m* ingeniør [entsch^{e}njöa] *u*
Inhaber *m etw. Gen* ejer [aja] *u*, indehaver [en^{e}häwa] *u*
Inhalt *m* indhold [enhal] *t*, (eines Dreiecks usw.) areal [aaeäl] *t*
Inhaltsverzeichnis *s* indholdsfortegnelse [enhalßfatajn^{e}lß^e] *u*
Injektion *w* indsprøjtning [enßbrajdneng] *u*
Injektionsspritze *w* sprøjte [ßbrajd^e] *u*
Inland *s* indland [enlan] *t*

inmitten *adv* i midten [i med^{e}n], midtpå [medpoo]
innen *adv* inde [en^{e}], indeni [en^{e}ni], indenfor [en^{e}nfa], på indersiden [po enaßii~~dh~~^{e}n]; **von ~** indefra
inner(er,e,es) *adj* indre [endra], indvendig [enwendi]
innerhalb *prep* **1** *etw. Gen* inde [en^{e}] *i ngt,* inden for [en^{e}n fa] *ngt* **2** *etw. Gen* i løbet af [i lööb^{e}~~dh~~ ä], inden [en^{e}n]
Insekt *s* insekt [enßegd] *t*
Insel *w* ø [ö] *u*
insgesamt *adv* i alt [i ald], samlet [ßaml^{e}~~dh~~]
Institut *s* institut [enßditud] *t*
Instrument *s* **1** instrument [enßdrumend] *t*, redskab [re~~dh~~ßgäb] *t* **2** (Geige usw.) musikinstrument [mußigenßdrumend] *t*
intelligent *adj* intelligent [enteligend]
interessant *adj* interessant [entr^{e}ßand] ♦ *adv* interessant [entr^{e}ßand], spændende [ßben^{e}n^{e}] ► **~e Sache** sjældenhed *u*, mærkværdighed *u*, raritet *u*, kuriositet *u*
Interesse *s an etw. Dat* interesse [entaraß^{e}] *u i ngt*; *j-s* **~ wecken** vække *ens* interesse; **Ich habe kein ~.** Jeg er ikke interesseret.
interessieren *v* **1** (Interesse haben) *j-n* interessere [entr^{e}ßea] *ngn* **2** (j-n gewinnen suchen) *j-n für etw., an etw. Dat* involvere [enwalwea] *ngn i ngt* ► **sich ~** *für j-n/etw.* interessere sig *i ngn/ngt*
interessiert *adj an etw. Dat* interesseret [entr^{e}ßea~~dh~~] *i ngt* ♦ *adv* interesset [entr^{e}ße~~dh~~]
international *adj* international [entanatschonäl]
Internet *s* internet [entaned] *t*
Internetanschluss *m* internetforbindelse [entanedfaben^{e}lß^{e}] *u*
Interview *s* interview [entawju] *t*
inzwischen *adv* imidlertid [imi~~dh~~lati~~dh~~], i mellemtiden [i mel^{e}mti~~dh~~^{e}n], imens [imenß]
irgendein *pron* en eller anden [en ela an^{e}n], nogen [no^{e}n]
irgendwann *adv* engang [engang]
irgendwie *adv* på en eller anden måde [po en ela an^{e}n moo~~dh~~^{e}]
irgendwo *adv* et eller andet sted [ed ela an^{e}~~dh~~ ßde~~dh~~]
irgendwohin *adv* et eller andet sted [ed ela an^{e}~~dh~~ ßde~~dh~~]
irren *v* ***sich ~*** *in etw. Dat* tage fejl [tä fajl] *i ngt*
Irrtum *m* fejltagelse [fajltäj^{e}lß^{e}] *u*

J

ja *part* **1** (Zustimmung) ja [ja] **2** jo [jo]
Jacke *w* jakke [jag^{e}] *u*
Jagd *w* jagt [jagd] *u*
jagen *v* **1** (Wildtiere usw.) jage [jääj^{e}] **2** *j-n* jage [jääj^{e}] *ngn*
Jäger *m* jæger [jeeja] *u*
Jahr *s* år [o] *t*; **in diesem ~** i år; **voriges ~** sidste år
Jahrestag *m etw. Gen* årsdag [oßdä] *u*, jubilæum [jubileeom] *t*
Jahreszeit *w* årstid [oßti~~dh~~] *u*
Jahrhundert *s* århundrede [ohunra~~dh~~^{e}] *t*
jährlich *adj* **1** (für ein Jahr usw.) årlig [ooli] **2** (ein Jahr dauernd) årlig [ooli], års- [oß] ♦ *adv* årligt [oolid]
Jahrzehnt *s* dekade [dekää~~dh~~^{e}] *u*, decennium [deßenjom] *t*, årti [oti] *t*
Januar *m* januar [janua] *u*
Jeans *Mz* jeans [djiinß] *Mz*
jed(er,e,es) *pron* hver [wea], hvert [wead], (beliebige Person) hvem som helst [wem ßam helßd], (ohne Ausnahme) enhver [enwea]; **jedes Mal** altid, hver gang; **jedes Mal wenn** når som helst
jedenfalls *adv* alligevel [alii^{e}wel]
jedermann *pron* hver [wea], hvert [wead]
jederzeit *adv* når som helst [no ßam helßd]
jedoch *conj* dog [dou], men [men]
jemand *pron* nogen [no^{e}n]
jenseits *prep etw. Gen* på den anden side [po d^{e}n an^{e}n ßii~~dh~~^{e}] *af ngt*, over [oua] *noe*
jetzt *adv* nu [nu]; **bis ~** endnu, hidtil; **für ~** indtil videre
jeweils *adv* altid [alti~~dh~~], hver gang [wea gang]
Joghurt *m/s* yoghurt [joguad] *u*
Journalist *m* journalist [tschoanalißd] *u*
jucken *v* klø [klö]
Jude *m* jøde [jöö~~dh~~^{e}] *u*
Jugend *w* ungdom [ongdam] *u*
Jugendliche *m* unge mennesker [ong^{e} men^{e}ßga], teenager [tiinejdtscha] *u*
Juli *m* juli [juli] *u*
jung *adj* ung [ong]; **~er Mann** ung mand
Junge[1] *m* dreng [drang] *u*
Junge[2] *s* dyreunge [düa^{e}ong^{e}] *u*
Juni *m* juni [juni] *u*
Juwelier *m* guldsmed [gulßme~~dh~~] *u*, juveler [juw^{e}lea] *u*

K

Kabel *s* kabel [käbel] *t*, ledning [le~~dh~~neng] *u*

Kabeljau *m* torsk [tooßg] *u*

Kabine *w* **1** (für Passagiere usw.) kabine [kabiine] *u* **2** (zum Umkleiden usw.) kabine [kabiine] *u*, prøverum [prööuerom] *t*, omklædningsrum [amkle~~dh~~nengßrom] *t*

Käfer *m* bille [bile] *u*

Kaffee *m* kaffe [kafe] *u*

Käfig *m* bur [bua] *t*

kahl *adj* bar [ba], nøgen [najen], skaldet [ßgale~~dh~~]

Kai *m* havnefront [haunefrand] *u*, mole [moole] *u*, pier [pia] *u*

Kaiser *m* kejser [kajßa] *u*

Kajüte *w* kahyt [kahüd] *u*

Kakao *m* kakao [kakäão] *u*

Kalb *s* kalv [kalw] *u*

Kalbfleisch *s* kalvekød [kalwekö~~dh~~] *t*

Kalender *m* kalender [kalena] *u*

Kalk *m* kalk [kalg] *u*

kalt *adj* kold [kal] ♦ *adv* koldt [kald], køligt [köölid] ► **~es Büfett** buffet *u*, tagselvbord *t*

Kälte *w* kulde [kole] *u*

Kamera *w* **1** (Video) kamera [kämera] *t* **2** (fotografische) kamera [kämera] *t*, fotografiapparat [fodogafiabarad] *t*, fotoapparat [fodoabarad] *t*

Kamin *m* pejs [pajß] *u*

Kamm *m* **1** (zum Kämmen) kam [kam] *u* **2** (Gebirge usw.) højdedrag [hajdedrau] *t*, bjergkam [bjäaukam] *u* **3** (Wellenkamm usw.) kam [kam] *u*

kämmen *v* rede [ree~~dh~~e], frisere [frißea], *j-n/etw.* kæmme [keme] *ngn/ngt*; **sich ~** rede éns hår

Kammer *w* kammer [kama] *t*

Kampf *m* **1** kamp [kamb] *u* **2** (Wettkampf) match [madtsch] *u*, kamp [kamb] *u*

kämpfen *v* **1** (mit Waffen) kæmpe [kembe] **2** (um Macht usw.) *mit j-m/etw.* kæmpe [kembe] *med ngn/ngt*, stride [ßdrii~~dh~~e] *med ngn/ngt* **3** (wetteifern) *mit j-m* konkurrere [kanggorea] *med ngn* **4** (mit Problemen usw.) *mit etw.* kæmpe [kembe] *med ngt*

Kanal *m* **1** (für Schiffe usw.) kanal [kanäl] *u* **2** (für Abwässer) kloak [kloag] *u* **3** (Wasserleitung usw.) kanal [kanäl] *u* **4** (TV) kanal [kanäl] *u* **5** (diplomatischer usw.) kanal [kanäl] *u*

Kaninchen *s* kanin [kanin] *u*

Kanister *m* dunk [dongg] *u*

Kanne *w* **1** (für Tee usw.) kande [kane] *u* **2** (Milchkanne usw.) mælkekande [melgekane] *u*

Kanone *w* kanon [kanon] *u*

Kante *w* kant [kand] *u*

Kantine *w* kantine [kantiine] *u*

Kap *s* kap [kab] *t*

Kapazität *w* kapacitet [kabaßited] *u*

Kapelle *w* **1** (Bau) kapel [kapel] *t* **2** (Band) band [bäänd] *t*

Kapital *s* **1** (Geld usw.) kapital [kabitäl] *u* **2** (verfügbare Geldsumme) hovedstol [hooe~~dh~~ßdol] *u*

Kapitän *m* kaptajn [kabtajn] *u*

Kapitel *s* kapitel [kapidel] *t*

kaputt *adj* defekt [defegd], i stykker [i ßdöga]; **~ machen** *etw. Akk* ødelægge *ngt*

kaputtgehen *v* gå i stykker [go i ßdöga]

kaputtmachen *v etw. Akk* ødelægge [ööd~~h~~elege] *ngt*

Kapuze *w* hætte [hede] *u*

Karosserie *w* karosseri [karaßari] *t*

Karpfen *m* karpe [kaabe] *u*

Karriere *w* karriere [kaieea] *u*

Karte *w* **1** (Plastikkarte usw.) kort [kood] *t* **2** (für Kino usw.) billet [biled] *u* **3** (für Skat usw.) kort [kood] *t* **4** (geografisch) landkort [lankaad] *t*

Kartoffel *w* kartoffel [katafel] *u*

Käse *m* ost [oßd] *u*

Kasse *w* **1** (Zahlstelle) kasse [kaße] *u* **2** (im Kino usw.) billetkasse [biledkaße] *u*, billetluge [biledluue] *u*

Kassette *w* kassettebånd [kaßedeban] *t*

kassieren *v* inkassere [enkaßea]

Kassierer *m* kasserer [kaßea] *u*

Kassiererin *w* kassedame [kaßedääme] *u*

Kastanie *w* kastanje [kaßdanje] *u*, hestekastanje [heßdekaßdanje] *u*

Kasten *m* kasse [kaße] *u*, (zum Aufbewahren) skrin [ßgrin] *t*

Kathedrale *w* domkirke [damkiage] *u*, katedral [kadedral] *u*

Katze *w* kat [kad] *u*

kauen *v etw. Akk* tygge [tüge] *ngt*

Kauf *m* køb [köb] *t*

kaufen *v etw. Akk* købe [kööbe] *ngt*

Käufer *m* køber [kööba] *u*

Kaufhaus *s* stormagasin [ßdoamagaßin] *t*

Kaugummi *m* tyggegummi [tügegomi] *t*

kaum *adv* knap [knab], næppe [nebe] ♦ *conj* straks [ßdragß]

Kegel *m* kegle [kajle] *u*

Kehle *w* strube [ßdruube] *u*

kehren *v* (SüD) *etw. Akk* feje [faje] *ngt*

Keil *m* kile [kiile] *u*

Keilriemen *m* kilerem [kiileram] *u*

kein *pron* **1** (nicht ein) ingen [eng^{e}n], intet [end^{e}~~dh~~] **2** (von beiden) ingen [eng^{e}n] **3** (nicht einmal) knap [knab]
keineswegs *adv* på ingen måde [po eng^{e}n moo~~dh~~^{e}]
Keller *m* kælder [kela] *u*
Kellner *m* tjener [tjeena] *u*
kennen *v j-n/etw.* kende [ken^{e}] *ngn/ngt*
kennenlernen *v* **1** *j-n* kende [ken^{e}] *ngn*, lære *ngn* at kende [leea a ken^{e}], (neue Freunde usw.) *j-n* møde [möö~~dh~~^{e}] *ngn* **2** *j-n/etw.* lære *ngn/ngt* at kende [leea a ken^{e}]
Kenntnis **~se** viden *u*
Kennzeichen *s* mærke [mäag^{e}] *t*, kendetegn [ken^{e}tajn] *t*
Keramik *w* keramik [keamig] *u*
Kerl *m* mand [man] *u*
Kern *m* **1** sten [ßden] *u*, (von Obst) kerne [käan^{e}] *u* **2** (Nusskern usw.) kerne [käan^{e}] *u* **3** (Zentrum) kerne [käan^{e}] *u*
Kerze *w* stearinlys [ßdarinlüß] *t*
Kessel *m* **1** (zum Wasserkochen) kedel [ke~~dh~~^{e}l] *u* **2** (Gaskessel usw.) varmtvandsbeholder [wamdwanßbehala] *u*, kedel [ke~~dh~~^{e}l] *u* **3** (Tal) bassin [baßeng] *t*, bækken [beg^{e}n] *t*
Kette *w* **1** kæde [kee~~dh~~^{e}] *u* **2** (Reihe von Dingen usw.) række [rag^{e}] *u* **3** (im Gewebe usw.) kæde [kee~~dh~~^{e}] *u*, trend [tran] *u*
Keule *w* kølle [köl^{e}] *u*
Kiefer *m* kæbe [keeb^{e}] *u*
Kilogramm *s* kilogram [kilogram] *u*
Kilometer *m* kilometer [kilomeda] *u*
Kind *s* barn [ban] *t*; **ein ~ wickeln** skifte ble på barnet
Kinderarzt *m* børnelæge [böan^{e}leej^{e}] *u*
Kindergarten *m* børnehave [böan^{e}hääw^{e}] *u*
Kinderwagen *m* barnevogn [baan^{e}woun] *u*
Kindheit *w* barndom [baandam] *u*
Kinn *s* hage [hääj^{e}] *u*
Kino *s* biograf [biograf] *u*
Kiosk *m* kiosk [kjaßg] *u*
Kirche *w* kirke [kiag^{e}] *u*
Kirsche *w* **1** (süße, Frucht) kirsebær [kiaß^{e}bäa] *t* **2** (Baum) kirsebær [kiaß^{e}bäa] *u*, kirsebærtræ[kiaß^{e}bäatre] *t* **3** (saure) surkirsebær [ßuakiaß^{e}bäa] *t*
Kissen *s* pude [puu~~dh~~^{e}] *u*
Kiste *w* kiste [kiißd^{e}] *u*
Klage *w* sagsanlæg [ßääß^{e}nleg] *t*, søgsmål [ßööjßmol] *t*, anklage [anklääj^{e}] *u*; **~ erheben** *gegen j-n* sagsøge *ngn*
Klammer *w* **1** (Gerät) klemme [klem^{e}] *u* **2** (Schriftzeichen) parentes [pa-anteß] *u*
Klang *m* lyd [lü~~dh~~] *u*
klar *adj* **1** klar [kla], gennemsigtig [gen^{e}mßegdi] **2** (Himmel usw.) klar [kla] **3** (Bedeutung usw.) klar [kla] ► **~er Himmel** klar himmel; **sich ~ werden** *über etw. Akk* blive klar *over ngt*
klären *v etw. Akk* opklare [abklaaa] *ngt*, *etw. Akk* tydeliggøre [tüü~~dh~~^{e}ligöa] *ngt*, klargøre [klaagöa] *ngt*
Klarheit *w* klarhed [klaahe~~dh~~] *u*
Klasse *w* **1** (Kategorie) klasse [klaß^{e}] *u* **2** (Zimmer) klasseværelse [klaß^{e}wäaalß^{e}] *t* **3** (Schüler) klasse [klaß^{e}] *u*
klassisch *adj* klassisk [klaßißg]
Klavier *s* klaver [klawea] *t*
Klebeband *s* tape [tejb] *u*
kleben *v* **1** *etw. Akk* lime *ngt* sammen [liim^{e} ßam^{e}n], klistre *ngt* sammen [klißdra ßam^{e}n], (befestigen) *etw. Akk an/auf etw. Akk* klæbe [kleeb^{e}] *ngt sammen med ngt*, klistre [klißdra] *ngt sammen med ngt* **2** (Klebkraft haben) klæbe [kleeb^{e}] **3** (klebrig sein) *an etw. Dat* klistre sig [klißdra ßaj]
klebrig *adj* klæbrig [kleebri]
Klebstoff *m* lim [lim] *u*, klister [klißda] *t*
Kleid *s* kjole [kjool^{e}] *u*
Kleider *s Mz* tøj [taj] *t*
Kleiderbügel *m* bøjle [bajl^{e}] *u*
Kleiderschrank *m* klædeskab [klee~~dh~~^{e}ßgäb] *t*, garderobe [gaderoob^{e}] *u*
Kleidung *w* tøj [taj] *t*
klein *adj* lille [lil^{e}]
kleiner *adj* mindre [mendra]
Kleingeld *s* småpenge [ßmapeng^{e}] *Mz*
Kleinigkeit *w* **1** småting [ßmateng] *Mz*, (etwas Kleines) småting [ßmateng] *u* **2** (Angelegenheit) bagatel [bagatel] *u*, ubetydelighed [ubetü~~dh~~^{e}lihe~~dh~~] *u*
kleinlich *adj* smålig [ßmali]
klettern *v* **1** *auf etw. Akk* klatre [kladra] **2** (herauskommen usw.) *aus etw.* komme ud [kam^{e} u~~dh~~], slippe ud [ßleb^{e} u~~dh~~] **3** (durchs Fenster usw.) *irgendwohin* kravle ind [kraul^{e} en] *i ngt* **4** (im Gebirge usw.) klatre [kladra]
Klima *s* klima [kliima] *t*
Klimaanlage *w* klimaanlæg [kliimaanleg] *t*
Klinge *w* klinge [kleng^{e}] *u*, blad [bla~~dh~~] *t*
Klingel *w* klokke [klag^{e}] *u*
klingeln *v* ringe på [reng^{e} po]
klingen *v* **1** (hörbar sein) lyde [lüü~~dh~~^{e}] **2** (Glocke) ringe [reng^{e}], kime [kiim^{e}] **3** (Eindruck vermitteln) *irgendwie* lyde [lüü~~dh~~^{e}] *som ngt*
Klinik *w* klinik [klinig] *u*
Klinke *w* **1** (Türklinke usw.) håndtag [hantäj] *t* **2** (Hebel) lille håndtag [lil^{e} hantäj]

klopfen *v* **1** (ans Fenster usw.) *an etw. Akk* banke [bangge] *på ngt* **2** (Fleisch) *etw. Akk* banke [bangge] *ngt*

Klosett *s* toiletkumme [toaledkome] *u*, (Raum) toilet [toaled] *t*

Kloß *m* knødel [knöö~~dh~~el] *u*

Kloster *s* kloster [klaßda] *t*

klug *adj* klog [klou]

Knall *m* knald [knal] *t*, brag [brau] *t*

knapp *adj* **1** (Kleidung) stram [ßdram], tætsiddende [tedße~~dh~~ene] **2** (gekürzt) kort [kood], kortfattet [koodfade~~dh~~]

Kneipe *w* værtshus [wäadßhuß] *t*

Knie *s* knæ[kne] *t*

knien *v* sidde på knæ[ße~~dh~~e po kne]; **sich ~** knæle

Knoblauch *m* hvidløg [wi~~dh~~laj] *t*

Knöchel *m* ankel [anggel] *u*, ankelled [anggele~~dh~~] *t*, fodled [fo~~dh~~le~~dh~~] *t*

Knochen *m* knogle [knoule] *u*

Knopf *m* knap [knab] *u*

Knospe *w* knop [knob] *u*

Knoten *m* knude [knuu~~dh~~e] *u*

Knotenpunkt *m* **1** (im Verkehr usw.) vejkryds [wajkrüß] *t* **2** (Verknüpfung) knude [knuu~~dh~~e] *u*, knudepunkt [knuu~~dh~~epongd] *t* **3** (von Aktivitäten usw.) centrum [ßentrom] *t*

Koch *m* kok [kag] *u*

kochen *v* **1** (im Wasser usw.) *etw. Akk* koge [kooue] *ngt* **2** (zubereiten) lave mad [lääwe ma~~dh~~] **3** (Wasser usw.) koge [kooue]

Kochherd *m* komfur [komfua] *t*

Kochplatte *w* kogeplade [kooueplä~~dh~~e] *u*

Koffer *m* kuffert [kofad] *u*

Kofferraum *m* bagagerum [bagäätscherom] *t*

Kohl *m* **1** (Weißkohl usw.) kål [kol] *u* **2** (Pflanze) kålrabi [kolraabi] *u* **3** (ÖrD) (Rosenkohl usw.) kål [kol] *u*

Kohle *w* **1** (Brennstoff) kul [kol] *t* **2** (ugs.) (Geld) skejs [ßgajß] *u*

Kohlrabi *m* glaskål [glaßkol] *u*

Kollege *m* kollega [koleega] *u*, medarbejder [me~~dh~~abajda] *u*

komisch *adj* komisk [komißg] ♦ *adv* morsomt [moaßamd], komisk [komißg]

Komma *s* **1** (Satzzeichen) komma [kama] *t* **2** (in Zahlen) komma foran decimalbrøk [kama fooan deßimälbrög]

kommen *v* **1** *irgendwohin* komme [kame] **2** (gelangen) *irgendwohin* nå [na] *hen*, komme [kame] *hen* **3** (Ansicht usw.) *zu etw.* komme [kame] *til ngt* **4** (verlieren) *um etw.* tabe [tääbe] *ngt* **5** (entfallen) *auf j-n/etw.* tilfalde [telfale], falde [fale] *ngt på ngt* **6** (Zeit) komme [kame] ► **gelegen ~** *j-m etw. Nom* komme belejligt, være nyttig; **Komm schon!** Kom nu!

Kommunikation *w* kommunikation [komunigatschon] *u*

kommunizieren *v mit j-m* kommunikere [komunigea] *med ngn*

Komödie *w* komedie [kome~~dh~~je] *u*

Kompass *m* kompas [kompaß] *t*

komplett *adj* fuldstændig [fulßdendi], komplet [kompled], total [totäl] ♦ *adv* helt [held], fuldstændigt [fulßdendid]

Kompliment *s* kompliment [komplimang] *u/t*

kompliziert *adj* kompliceret [kamblißea~~dh~~], indviklet [enwegle~~dh~~] ♦ *adv* kompliceret [kamblißea~~dh~~], vanskeligt [wanßgelid]

Komponist *m* komponist [komponißd] *u*

Konditorei *w* konditori [kandidari] *t*

Kondom *s/m* kondom [kandom] *t*, præservativ [preßäpajwatiu] *t*

Konfitüre *w* marmelade [mameläa~~dh~~e] *u*, syltetøj [ßüldetaj] *u*, syltetøj [ßüldetaj] *t*

König *m* konge [kange] *u*

Königin *w* dronning [draneng] *u*

können1 *v* (beherrschen usw.) *etw. Akk* kunne [kone]

können2 *v* (fähig sein) *tun etw. Akk* kunne [kone]; **Ich kann nicht mehr.** Jeg kan ikke mere.

konservativ *adj* konservativ [kanßäawatiu]

Konserve *w* dåse [dooße] *u*

Konstruktion *w* konstruktion [kanßdrugtschon] *u*

Konsul *m* konsul [kanßul] *u*

Konsulat *s* konsulat [kanßuläd] *t*

Kontakt *m* kontakt [kontagd] *u*, forbindelse [fabenelße] *u*; **in ~ stehen** *mit j-m* være i kontakt *med ngn*; **~ aufnehmen** *mit j-m* kontakte *ngt*

kontaktieren *v j-n* kontakte [kontagde] *ngt*

Kontaktlinse **~n** kontaktlinser *u Mz*

Konto *s* konto [kanto] *u*

Kontoauszug *m* kontoudskrift [kantou~~dh~~ßgrefd] *u*

Kontostand *m* saldo [ßaldo] *u*

Kontrolle *w* **1** kontrol [kontral] *u*, tjek [tjeg] *t* **2** (Zollkontrolle usw.) kontrol [kontral] *u*, inspektion [enßbegtschon] *u*, gennemsøgning [genemßöjneng] *u* **3** (Beherrschung) *über etw. Akk* kontrol [kontral] *u over ngt*

Kontrolleur *m* **1** kontrollør [kontrolöa] *u*, inspektør [enßbegtöa] *u* **2** (in der Straßenbahn usw.) kontrollør [kontrolöa] *u*

kontrollieren *v* **1** (überwachen) *etw. Akk* tjekke [tjeg^e] *ngt*, kontrollere [kontrolea] *ngt*, efterse [efdaße] *ngt* **2** (Gebiet usw.) kontrollere [kontrolea], beherske [behäaßg^e] *ngt*, (Gebiet usw.) kontrollere [kontrolea] *ngt*
Konzert *s* koncert [konßäad] *u*
Kopf *m* **1** hoved [hoo^{e}dh] *t* **2** (einer Zeitung usw.) brevhoved [breuhoo^{e}dh] *t*
Kopfhörer *m Mz* høretelefoner [hööatel^{e}fona] *u Mz*
Kopie *w* kopi [kopi] *u*, (eines Textes) afskrivning [außgriuneng] *u*
kopieren *v* kopiere [kopjea]
Korb *m* kurv [kuau] *u*
Korken *m* korkprop [koogprab] *u*
Korkenzieher *m* proptrækker [prabtraga] *u*
Korn *s* **1** korn [koan] *t* **2** (einer Waffe) sigtekorn [ßegd^{e}koen] *u*
Körper *m* **1** (menschlich) krop [krab] *u* **2** (Gebilde) genstand [genßdan] *u*
korrekt *adj* **1** (richtig) korrekt [koragd], rigtig [regdi] **2** (Benehmen usw.) korrekt [koragd]
Korrektur *w* **1** (eines Fehlers usw.) rettelse [rad^{e}lß^e] *u* **2** (Fahnenkorrektur usw.) korrektur [ko^{e}gtua] *u*
Korridor *m* **1** gang [gang] *u*, korridor [koidoa] *u* **2** (Gebiet) korridor [koidoa] *u*
korrigieren *v* rette [rad^e], forbedre [fabedhra], (ändern) korrigere [koigea], rette på [rad^e po]
Kosmetik *w* kosmetik [kaßm^{e}tig] *u*
Kost *w* mad [madh] *u*, kost [koßd] *u*
kostbar *adj* kostbar [kaßdba]
kosten *v* **1** (Speise) *etw. Akk* smage [ßmääj^e] *på ngt* **2** (Preis haben) *wie viel* koste [koßd^e] ► **Was/Wie viel kostet es?** Hvad koster det?
Kosten *Mz* omkostninger [amkaßdnenga] *u Mz*
kostenfrei *adj* fri [fri]
kostenlos *adj* fri [fri] ♦ *adv* gratis [graadiß]
Kostüm *s* **1** (für Frauen) dragt [dragd] *u* **2** (für Schauspieler usw.) kostume [koßdüüm^e] *t*
Kot *m* afføring [aufökaeng] *u*, lort [load] *t*, møg [maj] *t*, gødning [gödhneng] *u*
Kotelett *s* kotelet [kod^{e}led] *u*
Krach *m* postyr [paßdüa] *t*, larm [lam] *u*
Kraft *w* styrke [ßdüag^e] *u*, (Ursache der Bewegung) kraft [krafd] *u*
Kraftstoff *m* brændstof [branßdaf] *t*
Kraftwerk *s* kraftværk [krafdwääg] *t*
Kragen *m* krave [kraaw^e] *u*
Kralle *w* **1** (eines Vogels usw.) klo [klo] *u* **2** (Vorrichtung) hjullås [juulloоß] *u*
Krampf *m* krampe [kramb^e] *u*
krank *adj* syg [ßü]
Krankenhaus *s* hospital [hoßbitääl] *t*
Krankenschwester *w* sygeplejerske [ßüü^{e}plajaßg^e] *u*
Krankenversicherung *w* sygesikring [ßüü^{e}ßegreng] *u*
Krankenwagen *m* ambulance [ambulangß^e] *u*
Krankheit *w* sygdom [ßüüdam] *u*
kratzen *v* klø [klö], (wegen Juckreizes) klø sig [klö ßaj]
Kraut *s* **1** (Heilpflanze usw.) urt [uad] *u* **2** (der Kartoffeln usw.) top [tab] *u*
Krawatte *w* slips [ßlebß] *t*
Krebs *m* **1** (Tier) krebs [krabß] *u* **2** (Krankheit) kræft [krafd] *u* **3** (Sternzeichen) Krebsen [krabß^{e}n] *u*
Kredit *m* kredit [kredid] *u*
Kreditkarte *w* kreditkort [kredidkood] *t*
Kreide *w* kridt [krid] *t*
Kreis *m* cirkel [ßiag^{e}l] *u*, kreds [kreß] *u*
kreisen *v um etw.* kredse [kreeß^e] *om ngt*
Kreislauf *m* kredsløb [kreeßlöb] *t*
Kreisverkehr *m* rundkørsel [ronköaß^{e}l] *u*
Kreuz *s* **1** kors [kooß] *t* **2** (im Kartenspiel) klør [klöa] *u*
Kreuzfahrt *w* krydstogt [krüßtagd] *t*, sejltur [ßajltua] *u*
Kreuzung *w* **1** knudepunkt [knuudh^{e}pongd] *t*, kryds [krüß] *t* **2** (Pflanze usw.) krydsning [krüßneng] *u*
kriechen *v* **1** (auf allen vieren usw.) kravle [kraul^e], (liegend usw.) krybe [krüüb^e], krabbe [krab^e] **2** krybe [krüüb^e] **3** *aus etw.* kravle ud [kraul^e udh] *af ngt* **4** *vor j-m* krybe [krüüb^e] *for ngn*, (unterwürfig sein) *vor j-m* indynde sig [enön^e ßaj] *hos ngn*
Krieg *m* krig [kri] *u*
kriegen *v* **1** (Krankheit) få [fo] **2** (hineinpressen usw.) *etw. Akk irgendwohin* putte *ngt* ind [pud^e en] *i ngt*
Krise *w* krise [kriiß^e] *u*
Kritik *w* kritik [kritig] *u*, anmeldelse [anmel^{e}lß^e] *u*
kritisch *adj* kritisk [kridißg]
kritisieren *v* kritisere [kridißea] *ngn/ngt*, kritisere [kridißea] *ngt*
Krone *w* krone [kroon^e] *u*
Krug *m* kande [kan^e] *u*
krumm *adj* krum [krom]
Küche *w* køkken [kög^{e}n] *t* ► **häusliche ~** hjemmelavet mad
Kuchen *m* bagværk [bauwääg] *t*, kage [kääj^e] *u*

Kugel *w* **1** kugle [kuul^e] *u* **2** (Eiskugel usw.) iskugle [ißkuul^e] *u*
Kugelschreiber *m* kuglepen [kuul^{e}pen] *u*
Kuh *w* ko [ko] *u*
kühl *adj* **1** kølig [kööli], kold [kal] **2** (Getränk usw.) kold [kal], afkølt [auköld]
kühlen *v* **1** (Getränk usw.) afkøle [auköl^e], køle ned [kööl^e nedh], (Wein usw.) afkøle [auköl^e] *ngt*, svale [ßwääl^e] *ngt* **2** (Lebensmittel usw.) køle ned [kööl^e nedh]
Kühler *m* køler [köölа] *u*
Kühlschrank *m* køleskab [köölaßgäb] *t*
Kultur *w* kultur [kultua] *u*
Kümmel *m* kommen [kam^{e}n] *u*
kümmern *v* ***sich*** **~** *um j-n/etw.* passe [paß^e] *ngn/ngt*, sørge [ßöau^e] *for ngn/ngt*, *um j-n/etw.* tage sig af [tä ßaj ä] *ngn/ngt*, (behilflich sein usw.) tage sig af [tä ßaj ä] *ngn/ngt*
Kunde *m* klient [kliend] *u*, (im Geschäft usw.) kunde [koon^e] *u*
kündigen *v etw. Akk* opsige [abßi^e]
Kunst *w* **1** (Gestalten) kunst [konßd] *u* **2** (Geschick) kunnen [kun^{e}n] *u*, færdighed [fäadihedh] *u* ► **bildende ~** bildende kunst
Kunsthandwerk *s* håndarbejde [handaabajd^e] *t*
Künstler *m* kunstner [konßdna] *u*
künstlich *adj* kunstig [konßdi]
Kunststoff *m* plastic [plaßdig] *u/t*
Kupfer *s* kobber [koua] *t*
Kuppel *w* kuppel [kub^{e}l] *u*
Kupplung *w* kobling [kableng] *u*
Kürbis *m* græskar [graßka] *t*
Kurort *m* kursted [kuaßdedh] *t*
Kurs *m* **1** (Lehrgang) kursus [kuaßuß] *t* **2** (Richtung) kurs [kuaß] *u* **3** (einer Währung) kurs [kuaß] *u*
Kurve *w* kurve [kuau^e] *u*
kurz *adj* **1** kort [kood] **2** (nicht ausführlich) kort [kood], kortfattet [koodfad^{e}dh] ♦ *adv* **1** (geschnitten usw.) kort [kood] **2** (besprechen usw.) kort [kood] **3** kort [kood], kortfattet [koodfad^{e}dh] ► **~ weggehen** *irgendwohin* smutte; **vor ~em** for nylig
kürzen *v* **1** (kürzer machen) *etw. Akk* forkorte [fakood^e] *ngt* **2** (Geld) *etw. Akk* reducere [redußea], indskrænke [enßgrangg^e], sætte ned [ßed^e nedh]
kürzlich *adv* for nylig [fa nüüli]
Kurzschluss *m* kortslutning [koodßludneng] *u*
Kuss *m* kys [köß] *t*
küssen *v j-n/etw.* kysse [köß^e] *ngn/ngt*, *j-n* kysse [köß^e] *ngn*
Küste *w* kyst [kößd] *u*
Kuvert *s* kuvert [kuwäad] *u*, konvolut [konwolud] *u*

L

lächeln *v* smile [ßmiil^e]
Lächeln *s* smil [ßmil] *t*
lachen *v über j-n/etw.* le [le] *af ngn/ngt*
Lachen *s* latter [lada] *u*
lächerlich *adj* latterlig [ladali]
Lachs *m* laks [lagß] *u*
Lack *m* lak [lag] *u*
Ladegerät *s* oplader [ablädha] *u*
laden *v* **1** (beladen) *etw. Akk auf etw. Akk* laste [laßd^e] *ngt på ngt* **2** (Waffe) oplade [ablädh^e] **3** (Batterie) lade op [läädh^e ab]
Laden *m* butik [butig] *u*
Ladung *w* **1** (Frachtgut) fragt [fragd] *u* **2** (von Munition) sprængladning [ßbrangladhneng] *u* **3** (elektrische) ladning [ladhneng] *u* **4** (Warenmenge usw.) portion [potschon] *u*
Lage *w* beliggenhed [beleg^{e}nhedh] *u*, *etw. Gen* position [poßitschon] *u*
Lager *s* **1** (Unterkunft) lejr [laja] *u* **2** (für Vorräte usw.) lager [läja] *t* **3** (Gesteinsschicht) leje [laj^e] *t*, aflejring [aulajaeng] *u* **4** (Maschinenelement) leje [laj^e] *t*
lagern *v* **1** (im Wald usw.) campere [kampea], slå lejr [ßlo laja] **2** (Vorräte usw.) *etw. Akk irgendwohin* opbevare [abbewaaa] *ngt et sted*, lagre [läjra] *ngt et sted*, lægge [leg^e] *ngt et sted*
Laib *m* brød [brödh] *t*
Laken *s* lagen [läj^{e}n] *t*
Lamm *s* lam [lam] *t*
Lammfleisch *s* lammekød [lam^{e}ködh] *t*
Lampe *w* lampe [lamb^e] *u*, (Taschenlampe usw.) lygte [lögd^e] *u*
Land *s* land [lan] *t*
landen *v* lande [lan^e]
Landkarte *w* landkort [lankaad] *t*
Landschaft *w* landskab [lanßgäb] *t*
Landung *w* landing [laneng] *u*
Landwirt *m* landmand [lanman] *u*
Landwirtschaft *w* landbrug [lanbru] *t*, jordbrug [joabru] *t*
lang *adj* lang [lang], langvarig [langwai]
lange *adv* længe [leng^e]
Länge *w* længde [lengd^e] *u*
Langeweile *w* kedsomhed [kedhßamhedh] *u*
langfristig *adj* langfristet [langfreßd^{e}dh]
langsam *adj* langsom [langßam] ♦ *adv* langsomt [langßamd]
längst *adv* for længst [fa lengßd], for lang tid siden [fa lang tidh ßiidh^{e}n]

langweilen *v j-n* kede [keedhe] *ngn*; **sich ~** kede sig

langweilig *adj* kedelig [keedheli]

Lappen *m* **1** (zum Abwischen usw.) klud [kludh] *u* **2** (eines Organs usw.) lap [lab] *u*

Lärm *m* larm [lam] *u*

lassen *v* **1** (erlauben) *j-n etw. Akk zu tun* lade [läädhe] *ngn lave ngt, ngn gøre ngt* **2** (nicht ändern) *etw. Akk* lade [läädhe] *ngt* **3** (nicht wegnehmen) *j-m etw. Akk* lade *ngn* have [läädhe ha] *ngt* **4** ***sich ~*** (machen usw.) være mulig [weea muuli] **5** ***sich ~*** *etw. Akk tun* (veranlassen) få [fo] *ngt lavet* ► **Das lässt sich leicht reparieren.** Det er nemt at reparere.

Last *w* **1** (auf dem Wagen usw.) fragt [fragd] *u* **2** (in Kilogramm usw.) last [laßd] *u* **3** (Sorge usw.) byrde [büade] *u*

lästig *adj* kedelig [keedheli], trættende [tradene], plagsom [pläjßam], sur [ßuua]

Lastwagen *m* lastbil [laßdbil] *u*

Laub *s* løv [löu] *t*

Lauf *m* **1** (physische Aktivität) løb [löb] *u* **2** (einer Maschine usw.) *etw. Gen* gang [gang] *u af ngt*, drift [drefd] *u* **3** (eines Gewehrs) geværløb [gewealöb] *t* ► **im ~e** *etw. Gen* under, i løbet af

laufen *v* **1** (Person usw.) løbe [lööbe], rende [rane] **2** (hinüberlaufen) *über etw. Akk* løbe over [lööbe oua] *ngt* **3** (zu Fuß gehen) gå [go] **4** (in Gang sein) gå [go] **5** (Gefäß usw.) lække [lege] *ngt*

Laune *w* **1** (gute usw.) humør [humöa] *t*, stemning [ßdemneng] *u*, lune [luune] *t* **2** (Einfall) grille [grile] *u*, nykke [nöge] *u*, (Idee) lune [luune] *t*

launisch *adj* lunefuld [luuneful]

Laus *w* lus [luß] *u*

laut *adj* høj [haj], højlydt [hajlüd], larmende [laamene] ♦ *adv* højt [hajd] ► **~er stellen** *etw. Akk* (Radio usw.) skrue op *for ngt*

läuten *v* ringe [renge]

Lautsprecher *m* højttaler [hajtäla] *u*

lauwarm *adj* lunken [longgen]

Lawine *w* lavine [lawiine] *u*, sneskred [ßneßgredh] *t*

leben *v* leve [leewe]

Leben *s* liv [liu] *t*; **am ~** i live, levende

lebendig *adj* levende [leewene] ♦ *adv* levende [leewene]

Lebensmittel *s* **1** fødevare [föödhewaaa] *u* **2** fødevarer [födheaaaa] *Mz*

Lebensmittelgeschäft *s* købmand [köman] *u*

Leber *w* lever [leewa] *u*

lebhaft *adj* **1** livlig [liuli], kvik [kwig] **2** (Fantasie usw.) frodig [froodhi], livlig [liuli] **3** (Erinnerung usw.) levende [leewene], livlig [liuli] ♦ *adv* levende [leewene]

lecken *v* **1** slikke [ßlege] **2** (Fass usw.) lække [lege] *ngt*

lecker *adj* velsmagende [welßmäjene]

Leckerbissen *m* delikatesse [delikateße] *u*, godbid [gobidh] *u*, lækkerbisken [legabißgen] *u*

Leder *s* læder [ledha] *t*, skind [ßgen] *t*

ledig *adj* singel [ßenggel], ugift [ugifd]

leer *adj* **1** (Gefäß usw.) tom [tam] **2** (Blatt usw.) blank [blangg] ► **~e Batterie** fladt batteri

leeren *v etw. Akk* tømme [töme] *ngt*

legal *adj* lovlig [louli], retsgyldig [radßgüldi] ♦ *adv* legalt [legäl]

legen *v* **1** *etw. Akk irgendwohin* anbringe [anbrenge] *ngt*, placere [plaßea] *ngt*, lægge [lege] *ngt* **2** (in Mappe usw.) *etw. Akk in etw. Akk* lægge [lege] *ngt* **3** (Fundament usw.) lægge [lege] **4** (Eier) lægge [lege]

Lehm *m* ler [lea] *t*

Lehrbuch *s* lærebog [leeabou] *u*

lehren *v j-n etw. Akk* undervise [onawiße] *ngn i ngt*

Lehrer *m* skolelærer [ßgooleleea] *u*

Leiche *w* lig [li] *t*

leicht *adj* **1** (wenig wiegend) let [led] **2** (Aufgabe usw.) let [led] **3** (Berührung usw.) let [led], nænsom [nenßam] **4** (Husten usw.) let [led] ♦ *adv* **1** (ohne Problem) let [led], problemfrit [problemfrid] **2** (einfach) nemt [nemd] **3** (erreichbar usw.) let [led] **4** (nur wenig) let [led] **5** (berühren usw.) let [led] ► **ein ~er Hang** en jævn skråning

leiden *v* **1** *an/unter etw. Dat* lide [liidhe] *af ngt* **2** (Beleidigung usw.) *etw. Akk* tåle [toole] *ngt*, finde sig [fene ßaj] *i ngt*

Leidenschaft *w* lidenskab [liidhenßgäb] *u*

leider *part* desværre [deßwäaa], uheldigvis [uheldiwiß]

leidtun **Es tut mir leid.** Beklager.

leihen *v* **1** *j-m etw. Akk* låne [loone] *ngt til ngn*, *j-m etw. Akk* låne *ngt* ud [loone udh] *til ngn* **2** ***(sich) ~*** *etw. Akk von j-m* låne [loone] *ngt fra ngn*

Leim *m* fuglelim [fulelim] *u/t*

Leine *w* snor [ßnoa] *u*; **den Hund an der ~ haben** holde en hund i snor

leise *adj* stille [ßdele] ♦ *adv* lydløs [lüdhlöß], (sprechen usw.) lavmælt [laumeld] ► **~r stellen** skrue ned

leisten *v j-m etw. Akk* yde [üüdhe] *ngt*; **Dienste ~** *j-m/etw.* nytte *for ngn/ngt*; **sich** *etw. Akk* **~ können** (finanziell usw.) have råd *til ngt*

Leistung *w* **1** (sportliche usw.) præstation [preßdatschon] *u* **2** (einer Maschine usw.) arbejdsydelse [aabajdhßüüdheIße] *u*, effekt [efegd] *u* **3** (Betrag) ydelse [üüdheIße] *u*

leiten *v* **1** (Firma usw.) *etw. Akk* lede [leedhe], *etw. Akk* lede [leedhe] *ngt*, bestyre [beßdüa] **2** *j-n irgendwohin* føre [fööa] *ngn et sted*, *j-n irgendwohin* føre [fööa] *ngn til ngt*, tage [tä] *ngn et sted* **3** (Wasser usw.) lede [leedhe] *ngt* **4** (durchziehen usw.) *etw. Akk durch etw.* føre [fööa], lede [leedhe] **5** (leitfähig sein) lede [leedhe]

Leiter[1] *m* leder [leedha] *u*

Leiter[2] *w* stige [ßdiie] *u*

Leitung *w* **1** (einer Firma usw.) ledelse [leedheIße] *u*, styring [ßdüüaeng] *u* **2** (Hauptvertreter) ledelse [leedheIße] *u* **3** (Telefonleitung usw.) ledning [ledhneng] *u*

lenken *v* **1** (Richtung bestimmen) *etw. Akk* give retning [gi radneng] *til ngt*, regulere [regulea] *ngt* **2** (zum Ziel) *etw. Akk irgendwohin* vise vej [wiiße waj] *til ngn hvorhen*, vejlede [wajledhe] *ngn hvorhen*

Lenkrad *s* rat [rad] *t*

lernen *v* **1** (Fertigkeiten erwerben) *etw. Akk* lære [leea] *ngt* **2** (für eine Prüfung usw.) læse [leeße] **3** (durch Erfahrungen) *aus etw.* lære [leea] *af ngt*, tage lærdom [tä leadam] *af ngt* **4** (Handwerk) *etw. Akk* lære sig [leea ßaj], uddanne sig [udhdane ßaj], tage uddannelse [tä udhdaneIße]

lesbisch *adj* lesbisk [leßbißg]

lesen *v* **1** (ein Buch usw.) *etw. Akk* læse [leeße] **2** (Vorlesungen halten) forelæse [foooleße]

Leser *m* læser [leeßa] *u*

letzt(er,e,es) *adj* **1** (in einer Reihe) den sidste [den ßißde], det sidste [de ßißde] **2** (Woche usw.) sidste [ßißde] **3** (neuester) den sidste [den ßißde], det sidste [de ßißde] ► **das letzte Mal** sidste gang; **zum letzten Mal** sidste gang

leuchten *v* **1** (Lampe usw.) lyse [lüüße], skinne [ßgene] **2** (mit Taschenlampe usw.) *auf etw. Akk* lyse [lüüße] *på ngt*, kaste lys [kaßde lüß] *på ngt*

Leuchtturm *m* fyrtårn [füadon] *t*

Leute *Mz* folk [falg] *t*, mennesker [meneßga] *Mz*

Licht *s* lys [lüß] *t*

Lid *s* øjenlåg [ajenlou] *t*

Lidschatten *m* øjenskygge [ajenßgüge] *u*

lieb *adj* kær [kea], sød [ßödh], (in der Anrede usw.) kære [keea]; **Das ist ~ von Ihnen.** Det er pænt af dig.

Liebe *w* kærlighed [käalihedh] *u*; **~ machen** *mit j-m* elske *med ngn*

lieben *v j-n/etw.* elske [elßge] *ngn/ngt*; **sich ~** elske hinanden

lieber *adv* hellere [helaa]; **Ich möchte ~…** Jeg ville hellere…

Liebhaber *m* **1** (Geliebter) elsker [elßga] *u* **2** elsker [elßga] *u*, (Anhänger) *von etw.* liebhaver [liibhäwa] *u*

Liebling *m* **1** skat [ßgad] *u* **2** (Favorit) favorit [faworid] *u*, yndling [önleng] *u*

liebst(er,e,es) **am liebsten** helst

Lied *s* sang [ßang] *u*

liefern *v j-m etw. Akk* aflevere [aulewea] *ngt til ngn*

Lieferung *w* aflevering [auleweaeng] *u*, levering [leweaeng] *u*

Lieferwagen *m* varebil [waaabil] *u*

Liege *w* liggeplads [legeplaß] *u*

liegen *v* **1** (Mensch) ligge [lege] **2** (Sache) *irgendwo* ligge [lege] **3** (Problem usw.) *in etw. Dat* ligge [lege] *i ngt*, bunde [bone] *i ngt* **4** (an Umständen usw.) *an j-m/etw.* afhænge [auhenge] *af ngt*, komme an på [kame an po] *ngt* **5** (schätzen) *j-m an etw. Dat* bekymre sig [bekömra ßaj] *om ngn/ngt* **6** (wichtig sein) *an etw. Dat* betyde [betüdhe] *ngt*, være vigtig [weea wegdi]

Lift *m* elevator [elewääta] *u*

Likör *m* likør [likøa] *u*

Limo *w/s* limonade [limonäädhe] *u*

Limonade *w* limonade [limonäädhe] *u*

Linie *w* **1** (Strich) linie [linje] *u* **2** (Verkehrsstrecke) linie [linje] *u*, rute [ruude] *u*

link(er,e,es) *adj* venstre [wenßdra]

links *adv* til venstre [tel wenßdra], på den venstre side [po den wenßdra ßiidhe]; **nach ~** (wohin) til venstre, på den venstre side; **von ~** fra venstre

Linse *w* linse [lenße] *u*

Lippe *w* læbe [leebe] *u*

Lippenstift *m* læbestift [leebeßdefd] *u*

Liste *w etw. Gen* liste [leßde] *u over ngt*

Liter *m/s* liter [lida] *u*

Literatur *w* litteratur [lideratua] *u*

Lkw *m* lastbil [laßdbil] *u*, lastvogn [laßdwoun] *u*

loben *v j-n für etw.* rose [rooße] *ngn for ngt*

Loch *s* hul [hol] *t*

Locke *w* krølle [kröle] *u*

Lockenwickler *m* curler [kööla] *u*

locker *adj* **1** (nicht befestigt) fri [fri], løs [löß] **2** (Boden usw.) løs [löß] **3** (Atmosphäre usw.) afslappet [außlabedh] **4** (Gebäck usw.) luftig [lofdi] **5** (Mensch) afslappet [außlabedh]

Löffel *m* **1** ske [ßge] *u* **2** (kleiner) teske [teßge] *u* **3** (Maßangabe) *etw. Akk* skefuld [ßgeful] *u*

logisch *adj* logisk [logißg]

Lohn *m* løn [lön] *u*; **den ~ erhöhen** *j-m* forhøje

lohnen *v* ***sich*** ~ betale sig [betäl^{e} ßaj]

lokal *adj* lokal [lokäl], indfødt [enföd]

Lokomotive *w* lokomotiv [logomotiu] *t*

Los *s* lod [ladh] *u*

löschen *v* **1** slukke [ßlog^{e}] **2** (Daten) slette [ßled^{e}] *ngt*

lose *adj* fri [fri], løs [lößb]

lösen *v* **1** (Krawatte usw.) *etw. Akk* løsne [lößn^{e}] *ngt* **2** (Problem usw.) *etw. Akk* løse [löß^{e}] *ngt*

loslassen *v etw. Akk* slippe [ßleb^{e}] *ngt*

Lösung *w* **1** (einer Aufgabe) *etw. Gen* løsning [lößneng] *u* **2** (eines Geheimnisses usw.) afsløring [außlöaeng] *u* **3** (Flüssigkeit) opløsning [ablößneng] *u*

loswerden *v j-n/etw.* blive fri for [blii^{e} fri fa] *ngn/ngt*, komme af med [kam^{e} ä medh] *ngn/ngt*

Lotterie *w* lotteri [ladari] *t*

Löwe *m* **1** (Tier) løve [lööw^{e}] *u* **2** (Sternzeichen) Løve [lööw^{e}] *u*

Luchs *m* los [laß] *u*

Lücke *w* spalte [ßbald^{e}] *u*, åbning [oobneng] *u*, afbrydelse [aubrüdh^{e}lß^{e}] *u*

Luft *w* luft [lofd] *u*; **sich in ~ auflösen** fordampe

lüften *v* lufte ud [lofd^{e} udh]

Lüfter *m* ventilator [wentiläata] *u*

Luftmatratze *w* luftmadras [lofdmadraß] *u*

Luftpost *w* luftpost [lofdpaßd] *u*

Lüge *w* løgn [lajn] *u*

lügen *v j-m* lyve [lüüw^{e}]

Lunge *w* lunge [long^{e}] *u*

Lungenentzündung *w* lungebetændelse [long^{e}beten^{e}lß^{e}] *u*

Lust *w an etw. Akk* lyst [lößd] *u til ngt*; **~ haben** *etw. Akk zu tun* have lyst til *at gøre ngt, at lave ngt*; **~ zu essen** appetit *u*, madlyst *u*

lustig *adj* morsom [moaßam], sjov [tschou], pudsig [pußi]; **sich ~ machen** *über j-n/etw.* gøre grin *med ngn/ngt*, gøre nar *ad ngn/ngt*

lutschen *v* **1** (Bonbon usw.) *etw. Akk* sutte [ßud^{e}], suge [ßuu^{e}] **2** (Daumen usw.) *an etw. Dat* suge [ßuu^{e}]

Luxus *m* luksus [logßuß] *u*

M

machen *v* **1** (durchführen) gøre [gööa] **2** (entstehen lassen) lave [lääw^{e}] *ngt* **3** (erzeugen) fremstille [framßdel^{e}] *ngt*, skabe [ßgääb^{e}] *ngt* **4** *etw. Akk irgendwie* gøre [gööa] *ngt til* **5** ***sich*** ~ *an etw. Akk* gå i gang [go i gang] *med ngt* **6** (Summe) udgøre [udhgöa], beløbe sig [belöb^{e} ßaj] *til ngt* ► **eine Aufnahme** *von etw.* **~** tage et billede; **geltend ~** *etw. Akk* (Rechte usw.) udøve *ngt*; **Macht es nicht!** Lad være med at gøre det.; **sich bekannt ~** *mit etw.* gøre sig bekendt *med ngt*; **Spaß ~** *j-m etw. Nom ngn* nyde *ngt*; **unmöglich ~** *etw. Akk* gøre *ngt* umulig; **Und was soll ich ~?** Hvad skal jeg gøre?

Macht *w* magt [magd] *u*

mächtig *adj* **1** (Herrscher usw.) magtfuld [magdful] **2** (groß) mægtig [megdi]

Mädchen *s* pige [pii^{e}] *u*

Magazin *s* magasin [magaßin] *t*

Magen *m* mave [määw^{e}] *u*

mager *adj* **1** (Mensch) slank [ßlangg], mager [mäja] **2** (Fleisch) mager [mäja]

Magnet *m* magnet [mauned] *u*

mahlen *v* male [määl^{e}], kværne [kwäan^{e}]

Mahlzeit *w* måltid [mooltidh] *t*

Mai *m* maj [maj] *u*

Mais *m* majs [majß] *u*

Make-up *s* makeup [mejgab] *u*, sminke [ßmengg^{e}] *u*

mal *adv* gange [gang^{e}]

Mal *s* gang [gang] *u*; **das nächste ~** næste gang; **zum ersten ~** (for) første gang

malen *v* male [määl^{e}]

Maler *m* maler [määla] *u*

Malerei *w* malerkunst [määlakonßd] *u*

manchmal *adv* nogle gange [no^{e}n gang^{e}]

Mandarine *w* mandarin [mandarin] *u*

Mandel *w* mandel [man^{e}l] *u*

Mangel *m* **1** (Unvollkommenheit) mangel [mang^{e}l] *u* **2** (Knappheit) *an etw. Dat* mangel [mang^{e}l] *u af ngt* **3** (an einem Produkt usw.) brist [breßd] *u*, defekt [defegd] *u*, mangel [mang^{e}l] *u*, fejl [fajl] *u* **4** (Defekt usw.) fejl [fajl] *u*, defekt [defegd] *u*, mangel [mang^{e}l] *u*

Mann *m* mand [man] *u*

männlich *adj* **1** mandlig [manli], maskulin [maßgulin] **2** (Pflanze usw.) han- [han] **3** (Eigenschaft usw.) mandlig [manli]

Mannschaft *w* hold [hal] *t*, mandskab [manßgäb] *t*, team [tiim] *t*

Mantel *m* **1** (Kleidung) frakke [frag^{e}] *u* **2** (Reifen) dæk [deg] *t*

Mappe *w* mappe [mab^{e}] *u*, folder [fala] *u*

Märchen *s* eventyr [eew^{e}ntüa] *t*

Margarine *w* margarine [mageriine] *u*
Mark *s* **1** (Gewebe) marv [mau] *u* **2** (aus Tomaten usw.) puré [püre] *u*
Marke *w* **1** (Ware) mærke [mäage] *t* **2** (Wertzeichen) frimærke [frimäage] *t* **3** (Zeichen usw.) mærke [mäage] *t*
Markt *m* **1** (Straßenmarkt usw.) marked [maage~~dh~~] *t* **2** (Platz) marked [maage~~dh~~] *u* **3** (Warenverkehr) marked [maage~~dh~~] *t*
Markthalle *w* markedshal [maage~~dh~~ßhal] *u*
Marmelade *w* orangemarmelade [orangtschemameläa~~dh~~e] *u*
Marmor *m* marmor [mama] *t*
März *m* marts [maadß] *u*
Maschine *w* **1** maskine [maßgiine] *u* **2** *~n* (Maschinenausstattung) maskineri [maßginari] *t*
Maß *s* **1** (Größe) mål [mol] *t* **2** (Grad usw.) *etw. Gen* grad [gra~~dh~~] *u af ngt*
Massage *w* massage [maßäätsche] *u*
Masse *w* masse [maße] *u*, mængde [mengde] *u*
Maßeinheit *w* enhed [eenhe~~dh~~] *u*
mäßig *adj* moderat [moderad], mådeholden [moo~~dh~~ehalen], (Wind usw.) tempereret [temberea]
Maßnahme *w* forholdsregel [foohalßrejel] *u*, foranstaltning [faanßdaldneng] *u*
Maßstab *m* målestok [mooleßdag] *u*
Mast *m* mast [maßd] *u*
Material *s* materiale [matriääle] *t*, stof [ßdaf] *t*
Materie *w* stof [ßdaf] *t*, materie [mateaie] *u*
Matratze *w* madras [madraß] *u*
Matte *w* måtte [made] *u*
Mauer *w* mur [mua] *u*
Maurer *m* murer [muua] *u*
Maus *w* mus [muß] *u*
Maut *w* afgift [augifd] *u*
Mayonnaise *w* majonæse [majoneeße] *u*
Mechaniker *m* mekaniker [mekäniga] *u*
Medikament *s* lægemiddel [leejemi~~dh~~el] *t*, medicin [medißin] *u*, medikament [medikamend] *u*
Medizin *w* medicin [medißin] *u*
Meer *s* hav [hau] *t*; **am ~** ved havet
Meerrettich *m* peberrod [peuaro~~dh~~] *u*
Mehl *s* mel [mel] *t*
mehr *adv* mere [meea]
Mehrheit *w j-s/etw.* flertal [fleatal] *t*
mehrmals *num* flere gange [fleea gange], gentagne gange [gentäne gange]
Mehrwertsteuer *w* moms [mamß] *u*
Meile *w* mil [mil] *u*
mein, meine *pron* min, mit, mine [min, mid, miine]
meinen *v* mene [meene], synes [ßüneß] ► **Was ~ Sie damit?** Hvad mener du med det?
Meinung *w über etw. Akk* mening [meeneng] *u om ngt*
meistens *adv* mest [meßd], hovedsagelig [hooe~~dh~~ßäjeli], som regel [ßam rejel]
Meister *m* **1** (Weltmeister usw.) mester [meßda] *u* **2** (Könner) *in etw. Dat* mester [meßda] *u*
Meisterschaft *w* mesterskab [meßdaßkäb] *t*
melden *v* **1** (öffentlich usw.) *etw. Akk* bekendtgøre [bekendgööa] *ngt*, deklarere [deklarea] *ngt*, kundgøre [kongöa] *ngt* **2** (benachrichtigen) *j-m etw. Akk* rapportere [rabotea] *ngt til ngn*, indberette [enberade] *ngt til ngn* **3** ***sich ~*** (beim Chef usw.) *bei j-m* melde sig [mele ßaj] **4** ***sich ~*** (anrufen, schreiben usw.) *bei j-m* give lyd fra sig [gi lü~~dh~~ fra ßaj] **5** ***sich ~*** (Schüler usw.) række hånden op [rage hanen ab]
Meldung *w* **1** (amtliche) annoncering [anangßeaeng] *u* **2** (dienstliche) *über etw. Akk* rapport [rapood] *u*, indberetning [enberadneng] *u*
Melodie *w* **1** melodi [melodi] *u* **2** (eines Werbespots usw.) jingle [djenggel] *u*
Melone *w* melon [melon] *u*
Menge *w* **1** mængde [mengde] *u* **2** (von Ideen usw.) masse [maße] *u* ► **eine ~** *von etw.* bunke *u af ngt*
Mensch *m* menneske [meneßge] *t*
Menschheit *w* menneskeheden [meneßgehe~~dh~~en] *u*
menschlich *adj* **1** (Körper, Wesen usw.) menneskelig [meneßgeli] **2** (Behandlung usw.) human [humän]
Menstruation *w* menstruation [menßdruatschon] *u*, menses [menßeß] *u*
Menü *s* menu [menü] *u*
merken *v* **1** *j-n/etw.* bemærke [bemäage] *ngt*, lægge mærke til [lege mäage tel] *ngt*, *j-n/etw.* lægge mærke til [lege mäage tel] *ngt*, observere [abßäawea] *ngt* **2** ***sich ~*** *etw. Akk* huske [hußge] *ngt*
Merkmal *s* særpreg [ßeaprej] *t*, kendetegn [kenetajn] *t*
merkwürdig *adj* mærkelig [mäageli], usædvanlig [uße~~dh~~wänli] ♦ *adv* sært [ßead], mærkeligt [mäagelid]
Messe *w* messe [meße] *u*
messen *v* **1** *j-n/etw.* måle [moole] *ngn/ngt*, opmåle [abmole] *ngn/ngt*, tage mål [tä mol] **2** (Größe haben) *wie viel* måle [moole]
Messer *s* kniv [kniu] *u*

Messing *s* messing [meßeng] *u*
Metall *s* metal [metal] *t*
Meter *m/s* meter [meda] *u*
Methode *w* metode [metoodh^{e}] *u*
Metzger *m* (SüD) slagter [ßlagda] *u*
Metzgerei *w* (SüD) slagterbutik [ßlagdabutig] *u*
Miete *w* **1** (Geld) husleje [hußlaj^{e}] *u*, leje [laj^{e}] *u* **2** (Verhältnis) leje [laj^{e}] *u*, udleje [udhlaj^{e}] *u*
mieten *v etw. Akk* leje [laj^{e}] *ngt*, fremleje [framlaj^{e}] *ngt af ngn*
Mieter *m* lejer [laja] *u*
Migräne *w* migræne [migreen^{e}] *u*
Mikrofon *s* mikrofon [mikrofon] *u*
Mikrowelle *w* mikrobølgeovn [mikroböl j^{e}oun] *u*; **in der ~ aufwärmen** *etw. Akk* varme *ngt* op i mikrobølgeovnen
Mikrowellengerät *s* mikrobølgeovn [mikrobölj^{e}oun] *u*
Mikrowellenofen *m* mikrobølgeovn [mikrobölj^{e}oun] *u*
Milch *w* mælk [melg] *u*
Milchgeschäft *s* mejeri [majari] *t*
milde *adj* mild [mil]
militärisch *adj* militær [militea]
Milliarde *w* milliard [miliad] *u*
Million *w* million [milion] *u*
Milz *w* milt [mild] *u*
Minderheit *w* minoritet [minoaited] *u*
minderjährig *adj* mindreårig [mendraoi], umyndig [umöndi]
minderwertig *adj* lavkvalitets- [laukwalitedß], mindreværdig [mendrawäadi]
mindestens *adv* i det mindste [i d^{e} menßd^{e}], mindst [menßd]
Mineral *s* mineral [min^{e}ral] *t*
Mineralwasser *s* mineralvand [min^{e}ralwan] *t*
minimal *adj* minimal [minimäl]
Minister *m* minister [minißda] *u*
Ministerium *s* ministerium [minißdeajom] *t*
Ministerpräsident *m* statsminister [ßdädßminißda] *u*
minus *adv* minus [miinuß], minus [miinuß] *t*
Minute *w* minut [menud] *t*
Minze *w* mynte [mönd^{e}] *u*
mischen *v* **1** *etw. Akk* blande [blan^{e}], mikse [megß^{e}] *ngt*, røre [rööa] **2** ***sich*** ~ (Einflüsse usw.) blande [blan^{e}] **3** ***sich*** ~ (unter Menge usw.) blande sig [blan^{e} ßaj]
Mischung *w etw. Gen* blanding [blaneng] *u*
Missbrauch *m* misbrug [mißbru] *t*
missbrauchen *v j-n/etw.* misbruge [mißbru^{e}] *ngn/ngt*
Misserfolg *m* fiasko [fiaßgo] *u*, mislykke [mißlög^{e}] *u*
Misstrauen *s* mistillid [mißtelidh] *u*
misstrauisch *adj* mistænksom [mißteenggßam], mistroisk [mißtroißg], skeptisk [ßgebtißg]
Missverständnis *s* misforståelse [mißfaßdo^{e}lß^{e}] *u*
missverstehen *v etw. Akk* misforstå [mißfaßdo] *ngt*
mit *prep* **1** *j-m/etw.* (sammen) med [(ßam^{e}n) medh] **2** (Mittel) *j-m/etw.* ved [w^{e}] *ngt*, med [medh] *ngt* ♦ *pron* med [medh]
Mitarbeiter *m* medarbejder [medhabajda] *u*, kollega [koleega] *u*
mitbringen *v etw. Akk irgendwohin/j-m* bringe [breng^{e}] *ngt et sted, ngt til ngn*, tage med [tä medh] *ngt et sted, ngt til ngn*, *j-n* tage *ngn* med [tä medh]
miteinander *adv* sammen [ßam^{e}n], i fællesskab [i fel^{e}ßßgäb]
mitfahren *v bei j-m* tage [tä] *med ngn*
Mitgefühl *s* sympati [ßümbati] *u*
Mitglied *s etw. Gen* medlem [medhlem] *t*
Mitleid *s* medlidenhed [medhlidh^{e}nhedh] *u*, sympati [ßümbati] *u*
mitnehmen *v* **1** *etw. Akk* tage *ngt* med [tä medh] **2** (mit dem Auto usw.) *j-n/etw. irgendwohin* tage [tä] *ngn/ngt et sted*, (mit dem Auto) *j-n irgendwohin* tage *ngn* med [tä medh] *hvorhen*
Mittag *m* middag [meda] *u*; **zu ~ essen** spise frokost
Mittagessen *s* frokost [frogaßd] *u*
Mitte *w etw. Gen* midte [med^{e}] *u*; **in der ~** *etw. Gen* i midten *af ngt*
mitteilen *v j-m etw. Akk* meddele [medhdel^{e}] *ngn ngt*, *j-m etw. Akk* meddele [medhdel^{e}] *ngt til ngn*, give *ngn* besked [gi beßgedh] *om ngt*, *j-m etw.* meddele [medhdel^{e}] *ngn ngt*
Mitteilung *w* meddelelse [medhdel^{e}lß^{e}] *u*, besked [beßgedh] *u*, underretning [onaradneng] *u*
Mittel *s* **1** (Hilfsmittel) middel [midh^{e}l] *t*, redskab [redhßgäb] *t* **2** (Arzneimittel usw.) *gegen etw.* lægemiddel [leej^{e}midh^{e}l] *t mod ngt* **3** (Substanz) middel [midh^{e}l] *t* **4** (finanzielle) midler [midhla] *Mz*, formue [foomuu^{e}] *u*
mittels *prep j-s/etw.* ved hjælp af [w^{e} jelb ä] *ngn/ngt*, gennem [gen^{e}m] *ngn/ngt*
mitten *adv* **1** (räumlich) *in etw. Dat* i midten [i med^{e}n] *af ngt* **2** (irgendwohin) midt på [med po], midt i [med i] **3** (Tätigkeit usw.) *in etw. Dat* midt [med] *i ngt*
Mitternacht *w* midnat [midhnad] *u*

mittler(er,e,es) *adj* **1** (Finger usw.) midterst [medaßd], mellem- [mel^{e}m], middel- [midh^{e}l] **2** (durchschnittlich) middel- [midh^{e}l], mellem- [mel^{e}m]
Mittwoch *m* onsdag [onßda] *u*
Mixer *m* blender [blenda] *u*
Möbel *s Mz* møbel [möb^{e}l] *u*
Mode *w* mode [moodh^{e}] *u*
Modell *s* **1** model [model] *u* **2** (Frau) model [model] *u*, mannequin [man^{e}keng] *u*, dressmand [dreßman] *u* **3** (Grundlage usw.) mønster [mönßda] *t*
modern *adj* moderne [modäan^{e}]
mögen[1] *v* (verlangen) *etw. Akk von j-m* ønske [önßg^{e}] *ngt fra ngn*, ville [wil^{e}]; **Ich möchte (mit)... sprechen.** Jeg vil gerne snakke med...
mögen[2] *v* (gernhaben) *j-n/etw.* lide [liidh^{e}] *ngn/ngt*; **am liebsten ~** *j-n/etw.* kunne bedst lide *ngn/ngt*
möglich *adj* mulig [muuli] ► **es ist ~** *etw. Akk zu tun* det er muligt *at gøre ngt osv.*; **so bald wie ~** så snart som mulig
möglicherweise *adv* måske [moßg^{e}], muligvis [muuliwiß] ♦ *part* måske [moßg^{e}]
Möglichkeit *w* **1** (Auswahl) mulighed [muulihedh] *u for ngt* **2** (Chance) mulighed [muulihedh] *u*
Mohn *m* valmue [walmuu^{e}] *u*, (Samen) birkes [biag^{e}ß] *t*
Möhre *w* gulerod [gul^{e}rodh] *u*
Moment *m* **1** (kurzer usw.) øjeblik [aj^{e}bleg] *t*, moment [momend] *t* **2** (Punkt) øjeblik [aj^{e}bleg] *t*
Monat *m* måned [moon^{e}dh] *u*
monatlich *adj* månedlig [moon^{e}dhli] ♦ *adv* månedligt [moon^{e}dhlid]
Mönch *m* munk [mongg] *u*
Mond *m* måne [moon^{e}] *u*
Montag *m* mandag [manda] *u*
Moor *s* sump [ßomb] *u*, mose [mooß^{e}] *u*
Mord *m* mord [moa] *t*
Mörder *m* morder [moada] *u*
morgen *adv* i morgen [i mo-on]
Morgen *m* morgen [mo-on] *u*; **am ~** om morgenen; **Guten ~.** God morgen.
Morgendämmerung *w* daggry [daugrü] *t*, morgengry [mo-ongrü] *t*
morgens *adv* om morgenen [am mo-on^{e}n]
Moschee *w* moske [moßge] *u*
Moskitonetz *s* myggenet [müg^{e}n^{e}d] *t*
Motiv *s* motiv [motiu] *t*, bevæggrund [bewejgron] *u*
Motor *m* motor [moota] *u*
Motorhaube *w* motorhjelm [mootajelm] *u*
Motorrad *s* motorcykel [mootaßüg^{e}l] *u*
Möwe *w* måge [moou^{e}] *u*
Mücke *w* myg [müg] *u*
müde *adj* træt [trad]; **~ machen** *j-n* trætte *ngn*, udmatte *ngn*; **~ sein** være søvnig; **~ werden** blive træt
Mühe *w* bestræbelse [beßdreb^{e}lß^{e}] *u*
Mühle *w* **1** (Anlage) mølle [möl^{e}] *u* **2** (Haushaltsgerät) kværn [kwäan] *u*
Müll *m* skrald [ßgral] *t*, affald [aufal] *t*
Mülleimer *m* skraldespand [ßgral^{e}ßban] *u*, affaldsspand [aufalßßban] *u*
multiplizieren *v etw. Akk mit etw.* gange [gang^{e}] *ngt med*, multiplicere [multipli-ßea]
Mund *m* mund [mon] *u*
mündlich *adj* mundtlig [mondli] ♦ *adv* verbalt [wäabäld], mundtligt [mondlid]
Mündung *w* munding [moneng] *u*
Mundwasser *s* mundskyl [monßgöl] *t*
Münzautomat *m* salgsautomat [ßalßautomäd] *u*
Münze *w* mønt [mönd] *u*
Muschel *w* **1** (Tier) musling [mußleng] *u* **2** (Schale) skal [ßgal] *u*, konkylie [kangkülj^{e}] *u*
Museum *s* museum [mußeeom] *t*
Musik *w* musik [mußig] *u*
musikalisch *adj* musikalsk [mußikälßg]
Musiker *m* musiker [mußiga] *u*
Muskel *m* muskel [mußg^{e}l] *u*
Muslim *m* muslim [mußlim] *u*
müssen *v etw. Akk tun* være nødt til [weea/blii^{e}nöd tel], måtte [mad^{e}], skulle [ßgul^{e}]
Muster *s* **1** (Entwurf) mønster [mönßda] *t*, (Vorlage) model [model] *u*, forbillede [foobel^{e}dh^{e}] *t* **2** (eines Stoffes usw.) mønster [mönßda] *t* **3** (Vorbild) *an etw. Dat* mønster [mönßda] *t* **4** (einer Ware usw.) prøve [prööu^{e}] *u*
Mut *m* mod [modh] *t*, tapperhed [tabahedh] *u*, courage [kuraatsch^{e}] *u*
mutig *adj* dristig [dreßdi], modig [moodhi], tapper [taba]
Mutter[1] *w* (Frau) moder [moodha] *u*, mor [moa] *u*
Mutter[2] *w* (Schraube) møtrik [mötreg] *u*
Muttersprachler *m* indfødt [enföd] *u*
Mütze *w* hue [huu^{e}] *u*

N

Nabel *m* navle [naul^{e}] *u*

nach *prep* **1** (räumlich usw.) til [tel], i [i], mod [modh] **2** (später) efter [efda] **3** (Vorbild) *etw.* ifølge [ifölj^{e}] *ngt*

nachahmen *v j-n/etw.* imitere [imitea] *ngn/ngt*, efterligne [efdalin^{e}] *ngn/ngt*, *j-n* imitere [imitea] *ngn/ngt*

Nachbar *m* nabo [nääbo] *u*, sidemand [ßiidh^{e}man] *u*

nachdem *conj* efter at [efda a]

nachdenken *v über etw. Akk* spekulere [ßbegulea] *over ngt*, fundere [fondea] *på ngt*, *über etw. Akk* tænke [tengg^{e}] *over ngt*, gruble [grubl^{e}] *over ngt*

Nachfolger *m j-s* efterfølger [efdafölja] *u*; *j-s* **~ sein** efterfølge *ngn*

Nachfrage *w nach etw.* efterspørgsel [efdaßböaß^{e}l] *u efter ngt*

Nachkomme *m* efterkommer [efdakama] *u*

nachkommen *v j-m* følge med [följ^{e} medh] *ngn*

nachlassen *v* **1** (in Leistung) slække [ßleg^{e}], (Intensität) aftage [autä], lindre [lendra], (Interesse usw.) falme [falm^{e}] **2** (Rabatt) *j-m wie viel* give rabat [gi rabad] *på ngt*

nachlässig *adj* sjusket [tschußg^{e}dh], slurvet [ßluaw^{e}dh], (Mensch usw.) uagtsom [uagdßam] ♦ *adv* sjusket [tschußg^{e}dh], skødesløst [ßgöödh^{e}ßlößd]

Nachmittag *m* eftermiddag [efdameda] *u*

nachmittags *adv* i eftermiddag [i efdameda], om eftermiddagen [am efdameda^{e}n]; **~ um drei** klokken tre om eftermiddagen

Nachname *m* efternavn [efdanaun] *t*

Nachricht *w* **1** nyhed [nühedh] *u* **2** (E-Mail usw.) besked [beßgedh] *u* **3** **~en** (im Fernsehen usw.) nyheder [nühedha] *u Mz*

Nachspeise *w* dessert [deßead] *u*, efterret [efdarad] *u*

nächst(er,e,es) *adj* **1** (in Reihenfolge usw.) næste [neßd^{e}] **2** (in der Zukunft) følgende [följ^{e}n^{e}], næste [neßd^{e}] **3** (in der Nähe) nærmest [nääm^{e}ßd]

Nacht *w* nat [nad] *u*; **über ~** natten over, i nattens løb; **Gute ~!** God nat!

Nachteil *m* minus [miinuß] *t*, ulempe [ulemb^{e}] *u*, (Mangel usw.) mangel [mang^{e}l] *u*

Nachtisch *m* dessert [deßead] *u*, efterret [efdarad] *u*

nachts *adv* om natten [am nad^{e}n]

nachweisen *v etw. Akk* bevise [bewiß^{e}] *ngt*, påvise [pawiiß^{e}] *ngt*

nachzahlen *v etw. Akk* efterbetale [efdabetäl^{e}], betale resten [betäl^{e} raßd^{e}n]

Nacken *m* nakke [nag^{e}] *u*

nackt *adj* **1** (Körper) nøgen [naj^{e}n] **2** (Stelle usw.) bar [ba], nøgen [naj^{e}n]

Nadel *w* **1** (Nähnadel) nål [nol] *u* **2** (Stecknadel) knappenål [knab^{e}nol] *u* **3** (eines Kompasses usw.) kompasnål [kompaßnol] *u*

Nagel *m* **1** (Metallstift) søm [ßöm] *t* **2** (Fingernagel) negl [najl] *u*

Nagellack *m* neglelak [najl^{e}lag] *u*

nahe *adj* nærliggende [nealeg^{e}n^{e}], (nicht weit entfernt) nær [nea] ♦ *adv* **1** (nicht weit entfernt) nær [nea], i nærheden [i neahedh^{e}n], (nicht weit entfernt) tæt ved [ted w^{e}] *ngn/ngt*, i nærheden af [i neahedh^{e}n ä] **2** (verwandt usw.) nært [nead]

Nähe *w* nærhed [neahedh] *u*; **aus der ~** på nært hold

nähen *v* **1** (Kleid usw.) sy [ßü] **2** (befestigen) *etw. Akk* sy [ßü] *ngt*

nähern *v* **1** ***sich* ~** *j-m/etw.* nærme sig [nääm^{e} ßaj] *ngn/ngt*, komme tættere på [kam^{e} teda^{e} po] *ngn/ngt* **2** *j-m etw. Akk* flytte *ngt* nærmere [flöd^{e} näamaa]

Nähmaschine *w* symaskine [ßümaßgiin^{e}] *u*

Nahrung *w* næring [neeaeng] *u*, (Kindernahrung usw.) ernæring [äaneaeng] *u*

Nahrungsmittel *s* fødevare [föödh^{e}waaa] *u*

Naht *w* søm [ßöm] *u*

naiv *adj* naiv [naiu]

Name *m* navn [naun] *t*

Namenstag *m* navnedag [naun^{e}dä] *u*

nämlich *adv* nemlig [nemli]

Narbe *w* ar [a] *t*

Nase *w* næse [neeß^{e}] *u*; **Ich habe davon die ~ voll.** Jeg er træt af det.

Nasenloch *s* næsehule [neeß^{e}huul^{e}] *u*

nass *adj* våd [wodh] ♦ *adv* fugtigt [fogdid]

Nation *w* nation [natschon] *u*

national *adj* national [natschonäl]

Nationalität *w* nationalitet [natschonalited] *u*

Natur *w* natur [natua] *u*

natürlich *adj* **1** natur- [natua], naturlig [natuali] **2** (Tod usw.) naturlig [natuali] ♦ *part* selvfølgelig [ßelfölj^{e}li]

Navigation *w* navigation [nawigatschon] *u*

Navigationsgerät *s* satellitnavigation [ßad^{e}lidnawigatschon] *u*

Nebel *m* **1** tåge [tooue] *u* **2** (im Weltraum) stjernetåge [ßdjäanetooue] *u*
Nebelscheinwerfer *m Mz* tågelys [tooueluß] *t*
neben *prep* **1** (an der Seite) *etw. Dat* ved siden af [we ßii~~dh~~en ä], ved [we] **2** (zusätzlich) *etw. Dat* foruden [fau~~dh~~en]
nebenan *adv* tæt på [ted po] *ngt*, ved siden af [we ßii~~dh~~en ä] *ngt*
Nebenfluss *m* biflod [biflo~~dh~~] *u*
Nebenkosten *Mz* meromkostninger [meaamkoßdnenga] *Mz*
nebensächlich *adj* bi- [bi], side- [ßii~~dh~~e], uvæsentlig [uweßenli], uvigtig [uwegdi]
Neffe *m* nevø [newö] *u*
negativ *adj* negativ [negatiu], benægtende [benegdene]
nehmen *v* **1** (in die Hand) *etw. Akk* tage [tä] *ngt* **2** (Essen usw.) tage [tä] *ngt* **3** (Essen usw.) tage [tä] *ngt* **4** (Pillen usw.) *etw. Akk* tage [tä] *ngt* **5** (Risiko usw.) påtage sig [patä ßaj] *ngt* **6** (Einstellung) tage stilling til [tä ßdeleng tel] *ngt*, indtage [entä] **7** (essen usw.) indtage [entä], fortære [fatea] ► **in Anspruch ~** (Zeit) optage; **Wir ~ ein Taxi.** Vi tager taxa.
neidisch *adj* misundelig [mißoneli]
neigen *v* **1** (Kopf usw.) *etw. Akk* bøje [baje] *ngt*, (senken) *etw. Akk* stille *ngt* på skråt [ßdele po ßgrod], hælde [hele] *ngt* **2** *zu j-m/etw.* inklinere [enklinea] *til ngt*, tendere [tendea] *til/mod ngt*, (Vorliebe haben) *zu etw.* være tilbøjelig [weea tebajeli] *til ngt*, have en hang [ha en hang] *til ngt* **3** (Ansicht) *zu etw.* inklinere [enklinea] *til ngt* **4** ***sich ~*** (zu Ende gehen) nærme sig [näame ßaj]
nein *part* nej [naj]
Nektarine *w* nektarin [negtarin] *u*
Nelke *w* nellike [nelege] *u*
nennen *v* **1** (einen Namen geben) *j-n/etw. irgendwie* opkalde [abkale] *ngn/ngt*, give navn [gi naun] **2** (bezeichnen) *j-n irgendwie* kalde [kale] *ngn ngt* **3** (namentlich) opregne [abrajne]
Neoprenanzug *m* neopren [neopren] *u*
Nerv *m* **1** nerve [näawe] *u* **2** ***~en*** (System) nerver [näawa]
nervös *adj wegen etw.* nervøs [näawöß]
Nest *s* rede [ree~~dh~~e] *u*
nett *adj* **1** (Person) sød [ßö~~dh~~] **2** (angenehm) flink [flengg], rar [ra]
Netz *s* net [ned] *t*, (Struktur) netværk [nedwäag] *t*
neu *adj* ny [nü] ♦ *adv* nyt [nüd], (eröffnet usw.) ny- [nü]
neuerdings *adv* for nylig [fa nüüli]
neuest(er,e,es) *adj* nylig [nüüli], (Nachricht usw.) nyeste [nüeßde], seneste [ßeneßde]
neugierig *adj* nysgerrig [nüßgäai]
Neuigkeit *w* nyhed [nühe~~dh~~] *u*
Neujahr *s* nytårsdag [nüdoßdä] *u*
neulich *adv* for nylig [fa nüüli]
neun *num* ni [ni]
neunt(er,e,es) *num* niende [niene]
neunzehn *num* nitten [neden]
neunzig *num* halvfems [halfemß]
neutral *adj* neutral [neutral]
nicht *part* ikke [ege]; **eigentlich ~** ikke rigtig; **~ (ein)mal** ikke engang; **noch ~** ikke endnu; **überhaupt ~** slet ikke, overhovedet ikke; **N~ wahr?** Ikke også?
Nichte *w* niece [nieeße] *u*
Nichtraucher *m* ikkeryger [egerüüa] *u*
nichts *pron* intet [ende~~dh~~], ingenting [engenteng]; **(Das) Macht ~!** Det gør ikke noget.; **N~ zu danken.** Selv tak.
Nichtschwimmer *m* ikke svømmer [ege ßwöma] *u*
nie *adv* aldrig [aldri]
Niederlage *w* nederlag [ne~~dh~~aläj] *t*, (im Spiel usw.) tab [täb] *t*
Niederschläge *w Mz* nedbør [ne~~dh~~böa] *u*
niedlich *adj* sød [ßö~~dh~~], nydelig [nüü~~dh~~eli], yndig [öndi]
niedrig *adj* lav [lau] ♦ *adv* lavt [läwd]
niemals *adv* aldrig [aldri]
niemand *pron* ingen [engen]
Niere *w* nyre [nüüa] *u*
niesen *v* nyse [nüüße]
nirgends *adv* intetsteds [ende~~dh~~ßde~~dh~~ß]
nirgendwo *adv* intetsteds [ende~~dh~~ßde~~dh~~ß]
nirgendwohin *adv* intetsteds [ende~~dh~~ßde~~dh~~ß]
noch[1] *adv* **1** (dauern usw.) endnu [enu] **2** (ein Bier usw.) mere [meea] ► **~ einer** en anden, en til; **~ einmal** en gang til; **~ nicht** ikke endnu; **~ schlimmer/mehr** endnu værre/mere
noch[2] *conj* heller ikke [hela ege]; **weder… ~** hverken… eller
nochmals *adv* en gang til [en gang tel]
Nonne *w* nonne [nane] *u*, søster [ßößda] *u*
Norden *m* nord [noa] *t*
nördlich *adj* nordlig [noali], nord- [noa]
normal *adj* normal [nomäl]
Not *w* **1** (Armut) armod [aamo~~dh~~] *u*, (Mangel an Geld usw.) fattigdom [fadidam] *u* **2** nød [nö~~dh~~] *u*, nødsituation [nö~~dh~~ßiduatschon] *u*, nødstilfælde [nö~~dh~~ßtelfele] *t*
Notar *m* notarius publicus [notaaiuß publikuß] *u*, notar [nota] *u*
Notarzt *m* vagtlæge [wagdleeje] *u*
Notaufnahme *w* skadestue [ßgää~~dh~~eßduue] *u*

Notausgang *m* nødudgang [nödhudhgang] *u*

Notdienst *m* skadestue [ßgäädheßduue] *u*

Note *w* **1** (Notenzeichen) node [noodhe] *u* **2** (in der Schule) karakter [ka-agtea] *u*

Notfall *m* nødsituation [nödhßiduatschon] *u*, nødstilfælde [nödhßtelfele] *t*, nød [nödh] *u*

notieren *v* notere [notea], skrive ned [ßgriiwe nedh]

nötig *adj* nødvendig [nödhwendi], fornøden [fanödhen]; **Das ist nicht ~.** Det er ikke nødvendigt.

Notiz *w* note [noode] *u*, anmærkning [anmäagneng] *u*

Notizblock *m* notesblok [noodeßblag] *u*

Notlage *w* nød [nödh] *u*, nødsituation [nödhßiduatschon] *u*, nødstilfælde [nödhßtelfele] *t*

Notlandung *w* nødlanding [nödhlaneng] *u*

notwendig *adj* nødvendig [nödhwendi], fornøden [fanödhen] ♦ *adv* nødvendigvis [nödhwendiwiß] ► **~ sein** være nødvendig; **wenn ~** hvis (det bliver) nødvendigt

November *m* november [nowemba] *u*

nüchtern *adj* ædru [eedru]

Nudeln *w Mz* nudler [nudha] *u Mz*

Null *w* nul [nol] *t*; **Temperaturen unter ~** temperaturer under nul

Nummer *w* **1** (zwei usw.) tal [tal] *t*, nummer [noma] *t* **2** (Schuhe usw.) nummer [noma] *t* **3** (Zeitschrift usw.) nummer [noma] *t*

Nummernschild *s* nummerplade [nomapläädhe] *u*

nun *adv* nu [nu]

nur *adv* kun [kon]; **nicht ~** ikke kun

Nuss *w* nød [nödh] *u*

nutzen *v* **1** (Nutzen ziehen) *etw. Akk* benytte sig af [benöde ßaj ä] *ngt*, udnytte [udhnöde] *ngt* **2** (Nutzen bringen) *j-m* nytte [nöde] *ngn*, gavne [gaune] *ngn*

nützlich *adj* nyttig [nödi], gavnlig [gaunli] *for ngn/ngt*

nutzlos *adj* håbløs [hooblöß], forgæves [fageweß], unødvendig [unödhwendi], unødig [unödhi] ♦ *adv* uden nytte [udhen nöde]

O

ob *conj* hvis [weß], om [am]

obdachlos **~ sein** være hjemmeløs

oben *adv* **1** (höher) oppe [abe] **2** (an der oberen Stelle) øverst [öuaßd], ovenpå [ouenpo], på toppen [po taben] *af noget* **3** (auf dem Himmel usw.) oppe [abe] **4** (im Stockwerk) oppe [abe] **5** (im Text) ovenfor [ouenfa] ► **~ ohne** topløs

Ober *m* overtjener [ouatjeena] *u*

ober(er,e,es) *adj* top- [tab]

Oberfläche *w etw. Gen* overflade [ouafläädhe] *u*

Oberschenkel *m* lår [lo] *t*

objektiv *adj* objektiv [abjegtiu] ♦ *adv* objektivt [abjegtiud]

Obst *s* frugt [frogd] *u*

obwohl *conj* selv om [ße am], selvom [ßelam], skønt [ßgönd]

oder *conj* eller [ela] ► **O~?** Ikke også?

Ofen *m* **1** ovn [oun] *u* **2** (Schmelzofen, Glutofen usw.) smelteovn [ßmeldeoun] *u*

offen *adj* **1** åben [ooben] **2** (unverhohlen) åbenlys [oobenlüß], åbenbar [oobenba] **3** (noch unbezahlt) ubetalt [ubetäld] ♦ *adv* åbent [oobend]

offensichtlich *adj* åbenlys [oobenlüß], (klar usw.) oplagt [ablagd] ♦ *adv* åbenlyst [oobenlüßd], øjensynligt [ajenßüünlid], tydeligvis [tüüdheliwiß]

öffentlich *adj* offentlig [afendli] ♦ *adv* offentligt [afendlid]

offiziell *adj* officiel [afitschel] ♦ *adv* officielt [afitscheld]

öffnen *v* **1** (Tür usw.) *etw. Akk* åbne [oobne] **2** (Bluse usw.) *etw. Akk* knappe op [knabe ab] *ngt*, (Reißverschluss) lyne op [lüüne ab]

Öffner *m* oplukker [abloga] *u*

Öffnung *w* åbning [oobneng] *u*

Öffnungszeiten *w Mz* åbningstid [oobnengßtidh] *u*

oft *adv* ofte [afde]

ohne *prep j-n/etw.* uden [udhen] *ngn/ngt* ♦ *conj etw. Akk zu tun* uden at [udhen a]

Ohr *s* øre [ööa] *t*

Ohrring *m* ørering [ööareng] *u*

ökologisch *adj* miljø- [miljö], økologisk [ökoloißg]

Oktober *m* oktober [ogtoba] *u*

Öl *s* **1** (Flüssigkeit) olie [olje] *u* **2** (Rohstoff) råolie [raolje] *u*

Olive *w* oliven [oliwen] *u*

Omelett *s* omelet [omeled] *u*

Onkel *m* onkel [onggel] *u*

Oper *w* opera [obera] *u*

Operation *w* operation [oberatschon] *u*

Opfer *s* offer [afa] *t*
opfern *v etw. Akk* ofre [afra] *ngt*
Opposition *w* opposition [oboßitschon] *u*
Optiker *m* optiker [abtiga] *u*
orange *adj* orange [orangtsch^{e}]
Orange *w* appelsin [ab^{e}lßin] *u*
Orchester *s* orkester [okeßda] *t*
Orden *m* orden [od^{e}n] *u*
ordentlich *adj* **1** (ordnungsliebend) ryddelig [rüdh^{e}li] **2** (angemessen) passende [paß^{e}n^{e}], ordentlig [od^{e}nli], (vorschriftsmäßig) regulær [regulea] ♦ *adv* **1** (angemessen) ordentligt [od^{e}nlid], rigtigt [regdid] **2** (angemessen) korrekt [koragd], passende [paß^{e}n^{e}], hensigtsmæssigt [henßegdßmeßid] **3** (viel) ordentligt [od^{e}nlid]
ordnen *v etw. Akk* ordne [oodn^{e}] *ngt*, arrangere [a-angtschea] *ngt*; **sich ~** stille sig i kø
Ordnung *w* **1** orden [od^{e}n] *u* **2** (Tagesordnung usw.) den daglige rytme [d^{e}n dauli^{e} rüdm^{e}] *u*, den daglige rutine [d^{e}n dauli^{e} rutiin^{e}] *u* ► **in ~ bringen** *etw. Akk* bringe *ngt* i orden, ordne; **Ich bin in ~.** Jeg har det godt.
Organ *s* **1** (im Körper) organ [ogän] *t* **2** (Gruppe von Personen) organ [ogän] *t*, (Kollegium usw.) korps [koobß] *t*
organisieren *v etw. Akk* organisere [oganißea] *ngt*
Orgasmus *m* orgasme [ogaßm^{e}] *u*
Orgel *w* orgel [ou^{e}l] *t*
orientieren *v* ***sich*** **~** orientere sig [oi^{e}ntea ßaj]
original *adj* original [oiginäl]
Original *s* original [oiginäl] *u*
Orkan *m* orkan [okän] *u*
Ort *m* sted [ßdedh] *t*, plads [plaß] *u*
örtlich *adj* lokal [lokäl], indfødt [enföd] ♦ *adv* stedvis [ßdedhwiß], her og der [hea a dea]
Osten *m* øst [ößd] *t*; **im ~** i øst
Ostern *s* påske [pooßg^{e}] *u*
Österreich *s* Østrig [ößdri] *t*
Österreicher *m* østriger [ößdria] *m*, østriger [ößdria] *u*
österreichisch *adj* østrigsk [ößdrißg]
östlich *adj* østlig [ößdli]
Ozean *m* ocean [oß^{e}än] *t*

P

paar **ein ~** et par, flere
Paar *s* par [pa] *t*
packen *v* **1** (in Papier usw.) pakke [pag^{e}] *ngt*, pakke ind [pag^{e} en], emballere [ambalea] **2** (Koffer) *etw. Akk* pakke [pag^{e}] **3** (fest usw.) *etw. Akk* gribe [griib^{e}], få fat i [fo fad i] *ngt* **4** (schnell, fest usw.) *etw. Akk* få fat i [fo fad i] *ngt*, *etw. Akk* gribe [griib^{e}] *ngt*
Packung *w* **1** (Hülle usw.) pakning [pagneng] *u*, emballage [ambaläätsch^{e}] *u* **2** (Menge) pakning [pagneng] *u*
Paket *s* **1** (Verpacktes) pakke [pag^{e}] *u* **2** (Sendung) pakke [pag^{e}] *u*, postpakke [paßdpag^{e}] *u* **3** (Ware) pakning [pagneng] *u*
Palast *m* palads [palaß] *t*, slot [ßlad] *t*
Palme *w* palme [palm^{e}] *u*
Panne *w* sammenbrud [ßam^{e}nbrudh] *t*
Pantoffel *m* tøffel [töf^{e}l] *u*
Panzer *m* **1** (von Schildkröte usw.) skjold [ßgjal] *t* **2** (Kampffahrzeug) kampvogn [kambwoun] *u*, tank [tangg] *u*
Papier *s* **1** papir [papia] *t* **2** **~e** ID-kort [idekood] *t*, identitetskort [identitedßkood] *t*
Pappe *w* pap [pab] *u/t*, karton [katang] *u/t*
Paprika *m* **1** (Schote) peberfrugt [peuafrogd] *u* **2** (Gewürz) paprika [pabrika] *u*
Papst *m* pave [pääw^{e}] *u*
Paradies *s* paradis [paaadiß] *t*
Parfüm *s* parfume [pafüüm^{e}] *u*
Park *m* park [paag] *u*
parken *v irgendwo* parkere [pakea]
Parkkralle *w* hjullås [juullooß] *u*
Parkplatz *m* parkeringsplads [pakeaengßplaß] *u*
Parkscheibe *w* parkeringsskive [pakeaengßgiiw^{e}] *u*
Parkuhr *w* parkometer [pagomäda] *t*, parkomat [pagomäd] *u*
Parlament *s* parlament [palamend] *t*
Partei *w* parti [pati] *t*
Parterre *s* stueetage [ßduu^{e}etätsch^{e}] *u*
Partner *m* partner [paadna] *u*, makker [maga] *u*, (Begleiter) kammerat [kam^{e}rad] *u*, (Lebensgefährte) samlever [ßamlewa] *u*
Party *w* fest [feßd] *u*, selskab [ßelßgäb] *t*
Pass *m* pas [paß] *t*
Passage *w* **1** (Ladenpassage) arkade [akäädh^{e}] *u* **2** (eines Textes usw.) passage [paßäätsch^{e}] *u*
Passagier *m* passager [paßatschea] *u*
passen *v* **1** (Kleidung) *j-m* passe [paß^{e}] *ngn* **2** (Farben usw.) *zu etw.* passe [paß^{e}] *sammen*, *zu etw.* passe [paß^{e}] *til ngt*, passe

sammen [paß^e ßam^{e}n] **3** (gefallen) *j-m* passe *ngn* godt [paß^e gad]

passend *adj* passende [paß^{e}n^e] ♦ *adv* passende [paß^{e}n^e], hensigtsmæssigt [henßegdßmeßid]

passieren *v* ske [ßge]

Passwort *s* password [paaßuööd] *t*, kodeord [koo~~dh~~^{e}oa] *t*

Paste *w* pasta [paßda] *u*

Pate *m* gudfar [gu~~dh~~faa] *u*

Patenkind *s* gudbarn [gu~~dh~~ban] *t*

Patient *m* patient [patschend] *u*

Pauschalreise *w* charterrejse [tjaadarajß^e] *u*

Pause *w* pause [pauß^e] *u* ► **Machen wir eine ~.** Vi holder en pause.

Pech *s* uheld [uhel] *t*

Pedal *s* pedal [pedäl] *u*

peinlich *adj* flov [flou] ♦ *adv* pinligt [piinlid] ► **sich ~ fühlen** være flov *over/ved ngt*, føle sig pinligt

Pelz *m* pels [pelß] *u*

Penis *m* penis [peeniß] *u*, lem [lem] *t*

Pension *w* **1** pension [pangtschon] *u* **2** (Gebäude usw.) pension [pangtschon] *u*, pensionat [pangtschonäd] *t*

perfekt *adj* fuldkommen [fulkam^{e}n], perfekt [päafegd] ♦ *adv* perfekt [päafegd]

Periode *w* periode [päaioo~~dh~~^{e}] *u*

Perle *w* perle [päal^e] *u*

Person *w* **1** (Mensch) person [päaßon] *u* **2** (juristische usw.) juridisk person [juri~~dh~~ißg päaßon] *u*

Personalausweis *m* legitimation [legitimatschon] *u*, identitetskort [identitedßkood] *t*

Personaldaten *w Mz* personlige data [päaßonlii^e dääta]

persönlich *adj* personlig [päaßonli] ♦ *adv* personligt [päaßonlid]

Perspektive *w* **1** (Sicht) perspektiv [päaßb^{e}gtiu] *t* **2** (Zukunft) *etw. Gen* perspektiv [päaßb^{e}gtiu] *t*, udsigt [u~~dh~~ßegd] *u*

Perücke *w* paryk [parög] *u*

Petersilie *w* persille [päaßel^e] *u*

Pfad *m* sti [ßdi] *u*, gangsti [gangßdi] *u*

Pfand *s* depositum [depoßitom] *t*, indskud [enßgu~~dh~~] *t*, pant [pand] *t*

Pfanne *w* pande [pan^e] *u*

Pfeffer *m* peber [peua] *t*

Pfeife *w* **1** (Musikinstrument) fløjte [flajd^e] *u* **2** (zum Rauchen) pibe [piib^e] *u* **3** (eines Schiedsrichters usw.) fløjte [flajd^e] *u*

pfeifen *v* **1** fløjte [flajd^e], hvisle [wißl^e], pibe [piib^e], pifte [pifd^e] **2** (mit Pfeife) blæse i fløjte [bleeß^e i flajd^e]

Pfeil *m* pil [pil] *u*

Pfeiler *m* pille [pel^e] *u*

Pferd *s* hest [heßd] *u*

Pfirsich *m* fersken [fääßg^{e}n] *u*

Pflanze *w* plante [pland^e] *u*

pflanzen *v etw. Akk* plante [pland^e] *ngt*

Pflaster *s* **1** (Straßenbelag) brolægning [brolegneng] *u* **2** (Verband) plaster [plaßda] *t*

Pflaume *w* blomme [blam^e] *u*, sveske [ßweßg^e] *u*

Pflege *w j-s* pleje [plaj^e] *u af ngn*

pflegen *v j-n/etw.* pleje [plaj^e] *ngn/ngt*

Pflicht *w* pligt [plegd] *u*

pflücken *v* plukke [plog^e]

Pflug *m* plov [plou] *u*

pflügen *v* pløje [plaj^e]

Pförtner *m* portvagt [poadwagd] *u*

Pfote *w* pote [pood^e] *u*

Pfund *s* pund [pun] *t*

Pfütze *w* pyt [püd] *u*, vandpyt [wanpüd] *u*

Phase *w* fase [fääß^e] *u*

Pickel *m* **1** (Arbeitsgerät) hakke [hag^e] *u* **2** (in der Haut) filipens [filipenß] *u*, bums [bomß] *t*

Picknick *s* picnic [pignig] *u*

Pille *w* **1** pille [pel^e] *u* **2** (Verhütungsmittel) p-pille [pepel^e] *u*

Pilot *m* flyver [flüüwa] *u*, pilot [pilod] *u*

Pilz *m* svamp [ßwamb] *u*

pinkeln *v* tisse [tiß^e]

Pinsel *m* pensel [penß^{e}l] *u*

Pinzette *w* pincet [penßed] *u*

Piste *w* løjpe [lajb^e] *u*, pist [pißd] *u*

Pistole *w* pistol [pißdol] *u*

Pkw *m* bil [bil] *u*

Plakat *s* plakat [plakäd] *u*

Plan *m* plan [plän] *u*

planen *v etw. Akk* planlægge [pläänleg^e] *ngt*

Planet *m* planet [planed] *u*

planmäßig *adv* systematisk [ßüßd^{e}mädißg]

platt *adj* flad [flä~~dh~~]

Platte *w* **1** (Holzplatte usw.) bræt [brad] *t* **2** (aus Metall usw.) plade [plää~~dh~~^{e}] *u* **3** (Bauteil) vægplade [wegplää~~dh~~^{e}] *u*, vægelement [wegel^{e}meng] *t* **4** (Schallplatte) grammofonplade [gramofonplää~~dh~~^{e}] *u* **5** (zum Servieren) bakke [bag^e] *u* **6** (Festplatte) harddisk [haaddeßg] *u*

Platten *m* punktering [pongteaeng] *u*; **Ich habe einen ~.** Jeg er punkteret.

Plattenspieler *m* grammofon [gramofon] *u*

Platz *m* **1** (umbaute Fläche) plads [plaß] *u* **2** (Teil eines Raumes) sted [ßde~~dh~~] *t*, plads [plaß] *u* **3** (Kapazität usw.) rum [rom] *t*

platzen *v* briste [breßd^{e}], revne [raun^{e}], (Blase usw.) sprække [ßbrag^{e}]
platzieren *v etw. Akk irgendwohin* placere [plaßea] *ngt/ngn*, anbringe [anbreng^{e}] *ngt/ngn*
Platzkarte *w* pladsbillet [plaßbiled] *u*
plaudern *v* pjatte [pjad^{e}], plapre [plabra], sludre [ßludhra], *mit j-m über etw. Akk* sludre [ßludhra] *med ngn*
Plombe *w* segl [ßajl] *t*
plötzlich *adj* pludselig [pluß^{e}li] ♦ *adv* pludseligt [pluß^{e}lid]
plus *adv* plus [pluß]
Pokal *m* bæger [beeja] *t*, pokal [pokäl] *u*
polieren *v etw. Akk* polere [polea]
Politik *w* politik [politig] *u*
Politiker *m* politiker [polidiga] *u*
politisch *adj* politisk [polidißg]
Polizei *w* politi [politi] *t*
Polizeidienststelle *w* politistation [politißdatschon] *u*
Polizeiwache *w* politistation [politißdatschon] *u*
Polizist *m* politibetjent [politibetjend] *u*, politimand [politiman] *u*
Polohemd *s* poloskjorte [pooloßgjoad^{e}] *u*, polo [poolo] *u*
Pope *m* pope [poob^{e}] *u*
Porree *m* porre [poaa] *u*
Portemonnaie *s* pung [pong] *u*, tegnebog [tajn^{e}bou] *u*
Portion *w* portion [potschon] *u*
Porto *s* porto [poodo] *u*
Porträt *s* portræt [potrad] *t*
Porzellan *s* porcelæn [poß^{e}len] *t*
Position *w* **1** (räumliche) *etw. Gen* position [poßitschon] *u* **2** (Haltung) holdning [halneng] *u*, kropsstilling [krabßßdeleng] *u* **3** (einer Liste) post [paßd] *u*
positiv *adj* positiv [poßitiu]
Post *w* **1** (Amt) posthus [paßdhuß] *t* **2** (Briefe usw.) post [paßd] *u* **3** (System) post [paßd] *u*
Postamt *s* posthus [paßdhuß] *t*
Posten *m* post [paßd] *u*
Postfach *s* postboks [paßdbagß] *u*
Postkarte *w* postkort [paßdkood] *t*
Postleitzahl *w* postnummer [paßdnoma] *t*
Postsendung *w* postforsendelse [paßdfaßen^{e}lß^{e}] *u*
prahlen *v mit etw.* prale [praal^{e}] *af/med ngt*, *mit etw.* prale [praal^{e}] *af ngt*
praktisch *adj* praktisk [pragdißg] ♦ *adv* **1** (eigentlich) faktisk [fagdißg], egentlig [ej^{e}ndli], i grunden [i gron^{e}n], (orientiert usw.) praktisk [pragdißg] **2** (im Prinzip usw.) så godt som [ßa gad ßam], praktisk talt [pragdißg tääld], (quasi) faktisk [fagdißg], egentlig [ej^{e}ndli]
Präservativ *s* kondom [kandom] *t*, præservativ [preßäpajwatiu] *t*
Präsident *m* præsident [preßidend] *u*
Praxis *w* **1** (praktische Anwendung) praksis [pragßiß] *u* **2** (Berufserfahrung) erfaring [äafaeng] *u*, rutine [rutiin^{e}] *u*
Preis *m* **1** (Betrag) pris [priß] *u* **2** (für Beschaffung usw.) *etw. Gen* pris [priß] *u* **3** (Belohnung) præmie [preemj^{e}] *u*
Presse *w* presse [praß^{e}] *u*
Priester *m* præst [praßd] *u*
Prinz *m* prins [prenß] *u*
Prinzessin *w* prinsesse [prenßeß^{e}] *u*
Prinzip *s* princip [prenßib] *t*, grundsætning [gronßedneng] *u*
privat *adj* privat [priwäd]
pro *prep* pr. [pääa]
Probe *w* prøve [pröou^{e}] *u*, test [teßd] *u*
proben *v* øve sig [ööw^{e} ßaj]
probieren *v etw. Akk* prøve [pröou^{e}] *ngt*
Problem *s* problem [problem] *t*
Produkt *s* produkt [prodogd] *t*
Produktion *w* produktion [prodogtschon] *u*; **landwirtschaftliche ~** landbrugsproduktion *u*
Produzent *m* **1** *von etw.* producent [produßend] *u af ngt*, fabrikant [fabrikand] *u* **2** (von Filmen usw.) producent [produßend] *u*
produzieren *v* fremstille [framßdel^{e}], producere [produßea] *ngt*, (industriell usw.) producere [produßea] *ngt*, fremstille [framßdel^{e}] *ngt*
Professor *m* professor [profeßa] *u*
Programm *s* **1** (Ablauf) *etw. Gen* program [program] *t* **2** (Computer) program [program] *t* **3** (TV) kanal [kanäl] *u*
Prospekt *m* prospekt [proßbegd] *t*
Prostituierte *w* prostitueret [proßditueadh] *u*
Protest *m* protest [proteßd] *u*
protestieren *v* **1** (öffentlich usw.) *gegen etw.* protestere [prod^{e}ßdea] *mod/over ngt* **2** (zurückweisen) *gegen j-n/etw.* protestere [prod^{e}ßdea] *mod ngt/ngn*
Provinz *w* provins [prowenß] *u*
Prozent *s* procent [proßend] *u*
Prozess *m* **1** (Rechtsstreit) retssag [radßßäj] *u* **2** (Vorgang) proces [proßeß] *u*
prüfen *v* **1** (Bremsen usw.) teste [teßd^{e}], prøve [pröou^{e}], tjekke [tjeg^{e}] **2** eksaminere [egßaminea], prøve [pröou^{e}]
Prüfung *w* **1** (Qualität usw.) prøve [pröou^{e}] *u*, test [teßd] *u* **2** (Kenntnisse) eksamen

[egßäämen] *u* **3** (im Theater usw.) prøve [pröööuе] *u*

prügeln *v j-n* slå [ßlo] *ngn*, banke [bangge] *ngn*, tæske [teßge] *ngn* ► **sich** ~ *mit j-m* slås *med ngn*

Publikum *s* publikum [publikom] *t*, tilskuere [telßguea] *u*

Puder *m* pudder [pudha] *t*

Pullover *m* pullover [pulouwa] *u*, trøje [traje] *u*

Pulver *s* pulver [polwa] *t*

Pumpe *w* cykelpumpe [ßügelpombe] *u*, pumpe [pombe] *u*

pumpen *v* pumpe [pombe] *ngt*, *etw. Akk* pumpe op [pombe ab] *ngt*

Punkt *m* **1** (Fleck) prik [preg] *u* **2** (Satzzeichen) punktum [pongtom] *t* **3** (Stelle) punkt [pongd] *t* **4** (Tupfen) prik [preg] *u* **5** (Bewertung) point [poeng] *t*

pünktlich *adj* punktlig [pongdli] ♦ *adv* til tiden [tel tidhen]

Pupille *w* pupil [pupil] *u*

Puppe *w* **1** (Spielpuppe) dukke [doge] *u* **2** (an Fäden) marionetdukke [maioneddoge] *u* **3** (eines Schmetterlings usw.) puppe [pube] *u* **4** (aus Papier usw.) dukke [doge] *u*

Pute *w* kalkun [kalkun] *u*

putzen *v etw. Akk* rense [ranße] *ngt* ► **sich die Zähne** ~ børste tænder

Putzfrau *w* rengøringsdame [reengöaengßdääme] *u*

Q

Quadrat *s* **1** (Form) firkant [fiakand] *u* **2** (zweite Potenz) kvadrat [kwadrad] *t*

Qual *w* lidelse [liidhelße] *u*

quälen *v* **1** (physisch) mishandle [mißhanle], pine [piine], torturere [toturea], (physisch) *j-n* plage [plääje] *ngn* **2** (seelisch) *j-n* plage [plääje], pine [piine] **3** *sich* ~ (sich abmühen) *mit etw.* slide [ßlajd], stræbe [ßdreebe]

Qualifikation *w* **1** *für etw.* kvalifikation [kwalifigatschon] *u* **2** (Wettbewerb) kvalifikation [kwalifigatschon] *u*

Qualität *w* kvalitet [kwalited] *u*

Qualle *w* gople [gable] *u*

Quantität *w* kvantitet [kwantited] *u*, mængde [mengde] *u*

Quark *m* kvark [kwaag] *u*

Quatsch *m* sludder [ßludha] *t*, vås [woß] *t*, vrøvl [wröul] *t*

Quelle *w* **1** (eines Flusses usw.) kilde [kile] *u* **2** *etw. Gen* kilde [kile] *u til noget*

quer *adj* tvær- [twea], tværliggende [twealegene] ♦ *prep durch etw., über etw. Akk* tværs over [twääß oua], på tværs af [po twääß ä]

Querstraße *w* tværsgående gade [twäeßgooene gäädhe] *u*

Quittung *w* kvittering [kwiteaeng] *u*

R

Rabatt *m* rabat [rabad] *u*

Rabe *m* krage [kraaue] *u*

Rache *w* hævn [heun] *u*

rächen *v* **1** *j-n/etw.* hævne [heune] *ngn/ngt* **2** *sich* ~ *an j-m (für etw.)* hævne sig [heune ßaj] *på ngn (for ngt)* **3** *sich* ~ (Irrtum usw.) *j-m* slå tilbage [ßlo tebääje] *mod ngn*

Rad *s* hjul [jul] *t*

Radieschen *s* radise [radiße] *u*

Radio *s* radio [radjo] *u*

Rahmen *m* **1** (Konstruktion) bærende konstruktion [beeane kanßdrugtschon] **2** (Einrahmung) ramme [rame] *u* **3** (einer Tätigkeit usw.) omfang [amfang] *t* **4** (Gepräge) ramme [rame] *u* ► **im** ~ *etw. Gen* inden for rammerne *af ngt*

Rakete *w* **1** rumraket [romraked] *u*, rumfartøj [romfaataj] *t* **2** missil [mißil] *t*, raket [raked] *u*

Rand *m* **1** (Kante) kant [kand] *u* **2** (eines Gefäßes usw.) kant [kand] *u*, rand [ran] *u*

Rang *m* **1** (Posten usw.) rang [rang] *u*, stilling [ßdeleng] *u* **2** (militärischer) rang [rang] *u* **3** (im Theater usw.) række [rage] *u*

rasch *adj* **1** (Gang usw.) hurtig [huadi] **2** (Genesung usw.) rask [raßg], hurtig [huadi] ♦ *adv* brat [brad], pludseligt [plußelid]

Rasen *m* græsplæne [graßpleene] *u*

Rasierapparat *m* barbermaskine [babeamaßgiine] *u*

rasieren *v j-n/etw.* barbere [babea]; **sich** ~ barbere (sig)

Rasse *w* race [raaße] *u*

Rast *w* pusterum [puußderom] *t*, pause [pauße] *u*, (Pause) hvile [wiile] *u*

Raststätte *w* motorvejsrestaurant [mootawajßreßdorang] *u*

Rat *m* **1** (Ratschlag) råd [rodh] *t* **2** (Gremium) byråd [bürodh] *t*, råd [rodh] *t*

raten *v* **1** *j-m etw. Akk* råde [roodhe] *ngn til at gøre ngt* **2** *etw. Akk* gætte [gede] *ngt*

Rathaus *s* rådhus [radhhuß] *t*

Ratschlag *m* råd [rodh] *t*

Rätsel *s* **1** (Denkaufgabe) gåde [goodhe] *u* **2** (Geheimnis) gåde [goodhe] *u*, mysterium [müßdeajom] *t*

rätselhaft *adj* hemmelighedsfuld [hem^{e}lihe~~dh~~ßful], mysteriøs [müßdeaiöß], gådefuld [goo~~dh~~^{e}ful], mystisk [müßdißg]
Ratte *w* rotte [rad^{e}] *u*
rau *adj* **1** (Oberfläche usw.) ru [ru], ujævn [ujeun] **2** (Klima usw.) hård [ho] **3** (Sitten usw.) grov [grou], ubehøvlet [ubehöul^{e}~~dh~~] **4** (Geräusch usw.) skarp [ßgaab]
Raub *m* røveri [röuari] *t*
Räuber *m* røver [rööwa] *u*
Raubtier *s* rovdyr [roudüa] *t*
Rauch *m* røg [raj] *u*
rauchen *v* ryge [rüü^{e}] ► **R~ verboten** Rygning forbudt
Raucher *m* ryger [rüüa] *u*
Raum *m* **1** (im Haus) rum [rom] *t*, lokale [lokääl^{e}] *t*, (im Haus) værelse [wäaalß^{e}] *t* **2** (leerer usw.) rum [rom] *t* **3** (Gebiet) område [amroo~~dh~~^{e}] *t*
räumen *v* forlade [falä~~dh~~^{e}], rømme [röm^{e}], flytte ud [flöd^{e} u~~dh~~], (Zimmer usw.) tømme [töm^{e}] *ngt*
Raureif *m* rim [rim] *u*
reagieren *v auf etw. Akk* reagere [reagea] *på ngt*
rechnen *v* **1** (Rechenaufgabe) *etw. Akk* beregne [berajn^{e}] *ngt*, regne [rajn^{e}] *ngt* **2** (Risiko usw.) *mit etw.* regne med [rajn^{e} me~~dh~~] *ngt* **3** (annehmen) *mit etw.* regne [rajn^{e}] *med ngt*
Rechnung *w* faktura [fagtuura] *u*, regning [rajneng] *u*; **laufende ~** lønkonto *u*
Recht *s* **1** (Rechtsordnung) ret [rad] *u*, retssystem [radßßüßdem] *t* **2** (Berechtigung) *zu etw.* ret [rad] *u til ngt*, rettighed [radihe~~dh~~] *u* ► **~ geben** *j-m zu etw.* berettige *ngn til ngt*; **Sie haben ~.** Du har ret.
recht(er,e,es) *adj* højre [hajr^{e}]
rechtfertigen *v* **1** (entschuldigen) *etw. Akk* retfærdiggøre [radfäadigöa] *ngt*, berettige [beradi^{e}] *ngt* **2** (eine Tat usw.) forsvare [faßwaa], retfærdiggøre [radfäadigöa]
rechtlich *adj* retlig [radli], retslig [radßli]
rechts *adv* til højre [tel hajr^{e}], på højre side [po hajr^{e} ßii~~dh~~^{e}]; **nach ~** til højre; **von ~** fra højre
Rechtsanwalt *m* advokat [a~~dh~~wokäd] *u*
Rechtschreibung *w* stavning [ßdäuneng] *u*
rechtzeitig *adj* betimelig [betim^{e}li] ♦ *adv* i god tid [i go ti~~dh~~], i tide [i tii~~dh~~^{e}], rettidigt [radti~~dh~~id]
Recycling *s* genbrug [genbru] *t*
Rede *w* tale [tääl^{e}] *u*
reden *v* **1** (etwas äußern) *mit j-m von etw., über etw. Akk* tale [tääl^{e}] *med ngn om ngt*, snakke [ßnag^{e}] *med ngn om ngt* **2** (sich unterhalten) *mit j-m von etw., über etw. Akk* snakke [ßnag^{e}] *med ngn om ngt*
reduzieren *v* begrænse [begranß^{e}], reducere [redußea], mindske [menßg^{e}]
Regal *s* reol [reol] *u*
Regel *w* regel [rej^{e}l] *u*
regelmäßig *adj* regelmæssig [rej^{e}lmeßi] ♦ *adv* regelmæssigt [rej^{e}lmeßid]
regeln *v etw. Akk* regulere [regulea] *ngt*, styre [ßdüüa] *ngt*
Regelung *w* regulering [reguleaeng] *u*
Regen *m* regn [rajn] *u*
Regenbogen *m* regnbue [rajnbuu^{e}] *u*
Regenmantel *m* regnfrakke [rajnfrag^{e}] *u*
Regenschirm *m* paraply [pa-aplü] *u*
regieren *v* herske [hääßg^{e}], side som konge [ßii~~dh~~^{e} ßam kang^{e}], regere [regea], styre [ßdüüa]
Regierung *w* **1** (Organ) regering [regeaeng] *u* **2** (Tätigkeit) styre [ßdüüa] *t*
Region *w* region [region] *u*
regional *adj* regional [regjonäl]
Regisseur *m* instruktør [enßdrugtöa] *u*
registrieren *v* **1** (amtlich) *j-n/etw.* indregistrere [enregißdrea] *ngt* **2** (bemerken) *j-n/etw.* bemærke [bemäag^{e}] *ngt*, registrere [regißdrea] *ngt* **3** (statistisch usw.) *etw. Akk* registrere [regißdrea]
regnen *v* regne [rajn^{e}]
reiben *v* **1** (Hände usw.) *etw. Akk* gnide [gnii~~dh~~^{e}], *etw. Akk* gnide [gnii~~dh~~^{e}] *ngt/ngn*, gnubbe [gnob^{e}] *ngt/ngn* **2** skrabe [ßgraab^{e}], (Gemüse usw.) *etw. Akk* rive [riiw^{e}] *ngt* **3** (raspeln) rive [riiw^{e}] *ngt*
reich *adj* rig [ri]
reichen *v* **1** (geben) *j-m etw. Akk* række [rag^{e}] *ngt til ngn* **2** (Menge usw.) være nok [weea nag], være tilstrækkelig [weea teßdrag^{e}li]
Reichtum *m* rigdom [riidam] *u*
reif *adj* **1** moden [mo~~dh~~^{e}n] **2** (Mensch usw.) moden [mo~~dh~~^{e}n], udvokset [u~~dh~~wagß^{e}~~dh~~] ► **~ werden** modne, lagre
Reifen *m* **1** dæk [deg] *t* **2** (aus Metall) tøndebånd [tön^{e}ban] *t* ► **platter ~** punkteret dæk, fladt dæk
Reifenpanne *w* punktering [pongteaeng] *u*
Reihe *w* **1** række [rag^{e}] *u* **2** (Schlange usw.) række [rag^{e}] *u*, kø [kö] *u* **3** (von Zahlen) rækkefølge [rag^{e}följ^{e}] *u*
Reihenfolge *w* orden [od^{e}n] *u*, rækkefølge [rag^{e}följ^{e}] *u*
rein *adj* **1** (Gold usw.) ægte [egd^{e}], ren [ren], pur [pua] **2** (Gefühl usw.) ægte [egd^{e}], (Unsinn usw.) ren [ren]
reinigen *v* **1** *etw. Akk* rense [ranß^{e}] *ngt* **2** (von Zusatzstoffen usw.) rense [ranß^{e}]

Reinigung *w* **1** rengøring [reengöaeng] *u* **2** (Geschäft) renseri [ranßari] *t*
Reinigungsmittel *s* rengøringsmiddel [reengöaengßmi~~dh~~^{e}l] *t*
Reis *m* ris [riß] *u*
Reise *w* chartertur [tjaadatua] *u*, rejse [rajß^{e}] *u*; **Gute ~.** God rejse.
Reisebüro *s* rejsebureau [rajß^{e}büro] *t*
Reisebus *m* rutebil [rud^{e}bil] *u*, turistbus [turißdbuß] *u*
Reiseführer *m* guide [gajd] *u*, rejseleder [rajß^{e}lee~~dh~~a] *u*
reisen *v* rejse [rajß^{e}]
Reisende *m* passager [paßatschea] *u*, rejsende [rajß^{e}n^{e}] *u*
Reisepass *m* pas [paß] *t*
Reiseschecks *m Mz* rejsechecks [rajß^{e}tschegß] *u Mz*
reißen *v* **1** (Papier usw.) *etw. Akk* rive [riiw^{e}] *ngt* **2** (in Stücke) *etw. Akk* rive *ngt* i stykker [riiw^{e} i ßdöga] **3** *an etw. Dat* rykke [rög^{e}] *i ngt*
Reißverschluss *m* lynlås [lüünloß] *u*
reiten *v* ride [rii~~dh~~^{e}]
Reiten *s* ridning [ri~~dh~~neng] *u*
reizen *v* irritere [iaitea]
Reklamation *w* klage [klääj^{e}] *u*, reklamation [reklamatschon] *u*
Reklame *w* reklame [reklääm^{e}] *u*
reklamieren *v etw. Akk* klage [klääj^{e}] *over ngt*, reklamere [reklamea] *over ngt*
rekonstruieren *v* rekonstruere [rekanßtruea], genopbygge [genabbüg^{e}], genoprette [genabrad^{e}], *etw. Akk* rekonstruere [rekanßtruea] *ngt*
Rekord *m* rekord [rekood] *u*
relativ *adj* relativ [relatiu] ♦ *adv* relativt [relatiut], forholdsvis [foohalßwiß]
Religion *w* religion [religjon] *u*
religiös *adj* religiøs [religjöß]
rennen *v* løbe [lööb^{e}], rende [ran^{e}]
Rennen *s* væddeløb [we~~dh~~^{e}löb] *t*
Rente *w* pension [pangtschon] *u*
Rentner *m* pensionist [pangtschonißd] *u*
Reparatur *w* reparation [rebratschon] *u*
Reparaturwerkstatt *w* reparationsværksted [rebratschonßwäagßde~~dh~~] *t*
reparieren *v etw. Akk* reparere [reb^{e}rea] *ngt*
Reporter *m* reporter [repooda] *u*, journalist [tschoanalißd] *u*
Republik *w* republik [republig] *u*
Reserve *w* reserve [reßäaw^{e}] *u*, forråd [fooro~~dh~~] *t*, resurse [reßuaß^{e}] *u*
Reserverad *s* reservehjul [reßäaw^{e}juul] *t*
Reservereifen *m* reservehjul [reßäaw^{e}juul] *t*
reservieren *v etw. Akk* bestille [beßdel^{e}] *ngt*, *etw. Akk* reservere [reßäawea] *ngt*, booke [buug^{e}] *ngt*
Reservierung *w* reservation [reßäawatschon] *u*, booking [bukeng] *u*, bookning [bugneng] *u*
Respekt *m vor j-m* agtelse [agd^{e}lß^{e}] *u*, respekt [reßbegd] *u for ngn*
respektieren *v etw. Akk* respektere [reßbegtea] *ngt*
Rest *m* **1** (beim Verbrauch) *etw. Gen* rest [raßd] *u af ngt* **2** (die Anderen) *j-s/etw.* resten [raßd^{e}n], de andre [di andra]
Restaurant *s* restaurant [reßdorang] *u*
retten *v j-n/etw. vor j-m/etw.* redde [re~~dh~~^{e}]
Rettung *w* redning [re~~dh~~neng] *u*
Rettungsring *m* redningskrans [re~~dh~~nengßkranß] *u*
Rettungswagen *m* ambulance [ambulangß^{e}] *u*
Rezept *s* **1** (Heilmittel) recept [reßebd] *u* **2** (Gericht) *für etw.* opskrift [abßgrefd] *u*
Rezeption *w* reception [reß^{e}btschon] *u*
richten *v* **1** (Fernrohr usw.) *etw. Akk auf j-n/etw.* tage sigte [tä ßegd^{e}] *på noen* **2** (Augen usw.) rette [rad^{e}] **3** *etw. Akk irgendwohin* rette [rad^{e}] *ngt et sted* **4** (eine Tätigkeit usw.) *etw. Akk auf etw. Akk* rette [rad^{e}] *ngt på ngt* **5** (seine Anstrengung usw.) *auf etw. Akk* sigte [ßegd^{e}] *mod ngt* **6** (vor dem Gericht usw.) *j-n* dømme [döm^{e}] *ngn*
Richter *m* dommer [dama] *u*
richtig *adj* **1** (nicht falsch) korrekt [koragd], rigtig [regdi] **2** (entsprechend usw.) passende [paß^{e}n^{e}], ordentlig [od^{e}nli] ♦ *adv* **1** (korrekt) rigtigt [regdid] **2** (viel) ordentligt [od^{e}nlid]
Richtung *w* retning [radneng] *u*
riechen *v* **1** *etw. Akk* lugte [logd^{e}] *ngt*, (durch den Geruchssinn) *etw. Akk* lugte [logd^{e}] *ngt* **2** (Rosen usw.) *nach etw.* lugte [logd^{e}] *af ngt* **3** *an etw. Dat* lugte [logd^{e}] *til ngt*, dufte [dofd^{e}] *til ngt*
Riese *m* kæmpe [kemb^{e}] *u*, gigant [gigand] *u*
riesig *adj* **1** kæmpemæssig [kemb^{e}meßi], gigantisk [gigandißg], kæmpe- [kemb^{e}], kæmpestor [kemb^{e}ßdoa] **2** (Summe usw.) kolossal [koloßäl], kæmpemæssig [kemb^{e}meßi]
Riff *s* klippe [kleb^{e}] *u*
Rind *s* okse [agß^{e}] *u*
Rinde *w* bark [baag] *u*
Rindfleisch *s* oksekød [agß^{e}kö~~dh~~] *t*
Ring *m* ring [reng] *u*
Ringstraße *w* ringvej [rengwaj] *u*, omfartsvej [amfaadßwaj] *u*
ringsum *adv* rundt om [rond am] *ngt*

Rippe *w* ribben [riben] *t*
Risiko *s* risiko [rißiko] *u*, (einer Ansteckung usw.) fare [faaa] *u*; ~ *etw. Gen* **eingehen** risikere *ngt*
riskant *adj* risikabel [rißikäb^{e}l] ♦ *adv* risikabelt [rißikäb^{e}ld]
riskieren *v etw. Akk* risikere [rißikea] *ngt*
Riss *m* **1** revne [raun^{e}] *u*, sprække [ßbrag^{e}] *u* **2** (Zeichnung) rids [riß] *t*, skitse [ßgidß^{e}] *u*
Rock *m* nederdel [ne~~dh~~adel] *u*
Roggen *m* rug [ru] *u*
roh *adj* **1** rå [ro] **2** (Tat usw.) brutal [brutäl]
Rohr *s* rør [röa] *t*
Röhre *w* rør [röa] *t*
Rohstoff *m* råstof [raßdaf] *t*
Rolle *w* **1** (Papier usw.) rulle [rul^{e}] *u* **2** (Schauspiel) rolle [ral^{e}] *u* **3** (des Flaschenzuges) trisse [triß^{e}] *u*, (Möbelrolle usw.) hjul [jul] *t* **4** (Rad) cylinder [ßülena] *u* **5** (Purzelbaum) kolbøtte [kalböd^{e}] *u* **6** (Fleischrolle usw.) rulle [rul^{e}] *u*
rollen *v* **1** (Fass usw.) *etw. Akk* rulle [rul^{e}], trille [tril^{e}] **2** (sich rollend bewegen) rulle [rul^{e}], trille [tril^{e}] **3** (Teig usw.) *etw. Akk* rulle [rul^{e}] *ngt*
Rollstuhl *m* rullestol [rul^{e}ßdol] *u*
Rolltreppe *w* rulletrappe [rul^{e}trab^{e}] *u*
Roman *m* roman [romän] *u*
Röntgenaufnahme *w* røntgenbillede [röndg^{e}nbel^{e}~~dh~~^{e}] *t*
rosa *adj* lyserød [lüüß^{e}rö~~dh~~]
Rose *w* rose [rooß^{e}] *u*
Rosenkohl *m* rosenkål [rooß^{e}nkol] *u*
rosig *adj* lyserød [lüüß^{e}rö~~dh~~]
Rosinen *w Mz* rosiner [roßina] *u Mz*
Rosmarin *m* rosmarin [roßmarin] *u*
Rost *m* **1** rist [reßd] *u* **2** (Eisenoxid) rust [roßd] *u*
rot *adj* rød [rö~~dh~~]; ~ **werden** rødme
Route *w* rute [ruud^{e}] *u*
Rübe *w* rødbede [rö~~dh~~bee~~dh~~^{e}] *u*
Rücken *m* ryg [rög] *u*
Rückfahrkarte *w* returbillet [retuabiled] *u*
Rückfall *m* tilbagefald [tebääj^{e}fal] *t*
Rückkehr *w* comeback [kambag] *t*, tilbagevenden [tibääj^{e}wen^{e}n] *u*, tilbagekomst [tebääj^{e}kamßd] *u*
Rucksack *m* rygsæk [rögßeg] *u*
Rückseite *w* bagside [baußii~~dh~~^{e}] *u*, vrang [wrang] *u*, bagdel [baudel] *u*
Rücksicht *w auf etw. Akk* hensyn [henßün] *t til ngt*; **mit** ~ *auf etw. Akk* med hensyn til *ngn/ngt*
Rückspiegel *m* bakspejl [bagßbajl] *t*
rückwärts *adv* baglæns [baulenß]
Rückwärtsgang *m* bakgear [baggia] *t*
Rudel *s* flok [flag] *u*
Ruder *s* **1** åre [ooo] *u* **2** (Steuerruder) ror [roa] *t*
Ruderboot *s* råbåd [robod] *u*
rudern *v* ro [ro]
Ruf *m* **1** (guter usw.) omdømme [amdöm^{e}] *t*, ry [rü] *t* **2** (Ausruf usw.) råb [rob] *t*
rufen *v* **1** (schreien usw.) *j-n* kalde [kal^{e}] *på ngn* **2** (Arzt usw.) *j-n* tilkalde [telkal^{e}] *ngn*
Ruhe *w* **1** (Ungestörtheit) ro [ro] *u*, fred [fre~~dh~~] *u* **2** (Untätigkeit) ro [ro] *u* **3** (Erholung) hvile [wiil^{e}] *u* **4** (Stille) ro [ro] *u*, stilhed [ßdelhe~~dh~~] *u*
ruhig *adj* rolig [rooli] ♦ *adv* roligt [roolid]
rühren *v* **1** (Suppe usw.) *etw. Akk* røre i [röөa i] *ngt* **2** *sich* ~ flytte sig [flöd^{e} ßaj], gøre en bevægelse [gööa en bewej^{e}lß^{e}], røre sig [rööa ßaj], bevæge sig [bewej^{e} ßaj] **3** (innerlich) *j-n* bevæge [bewej^{e}] *ngn*, røre [rööa] *ngn*
Ruine *w* ruin [ruin] *u*
rund *adj* rund [ron]
Runde *w* runde [rond^{e}] *u*
Rundreise *w* rundrejse [ronrajß^{e}] *u*
Rüssel *m* **1** (des Elefanten) snabel [ßnäb^{e}l] *u*, (eines Schweines) tryne [trüün^{e}] *u*, snude [ßnuu~~dh~~^{e}] *u* **2** (der Insekten) snabel [ßnäb^{e}l] *u*
russisch *adj* russisk [rußißg] ♦ *adv* russisk [rußißg]
Russland *s* Rusland [rußlan] *t*
rutschen *v* **1** (auf Rutsche usw.) *auf etw. Dat* glide [glii~~dh~~^{e}] *på ngt* **2** glide [glii~~dh~~^{e}]
rutschig *adj* glat [glad]

S

Saal *m* sal [ßäl] *u*
Sache *w* **1** (Gegenstand) ting [ten] *u* **2** (Sachverhalt) sag [ßäj] *u* ► ~**n** ting *Mz*
sachlich *adj* saglig [ßauli]
Sachschaden *m* skade på ejendom [ßgää~~dh~~^{e} po aj^{e}ndam] *u*
Sack *m* sæk [ßeg] *u*
säen *v* så [ßa]
Safe *m/s* pengeskab [peng^{e}ßgäb] *t*
Saft *m* **1** (aus Obst usw.) saft [ßafd] *u* **2** (Pflanzensaft) plantesaft [pland^{e}ßafd] *u* **3** (Fleischsaft) sovs [ßouß] *u*
Säge *w* sav [ßäw] *u*
sagen *v* **1** (aussprechen) *etw. Akk* sige [ßii^{e}] *ngt* **2** *j-m etw. Akk* fortælle [fatel^{e}] *ngn (om) ngt*
sägen *v* **1** (arbeiten) save [ßääw^{e}] **2** (Baumstamm usw.) *etw. Akk* save [ßääw^{e}] *ngt*
Sahne *w* fløde [flöö~~dh~~^{e}] *u*
Saison *w* sæson [ßeßang] *u*

Sakko *m/s* jakke [jage] *u*
Salami *w* salami [ßaläämi] *u*
Salat *m* salat [ßaläd] *u*
Salbe *w* salve [ßalwe] *u*
Salbei *m/w* salvie [ßalwiie] *u*
Salz *s* salt [ßald] *t*
salzen *v etw. Akk* salte [ßalde]
salzig *adj* salt [ßald]
Salzstreuer *m* saltbøsse [ßaldböße] *u*
Samen *m* **1** (Samenkorn) frø [frö] *t* **2** (Sperma) sæd [ßedh] *t*
sammeln *v* **1** (Briefmarken usw.) samle [ßamle] *på ngt* **2** (ein Heer usw.) samle [ßamle]
Sammlung *w* **1** (von Gemälden usw.) indsamling [enßamleng] *u* **2** (von Altpapier usw.) samling [ßamleng] *u* **3** (von Müll usw.) bortskaffelse [boodßgafelße] *u*
Samstag *m* lørdag [löada] *u*
Sand *m* sand [ßan] *t*
Sandalen *w Mz* sandaler [ßandäla] *u Mz*
sanft *adj* **1** (nicht stark usw.) let [led], nænsom [nenßam] **2** (Geschmack usw.) mild [mil] ♦ *adv* let [led], mildt [mild], blidt [blid]
Sänger *m* sanger [ßanga] *u*
Sardine *w* sardin [ßadin] *u*
Sarg *m* ligkiste [liikiißde] *u*
satt *adj* mæt [med]
Sattel *m* sadel [ßadhel] *u*
Satz *m* **1** (Aussage) sætning [ßedneng] *u* **2** (Teller usw.) *von etw.* sæt [ßed] *t af ngt* **3** (Gebühr usw.) sats [ßadß] *u* **4** (im Tennis usw.) sæt [ßed] *t* **5** (Bodensatz) sediment [ßedimend] *t*
sauber *adj* ren [ren]; **~ machen** *etw. Akk* rense *ngt*
säubern *v* **1** (Wasser usw.) rense [ranße] **2** (Partei usw.) *etw. Akk* rydde [rüdhe] *ngt*
sauer *adj* **1** (Geschmack) sur [ßuua], syrlig [ßüali] **2** (Gärung usw.) sur [ßuua] **3** *auf j-n* vred [wredh], rasende [raaßene] *på ngn*, olm [alm] *på ngn*
Sauerkirsche *w* surkirsebær [ßuakiaßebäa] *t*
Sauerstoff *m* ilt [ild] *u*
Säule *w* søjle [ßajle] *u*
Säure *w* syre [ßüüa] *u*
Schach *s* skak [ßgag] *u*
Schachtel *w* **1** (große) kasse [kaße] *u* **2** (Packung usw.) *etw. Gen* pakke [page] *u*
schade **Das ist ~.** Det er synd.
Schädel *m* kranium [kranjom] *t*
schaden *v j-m/etw.* skade [ßgäädhe] *ngn/ngt*
Schaden *m* **1** (Einbuße) skade [ßgäädhe] *u* **2** (Fehler) fejl [fajl] *u*, defekt [defegd] *u*
schädlich *adj* skadelig [ßgäädheli], sundhedsskadelig [ßonhedhßßgäädheli]
Schaf *s* får [fo] *t*
schaffen1 *v* (hervorbringen) skabe [ßgääbe]
schaffen2 *v* (rechtzeitig usw.) **1** *etw. Akk* klare [klaaa] *ngt*, gennemføre [genemföa] **2** (rechtzeitig machen) nå [na] **3** (rechtzeitig kommen) *etw. Akk* nå [na] *ngt*
Schaffner *m* konduktør [kondugtöa] *u*
Schal *m* halstørklæde [halßtöakleedhe] *t*
Schale *w* **1** (Frucht) skræl [ßgral] *t*, (von Orange usw.) skræl [ßgral] *u*, skal [ßgal] *u* **2** (einer Nuss) skal [ßgal] *u* **3** (Ei) skal [ßgal] *u* **4** (kleines Gefäß) skål [ßgol] *u*
schälen *v etw. Akk* skrælle [ßgrale] *ngt*
Schallplatte *w* grammofonplade [gramofonpläädhe] *u*
schalten *v etw. Akk auf etw. Akk* skifte *ngt* til [ßgifde tel] *ngt* ► **in den ersten/zweiten Gang ~** sætte i første/anden gear
Schalter *m* **1** (elektrischer) kontakt [kontagd] *u* **2** (zur Abfertigung) disk [deßg] *u*
schämen *v* **1** ***sich ~*** *für j-n/etw.* skamme sig [ßgame ßaj] *over ngt* **2** ***sich ~*** (scheu sein) være generet [weea tscheneadh]
Schande *w* skam [ßgam] *u*, skændsel [ßgenßel] *u*
scharf *adj* **1** (Messer usw.) skarp [ßgaab] **2** (Paprika usw.) stærk [ßdäag] **3** (Foto usw.) skarp [ßgaab] ♦ *adv* pludseligt [plußelid]
Schatten *m etw. Gen* skygge [ßgüge] *u*
schätzen *v* **1** (bestimmen) *etw. Akk* skønne [ßgöne], vurdere [wuadea], bedømme [bedöme] **2** (taxieren) *etw. Akk* værdisætte [weadißede] *ngn/ngt*, taksere [tagßea] *ngt*, (Wert) *etw. Akk* vurdere [wuadea] *ngt til*, taksere [tagßea] *ngt til* **3** (hochachten) *j-n/etw.* respektere [reßbegtea] *ngn/ngt*, *j-n/etw.* værdsætte [weadßede] *ngn/ngt*, sætte pris [ßede priß] *på ngn/ngt* **4** (Verdienst usw.) *etw. Akk* værdsætte [weadßede] *ngt*, sætte pris på [ßede priß po] *ngt*, anerkende [anakene] *ngt*
Schätzung *w* **1** (von Entfernung usw.) skøn [ßgön] *t*, vurdering [wuadeaeng] *u* **2** (des Preises) taksering [tagßeaaeng] *u*
schauen *v* **1** *auf j-n/etw.* se [ße] *på ngn/ngt*, kigge [kige] *på ngn/ngt* **2** (dreinblicken) *irgendwie* se ud [ße udh]
Schaufel *w* skovl [ßgoul] *u*
Schaufenster *s* butiksvindue [butigßwendu] *t*
Schaum *m* skum [ßgom] *t*
Schauspieler *m* skuespiller [ßguueßbela] *u*
Scheck *m* check [tscheg] *u*
Scheibe *w* **1** (Gegenstand) skive [ßgiiwe] *u* **2** (aus Metall) plade [pläädhe] *u* **3** (Brot usw.)

etw. Gen skive [ßgiiwe] *u af ngt*, (Wurst usw.) skive [ßgiiwe] *u*, rundtenom [rondnam] *u*

Scheibenwischer *m* vinduesvisker [wendußweßga] *u*

Scheide *w* skede [ßgeedhe] *u*

Scheidung *w* skilsmisse [ßgelßmiße] *u*

Schein *m* **1** (Urkunde) attest [ateßd] *u* **2** (Geld) pengeseddel [pengeßedhel] *u* **3** (des Lichts) skin [ßgen] *t* **4** (Eindruck usw.) skin [ßgen] *t*

scheinbar *adj* tilsyneladende [teßüüneladhene], øjensynlig [ajenßüünli] ♦ *adv* tilsyneladende [teßüüneladhene]

scheinen *v* **1** (Licht ausstrahlen) lyse [lüüße], skinne [ßgene] **2** (vorkommen) *j-m irgendwie* synes [ßüneß] *ngn ngt*

Scheinwerfer *m* forlygte [foolögde] *u*

Schenkel *m* lår [lo] *t*

schenken *v j-m etw. Akk* give [gi] *ngt til ngn*

Schere *w* **1** (Werkzeug) saks [ßagß] *u* **2** (bei Krebsen) klo [klo] *u*

Scherz *m* vittighed [widihedh] *u*; **~e machen** gøre grin *af ngn*

Scheune *w* lade [läädhe] *u*

Schicht *w* **1** lag [läj] *t* **2** (Arbeitsabschnitt) skifte [ßgifde] *t*

schicken *v* **1** *j-m etw. Akk* sende [ßene] *ngt til ngn* **2** *j-n irgendwohin* sende [ßene] *ngn et sted*

Schicksal *s* skæbne [ßgeebne] *u*

schieben *v* **1** *etw. Akk irgendwohin* skubbe [ßgobe] **2** (heimlich usw.) *etw. Akk irgendwohin* stikke [ßdege] *ngt et sted, ngt i ngt*

Schiedsrichter *m* dommer [dama] *u*

schief *adj* skæv [ßgeu], skrå [ßkro] ♦ *adv* skævt [ßgeud]

Schienbein *s* skinneben [ßgeneben] *t*

Schiene *w* skinne [ßgene] *u*

schießen *v* **1** (losschießen) skyde [ßgüüdhe] **2** (Tränen in die Augen) vælde frem [wele fram], strømme [ßdröme]

Schiff *s* skib [ßgib] *t* ► **mit einem ~ fahren** sejle

Schifffahrt *w* sejlads [ßajläß] *u*

Schild[1] *m* skjold [ßgjal] *u*

Schild[2] *s* skilt [ßgeld] *t*

Schilf *s* siv [ßiu] *t*

Schimmel *m* mug [mog] *u*, skimmel [ßgemel] *u*

schimpfen *v mit j-m* skælde [ßgele] *en ud*

Schinken *m* skinke [ßgengge] *u*

Schirm *m* **1** (Regenschutz) paraply [pa-aplü] *u* **2** (einer Lampe usw.) skærm [ßgeam] *u*

Schlacht *w* slag [ßläj] *t*

schlachten *v* slagte [ßlagde]

Schlaf *m* søvn [ßöun] *u*

Schlafanzug *m* pyjamas [püjäämaß] *u*

schlafen *v* sove [ßoue]

Schlafsack *m* sovepose [ßouepooße] *u*

Schlaftablette *w* sovepille [ßouepele] *u*

Schlafwagen *m* sovevogn [ßouewoun] *u*

Schlafzimmer *s* soveværelse [ßouewäaalße] *t*

Schlag *m* slag [ßläj] *t*

Schlaganfall *m* slagtilfælde [ßlautefele] *t*

schlagen *v* **1** (Schlag geben) *j-n* slå [ßlo] *ngn* **2** (prügeln) *j-n* slå [ßlo] *ngn*, banke [bangge] *ngn*, tæske [teßge] *ngn* **3** (an den Tisch usw.) *an etw. Akk* slå [ßlo], (an die Tür usw.) *an etw. Akk* banke [bangge] *på ngt*, hamre [hamra] *på ngt*, (an die Tür usw.) *auf/an etw. Akk* slå [ßlo] *på ngt* **4** (Herz) slå [ßlo] **5** (Uhr) slå [ßlo] **6** (im Wettkampf, Krieg) *j-n* besejre [beßajra] *ngn*, slå [ßlo] *ngn* **7** (Eiweiß usw.) piske [pißge] ► **k.o. ~** *j-n* slå *ngn* ud

Schläger *m* **1** (für Baseball usw.) bat [bad] *t*, (Tennis usw.) ketsjer [kedtscha] *u* **2** (Raufbold) slagsbror [ßlagßbroa] *u*

Schlagzeile *w* overskrift [ouaßgrefd] *u*

Schlamm *m* mudder [mudha] *t*, pløre [plööa] *t*

Schlange *w* **1** (Tier) slange [ßlange] *u* **2** (Reihe) kø [kö] *u* ► **in der ~ warten** *auf etw. Akk* stå i kø

schlank *adj* slank [ßlangg]

schlau *adj* fremsynet [framßünedh], forudseende [foudhßeene], klog [klou], smart [ßmad]

Schlauch *m* **1** (Röhre) slange [ßlange] *u* **2** (Weinschlauch usw.) bælg [belj] *u*

Schlauchboot *s* oppustelig båd [abpußdeli bodh] *u*

schlecht *adj* dårlig [dooli] ♦ *adv* **1** (minderwertig) dårligt [doolid] **2** (körperlich unwohl) dårligt [doolid] ► **~ werden** fordærve; **Mir ist ~.** Jeg har det dårligt., Jeg har kvalme

Schleife *w* bånd [ban] *t*, (im Haar usw.) sløjfe [ßlajfe] *u*

schleppen *v* **1** *etw. Akk* slæbe [ßleebe] *ngt*, (schleifen) slæbe [ßleebe] *ngt*, hale [hääle] *ngt* **2** (Koffer usw.) *etw. Akk* slæbe [ßleebe] *ngt* **3** (mit Gewalt hinbringen) *j-n irgendwohin* drage [draaue] *ngn et sted* **4** *sich* **~** slæbe sig [ßleebe ßaj], slide [ßlajd], traske [traßge]

schließen *v* **1** (Fenster usw.) *etw. Akk* lukke [loge] **2** (Betrieb) lukke [loge] *ngt* **3** (mit dem Schlüssel) låse [looße] **4** (Vertrag) indgå [engo] *ngt* **5** (Tatsache usw.) konkludere [kangkludea], udlede [udhledhe]

Schließfach *s* boks [bagß] *t*

schließlich *adv* i sidste ende [i ßißde ene], til syvende og sidst [tel ßüuene a ßißd], omsider [amßidha] ♦ *part* i sidste instans [i ßißde enßdanß], i sidste ende [i ßißde ene], når alt kommer til alt [no ald kama tel ald]

Schlitten *m* kælk [kelg] *u*

Schlittschuh *m* skøjte [ßgajde] *u*; **~ laufen** skøjte

Schloss *s* **1** (Türschloss) lås [loß] *u* **2** (Palast) slot [ßlad] *t*

Schlucht *w* kløft [klöfd] *u*, slugt [ßlugd] *u*

Schluck *m etw. Gen* slurk [ßluag] *u*

schlucken *v* **1** (Wasser usw.) *etw. Akk* sluge [ßluue] *ngt* **2** (Firma usw.) sluge [ßluue]

Schluss *m* **1** (einer Ära usw.) slutning [ßludneng] *u* **2** (gezogener usw.) slutning [ßludneng] *u*, konklusion [kangklutschon] *u* ► **zu dem ~ kommen** konkludere

Schlüssel *m* **1** (zum Schließen) nøgle [najle] *u* **2** (Lösung) *zu etw.* nøgle [najle] *u til ngt*

schmackhaft *adj* velsmagende [welßmäjene]

schmal *adj* slank [ßlangg], smal [ßmal], snæver [ßneua]

schmecken *v* **1** (Beigeschmack haben) *nach etw.* smage [ßmääje] *som ngt, af ngt* **2** (lecker sein) *j-m etw. Akk* smage [ßmääje] ► **Es schmeckt mir nicht.** Jeg kan ikke lide det.

schmeicheln *v j-m* smigre [ßmiia] *ngn*

schmelzen *v* **1** (zergehen) smelte [ßmelde], smelte bort [ßmelde bood], opløses [ablößeß] **2** (Erz usw.) smelte [ßmelde]

Schmerz *m* smerte [ßmäade] *u*

Schmetterling *m* sommerfugl [ßamaful] *u*

Schminke *w* makeup [mejgab] *u*, sminke [ßmengge] *u*

schminken *v j-n/etw.* sminke [ßmengge] *ngn*; **sich ~** lægge makeup, sminke sig

Schmuck *m* smykke [ßmöge] *t*, (Zierde) pynt [pönd] *u*

schmücken *v etw. Akk mit etw.* pynte [pönde], udsmykke [udhßmöge], dekorere [degorea]

Schmutz *m* snavs [ßnauß] *t*, skidt [ßgid] *t*

schmutzig *adj* **1** beskidt [beßgid], snavset [ßnaußedh], smudsig [ßmußi] **2** (Raum usw.) skide [ßgiidhe] **3** (Details usw.) ussel [ußel] **4** (Wort usw.) svinsk [ßwinßg], sjofel [tschofel] ► **~ machen** *etw. Akk* snavse til *ngt*

Schnabel *m* næb [neb] *t*

Schnaps *m* snaps [ßnabß] *u*, brændevin [branewin] *u*

schnarchen *v* snorke [ßnooge]

Schnauze *w* snude [ßnuudhe] *u*, tryne [trüüne] *u*

Schnecke *w* snegl [ßnajl] *u*

Schnee *m* sne [ßne] *u*

schneiden *v* **1** (mit Messer) skære [ßgeea], *etw. Akk* skære [ßgeea] *ngt*, snitte [ßnide] *ngt* **2** skære [ßgeea], (Salami usw.) snitte [ßnide] *ngt* **3** (in Teile) *etw. Akk* skære over [ßgeea oua] *ngt* **4** (verletzen) *j-n mit etw.* skære [ßgeea] *ngn med ngt* **5** (mit Schere) klippe [klebe] **6** (mit Schere) klippe [klebe] *ngt* **7** (Haar) *j-n* klippe [klebe] *ngn* **8** (Schaf usw.) klippe [klebe] **9** (Film usw.) redigere [redigea], klippe [klebe] ► **sich die Haare ~ lassen** lade sig klippe, få klippet hår, gå til frisøren; **sich ~** *an etw. Dat, in etw. Akk* (Schnittwunde) skære sig

Schneider *m* skrædder [ßgradha] *u*

schneien *v* sne [ßne]

schnell *adj* **1** (Bewegung usw.) hurtig [huadi] **2** (Erledigung usw.) rask [raßg], hurtig [huadi] ♦ *adv* **1** (sich bewegen usw.) hurtigt [huadid] **2** (eilig usw.) hastig [haßdi], hurtig [huadi]

Schnellstraße *w* motorvej [mootawaj] *u*

Schnitt *m* **1** (Kleider) snit [ßnid] *t* **2** (im Film) klip [kleb] *t* **3** (Haar) frisure [frißüüa] *u* **4** (mit dem Messer usw.) snit [ßnid] *t*

Schnittlauch *m* purløg [pualaj] *u*

Schnitzel *s* wienerschnitzel [winaßnidßel] *u*

Schnorchel *m* snorkel [ßnoogel] *u*

Schnuller *m* sut [ßud] *u*

Schnupfen *m* snue [ßnuue] *u*, forkølelse [fakölelße] *u*

Schnur *w* snor [ßnoa] *u*

Schnurrbart *m* overskæg [ouaßkeg] *t*, moustache [mußdäätsche] *u*

Schnürsenkel *m* snørebånd [ßnöòaban] *t*

Schock *m* chok [tschag] *t*

Schokolade *w* chokolade [tschogoläädhe] *u*; **heiße ~** varm chokolade

schon *adv* allerede [alereedhe]

schön *adj* **1** (Person) køn [kön], pæn [pen] **2** (Sache) pæn [pen], dejlig [dajli] **3** (Gehalt usw.) pæn [pen], nydelig [nüüdheli] ♦ *adv* pænt [pend], fint [find] ► **~es Wetter** fint vejr; **Das Wetter ist ~.** Det er fint vejr.

schonen *v j-n/etw.* spare [ßbaaa] *ngn for ngt*

Schönheit *w* skønhed [ßgönhedh] *u*

Schornstein *m* skorsten [ßgooßden] *u*

schräg *adj* skæv [ßgeu], skrå [ßkro] ♦ *adv* skråt [ßgrod], på skrå [po ßkro]

Schrank *m* skab [ßgäb] *t*

Schranke *w* **1** bom [bom] *u* **2** *etw. Gen* grænse [granße] *u for ngt*

Schraube *w* skrue [ßgruue] *u*

schrauben *v etw. Akk irgendwohin* skrue [ßgruue] *ngt et sted*

Schraubenmutter *w* møtrik [mötreg] *u*

Schraubenschlüssel *m* nøgle [najle] *u*

Schraubenzieher *m* skruetrækker [ßgruuetraga] *u*

Schrecken *m* rædsel [radhßel] *u*, (Person) skræk [ßgrag] *u*

schrecklich *adj* **1** forfærdelig [fafäadli], frygtelig [frögdeli], skrækkelig [ßgrageli] **2** (Qualität usw.) forfærdelig [fafäadli], gyselig [güüßeli], rædsom [radhßam] ♦ *adv* frygteligt [frögdelid], forfærdeligt [fafäadlid]

Schrei *m* råb [rob] *t*, skrig [ßgri] *t*

schreiben *v* **1** (aufzeichnen) skrive [ßgriiwe] **2** (formulieren) *etw. Akk* skrive [ßgriiwe] *ngt* ► **Maschine** ~ skrive

Schreibtisch *m* skrivebord [ßgriiweboa] *t*

Schreibwaren *Mz* kontorvarer [kontoawaaa] *Mz*

schreien *v* **1** skrige [ßgriie], (laut sprechen) råbe [roobe] **2** (Eule) hyle [hüüle]

Schrift *w* **1** (System) skrift [ßgrefd] *u* **2** (lesbar usw.) håndskrift [hanßgrefd] *u* **3** (Druckschrift) skrifttype [ßgrefdtüübe] *u*

schriftlich *adj* skriftlig [ßgrefdli] ♦ *adv* skriftligt [ßgrefdlid]

Schriftsteller *m* forfatter [fafada] *u*

Schritt *m* **1** skridt [ßgrid] *t* **2** (Körpergegend) skridt [ßgrid] *u* **3** (Handlung) operation [oberatschon] *u*

Schrott *m* skrot [ßkrad] *u/t*

Schublade *w* skuffe [ßgofe] *u*

schüchtern *adj* sky [ßgü], genert [tscheneadl], tilbageholden [tebääjehalen]

Schuh *m* sko [ßgo] *u*; **~e** fodtøj *t*

schuld ~ **sein** *an etw. Dat* have skylden *for ngt*

Schuld *w* **1** (Verantwortung usw.) *an etw. Dat* skyld [ßgül] *u* **2** (Fehler) skyld [ßgül] *u* **3** (Betrag) gæld [gel] *u* ► *j-m* **die** ~ *an etw. Dat* **geben** give *ngn* skylden *for ngt*; **Es ist nicht meine ~!** Det er ikke min skyld!

schulden *v j-m etw. Akk* skylde [ßgüle] *ngt til ngn*

schuldig *adj* **1** *etw. Gen* skyldig [ßgüldi] *i ngt* **2** (Summe) skyldig [ßgüldi]

Schule *w* skole [ßgoole] *u*; **in der** ~ i skole

Schüler *m* elev [eleu] *u*

Schuljahr *s* skoleår [ßgooleo] *t*

Schulter *w* skulder [ßgula] *u*

Schuppe *w* **1** (von Fisch usw.) skæl [ßgel] *t* **2** **~*n*** skæl [ßgel] *t*

Schürze *w* forklæde [fookleedhe] *t*

Schuss *m* skud [ßgudh] *t*

Schüssel *w* skål [ßgol] *u*

Schusswaffe *w* skydevåben [ßgüüdhewoben] *t*

Schuster *m* skomager [ßgoma] *u*

schütteln *v* **1** *etw. Akk* riste [reßde] *ngt*, *j-n/etw.* ryste [rößde] *ngn/ngt* **2** ***sich*** ~ riste [reßde], skælve [ßgelwe], (vor Kälte usw.) ryste [rößde] **3** ***sich*** ~ (Hund usw.) riste [reßde] ► **den Kopf** ~ ryste på hovedet

schütten *v etw. Akk irgendwohin* hælde [hele] *ngt*, strø [ßdrö] *ngt*

Schutz *m* **1** *gegen etw., vor etw. Dat* beskyttelse [beßgödelße] *u mod ngt* **2** (Naturschutz usw.) beskyttelse [beßgödelße] *u*

schützen *v j-n/etw.* beskytte [beßgöde] *ngn/ngt*, værne [wäane]

schwach *adj* **1** svag [ßwäj] **2** (schlecht) ringe [renge] ♦ *adv* svagt [ßwäjd]

Schwäche *w* **1** (Gefühl usw.) ildebefindende [ilebefenene] *t* **2** (charakterliche usw.) svaghed [ßwäjhedh] *u*

Schwager *m* svoger [ßwoua] *u*

Schwamm *m* svamp [ßwamb] *u*

Schwan *m* svane [ßwääne] *u*

schwanger *adj* gravid [grawidh]

Schwanz *m* hale [hääle] *u*

schwarz *adj* sort [ßod] ♦ *adv* sort [ßod]

schwarzfahren *v* køre sort [kööa ßod]

Schwebebahn *w* tovbane [toubääne] *u*, svævebane [ßweewebääne] *u*

Schwefel *m* svovl [ßwoul] *u/t*

schweigen *v* tie [tiie]

Schwein *s* gris [grіß] *u*, svin [ßwin] *t*

Schweinefleisch *s* svinekød [ßwiineködh] *t*

Schweiß *m* sved [ßwedh] *u*

Schweiz *w* Schweiz [ßwajdß] *t*, Schweiz [ßwajdß] *u*

Schweizer *m* schweizer [ßwajdßa] *m*

schweizerisch *adj* schweizisk [ßwajdßißg]

Schwellung *w* hævelse [hewelße] *u*

schwer *adj* **1** (Gewicht) tung [tong] **2** (intensiv) stærk [ßdäag], voldsom [walßam] ♦ *adv* svært [ßwead]

Schwert *s* sværd [ßwea] *t*

Schwester *w* søster [ßößda] *u*

Schwiegermutter *w* svigermor [ßwiamoa] *u*

Schwiegersohn *m* svigersøn [ßwiaßön] *u*

Schwiegertochter *w* svigerdatter [ßwiadada] *u*

Schwiegervater *m* svigerfar [ßwiafaa] *u*

schwierig *adj* **1** vanskelig [wanßgeli], svær [ßwea] **2** (Zeit usw.) vanskelig [wanßgeli], besværlig [beßweali] ♦ *adv* ikke let [ege led], vanskeligt [wanßgelid]

Schwierigkeit *w* **1** vanskelighed [wanßgelihedh] *u*, problem [problem] *t* **2** (Eigenschaft) *etw. Gen* vanskelighed

[wanßgeliheddh] *u for ngt*, besværlighed [beßwealiheddh] *u for ngt*
Schwimmbad *s* svømmebad [ßwömebaddh] *t*, friluftsbad [frilofdßbaddh] *t*
Schwimmbecken *s* swimmingpool [ßuemengpuul] *u*
schwimmen *v* **1** (Mensch) svømme [ßwöme] **2** (Papierschiff) flyde [flüüddhe]
Schwimmen *s* svømning [ßwömneng] *u*
Schwimmer *m* **1** svømmer [ßwöma] *u* **2** (Hilfsmittel) svømmer [ßwöma] *u*, flyder [flüüddha] *u*
Schwimmflossen *w Mz* svømmefødder [ßwömefföddha] *u Mz*
Schwimmweste *w* redningsvest [reddhnengßweßd] *u*
schwindelig ~ **werden** være svimmel
schwindeln *v j-m* svimle [ßwemle] ► **Mir schwindelt.** Jeg er svimmel.
schwitzen *v* svede [ßweeddhe]
schwul *adj* homoseksuel [hoomoßegßuel]
sechs *num* seks [ßegß]
sechst(er,e,es) *num* sjette [tscheede]
sechzehn *num* seksten [ßajßden]
sechzig *num* tres [treß]
See1 *m* sø [ßö] *u*
See2 *w* hav [hau] *t*; **an der ~** ved havet
Seeigel *m* søpindsvin [ßöpenßwin] *u*
Seele *w* sjæl [tschel] *t*
seelisch *adj* mental [mentäl], åndelig [aneli]
Seemann *m* sømand [ßöman] *u*
Segel *s* sejl [ßajl] *t*
sehen *v j-n/etw.* se [ße]
Sehenswürdigkeit *w* seværdighed [ßewäadiheddh] *u*
sehr *adv* meget [maaddh], virkelig [wiageli]
Seide *w* silke [ßelge] *u*
Seife *w* sæbe [ßeebe] *u*
Seil *s* reb [reb] *t*, tov [tou] *t*
Seilbahn *w* **1** tovbane [toubääne] *u*, svævebane [ßweewebääne] *u* **2** (Kabine) svævebane [ßweewebääne] *u*
sein1 *v* være [weea] ► **auf ~** være oppe; **ähnlich ~** *j-m/etw.* ligne *ngn/ngt*; **wach ~** være vågen; **Ist das Ihr Ernst?** Mener du det seriøst?; **Mir ist kalt.** Jeg fryser.; **Was ist (los)?** Hvad sker der?; **Wo ist das?** Hvor er det?
sein2 *pron* hans [hanß]
seit *conj* siden [ßiiddhen] ♦ *prep* fra [fra]
Seite *w* **1** side [ßiiddhe] *u* **2** (Standpunkt) *etw. Gen* side [ßiiddhe] *u*, aspekt [aßbegd] *u*
seitlich *adj* side- [ßiiddhe]
Sekretär *m* sekretær [ßegretea] *u*
Sekretärin *w* sekretær [ßegretea] *u*
Sekt *m* sekt [ßegd] *u*
Sekunde *w* sekund [ßekond] *t*
selbst *adj* **1** (persönlich) en selv [en ße] **2** (allein) selv [ße]
Selbstbedienung *w* selvbetjening [ßelbetjeneng] *u*
Selbstmord *m* selvmord [ßelmoa] *t*
selbstständig *adj* selvstændig [ßelßdendi]
selbstverständlich *adj* selvfølgelig [ßelföljeli], selvsagt [ßelßagd], selvklar [ßelkla] ♦ *part* naturligvis [natualiwiß], selvfølgelig [ßelföljeli]
Sellerie *m* selleri [ßelari] *u*
selten *adj* sjælden [tschelen] ♦ *adv* sjældent [tschelend]
seltsam *adj* forunderlig [faonali], mærkelig [mäageli], rar [ra], underlig [onali] ♦ *adv* sært [ßead], mærkeligt [mäagelid]
Semester *s* semester [ßemeßda] *t*
Seminar *s* seminar [ßemina] *t*
senden *v* **1** (Brief usw.) *j-m etw. Akk* sende [ßene] *ngt til ngn* **2** (ausstrahlen) udsende [uddhßene], sende [ßene]
Sendung *w* **1** (Ware) forsendelse [faßenelße] *u* **2** (Ausstrahlen) udsendelse [uddhßenelße] *u* **3** (Programm) program [program] *t*, udsendelse [uddhßenelße] *u*
Senf *m* sennep [ßenab] *u*
senken *v* **1** sænke [ßengge] **2** (Summe usw.) *etw. Akk* nedsætte [neddhßede] *ngt*, sænke [ßengge] *ngt*, formindske [famenßge] *ngt* ► **sich ~** skråne
September *m* september [ßebtemba] *u*
Serie *w* serie [ßeaje] *u*
Service1 *s* (Geschirr) spisestel [ßbbißeßdel] *t*
Service2 *m/s* (Dienst) service [ßööwiß] *u*
servieren *v* servere [ßäawea]
Serviette *w* serviet [ßäawied] *u*
Sessel *m* lænestol [leeneßdol] *u*, armstol [aamßdol] *u*
setzen *v etw. Akk in etw. Akk* hensætte [henßäde] ► **in Gang ~** *etw. Akk* sætte *ngt* i gang
Sex *m* sex [ßegß] *u*
Shampoo *s* shampoo [tschampo] *u*
sich *pron* sig [ßaj], sig selv [ßaj ße] ► **mit ~** (bringen usw.) med
sicher *adj* sikker [ßega] ♦ *adv* trygt [trögd] ♦ *part* helt sikkert [held ßegad] ► **sich** *etw. Gen* **~ sein** være sikker *på ngt*
Sicherheit *w* **1** sikkerhed [ßegaheddh] *u* **2** (Platz) sikkert sted [ßegad ßdeddh] *t* **3** (Geld usw.) pant [pand] *t* ► **in ~ sein** være tryg
Sicherheitsgurt *m* sikkerhedssele [ßegaheddhßßeele] *u*; **den ~ anlegen** spænde sikkerhedsselen

Sicherheitsnadel *w* sikkerhedsnål [ßegahe~~dh~~ßnol] *u*
sichern *v* **1** (schützen) *j-n/etw.* sikre [ßegr^e], (vor Gefahr) *etw. Akk* sikre [ßegr^e] *ngt*, beskytte [beßgöd^e] *ngt* **2** (garantieren) *etw. Akk* sikre [ßegr^e] *ngt*
Sicherung *w* **1** sikring [ßegreng] *u* **2** (Schutz) sikkerhed [ßegahe~~dh~~] *u* ► **Die ~ ist herausgesprungen.** Sikringen er gået.
Sicht *w* synspunkt [ßünßpongd] *t*, synsvinkel [ßünßweng^{e}l] *u*
sichtbar *adj* synlig [ßüünli]
sie *pron* **1** (Fem. Singular) hun [hun] **2** (Plural) de [di]
Sie *pron* De [di]
sieben *num* syv [ßüu]
siebent(er,e,es) *num* syvende [ßüu^{e}n^e]
siebt(er,e,es) *num* syvende [ßüu^{e}n^e]
siebzehn *num* sytten [ßöd^{e}n]
siebzig *num* halvfjerds [halfjääß]
Sieg *m* sejr [ßaja] *u*
siegen *v in etw. Dat* vinde [wen^e] *ngt, i ngt*
Sieger *m* vinder [wena] *u*
Signal *s* signal [ßinäl] *t*
Silbe *w* stavelse [ßdääw^{e}lß^e] *u*
Silber *s* sølv [ßöl] *t*
singen *v* synge [ßöng^e]
sinken *v* **1** (Flugzeug usw.) gå ned [go ne~~dh~~] **2** (Wasser usw.) synke [ßöngg^e] **3** (Boot) synke [ßöngg^e] **4** (Wert usw.) falde [fal^e]
Sinn *m* **1** (Sehkraft usw.) sans [ßanß] *u* **2** (Gerechtigkeit usw.) *für etw.* sans [ßanß] *u for ngt* **3** (Gedanken usw.) sind [ßen] *t*, tankegang [tangg^{e}gang] *u* **4** (Bedeutung) mening [meeneng] *u*, betydning [betü~~dh~~neng] *u* **5** (Zweck) *etw. Gen* mening [meeneng] *u* ► **~ ergeben** give mening
sinnlich *adj* **1** (förm.) (Wahrnehmung usw.) sanse- [ßanß^e] **2** (Lippen usw.) sanselig [ßanß^{e}li], sensuel [ßenßuel]
sinnlos *adj* meningsløs [meenengßlöß], formålsløs [foomolßlöß]
sinnvoll *adj* **1** (Lösung usw.) smart [ßmad], skarpsindig [ßgaabßendi], (Lösung usw.) snedig [ßnee~~dh~~i], udspekuleret [u~~dh~~ßbeguleа~~dh~~] **2** (Sinn habend) meningsfuld [meenengßful] ♦ *adv* meningsfuldt [mennengßfuld]
Sitte *w* skik [ßgig] *u*, sædvane [ße~~dh~~wään^e] *u*
Situation *w* situation [ßiduatschon] *u*
Sitz *m* **1** sæde [ßee~~dh~~^{e}] *t* **2** (Haltung) siddende position [ße~~dh~~^{e}n^e poßitschon]
sitzen *v* sidde [ße~~dh~~^{e}]
Sitzplatz *m* siddeplads [ße~~dh~~eplaß] *u*
Ski *m* ski [ßgi] *u*; **~ fahren** stå på ski
Skifahrer *m* skiløber [ßgilöba] *u*
Skilift *m* skilift [ßgilifd] *u*
Skipass *m* skipas [ßgipaß] *t*
Skipiste *w* løjpe [lajb^e] *u*, pist [pißd] *u*
Skistöcke *m Mz* skistave [ßgißdääw^e] *Mz*
Skizze *w* skitse [ßgidß^e] *u*
Skulptur *w* plastik [plaßdig] *u*
so *adv* **1** (auf diese Weise) på denne måde [po den^e moo~~dh~~^{e}], sådan [ßad^{e}n] **2** (so sehr) så [ßa] ► **und ~ weiter** og så videre
sobald *conj* så snart [ßa ßnad]
Socke *w* sok [ßag] *u*
Sofa *s* sofa [ßoofa] *u*, divan [diwän] *u*
sofort *adv* omgående [amgo^{e}n^e], øjeblikklig [aj^{e}bleg]; **Jetzt ~?** Straks?
sofortig *adj* øjeblikkelig [aj^{e}bleg^{e}li], umiddelbar [umi~~dh~~^{e}lba], omgående [amgo^{e}n^e]
sogar *adv* endog [enou], endogså [enoußa]
Sohle *w* mellemsål [mel^{e}mßol] *u*, sål [ßol] *u*
Sohn *m* søn [ßön] *u*
solch(er,e,es) *pron* sådan [ßad^{e}n]
Soldat *m* soldat [ßoldäd] *u*
sollen *v* skulle [ßgul^e], måtte [mad^e]; **Sag ihnen, sie ~ warten!** Bed dem om at vente.
Sommer *m* sommer [ßama] *u*
Sonderangebot *s* særtilbud [ßeatelbu~~dh~~] *t*
sondern *conj* men [men]
Sonnabend *m* (NoD) lørdag [löada] *u*
Sonne *w* sol [ßol] *u*
Sonnenaufgang *m* solopgang [ßoolabgang] *u*
Sonnenblume *w* solsikke [ßoolßeg^e] *u*
Sonnenbrand *m* solskoldning [ßoolßgalneng] *u*
Sonnencreme *w* solcreme [ßoolkrem] *u*
Sonnenstich *m* solstik [ßoolßdeg] *t*
Sonnenuntergang *m* solnedgang [ßoolne~~dh~~gang] *u*
sonnig *adj* solrig [ßoolri]
Sonntag *m* søndag [ßönda] *u*
sonst *adv* anderledes [anale~~dh~~^{e}ß]
Sorge *w* **1** *um j-n/etw.* bekymring [bekömreng] *u for ngn/ngt* **2** *für j-n* pleje [plaj^e] *u af ngn* ► **sich ~n machen** *um j-n/etw.* bekymre sig *for ngn/ngt*
sorgen *v* **1** *für j-n/etw.* pleje [plaj^e] *ngn/ngt*, (pflegen) *für j-n/etw.* tage sig af [tä ßaj ä] *ngn/ngt*, (sich kümmern) *für etw.* sørge [ßöau^e] *for ngt*, tage sig af [tä ßaj ä] *ngt* **2** (Problem lösen usw.) *für etw.* sørge [ßöau^e] *for ngt*, tage sig af [tä ßaj ä] *ngt* **3** ***sich ~*** *um j-n/etw.* bekymre sig [bekömra ßaj] *om/for/over ngn/ngt*
Sorgfalt *w* omhu [amhu] *u*

sorgfältig *adj* omhyggelig [amhüg^{e}li] ♦ *adv* omhyggeligt [amhüg^{e}lid]
Sorte *w* sort [ßod] *u*, varietet [waited] *u*, variant [waiand] *u*, (Typ usw.) slags [ßlagß] *u*
Sortiment *s* samling [ßamleng] *u*, sortiment [ßotimang] *t*
Soße *w* sovs [ßouß] *u*
Souvenir *s* souvenir [ßuw^{e}niia] *u*
soviel *conj* så vidt [ßa wid]
sowie *conj* **1** (beides) lige som [lii^e ßam], både… og [boodh^e…a] **2** (gleich usw.) så snart [ßa ßnad]
sowieso *adv* alligevel [alii^{e}wel] ♦ *part* alligevel [alii^{e}wel]
sowohl **~ – als auch** både… og…
sozial *adj* social [ßotschäl]
Spalte *w* **1** (Riss) sprække [ßbrag^e] *u* **2** (in einem Text) spalte [ßbald^e] *u* **3** (Gaumenspalte usw.) hareskår [haaaßgo] *t*, læbespalte [leeb^{e}ßbald^e] *u*
spalten *v* kløve [klööw^e], (Atomkerne usw.) *etw. Akk* spalte [ßbald^e] *ngt*
Spanien *s* Spanien [ßbanj^{e}n] *t*
spanisch *adj* spansk [ßbanßg] ♦ *adv* spansk [ßbanßg]
spannen *v* **1** (Seil usw.) *etw. Akk* spænde [ßben^e] *ngt* **2** (einspannen) *etw. Akk* klemme [klem^e] *ngt*
Spannung *w* spænding [ßbeneng] *u*
sparen *v* **1** *auf etw. Akk* spare op [ßbaaa ab] *til ngt* **2** (Wasser usw.) *etw. Akk* spare [ßbaaa] *ngt, på ngt*
Spargel *m* asparges [aßbaß] *u*
Sparkasse *w* sparekasse [ßbaaakaß^e] *u*
sparsam *adj* **1** (Person) sparsom [ßbaaßam], sparsommelig [ßbaßam^{e}li] **2** (Wagen usw.) økonomisk [ökonomißg] ♦ *adv* sparsomt [ßbaaßamd], nøjsomt [najßamd]
Spaß *m* fornøjelse [fanaj^{e}lß^e] *u*, underholdning [on^{e}halneng] *u*, sjov [tschou] *t*
spät *adv* sent [ßend], (verspätet) for sent [fa ßend]; **Wie ~ ist es?** Hvad er klokken?
spätestens *adv* senest [ßen^{e}ßd]
Spatz *m* spurv [ßbuau] *u*
spazieren *v* spadsere [ßbaßea]; **~ gehen** gå en tur
Spaziergang *m* gåtur [gootua] *u*, spadseretur [ßbaßeatua] *u*
Speck *m* bacon [bejkan] *u/t*, (Schweinespeck) spæk [ßbeg] *t*
Speichel *m* spyt [ßböd] *t*
Speicher *m* **1** (Computer) hukommelse [hukam^{e}lß^e] *u* **2** (für Getreide) kornmagasin [koanmagaßin] *t*
Speise *w* måltid [mooltidh] *t*, ret [rad] *u*
Speisekarte *w* menukort [menükood] *t*
Speisesaal *m* spisesal [ßbbiß^{e}ßäl] *u*
Speisesoda *w* natron [näätran] *t*
Speisewagen *m* spisevogn [ßbbiß^{e}woun] *u*
Spende *w* gave [gääw^e] *u*
sperren *v* lukke [log^e], afspærre [außbäaa], spærre [ßbäaa], blokere [blokea]
Spezialität *w* specialitet [ßbetschalited] *u*
speziell *adv* specielt [ßbetscheld]
Spiegel *m* **1** (Glas) spejl [ßbajl] *t* **2** (Oberfläche) vandoverflade [wanouafläädh^e] *u*
Spiel *s* **1** (Spielen) spil [ßbel] *t* **2** (Match) kamp [kamb] *u* ► **auf dem ~ stehen** væddemål *t*
spielen *v* **1** (Kinder usw.) *mit etw.* lege [laj^e] *med ngn/ngt* **2** (Spiele usw.) *etw. Akk* spille [ßbel^e] *ngt* **3** (Instrument) *etw. Akk* spille [ßbel^e] *ngt* **4** (im Theater usw.) optræde [abtredh^e] **5** *j-n/etw.* spille [ßbel^e] *ngt/ngn* **6** (Film usw.) *etw. Akk* vise [wiiß^e] *ngt* **7** (Wettkampf austragen) spille [ßbel^e] **8** (leichtfertig) *mit etw.* lege [laj^e] *med ngt*
Spielkarte *w* kort [kood] *t*
Spielkasino *s* spillekasino [ßbel^{e}kaßiino] *t*
Spielplatz *m* legeplads [laj^{e}plaß] *u*
Spielzeug *s* legetøj [lajetaj] *t*
Spinat *m* spinat [ßbinäd] *u*
Spinne *w* edderkop [edhakab] *u*
spinnen *v* **1** (Flachs usw.) spinne [ßben^e] **2** (verrückt sein) være fjols [weea fjalß]
Spirale *w* spiral [ßbiral] *u*
spitz *adj* spids [ßbeß]
Spitze *w* **1** (eines Pfeils usw.) spids [ßbeß] *u* **2** (Turm usw.) *etw. Gen* top [tab] *u af ngt* **3** (Vorderteil) *etw. Gen* forside [fooßiidh^e] *u af ngt*, front [frand] *u af ngt* **4** (Posten) spids [ßbeß] *u* **5** (Gewebe) blonde [bland^e] *u*
Splitter *m* splint [ßblend] *u*
Sport *m* sport [ßbood] *u*
Sportler *m* sportsmand [ßboodßman] *u*
sportlich *adj* sports- [ßboodß], (Aussehen usw.) sportslig [ßboodßli]
Sportplatz *m* sportsplads [ßboodßplaß] *u*
spotten *v über j-n/etw.* håne [hoon^e], spotte [ßbad^e], *über j-n/etw.* le af [le ä] *ngn/ngt*, håne [hoon^e] *ngn/ngt*
Sprache *w* **1** (Sprachfähigkeit) tale [tääl^e] *u* **2** (als Kommunikation) sprog [ßbrou] *t*
Spray *m/s* spray [ßbrej] *u*
sprechen *v* **1** *mit j-m von etw., über etw. Akk* snakke [ßnag^e] *med ngn om ngt*, tale [tääl^e] *med ngn om ngt*, (etwas äußern) *mit j-m von etw., über etw. Akk* tale [tääl^e] *med ngn om ngt*, snakke [ßnag^e] *med ngn om ngt* **2** (sich unterhalten) *mit j-m von etw., über etw. Akk* snakke [ßnag^e] *med ngn om ngt* ► **Ich spreche kein Englisch/Deutsch/Französisch.** Jeg taler ikke engelsk/ tysk/ fransk.

Sprecher *m* **1** (Vertreter) talsmand [tälßman] *u* **2** (im Fernsehen usw.) speaker [ßbiiga] *u*
Sprechzimmer *s* konsultationsstue [kanßultatschonßduue] *u*
springen *v* **1** (einen Sprung machen) udspringe [udhßbrenge] **2** (Sprünge machen) springe (over) [ßbrenge (oua)], hoppe [habe] **3** *aus etw.* hoppe ud [habe udh] *af ngt*, springe ud [ßbrenge udh] *af ngt* **4** *über etw. Akk* springe *ngt* over [ßbrenge oua] **5** (anbrechen) sprække [ßbrage], revne [raune] **6** (Glas usw.) sprække [ßbrage]
Spritze *w* **1** (für Injektionen) sprøjte [ßbrajde] *u* **2** (Dosis von Impfstoff usw.) indsprøjtning [enßbrajdneng] *u* **3** (zum Versprühen) sprøjte [ßbrajde] *u*
spritzen *v* **1** (Wasser usw.) skvætte [ßgwede], sprøjte [ßbrajde] **2** (mit Pestiziden usw.) sprøjte [ßbrajde] **3** (sprudeln) sprøjte [ßbrajde] **4** (Fett usw.) sprutte [ßbrude] **5** (mit Farbe) sprøjtemale [ßbrajdemääle] **6** (Medikament usw.) *j-m etw. Akk* stikke [ßdege] *ngt i ngn/ngt*
sprühen *v* sprøjtemale [ßbrajdemääle]
Sprung *m* hop [hab] *t*, spring [ßbreng] *t*, udspring [udhßbreng] *t*
spucken *v* spytte [ßpöde]
Spülbecken *s* køkkenvask [kögenwaßg] *u*
spülen *v* **1** skylle [ßgöle] **2** (Geschirr usw.) *etw. Akk* skylle *ngt* af [ßgöle ä]
Spülmaschine *w* opvaskemaskine [abwaßgemaßgiine] *u*
Spur *w* **1** (im Boden) spor [ßboa] *t* **2** (Zeichen) *etw. Gen* spor [ßboa] *t af ngt, efter ngt* **3** (einer Tätigkeit usw.) spor [ßboa] *t* **4** (Fleck usw.) spor [ßboa] *t*
spüren *v etw. Akk* føle [fööle] *ngt*
Staat *m* stat [ßdäd] *u*
staatlich *adj* stats- [ßdädß]
Staatsangehörigkeit *w* statsborgerskab [ßdädßboouaßkäb] *t*
Staatsanwalt *m* statsadvokat [ßdädßadhwokäd] *u*
Stab *m* **1** (aus Holz usw.) stang [ßdang] *u*, stav [ßdäu] *u* **2** (Offiziere) stab [ßdäb] *u* **3** (Experten) stab [ßdäb] *u*
Stachel *m* **1** pig [pig] *u* **2** (einer Wespe usw.) brod [bradh] *u*
Stadt *w* by [bü] *u*
Stadtplan *m* bykort [bükood] *t*
Stadtviertel *s* kvarter [kwatea] *t*
Stahl *m* stål [ßdol] *t*
Stall *m* stald [ßdal] *u*
Stamm *m* stamme [ßdame] *u*
stammen *v aus etw.* komme [kame] *fra ngt*, stamme [ßdame] *fra ngt*
Stand *m* bod [bodh] *u*
ständig *adj* stadig [ßdäädhi], uophørlig [uabhöali], konstant [kanßdand], vedvarende [wedhwaane] ♦ *adv* hele tiden [heele tidhen], uafbrudt [uaubrud], stadig(væk) [ßdäädhi(weg)], fortsat [foodßad]
Stange *w* **1** (aus Metall usw.) stang [ßdang] *u* **2** (zum Abstoßen usw.) stage [ßdääje] *u* **3** (Stütze usw.) stang [ßdang] *u* **4** (aus Metall usw.) stang [ßdang] *u*, stav [ßdäu] *u*
Stängel *m* stængel [ßdengel] *u*, stilk [ßdelg] *u*
Stapel *m etw. Gen* stak [ßdag] *u*, bunke [bongge] *u*
stark *adj* **1** (körperlich) stærk [ßdäag] **2** (Gefühl) intens [intenß] **3** (wirksam) stærk [ßdäag], kraftig [krafdi] ► **~e Regenfälle** skybrud *t*
Stärke *w* **1** (eines Menschen) styrke [ßdüage] *u* **2** (Substanz) stivelse [ßdiiwelße] *u*
Start *m* start [ßdad] *u*
starten *v* **1** (Rennfahrer usw.) starte [ßdade] **2** *bei etw.* starte [ßdade] **3** (Motor usw.) starte [ßdade], starte (op) [ßdade (ab)] **4** (Vorhaben usw.) *etw. Akk* lancere [langßea] *ngt*, starte [ßdade] *ngt*
Station *w* **1** (Haltestelle) station [ßdatschon] *u* **2** (in Krankenhaus) sygeafdeling [ßbüüeaudeleng] *u*
Stativ *s* stativ [ßdatiu] *u*
statt *prep etw. Gen* i stedet for [i ßdedhedh fa] *ngn/ngt*
stattfinden *v* finde sted [fene ßdedh], ske [ßge]
Statue *w* statue [ßdätue] *u*
Stau *m* trafikprop [trafigprab] *u*
Staub *m* støv [ßdöu] *t*; **~ wischen** *irgendwo, von etw.* tørre støv af *ngt*
staubsaugen *v etw. Akk* støvsuge [ßdöußue]
Staubsauger *m* støvsuger [ßdöußuua] *u*
staunen *v über etw. Akk* være forbavset [weea fabaußedh] *over ngt*, være forbløffet [weea fablöfedh] *over ngt*
Stausee *m* dæmning [demneng] *u*
stechen *v* **1** (mit Messer usw.) *j-n mit etw.* stikke [ßdege] *ngn med ngt*, (mit Nadel usw.) *mit etw. in j-n/etw.* prikke [prege] *ngn med ngt*, stikke [ßdege] *ngn med ngt* **2** (Insekten) *j-n* stikke [ßdege] *ngn* **3** (Dornen usw.) prikke [prege], stikke [ßdege]
Steckdose *w* stikkontakt [ßdegkontagd] *u*
stecken *v* **1** *etw. Akk irgendwohin* stikke [ßdege] *ngt i ngt* **2** (festsitzen) *irgendwo* sidde fast [ßedhe faßd] *i ngt, et sted* ► **in die Steckdose ~** *etw. Akk* tilslutte *ngt*, sætte *ngt* til

Stecker *m* stik [ßdeg] *t*; **den ~ herausziehen** frakoble *ngt*

Stecknadel *w* knappenål [knab^{e}nol] *u*

stehen *v* **1** stå [ßdo] **2** (bestehen) *zu etw.* stå ved [ßdo w^{e}] *ngt* **3** (Kleidung) *j-m* klæde [kleedh^{e}] *ngn*, passe [paß^{e}] *ngn*

stehlen *v* **1** stjæle [ßdjeel^{e}], *j-m etw. Akk* bestjæle [beßdjel^{e}] *ngn for ngt* **2** ***sich*** **~** snige sig [ßnii^{e} ßaj], liste sig [leßd^{e} ßaj]

steif *adj* **1** (Material usw.) stiv [ßdiu] **2** (Glieder usw.) stiv [ßdiu], stivnet [ßdiun^{e}dh] **3** (Mensch usw.) stiv [ßdiu], reserveret [reßäaweadh]

Steigbügel *m* stigbøjle [ßdibajl^{e}] *u*

steigen *v* **1** (Flugzeug usw.) stige op [ßdii^{e} ab], gå op [go ab], (Nebel usw.) stige [ßdii^{e}] **2** (Wasserspiegel usw.) stige [ßdii^{e}] **3** (Preise usw.) stige [ßdii^{e}]

steigern *v* **1** (Spannung usw.) trappe op [trab^{e} ab], øge [öj^{e}], eskalere [eßgalea] **2** (Adjektiv usw.) gradbøje [gradhbaj^{e}], komparere [komparea]

steil *adj* brat [brad], stejl [ßdajl]

Stein *m* sten [ßden] *u*

steinern *adj* sten- [ßdeen]

Stelle *w* **1** (Punkt, Gebiet usw.) sted [ßdedh] *t*, plads [plaß] *u* **2** (Job) position [poßitschon] *u*, stilling [ßdeleng] *u*

stellen *v* **1** (auf den Tisch usw.) *etw. Akk irgendwohin* sætte [ßed^{e}] *ngt*, stille [ßdel^{e}] *ngt* **2** ***sich*** **~** (ans Fenster usw.) *irgendwohin* stille sig [ßdel^{e} ßaj] *et sted* **3** (Wecker usw.) stille [ßdel^{e}], (Werte usw.) indstille [enßdel^{e}] **4** (Falle usw.) legge en fælde [leg^{e} en fe^{e}] **5** ***sich*** **~** (widersprechen) *j-m* modsætte sig [modhßed^{e} ßaj] *ngn/ngt*, opponere [oponea] *mod ngt*

Stellung *w* **1** (in der Gesellschaft) status [ßdäätuß] *u*, stilling [ßdeleng] *u* **2** (Einstellung) holdning [halneng] *u til ngn/ngt*, indstilling [enßdeleng] *u til ngt*

Stempel *m* stempel [ßdemb^{e}l] *t*

sterben *v an etw. Dat* dø [dö]

Stern *m* stjerne [ßdjäan^{e}] *u*

stets *adv* stadig(væk) [ßdäädhi(weg)], fortsat [foodßad]

Steuer[1] *s* rat [rad] *t*

Steuer[2] *w auf etw. Akk* skat [ßgad] *u af ngt*

steuern *v* **1** (Fahrzeug) *etw. Akk* styre [ßdüüa] *ngt* **2** (Gerät usw.) *etw. Akk* betjene [betjen^{e}] *ngt* **3** (sich richten) *irgendwohin* være (godt) på vej [weea (gad) po waj] *hvorhen* **4** (Schiff – Kurs nehmen) sejle [ßajl^{e}]

Steuerung *w* betjening [betjeneng] *u*, (Steuergerät) styring [ßdüüaeng] *u*

Stich *m* sting [ßdeng] *t* ► *j-n* **im ~ lassen** skuffe *ngn*

sticken *v etw. Akk mit etw.* brodere [brodea] *ngt med ngt*

Stiefel *m* støvle [ßdöul^{e}] *u*

Stiefmutter *w* stedmor [ßdedhmoa] *u*

Stiefvater *m* stedfar [ßdedhfaa] *u*

Stiel *m* skaft [ßgafd] *t*

Stift *m* **1** (Schreibgerät) blyant [blüüand] *u* **2** (Verbindungsteil) stift [ßdefd] *u*, pløk [plög] *u*, pind [pen] *u*

Stil *m* stil [ßdil] *u*

still *adj* stille [ßdel^{e}] ♦ *adv* lydløs [lüdhlöß]

Stille *w* ro [ro] *u*, stilhed [ßdelhedh] *u*

Stimme *w* stemme [ßdem^{e}] *u*

stimmen *v* **1** (bei Abstimmung) *für etw., gegen etw.* stemme [ßdem^{e}] *for ngt, mod ngt* **2** (Geige usw.) *etw. Akk* stemme [ßdem^{e}]

Stimmung *w* humør [humöa] *t*, stemning [ßdemneng] *u*, lune [luun^{e}] *t*

stinken *v nach etw.* stinke [ßdengg^{e}], *nach etw.* stinke [ßdengg^{e}] *af ngt*, lugte [logd^{e}] *af ngt*

Stirn *w* pande [pan^{e}] *u*

Stock[1] *m* **1** (Zweig) pind [pen] *u*, kæp [keb] *u* **2** (Stütze usw.) stok [ßdag] *u* **3** (als Waffe) kæp [keb] *u*, stok [ßdag] *u*, stav [ßdäu] *u*

Stock[2] *m* (Geschoss) etage [etäätsch^{e}] *u*, sal [ßäl] *u*

Stockwerk *s* etage [etäätsch^{e}] *u*

Stoff *m* **1** (aus Baumwolle usw.) klæde [kleedh^{e}] *t*, stof [ßdaf] *t* **2** (chemischer usw.) stof [ßdaf] *t*, materie [mateai^{e}] *u* **3** (für ein Buch usw.) emne [emn^{e}] *t*, tema [teema] *t*, stof [ßdaf] *t*

stolpern *v über etw. Akk* snuble [ßnubl^{e}]

stolz *adj* **1** (mit Recht) *auf j-n/etw.* stolt [ßdald] *af/over ngt/ngn* **2** (hochmütig) hovmodig [houmodhi]

Stolz *m* stolthed [ßdaldhedh] *u*

stopfen *v* **1** sy [ßü], lappe [lab^{e}], flikke [fleg^{e}], stoppe [ßdab^{e}] **2** (hineinstecken) *etw. Akk irgendwohin* stoppe *ngt* ind [ßdab^{e} en] *i ngt*

Stöpsel *m* prop [prab] *u*

stören *v* **1** *j-n* forstyrre [faßdüaa] *ngn* **2** (beeinträchtigen) *etw. Akk* forstyrre [faßdüaa] *ngt* **3** (missfallen) *j-n* være *ngn* til ulejlighed [weea tel ulajlihedh] ► **nicht ~** *etw. Akk j-n* have ingenting imod *ngt*

stornieren *v* annullere [anulea]

Stornierung *w* annullering [anuleaeng] *u*

Störung *w* **1** (der Ruhe usw.) forstyrrelse [faßdüaalß^{e}] *u* **2** (technische) sammenbrud [ßam^{e}nbrudh] *t* **3** (gesundheitliche) forstyrrelse [faßdüaalß^{e}] *u*

Stoßdämpfer *m* støddæmper [ßdödhdemba] *u*

stoßen *v* **1** *etw. Akk in etw. Akk* stikke [ßdeg^{e}] *ngt ind i ngt* **2** *j-n/etw.* skubbe [ßgob^e] *til ngn/ngt, j-n/etw.* skubbe [ßgob^e] *til ngn* **3** (mit Kopf usw.) *gegen/an etw.* støde [ßdöödh^e] *ind i ngt*, ramle [raml^e] *ind i ngt* **4** (Wand usw.) *gegen etw.* støde ind [ßdöödh^e en] *i ngt* **5** (beschädigen usw.) *an etw.* kollidere [kolidea] **6** (begegnen) *auf j-n/etw.* støde [ßdöödh^e] *på/ind i ngn* **7** (Problem usw.) *auf etw. Akk* støde på [ßdöödh^e po], (Probleme usw.) *auf etw. Akk* møde [möödh^e] *ngt*, støde [ßdöödh^e] *på ngt*

Stoßstange *w* kofanger [kofänga] *u*, stødfanger [ßdödhfanga] *u*

Stoßzeit *w* myldretid [mülratidh] *u*

strafbar *adj* kriminel [kriminel], strafbar [ßdrafba]

Strafe *w* **1** (Bestrafung) straf [ßdraf] *u* **2** (Gefängnisstrafe) straf [ßdraf] *t* **3** (Geldbuße) dagbod [daubodh] *u*

Strahl *m* stråle [ßdrool^e] *u*

strahlen *v* stråle [ßdrool^e]

Strand *m* strand [ßdran] *u*

Strandliege *w* liggestol [leg^{e}ßdol] *u*

Straße *w* **1** (in Stadt) gade [gäädh^e] *u* **2** (Verkehrsweg) vej [waj] *u*, gade [gäädh^e] *u*

Straßenbahn *w* sporvogn [ßboawoun] *u*

Straßenzoll *m* afgift [augifd] *u*

Strauch *m* busk [bußg] *u*

Strauß^1 *m* (Blumen) buket [buked] *u*

Strauß^2 *m* (Vogel) struds [ßdruß] *u*

Strecke *w* **1** (Rennstrecke usw.) bane [bään^e] *u* **2** (in Geometrie) linjestykke [linj^{e}ßdög^e] *t*

streicheln *v* stryge [ßdrüü^e], *j-n/etw.* kærtegne [keatajn^e] *ngn/ngt*

streichen *v* **1** (Wort usw.) *etw. Akk* overstrege [ouaßdraj^e] *ngt* **2** (Wände usw.) male [määl^e]

Streichholz *s* tændstik [tenßdeg] *u*

Streifen *m* **1** stribe [ßdriib^e] *u* **2** (eines Landes usw.) bælte [beld^e] *t* **3** (Stoff usw.) *etw. Gen* strimmel [ßdrem^{e}l] *u*

Streik *m für etw.* strejke [ßdrajg^e] *u*

Streit *m* skænderi [ßgenari] *t*, strid [ßdridh] *u*, tvist [tweßd] *u*

streiten *v mit j-m um/über etw. Akk* bestride [beßdridh^e] *ngn/ngt*, bekæmpe [bekemb^e] *ngn/ngt*, (diskutieren) *mit j-m über etw. Akk* diskutere [dißgutea] *med ngn om ngt*, forhandle [fahanl^e] *med ngn om ngt*; **(sich)** ~ *über etw. Akk* skændes *med ngn om ngt*

streng *adj* streng [ßdrang]

Strich *m* **1** (Linie) streg [ßdraj] *u* **2** (Pinselstrich usw.) penselsstrøg [penß^{e}lßßdraj] *t*

stricken *v* strikke [ßdreg^e] *ngt*

Strickjacke *w* cardigan [kaadigan] *u*

Stroh *s* halm [halm] *u*

Strohhalm *m* sugerør [ßuu^{e}röa] *t*

Strom *m* strøm [ßdröm] *u* ***(elektrischer)*** ~ (elektrisk) strøm [(elegtrißg) ßdröm]
► **Der ~ ist ausgefallen.** Strømmen er afbrudt.

Stromausfall *m* strømafbrydelse [ßdrömaubrüdh^{e}lß^e] *u*

strömen *v* **1** (Flüssigkeit usw.) flyde [flüüdh^e] **2** (Menschen usw.) strømme [ßdröm^e], flyde [flüüdh^e]

Strudel *m* **1** (von Wasser usw.) hvirvel [wiau^{e}l] *u* **2** (Speise) strudel [ßdrudh^{e}l] *u*

Strumpf *m* strømpe [ßdrömb^e] *u*

Strumpfhose *w* strømpebukser [ßdrömb^{e}bogßa] *Mz*

Stück *s* **1** (Teil eines Ganzen) *von etw.* stykke [ßdög^e] *t* **2** (einzige Sache) styk [ßdög] *t*

Student *m* studerende [ßdudean^e] *u*

studieren *v an etw. Dat* studere [ßdudea]

Studium *s* studie [ßdudj^e] *u*

Stufe *w* trin [trin] *t*, trappetrin [trab^{e}trin] *t*

Stuhl *m* **1** (Möbel) stol [ßdol] *u* **2** (Kot) afføring [aufföaeng] *u*

stumm *adj* stum [ßdom]

stumpf *adj* sløv [ßlöu]

Stunde *w* time [tiim^e] *u*

stur *adj* hårdnakket [hoonag^{e}dh]

Sturm *m* kuling [kuuleng] *u*, storm [ßdom] *u*

stürmen *v in etw. Akk* storme ind [ßdoom^e en] *i ngt*, (eilen) fare [faaa]

Sturz *m* **1** (in die Tiefe usw.) fald [fal] *t* **2** (Machtverlust usw.) fald [fal] *t*, nedgang [nedhgang] *u* **3** (der Aktien usw.) lavkonjunktur [laukanjongtua] *u* **4** (Türsturz usw.) overligger [oualega] *u*

stürzen *v* **1** (stolpern usw.) falde [fal^e] **2** (fallen) styrte (ned) [ßdüad^e (nedh)] **3** (wegeilen) *aus etw.* styrte af [ßdüad^e ä] *ngt/et sted* **4** (in ein Zimmer usw.) *irgendwohin* storme ind [ßdoom^e en] *i ngt*, (springen) *irgendwohin* kaste sig [kaßd^e ßaj] *et sted*, (ungebeten usw.) *irgendwohin* brase ind [braaß^e en] *i ngt* **5** (Aktienkurse usw.) synke [ßöngg^e] **6** (Regierung usw.) styrte [ßdüad^e], vælte [weld^e] ***7 sich ~*** (angreifen) *auf j-n/etw.* kaste sig [kaßd^e ßaj] *over ngn/ngt*

Substanz *w* stof [ßdaf] *t*, materie [mateai^e] *u*

subtrahieren *v etw. Akk von etw.* trække fra [trag^e fra]

suchen *v* **1** (Verlorenes usw.) *j-n/etw.* søge [ßööj^e], se efter [ße efda] *ngn/ngt* **2** (dringend usw.) *j-n/etw.* lede efter [leedh^e efda] *ngn/ngt*, (Täter usw.) *nach j-m/etw.* lede efter [leedh^e efda] *ngn/ngt*

Süden *m* syd [ßüdh] *t*

südlich *adj* sydlig [ßüdhli]

Summe *w* **1** (bezahlte usw.) sum [ßom] *u*, beløb [belöb] *t* **2** (einer Addition) sum [ßom] *u*

summen *v* summe [ßome], surre [ßuaa]

Sumpf *m* mose [mooße] *u*, sump [ßomb] *u*, vådområde [wodhamroodhe] *t*

Sünde *w* synd [ßön] *u*

Supermarkt *m* supermarked [ßubamaagedh] *t*

Suppe *w* suppe [ßobe] *u*

Surfbrett *s* surfbræt [ßööfbrad] *t*

surfen *v* surfe [ßööfe]

süß *adj* sød [ßödh]

Süßigkeiten *w Mz* slik [ßleg] *t*

Süßstoff *m* sødemiddel [ßöödhemidhel] *t*, sødestof [ßöödheßdaf] *t*

Süßwaren *Mz* konfekture [kanfegtüüa] *u*, søde sager [ßöödhe ßäja] *u Mz*, slik [ßleg] *t*, konfekturevarer [kanfegtüüawaaa] *Mz*

Sweatshirt *s* sweatshirt [ßuedtschööd] *u*

sympathisch *adj* sympatisk [ßümpädißg]

Synagoge *w* synagoge [ßünagooe] *u*

System *s* system [ßüßdem] *t*

systematisch *adj* systematisk [ßüßdemädißg] ♦ *adv* systematisk [ßüßdemädißg]

T

Tabak *m* tobak [tobag] *u*

Tabakladen *m* tobaksforretning [tobagßfaradneng] *u*

Tabelle *w* tabel [tabel] *u*

Tablett *s* bakke [bage] *u*

Tablette *w* tablet [tabled] *u*

Tafel *w* **1** (zum Schreiben) tavle [taule] *u* **2** (Schokolade usw.) plade [pläädhe] *u*

Tag *m* døgn [dajn] *t* ► **eines ~es** engang; **während des ~es** om dagen; **Guten ~.** Hej., God dag.

Tageszeitung *w* dagblad [daubladh] *t*

täglich *adj* daglig [dauli], (Besucher usw.) hverdags- [wäadä], dagligdags [daulidäß] ♦ *adv* dagligt [daulid] ► **zweimal/dreimal ~** to/tre gange om dagen

tagsüber *adv* i løbet af dagen [i lööbedh ä däen]

Taille *w* talje [talje] *u*

Tal *s* dal [däl] *u*

Talent *s für etw.* begavelse [begäwelße] *u for ngt*, talent [talend] *t for ngt*, *für etw.* evner [euna] *u Mz for ngt*

Tampon *m* tampon [tampang] *u*

Tank *m* cisterne [ßißdäane] *u*, (für Benzin usw.) tank [tangg] *u*

tanken *v* fylde brændstof [füle branßdaf]

Tankstelle *w* tankstation [tanggßdatschon] *u*

Tante *w* tante [tande] *u*, moster [maßda] *u*, faster [faßda] *u*

Tanz *m* dans [danß] *u*

tanzen *v* danse [danße]

Tapete *w* tapet [taped] *t*

tapfer *adj* tapper [taba], modig [moodhi]

Tarif *m* tarif [tarif] *u*

Tasche *w* **1** (Behälter) taske [taßge] *u* **2** (in Kleidungsstücken) lomme [lame] *u*

Taschendieb *m* lommetyv [lametüu] *u*

Taschenlampe *w* lommelygte [lamelögde] *u*

Taschenmesser *s* lommekniv [lamekniu] *u*

Taschenrechner *m* kalkulator [kalkulääta] *u*, lommeregner [lamerajne] *u*

Taschentuch *s* lommetørklæde [lametöakleedhe] *t*

Tasse *w* kop [kab] *u*

Tastatur *w* tastatur [taßdatua] *t*

Taste *w* **1** (eines Gerätes usw.) knap [knab] *u* **2** (eines Computers usw.) tast [taßd] *u*

Tat *w* gerning [gäaneng] *u*

Tätigkeit *w* **1** (Sichbeschäftigen) aktivitet [agtiwited] *u* **2** (Funktionieren) virksomhed [wiagßamhedh] *u*, funktion [fonggtschon] *u*

Tatsache *w* faktum [fagtom] *t*

Tau *m* dug [du] *u*

taub *adj* døv [döu]

Taube1 *w* (Vogel) due [duue] *u*

Taube2 *m* (Person) døv [döu]

tauchen *v* **1** *in etw. Akk* dykke [döge] *ned i ngt*, synke [ßöngge] *ned i ngt* **2** (als Taucher) dykke [döge] **3** *etw. Akk in etw. Akk* neddyppe [nedhdöbe] *ngt i ngt*, sænke *ngt* ned [ßengge nedh] *i ngt* **4** (in den Saft usw.) *etw. Akk in etw. Akk* dyppe [döbe] *ngt i ngt*

Tauchen *s* dykning [dögneng] *u*

Taucherbrille *w* dykkerbriller [dögabrela] *Mz*

tauen *v* smelte [ßmelde], (zergehen) smelte bort [ßmelde bood], opløses [ablößeß]

Taufe *w* dåb [dob] *u*

tauschen *v* **1** *etw. Akk gegen etw.* bytte [büde] *ngt med/til ngt* **2** (Blick usw.) udveksle [udhwegßle] *ngt*

täuschen *v* **1** (irreführen) *j-n* bedrage [bedraue], narre [naaa], (irreführen) *j-n* snyde [ßnüüdhe] *ngn* **2** (Augen) bedrage [bedraue] **3** ***sich* ~** *in etw. Dat* tage fejl [tä fajl] *i ngt*

tausend *num* tusind [tußen]

Tauwetter *s* snesmeltning [ßneßmeldneng] *u*, tøvejr [töwea] *t*

Taxi *s* taxa [tagßa] *u*, taxi [tagßi] *u*

Taxifahrer *m* taxichauffør [tagßitschofōa] *u*
Technik *w* **1** (Erkenntnisse) teknologi [tegnologi] *u* **2** (Methode) teknik [tegnig] *u*
Techniker *m* tekniker [tegniga] *u*
technisch *adj* teknisk [tegnißg]
Tee *m* te [te] *u*
Teekanne *w* tekande [tekan^{e}] *u*
Teelöffel *m* teske [teßg^{e}] *u*
Teich *m* dam [dam] *u*, fiskedam [feßg^{e}dam] *u*
Teig *m* dej [daj] *u*
Teigwaren *w Mz* pasta [paßda] *u*
Teil *m von etw., etw. Gen* del [del] *u af ngt*, part [pad] *u af ngt*
teilen *v* **1** (in Teile) *etw. Akk in etw. Akk* dele [deel^{e}] *ngt i ngt* **2** (aufteilen) *etw. Akk mit j-m* dele [deel^{e}] *ngt med ngn* **3** (gemeinsam nutzen) *etw. Akk mit j-m* dele [deel^{e}] *ngt med ngn*, have *ngt* fælles [ha fel^{e}ß] *med ngn* ► **sich ~** *in etw. Akk* dele sig
teilnehmen *v* **1** (Teilnehmer sein) *an etw. Dat* deltage [deltä] *i ngt*, tage del [tä del] *i ngt* **2** *an etw. Dat* deltage [deltä] *i ngt*, medvirke [medħwiag^{e}] *i ngt* ► **an einem Wettkampf** *gegen j-n* **~** ræse, deltage i væddeløb, løbe om kap
Teilnehmer *m* konkurrent [kanggorand] *u*, konkurrencedeltager [kanggorangß^{e}deltäja] *u*, *etw. Gen* deltager [deltäja] *u*
teilweise *adv* delvis [deelwiß], delvist [deelwißd]
Telefon *s* telefon [tel^{e}fon] *u*
Telefonat *s* telefonsamtale [tel^{e}fonßamtääl^{e}] *u*
Telefonbuch *s* telefonbog [tel^{e}fonbou] *u*
Telefongespräch *s* telefonsamtale [tel^{e}fonßamtääl^{e}] *u*
Telefonzelle *w* telefonboks [tel^{e}fonbagß] *u*
Teller *m* tallerken [taläag^{e}n] *u*
Tempel *m* tempel [temb^{e}l] *t*
Temperatur *w* temperatur [tembratua] *u*; **erhöhte ~** feber *u*
Tempo *s* tempo [tembo] *t*, fart [fad] *u*
Tempomat *m* fartpilot [fadpilod] *u*
Tennis *s* tennis [tenìß] *u*
Teppich *m* tæppe [teb^{e}] *t*, gulvtæppe [golteb^{e}] *t*
Termin *m* **1** (Datum) frist [freßd] *u* **2** (letzter) deadline [dedlajn] *u*, frist [freßd] *u* **3** (bei Arzt usw.) *mit j-m* aftale [autääl^{e}] *u med ngn*, møde [möödħ^{e}] *t med ngn*
Terrasse *w* terrasse [taraß^{e}] *u*
Test *m* prøve [prööu^{e}] *u*, test [teßd] *u*
teuer *adj* dyr [düa]; **teurer werden** blive dyrere, stige i pris
Teufel *m* djævel [djeew^{e}l] *u*, fanden [fan^{e}n] *u*
Text *m* tekst [tegßd] *u*
Theater *s* teater [teäda] *t*
Thema *s* emne [emn^{e}] *t*, tema [teema] *t*, stof [ßdaf] *t*
Theorie *w* teori [teori] *u*
Thermometer *s* termometer [täamomeda] *t*
Thymian *m* timian [timian] *u*
tief *adj* dyb [düb] ♦ *adv* dybt [dübd]
Tiefe *w* dybde [dübd^{e}] *u*
tiefgefroren *adj* frossen [froß^{e}n], dybfrossen [dübfroß^{e}n]
Tiefland *s* lavland [laulan] *t*
Tier *s* dyr [düa] *t*
Tierarzt *m* dyrlæge [düaleej^{e}] *u*, veterinær [wetäainea] *u*
Tinte *w* blæk [bleg] *t*
Tintenfisch *m* sepiablæksprutte [ßepjablegßbrud^{e}] *u*
tippen *v* **1** (schreiben) skrive [ßgriiw^{e}] **2** *an etw. Akk* klappe [klab^{e}] *på ngt* **3** (raten) gætte [ged^{e}], tippe [tib^{e}] **4** (auf Sieger usw.) tippe [tib^{e}] **5** (im Wettbüro usw.) satse [ßadß^{e}], vædde [wedħ^{e}]
Tisch *m* bord [boa] *t*
Tischler *m* snedker [ßnega] *u*
Titel *m* akademisk grad [akademißg gradħ], (Werk) titel [tid^{e}l] *u*
Toast *m* toast [toußd] *u*
Tochter *w* datter [dada] *u*
Tod *m* død [dödħ] *u*
tödlich *adj* **1** dødelig [döödħ^{e}li], dødbringende [dödħbreng^{e}n^{e}] **2** (Dosis usw.) dødelig [döödħ^{e}li]
Toilette *w* toilet [toaled] *t*
Toilettenpapier *s* toiletpapir [toaledpapia] *t*
toll *adj* fabelagtig [fäb^{e}lagdi], fantastisk [fantaßdißg], strålende [ßdrool^{e}n^{e}], herlig [häali] ♦ *adv* vidunderligt [widħonalid], herligt [häalid]
Tomate *w* tomat [tomäd] *u*
Ton[1] *m* (Erde) ler [lea] *t*
Ton[2] *m* (Klang) tone [toon^{e}] *u*
Tonne *w* ton [tan] *u*
Tönung *w* nuance [nüangß^{e}] *u*
Topf *m* gryde [grüüdħ^{e}] *u*
Tor *s* **1** (Eingang) port [poad] *u* **2** (im Fußball usw.) mål [mol] *t* **3** (Treffer) mål [mol] *t*
Torte *w* kage [kääj^{e}] *u*
Torwart *m* målmand [moolman] *u*
tot *adj* død [dödħ]
töten *v j-n/etw.* dræbe [dreeb^{e}] *ngn/ngt*
Tourismus *m* turisme [turißm^{e}] *u*

Wörterbuch Deutsch – Dänisch

Tourist *m* turist [turißd] *u*, person på sightseeing [pääßon po ßajdßiieng]
Tradition *w* tradition [traditschon] *u*
tragen *v* **1** (Koffer usw.) bære [beea] *ngt/på ngt* **2** (mitbringen) *etw. Akk irgendwohin* bære [beea] *ngt et sted*, bringe [breng^e] *ngt et sted* **3** (umstellen usw.) *j-n/etw. irgendwohin* bære [beea] *ngn/ngt* **4** (Kleider) have på (sig) [ha po (ßaj)] **5** (Gewicht) bære [beea] *ngt* **6** (bei sich haben) bære [beea], gå med [go medh] **7** (Baum usw.) *etw. Akk* bære [beea] ► **die Verantwortung** *für etw.* ~ bære ansvaret *for ngt*; **Früchte ~** bære; **~ (können)** *etw. Akk* kunne bære *ngt*
Träger *m* **1** (Bauteil) bærebjelke [beeabjelg^e] *u* **2** (für Kleider) strop [ßdrab] *u* **3** (eines Preises usw.) indehaver [en^{e}häwa] *u*, holder [hala] *u*
tragisch *adj* tragisk [tragißg]
Tragödie *w* tragedie [tragedhj^e] *u*
Trainer *m* træner [treena] *u*
trainieren *v* **1** (sich vorbereiten) træne [treen^e], øve [ööw^e] **2** (Muskeln usw.) træne [treen^e] *ngt*
Traktor *m* traktor [tragta] *u*
trampen *v* blaffe [blaf^e], tomle [taml^e], rejse på tommelfingeren [rajß^e po tam^{e}lfenga^{e}n]
Träne *w* tåre [tooo] *u*
Transport *m* transport [tranßpood] *u*
transportieren *v etw. Akk irgendwohin* fragte [fragd^e] *ngt et sted*, transportere [tranßbotea] *ngt et sted*
Traube *w* klase [klääß^e] *u*; **~n** druer *u Mz*, vindruer *u Mz*
trauen *v* **1** (Vertrauen haben) *j-m/etw.* stole på [ßdol^e po] *ngn/ngt* **2** (ehelich verbinden) *j-n* vie [wi] *ngn* **3** *sich* ~ *etw. Akk zu tun* turde [tooa], vove [woow^e], (sich wagen) turde (at lave) [tooa (a lääw^e)] *ngt*
Trauer *w* sorg [ßou] *u*
Traum *m* drøm [dröm] *u*
träumen *v* **1** *von j-m/etw.* drømme [dröm^e] *ngt* **2** *von j-m/etw.* drømme [dröm^e] *om ngt*
traurig *adj* trist [trißd]
treffen *v* **1** (Ziel) *etw. Akk* ramme [ram^e] *ngt* **2** (begegnen) *j-n* møde [möödh^e] *ngn* **3** *sich* ~ *mit j-m* mødes [möödh^{e}ß] *med ngn*, have møde [ha möödh^e] **4** (erschüttern) såre [ßooo]
Treffen *s* stævne [ßdeun^e] *t*; **ein ~ verabreden** lave en aftale
treiben *v* **1** *j-n/etw. irgendwohin* drive [driiw^e] *ngn et sted*, jage [jääj^e] *ngn et sted*, *j-n/etw. irgendwohin* drive [driiw^e] *ngn/ngt* **2** (veranlassen) *j-n zu etw./in etw. Akk* få *ngn* til at gøre [fo tel a gööa] *ngt* **3** (sich befassen) *etw. Akk* dyrke [düag^e] *ngt*
Treibstoff *m* brændstof [branßdaf] *t*
trennen *v* **1** *j-n/etw.* adskille [adhßgel^e] *ngn/ngt*, skille *ngn/ngt* fra [ßgel^e fra], separere [ßebarea] *ngn/ngt* **2** *sich* ~ *von j-m* slå op [ßlo ab] *med ngn*, bryde [brüüdh^e] *med ngn* **3** (Kabel usw.) koble fra [kabl^e fra]
Trennung *w* brud [brudh] *t*
Treppe *w* trappe [trab^e] *u*, (Aufgang) trappeopgang [trab^{e}abgang] *u*
Tretboot *s* vandcykel [wanßüg^{e}l] *u*
treten *v etw. Akk, auf etw. Akk* træde i pedalerne [treedh^e i pedälan^e]
treu *adj* **1** (zuverlässig) *j-m* tro [tro], trofast [trofaßd] **2** (genau) nøjagtig [najagdi]
Trichter *m* tragt [tragd] *u*
Trick *m* **1** (listiger usw.) trick [treg] *u* **2** (Film usw.) trick [treg] *t* **3** (Zauber usw.) trick [treg] *u*
Trickfilm *m* tegnefilm [tajn^{e}film] *u*
trinkbar *adj* drikkelig [dreg^{e}li]
trinken *v* **1** *etw. Akk* drikke [dreg^e] *ngt* **2** (Durst stillen) drikke [dreg^e] **3** *auf j-n/etw.* skåle [ßgool^e] *for ngn/ngt*
Trinkgeld *s* drikkepenge [dreg^{e}peng^e] *Mz*; **~ geben** *j-m* give drikkepenge *til ngn*
Trinkwasser *s* drikkevand [dreg^{e}wan] *t*
trocken *adj* tør [töa]
Trockenheit *w* tørhed [täahedh] *u*, (Trockenzeit) tørke [töag^e] *u*
trocknen *v* **1** (trocken werden) tørre [töaa] **2** (trocken machen) tørre [töaa] *ngt*
Trommel *w* tromme [trom^e] *u*
Trompete *w* trompet [tromped] *u*
Tropen *Mz* troperne [troob^{e}an^e] *Mz*
tropfen *v* dryppe [dröb^e]
Tropfen *m* dråbe [droob^e] *u*
trösten *v j-n* trøste [trößd^e] *ngn*
trotz *prep etw. Gen* på trods af [po traß ä] *ngt*, til trods for [tel traß fa] *ngt*, uanset [uanßed]
trotzdem *conj* alligevel [alii^{e}wel], ikke desto mindre [eg^e deßdo mendra]
trüb *adj* **1** (Wasser usw.) grumset [gromß^{e}dh] **2** (Himmel) overskygget [ouaßgüg^{e}dh] **3** (Ort usw.) glædeløs [gleedh^{e}lößß]
tschüss **T~!** Farvel., Hej hej.
T-Shirt *s* T-shirt [tiitschööd] *u*
Tube *w* tube [tuub^e] *u*
Tuch *s* **1** (Kopftuch usw.) tørklæde [töakleedh^e] *t* **2** (Gewebe) stof [ßdaf] *t* **3** (auf Tisch) dug [du] *u* **4** (Bettwäsche) lagen [läj^{e}n] *t*
Tulpe *w* tulipan [tulipän] *u*
tun *v* gøre [gööa]; **so ~, als ob…** lade som om…; *j-s* **Bestes ~** gøre *ens* bedste *for ngt*
Tunnel *m* tunnel [ton^{e}l] *u*
Tür *w* dør [döa] *u*

Türknauf *m* håndtag [hantäj] *t*
Turm *m* tårn [ton] *t*
turnen *v* motionere [motschonea], træne [treen^{e}]
Turnschuhe *m Mz* sneakers [ßniiga] *u Mz*
Tüte *w* kræmmerhus [kramarhuß] *t*, pose [pooß^{e}] *u*
typisch *adj* typisk [tübißg]

U

U-Bahn *w* undergrundsbane [onagronßbään^{e}] *u*
übel *adv* kvalme [kwalm^{e}] *u*, (körperlich) dårligt [doolid]
Übelkeit *w* kvalme [kwalm^{e}] *u*
üben *v etw. Akk* øve (sig) [ööw^{e} (ßaj)] *på ngt*, *etw. Akk* øve [ööw^{e}] *ngt*
über *prep* **1** (höher) *etw. Dat* over [oua] *ngn/ngt* **2** (dem Niveau) over [oua] **3** (quer über) over [oua] **4** (sprechen usw.) *etw. Akk* om [am] **5** (eine Oberfläche) *etw. Akk* over [oua] **6** (mehr als) *wie viel* over [oua]
überall *adv* overalt [ouaald]
Überblick *m* **1** (Kenntnisse) overblik [ouableg] *t over ngt* **2** (Zusammenfassung) oversigt [ouaßegd] *u over ngt* ► **einen (guten) ~** *über etw. Akk* **haben** orientere sig *i ngt*
übereinstimmen *v mit etw.* stemme overens [ßdem^{e} ouaenß] *med ngt*
überfahren1 *v* (See usw.) *etw. Akk* sejle over [ßajl^{e} oua] *ngt*
überfahren2 *v* (Fußgänger usw.) *j-n/etw.* køre *ngn/ngt* ned [kööa ne~~dh~~], køre *ngn/ngt* over [kööa oua]
Überfall *m* overfald [ouafal] *t*
überfallen *v j-n* overfalde [ouafal^{e}] *ngn*
überflüssig *adj* overflødig [ouaflö~~dh~~i]
Überführung *w* **1** (Brücke) vejbro [wajbro] *u*, (für Fußgänger) gangbro [gangbro] *u* **2** (Transportieren) transport [tranßpood] *u*
überfüllt *adj* overfyldt [ouafüld]
Übergang *m* **1** (Bahnübergang usw.) overskæring [ouaßgeeaeng] *u*, (für Fußgänger usw.) overgang [ouagang] *u* **2** (Umwandlung) overgang [ouagang] *u*
übergeben *v* **1** *j-m etw. Akk* aflevere [aulewea] *ngt til ngn* **2** ***sich ~*** kaste op [kaßd^{e} ab]
überhaupt *part* slet [ßled], overhovedet [ouahoo^{e}d]; **~ nicht** slet ikke, overhovedet ikke
überholen *v j-n* overhale [ouahäl^{e}] *ngn/ngt*
überlasten *v etw. Akk* overbelaste [ouabelaßd^{e}] *ngt*
überleben *v* overleve [oualew^{e}]
übermäßig *adj* overdreven [ouadreew^{e}n], umådeholden [umoo~~dh~~^{e}hal^{e}n], uforholdsmæssig [ufoohalßmeßi], umådelig [umo~~dh~~^{e}li] ♦ *adv* enormt [enomd], umådeligt [umo~~dh~~^{e}lid]
übermorgen *adv* i overmorgen [i ouamo-on]
übernachten *v irgendwo* overnatte [ouanad^{e}] *et sted*
Übernachtung *w* natlogi [nadlotschi] *t*, logi [lotschi] *t*; **~ mit Frühstück** overnatning med morgenmad
übernehmen *v* **1** (Besitz usw.) *etw. Akk* overtage [ouatä] *ngt* **2** (Leitung usw.) *etw. Akk* tage sig af [tä ßaj ä] *ngt* **3** (Pflicht usw.) påtage sig [patä ßaj] *ngt*, overtage [ouatä] *ngt* **4** (Methode usw.) tage *ngt* i brug [tä i bru], indføre [enföa] *ngt*
überprüfen *v etw. Akk* efterprøve [efdapröu^{e}] *ngt*, *etw. Akk* verificere [weaifißea] *ngt*, checke [tjeg^{e}] *ngt*
überqueren *v etw. Akk* passere [paßea] *ngt*
Überquerung *w* passering [paßeaeng] *u*
überraschen *v j-n mit etw.* overraske [ouaraßg^{e}] *ngn med ngt*
überrascht *adj von etw.* overrasket [ouaraßg^{e}~~dh~~] *af ngt*
Überraschung *w* overraskelse [ouaraßg^{e}lß^{e}] *u*
überreden *v j-n (zu etw.)* overtale [ouatääl^{e}] *ngn til ngt*, (etwas zu tun) *j-n zu etw.* overtale [ouatääl^{e}] *ngn til ngt*
Überschrift *w* overskrift [ouaßgrefd] *u*
Überschwemmung *w* oversvømmelse [ouaßwöm^{e}lß^{e}] *u*
übersetzen *v* oversætte [ouaßed^{e}] *ngt til ngt*
Übersetzer *m* oversætter [ouaßeda] *u*
Übersetzung *w* oversættelse [ouaßed^{e}lß^{e}] *u*
überspringen *v* **1** (Sprung machen) *etw. Akk* springe *ngt* over [ßbreng^{e} oua] **2** (auslassen) *etw. Akk* hoppe over [hab^{e} oua] *ngt*
übertragen *v* **1** (Gegenstände usw.) *etw. Akk irgendwohin* flytte [flöd^{e}] *ngt et sted* **2** (Besitz usw.) *etw. Akk auf j-n* overføre [ouaföa] *ngt til ngn* **3** (Krankheit usw.) *etw. Akk auf j-n* overføre [ouaföa] *ngt til ngn*, (Krankheiten usw.) smitte [ßmed^{e}] **4** (senden) overføre [ouaföa] **5** (Befugnis usw.) *etw. Akk auf j-n* overdrage [ouadrau^{e}] *ngt til ngn*
übertreiben *v etw. Akk* overdrive [ouadriiw^{e}] *ngt*
Übertreibung *w* overdrivelse [ouadriiw^{e}lß^{e}] *u*
überweisen *v etw. Akk* overføre [ouaföa] *ngt*

Überweisung *w* **1** (von Geld) overføring [ouafööaeng] *u* **2** (Geldsumme) betaling [betäleng] *u*

überwiegend *adj* dominerende [dominean^e], overvejende [ouawaj^{e}n^e] ♦ *adv* overvejende [ouawaj^{e}n^e], især [ißea]

überzeugen *v j-n von etw.* overbevise [ouabewiß^e] *ngn om ngt*

überzeugend *adj* overbevisende [ouabewiß^{e}n^e]

Überzeugung *w* overbevisning [ouabewißneng] *u*

überziehen *v* **1** *etw. Akk mit etw.* dække [deg^e] *ngt med ngt*, belægge [beleg^e] *ngt med ngt*, trække [trag^e] *ngt* **2** (Konto usw.) overtrække [ouatrag^e] **3** (Zeit) gå over tiden [go oua tidh^{e}n]

üblich *adj* almindelig [almenli], sædvanlig [ß^{e}dhwänli], (Satz, Preis usw.) vanlig [wäänli] ♦ *adv* almindeligvis [almen^{e}liwiß], normalt [nomäld]

übrig *adj* resterende [reßdean^e] ♦ *adv* tilovers [teouaß]

übrigens *part* desuden [deßuudh^{e}n], for øvrigt [fa öurid], forresten [fooßd^{e}n]

Übung *w* **1** (Turnen) træning [treeneng] *u* **2** (Bewegungen) øvelse [ööw^{e}lß^e] *u* **3** (Aufgabe) øvelse [ööw^{e}lß^e] *u* **4** (Training) øvelse [ööw^{e}lß^e] *u*, træning [treeneng] *u* **5** (militärische usw.) øvelse [ööw^{e}lß^e] *u* **6** (Kräftigung usw.) øvelse [ööw^{e}lß^e] *u*

Ufer *s* bred [bredh] *u*, (Seeufer) kyst [kößd] *u*

Uhr *w* **1** (Uhrzeit) klokken [klag^{e}n] *u* **2** (Armbanduhr usw.) ur [ua] *t* ► **um sieben ~** klokken syv

Ultraschall *m* ultralyd [ultralüdh] *u*

Ultraschalluntersuchung *w* ultralydsscanning [ultralüßganeng] *u*

um *prep* **1** (räumlich) *etw. Akk* omkring [amkreng] **2** (bei Differenzangaben) med [medh] **3** (sich handeln usw.) *etw.* om [am] ► **~... zu** for at, så; **Spätestens ~ fünf bin ich da.** Jeg kommer senest klokken fem.; **~ drei Uhr** klokken tre; **~ halb fünf** klokken halv fem

umarmen *v j-n* omfavne [amfaun^e] *ngn*

umbinden *v etw. Akk mit etw.* binde *ngt* om [ben^e am] *ngt*

umbringen *v j-n/etw.* dræbe [dreeb^e] *ngn/ngt*

umdrehen *v* **1** *etw. Akk* dreje [draj^e] *ngt* **2** ***sich ~*** dreje [draj^e], dreje sig [draj^e ßaj] **3** ***sich ~*** (im Kreis) vende sig [wen^e ßaj] **4** (Seite usw.) *etw. Akk* vende om [wen^e am] **5** ***sich ~*** (woanders gehen usw.) vende [wen^e] **6** ***sich ~*** (im Bett usw.) vælte sig i sengen [weld^e ßaj i ßeng^{e}n]

Umfang *m* **1** (Kugelumfang usw.) omkreds [amkreß] *u* **2** (eines Grundstücks usw.) *etw. Gen* omfang [amfang] *t af ngt* **3** (einer Maßnahme usw.) *etw. Gen* omfang [amfang] *t*

umfangreich *adj* omfattende [amfad^{e}n^e] ♦ *adv* omfangsrigt [amfangßred], udførligt [udhföalid]

umgeben *v etw. Akk mit etw.* indhegne [enhajn^e] *ngt*, indeslutte [en^{e}ßlud^e] *ngt* ► **~ sein** *von etw.* være indhegnet *af ngt*, være omringet *af ngt*

Umgebung *w etw. Gen* omgivelser [amgiw^{e}lßa] *Mz*

umgehen[1] *v* (sorgfältig usw.) *irgendwie mit etw.* gå fræm [go frem] *for at, når man gør ngt*, (benutzen) *mit etw.* anvende [anwen^e] *ngt*, håndtere [hantea] *ngt*, betjene [betjen^e] *ngt*

umgehen[2] *v* **1** (herumgehen) *etw. Akk* gå uden om [go udh^{e}n am] *ngt* **2** (Regeln usw.) *etw. Akk* omgå [amgo], undgå [ongo]

Umgehungsstraße *w* omfartsvej [amfaadßwaj] *u*

umgekehrt *adj* modsat [modhßad], omvendt [amwend] ♦ *adv* omvendt [amwend], tværtom [twäadam], vice versa [wiiß^e wääßa]

umkehren *v* **1** (Richtung usw.) vende om [wen^e am], bytte [büd^e] **2** (ins Gegenteil) *etw. Akk* vende [wen^e] *ngt*, omstyrte [amßdüad^e] *ngt*

Umkreis *m* omkreds [amkreß] *u*

Umleitung *w* omkørsel [amköaß^{e}l] *u*

umrechnen *v etw. Akk in etw. Akk* omregne [amrajn^e] *ngt til ngt*

umrühren *v etw. Akk* røre i [rööa i] *ngt*

umschalten *v* **1** (Kamera usw.) *etw. Akk auf etw. Akk* skifte *ngt* til [ßgifd^e tel] *ngt* **2** (Gang) ændre gear [endra gia]

Umschlag *m* **1** (für Briefe) kuvert [kuwäad] *u*, konvolut [konwolud] *u* **2** (zu Heilzwecken) omslag [amßläj] *t*, pakning [pagneng] *u*

umsonst *adv* **1** gratis [graadiß] **2** forgæves [fagew^{e}ß]

umsteigen *v in etw. Akk* skifte [ßgifd^e] *fra ngt til ngt*, *in etw. Akk* stige om [ßdii^e am] *til ngt*

Umstieg *m* overgang [ouagang] *u*

Umtausch *m* bytte [büd^e] *t*, udveksling [udhwegßleng] *u*

umtauschen *v* veksle [wegßl^e]

Umweg *m* omvej [amwaj] *u*

Umwelt *w* miljø [miljö] *t*

umweltfreundlich *adj* miljøvenlig [miljöwenli]

umwenden *v* vende om [wen^e am], *etw. Akk* vende [wen^e] *ngt*

umwerfen *v* vælte [welde], *j-n/etw.* slå ned [ßlo nedh], kæntre [kendra]

umziehen *v* **1** (in neue Wohnung usw.) flytte [flöde] *hvor* **2** (Umzug durchführen) *etw. Akk* flytte [flöde] *ngt* **3** (Kleidung wechseln) *j-n* skifte tøj [ßgifde taj], bytte tøj [büde taj] ▸ **sich ~** skifte

Umzug *m* **1** (Wohnungswechsel) flytning [flödneng] *u* **2** (Parade usw.) optog [abtou] *t*, procession [proßetschon] *u*

unabhängig *adj von j-m/etw.* uafhængig [uauhengi] *af ngn/ngt*

unangenehm *adj* **1** ubehagelig [ubehäjeli] **2** (Situation usw.) ubehagelig [ubehäjeli], pinlig [piinli] ♦ *adv* ubehageligt [ubehäjelid] ♦ *pron* ilde til mode [ile tel moodhe] *ilde* ▸ **~ sein** *j-m gegenüber* være ond *mod ngn*

unanständig *adj* uanstændig [uanßdendi], usømmelig [ußömeli], upassende [upaßene]

unbedingt *adj* ufrivillig [ufriwili], uvilkårlig [uwilkoli] ♦ *adv* for enhver pris [fa enwea priß]

unbegrenzt *adj* ubegrænset [ubegranßedh]

unbekannt *adj* ukendt [ukend]

unbequem *adj* ubehagelig [ubehäjeli]

und *conj* og [a]; **ab ~ zu** af og til; **~ so weiter** og så videre

undankbar *adj* utaknemmelig [utagnemeli]

unecht *adj* **1** forfalsket [fafalßgedh], uægte [uegde] **2** (Zuneigung usw.) falsk [falßg]

unendlich *adj* endeløs [enelöß] ♦ *adv* uendeligt [uenelid], i det uendelige [i de uenelii e]

unentbehrlich *adj* nødvendig [nödhwendi], uundværlig [uonwealí]

unentschieden *adj* uafgjort [uaugjoad]

unerträglich *adj* uudholdelig [u-udhhaleli]

unerwartet *adj* uventet [uwendedh], pludselig [plußeli] ♦ *adv* uventet [uwendedh]

unfähig *adj* **1** (unbegabt) uduelig [udueli] **2** (nicht imstande) *zu etw.* uduelig [udueli] *til ngt*

Unfall *m* uheld [uhel] *t*, (Verletzung) skade [ßgäädhe] *u*; **einen ~ haben** (Auto) forulykke

ungeduldig *adj* utålmodig [utalmodhi] ♦ *adv* utålmodigt [utalmodhid]

ungefähr *adj* omtrentlig [amtrandli] ♦ *adv* cirka [ßiaga], omtrent [amtrand] ♦ *prep* omkring [amkreng]

ungenau *adj* upræcis [upreßiß]

ungenügend *adj* utilstrækkelig [uteßdrageli]

ungerade *adj* ulige [ulii e]

ungerecht *adj* uretfærdig [uradfäadi] ♦ *adv* uretfærdigt [uradfäadid]

ungern *adv* modvillig [modhwili]

ungeschickt *adj* klodset [klaßedh]

ungesund *adj* usund [ußon]

ungewiss *adj* usikker [ußega]

ungewöhnlich *adj* uvanlig [uwäänli], usædvanlig [ußedhwänli], (Fähigkeit usw.) ualmindelig [ualmenli]

unglaublich *adj* utrolig [utroli] ♦ *adv* utroligt [utrolid]

ungleich *adj* forskellig [faßgeli]

Unglück *s* **1** (Tragödie usw.) katastrofe [kadaßdroofe] *u* **2** (Pech usw.) ulykke [ulöge] *u*, uheld [uhel] *t*

unglücklich *adj* **1** (deprimiert) ulykkelig [ulögeli] **2** (Tag usw.) uheldig [uheldi] **3** (Zufall usw.) uheldig [uheldi]

ungültig *adj* ugyldig [ugüldi]

unhöflich *adj* uhøflig [uhöfli]

Uniform *w* uniform [unifom] *u*, uniforme [unifome] *u*

Universität *w* universitet [uniwääßited] *t*

unklar *adj* uklar [ukla]

unmittelbar *adj* umiddelbar [umidhelba] ♦ *adv* umiddelbart [umidhelbad]

unmöglich *adj* umulig [umuli]

unnötig *adj* unødvendig [unödhwendi]

Unordnung *w* rod [rodh] *t*, uorden [uoden] *u*

unpünktlich *adj* **1** (Zahlung usw.) forsinket [faßenggedh] **2** (Mensch usw.) upræcis [upreßiß]

unrecht **~ haben** tage fejl *i ngt*

Unruhe *w* **1** (innere) rastløshed [raßdlößhedh] *u* **2** **~n** (Arbeiterunruhen usw.) optøjer [abtaja] *Mz*, (in der Gesellschaft) urolighed [urolihedh] *u*, (soziale usw.) uro [uro] *u*

uns *pron* os [aß]

unschuldig *adj* uskyldig [ußgüldi]

unser *pron* vores [wo-oß]

unsicher *adj* **1** (Situation usw.) usikker [ußega], utryg [utrög] **2** (Mensch) usikker [ußega]

unsichtbar *adj* usynlig [ußünli]

Unsinn *m* vrøvl [wröul] *t*, sludder [ßludha] *t*

unsympathisch *adj* usympatisk [ußümpädißg]

unten *adv* **1** nede [needhe] **2** (im Text usw.) nedenfor [needhenfa] ▸ **nach ~** ned; **von ~** nedenfra

unter *prep* **1** (dem Tisch usw.) *etw. Dat* under [ona] *ngt* **2** (zwischen) blandt [bland], mellem [melem]

unter(er,e,es) *adj* lavere [läwa], nedre [nedhra]

unterbrechen *v* **1** (Tätigkeit usw.) *etw. Akk* afbryde [aubrü~~dh~~e] *ngt* **2** (Sprecher usw.) *j-n* afbryde [aubrü~~dh~~e] *ngn*

Unterbrechung *w* afbrydelse [aubrü~~dh~~elße] *u*

unterbringen *v j-n* indlogere [enlotschea] *ngn*, indkvartere [enkwatea] *ngn*

unterdrücken *v* **1** (Gefühle usw.) undertrykke [onatröge], dæmpe [dembe] **2** (Volk usw.) undertrykke [onatröge] **3** (Aufstand usw.) *etw. Akk* kue [kuue], undertrykke [onatröge] **4** (Bemühung usw.) undertrykke [onatröge], hindre [hendra]

untereinander *adv* hinanden [hinanen]

Unterführung *w* undergang [onagang] *u*, (für Verkehrsmittel) viadukt [wiadogd] *u*

Untergang *m* uddøen [u~~dh~~döen] *u*, (einer Zivilisation usw.) undergang [onagang] *u*, tilintetgørelse [teende~~dh~~göalße] *u*

untergehen *v* **1** (Sonne) gå ned [go ne~~dh~~] **2** (Schiff) synke [ßöngge] **3** (Unternehmen usw.) gå til bunds [go tel bondß], (zugrunde gehen) ophøre med at eksistere [abhöa me~~dh~~ a egßißdea]

unterhalb *prep* nede [nee~~dh~~e]

Unterhalt *m* **1** (für Kind) børnebidrag [böanebidrau] *t* **2** (Mittel) levevej [leewewaj] *u* **3** (Einkommensquelle usw.) levebrød [leewebrö~~dh~~] *t*

unterhalten *v* **1** (Verwandte usw.) *j-n* forsørge [faßöaue] *ngn* **2** (mit Erzählungen usw.) *j-n mit etw.* underholde [onahale] *ngn med ngt* **3** ***sich*** *~ über etw. Akk* snakke [ßnage] *med ngn om ngt*

Unterhaltung *w* **1** (von Geräten usw.) vedligeholdelse [weliiehalelße] *u* **2** (Zeitvertreib) underholdning [onehalneng] *u*, fornøjelse [fanajelße] *u*

Unterhemd *s* undertrøje [onatraje] *u*

Unterhose *w* underbukser [onabogßa] *Mz*

Unterkunft *w* natlogi [nadlotschi] *t*, logi [lotschi] *t*, indkvartering [enkwateaeng] *u*

unternehmen *v etw. Akk* gøre [gööa] *ngt*

Unternehmen *s* **1** (Firma usw.) virksomhed [wiagßamhe~~dh~~] *u* **2** (Tätigkeit) foretagende [foootäjene] *t*

Unterricht *m* undervisning [onawißneng] *u*

unterrichten *v* undervise [onawiße]

unterscheiden *v* **1** (Unterschied feststellen) *j-n/etw. von j-m/etw.* skelne [ßgelne] *ngt fra ngt* **2** ***sich*** *~ in etw. Dat, von etw.* være forskellig [weea faßgeli] *fra ngt*, afvige [auwie] *fra ngt* **3** ***sich*** *~ in etw. Dat* (in Meinungen) have forskellige meninger [ha faßgeliie meenenga] *om ngt* **4** (anders machen) *j-n/etw. von j-m/etw.* afmærke [aumäage]

Unterschied *m* forskel [fooßgel] *u*

unterschiedlich *adj von etw.* anderledes [anale~~dh~~eß] *end ngt*, forskellig [faßgeli] *fra ngt* ♦ *adv* anderledes [anale~~dh~~eß], forskelligt [faßgelid]

unterschreiben *v etw. Akk* underskrive [onaßgriiwe]

Unterschrift *w* underskrift [onaßgrefd] *u*

unterstreichen *v* understrege [onaßdraje]

unterstützen *v* **1** (helfen) *j-n* støtte [ßdöde] *ngn* **2** (ein Projekt usw.) *etw. Dat* slutte sig [ßlude ßaj] *til ngt*

untersuchen *v* **1** (Struktur usw.) *etw. Akk* forske [fooßge] *i ngt*, undersøge [onaßöje] *ngt* **2** (Problem usw.) *etw. Akk* undersøge [onaßöje] *ngt* **3** (Patienten usw.) *j-n* undersøge [onaßöje] **4** (überprüfen) *etw. Akk* undersøge [onaßöje] *ngt* **5** (auf Fehler usw.) *etw. Akk* gennemgå [genemgo] *ngt*, efterse [efdaße] *ngt*

Untersuchung *w* **1** (eines Gebietes usw.) udforskning [u~~dh~~foßgneng] *u* **2** (ärztliche) undersøgelse [onaßöjelße] *u* **3** (polizeiliche) undersøgelse [onaßöjelße] *u*

Unterteil *s/m* underdel [onadel] *u*, chassis [tschaßi] *u*

Unterwäsche *w* undertøj [onataj] *t*

unterwegs **Ich bin schon ~.** Jeg er på vej.

unverantwortlich *adj* uansvarlig [uanßwali]

unvorsichtig *adj* uforsigtig [ufaßegdi], uklog [uklou]

unwohl *adv* kvalme [kwalme] *u*; **Mir ist ~.** Jeg har det dårligt.

unzufrieden *adj mit etw.* utilfreds [utefreß] *med ngt*

Urin *m* urin [urin] *u*

Urkunde *w* bekræftelse [bekrafdelße] *t*, dokument [dogumend] *t*

Urlaub *m* **1** (unbezahlter, mehrtägiger usw.) ferie [feaie] *u*, fri [fri] **2** (mit Familie usw.) ferie [feaie]

Ursache *w etw. Gen* årsag [ooßäj] *u til ngt*

Ursprung *m* oprindelse [abrenelße] *u*, afstamning [außdamneng] *u*

ursprünglich *adj* oprindelig [abreneli], original [oiginäl] ♦ *adv* oprindeligt [abrenelid]

Urteil *s* **1** (richterliches) dom [dam] *u*, kendelse [kenelße] *u* **2** (Stellungnahme) dom [dam] *u*

Urwald *m* urskov [uaßgou] *u*

V

Vagina *w* skede [ßgeedhe] *u*
Vase *w* vase [wääße] *u*
Vater *m* far [faa] *u*
vegetarisch *adj* vegetariansk [wegetaiänßg]
Vene *w* blodåre [blodhooo] *u*
Ventil *s* ventil [wentil] *u*
Ventilator *m* ventilator [wentiläata] *u*
verabreden *v* **1** *etw. Akk* aftale [autääle] *ngt med ngn*, enes [eeneß] *om ngt* **2** ***sich*** *~ mit j-m* aftale et møde [autääle ed möödhe] *med ngn*
Verabredung *w* date [dejd] *u*, stævnemøde [ßdeunemödhe] *t*, rendezvous [rangdewu] *t*, *mit j-m* aftale [autääle] *u med ngn*
verabschieden *v* ***sich*** *~ von j-m* sige farvel [ßiie fawel] *til ngn*
veraltet *adj* umoderne [umodäane], gammeldags [gameldäß]
verändern *v* lave *ngt* om [lääwe am]; **sich** ~ ændre sig, forandre sig
Veränderung *w* ændring [endreng] *u*, forandring [faandreng] *u*
veranstalten *v etw. Akk* organisere [oganißea] *ngt*, arrangere [a-angtschea] *ngt*
Veranstaltung *w* begivenhed [begiwenhedh] *u*, arrangement [a-angtschemang] *t*
verantwortlich *adj j-m für etw.* ansvarlig [anßwali] *over for ngn for ngt*, *j-m für etw.* ansvarlig [anßwali] *til ngn for ngt* ♦ *adv* ansvarsfuldt [anßwaßful] ► **~ sein** *für etw.* være ansvarlig *for ngt*, hæfte *for ngt*, have ansvaret for *ngt*
Verantwortung *w für etw.* ansvar [anßwa] *t for ngt/ngn*
Verband *m* bandage [bandäätsche] *u*, bind [ben] *t*
Verbandkasten *m* førstehjælpskasse [föaßdejelbßkaße] *u*
verbessern *v* **1** (Leistung usw.) *etw. Akk* forbedre [fabedhra] *ngt* **2** (Fehler usw.) rette [rade], forbedre [fabedhra]
Verbesserung *w* **1** forbedring [fabedhreng] *u* **2** (eines Fehlers usw.) forbedring [fabedhreng] *u*, rettelse [radelße] *u*, korrektion [koegtschon] *u*
verbieten *v j-m etw. Akk* forbyde [fabüdhe] *ngn ngt*
verbilligt *adj* nedsat [nedhßad]
verbinden *v* **1** forbinde [fabene], bandagere [bandatschea], (mit Verband) forbinde [fabene] *ngt* **2** (Schnüre usw.) *etw. Akk* binde *ngt* sammen [bene ßamen], knytte *ngt* sammen [knüde ßamen], (Schnüre usw.) *etw. Akk* knytte *ngt* sammen [knüde ßamen], binde [bene] *ngt* **3** (mehrere Teile usw.) *etw. Akk mit etw.* forbinde [fabene] *ngt med ngt* **4** (Ganzes bilden) *etw. Akk mit etw.* forbinde [fabene] *ngt med ngt* **5** (miteinander, zusammenschalten) forbinde [fabene] **6** (telefonisch) *j-n mit j-m* forbinde [fabene] *ngn med ngn*, *j-n* sætte *ngn* over [ßede oua] **7** ***sich*** *~* (in Zusammenhang stehen) *mit etw.* hænge sammen [henge ßamen] *med ngt* **8** ***sich*** *~* (telefonisch usw.) *mit j-m* kontakte [kontagde] *ngt* ► **sich ~** (zu einem Ganzen) forene, slå sammen
Verbindung *w* **1** (zwischen zwei Teilen) sammenføjning [ßamenfajneng] *u* **2** (Verkehrsverbindung usw.) forbindelse [fabenelße] *u* **3** (Beziehung usw.) *zwischen etw.* bindeled [benenledh] *t* **4** (von einem Gerät usw.) forbindelse [fabenelße] *u* **5** (chemische) forbindelse [fabenelße] *u*
Verbot *s etw. Gen* forbud [foobudh] *t*
verboten *adj* forbudt [fabud]
Verbrauch *m* forbrug [fabru] *t*
verbrauchen *v etw. Akk* opbruge [abbrue] *ngt*, forbruge [fabrue] *ngt*, (Vorräte usw.) bruge op [bruue ab]
Verbrechen *s* forbrydelse [fabrüdhelße] *u*
Verbrecher *m* forbryder [fabrüdha] *u*
verbreiten *v* **1** *etw. Akk* sprede [ßbreedhe] *ngt*, føre *ngt* videre [fööa widhaa], (Nachricht usw.) sprede [ßbreedhe], føre videre [fööa widhaa] **2** (Ideen usw.) udbrede [udhbredhe], propagere [probagea] ► **sich ~** (Nachricht usw.) sprede sig
verbreitern *v etw. Akk* udvide [udhwidhe] *ngt*
verbrennen *v* **1** (verbrannt werden) brænde ned [brane nedh] **2** (Abfall usw.) *etw. Akk* brænde [brane] *ngt* **3** (verbrauchen) brænde [brane] **4** (durch Feuer zerstören) *etw. Akk* brænde *ngt* ned [brane nedh] **5** (verletzen) *j-n* brænde [brane] *ngn* **6** ***sich*** *~* (an Brennnessel usw.) brænde sig [brane ßaj] **7** (in Flammen umkommen) brænde ihjel [brane ijel], omkomme i brand [amkame i bran] **8** (als Ketzer usw.) *j-n* brænde [brane] *ngn* (på bål)
Verbrennung *w* **1** (Prozess) forbrænding [fabraneng] *u* **2** (Wunde) brandsår [branßo] *t*, forbrænding [fabraneng] *u*
verbringen *v* tilbringe [telbrenge]
verbunden *adj* **1** *mit etw.* forbundet [fabonedh] *med ngt*, koblet [kabledh] *sammen med ngt* **2** (innere Kohärenz) *mit etw.* knyttet [knüdedh] *til ngt*, forbundet [fabonedh] *med ngt*
Verdacht *m* mistanke [mißtangge] *u*

verdächtig *adj* mistænksom [mißteeng-gßam], (einer Tat usw.) *etw. Gen* mistænkt [mißtenggd] *for ngt*
Verdächtige *m* mistænkt [mißtenggd] *u*
Verdauung *w* fordøjelse [fadaj^{e}lß^{e}] *u*
verderben *v* **1** (Essen) blive ødelagt [blii^{e} öödh^{e}lagd], fordærve [fadäaw^{e}] **2** (Freude usw.) *etw. Akk* spolere [ßbolea] *ngt*, ødelægge [öödh^{e}leg^{e}] *ngt*
verdienen *v* **1** (Gehalt erwerben) tjene [tjeen^{e}] **2** (Gewinn erzielen) *an j-m/etw.* tjene [tjeen^{e}] *ngt på ngt* **3** (als Belohnung) *etw. Akk* fortjene [fatjen^{e}] *ngt*, være *ngt* værd [weea wea]
verdoppeln *v etw. Akk* fordoble [fadabl^{e}] *ngt*, doble [dabl^{e}] *ngt*
verehren *v j-n/etw.* tilbede [telbedh^{e}] *ngn/ngt*
Verein *m* forening [faeneng] *u*
Vereinbarung *w* aftale [autääl^{e}] *u*
vereinfachen *v etw. Akk* forenkle [faenggl^{e}] *ngt*
vereinigen *v etw. Akk* forene [faen^{e}] *ngt*
Vereinigung *w* forening [faeneng] *u*
Verfahren *s* fremgangsmåde [framgangßmoodh^{e}] *u*
Verfassung *w* grundlov [gronlou] *u*
verfolgen *v* **1** (beschatten) *j-n* følge [följ^{e}] *ngn*, forfølge [faföl j^{e}] *ngn*, (Wild usw.) spore [ßbooa] **2** (Polizei usw.) *j-n* jage [jääj^{e}] *ngn* **3** (Gegner usw.) forfølge [faföl j^{e}] *ngn* **4** (strafrechtlich) retsforfølge [radßfafölj^{e}], tiltale [teltääl^{e}], påtale [patääl^{e}]
verführen *v j-n* forføre [faföa] *ngn*
vergangen *adj* **1** (Woche usw.) foregående [fooogo^{e}n^{e}], sidste [ßißd^{e}] **2** (Zeiten usw.) tidligere [tidhliaa], fortidig [footidhi]
Vergangenheit *w* fortid [footidh] *u*, (Zeitform) præteritum [preteaitom] *t*
vergeblich *adj* håbløs [hooblöß], forgæves [fagew^{e}ß], (Bemühungen usw.) unødvendig [unödhwendi], unødig [unödhi]
♦ *adv* forgæves [fagew^{e}ß]
vergehen *v* **1** (Zeit) gå (hen) [go (hen)], forløbe [falöb^{e}] **2** (Empfindung) gå over [go oua], ophøre [abhöa]
vergessen *v* **1** (sich nicht erinnern) *etw. Akk* glemme [glem^{e}] *ngt* **2** (liegen lassen) *etw. Akk irgendwo* glemme [glem^{e}] *ngt hvor*
vergewaltigen *v j-n* voldtage [waltä] *ngn*
Vergewaltigung *w* voldtægt [waltegd] *u*
vergiften *v j-n* forgifte [fagifd^{e}] *ngn/ngt*
Vergiftung *w* forgiftning [fagifdneng] *u*
Vergleich *m* **1** *mit etw.* sammenligning [ßam^{e}nlineng] *u med ngt* **2** (Benennung usw.) sammenligning [ßam^{e}nlineng] *u* ► **im ~ zu** *etw.* sammenlignet med, i sammenligning med, imod
vergleichen *v* **1** (Unterschiede) *j-n/etw. mit j-m/etw.* sammenligne [ßam^{e}nliin^{e}] *ngn/ngt med ngn/ngt* **2** (angleichen) *j-n/etw. mit j-m/etw.* sammenligne [ßam^{e}nliin^{e}] *ngn/ngt med ngn/ngt*, (Ähnlichkeiten) *etw. Akk mit etw.* sammenligne [ßam^{e}nliin^{e}] *ngt med ngt*
► **zu ~ sein** *mit etw.* kunne måle sig med *ngt*
vergnügen *v* ***sich*** **~** more sig [mooa ßaj]
Vergnügen *s* **1** (Freude) fornøjelse [fanaj^{e}lß^{e}] *u* **2** (Tätigkeit usw.) fornøjelse [fanaj^{e}lß^{e}] *u*, underholdning [on^{e}halneng] *u* ► **mit ~** *etw. Akk tun* gerne *gøre ngt*
vergrößern *v* **1** (vermehren) forøge [faöj^{e}] **2** (Foto usw.) forstørre [faßdöaa] **3** (optisch) forstørre [faßdöaa]
vergünstigt *adj* nedsat [nedhßad]
verhaften *v j-n* arrestere [a-aßdea] *ngn for ngt*, anholde [anhal^{e}] *ngn for ngt*
Verhalten *s* opførsel [abföaß^{e}l] *u*, adfærd [adhfea] *u*
Verhältnis *s* **1** (Verwandtschaft usw.) forhold [foohal] *t*, relation [relatschon] *u til ngn/ngt* **2** (Liebschaft) *mit j-m* forhold [foohal] *t*, *mit j-m* kærlighedsforhold [käalihedhßfoohal] *t til ngn*
verhandeln *v* forhandle [fahanl^{e}] *om ngt*
Verhandlung *w* **1** (Besprechung) forhandling [fahanleng] *u* **2** (vor Gericht) høring [hööaeng] *u*, behandling [behanleng] *u*, domsforhandling [damßfahanleng] *u*, (vor Gericht) retsmøde [radßmöödh^{e}] *t*
verheiratet *adj* gift [gifd]
verhindern *v etw. Akk* forebygge [fooobüg^{e}] *ngt*, forhindre [fahendra] *ngt*
Verhör *s* afhøring [auhöaeng] *u*, forhør [fahöa] *t*
Verhütungsmittel *s* præventionsmiddel [prew^{e}ntschonßmidh^{e}l] *t*
verirren *v* ***sich*** **~** fare vild [faaa wil], fare vildt [faaa wild]
Verkauf *m* salg [ßal] *t af ngt*
verkaufen *v j-m etw. Akk für etw.* sælge [ßelj^{e}] *ngt til ngn for ngt*
Verkäufer *m* **1** ekspedient [egßb^{e}djend] *u*, (Dealer usw.) sælger [ßelja] *u* **2** (Angestellte) sælger [ßelja] *u*
Verkaufsstand *m* bod [bodh] *u*
Verkehr *m* trafik [trafig] *u*
Verkehrsmittel *s* transportmiddel [tranßpoodmidh^{e}l] *t*
Verkehrszeichen *s* trafikskilt [trafigß-geld] *t*
verkehrt *adj* modsat [modhßad]
verkleben *v etw. Akk mit etw.* lappe [lab^{e}] *ngt*
verkleinern *v etw. Akk* formindske [famenßg^{e}]

verkomplizieren *v* komplicere [kambli-ßea] *ngt*
verkürzen *v etw. Akk* forkorte [fakood^e] *ngt*
Verlag *m* forlag [fooläj] *t*
verlangen *v* **1** *etw. Akk* forlange [falange^e] *ngt*, kræve [kreew^e] *ngt*, (fordern) *etw. Akk* kræve [kreew^e] *ngt*, forlange [falange^e] *ngt* **2** (Konzentration usw.) *etw. Akk* kræve [kreew^e] *ngt*, nødvendiggøre [nödhwendigööa] *ngt* **3** *nach etw.* længes [leng^{e}ß] *efter ngt*
verlängern *v etw. Akk* forlænge [faleng^e] *ngt*
Verlängerung *w* forlængelse [faleng^{e}lß^e] *u*
verlangsamen *v etw. Akk* sætte farten ned [ßed^e fad^{e}n nedh]
verlassen *v* **1** ***sich*** **~** *auf j-n/etw.* stole på [ßdol^e po] *ngn/ngt*, *auf j-n/etw.* stole [ßdol^e] *på ngn* **2** *j-n/etw.* gå (væk) fra [go (weg) fra] *ngn/ngt*
verlaufen *v* **1** foregå [fooogo] **2** ***sich*** **~** (Hund usw.) fare vild [faaa wil], fare vildt [faaa wild]
Verleih *m* udlejning [udhlajneng] *u*
verleihen *v* **1** (Eigenschaft usw.) *etw. Akk etw. Dat* levere [lewea] *ngt til ngt*, give [gi] *ngt til ngt* **2** (einen Titel usw.) *j-m etw. Akk* tildele [teldel^e] *ngn ngt*, bevilge [bewilj^e] *ngt til ngn*
verletzen *v* **1** (beschädigen) *j-n* skade [ßgäädh^e] *ngn* **2** (kränken) såre [ßooo] **3** (Gesetz usw.) bryde [brüüdh^e], *etw. Akk* krænke [krangg^e]
verletzt *adj* skadet [ßgäädh^{e}dh], såret [ßo^{e}dh], (bei Unfall usw.) såret [ßo^{e}dh], kvæstet [kweßdedh]
Verletzung *w* **1** skade [ßgäädh^e] *u* **2** (Verstoß) *etw. Gen* overtrædelse [ouatredh^{e}lß^e] *u af ngt*, misligholdelse [mißlihal^{e}lß^e] *u af ngt* ► **~ des Gesetzes** lovovertrædelse *u*, lovbrud *t*
verlieben *v* ***sich*** **~** *in j-n* forelske sig [faelßg^e ßaj] *i ngn*
verlieren *v* **1** (aus Unachtsamkeit) *etw. Akk* tabe [tääb^e] *ngt*, miste [meßd^e] *ngt* **2** (Vertrauen usw.) *etw. Akk* tabe [tääb^e] *ngt* **3** (durch Fehler usw.) *etw. Akk* tabe [tääb^e] *ngt*, miste [meßd^e] *ngt* **4** (Kampf usw.) *etw. Akk gegen j-n* tabe [tääb^e] *ngt (med ngn)* **5** (Geld) *bei etw.* tabe (penge) [tääb^e (peng^e)] *på ngt* **6** ***sich*** **~** (in der Stadt usw.) fare vildt [faaa wild] ► **Luft ~** (Reifen) tabe luft; **verloren gehen** forsvinde, blive borte
verlobt *adj* forlovet [falow^{e}dh]
Verlust *m etw. Gen* tab [täb] *t af ngt*
vermehren *v* **1** (Eigentum usw.) *etw. Akk* mangedoble [mang^{e}dabl^e], forøge [faöj^e] **2** (Pflanzen usw.) udbrede [udhbredh^e] **3** ***sich*** **~** (Unfälle usw.) formere sig [famea ßaj] **4** ***sich*** **~** (Lebewesen usw.) formere sig [famea ßaj], avle [aul^e], (Lebewesen usw.) forplante sig [fapland^e ßaj]
vermeiden *v etw. Akk* undgå [ongo] *ngt*
vermieten *v etw. Akk an j-n* leje *ngt* ud [laj^e udh] *til ngn*, fremleje [framlaj^e] *ngt til ngn*; **Zimmer zu ~** værelser til leje
vermindern *v* formindske [famenßg^e], skrue ned [ßgruu^e nedh]
vermischen *v etw. Akk* blande [blan^e], mikse [megß^e] *ngt*, røre [rööa], *etw. Akk* blande [blan^e] *ngt*
vermissen *v j-n/etw.* savne [ßaun^e] *ngn/ngt*
Vermögen *s* **1** (Reichtum) formue [foomuu^e] *u* **2** (einer Firma usw.) aktiver [agtiua] *Mz*
vermuten *v* antage [antä], formode [famodh^e], tro [tro]
Vermutung *w* gæt [ged] *t*
vernachlässigen *v etw. Akk* forsømme [faßöm^e] *ngt*
vernichten *v* ødelægge [öödh^{e}lege^e] *ngt*, udrydde [udhrüdh^e], udslette [udhßled^e], tilintetgøre [teend^{e}dhgöa]
Vernunft *w* fornuft [fanofd] *u*
vernünftig *adj* fornuftig [fanofdi], rationel [ratschonel]
veröffentlichen *v etw. Akk* offentliggøre [af^{e}ndligööa] *ngt*
verpacken *v* pakke [pag^e] *ngt*, pakke ind [pag^e en], emballere [ambalea]
Verpackung *w* indpakning [enpagneng] *u*, emballering [ambaleaeng] *u*, pakning [pagneng] *u*, emballage [ambaläätsch^e] *u*
verpassen *v* **1** (Bus usw.) *etw. Akk* forpasse [fapaß^e], misse [miß^e], gå glip af [go gleb ä] *ngt*, ikke nå [eg^e na] **2** (Chance usw.) forsømme [faßöm^e] **3** (Niederlage usw.) *j-m etw. Akk* give [gi] *ngn ngt* ► **Ich habe den Bus verpasst.** Jeg missede min bus.
Verpflegung *w* kost [koßd] *u*
verpflichten *v j-n zu etw.* forpligte [faplegd^e] *ngn til ngt*; **sich ~** *zu etw.* påtage sig *ngt*, forpligte sig
Verpflichtung *w* forpligtelse [faplegd^{e}lß^e] *u*
verraten *v* **1** (Geheimnis usw.) *j-m etw. Akk* afsløre [außlöa] *ngt for ngn*, røbe [rööb^e] *ngt* **2** (Identität usw.) *j-n* afsløre [außlöa] *ngn* **3** (Verrat begehen) *j-n/etw.* forråde [farodh^e] *ngn/ngt*
Verräter *m* forræder [faradha] *u*
verringern *v etw. Akk* nedsætte [nedhßed^e] *ngt*, sænke [ßengg^e] *ngt*, formindske

[famenßg^e] *ngt*, (Risiko usw.) *etw. Akk* mindske [menßg^e] *ngt*

verrückt *adj* gal [gäl], skør [ßgöa], vanvittig [wanwidi] ♦ *adv* vanvittigt [wanwidid]

versammeln *v* samle [ßaml^e]

Versammlung *w* forsamling [faßamleng] *u*

versäumen *v* **1** (Unterricht usw.) *etw. Akk* forsømme [faßöm^e] *ngt* **2** (vergessen zu tun usw.) forsømme [faßöm^e]

verschieben *v* **1** *etw. Akk irgendwohin* flytte [flöd^e] *ngt andet sted*, forflytte [faflöd^e] *ngn/ngt* **2** (zeitlich) *etw. Akk* udskyde [udhßgüdh^e] *ngt*, udsætte [udhßed^e] *ngt* **3** (Handel treiben) *etw. Akk* handle ulovlig [hanl^e ulouli] *med ngt*

verschieden *adj* diverse [diwäaß^e], ulig [uli], forskellig [faßgeli]

verschlechtern *v etw. Akk* forværre [fawäaa] *ngt*; **sich ~** blive dårligere, forværre sig, blive værre

verschlimmern *v* forværre [fawäaa], forringe [fareng^e]

verschlucken *v etw. Akk* sluge [ßluu^e] *ngt*

Verschluss *m* **1** (einer Flasche) låg [lou] *t* **2** (eines Kleides usw.) knapning [knabneng] *u* **3** (einer Kamera usw.) lukker [loga] *u*

verschmutzen *v* **1** *etw. Akk* smudse til [ßmuß^e tel] *ngt*, søle [ßööl^e] *på ngt* **2** (Umwelt) forurene [fouren^e]

Verschmutzung *w* forurening [foureneng] *u*

verschreiben *v* foreskrive [foooßgriw^e]

verschütten *v* **1** spilde [ßbil^e] *ngt* **2** (Lawine usw.) *j-n* begrave [begraw^e] *ngn/ngt*

verschwenden *v* **1** (Geldmittel usw.) *etw. Akk* forøde [faödh^e] *ngt*, *etw. Akk* spilde [ßbil^e] *ngt* **2** (Zeit usw.) spilde [ßbil^e]

Verschwendung *w von etw.* spild [ßbil] *t af ngt*

verschwinden *v* forsvinde [faßwen^e]; **Verschwinde!** Gå!, Forsvind!

Versehen *s* fejltagelse [fajltäj^{e}lß^e] *u*; **aus ~** ved en fejltagelse

versichern *v* **1** (Versicherung abschließen) *j-n/etw.* forsikre [faßegra] *ngn/ngt* **2** (bestätigen) *j-n etw. Gen* forsikre [faßegra] *ngn om ngt* ► **sich ~** *etw. Gen* forsikre sig *om ngt*; **sich ~** *gegen etw.* (Versicherung abschließen) tegne en forsikring *mod ngt*

Versicherung *w* forsikring [faßegreng] *u*, police [poliiß^e] *u*; **eine ~ abschließen** tegne en forsikring

versinken *v* synke [ßöngg^e]

versöhnen *v* **1** *j-n mit j-m* forsone [faßon^e] *ngn med ngn*, forlige [fali^e] *ngn med ngn* **2** *j-n* forsone [faßon^e] *ngn*, forlige [fali^e] *ngn* **3** **sich ~** *mit j-m* forsone sig [faßon^e ßaj], forlige sig [fali^e ßaj]

versorgen *v* **1** (beliefern) *j-n/etw. mit etw.* forsyne [faßün^e] *ngn/ngt med ngt* **2** (finanziell usw.) *j-n* forsøge [faßöj^e]

Versorgung *w mit etw.* levering [leweaeng] *u af ngt*, leverance [lew^{e}rangß^e] *u af ngt*, *mit etw.* forsyning [faßüneng] *u med ngt*, *mit etw.* tilvejebringelse [tewaj^{e}breng^{e}lß^e] *u*

verspäten *v* **1** **sich ~** (zu spät kommen) komme for sent [kam^e fa ßend] **2** **sich ~** (später eintreten) være forsinket [weea faßengg^{e}dh]

verspätet *adj* forsinket [faßengg^{e}dh], sen [ßen]

Verspätung *w* forsinkelse [faßengg^{e}lß^e] *u*

versprechen *v* **1** *j-m etw. Akk* love [loow^e] *ngn ngt* **2** **sich ~** forsnakke sig [faßnag^e ßaj]

Versprechen *s* løfte [löfd^e] *t*, forpligtelse [faplegd^{e}lß^e] *u*

Verstand *m* fornuft [fanofd] *u*

verständigen *v* **1** *j-n von etw.* informere [enfomea] *ngn om ngt*, underrette [onarad^e] *ngn om ngt*, varsle [waaßl^e] *ngn om ngt*, *j-n von etw.* underrette [onarad^e] *om ngt* **2** **sich ~** (auf Englisch usw.) *auf etw.* gøre sig forståelig [gööa ßaj faßdo^{e}li] *på*

verständlich *adj* forståelig [faßdo^{e}li], begribelig [begrib^{e}li] ♦ *adv* forståeligt [faßdo^{e}lid]

verstärken *v* **1** (Mauer usw.) *etw. Akk* stærke [ßdäag^e] *ngn*, forstærke [faßdäag^e] *ngn* **2** (zahlenmäßig) *etw. Akk* forstærke [faßdäag^e] *ngt* **3** *etw. Akk* forstærke [faßdäag^e] *ngt*, forøge [faöj^e] *ngt*, skærpe [ßgäab^e] *ngt*, (Spannung usw.) forstærke [faßdäag^e] *ngt* **4** (Eindruck usw.) *etw. Akk* forstærke [faßdäag^e] *ngt*, intensivere [entenßiwea] *ngt* ► **sich ~** blive stærkere

Verstauchung *w* forstuvning [faßduuneng] *u*

verstecken *v etw. Akk vor j-m* skjule [ßgjuul^e] *ngt for ngn*, gemme [gem^e] *ngt for ngn*, (Drogen usw.) *etw. Akk* gemme [gem^e] *ngt*

versteckt *adj* skjult [ßgjuld], (geheim) hemmelig [hem^{e}li]

verstehen *v* **1** *j-n/etw.* forstå [faßdo] *ngn/ngt* **2** *etw. Akk* forstå [faßdo] *ngt* ► **Ich verstehe nicht.** (was du sagst usw.) jeg forstår ikke.

verstopft *adj* blokkert [blaged]

Verstopfung *w* forstoppelse [faßdab^{e}lß^e] *u*

Verstoß *m* forseelse [faße^{e}lß^e] *u*

Versuch *m um etw.* forsøg [faßöj] *t*

versuchen *v etw. Akk* forsøge [faßöje] *ngt*, prøve [prööue] *ngt*, (sich bemühen) *etw. Akk* forsøge på [faßöje po] *ngt*, prøve på [prööue po] *ngt*

Versuchung *w* fristelse [freßdelße] *u*

verteidigen *v* **1** (vor Angriff) *j-n vor j-m/etw.* forsvare [faßwaa] *ngn mod ngt* **2** (Ansichten usw.) *j-n/etw.* forsvare [faßwaa] **3** (Titel usw.) forsvare [faßwaa]

Verteidigung *w* forsvar [fooßwa] *t*

verteilen *v* **1** (an mehrere Personen) *etw. Akk an/unter j-n* uddele [udhdele] *ngn til ngt*, dele ud [deele udh], (Flugblätter usw.) dele ud [deele udh], give væk [gi weg] **2** (über eine Fläche) *etw. Akk irgendwohin* sprede [ßbreedhe]

vertiefen *v* **1** (einen Graben usw.) *etw. Akk* gøre dybere [gööa dübea] *dyb*, fordybe [fadübe] *ngt* **2** ***sich*** *~ in etw. Akk* (sich konzentrieren) fordybe sig [fadübe ßaj] *i ngt*

Vertrag *m* **1** kontrakt [kontragd] *u* **2** (Staatsvertrag) traktat [tragtäd] *u*

vertragen *v etw. Akk* tåle [toole] *ngt*

Vertrauen *s* tillid [telidh] *u til ngn/ngt*, tiltro [teltro] *u til ngn/ngt*

vertraulich *adj* fortrolig [fatroli], konfidentiel [kanfidentschel]

vertreten *v* **1** (einspringen) *j-n* afløse [aulöße] *ngn*, blive vikar [bliie wika] *for ngn* **2** (als Beauftragter) *j-n/etw.* repræsentere [repreßentea] *ngn/ngt* **3** (eine Meinung usw.) fremme [frame], (verkünden) repræsentere [repreßentea], hævde [heude]

Vertreter *m* **1** (Ersatz) vikar [wika] *u*, stedfortræder [ßdedhfatredha] *u* **2** repræsentant [repreßentand] *u* **3** (einer Theorie usw.) *etw. Gen* eksponent [egßponend] *u for ngt*

vertrocknen *v* tørre ud [töaa udh]

Verunreinigung *w* urenhed [urenhedh] *u*

verursachen *v* forårsage [fo-oßäje] *ngt*

verurteilen *v* **1** (zu Strafe) *j-n zu etw.* dømme [döme] *ngn til ngt* **2** (kritisieren) fordømme [fadöme] *ngn/ngt*

vervollständigen *v* fuldføre [fulföa] *ngt*, fuldstændiggøre [fulßdendigöa] *ngt*, komplettere [kompletea] *ngt*

verwalten *v etw. Akk* forvalte [fawalde], administrere [adhminißdrea]

Verwaltung *w* administration [adhminißdratschon] *u*, forvaltning [fawaldneng] *u*

verwandeln *v etw. Akk in etw. Akk* forvandle [fawanle] *ngt til ngt*, forandre [faandra] *ngt til ngt*

verwandt *adj mit j-m* beslægtet [beßlegdedh] *med ngn*, i familie med [i familje medh] *ngn*

Verwandte *m* slægtning [ßlegdneng] *u*

Verwandtschaft *w* pårørende [paröane] *Mz*, familie [familje] *u*, (Verwandte) slægtskab [ßlegdßgäb] *t*

verwechseln *v j-n/etw. mit j-m/etw.* forveksle [faweg ßle] *med ngn/ngt*, tage fejl af [tä fajl ä]

verwenden *v* **1** *etw. Akk* benytte [benöde] *ngt*, bruge [bruue] *ngt*, anvende [anwene] *ngt* **2** (Mühe, Geld usw.) *etw. Akk auf etw. Akk* sætte [ßede], investere [enweßdea]

Verwendung *w etw. Gen* brug [bru] *u af ngt*, anvendelse [anwenelße] *u af ngt*

verwirklichen *v etw. Akk* realisere [realißea], virkeliggøre [wiageligöa], (vollziehen) *etw. Akk* gennemføre [genemföa] *ngt*; **sich ~** blive virkeliggjort, blive realiseret

verwirren *v* **1** *j-n* forvirre [fawiaa] *ngn* **2** desorientere [deßoientea], vildlede [willedhe], forvirre [fawiaa] **3** (Fäden usw.) indvikle [enwegle]

verwunden *v j-n* såre [ßooo]

verwundet *adj* såret [ßoedh], (bei Unfall usw.) skadet [ßgäädhedh]

verzeihen *v j-m etw. Akk* tilgive [telgi] *ngn ngt*

Verzeihung *w* tilgivelse [telgiwelße] *u*, forladelse [falädhelße] *u*; **~!** Undskyld!

verzichten *v auf etw. Akk* give afkald [gi aukal] *på ngt*, afstå [außdo] *fra ngt*, frasige sig [fraßie ßaj] *ngt*, *auf etw.* afsværge [außwäaue] *ngt*

verzieren *v etw. Akk mit etw.* pynte [pönde] *ngt/ngn med ngt*, dekorere [degorea] *ngt/ngn*

Verzierung *w* pynt [pönd] *u*

verzögern *v* **1** *j-n/etw.* opholde [abhale] *ngn/ngt*, forsinke [faßengge] *ngn/ngt* **2** (Prozess usw.) *etw. Akk* vente [wende] *med ngt*, holde tilbage [hale tebääje] **3** ***sich*** *~* (später eintreten) være forsinket [weea faßenggedh]

Verzögerung *w* forsinkelse [faßenggelße] *u*

verzweifelt *adj* desperat [deßberad], fortvivlet [fatwiuledh] ♦ *adv* fortvivlet [fatwiuledh], desperat [deßberad]

Videokamera *w* videokamera [widjokämera] *t*

Vieh *s* kvæg [kwej] *t*, (lebendes Inventar) dyrehold [düaahal] *t*, husdyrhold [hußdüahal] *t*

viel *adv* **1** (große Menge) meget [maadh] **2** (schlimmer usw.) *irgendwie* meget [maadh] ► **so ~** så meget, så mange; **~e** mange; **wie ~** hvor meget; **wie ~e** hvor mange

vielleicht *part* måske [moßge], sandsynligvis [ßanßünliwiß]

vielmals *num* mange gange [mang^e gang^e]
vier *num* fire [fiia]
viert(er,e,es) *num* den/det fjerde [d^{e}n/d^{e}fjeea]
Viertel *s* **1** (vierter Teil) fjerdedel [fjeeadel] *u*, kvart [kwaad] *u* **2** (in der Stadt) kvarter [kwatea] *t*
vierzehn *num* fjorten [fjoad^{e}n]
vierzig *num* fyrre [föaa]
Villa *w* villa [wila] *u*
violett *adj* lilla [lela]
Visitenkarte *w* visitkort [wißidkood] *t*
Visum *s* visum [wiißom] *t*
Vogel *m* fugl [ful] *u*
Volk *s* **1** nation [natschon] *u* **2** (Bevölkerung) folk [falg] *t*
voll *adj* **1** (gefüllt) *etw. Gen* fuld [ful] *af ngt* **2** (komplett) komplet [kompled], fuldstændig [fulßdendi] ♦ *adv* for fuldt drøn [fa fuld drön]
vollenden *v etw. Akk* gøre *ngt* færdig [gööa fäadi], færdiggøre [fäadigöa] *u*
völlig *adj* total [totäl], fuldstændig [fulßdendi], absolut [abßolud] ♦ *adv* absolut [abßolud], fuldstændigt [fulßdendid], (ganz) helt [held]
volljährig *adj* myndig [möndi]
vollkommen *adj* **1** (Lösung usw.) fuldkommen [fulkam^{e}n], perfekt [päafegd] **2** (Unsinn usw.) total [totäl], fuldstændig [fulßdendi], absolut [abßolud]
vollständig *adj* komplet [kompled], fuldstændig [fulßdendi]
Volumen *s* volumen [woluum^{e}n] *u*
von *prep* **1** (weg) fra [fra], væk fra [weg fra] *ngt* **2** (Oberfläche usw.) (væk) fra [(weg) fra] **3** (Anfang) fra [fra] **4** (Urheber usw.) fra [fra] **5** (reden, hören usw.) *etw.* om [am] ► **geöffnet ~... bis...** åbent fra... til...; **~ vorne** forfra
vor *prep* **1** (auf dem Weg usw.) *j-m/etw.* foran [fooan] *ngn/ngt* **2** (einem Zeitpunkt) *etw. Dat* før [föa], inden [en^{e}n] **3** (zwei Jahren usw.) for...siden [fa...ßiidh^{e}n] **4** (fliehen usw.) fra [fra] *ngt* ► **~ allem** først og fremmest, frem for alt; **~ einer halben Stunde** for en halv time siden
Voraus **im ~** i forvejen, på forhånd
voraussagen *v etw. Akk* forudsige [foudhßi^e] *ngt*
voraussetzen *v* antage [antä], forudsætte [foudhßed^e] *ngt*, formode [famodh^e] *ngt*
Voraussetzung *w* **1** (Idee usw.) antagelse [antäj^{e}lß^e] *u*, formodning [famodhneng] *u* **2** (Bedingung) *für etw.* forudsætning [foudhßedneng] *u*
vorbei *adv* forbi [fabi] ♦ *prep an etw. Dat* forbi [fabi] *ngn/ngt*
vorbeifahren *v an etw. Dat* passere [paßea], køre forbi [kööa fabi], *an j-m/etw.* passere [paßea], gå forbi [go fabi]
vorbeigehen *v an j-m/etw.* passere [paßea]
vorbereiten *v* **1** *etw. Akk für j-n* forberede [fooberedh^e] *ngt*, *etw. Akk* forberede [fooberedh^e] *ngt* **2** *sich* **~** *auf etw. Akk* forberede sig [fooberedh^e ßaj] *til ngt*
Vorbereitung *w auf/für etw.* forberedelse [fooberedh^{e}lß^e] *u*; **~en** forberedelser *Mz*, foranstaltninger *Mz*
Vorbild *s* forbillede [foobel^{e}dh^e] *t*
vorder(er,e,es) *adj* forrest [fooßd], fremme [fram^e], (Seite usw.) den forreste [d^{e}n fooßd^e], det forreste [d^e fooßd^e]
Vorfahrt *w* forkørselsret [fooköaß^{e}lßrad] *u*
vorgestern *adv* i forgårs [i fagoß]
vorhaben *v etw. Akk zu tun* tænke sig [tengg^e ßaj] *at gøre ngt*, *etw. Akk zu tun* være (lige) ved [weea (lii^e) w^e] *at gøre ngt*
Vorhang *m* **1** (zu Hause usw.) gardin [gadin] *t* **2** (im Theater usw.) tæppe [teb^e] *t*
vorher *adv* før [föa]
Vorhersage *w* forudsigelse [foudhßi^{e}lß^e] *u*
vorig *adj* forrige [fooi^e], tidligere [tidhliaa], sidste [ßißd^e], (früher) forhenværende [fooh^{e}nwean^e]
vorkommen *v* **1** (plötzlich usw.) forekomme [foookam^e], findes [fen^{e}ß] **2** (Tierart usw.) *irgendwo* forekomme [foookam^e], hænde [hen^e] **3** *sich* **~** *wie j./etw.* føle sig [fööl^e ßaj] *som ngn/ngt*
vorläufig *adj* foreløbig [fooolöbi], midlertidig [midhlatidhi], provisorisk [prowißoaißg] ♦ *adv* indtil videre [entel widhaa]
Vorlesung *w* forelæsning [foooleßneng] *u*
vorletzt(er,e,es) *adj* næstsidste [neßdßißd]
Vormittag *m* formiddag [foomedä] *u*; **am ~** om formiddagen
vormittags *adv* om formiddagen [am foomedä^{e}n]; **um zehn Uhr ~** klokken ti om formiddagen
vorn *adv* **1** (vor dem Sprecher usw.) foran [fooan] **2** (im vorderen Teil) forrest [fooßd] ► **nach vorne** fremad
Vorname *m* fornavn [foonaun] *t*
Vorrat *m* reserve [reßäaw^e] *u*, resurse [reßuaß^e] *u*
Vorrichtung *w* indretning [enradneng] *u*, anordning [anodneng] *u*
Vorschlag *m* forslag [fooßläj] *t*
vorschlagen *v* foreslå [foooßlo] *ngt*
Vorschrift *w* forskrift [fooßgrefd] *u*

Vorschuss *m* forskud [fooßgudh] *t på ngt*, forudbetaling [foudhbetäleng] *u*

Vorsicht ~! Pas på!

vorsichtig *adj* forsigtig [faßegdi] ♦ *adv* forsigtigt [faßegdid]

Vorsitzende *m* formand [fooman] *u*

Vorspeise *w* appetitvækker [abetidwega] *u*

Vorstadt *w* forstad [fooßdadh] *u*

vorstellen *v* **1** *j-n j-m* præsentere [preßentea] *ngn for ngn* **2** ***sich ~*** (Namen nennen) præsentere sig [preßentea ßaj] **3** ***sich ~*** (sich ausmalen) forstille sig [faßdele ßaj]

Vorstellung *w* **1** (Bekanntmachen) introduktion [entrodugtschon] *u* **2** (Ahnung) *von etw.* forestilling [foooßdeleng] *u om ngt*, (Gedanke) *von etw.* idé [ide] *u om ngt* **3** (Aufführung) forestilling [foooßdeleng] *u*, opførelse [abföalße] *u*

Vorteil *m* fordel [foodel] *u*

Vortrag *m* **1** (wissenschaftlicher) forelæsning [foooleßneng] *u* **2** (eines Gedichts usw.) deklamation [deklamatschon] *u*, recitation [reßitatschon] *u*

vorübergehend *adj* midlertidig [midhlatidhi] ♦ *adv* midlertidigt [midhlatidhid]

Vorurteil *s* fordom [foodam] *u*

Vorwahl *w* områdenummer [amroodhenoma] *t*

Vorwand *m* påskud [paßgudh] *t*

vorwärts *adv* frem [fram], fremad [framadh]

Vorwurf *m* bebrejdelse [bebrajdelße] *u*

vorzeitig *adj* for tidlig [fa tidhli] ♦ *adv* for tidligt [fa tidhlid]

vorziehen *v etw. Akk etw. Dat* foretrække [foootrage] *ngt frem for ngt*

Vulkan *m* vulkan [wulkän] *u*

W

Waage *w* **1** (Gerät) vægt [wegd] *u* **2** (Sternzeichen) Vægten [wegden] *u*

wach *adj* vågen [wouen]

Wachs *s* voks [wagß] *u*

wachsen *v* **1** (größer werden) vokse [wagße], vokse op [wagße ab] **2** (entstehen) vokse [wagße], opstå [abßdo], (sich entwickeln) gro [gro], udvikle [udhwegle]

Wade *w* læg [leg] *u*

Waffe *w* våben [woben] *t*

wagen *v etw. Akk zu tun* turde [tooa], vove [woowe]

Wagen *m* **1** (Eisenbahn) jernbanevogn [jäanbäänewoun] *u* **2** (Auto) bil [bil] *u*

Wagenheber *m* donkraft [donkrafd] *u*

Wahl *w* valg [wal] *t* ► **~en** valg *t*

wählen *v* **1** vælge [welje] **2** (eine Telefonnummer) dreje [draje] **3** (abstimmen) *j-n* stemme [ßdeme] *for ngn*, *j-n* vælge [welje] *ngn*

wahr *adj* sand [ßan]; **~ werden** blive virkeliggjort, blive realiseret; **Das ist nicht ~.** Det er ikke sand.; **Nicht ~?** Ikke også?

während *conj* mens [menß] ♦ *prep* under [ona], i løbet af [i lööbedh ä]

Wahrheit *w* sandhed [ßanhedh] *u*

wahrscheinlich *adj* sandsynlig [ßanßünli] ♦ *part* sandsynligvis [ßanßünliwiß]

Währung *w* valuta [waluta] *u*

Waise *w* forældreløst barn [faeldralößd ban]

Wald *m* skov [ßgou] *u*

Wand *w* klippevæg [klebeweg] *u*, (im Zimmer usw.) væg [weg] *u*

wandern *v* **1** vandre [wandra], rejse [rajße], (in den Bergen usw.) tage på tur [tä po tua] **2** (ziellos usw.) flakke [flage], strejfe [ßdrajfe]

Wanderung *w* **1** tur [tua] *u*, vandring [wandreng] *u* **2** (ruhige, ohne Ziel usw.) vandring [wandreng] *u*

Wange *w* kind [ken] *u*

wann *adv* hvornår [wono]; **~ auch immer** når som helst

Wanne *w* badekar [bäädheka] *t*

Wanze *w* **1** (Insekt) væggelus [wegeluß] *u* **2** (zum Abhören) skjult mikrofon [ßgjuld mikrofon]

Wappen *s* våbenskjold [wobenßgjal] *t*

Ware *w* vare [waaa] *u*, gods [goß] *t*

warm *adj* **1** varm [wam] **2** (Empfang usw.) varm [wam], hjertelig [jäadeli] ♦ *adv* varmt [wamd] ► **~ machen** *etw. Akk* varme *ngt* op; **~es Büfett** buffet *u*, tagselvbord *t*

Wärme *w* varme [wame] *u*

wärmen *v* **1** (warm machen) *etw. Akk* opvarme [abwame] **2** (heizen) varme [wame] **3** (Kleider usw.) varme [wame] **4** (erwärmen) varme [wame] *ngt* (op)

warnen *v j-n vor etw. Dat* advare [adhwaa] *ngn mod ngt*

Warnung *w vor etw. Dat* advarsel [adhwaaßel] *u mod ngt*

warten *v auf j-n/etw.* vente [wende] *på ngn/ngt*

Warteraum *m* venteværelse [wendewäaalße] *t*

Wartezimmer *s* venteværelse [wendewäaalße] *t*

Wartung *w* vedligeholdelse [weliiehalelße] *u*
warum *adv* hvorfor [wofa]
was *pron* **1** (Frage) hvad [wa] **2** (Nebensatz) hvilket [welgedh], som [ßam] ► **~ auch immer** hvad som helst; **~ für ein** hvilken
Waschanlage *w* bilvask [bilwaßg] *u*
Waschbecken *s* håndvask [hanwaßg] *u*
Wäsche *w* **1** (schmutzige) vasketøj [waßgetaj] *t* **2** (Textilien) linned [lenedh] *t*
Wäscheklammer *w* tøjklemme [tajkleme] *u*
waschen *v* **1** (Wäsche) *etw. Akk* vaske [waßge] **2** (reinigen) *etw. Akk* vaske [waßge] *ngt* **3** (Gemüse usw.) vaske [waßge]
Wäscherei *w* vaskeri [waßgari] *t*
Wäschetrockner *m* tørretumbler [töaatombla] *u*
Waschküche *w* vaskehus [waßgehuß] *t*, vaskeri [waßgari] *t*
Waschmaschine *w* vaskemaskine [waßgemaßgiine] *u*
Waschpulver *s* vaskepulver [waßgepolwa] *t*
Waschraum *m* badeværelse [bäädhewäaalße] *u*
Wasser *s* **1** (H_2O) vand [wan] *t* **2** (kölnisches usw.) lotion [loutschen] *u*
wasserdicht *adj* vandtæt [wanted]
Wasserfall *m* vandfald [wanfal] *t*
Wasserhahn *m* vandhane [wanhääne] *u*
Wasserkocher *m* elkedel [elkedel] *u*
Wasserleitung *w* vandledning [wanledhneng] *u*
Wassermelone *w* vandmelon [wanmelon] *u*
Wasserski *m Mz* vandski [wanßgi] *u*
Wassersportarten *w Mz* vandsport [wanßbood] *u*
Watte *w* vat [wad] *t*
weben *v* væve [weewe] *ngt*
Wechsel *m* **1** (abwechselnd) skiften [ßgifden] *u*, vekslen [wegßlen] *u* **2** (Änderung) udskiftning [udhßgifdneng] *u* **3** (Ablösung) skift [ßgifd] *t* **4** (Wertpapier) veksel [wegßel] *u*
Wechselgeld *s* byttepenge [büdepenge] *Mz*
Wechselkurs *m* kurs [kuaß] *u*
wechseln *v* **1** (ersetzen) *etw. Akk für etw.* udskifte [udhßgifde] *ngt med ngt*, bytte [büde] *ngt med ngt* **2** (Geld usw.) veksle [wegßle] **3** (Berufe usw.) skifte [ßgifde] **4** (Kleingeld) *etw. Akk* veksle [wegßle] *ngt* **5** (Schalter) skifte [ßgifde], veksle [wegßle], bytte om [büde am]
Wechselstube *w* vekselkontor [wegßelkontoa] *t*
wecken *v* **1** *j-n* vække [wege] *ngn* **2** (Interesse usw.) vække [wege] ► *j-s* **Interesse ~** vække *ens* interesse
Wecker *m* vækkeur [wegeua] *t*
weder **~… noch** hverken… eller
weg *adv* væk [weg], bort [bood]; **Er ist schon ~.** Han er taget afsted.
Weg *m* gangsti [gangßdi] *u*, vej [waj] *u*; **welchen ~** hvilken vej
wegen *prep j-s/etw.* på grund af [po grond ä]; **~ des schlechten Wetters…** på grund af dårligt vejr
wegfahren *v* køre væk [kööa weg]
weggehen *v* gå væk [go weg]
weglaufen *v* løbe væk [lööbe weg]
wegnehmen *v j-m etw. Akk* tage *ngt* væk [tä weg] *fra ngn*
wegwerfen *v* **1** (Kippe usw.) hive [hiiwe], kaste [kaßde] **2** (zum Abfall tun) smide *ngt* ud [ßmiidhe udh]
wegwischen *v* viske [weßge] *ngt* (af), *etw. Akk* tørre (af) [töaa (ä)]
wehtun *v* **1** gøre ondt [gööa ond] **2** (absichtlich usw.) *j-m* skade [ßgäädhe] *ngn*, gøre *ngn* fortræd [gööa fatredh]
Weibchen *s* hun [hun] *u*
weiblich *adj* hun- [hun], kvindelig [kweneli]
weich *adj* blød [blödh] ♦ *adv* blødt [blöd] ► **~ gekocht** blødkogt; **~ machen** *etw. Akk* blødgøre *ngt*
Weihnachten *s* jul [jul] *u*
weil *conj* fordi [fadi], siden [ßiidhen]
Weile *w* øjeblik [ajebleg] *t*, moment [momend] *t*, stund [ßdon] *u*
Wein *m* vin [win] *u*
Weinberg *m* vingård [wiingo] *u*
weinen *v* græde [graadhe]
Weinstube *w* vinstue [wiinßduue] *u*
Weintraube *w* drue [druue] *u*
weise *adj* klog [klou], vis [wiß]
Weise *w* **1** (Methode usw.) måde [moodhe] *u* **2** (Melodie) melodi [melodi] *u*
weiß *adj* hvid [widh]
weit *adv* **1** (entfernt usw.) langt væk [langd weg] **2** (geöffnet usw.) vidt [wid], bredt [bred] ► **bei ~em** langt fra; **von ~em** langtfra
weiter *adv* **1** (entfernt) videre [widhaa], yderligere [üdhaliaa] **2** (fortsetzen) videre [widhaa] ► **und so ~** og så videre
weiter(er,e,es) *adj* yderligere [üdhaliaa]
weitergehen *v* **1** bevæge sig fremad [beweje ßaj framadh], avancere [awangßea], (sich bewegen) gå fremad [go framadh], rykke [röge] **2** (Prozess usw.) fortsætte [foodßede]

weitermachen *v mit etw.* fortsætte [foodßede] *ngt, med ngt*

Weizen *m* hvede [weedhe] *u*

welch(er,e,es) *pron* hvilken [welgen], hvad for en [wa fa en]

welken *v* visne [weßne]

Welle *w* **1** (Wasser) bølge [bölje] *u* **2** (Maschinenteil) aksel [agßel] *u*

Welt *w* verden [wäaden] *u*

Weltall *s* univers [uniwäaß] *t*

Weltraum *m* kosmos [kaßmaß] *t*, verdensrum [wäadenßrom] *t*, univers [uniwäaß] *t*

wenden *v* **1** (Seite usw.) vende om [wene am] **2** (Auto usw.) *etw. Akk* vende rund [wene ron], (in andere Richtung) *etw. Akk* vende [wene] *ngt* **3** (Auto, Schwimmer usw.) vende [wene] **4** ***sich*** ~ *an j-n/etw.* henvende sig [henwene ßaj] *til ngn* ► **An wen soll ich mich ~?** Hvem skal jeg henvende mig til?

wenig *adv* lidt [lid]; **am ~sten** mindst; **ein ~** *etw. Gen* et stykke *af ngt*; **~e** få; **~er werden** aftage, blive mindre, falde

weniger *adv* mindre [mendra], (zahlbar) færre [fäaa]

wenigstens *part* i det mindste [i de menßde]

wenn *conj* **1** (konditional) hvis [weß] **2** (Bedingung) når [no] ♦ *adv* når [no] ► **auch ~** selv om, selvom, skønt

wer *pron* hvem [wem], (Nebensatz) som [ßam]

Werbespot *m* reklame [rekläame] *u*

Werbung *w* reklame [rekläame] *u*

werden *v etw. Akk* blive [bliie] *ngt*

werfen *v* **1** *etw. Akk* kaste [kaßde] *ngt* **2** (Schatten usw.) *etw. Akk irgendwohin* kaste [kaßde] *ngt* **3** *etw. Akk irgendwohin* slænge [ßlenge] **4** (in Baseball usw.) kaste op [kaßde ab] ► **sich ~** *irgendwohin* kaste sig *et sted*

Werk *s* **1** (Schöpfung usw.) værk [wäag] *t* **2** (Mechanismus) maskine [maßgiine] *u*

Werkstatt *w* værksted [wäagßdedh] *t*

Werktag *m* arbejdsdag [aabajdßdä] *u*

Werkzeug *s* **1** instrument [enßdrumend] *t*, redskab [redhßgäb] *t* **2** (Gesamtheit von Werkzeugen) redskab [redhßgäb] *t*, værktøj [wäagtaj] *t* ► **~e** redskab *t*, værktøj *t*

wert *adj etw. Gen* værd [wea] *ngt*; **~ sein** *etw. Gen* (verdienen) være *ngt* værd

Wert *m* **1** (finanzieller) *etw. Gen* værdi [weadi] *u af ngt* **2** (Bedeutung) værdi [weadi] *u af ngt*

Wertsachen *w Mz* værdier [weadia] *Mz*

wertvoll *adj* kostbar [kaßdba], værdifuld [weadiful]

Wesen *s* natur [natua] *u*, beskaffenhed [beßgafenhedh] *u*, (Kern) væsen [weßen] *t*, kerne [käane] *u*

wesentlich *adj* væsentlig [weßenli] ♦ *adv* væsentligt [weßenlid], betydeligt [betüdhelid]

Wespe *w* hveps [webß] *u*

wessen *pron* hvis [weß]

Weste *w* vest [weßd] *u*

Westen *m* vest [weßd] *t* ► **im ~** i vesten

westlich *adj* vestlig [weßdli], vest- [weßd]

Wettbewerb *m* konkurrence [kanggorangße] *u*, tvekamp [twekamb] *u*

Wette *w* væddemål [wedhemol] *t*

wetten *v* **1** *um etw.* vædde [wedhe] *med ngn om ngt* **2** *auf etw. Akk* vædde [wedhe] *på ngt*

Wetter *s* vejr [wea] *t*

Wettervorhersage *w* vejrudsigt [weaudhßegd] *u*

Wettkampf *m* konkurrence [kanggorangße] *u*, tvekamp [twekamb] *u*; **an einem ~** *gegen j-n* **teilnehmen** ræse, deltage i væddeløb, løbe om kap

wichtig *adj* vigtig [wegdi], (Folgen usw.) alvorlig [alwoli], betydningsfuld [betüdhnengßful]; **das ~ste ist** det vigtigste er

wickeln *v* **1** (Draht usw.) tvinde [twene], sno [ßno] **2** (Wolle usw.) *etw. Akk auf etw. Akk* sno [ßno] *ngt rundt om ngt* ► **ein Kind ~** skifte ble på barnet

widersprechen *v* **1** *j-m/etw.* modsætte (sig) [modhßede (ßaj)] *ngn/ngt*, (Behauptung usw.) *j-m/etw.* modsige [modhßie] *ngn/ngt*, (widerreden) *j-m* sige imod [ßiie imodh] **2** (in Widerspruch stehen) *etw. Dat* stride [ßdriidhe] *med ngt*

Widerspruch *m* **1** (Gegensatz) modsigelse [modhßielße] *u* **2** (Widerrede) *gegen etw.* uoverensstemmelse [uouaenßßdemelße] *u med ngt*

Widerstand *m* **1** (Trotz) *gegen j-n/etw.* modstand [modhßdan] *u mod ngn/ngt* **2** (Bewegung) modstand [modhßdan] *u*, modstandsbevægelse [modhßdanßbewejelße] *u* **3** (Kraft) modstand [modhßdan] *u*

widerstehen *v* **1** (Änderung usw.) *etw. Dat* modstå [modhßto] *ngn/ngt*, modsætte sig [modhßede ßaj] *ngt* **2** (Angriff, Anprall usw.) *etw. Dat* modstå [modhßto] *ngt*

Widerwille *m gegen etw.* ulyst [ulößd] *u til ngt*, *gegen etw.* uvilje [uwilje] *u mod ngt*, *gegen j-n/etw.* uvilje [uwilje] *u mod ngt*, modvilje [modhwilje] *u mod ngt*

widmen *v* **1** (Zeit usw.) *etw. Akk j-m/etw.* vie [wi] *ngt til ngn/ngt* **2** ***sich*** ~ *etw. Dat* (teilnehmen usw.) beskæftige sig [beßgefdie ßaj] *med ngt*, give sig af [gi ßaj ä] *med ngt*, tage del [tä del] *i ngt*, (Tätigkeit usw.) vie sig [wi ßaj] *til ngt* **3** ***sich*** ~ (behilflich sein usw.) *j-m/etw.* tage sig af [tä ßaj ä] *ngn/ngt*, passe [paße] *ngn*

wie1 *adv* **1** (Frage) hvordan [wodan] **2** (Vergleich) som [ßam] ► **~ viele** hvor mange; **W~ ist es?** Hvordan er det?; **W~ geht es Ihnen?** Hvordan går det?

wie2 *conj* **1** (Ähnlichkeit) som [ßam] **2** (beides) lige som [liie ßam], både… og [boodhe…a] ► **~ (zum Beispiel)** såsom; **W~ Sie wollen.** Det må du selv om.

wieder *adv* igen [igen], på ny [po nü]

wiederherstellen *v* genoprette [genabrade] *ngt*

wiederholen *v* **1** (nochmals machen) *etw. Akk* gentage [gentä] *ngt* **2** (um es zu betonen) gentage [gentä], repetere [rebetea] **3** (Lernstoff usw.) *etw. Akk* gennemgå [genemgo], repetere [rebetea] *ngt*

Wiederholung *w* **1** *etw. Gen* gentagelse [gentäjelße] *u af ngt* **2** (des Lernstoffes) repetition [rebetitschon] *u* **3** (eines Ereignisses) gentagelse [gentäjelße] *u*

wiederkommen *v* komme tilbage [kame tebääje]

wiegen *v* **1** (Gewicht haben) veje [waje] **2** (Gewicht feststellen) *j-n/etw.* veje [waje]

Wiese *w* eng [eng] *u*

wievielmal *pron* hvor mange gange [wo mange gange]

wild *adj* vild [wil] ♦ *adv* vildt [wild]

Wild *s* **1** (wild lebend) vilde dyr [wile düa] **2** (Fleisch) vildt [wild] *t*, dyrekød [düaeködh] *t* ► **jagdbares ~** vildt *t*

Wille *m* vilje [wilje] *u*

willkommen *adj* velkommen [welkamen]; **W~!** Velkommen!

Wimper *w* øjenvippe [ajenwebe] *u*

Wimperntusche *w* mascara [maßgaaa] *u*

Wind *m* vind [wen] *u*

Windel *w* ble [ble] *u*

windig *adj* blæsende [bleeßene]

Windjacke *w* vindjakke [wenjage] *u*

Windmühle *w* vindmølle [wenmöle] *u*

Windschutzscheibe *w* forrude [fooruudhe] *u*, frontrude [frandruudhe] *u*

Winkel *m* **1** (geometrisch) vinkel [wenggel] *u* **2** (Ecke) krog [krou] *u* **3** (Augenwinkel) øjenkrog [ajenkrou] *u* **4** (verborgener) afkrog [aukrou] *u*, krinkelkrog [krenggelkrou] *u*

winken *v* **1** (Fahne usw.) *mit etw.* vifte [wefde] *med ngt* **2** *j-m* vinke [wengge] *til ngn*

Winter *m* vinter [wenda] *u*

winzig *adj* lille [lile], lillebitte [lilebide], ubetydelig [ubetüdheli], ganske lille [ganßge lile]

wir *pron* vi [wi]

Wirbel *m* hvirvel [wiauel] *u*

Wirbelsäule *w* rygrad [rögradh] *u*, rygsøjle [rögßajle] *u*

wirken *v* **1** (Wirkung haben) have en virkning [ha en wiagneng], have en effekt [ha en efegd], (Wirkung haben) *auf j-n/etw.* have indflydelse [ha enflüdhelße] *på ngn/ngt*, virke på [wiage po] *ngn/ngt* **2** (Eindruck machen) *auf j-n irgendwie* virke [wiage] *på ngn som* **3** (Medikament usw.) gøre sin virkning [gööa ßin wiagneng], begynde at virke [begöne a wiage] ► **zu ~ beginnen** virke

wirklich *adj* **1** virkelig [wiageli], reel [reel] **2** (wie es sein soll) virkelig [wiageli], sand [ßan] ♦ *adv* **1** (in Wirklichkeit) virkelig [wiageli], faktisk [fagdißg] **2** (in der Tat) virkelig [wiageli] ♦ *part* virkelig [wiageli] ► **W~?** Virkelig?, Er det sandt?

Wirklichkeit *w* virkelighed [wiagelihedh] *u*

wirksam *adj* **1** (Maßnahme, Plan usw.) effektiv [efegtiu] **2** (im Betrieb) fungerende [fonggeane], i drift [i drefd]

Wirkung *w* virkning [wiagneng] *u*, indvirkning [enwiagneng] *u på ngn/ngt*

Wirt *m* krovært [krowäad] *u*

Wirtschaft *w* økonomi [ökonomi] *u*

wirtschaftlich *adj* økonomisk [ökonomißg]

wischen *v* **1** *etw. Akk (von etw.)* tørre [töaa] *ngt (af ngt)*, (entfernen) *etw. Akk* tørre (af) [töaa (ä)] **2** (reinigen) *etw. Akk* tørre [töaa] *ngt* (af), (Tafel) *etw. Akk* viske *ngt* af [weßge ä]

wissen *v etw. Akk, von etw.* vide [wiidhe] *ngt, om ngt*

Wissenschaft *w* videnskab [widhenßgäb] *u*

Wissenschaftler *m* videnskabsmand [widhenßgabßman] *u*

wissenschaftlich *adj* videnskabelig [widhenßgäbeli]

Witwe *w* enke [engge] *u*

Witwer *m* enkemand [enggeman] *u*

Witz *m* vittighed [widihedh] *u*

witzig *adj* komisk [komißg], morsom [moaßam], vittig [widi]

wo *adv* hvor [wo]; **ach ~** slet ikke; **~ auch immer** hvor som helst

Woche *w* uge [uue] *u*

Wochenende *s* weekend [wiigend] *u*

Wochenendhaus *s* feriehus [feaiehuß] *t*, hytte [hüde] *u*

Wochentag *m* arbejdsdag [aabajdßdä] *u*

woher *adv* hvor….fra [wo…fra]; **W~ kommen Sie?** Hvor kommer du fra?

wohin *adv* hvorhen [wohen]

wohl *part* sandsynligvis [ßanßünliwiß]; **Ich fühle mich nicht ~.** Jeg har det dårligt.
wohnen *v irgendwo* bo [bo], (vorübergehend) *irgendwo* opholde sig [abhal^e ßaj] *et sted*, bo [bo] *et sted*
Wohnmobil *s* autocamper [autokäämba] *u*, campingvogn [kambengwoun] *u*
Wohnsitz *m* bopæl [bopel] *u*
Wohnung *w* lejlighed [lajlihedh] *u*
Wohnwagen *m* campingvogn [kambengwoun] *u*
Wohnzimmer *s* stue [ßduu^e] *u*, opholdsstue [abhalßduu^e] *u*
Wolf *m* ulv [ulw] *u*
Wolke *w* sky [ßgü] *u*
Wolkenkratzer *m* skyskraber [ßgüßkraaba] *u*
wolkig *adv* overskyet [ouaßgüü^{e}dh]
Wolle *w* uld [ul] *u*
wollen *v* **1** (vorhaben) *etw. Akk zu tun* ville [wil^e], tænke sig [tengg^e ßaj] *at gøre ngt*, have planer [ha pläna] *om ngt* **2** (verlangen) ønske [önßg^e] *ngt fra ngn*, ville [wil^e] ► **Was ~ Sie?** Hvad er det, du vil?
Wort *s* ord [oa] *t*
Wörterbuch *s* ordbog [oabou] *u*
Wortschatz *m* ordforråd [oafarodh] *t*
Wrack *s* vrag [wrau] *t*
Wunde *w* sår [ßo] *t*, kvæstelse [kweßdelß^e] *u*
Wunder *s* mirakel [mirag^{e}l] *t*, under [ona] *u*
wunderbar *adj* herlig [häali], vidunderlig [widhonali] ♦ *adv* vidunderligt [widhonalid]
wundern *v* ***sich*** ~ *über etw. Akk* undre sig [ondra ßaj] *over ngt*
Wunsch *m* ønske [önßg^e] *t*
wünschen *v* **1** (erhoffen) *j-m etw. Akk* ønske [önßg^e] *ngn ngt* **2** ***sich*** ~ *etw. Akk* ønske (sig) [önßg^e (ßaj)] *ngt* **3** (guten Appetit usw.) *j-m etw. Akk* ønske [önßg^e] *ngn ngt*
würdig *adj* **1** (Person usw.) værdig [weadi] **2** (wert) *etw. Gen* værd [wea] *ngt*
Wurf *m* kast [kaßd] *t*
Würfel *m* **1** kube [kuub^e] *u*, (Kubus) terning [täaneng] *u* **2** (zum Spielen) terning [täaneng] *u*
Wurm *m* orm [oam] *u*
Wurst *w* pølse [pölß^e] *u*, (Schinkenwurst usw.) kødpølse [ködhpölß^e]
Würstchen *s* pølse [pölß^e] *u*
Wurzel *w* rod [rodh] *u*
Wüste *w* ørken [öag^{e}n] *u*
Wut *w* raseri [raaßari] *t*, vrede [wreedh^e] *u*
wütend *adj* rasende [raaß^{e}n^e], vanvittig [wanwidi]

Z

zäh *adj* sej [ßaj]
Zahl *w* **1** (Zahlwort usw.) tal [tal] *t*, nummer [noma] *t* **2** (Angabe) tal [tal] *t* **3** *etw. Gen* antal [antal] *t*
zahlen *v j-m für etw.* betale [betäl^e]; **Bitte ~!** Må jeg bede om regningen?
zählen *v* **1** *bis wie viel* tælle [tel^e] *op til*, (Stimmen usw.) tælle *ngt* op [tel^e ab] **2** (Anzahl feststellen) tælle [tel^e] **3** (zuordnen) *j-n/etw. zu j-m/etw.* regne *ngt* blandt [rajn^e bland] *ngt* **4** (gehören) *zu j-m/etw.* tilhøre [telhöa], regne blandt [rajn^e bland] **5** (Anzahl haben) tælle [tel^e], omfatte [amfad^e] **6** *auf etw. Akk* regne [rajn^e] *med ngt*
zahlreich *adj* talrig [talri]
Zahlung *w* betaling [betäleng] *u*, indbetaling [enbetäleng] *u*
zahm *adj* tam [tam]
Zahn *m* tand [tan] *u* ► **sich die Zähne putzen** børste tænder
Zahnarzt *m* tandlæge [tanleej^e] *u*
Zahnbürste *w* tandbørste [tanböaßd^e] *u*
Zahnfüllung *w* plombe [plomb^e] *u*, fyldning [fülneng] *u*
Zahnpasta *w* tandpasta [tanpaßda] *u*
Zahnspange *w* tandbøjle [tanbajl^e] *u*
Zahnstocher *m* tandstikker [tanßdega] *u*
Zange *w* tang [tang] *u*
Zapfen *m* **1** (Tannenzapfen usw.) kogle [koul^e] *u* **2** (Lagerzapfen usw.) tap [tab] *u*
zart *adj* **1** (körperlich) spinkel [ßbengg^{e}l], skrøbelig [ßgrööb^{e}li] **2** (Struktur usw.) fin [fin] **3** (empfindlich usw.) øm [öm], kærlig [kääli]
zärtlich *adj* øm [öm], kærlig [kääli]
Zauber *m* **1** (Zauberkraft) magi [magi] *u*, trylleri [trülari] *t* **2** (Reiz) charme [tschaam^e] *u*
Zaun *m* hegn [hajn] *t*, omhegning [amhajneng] *u*
Zebrastreifen *m* fodgængerovergang [fodhgengaouagang] *u*
Zecke *w* flåt [flod] *u*
Zehe *w* **1** (am Fuß) tå [to] *u* **2** (von Knoblauch) fed [fedh] *t* ► **auf den ~n** (gehen usw.) på tåspidserne; **große ~** storetå *u*
zehn *num* ti [ti]
zehnt(er,e,es) *num* tiende [ti^{e}n^e]
Zehntel *s* tiendedel [ti^{e}n^{e}del] *u*
Zeichen *s* **1** (Geste usw.) tegn [tajn] *t* **2** (Symbol) skilt [ßgeld] *t* **3** (zum Unterscheiden) mærke [määg^e] *t*, kendetegn [ken^{e}tajn] *t* **4** tegn [tajn] *t* **5** (Buchstabe usw.) karakter [ka-agtea] *u*

zeichnen *v* tegne [tajn^e]
Zeichnung *w* tegning [tajneng] *u*
zeigen *v* **1** (vorzeigen usw.) *j-m etw. Akk* vise [wiiß^e] *ngt til ngn* **2** (in einer Richtung) *auf j-n/etw.* pege [paj^e] *på ngn/ngt* **3** ***sich*** **~** (sich sehen lassen) dukke op [dog^e ab] **4** ***sich*** **~** (Wahrheit usw.) vise sig (at være) [wiiß^e ßaj (a weea)] **5** (Qualität usw.) *etw. Akk* fremvise [framwiß^e] *ngt* **6** (Freude usw.) *etw. Akk* vise [wiiß^e] *ngt*, tilkendegive [telken^{e}gi] *ngt* **7** (Fähigkeit usw.) *etw. Akk* bevise [bewiß^e] *ngt*
Zeile *w* linie [linj^e] *u*
Zeit *w* **1** tid [tidh] *u* **2** (Ära) tidsalder [tidhßala] *u* ► **in letzter ~** i den sidste tid
zeitgenössisch *adj* nuværende [nuwean^e], samtidig [ßamtidhi], nutids- [nutidhß]
Zeitpunkt *m* øjeblik [aj^{e}bleg] *t*
Zeitschrift *w* magasin [magaßin] *t*
Zeitung *w* avis [awiß] *u*, blad [bladh] *t*
Zelle *w* **1** (im Gefängnis usw.) celle [ßel^e] *u*, fangehul [fang^{e}hol] *t* **2** (in Lebewesen) celle [ßel^e] *u*
Zelt *s* telt [teld] *t*; **ein ~ aufstellen** rejse telt
Zentimeter *m/s* centimeter [ßentimeda] *u*
zentral *adj* central [ßentral]
Zentrale *w* **1** (einer Organisation usw.) hovedkvarter [hoo^{e}dhkwatea] *t* **2** (Telefonzentrale) central [ßentral] *u*, omstilling [amßdeleng] *u*
Zentrum *s* **1** (Mitte) centrum [ßentrom] *t*, midte [med^e] *u* **2** (Stadtzentrum usw.) centrum [ßentrom] *t* **3** (Einrichtung) center [ßenda] *t*
zerbrechen *v* knække [kneg^e], brække [brag^e]
zerbrechlich *adj* skrøbelig [ßgrööb^{e}li], sart [ßad]
Zeremonie *w* ceremoni [ßeamoni] *u*
zerreißen *v* **1** (in Stücke) *etw. Akk* rive *ngt* i stykker [riiw^e i ßdöga] **2** (Seil usw.) rive *ngt* i stykker [riiw^e i ßdöga]
zerschlagen *v etw. Akk* slå *ngt* i stykker [ßlo i ßdöga], slå *ngt* itu [ßlo itu] ♦ *adj* i stykker [i ßdöga]
zerstören *v* ødelægge [öödh^{e}leg^e] *ngt*
Zerstörung *w* destruktion [deßdrugtschon] *u*, tilintetgørelse [teend^{e}dhgöalß^e] *u*, ødelæggelse [öödh^{e}leg^{e}lß^e] *u*
Zettel *m* **1** lap [lab] *u*, (Notizzettel usw.) seddel [ßedh^{e}l] *u* **2** (Kassenzettel usw.) kvittering [kwiteaeng] *u*
Zeuge *m etw. Gen* vidne [widhn^e] *t* ► **~** *etw. Gen* **sein** (Unfalls usw.) være vidne til *ngt*
Zeugnis *s* attest [ateßd] *u*, certifikat [ßäadifikäd] *t*, (vom Arbeitgeber) anbefaling [anbefäleng] *u*, reference [ref^{e}rangß^e] *u*
Ziege *w* ged [gedh] *u*
Ziegel *m* **1** (Baustein) mursten [muaßden] *u* **2** (zum Dachdecken) tagsten [taußden] *u*
ziehen *v* **1** (Handwagen usw.) *etw. Akk irgendwohin* trække [trag^e] *ngt* **2** (Bremse usw.) *an etw. Dat* trække [trag^e] *i ngt* **3** (herbeischleppen) *etw. Akk irgendwohin* hale [hääl^e] *ngt et sted*, slæbe [ßleeb^e] *ngt et sted*, (schleppen) *etw. Akk irgendwohin* drage [draau^e] *ngt et sted*, hale [hääl^e] *ngt et sted* **4** *etw. Akk aus etw.* trække *ngt* op [trag^e ab] **5** (Los usw.) trække [trag^e] *ngt* **6** (Waffe) trække [trag^e] ► **Nutzen ~** *aus etw.* drage nytte *af ngt*
Ziel *s* mål [mol] *t* ► **ans ~ führen** *j-n* (Fahrer usw.) navigere *ngn*, styre *ngn*
ziemlich *adv* temmelig [tem^{e}li], ret [rad] ♦ *part* ret [rad], ganske [ganßg^e]
Zigarette *w* cigaret [ßig^{e}rad] *u*
Zigarre *w* cigar [ßiga] *u*
Zimmer *s* rum [rom] *t*, lokale [lokääl^e] *t*, værelse [wäaalß^e] *t*; **~ zu vermieten** værelser til leje
Zimmermädchen *s* stuepige [ßduu^{e}pii^e] *u*
Zimt *m* kanel [kanel] *u/t*
Zinn *s* tin [ten] *t*
Zins *m* rente [rand^e] *u*
Zirkus *m* cirkus [ßiaguß] *u/t*
Zitrone *w* citron [ßitron] *u*
zittern *v* riste [reßd^e], skælve [ßgelw^e], dirre [diaa], (vor Kälte usw.) ryste [rößd^e]
zögern *v* nøle [nööl^e], tøve [tööw^e], udsætte [udhßed^e]
Zoll *m* told [tal] *u*
Zollabfertigung *w* toldbehandling [talbehanleng] *u*
Zollamt *s* told [tal] *u*
Zollbeamte *m* toldbetjent [talbetjend] *u*
Zoo *m* zoo [ßoo] *u*, zoologisk have [ßo-oloißg ha]
Zopf *m* fletning [fledneng] *u*
zu[1] *prep etw.* til [tel] *ngt*
zu[2] *adv* (schwer usw.) alt for [ald fa] *hvordan*, for [fa] *hvordan*
Zubehör *s* tilbehør [telbehöa] *t*
Zubereitung *w von etw.* tilberedning [telberedhneng] *u*
Zucchini *w* squash [ßguatsch] *u*, zucchini [ßukiini] *u*, courgette [kuatsched^e] *u*
züchten *v etw. Akk* dyrke [düag^e] *ngt*
Zucker *m* sukker [ßoga] *t*
Zuckermelone *w* melon [melon] *u*
Zuckerwürfel *m* sukkerknald [ßogaknal] *u*

zudecken *v* **1** (mit einer Decke usw.) *j-n/etw. mit etw.* dække [deg^e] *ngn/ngt med ngt* **2** (mit Deckel usw.) *etw. Akk mit etw.* dække [deg^e] *ngt til med ngt*

zuerst *adv* først [föaßd]

Zufall *m* tilfælde [telfel^e] *t*

zufällig *adj* **1** (Treffen usw.) tilfældig [tefeldi] **2** (Auswahl usw.) tilfældig [tefeldi], vilkårlig [wilkoli] ♦ *adv* tilfældigt [tefeldid], ved et tilfælde [w^e ed telfel^e]

zufrieden *adj mit j-m/etw.* tilfreds [tefreß] *med ngn/ngt*

Zug *m* **1** (Verkehrsmittel) tog [tou] *t* **2** (Wesenszug) træk [trag] *t* **3** (militärische Abteilung) deling [deeleng] *u* **4** (im Schach usw.) træk [trag] *t*

Zugang *m* **1** (Stelle usw.) adgang [adhgang] *u* **2** (Wasser, Informationen usw.) *zu etw.* adgang [adhgang] *u til ngt*

zugänglich *adj* tilgængelig [tegeng^{e}li]; **für die Öffentlichkeit ~** åben for offentligheden

zugeben *v* indrømme [enröm^e]

zugleich *adv* samtidig [ßamtidhi]

zuhören *v j-m/etw.* lytte [lüd^e] *til ngn/ngt*

zukleben *v* **1** (Umschlag usw.) *etw. Akk* forsegle [faßajl^e] **2** *etw. Akk mit etw.* lappe [lab^e] *ngt* ► **mit Klebeband ~** *etw. Akk* tape *ngt*

zuknöpfen *v* knappe [knab^e] *ngt*

Zukunft *w* fremtid [framtidh] *u*

zukünftig *adj* fremtidig [framtidhi]

zulassen *v etw.* tillade [telädh^e] *ngt*

zuletzt *adv* til slut [tel ßlud], til sidst [tel ßißd]

zum **~ Beispiel** for eksempel; **~ dritten Mal** for tredje gang; **~ letzten Mal** sidste gang

zumachen *v etw. Akk* lukke [log^e]

Zündkerze *w* tændrør [tenröa] *t*

zunehmen *v* **1** (an Gewicht) blive fed [blii^e fedh], blive tyk [blii^e tüg], tage på [tä po], (dicker werden) tiltage [teltä] **2** (mehr werden) øje i antal [aj^e i antal], øje i volumen [aj^e i woluum^{e}n], blive flere [blii^e fleea/meea]

Zuneigung *w* sympati [ßümbati] *u*

Zunge *w* tunge [tong^e] *u*

zurück *adv* **1** (gehen usw.) tilbage [tebääj^e], (zum Ausgangspunkt) bagud [bäjudh] **2** (zurückgeblieben) bagefter [bäjefda], bagud [bäjudh]

zurückerstatten *v j-m etw. Akk* betale [betäl^e] *for ngt*

zurückfahren *v* bakke [bag^e], rykke tilbage [rög^e tebääj^e]

zurückgeben *v j-m etw. Akk* returnere [retuanea] *ngt*, aflevere [aulewea] *ngt til ngn*

zurückkommen *v* komme tilbage [kam^e tebääj^e]

zurücklegen *v* tilbagelægge [tibääj^{e}leg^e] *ngt*

zurücktreten *v* **1** (nach hinten) gå baglæns [go baulenß], træde et skridt tilbage [treedh^e ed ßgrid tebääj^e], bakke [bag^e] **2** (von einem Amt usw.) abdicere [abdißea], fratræde [fratredh^e], gå af [go ä] *fra ngt*, sige op [ßii^e ab]

zurzeit *adv* i dette øjeblik [i ded^e aj^{e}bleg], lige nu [lii^e nu]

zusammen *adv* **1** sammen [ßam^{e}n], i fællesskab [i fel^{e}ßßgäb] **2** (verbinden usw.) sammen [ßam^{e}n]

zusammenarbeiten *v mit j-m* samarbejde [ßamabajd^e] *med ngn*

zusammenbrechen *v* bryde sammen [brüüdh^e ßam^{e}n]

zusammendrücken *v etw. Akk* presse *ngt* sammen [praß^e ßam^{e}n], komprimere [kamprimea] *ngt*

Zusammenfassung *w* sammendrag [ßam^{e}ndrau] *t*, opsummering [abßumeaeng] *u*

Zusammenhang *m* sammenhæng [ßam^{e}nheng] *u*, forbindelse [faben^{e}lß^e] *u mellem ngt*

zusammenhängen *v mit etw.* hænge sammen [heng^e ßam^{e}n] *med ngt*

zusammensetzen *v etw. Akk* sammensætte [ßam^{e}nßed^e] *ngt*, samle [ßaml^e] *ngt*; **sich ~** *aus etw.* bestå af *ngt*, være sammensat af *ngt*

Zusammenstoß *m* **1** kollision [kalitschon] *u*, sammenstød [ßam^{e}nßdödh] *t* **2** (Auseinandersetzung) konflikt [kanfligd] *u*

zusammenstoßen *v* støde sammen [ßdöödh^e ßam^{e}n], kollidere [kolidea]

zusammentreffen *v mit j-m* mødes [mööodh^{e}ß] *med ngn*

zusätzlich *adj* **1** ekstra [egßdra], yderligere [üdhaliaa] **2** (als Zusatz usw.) tilsætnings- [telßednengß], tillægs- [telegß], ekstra- [egßdra] ♦ *adv* **1** (als Zusatz) *zu etw.* desuden [deßuudh^{e}n], endvidere [enwidhaa] **2** (übrig) ekstra [egßdra]

Zuschauer *m* tilskuer [telßgua] *u*

Zuschlag *m* tillæg [teleg] *t*

Zustand *m j-s/etw.* tilstand [telßdan] *u af ngt*

zuständig *adj* kompetent [komb^{e}tend], sagkyndig [ßauköndi], vedkommende [wedhkam^{e}n^e]

zusteigen *v in etw. Akk* stå på [ßdo po] *ngt*, stige ind [ßdii^e en] *i/på ngt*, stige på [ßdii^e po] *ngt*

zustellen *v j-m etw. Akk* aflevere [aulewea] *ngt til ngn*, overlevere [oualewea] *ngt til ngn*

zustimmen *v j-m/etw.* være enig [weea eeni] *med ngn om/i ngt*, samtykke [ßamtüg^e]

i ngt; **nicht ~** *j-m/etw.* være uenig *med ngn om ngt*
Zustimmung *w zu etw.* samtykke [ßamtüge] *t til ngt*
Zutat *w* ingrediens [engredjenß] *u*, tilsætningsstof [telßednengßßdaf] *t*
zuteilen *v* **1** (vergeben) *j-m etw. Akk* pålægge [palege] *ngn ngt* **2** (als Anteil usw.) *j-m etw. Akk* tildele [teldele] *ngn ngt*
Zutritt *m zu etw.* adgang [a~~dh~~gang] *u til ngt*; *~ zu etw.* **bekommen** få adgang *til ngt*
zuverlässig *adj* pålidelig [pali~~dh~~eli] ♦ *adv* pålideligt [pali~~dh~~elid]
zuziehen *v* **1** (Vorhang usw.) *etw. Akk* trække *ngt* for [trage fa], trække *ngt* ned [trage ne~~dh~~] **2** (Schlinge usw.) stramme [ßdrame] **3** (als Einwohner) *irgendwohin* flytte ind [flöde en] *et sted* **4** ***sich ~*** *etw. Akk* (Schaden usw.) forårsage [fo-oßäje] *ngt*, pådrage sig [padraue ßaj] *ngt*
Zwang *m* **1** (rücksichtsloser usw.) tryk [trög] *t*, pres [praß] *t* **2** (innerer) trang [trang] *u*
zwanzig *num* tyve [tüüwe]
zwar *conj* selv om [ße am]; **und ~** nemlig
Zweck *m* formål [foomol] *t*; **Es hat keinen ~.** Der er ingen mening i det.
zwei *num* to [to]
Zweibettzimmer *s* dobbeltværelse [dabeldwäaalße] *t*
zweifach *adj* dobbelt [dabeld]
Zweifel *m* tvivl [twiul] *u*; **ohne ~** utvivlsomt
zweifelhaft *adj* tvivlsom [twiulßam]
zweifellos *adv* uden tvivl [u~~dh~~en twiul], utvivlsomt [utwiulßamd] ♦ *part* uden tvivl [u~~dh~~en twiul], utvivlsomt [utwiulßamd]
zweifeln *v an j-m/etw.* tvivle [twiule] *om ngt*, være i tvivl [weea i twiul]
Zweig *m* **1** (eines Baumes) gren [gren] *u* **2** (Abteilung usw.) område [amroo~~dh~~e] *t*
zweimal *num* to gange [to gange]
zweit(er,e,es) *num* anden [anen]; **zum zweiten Mal** for anden gang
Zwerg *m* **1** (in Märchen) dværg [dwäau] *u* **2** (kleiner Mensch) mandsling [manßleng] *u*, gnom [gnom] *u*
Zwiebel *w* **1** (Gemüse) løg [laj] *t* **2** (einer Blume usw.) blomsterløg [blamßdalaj] *t*
Zwilling *m* **1** tvilling [twileng] *u* **2 ~e** Tvillingerne [twilenggäane] *u Mz*
zwingen *v j-n zu etw.* blive tvunget [bliie twonge~~dh~~] *til ngt*, *j-n zu etw.* tvinge [twenge] *ngn til ngt*; **gezwungen sein** *zu etw.* være tvunget *til ngt*
zwischen *prep* mellem [melem], imellem [imelem]
Zwischenlandung *w* mellemlanding [melemlaneng] *u*
zwölf *num* tolv [tal]
Zylinder *m* **1** cylinder [ßülena] *u* **2** (Hut) cylinderhat [ßülenahad] *u*